Employment Service Policies

고용서비스정책론

이재갑 · 장신철 · 길현종 · 이상현 · 이혜은

박영사

우리 사회의 가장 큰 고민 중의 하나는 청년들의 취업난이다. 학업을 마치고 첫 직장을 찾는 청년들의 어려움이 크기 때문이다. 여기에는 자신들이 원하는 일자리에 취업하기 어렵다는 문제 이외에도 자신의 흥미·적성 등에 적합한 일자리가 무엇인지, 그리고 자신이 원하는 일자리에 취업하는 데 필요한 직무능력은 무엇이고 어떻게 준비해야 하는지 등에 관한 어려움이 포함된다. 한편, 청년을 채용하는 기업들도 필요한 인력을 구하지 못하는 어려움을 겪는 것은 마찬가지이다. 이와 같이 취업난과 인력난이 공존하는 미스매치는 1990년대 이래 우리나라 노동시장을 특징짓는 중요한 문제 중의 하나가 되어 왔다.

고용서비스는 노동시장에서 미스매치를 완화할 수 있는 주된 수단이다. 고용서비스는 산업혁명이 시작된 후에 인력수급을 위한 일자리 중개 기능을 중심으로 19세기에 태동하여, 20세기 초에는 실업자에 대한 소득지원으로, 1960년대와 1970년대에는 노동시장정보의 제공과 적극적 노동시장정책으로, 1990년대 후반에는 실업급여 수급자와 복지급여 수급자에 대한 활성화(activation) 정책으로 계속 발전해 왔다. 21세기에 들어서서 디지털 기술이 급격히 발전하고 있는 현대 노동시장에서는 노동시장의 불확실성이 커지고 이동성과 미스매치가 더욱 증가한다는 점에서 유럽 각국에서는 지속 경제성장의 핵심 전략으로 고용서비스의 현대화를 집중 추진하고 있다. 과거의 고용서비스가 공공고용서비스를 중심으로 이루어졌다면 현재는 공공고용서비스와 민간고용서비스의 협력관계를 기반으로 발전하고 있으며, 과거의 고용서비스가 대면 서비스 중심으로 이루어졌다면 현재는 인공지능 등 디지털 기술을 활용하여 발전하고 있다.

우리나라에서 고용서비스가 시작된 것은 고도 경제성장이 마무리되고 산업구조조정과 미스매치가 진행되기 시작한 1990년대이다. 지금부터 30년 전인 1995년 고용보험제가 시행되고 외환위기 속에서 1998년 고용센터가 설치되면서 고용서비스가 시작된 것으로 볼 수 있다. 또한, 현대적인 의미에서 맞춤형 고용서비스 체계가 구축되기 시작한 것은 「고용서비스 선진화 방안」이 수립된 2005년이다. 그로부터 20년이 흘렀다. 그동안 세계 금융위기, 코로나19 등 두 번의 경제위기를 거치면서 고용서비스는 많은 역할을 담당하였다. 또한, 고용복지⁺센터로의 전환, 취업성공패키지와 국민취업지원제의 도입 등 맞춤형 서비스에서도 많은 발전을 이루었다. 민간고용서비스산업도 2010년 「고용서비스산업 선진화 방안」이 마련된 이후 취업성공패키지사업 등 대규모 민간위탁사업이 확대되면서 지난 15년 동안 크게 성장하였다.

그럼에도 불구하고 우리나라에는 고용서비스를 체계적으로 학습할 수 있는 서적이 절대적으로 부족한 상태이다. 그래서 직업상담사 자격을 가지고 고용서비스 업무에 종사하고 있는 현장 전문가들조차 고용서비스의 전체적인 맥락과 정책을 이해하는 데에 어려움을 겪고 있는 것이 현실이다. 이러한 상황을 해소하기 위해 오랫동안 고용서비스정책을 실제로 수립하고 집행했거나 연구해 온 전문가들이 한자리에 모여 고용서비스정책에 관한 체계적인 책자를 마련하기로 뜻을 모아 본서를 집필하게 되었다.

본서는 현대 노동시장에서의 고용서비스정책과 관련 제도를 다루고 있다. 고용서비스의 역사적 발전 측면도 고찰하지만 최근 급변하고 있는 노동시장 속에서 고용서비스정책이 이론과 실제적인 측면에서 어떻게 전개되고 있는지 그리고 어떻게 전개되어야 하는지에 중점을 두고 있다. 본서는 세 부분으로 구성되어 있다. 제1부는 고용서비스정책의 총론으로서 고용서비스의 의의와 역할은 무엇이고 어떻게 발전해 왔는지, 그리고 공공과 민간 부문에서 고용서비스는 각각 어떻게 운용되고 서로 관련되는지를 다룬다. 제2부는 고용서비스정책의 각론으로서 고용서비스를 구성하고 있는 업무 영역별로 추진되는 정책의 내용과 관련 제도를 다루고 있다. 그리고, 제3부에서는 최근에 나타나고 있는 혁신과 변화의 내용을 상세하게 다루고 있다. 전체 내용을 체계적으로 이해할 수 있도록 하면서도 누구든지 쉽게 이해할 수 있도록 하였다.

또한, 본서는 고용보험제의 내용도 함께 다루고 있다. 고용보험에 관한 이론적 논의 외에도 실업급여 수급자에 대한 활성화 정책과 이를 위한 디지털 기술 활용에 관한 해외 사례 등도 풍부하게 소개하고 있다. 고용보험은 사회보험의 하나이지만 노동시장정책 수단으로 운영되기 때문에 사회보장과 노동시장의 양 측면을 관통해 고용보험제를 종합적으로 학습할 수 있는 서적은 매우 부족한 상태이다. 이러한 측면에서 본서는 고용보험제를 학습할 수 있는 좋은 서적으로 활용될 수 있다.

본서가 도움을 줄 수 있을 것으로 생각되는 대상으로는 대학 또는 대학원에서 고용서비스 또는 직업상담을 공부하고 있는 학생, 공공 또는 민간 분야에서 직업상담 또는 고용서비스 업무에 종사하고 있는 현장전문가, 직업상담사 직업을 희망하여 자격시험을 준비하고 있는 취업준비생, 경제학·경영학·사회학·복지학·정책학·교육학·상담학 등을 전공하면서 고용서비스 또는 노동시장정책에 대해 공부하거나 연구하고자 하는 학생과 연구자, 그리고 고용서비스와 노동시장정책에 관해 정책 결정과 집행을 담당하는 행정공무원 등을 들 수 있다.

본서는 오랜 세월 동안 고용서비스에 관한 정책을 실제로 수립·집행하거나 연구해 온 전문성을 바탕으로 현재 대학이나 대학원에서 고용서비스정책에 관해 강의하고 있는 경험을 활용해 집필하였기 때문에 학업이나 실무에 커다란 도움이 될 것으로 생각된다.

올해는 고용보험제 시행 30주년이 되는 해이다. 본서를 기획하고 주로 집필한 본인과 장신철 교수는 30여 년 전에 함께 고용보험제를 설계하고 도입해 집행까지 하는 업무를 직접 담당했었다. 그러한 점에서 고용보험제 시행 30주년에 맞춰 본서가 출판되게 된 것은 필자들에게 남다른 감회를 느끼게 한다. 모쪼록 본서가 공공과 민간분야의 고용서비스, 그리고 고용보험제의 발전에 조금이나마 기여할 수 있기를 기대해 본다.

2025년 2월
필자를 대표하여
이 재 갑

차 례

제 1 부   고용서비스의 의의와 현황

제 1 장   고용서비스의 의의와 발전 ·························· [장신철] ······················ 3
   1. 고용서비스의 의의와 기능 ··· 3
   2. 노동시장과 고용서비스의 발달 ··· 16
   3. 한국의 고용서비스 관련법 및 주요 내용 ·································· 23
   4. 향후 고용서비스의 과제 ·· 29

제 2 장   공공고용서비스와 전달체계 ························· [이재갑] ····················· 35
   1. 공공고용서비스 전달체계의 의의 ·· 35
   2. 주요 국가의 공공고용서비스 전달체계 ·································· 41
   3. 우리나라의 공공고용서비스 전달체계 ···································· 60

제 3 장   민간고용서비스와 직업안정법 ························ [장신철] ····················· 77
   1. 민간고용서비스의 의의와 성장 ·· 77
   2. 직업안정법과 무료·유료 직업소개 ·· 82
   3. 기타 일자리중개사업 ··· 93

제 2 부   고용서비스와 노동시장정책

제 4 장   취업지원과 채용지원 ·························· [길현종, 이재갑, 이혜은] ···· 101
   1. 취업·채용지원과 직업상담 ·· 101
   2. 구직자에 대한 취업지원 서비스 ·· 103
   3. 기업에 대한 채용지원 서비스 ··· 109
   4. 직업상담 ··· 119

제 5 장 적극적 노동시장정책과 활성화 정책 ·············· [길현종] ·········· 141
　　1. 적극적 노동시장정책과 활성화 정책의 의미 ················· 141
　　2. 적극적 노동시장정책의 실태와 PES의 변화 ················ 154

제 6 장 실업자 소득지원제도 ··························· [이재갑] ·········· 171
　　1. 실업자에 대한 소득지원체계 ······························ 171
　　2. 실업보험의 제도적 특징과 활성화 정책 ···················· 178
　　3. 우리나라의 실업급여(고용보험) ·························· 193
　　4. 실업부조 ·· 207

제 7 장 직업훈련 ···································· [장신철] ·········· 221
　　1. 직업훈련의 의의 ·· 221
　　2. 직업훈련과 관련된 이론과 재원조달 방안 ·················· 226
　　3. 직업훈련과 직업교육 ···································· 229
　　4. 한국의 직업훈련 발전과 지원 체계 ······················ 232
　　5. 한국의 직업교육: 일학습병행 훈련 ······················ 244
　　6. 직업능력 품질관리 ······································ 249

제 8 장 고용장려금 ·································· [이재갑] ·········· 255
　　1. 고용장려금의 의의 ······································ 255
　　2. 채용장려금 ·· 257
　　3. 우리나라의 고용(채용)장려금 ···························· 263
　　4. 고용유지장려금 ·· 272

제 9 장 노동시장정보의 제공 ························· [이재갑] ·········· 285
　　1. 노동시장정보의 개관 ···································· 285
　　2. 직업선택과 직업정보 ···································· 296
　　3. 직업정보의 현황 ·· 300

제 3 부 고용서비스의 혁신과 변화

제10장 고용서비스의 성과관리 ······················· [이상현] ·········· 309
　　1. 고용서비스 성과관리의 개념 ······························ 309
　　2. 주요국의 고용서비스 성과평가 사례 ······················ 312

    3. 우리나라 고용센터의 성과평가 실제 ··· 318
    4. 고용서비스 품질 관리 ·· 322
    5. 민간고용서비스 우수기관 인증제 ··· 329

제11장   공공고용서비스의 민간위탁 ································· [장신철] ········· 333
    1. 민간위탁의 의의와 목적 ··· 333
    2. 고용서비스 민간위탁의 확산 배경 ·· 335
    3. 민간위탁의 성공을 위한 요소 ··· 338
    4. 주요국의 민간위탁 사례 ··· 339
    5. 한국에서의 민간위탁 ·· 345

제12장   전직지원서비스 ·· [장신철] ········· 353
    1. 산업구조 변화 및 인구 고령화에 따른 전직 수요 증가 ························· 353
    2. 전직지원서비스의 개념과 필요성 ·· 357
    3. 주요국의 전직지원서비스 ··· 360
    4. 우리나라의 전직지원서비스 현황 ·· 363
    5. 우리나라의 전직지원서비스 과제 ·· 369

제13장   디지털 고용서비스 ··· [이재갑] ········· 375
    1. 기술발전과 고용서비스의 디지털화 ··· 375
    2. 인공지능과 고용서비스 ··· 385
    3. 우리나라의 디지털 고용서비스 ··· 394

참고문헌 ··· 411

찾아보기 ··· 427

제1부

제1장

고용서비스의 의의와 발전

1. 고용서비스의 의의와 기능
2. 노동시장과 고용서비스의 발달
3. 한국의 고용서비스 관련법 및 주요 내용
4. 향후 고용서비스의 과제

고용서비스의 의의와 발전

고용서비스는 사람과 일자리를 연결하는 서비스로 노동수요자와 공급자에게 고용에 관한 다양한 지원을 제공한다. 과거에는 일자리 중개와 노동시장정보 제공이 핵심 기능이었으나 현대 노동시장에서는 실업급여의 지급과 취업지원을 위한 다양한 노동시장 프로그램을 운영하고 있다. 서비스 제공의 주체도 과거에는 공공고용서비스만이 강조되었으나 현대 노동시장에서는 민간고용서비스와의 동반성장과 협력관계로 발전되고 있다. 이 장에서는 고용서비스의 의의와 역할, 역사적 발전 과정, 우리나라의 고용서비스 관련법, 노동시장 변화에 따른 향후 과제에 대해 논의한다.

1. 고용서비스의 의의와 기능

가. 고용서비스의 의의

고용서비스(employment service)는 구직자와 고용주를 연결해 일자리의 매칭을 돕고, 구직자와 고용주에게 고용과 관련해 다양한 지원을 제공해 노동시장의 효율성을 증진하기 위한 종합서비스를 의미한다. 고용서비스는 구직자에게는 취업 기회를 제공하고, 고용주에게는 적합한 인재를 추천하는 데 중점을 둔다. 구직자에 대한 지원은 구직자에게 적합한 직업을 선택하고 경력을 개발할 수 있도록 도와주는 조언의 제공, 이력서와 자기소개서의 작성 및 면접 등 취업 준비의 지원, 적절한 빈 일자리의 알선, 직업능력의 평가 및 직업훈련 기타 각종 노동시장 프로그램으로의 연계 등으로 이루어지고, 고용주에 대한 지원은 구직자를 모집하기 위한 구인 광고의 작성 및 등록, 적절한 인재의 추천 또는 발굴, 채용절차의 대행 등 인력의 채용지원으로 이루어지며, 최근에는 인적자원관리·개발(HRM&D)에 관한 다양한 컨설팅 등으로 확대되고 있다. 또한 일자리 매칭을 위해 구직자의 적성·흥미·희망·지식·기술·경험 등과 고용주가 요구하는 구인 요건을 고려해 적합한 일자리와 인재를 매칭하고, 구직자와 고용주가 인터넷을 통해 직접 연결할 수 있도록 온라인 플랫폼을 제공한다. 그리고 구직자와 고용주에게 직업과 노동시장에 대한 정보를 제공한다.

노동시장에서 정보부족으로 인한 마찰적 실업만 존재한다면 고용서비스는 일자리 중개 기능만으로 충분했을 것이다. 그러나 자본주의 경제는 20세기에 들어서면서부터 경제불황에 따른 대량 실업을 경험하였으며 1970년대 이후에는 구조적 실업과 장기 실업이 증가하면서 국가가 노동시장에 개입하는 범위가 계속 확대되었고, 그에 따라 고용서비스의 기능도 계속 확대되었다. 20세기 초에는 대량 실업에 대응해 실업보험을 도입하는 국가들이 생겨나기 시작했고 1960년대 이후에는 OECD 국가들을 중심으로 「적극적 노동시장정책」(Active Labor Market Policy; ALMP)이 확산되었다. 1990년대 이후에는 복지국가 개혁에 따른 근로 연계 복지와 「활성화」(activation) 정책, 신공공관리론에 따른 민간위탁·성과관리 등이 시행되면서 고용서비스는 현대 국가에서 기업과 국민들의 경제활동에 필수 불가결한 서비스로 자리 잡았다. 고용서비스는 제공 주체에 따라 '공공고용서비스(Public Employment Service; PES)'와 '민간고용서비스(Private Employment Agency; PrEA)'로 나뉘며 공공과 민간에 따라 중점을 두는 서비스영역에 차이가 있다.

1) 고용서비스가 수행하는 업무

현대 노동시장에서 고용서비스가 담당하는 업무들은 여러 가지 각도에서 분류할 수 있으나 ILO에서 출판된 Thuy et al.(2001), OECD(2005), World Bank(2003)는 <표 1-1>과 같이 고용서비스의 업무들을 분류하고 있다. 가장 많이 통용되는 분류로서 세부적으로 내용을 살펴보면 다음과 같다.

1 일자리 중개

고용서비스의 핵심 기능으로 고용서비스의 모태가 된 분야이다. 일자리 중개 서비스가 필요한 이유는 구직자나 고용주 모두 빈 일자리와 구직자들에 대해 충분한 정보를 가지고 있지 않기 때문에 양측의 연결을 도와줄 수 있는 서비스가 필요하다는 데에 있다. 이러한 서비스가 없다면 사람을 채용하거나 취업하는 데에 좀 더 오랜 시간이 소요되고 실업률이 증가하게 될 것이다. 공공고용서비스(PES)와 민간고용서비스(PrEA) 간의 경쟁이 가장 치열한 분야이기도 하다. 다만 PES가 구직자에 대한 취업지원에 상대적으로 중점을 두면서 취업취약계층과 중소기업을 주된 대상으로 무료 서비스를 제공해 노동시장의 형평성을 함께 확보해 가는 반면에, PrEA는 헤드헌팅과 채용 대행 서비스, 전직지원서비스 등을 통해 기업을 주된 대상으로 맞춤형 서비스를 제공하는 유료 서비스 시장을 형성하고 있다. 한편, 디지털 기술이 발전해 가면서 대면 서비스 없이 self−service도 가능하게 되면서 여러 방면에서 고용서비스의 혁신을 유발하고 있다. PES의 경우에는 대면 서비스와 온라인서비스를 적절히 조합해 효율성과 효과성을 증대시켜 나가고 있으며, PrEA의 경우에는 디지털 기술을 적극적으로 이용한 새로운 비즈니스 모델을 개발해 가고 있다. 대면 서비스 없이 기업들로부터의 구인정보 만을 인터넷에 제공함으로써 수익을 창출하는 대형 PrEA 기업들도 많이 있고, IT와 AI 기술의 발달에 따라 off−line 사업을 해오던 고용서비스 기업들이 온라인 플랫폼 시장으로 진출함으로써 업역 간 경계가 허물어지고 있음은 주목할 만하다. 1980년대 이후에는 PrEA에 의해 근로자파견의 시장도 확대되고 있다. 일자리 중개에 관해서는 제4장에서 논의한다.

〈표 1−1〉 ILO, OECD의 고용서비스 분류

4대 분야	사업 내용
일자리 중개 (job brokerage)	• 구인·구직등록, 직업소개, 구인·구직개척 • 헤드헌팅, 채용대행, 전직지원서비스 등
노동시장정보의 제공 (provision of labor market information)	• 노동시장 동향, 구인·구직 동향 • 직업정보, 임금정보, 교육훈련 정보 등
노동시장 프로그램의 운영 (administration of labor market programs)	• 심층상담·집단상담 등 취업 활동 지원 • 직업훈련 등 적극적 노동시장정책
실업자 소득지원 프로그램의 운영(administration of income support programs for the unemployed)	• 실업급여, 실업부조를 통한 생계안정 • 조속한 취업을 위한 활성화(activation) 정책

2 노동시장정보의 제공

디지털 기술이 발달할수록 중요성이 커지고 있는 분야로서 노동시장 전체 및 산업·직업·지역별 고용동향, 구인·구직 동향, 임금 및 근로조건 정보, 직업에 관한 정보, 교육훈련에 관한 정보, 중장기 인력수급전망 등으로 구성되어 있다. 구직자와 구인자가 노동시장과 직업의 동향을 파악하고 올바른 결정을 내리는 데에 도움을 준다. 노동시장정보는 통계조사 또는 행정 데이터를 통해 구축되며 노동시장정보시스템(LMIS)으로 구축되어 운영된다. 직업에 관한 정보는 직업선택의 의사결정에 도움을 주는 직위, 직무, 직업에 관한 모든 종류의 직업정보를 의미하며, 디지털 고용서비스의 통합포털인 「고용24」를 통해 제공되는 한국직업사전, 한국직업전망, 한국직업정보(KNOW), 한국직업능력표준(NCS) 등이 대표적이다, 노동시장정보는 대표적인 공공재[1]로서 국가가 주로 생산과 공급을 담당하기는 하지만, 민간분야에서도 특화된 분야의 정보를 독자적으로 생산해 활용하고 있다. 노동시장정보의 지원에 관해서는 제9장에서 논의한다.

③ 노동시장 프로그램의 운영

최근 수십 년 동안 가장 큰 변화를 겪어 온 분야이다. 노동시장 프로그램은 매우 다양하나 모두 구직자의 고용가능성(employability)을 높이는 것을 목적으로 하는 공통점이 있다. Thuy et al.(2001)과 World Bank(2003)는 취업 활동 지원(job-search assistance)과 적극적 노동시장정책(ALMP)을 가장 대표적인 노동시장 프로그램으로 설명하고 있다.

○ 취업 활동 지원(job-search assistance)

실업자의 취업 활동을 지원해 주는 것으로, 구직자가 자신에게 적합한 직업 또는 경력을 선택할 수 있도록 직업진로지도를 제공하거나 구직자가 희망하는 직업에 취업할 수 있도록 구직의욕 고취, 구직활동 기술 향상, 취업 장애요인 제거 등을 목적으로 실시되는 집중 서비스(intensive services)를 의미한다.[2] 여기에는 심층상담과 같은 1대 1의 개인적 지원과 Job Club과 같은 집단 활동이 포함된다(Thuy et al., 2001).

최근에는 PrEA에서도 대학생 또는 졸업생 등을 대상으로 맞춤형 서비스를 제공하는 사업이 증가하고 있고, 우리나라의 고용복지⁺센터에서는 심층상담과 함께 취업의욕 고취와 구직기술 향상을 목적으로 하는 다양한 집단상담프로그램과 단기취업특강, 이력서·자기소개서·면접 클리닉 등이 제공되고 있다. 취업 활동 지원은 일자리 중개 기능과 밀접히 관련되어 운영되며 프로파일링을 토대로 꼭 필요한 사람에게 필요한 서비스를 제공한다. 세부 내용은 제4장의 직업상담에서 논의한다.

○ 적극적 노동시장정책(ALMP)

적극적 노동시장정책은 직업훈련, 고용장려금, 직접일자리 창출, 창업지원과 같이 노동시장의 수요 또는 공급에 적극적으로 개입해 일자리 창출, 실업의 예방, 취업취약계층의

---

1) 공공재란 여러 사람이 동시에 소비할 수 있으며, 어떤 한 사람의 소비가 타인의 소비가치를 감소시키지 않고 똑같은 소비수준을 가지게 되며, 또한 잠재되어 있는 모든 소비자를 배제할 수 없는 재화와 용역을 말한다.
2) 우리나라의 「구직자 취업촉진 및 생활안정지원에 관한 법률」에서는 대부분의 '취업 활동 지원(job-search assistance)'을 적극적 노동시장 프로그램과 함께 '취업지원 프로그램'으로 분류하고(제13조), 구직활동 기술 향상을 위한 이력서 작성·면접 기법 등 구직활동에 필요한 프로그램을 따로 구분해 '구직활동지원 프로그램'으로 분류하고 있다(제14조). 여기에서는 국제적으로 통용되는 Thuy et al.(2001)의 분류에 따라 설명하기로 한다.

고용 촉진 등을 목적으로 하는 프로그램이다. 1980년대 이후 신자유주의(Neo-liberalism)가 대두되고 복지국가 개혁과 복지수급자에 대한 「취업 우선」(work-first)이 강조되면서 OECD 국가의 핵심 고용정책 수단으로 부상하였다.

모든 ALMP 프로그램을 PES가 담당하는 것은 아니며 많은 프로그램이 민간기관에 위탁되어 집행되기도 한다. 그러나 PES는 노동시장에서 구직자와 기업의 니즈(needs)에 대한 전문적인 지식을 가지고 있고 지역 노동시장에서 서비스를 전달할 수 있는 인프라와 협력기관들의 네트워크를 가지고 있기 때문에 일반적으로 ALMP 프로그램의 설계와 집행에서 주된 역할을 담당하게 된다. ALMP 프로그램과 관련해 PES는 ① 직접 프로그램을 담당하여 운영하기도 하고 ② 모든 ALMP 프로그램을 관리하는 책임을 가지기도 하며 ③ 다른 기관에 위탁되어 운영되는 프로그램에 구직자를 연계(referral)해 주는 통합창구(gateway) 역할을 담당하기도 한다(World Bank, 2003). ③의 대표적인 사례로는 직업훈련을 들 수 있는데 직업훈련은 직업훈련기관에서 실시되고 PES는 직업능력개발을 필요로 하는 구직자를 직업훈련으로 연계해 주는 역할을 하고 있다.

ALMP 프로그램에서 PES가 어떤 역할을 담당하는지 그리고 다양한 ALMP 수단 중에서 어떤 프로그램에 대해 PES가 주도적인 역할을 하고 있는지는 국가마다 다르다(Thuy et al., 2001). 우리나라의 경우에는 ALMP 수단 중에서 국민내일배움카드를 중심으로 하는 직업훈련, 고용장려금을 PES가 직접 담당하고 있다.[3] 이 외에도 고령자·여성·청년·장애인 등 취업취약계층의 취업지원, 인력수급 불균형, 특정 지역·산업의 고용 상의 어려움 등을 해소하기 위하여 설계된 각종 노동시장 프로그램을 담당하고 있다.[4] ALMP와 활성화 정책에 대해서는 제5장에서 논의하고, ALMP 수단 중에서 우리나라의 PES가 직접 담당하고 있는 직업훈련과 고용장려금에 대해서는 제7장과 제8장에서 논의한다.

4 실업자 소득지원 프로그램

실업급여와 실업부조 등을 지급하여 실직자의 생계 안정을 도모하는 사업으로서 대부분의 OECD 국가들이 두 제도 모두 또는 어느 한 제도를 시행하고 있다. 실업급여와 실업부조의 수급요건, 수급기간은 노동력 공급에 미치는 영향이 크기 때문에 복지 수급에 안주

---

3) ALMP 수단에는 고용서비스, 직업훈련, 직접 일자리, 고용장려금, 창업지원 등이 포함되는데, 직접 일자리 사업은 지방자치단체, 노인인력개발원 기타 다양한 기관들이 담당하며, 창업지원은 PES에게는 전문성이 없기 때문에 소상공인진흥공단이 담당하고 있다.

4) 이들 프로그램의 경우에도 ALMP 또는 재정지원일자리사업의 분류기준에 따른 분류에서는 주된 수단에 따라 어느 한 유형으로 분류하게 된다.

하지 않도록 제도를 설계하는 것이 필요하며, 수급자의 취업 촉진을 위한 활성화 정책이 제대로 작동할 수 있어야 한다. 이러한 이유 때문에 PES가 실업급여와 실업부조의 집행을 직접 담당하는 것이 일반적이다. 특히 PES는 급여 수급자의 구직등록, 수급자격 판단, 구직활동 의무이행 여부의 판단 및 실업의 인정, 급여 수급자에 대한 취업지원 등과 같은 핵심 업무를 담당하게 되므로 ALMP 프로그램보다 훨씬 직접적으로 관여하게 된다(Thuy et al., 2001). 급여수급자에 대한 취업지원 업무가 민간위탁된 경우에는 PrEA도 취업지원에 관여하게 되며 이 경우에는 PES가 민간위탁을 관리하면서 위탁대상을 선정·배정한다. 실업자 소득지원에 대하여는 제6장에서 논의한다.

2) 이행노동시장 이론에서의 고용서비스

이행노동시장(TLM: Transitional Labor Market) 이론을 주창한 G. Schumid(2017)는 이상과 같은 고용서비스의 4가지 업무에서 더 나아가 "생애주기별 다양한 노동시장 이행과정에서의 위험을 효율적으로 관리하는 일련의 서비스"를 고용서비스로 정의하였다. 즉, 교육과정 이수 후 경제활동을 함에 있어서는 <그림 1-1>에서 보듯이 취업, 재직, 전직, 교육훈련, 실업, 휴직, 퇴직 등 I~V와 같은 다양한 상태로 이동하게 되는데, 이러한 이행을 원활하게 하기 위해서는 그에 맞는 고용서비스가 필요하게 된다.

〈그림 1-1〉 생애주기별 노동시장 이행상태

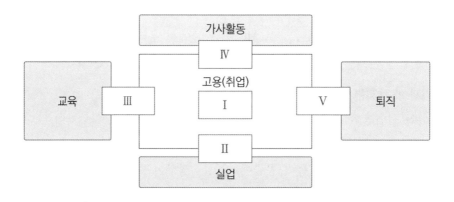

* Schumit(2017)

노동시장 이행에 필요한 고용서비스의 내용은 <표 1-2>와 같다. 고용서비스는 전통적으로 고용 ↔ 실업(Ⅱ유형)에 주된 관심을 기울여 왔지만, 이행노동시장이론에서 보는 바와 같이 현대 노동시장에서는 다른 유형들도 그에 못지않은 중요성을 가지게 된다. 이에 따라 고용서비스가 담당하는 역할도 전통적인 Ⅱ유형 이외에도 전직지원서비스, 학교로부터 취업으로의 이행(school-to-work)지원, 평생직업능력개발, 일·가정양립, 경력 단절 여성·고령자 등에 대한 취업지원 등으로 다양하게 확대되고 있다.

〈표 1-2〉 노동시장 이행에 필요한 고용서비스

생애주기	필요한 고용서비스
① Ⅰ 유형: 풀타임 고용 ↔ 시간제고용 ↔ 자영업	직업소개, 헤드헌팅, 근로자 파견 전직지원서비스(outplacement service)
② Ⅱ 유형: 고용 ↔ 실업·부분실업	실업급여 지급 재취업지원 및 취업알선
③ Ⅲ 유형: 교육·훈련 ↔ 고용	school-to-work(직업지도, 청년의 취업지원 등) work-to-school(평생직업능력개발, 일학습병행 등)
④ Ⅳ 유형: 가사활동 ↔ 고용	육아휴직 후 복귀 지원 경력단절 여성을 위한 취업지원
⑤ Ⅴ 유형: 고용 ↔ 퇴직	점진적 퇴직의 지원(phased-out retirement) 고령자 적합직종 취업지원

3) 고용관련법에서의 고용서비스 정의

우리나라에서 고용서비스에 대한 정의를 규정하고 있는 법률로는 「직업안정법」과 「고용정책기본법」이 있다.

○ 「직업안정법」에서의 정의

먼저, 「직업안정법」은 제2조의2 제9호에서 고용서비스를 "구직자 또는 구인자에 대한 고용정보의 제공, 직업소개, 직업지도 또는 직업능력개발 등 고용을 지원하는 서비스"라고 정의하고 있다. 고용정보의 제공, 직업소개, 직업능력개발은 용어 그 자체로서 의미를 이해할 수 있으나 직업지도에 대해서는 약간의 설명을 필요로 한다. 「직업안정법」은 직업지도에 대하여 "취업하려는 사람이 그 능력과 소질에 알맞은 직업을 쉽게 선택할 수 있도록 하기 위한 직업적성검사… 직업상담… 그 밖에 직업에 관한 지도를 말한다"고 정의하고 있다(제2조의2 제3호). 올바른 직업선택과 관련해 과거에는 직업지도라는 말로도 충분했으나 최근에는 청소년·학생 등에 대한 진로지도까지 포함하는 직업진로지도의 용어가 더 많이 사용되고 있고, 인구의 고령화가 진행될수록 생애경력설계라는 용어로 확대되어 가고 있다.

결국 직업안정법애서 정의하고 있는 고용서비스를 다시 한번 풀어서 설명해 보면 '고용정보의 제공과 직업소개를 통해 구직자와 구인기업의 알선을 실시하고 구직자가 직업선택에 어려움을 겪는 경우에는 적절한 직업선택을 할 수 있도록 직업진로지도를 실시하며 구직자가 희망 직업에 필요한 직업능력이 부족한 경우에는 직업훈련 등을 받을 수 있도록 지원하는 서비스'라고 하겠다.

○ 「고용정책기본법」에서의 정의

한편, 「고용정책기본법」 제6조 제1항 제10호에서는 실업의 예방, 고용안정, 근로자 이동의 지원, 취업취약계층의 고용 촉진, 일자리 창출 등 다양한 목표를 가지고 추진되고 있는 국가의 "제1호부터 제8호까지의 사항에 관한 시책[5]을 효과적으로 추진하기 위하여 하는" "구직자 또는 구인자에 대한 고용정보의 제공, 직업소개, 직업지도 또는 직업능력개발 등 고용을 지원하는 업무"를 고용서비스라고 정의하고 있다. 이 규정은 고용서비스의 궁극적인 목표가 노동시장정책의 목표 달성에 있음을 선언한 것이라고 하겠다. 이와 같은 점 때문에 「고용정책기본법」은 고용서비스를 확충하고 민간고용서비스시장을 육성하는 것을 국가가 추진해야 할 시책 중의 하나로 규정하고 있다.

참고

직업지도, 직업진로지도, 생애경력설계는 각각 어떻게 다를까?

직업지도(vocational guidance)는 개인이 자신의 적성, 능력, 흥미 등을 파악해 이를 바탕으로 적합한 직업을 선택하도록 돕는 과정으로서 주로 직업선택에 초점을 맞추며, 직업정보를 제공하고 직업 결정을 지원하는 활동을 포함한다. 직업진로지도(career guidance)는 직업선택뿐만

---

5) ① 고용·직업 및 노동시장정보의 수집·제공, 인력수급 동향·전망에 관한 조사·공표, ② 직업능력개발훈련 및 기술자격 검정, ③ 실업 예방, 고용안정 및 고용평등 증진에 관한 사항, ④ 산업·직업·지역 간 근로자 이동의 지원, ⑤ 실업 기간 중 소득 지원과 취업 촉진을 위한 직업소개·직업지도·직업훈련, 보다 나은 일자리로 재취업하기 위한 불완전 취업자의 경력개발 및 비경제활동인구의 노동시장 참여 촉진, ⑥ 노동시장의 통상적인 조건에서 취업이 특히 곤란한 사람과 수급권자 등의 취업취약계층의 고용촉진, ⑦ 사업주의 일자리 창출, 인력의 확보, 고용유지 등의 지원 및 인력 부족의 예방, ⑧ 지역 고용창출 및 지역 노동시장의 활성화를 위한 지역별 고용촉진.

아니라, 개인의 경력 개발 전반을 지원하는 과정으로서 개인의 직업선택 이후의 경력 경로를 계획하고, 관리하며, 지속적인 경력 개발을 할 수 있도록 돕는 활동을 포함한다. 생애경력설계(life career design)는 개인이 생애 전반에 걸쳐 자신의 직업 경로를 설계하고 관리하는 과정으로서, 직업뿐만 아니라 개인의 전체 삶과 관련된 계획을 포함하며 직업과 삶의 균형을 이루기 위한 장기적인 전략과 실천을 강조한다.

직업지도는 주로 구직자등의 직업선택이나 직업 탐색 단계에서 제공되며 특정 직업의 선택을 돕는 데 초점을 맞추는 데 비해, 직업진로지도는 직업선택뿐만 아니라 장기적인 경력 개발을 포함하게 되고 직업선택 이후에도 개인의 경력 개발 과정 전반에 걸쳐 지원을 제공하게 된다. 생애경력설계는 직업과 개인의 전체 삶을 조화롭게 통합하는 데 중점을 두며 이 과정에서 직업적 목표와 개인적 목표를 함께 달성할 수 있도록 돕게 된다.

과거에는 단기적인 관점에서 직업지도의 개념을 사용하였다면 평생직업능력개발 등이 강조되면서 중장기적인 관점에서의 직업진로지도의 개념이 주로 사용되게 되었으며, 백세시대 등 인구 고령화가 진행되면서 주로 중고령자를 대상으로 개인의 전 생애를 고려한 생애경력설계가 강조되고 있다.

4) 인적자원(HR) 서비스와 고용서비스

고용서비스의 인접 분야로 HR 서비스가 있다. HR 서비스는 기업이 인사 관리를 효과적으로 수행할 수 있도록 지원하는 다양한 활동과 기능을 포함하며, 채용·배치·인사고과·임금·훈련 등 인적자원관리(HRM)와 인적자원개발(HRD)의 모든 분야에서 제공된다. HR 서비스와 고용서비스는 인력에 관한 서비스라는 점에서는 같지만 <그림 1-2>에서 보는 바와 같이 서비스 제공자와 업무의 영역에서 차이가 난다. 우선 서비스 제공자 측면

〈그림 1-2〉 HR 서비스와 고용서비스의 영역

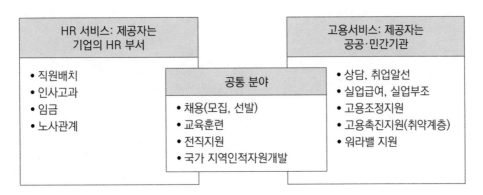

에서 HR 서비스는 기업의 HR 부서가 제공하는 반면, 고용서비스는 공공과 민간고용서비스기관들이 제공한다. 일반적으로 HR 서비스가 특정 기업의 인사와 교육훈련을 다루는 반면, 고용서비스는 우리나라 경제활동인구를 대상으로 취업지원, 실업 예방, 소득지원, 직업훈련 등 서비스를 제공한다. 다만, 채용(구인공고, 모집, 선발 등), 교육훈련, 전직지원 분야는 HR 서비스와 고용서비스가 공통적으로 다루는 분야이다.

그런데, HR 서비스의 경우 기업들이 HR 업무의 일부 기능을 외부기관에 아웃소싱하거나 외부의 컨설팅을 받아 수행하기도 한다. 이 경우에는 HR 아웃소싱, HR 컨설팅 회사들이 HR 서비스를 담당하게 되는데 이때 고용서비스와의 공통 분야인 채용, 근로자파견, 전직지원 등은 민간고용서비스기관들이 담당하게 된다. 이 경우 민간고용서비스기관들과 HR 서비스 업체들은 같게 되며, 따라서 민간고용서비스업체들은 고용서비스산업과 HR 서비스산업을 동시에 구성하게 된다. 최근에는 PES도 기업들과의 파트너십 형성을 위해서는 중소기업들이 필요로 하는 HR에 관한 컨설팅을 실시하여야 한다고 강조되고 있고, HR 서비스 분야에서도 기업 단위의 HRD에서 벗어나 일학습병행제, 지역·산업 맞춤형 직업훈련 등 국가와 지역 차원의 HRD에 대한 활동을 해나가고 있는 등 HR 서비스와 고용서비스의 영역이 겹치는 부분이 점차 증가해 가고 있다.

5) 종 합

이상에서 살펴본 고용서비스의 정의를 종합해 보면 고용서비스는 "사람과 일자리를 연계하는 서비스로서 직업상담과 취업알선, 노동시장정보 제공 등에 의하여 일자리를 매칭하고 직업훈련 기타 노동시장정책을 통해 노동 수요와 노동 공급에 영향을 미침으로써 고용을 창출·유지하고 촉진하는 것을 목표로 하는 종합서비스"라고 정의할 수 있다. 고용서비스는 노동수요자인 기업과 노동공급자인 구직자 양측 모두를 위한 서비스로서 <그림 1-3>과 같은 정책 수단을 통해 노동시장의 효율성을 높이는 기능을 한다.

<그림 1-3> 노동수요·공급 측을 위한 고용서비스 정책

노동수요(기업 등) 측 정책	노동공급(구직자 등) 측 정책
• 채용지원 • 인재 추천 및 채용 대행 • 고용장려금 • 직접일자리 • 사업주 직업훈련 지원 • 고용유지 지원 등	• 직업상담 및 취업알선 • 취업 활동 지원, 일경험 • 소득지원(실업급여, 부조 등) • 직업훈련 • 일·가정 양립 지원 • 각종 복지서비스(주로 지자체)

나. 고용서비스의 기능

고용서비스(공공＋민간)는 국가 경제가 필요로 하는 노동력을 효율적으로 배분해 주는 신호등과 도로와 같은 역할을 한다. 2000년대 이후 성장잠재력의 하락과 일자리 증가세의 둔화, 직장이동의 증가(평생고용의 쇠퇴)와 고용의 외부화 등 경향에 따라 현대화된 고용서비스 체계의 구축은 갈수록 중요해지고 있다. 인력을 적재적소에 얼마나 신속하게 배치해 주느냐 하는 것은 고용증대 및 국가경쟁력 향상과 직결되기 때문이다. 정부가 수립·시행하는 각종 고용·실업대책도 효율적인 고용서비스 전달체계가 있어야만 정책의 효과가 나타날 수 있다.

<그림 1-4> 고용서비스의 기능

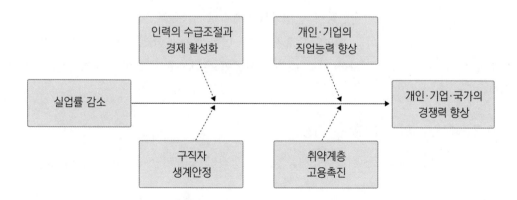

고용서비스가 효율적으로 작동되는 경우에는 <그림 1-4>와 같은 효과를 가져와 실업률 감소, 생계안정, 인력의 수급조절, 직업능력 향상 등을 가능하게 함으로써 경제성장과 사회적 포용성(social inclusiveness)에 긍정적인 영향을 미치게 된다(OECD, 2015b; ILO, 2018). 이를 보다 구체적으로 살펴보면 다음과 같다.

1) 실업률 감소 기능

자본주의 경제에서는 경제의 변화와 산업구조의 개편에 따라 마찰적 실업, 구조적 실업, 경기적 실업 등이 나타날 수 있다. 마찰적 실업은 구인·구직정보의 부족 등으로 나타날 수 있으므로 구직자와 구인자에게 필요한 정보를 제공하고 원활한 매칭서비스를 실시함으로써, 그리고 직업진로지도를 통해 개인의 능력과 적성 등에 부합하는 직업·진로를 선택하고 시장임금과 의중임금(reservation wage)[6] 간의 격차를 해소해 나감으로써 실업을 감소시킬 수 있다. 경기 위축에 따라 경기적 실업이 발생하는 경우에는 실업자 소득지원 및 고용창출·유지를 위한 ALMP를 통해 실업 문제에 대응하고, 구조적 실업의 경우에는 산업의 쇠퇴와 성장, 기술의 발전 등과 같은 경제의 구조적 변화로 발생하기 때문에 신기술 습득을 위한 교육·훈련상담과 지역간·산업간 인력이동을 원활히 하기 위한 취업지원 등을 통해 실업률 감소에 기여할 수 있다.

2) 인력의 수급 조절과 경제활성화 기능

고용서비스는 노동시장에서의 「정보의 비대칭」(information asymmetry)을 해소함으로써 인적 자원의 효율적인 배치를 촉진할 수 있으며, 취업알선, 직업상담, 직업훈련 등 다양한 서비스를 통해 기업이 필요한 인재를 빠르게 채용하고 구직자는 적합한 일자리를 빨리 찾을 수 있도록 도와줌으로써 노동시장에서 원활한 인력수급이 이루어질 수 있도록 지원한다. 또한, 고용서비스는 기술변화나 산업 구조 변화로 인해 직업전환이 필요한 구직자에게 직업훈련, 재교육 기회를 제공함으로써 경제 변화에 대응할 수 있는 능력을 갖출 수 있도록 도와주고 인력의 원활한 이동 등 노동시장의 유연성을 제고해 경제의 활성화에 기여한다.

3) 취약계층을 위한 고용촉진 기능

장애인·고령자·청년 등 취업취약계층들은 통상적인 노동시장 조건에서는 일자리를 찾

---

6) 개인이 일자리를 구할 때 받기를 원하는 최소한의 임금수준으로서 유보임금, 희망임금이라고도 한다.

는 것에 어려움을 겪는 계층으로서 특별한 지원이 없으면 장기 실업이 될 가능성이 높은 계층이다. 따라서 이들 계층을 위해서는 PES가 중심이 되어 구직의욕을 제고하고 취업능력을 향상시키기 위한 다양한 취업지원 서비스를 제공한다. 여기에는 직업경험을 갖추도록 하기 위한 일경험 프로그램과 직업능력을 개발하기 위한 직업훈련 프로그램이 포함된다. 노동시장 수요측면에서는 취업취약계층의 생산성 부족을 상쇄해 줄 수 있도록 임금보조를 해 준다면 기업의 노동비용을 그만큼 줄여주는 효과가 있기 때문에 이들의 고용기회를 확대해 고용증대 효과로 나타날 수 있다. 취업취약계층에 대한 고용서비스의 지원은 노동시장에서의 형평성 제고 차원에서 PES가 담당해야 하는 기본적인 존재 이유가 되겠다.

4) 생계안정 기능

실업보험 제도를 가진 국가에서는 실업보험료 부과를 통해 형성된 기금을 사용해 근로자가 불가피하게 이직을 하는 경우에는 실업급여를 지급함으로써 생계안정에 기여한다. 반면, 실업부조 제도는 노사의 기여금 없이 일반재정에 의해 운영되는 사회안전망으로서 자산조사(means test)를 기초로 하여 저소득가구의 실업자에게 생계를 지원한다. 실업급여와 실업부조 모두를 가진 국가(독일, 영국, 프랑스, 한국 등)도 있지만, 실업부조가 없는 OECD 국가(미국, 벨기에)도 있다. 빈곤층에 대한 공공부조와 실업부조의 관계도 국가에 따라 다양하게 운용되고 있다. 실업급여의 지급과 실업부조는 취업지원 기능과의 효과적인 연계를 위하여 PES가 담당하는 것이 일반적이다.[7]

5) 직업능력 향상 기능

직업훈련은 적극적 노동시장정책(ALMP)의 핵심 수단으로서 구직자들의 부족한 직업능력을 보충하거나 경력개발을 목적으로 수행된다. 최근에는 국민들에게 평생에 걸쳐 직업에 필요한 직무수행능력을 습득·향상시키기 위한 평생 직업능력개발 기능으로 발전해 가고 있다. 고용서비스는 직업·훈련상담을 통해 구직자와 재직자를 대상으로 직업훈련, 재교육, 경력개발 프로그램 등을 제공함으로써 이들의 직업능력을 향상시켜 개인의 고용가능성을 높이고 기업의 스킬 수요를 충족시켜 경제 전체의 경쟁력을 향상시킨다. 이와 같이 직업훈련은 학교 교육과 함께 노동시장의 노동 공급에 영향을 미치는 중요한 정책 수단이다. 직업훈련기관 또는 기업의 사내훈련시설에서 집체훈련 형태로 제공되기도 하고

---

7) 반면, 저소득가구에 대한 공적부조(public assistance)는 지자체가 담당하는 것이 일반적이다.

사업장 내에서 현장훈련(OJT) 형태로 제공되기도 한다. 최근에는 디지털 기술의 발전에 힘입어 온라인 훈련의 중요성이 커지고 있으며 가상현실(Virtual Reality, VR) 기능을 통해 훈련의 접근성과 효과성을 높이고 있다.

2. 노동시장과 고용서비스의 발달

가. 1945년 이전까지: 고용서비스의 구축기

모든 시장에는 수요자와 공급자가 존재하며, 수요·공급에 의해 거래량과 가격이 결정된다. 상품시장과 마찬가지로 「노동시장」(labor market)에도 역시 노동의 수요자인 기업과 노동의 공급자인 근로자가 존재한다. 생산가능인구(통상 15세 이상 인구)가 되면 사람들은 경제활동에 참여하여 노동 공급의 대가로 수입을 얻어 생활하게 된다. 여기에서 노동의 수요자인 기업과 노동의 공급자인 근로자 사이에 노동시장이 형성되며, 구인자와 구직자를 연결시켜 주는 일자리 중개(brokerage) 기능인 직업소개가 필요하게 된다.

18세기 후반 증기기관의 발달로 촉발된 산업혁명은 공장생산과 도시화를 촉진하였고, 19세기에 들어 산업화가 진전되면서 민간 일자리 중개기관들이 나타나게 되었다. 고용서비스의 역사는 이러한 일자리 중개 기능으로부터 출발하였다. 19세기 중반부터는 일자리의 공급을 조직화하고 과잉 노동력을 산업수요에 맞춰 신속하게 배분하기 위한 목적으로 노동조합과 사용자단체들이 일자리 중개에 관여하기 시작하였다. 그런데 노동조합은 이러한 사용자의 개입에 대해서 노동조합의 파업을 무력화하기 위한 시도로 악용될 수 있다고 우려한 반면에, 사용자들은 노동조합이 채용시장을 지배하게 되면 '클로즈드 숍(closed shop)'[8]으로 이어질 수 있다고 우려하게 되었다. 이와 같은 노사 간의 상호불신을 배경으로 19세기 말부터 20세기 초에 걸쳐 지방정부를 중심으로 중립적인 입장에서 일자리 중개기관에게 예산을 지원하는 형태로 노동시장에 개입하기 시작하였다.

이러한 상황에서 1919년 노사정 3자 조직으로 창설된 ILO[9]의 등장은 PES와 PrEA의 역할에 상당한 변화를 가져왔다. ILO는 1919년에 제2호 「실업 협약」(Unemployment

---

8) 특정한 노동조합의 조합원만을 채용하도록 하는 노사 간의 협정을 의미한다. 우리나라에서는 부당노동행위로서 금지하고 있다.

9) 1944년 필라델피아 총회에서 "노동은 상품이 아니다."(Labor is not a commodity)라는 선언을 함으로써 노동의 존엄을 확인하였다.

Convention, No. 2)을 채택하면서 중앙정부가 무료로 서비스를 제공하는 전국적인 PES 망을 구축해야 함을 명시한 데 이어 1933년에는 제34호 「유료 민간고용서비스기관에 관한 협약」을 제정해 PrEA의 설립을 금지하고 기존의 PrEA는 3년 안에 폐지하도록 하였다. 이러한 조치는 직업소개에 있어서 PES의 독점 원칙을 규정한 것으로 당시 PrEA에 의한 직업소개가 이루어지면서 중간착취가 심했던 폐해를 막기 위함이었다. 이 시기에 중앙정부에 의한 전국적인 PES망은 영국에서 1909~1912년에 걸쳐 최초로 설치되었다. 이어서 독일에서 1922년에, 네덜란드에서 1930년에 각각 중앙정부 주도하에 PES가 설치되었고, 미국에서는 1932년에 Wager-Payser Act에 의해 PES가 설치되었다.

한편 20세기 초부터는 실업보험(unemployment insurance)을 도입하는 국가들도 생겨났다. 1911년 영국, 1927년 독일이 도입하였고, 프랑스는 20세기 초부터 노동조합 차원에서 자발적으로 실업공제 제도를 실시해 오다가 1959년 국가 차원의 실업보험 제도로 전환시켰다. 미국은 세계 대공황을 거치고 난 후인 1935년 사회보장법(Social Security Act) 제정을 통해 도입하였다. 일본은 제2차 세계대전이 끝나고 미군정의 권고를 받아들여 1947년부터 실업보험을 시행하였다.

나. 1946년~1980년대: 고용서비스의 확대기

1945년 제2차 세계대전이 끝나고 나서 서구 경제는 소위 '영광의 30년'(glorious 30 years)이라는 고도성장기를 구가함에 따라 고용서비스가 경제성장과 완전고용 달성에 있어 중요한 수단으로 인식되었다. Keynes 경제이론에 힘입어 서구 경제는 1973년 오일 쇼크 이전까지 사실상 완전고용을 이루었고 복지와 노동권의 확충도 이루어졌다. 고도성장에 필요한 인력수급에 차질이 없도록 ILO는 1949년 제83호 「고용서비스에 대한 권고」 (Employment Service Recommendation, No. 83)를 통해 취업, 노동시장정보, 지역·직종 간 노동시장의 이동성 제고를 위한 지역 단위의 PES 설치를 권고하였고, 제96호 「(개정) 유료 고용서비스기관 협약」(Fee-charging Employment Agencies Convention (Revised), No. 96)을 채택해 중앙정부의 엄격한 통제하에 PrEA 운영을 허용함으로써 직업소개에 있어서 PES의 독점을 폐지하였다. 그러나, 제96호 「(개정) 유료 고용서비스기관 협약」을 비준한 국가 41개국 중에서 1980년대까지 PES 독점의 원칙을 폐지하지 않은 국가들이 29개국에 달할 정도로 많은 유럽 국가들은 직업소개에 대한 PES 독점의 원칙을 그대로 유지하였다(ILO, 1994).

1960~1970년대 초반까지는 고도성장을 뒷받침할 수 있는 PES의 중요성이 부각되면서 각국에서 PES의 확충이 이루어졌다. 프랑스에서는 1967년 국립고용청(ANPE)이 설립되었고, 독일에서는 1969년 고용촉진법(AFG)이 제정됨에 따라 연방고용청(BA)의 설립 근거가 마련되었다. 아울러 1960년대부터 컴퓨터가 보급되기 시작하고 대용량의 컴퓨터가 출현하면서 노동시장정보(Labor Market Information)의 수집·분석·제공이 고용서비스의 한 분야로 발전하기 시작하였다. PrEA의 경우에는 영미계 국가들과 독일·프랑스 등 대륙계 유럽 국가들 사이에서 서로 다른 경로를 밟게 되었다. 본래부터 시장주의 경향이 강한 영미계 국가들[10]에서는 이 기간에 PrEA가 크게 성장했던 반면에, PES 독점의 원칙을 견지한 대륙계 유럽 국가들에서는 PES를 중심으로 고용서비스가 발전하였고 PrEA는 1980년대 후반 이후부터 허용되기 시작하였다.

노동시장 프로그램의 경우에는 1960년대부터 OECD 국가의 인력 부족 현상에 대응하기 위한 목적으로 직업훈련을 중심으로 한 ALMP가 인력정책(manpower policy)이라는 이름으로 추진되었다. 이어서, 1970년대 오일 쇼크로 인한 경제위기가 발생하자 본격적으로 대량 실업에 대응하기 위한 목적의 ALMP가 추진되었다. 이에 따라 고용서비스의 범위가 취업알선, 실업급여뿐만 아니라 다양한 고용대책, 장애인·고령자·여성 등 취약계층의 고

〈그림 1-5〉 ALMP의 3대 구성 요소

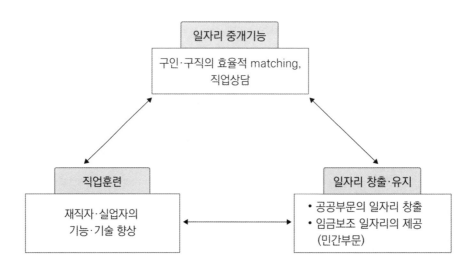

10) 미국, 영국, 아일랜드, 호주, 스위스 등이 이러한 국가에 해당한다.

용촉진 사업, 전직 및 창업지원, 임금보조사업, 직업훈련, 기업지원 서비스까지 확대되었다. ALMP의 역사는 국가에 따라 제1차 세계대전까지 거슬러 올라갈 수 있지만, 이를 체계화시킨 것은 1940년대 후반~1950년대 초반 스웨덴의 노동조합 경제학자인 G. Rehn과 R. Meidner이다. ALMP는 <그림 1-5>와 같이 3가지 요소로 구성되며, 고용서비스 제공의 핵심 수단이 되고 있다.

다. 1990년대 이후: 고용서비스의 혁신기

1973년, 1978년 두 차례의 오일 쇼크는 전후의 성장모델에 위기를 가져왔고, 그에 따라 저성장과 과도한 복지비 지출을 타개할 수 있는 새로운 경제 사조로서 '신자유주의'(Neo-liberalism)가 등장하였다. 1970년대 이후 Keynes 이론을 비판하면서 등장한 신자유주의는, 『작은 정부, 큰 시장』이라는 철학 아래 규제 완화, 정부 역할의 축소, 시장을 통한 경쟁을 주창하면서 자유무역, 금융 자유화, 노동시장 유연화, 세계화를 이끌었다. 1979년에 집권한 영국의 M. Thatcher 수상(1979~1990)과 1981년에 집권한 R. Reagan 행정부(1981~1989)는 이러한 신자유주의 사조(Neo-liberalism)하에 기존의 노동시장정책과 복지국가의 틀에 대대적인 개혁을 단행하였다. OECD(1994)는 「Jobs Study」 발표를 통해 실업급여 지급 기간의 축소와 소득대체율의 인하, PES 독점의 폐지, 직업훈련의 강화, 고용보호 조항의 완화 등을 권고함으로써 개혁의 필요성을 뒷받침하였다.

○ 시장주의와 복지개혁의 추진

이에 따라 OECD 각국에서는 '근로연계복지'(workfare)11) 또는 '일을 통한 복지'(welfare-to-work)12)와 고용친화적 사회정책(work-friendly social policy)이 전면에 등장하였고, 자본주의의 황금기에 팽창되었던 노동조합의 권한은 제한받기 시작하였으며, 정부가 관장해 오던 복지 영역들이 민간에 위탁 또는 이전되었다. 신자유주의는 1989년 소련연방 붕괴에 따른 동서냉전 체제의 종식과 세계무역 확대를 위한 WTO 체제 출범, BRICs 국가

---

11) 근로능력이 있는 공공부조 수급자에게 근로 관련 활동에 대한 참여를 의무화시키는 정책을 의미하며, workfare의 전제는 노동시장에 일자리가 충분하고 어떤 일자리도 실업에 비해서는 낫다("Any job is better than no job")는 것으로, 일을 통해 보다 수익이 좋은 job으로 이행할 수 있다고 본다.

12) 복지 혜택을 받는 사람들을 대상으로 일자리를 찾고 경제적으로 자립할 수 있도록 지원하는 정책 또는 프로그램을 의미한다. workfare와 기본적인 목적은 같으나 welfare-to-work가 경제적 인센티브, 교육훈련, 취업알선 등을 통한 자립 지원 쪽을 상대적으로 강조한다면, workfare는 복지 혜택을 받기 위해서는 공공서비스 작업에 참여하는 것을 요구하는 등 강제성이 좀 더 강한 차이가 있다. workfare는 미국에서 기원한 개념이고 welfare-to-work는 영국 등 유럽에서 더 많이 사용하는 개념이다. 서로 혼용되어 사용되기도 한다.

들의 급부상 등에 따라 더욱 탄력을 받았다. 신자유주의는 복지의존성을 탈피할 수 있도록 전통적인 복지국가 개념에 반대하고 국가의 개입보다는 일과 '시장의 힘'을 강조함으로써 위기 확산에 따른 정치적 지지를 확보하였다. 이에 따라 다양한 복지개혁이 추진되었고 고용서비스 전달체계에도 변화를 가져왔다(이상현, 2009: 장신철, 2011).

○ PES 독점의 폐지와 PES의 혁신

1990년대에 들어서서 유럽 각국에서도 직업소개에 대한 PES 독점 원칙의 폐지가 본격화되었다. 제2차 세계대전 이후에 영미계 국가들을 중심으로 이루어진 민간고용서비스기관의 지속적인 성장은 PES와의 긴장 또는 협조 관계를 유지시키면서 PES의 개혁을 이끄는 원동력이 되었다. 영국·네덜란드는 민간기관과의 파트너십 하에 다양한 사업을 민간고용서비스기관에 위탁하였고, 호주는 1997년 PES를 폐지하고 모든 서비스를 민간기관으로부터 구매하는 극단적인 모델을 채택하기도 하였다. 이와 같은 민간 위탁의 확대로 PrEA는 다시 한번 크게 성장하였다. ILO도 1997년 제181호 「민간고용서비스기관 협약」(Private Employment Agencies Convention, No. 181)을 채택하여 노동시장의 수요에 맞는 다양한 고용서비스 제공을 위해서는 PES뿐만 아니라 PrEA와의 동반성장이 불가결한 것으로 인식하고 공공부문의 독점을 공식 포기하게 되었다.

각종 복지급여 수급자들에 대한 취업우선전략(work-first) 조치가 추진되었고, 실업급여 수급자에 대한 활성화 정책도 강화되었다. 아울러, 구직자 프로파일링 및 맞춤 서비스의 제공, 고용·복지 원스톱 서비스의 강화와 서비스의 기능적 통합(서비스의 통합화), 성과관리체계의 강화, 시장 메커니즘의 도입, 분권화(decentralization) 등 개혁이 이루어졌다(World Bank, 2003; Dar & Whitehead, 2003, 유길상, 2020). 성과관리는 목표설정과 평가 및 그에 따른 보상(인센티브) 제공 등 목표관리제(Management by Objectives: MBO) 방식을 따르게 된다. 시장 메커니즘은 다수의 민간기관에 PES의 집행 기능을 위탁함으로써 민간기관 사이의 경쟁을 촉진할 수 있는 준시장(quasi-market)을 형성하거나, 구직자에게 바우처를 발급하여 구직자가 민간훈련기관·직업소개기관을 선택하여 이용하게 됨으로써 소비자 주권과 비용 효과성을 높이는 방안을 취할 수 있다(Carey et al., 2020; Lewis, 2017; Le Grand, 2011). 분권화는 중앙정부가 여전히 예산과 정책 개발, 평가 기능을 갖더라도 세부 사업의 설계와 집행에 대해서는 지역의 일선기관들이 주민들의 니즈에 맞게 할 수 있도록 자율성을 부여하는 것이다.[13]

---

13) 제5장 적극적 노동시장정책과 활성화 정책에서 상세히 소개한다.

○ 우리나라에도 본격적인 고용서비스 체제가 구축

우리나라는 1995년 고용보험제 시행 이전까지 PES가 취업알선 기능과 직업훈련(훈련의무제) 이외에는 이렇다 할 제도적인 수단을 갖지 못하다가 고용보험제 시행을 계기로 실업급여, 고용안정사업, 직업능력개발사업을 통해 다양한 고용정책과 ALMP를 추진할 수 있는 소요재원 및 정책수단을 갖게 되었다(정병석 외, 2022). 우리나라의 PES는 1997년 외환위기를 계기로 고용노동부 직속기관으로 고용센터가 전국적으로 설치되었고 인력과 시설이 꾸준히 확충됨으로써 외형적으로는 선진국 수준의 인프라를 갖추게 되었다. 그러나 고용서비스 관련 사업의 확장 속도에 비해 PES의 인력 충원이 미진했던 관계로 많은 사업들이 민간위탁되었다. 대표적으로 2010~2019년까지 취업성공패키지 사업이라는 초대형 민간위탁사업이 시행됨으로써14) 준시장(quasi-market)이 형성되었고 2020년부터는 국민취업지원제라는 한국형 실업부조 사업으로 전환되어 시행되고 있다. 취업성공패키지 사업은 민간고용서비스기관들이 성장하는 토양을 제공하였으며, 다국적 HR 기업들도 한국 시장에 진출하는 계기가 되었다.

라. 종 합

OECD 국가의 경우 PES는 이제 어느 국가에서나 핵심적인 국가 인프라의 하나가 되었고, 전달체계로는 대부분 노동부가 직속 고용센터(예: 영국, 한국, 일본)를 운영하거나 별도의 고용공단(예: 독일, 프랑스)을 통해 서비스를 제공하고 있다. 취약계층을 위한 생계급여 지급 등 복지(welfare) 서비스가 주로 지방정부를 통해 제공되는 것과 대비된다. PrEA는 PES가 갖기 어려운 특정 분야에 대한 전문성 그리고 경쟁을 통한 효율성을 확보함으로써 PES와의 협업을 통해 공존하고 있으며, 때로는 PES와 경쟁을 하기도 한다. 임시직(기간제, 파견, 일용 등) 사용 등 노동시장에 대한 규제가 많고 방대한 PES를 운용하고 있는 유럽 국가들(특히 독일, 프랑스)은 PrEA의 역할이 제한적인 반면, 노동시장에 대한 규제가 적고 근로자파견(Temporary workers agency)이 엄청나게 발달해 있는 미국의 경우에는 PES의 역할이 제한적이다. 대신 Manpower, Maximus, Kelly Services, Monster.com 등 세계적인 영업망을 가진 대형 PrEA와 중소규모 기관들이 인력수급에 있어 핵심적인 역할을 담당하고 있다.

---

14) 2008년 미국발 금융위기가 전 세계로 확산되자 정부는 2009년 1만명 규모의 취업성공패키지 시범사업을 시작하였으며 2017년에는 연간 37만명(민간위탁 18만명 포함) 규모로 성장하였다.

〈그림 1-6〉 고용서비스의 발전 과정

고용서비스의 구축기 (1945년까지)	고용서비스의 확대기 (1946~1980년대까지)	고용서비스의 혁신기 (1990년대 이후)
• PES에 독점적 지위 부여 • 전국단위의 PES 구축 • PrEA 설립 금지(ILO) • 실업보험제 도입	• PrEA 허용(ILO) • 영미계 국가의 PrEA 성장 • 대륙계 국가의 PES 성장 • ALMP의 본격적 추진	• PES와 PrEA의 동반성장 • 시장주의 및 복지개혁 • PES의 민간위탁·분권화 등 • 활성화(activation) 정책

이상과 같은 고용서비스의 역사적 발전 과정을 살펴보면 <그림 1-6>과 같이 정리해 볼 수 있겠다.

첫 번째 시기는 19세기부터 제2차 세계대전까지의 기간으로 고용서비스의 구축기에 해당한다. 이 기간은 고용서비스가 태생하여 인력중개 기능을 담당하는 전국적인 PES망이 구축되기 시작한 시기이다. 이 시기 동안에 ILO에서는 유료 직업소개기관을 금지하는 협약을 채택하고 있어서 PrEA가 위축된 사실상 PES 독점의 시대라고 할 수 있다. 20세기 들어서는 대량 실업의 발생으로 실업보험제가 도입되기 시작하였다.

두 번째 시기는 1946년부터 1980년대까지의 기간으로 고용서비스의 확대기이다. 이 시기는 사실상 두 기간으로 나뉜다. 제2차 세계대전 이후 고성장을 기록한 1960년대까지의 기간과 1970년대 두 차례 오일 쇼크의 발생으로 인해 경제침체와 고실업에 빠진 1970년대와 1980년대의 기간이다. 전후 고성장에 따른 인력 부족을 경험한 전반기에는 고용서비스의 중요성이 증가하였으며 ILO에서도 회원국들이 PES 독점의 원칙을 따르지 않을 수 있도록 허용하였다. 영미계 국가에서는 PrEA가 크게 성장한 반면에 대륙계 유럽 국가들에서는 PES 독점의 원칙을 유지하면서 고용서비스는 PES를 중심으로 성장하였다. 1960년대부터는 인력 부족 문제를 해소하기 위해 직업훈련 중심의 ALMP가 추진되기 시작하였다. 1970년대 이후의 후반기에는 경기 불황에 따라 구조적 실업과 장기 실업이 급증한 시기로서 OECD 각국에서는 실업문제에 대응하기 위해 일자리 창출과 실업문제에 대응하기 위한 ALMP를 본격적으로 추진하였다.

세 번째 시기는 고용서비스의 혁신기로서 신자유주의의 확산과 그에 따른 복지개혁, 그리고 실업급여 수급자 또는 복지급여 수급자의 일을 통한 복지 실현을 위한 활성화(activation) 정책의 추진, 민간기업의 관리기법을 행정기관에 도입해 행정서비스의 혁신을 도모한 신공공관리론(New Public Management Theory)의 대두에 따라 PES의 민간위탁, 성과관리, 맞춤형 고용서비스의 제공, 분권화 등 각종 고용서비스의 혁신 조치가 추진되었다. 대륙계 유럽 국가들에서도 PrEA가 허용되었으며, 신공공관리론이 지향한 시장체제 아래에서는 소비자 선택(choice)과 경쟁(competition)을 강조함에 따라 다수의 민간기관에 서비스 제공을 위탁하여 준시장(quasi-market)을 형성한 후에 소비자가 서비스 제공기관을 선택하고 정부는 민간기관의 성과를 평가하여 위탁비용을 지급하는 모델이 확산되었다. OECD 국가 중 민간위탁이 가장 활발한 국가로는 호주, 영국, 네덜란드, 한국을 꼽을 수 있다.

3. 한국의 고용서비스 관련법 및 주요 내용

가. 고용서비스 관련법

고용서비스 분야별 관련법은 <표 1-3>과 같다. 직업소개와 관련된 중간착취를 금지할 목적으로 1961년에 직업안정법이 제정되었으며, 1970~1980년대에는 직업훈련 관련법이, 1990년대 이후에는 고용관련법이 집중적으로 제정되었다. 1980년대까지는 경제성장

〈표 1-3〉 고용서비스 관련법의 종류

분야	법명(제정 연도)
고용 분야의 모법(母法)	고용정책기본법(1993)
일자리 중개 관련법	직업안정법(1961), 채용절차의 공정화에 관한 법률(2014)
	파견근로자의보호 등에 관한 법률(1998)
실업자 생계안정을 위한 법	고용보험법(1993)
	구직자 취업지원 및 생활안정지원에 관한 법률(2020)
대상별 취업촉진을 위한 법	고용상 연령차별금지 및 고령자고용촉진에 관한 법률(1992)
	장애인고용촉진 및 직업재활법, 청년고용촉진 특별법(1991)
	남녀고용평등 및 모성보호에관한법률(1999)
	여성의 경제활동 촉진과 경력단절 예방법(2008)
직업능력개발 관련법	직업훈련법(1967) * 이후 「근로자 직업능력 개발법」, 「국민 평생 직업능력 개발법」으로 변천
	직업교육훈련 촉진법(1997), 일학습병행법(2019)
	국가기술자격법(1973), 숙련기술장려법(1989)

에 필요한 기능인력 공급이 급선무였던 시기였으므로 직업훈련 관련법 제정이 많이 이루어진 반면에, 1990년대에 제조업 생산직의 인력난과 산업구조조정에 따른 고용불안이 동시에 발생하면서 우리나라 노동시장의 구조적인 변화에 대한 대응을 위해 1990년대 초부터 고용정책기본법, 고용보험법, 고령자고용촉진법, 장애인고용촉진법 등 고용관련법 제정이 이루어짐으로써 고용정책 및 고용서비스와 관련된 다양한 정책 수단을 갖게 되었다. 1990년대는 서구에서 고용서비스가 확대기를 거쳐 혁신기에 돌입한 시기로서 활성화 정책을 비롯한 다양한 혁신 조치가 이루어지고 있었던 시기이다. 이러한 관계로 이 시기에 제정된 고용서비스 관련법들은 처음부터 활성화(activation) 정책과 같은 조건 등을 포함해 법률이 제정되었다.

나. 주요 법 내용의 소개

1) 「고용정책기본법」

고용 분야의 헌법적 기능을 하는 법이다. 주요 내용을 보면, 5년마다의 고용정책기본계획 수립, 고용정책심의회의 운영, 직업안정기관의 설치와 운영, 민간고용서비스산업의 육성, 고용영향평가, 재정지원 일자리사업에 대한 평가·조정, 고용정보시스템의 구축·운영, 특별고용지원업종 및 고용위기지역·고용재난지역의 지정 및 지원 등을 규정하고 있다. 고용 분야에 대한 정부 내 중요 의사결정이 고용정책심의회[15]를 통해 이루어진다. 고용서비스를 제공하는 직업안정기관은 국가가 설치·운영하도록 하면서, 지방자치단체도 지역 주민의 고용촉진을 위한 고용서비스를 제공하는 업무를 담당하는 조직을 운영할 수 있다고 규정하고 서로 협력하도록 규정하고 있다.[16] 국가가 추진해야 할 시책 중의 하나로 고용서비스의 확충과 민간고용서비스산업의 육성을 규정하고 있다.

2) 「직업안정법」

고용서비스의 인프라와 직업소개 등에 관해 직접적으로 규율하고 있는 법이다. 직업안

---

15) 위원장 1명을 포함한 30명 이내의 위원으로 구성하고, 위원장은 고용노동부장관이 된다. 위원은 대통령령으로 정하는 관계 중앙행정기관의 차관(급) 공무원, 고용노동부장관이 위촉하는 노사대표, 전문가 등으로 구성된다.

16) 당초에는 국가가 직업안정기관을 설치하는 것만 규정되어 있었으나, 2000년대에 이루어졌던 지방분권화의 논의 및 지역노동시장정책의 추진 등을 배경으로 2009년 고용정책기본법을 전부개정하면서 지방자치단체도 PES를 제공할 수 있는 것으로 개정되었다.

정기관에 대해 직업소개·직업지도 등 직업안정업무를 수행하는 지방고용노동행정기관을 말한다고 정의하고, 직업안정기관이 제공해야 할 직업소개, 직업지도, 고용정보의 제공 등 기본적인 사항에 대해 정하고 있다.[17]

민간고용서비스에 대해서는 직업소개사업, 직업정보제공사업, 근로자공급사업과 같은 PrEA의 유형에 대해 정하고 요건과 준수사항 등을 정하고 있다. 직업소개사업과 관련해서는 구인·구직자 간의 직업소개와 관련된 중간착취를 규율하기 위한 목적으로 1961년 제정 당시부터 가지고 있던 규제적 시각을 여전히 가지고 있다고 하겠다. 명의대여의 금지, 선급금 수령 금지, 겸업 금지, 연소자에 대한 직업소개 제한 등 직업소개와 관련된 규정을 두고 있다. 이 밖에 근로자 모집과 근로자공급사업 관련 규정도 두고 있으며, 시장 질서 확립을 위한 거짓 구인광고 등 금지, 유료직업소개사업 등의 손해배상책임의 보장, 등록·허가 취소 등도 규정하고 있다.

3) 「채용절차의 공정화에 관한 법률」

공정채용에 대한 관심이 높아지면서 2014년에 제정되었다. 직무수행에 필요하지 않은 ① 용모·키·체중 등 신체적 조건, ② 출신지역·혼인여부·재산, ③ 직계 존비속 및 형제자매의 학력·직업·재산에 관한 정보를 구직자의 응시원서, 이력서 및 자기소개서 등에 기재하도록 요구하거나 입증자료로 수집하는 것을 금지하고 있다. 또한 ① 법령을 위반하여 채용에 관한 부당한 청탁·압력·강요 등을 하는 행위와 ② 채용과 관련해 금품·향응 또는 재산상의 이익을 제공하거나 수수하는 행위를 금지하고 있다. 이외에도 채용 일정, 채용심사 지연 등 채용 과정의 변경, 채용 여부 등을 반드시 알리도록 하고, 채용심사 비용의 부담 금지, 채용 서류의 반환 등을 규정하고 있다.

4) 「파견근로자의 보호 등에 관한 법률」

노동시장의 유연화 차원에서 1998년에 법 제정이 이루어진 이래 허용 업무 확대, 파견 기간 확대 등 규제 개혁의 필요성이 제기되어 왔지만 노사 대립이 첨예하여 법 제정 이후 이렇다 할 변화는 없다. 파견 기간은 최대 2년이며, 사용 사유 제한은 없지만 그 대신에 파견허용 업무가 32개로 제한되어 있다. 이와 함께 건설공사현장 업무 등 절대금지업무 (10개)가 아닌 경우에는 제조업의 직접 생산공정 업무를 포함한 모든 업무에 파견이 허용

---

17) 지방자치단체가 직업소개 등을 하는 경우에는 직업안정기관에 적용되는 규정을 준용하도록 규정하고 있다.

되는 유연성도 있다. 즉, 일시적·간헐적으로 인력을 확보할 필요가 있는 경우에는 최대 6개월, 출산·질병·부상 등 그 사유가 객관적으로 명백한 경우에는 해당 사유가 없어지는 데 필요한 기간까지 근로자파견이 허용된다. 노동계에서는 근로자파견을 중간착취의 시각으로 바라보면서 폐지를 주장한다. 반면, 경영계에서는 파견허용 업종을 네거티브 시스템으로 바꾸고, 55세 이상자는 자유롭게 파견할 수 있도록 규제를 완화해야 함을 주장한다.

5) 「고용보험법」

1993년에 제정되어 1995년 7월에 시행된 「고용보험법」은 고용(서비스)정책 분야에 획기적인 변화를 가져옴으로써 우리나라 고용정책의 역사는 「고용보험법」이 시행된 1995년 7월부터 새로이 시작되었다고 해도 과언이 아니다. 고용보험료를 징수하여 마련된 고용보험기금은 다양한 고용정책 관련 사업 추진을 가능하게 하였고 선진국형 고용정책의 틀을 갖추는 데 결정적인 기여를 하였다. 고용보험법의 주요 내용은 적용 범위, 피보험자, 보험사업, 기금의 운영, 고용보험처분에 대한 심사 및 재심사청구, 소멸시효 등이다.

1993년 「고용보험법」 제정 당시 「고용보험법」을 입안했던 정책담당자들은 법의 명칭을 실업보험법이 아닌 「고용보험법」으로 명명하였고, 고용안정사업과 직업능력개발사업을 결합함으로써 적극적 노동시장정책(ALMP)의 수단으로 고용보험을 설계하였다(유길상, 1995; 정병석 외, 2022). 2001년부터는 모성보호급여[18]를 실업급여 재원에서 부담하기 시작하면서 고용보험사업은 3+1 사업이 되었다. 그러나 모성보호 비용이 급증[19]함에 따라 별도로 모성보호급여 보험료를 징수하거나[20] 또는 일반재정 외에 건강보험과의 재원분담 필요성도 제기되고 있다.

6) 「고용보험 및 산업재해보상보험의 보험료징수 등에 관한 법률」

「고용보험법」과 「산업재해보상보험법」을 적용받는 보험가입자의 보험관계의 성립·소멸 관계, 건설업에 있어서의 사업의 일괄 적용, 보험료율의 결정, 월별 보험료의 산정 및 보험료의 정산방법, 납부의무자, 체납 시 강제징수 등 부과·징수 등에 관한 사항, 보험사무대행기관, 보험료의 징수 및 반환 시효, 예술인·노무제공자 등 고용보험 적용 확대에

---

18) 산전후휴가급여, 육아휴직급여, 배우자출산휴가급여, 난임휴가급여 등.

19) 2024년 모성보호급여 지출은 연간 2조 5천억원으로 예상되며 이중 일반회계에서 4천억을 지원한다.

20) 캐나다와 일본도 고용보험에서 모성보호급여를 지급하고 있다. 일본은 모성보호급여에 대한 보험료를 별도로 구분하여 노·사로부터 징수하며, 캐나다의 고용보험은 하나의 보험료로 구성되어 있으나 매년 보험요율 산정의 근거가 되는 보험료 수지계산에 모성보호급여를 별도로 구분해 일반 국민에게 공개하고 있다.

대한 특례 조항 등을 규정하고 있다. 동 법에 의하여 근로복지공단이 고용·산재보험료를 계산하여 기업에 매월 부과하고, 건강보험공단이 보험료 징수, 수납관리, 체납처분, 결손처분을 하고 있는 다소 불완전한 형태의 통합징수를 하고 있다.21) 국세청 아래에 적용·징수공단을 신설하거나 건강보험공단으로의 적용·징수통합 일원화 등 추가적인 개혁의 필요성도 제기된다.

7) 「구직자 취업지원 및 생활안정지원에 관한 법률」

한국형 실업부조(unemployment assistance)라 할 수 있는 국민취업지원제를 규정한 법이다. 취업지원 서비스 제공 및 구직촉진수당 수급요건을 규정하고 있다. 개인별 취업활동계획(IAP)을 수립하고 그 계획에 따라 취업지원 및 구직활동지원 프로그램 등 제공이 이루어진다. 구직촉진수당은 월 50만 원을 최대 6개월 동안 지급한다. 국민취업지원제는 2020년까지 시행되었던 취업성공패키지의 기본틀을 토대로 구성되어 있다. 가구소득이 일정 금액 미만인 저소득가구의 실업자는 '권리'로서 구직촉진수당의 수급권을 갖는다는 점에서 실업부조에 해당한다. 또한 취업지원프로그램에 참여하는 것을 조건으로 지급된다는 점에서 매우 엄격한 활성화(activation) 정책을 전제로 하고 있다. 그러나 다른 국가의 실업부조와 비교할 때 수급금액과 특히 수급기간 면에서 취약하기 때문에 보다 발전된 형태의 실업부조로 발전시킬 필요가 있다.

8) 「국민 평생 직업능력 개발법」

법의 연원은 1967년 시행된 「직업훈련법」에서 출발하여 1976년 「직업훈련기본법」, 1999년 「직업훈련 촉진법」, 2005년의 「근로자 직업능력 개발법」으로 개정되었고, 다시 2022년부터 법 명칭을 「국민 평생 직업능력 개발법」으로 변경하여 시행된 직업훈련 분야의 기본법이다. 법 명칭에서 보듯이 동법의 적용 대상은 이제 근로자뿐만 아니라 특수형태근로종사자, 자영업자 등 고용형태와 관계없이 일하고자 하는 모든 국민들이다. 따라서 동법은 일하고자 하는 모든 국민들의 직업능력개발을 지원하도록 하고 있다. 2020년 1월 국민

---

21) 우리나라의 4대 사회보험료 징수는 제대로 된 통합징수가 되지 않고 있어 많은 행정비용과 보험의 사각지대에 효율적으로 대처하지 못하고 있다. 근로복지공단, 건강보험공단, 국민연금공단이 각각 보험료를 계산하여 기업에 매월 부과하면 건강보험공단이 보험료 고지서를 기업에 발송하고 징수, 수납관리, 체납처분, 결손처분을 행하는 이원화된 구조로 운영되고 있다. 노무현 정부에서는 국세청 산하에 징수공단을 설립하여 4대 사회보험의 적용·징수를 완전 통합하는 법안을 제출하였으나 3개 공단 노조의 반대로 인해 현재와 같은 불완전한 형태로 운영되고 있다. 보다 자세한 사항은 장신철(2017)을 참조.

내일배움카드제가 시행되면서 전 국민으로 발급 대상자를 확대한 것도 법률 개정의 이유가 되었다. 「국민 평생 직업능력 개발법」에서 규정하고 있는 주요 사항은 국민의 자율적인 직업능력개발 지원, 사업주 등의 직업능력개발 사업 지원, 훈련법인·훈련시설·훈련교사, 기능대학 및 기술교육대학, 훈련사업의 평가 및 부정행위의 제재 등이다.

9) 정책 대상별 입법

1 「고용상 연령차별금지 및 고령자고용촉진에 관한 법률」

모집·채용 등에서의 연령차별 금지와 차별금지의 예외, 구제절차를 규정하고 있으며, 고령자의 고용촉진을 위하여 고령자 우선 고용 직종의 선정 등 국가의 고령자에 대한 취업지원과 60세 이상 정년 의무화, 사업주의 고령자 고용 노력의무, 퇴직예정자 등에 대한 재취업지원서비스(전직지원서비스) 제공 의무 등을 규정하고 있다. 고령자를 대상으로 고용서비스를 제공하는 고령자인재은행과 중견전문인력 고용지원센터(중장년내일센터)를 지정해 운영하도록 하고 있다. 동법은 55세 이상자를 고령자로 규정하고 있어 연령을 상향조정할 필요성이 제기되고 있다.

2 「장애인고용촉진 및 직업재활법」

장애인 고용의무(국가 및 지자체, 공공기관, 50인 이상 민간기업) 및 부담금 부과에 관한 사항, 장애인고용장려금의 요건 및 지급에 대한 사항을 정하고, 장애인의 고용촉진을 위해 장애인에 대한 지원고용과 보호고용, 장애인 고용 사업주에 대한 지원, 장애인 표준사업장에 대한 지원 등을 규정하고 있다. 장애인에 대한 고용서비스 및 직업능력개발 등을 담당하도록 하기 위해 한국장애인고용공단을 설립하고 있다.

3 「남녀고용평등 및 모성보호에 관한 법률」

고용에서 남녀의 평등한 기회보장 및 대우, 직장 내 성희롱의 금지 및 예방, 여성의 직업능력 개발 및 고용 촉진과 적극적 고용개선조치(affirmative action)에 관한 사항, 모성보호를 위한 출산전후휴가, 배우자 출산휴가, 난임치료휴가에 관한 사항, 일·가정의 양립지원을 위해 육아휴직, 육아기 근로시간단축, 가족돌봄 등을 위한 근로시간 단축, 직장어린이집의 설치 및 지원 등에 관한 규정을 두고 있다.

4 「여성의 경제활동촉진과 경력단절 예방법」

여성의 경제활동 촉진과 경력단절 예방을 위한 기본계획의 수립, 여성가족부장관과 고용노동부장관에 의한 생애주기별 여성 경력설계 및 경력개발, 직업교육훈련, 일경험, 경력단절 예방사업 등을 정하고 있으며, 경력단절여성에 대한 고용서비스를 제공하도록 여성경제활동지원센터(여성새로일하기센터; 약칭 새일센터)를 지정해 운영하도록 하고 있다.

5 「청년고용촉진 특별법」

일정한 규모 이상의 공공기관과 지방공기업에게 매년 정원의 3% 이상씩 청년 미취업자를 고용하도록 의무를 부과하는 것이 핵심 내용이다. 그러나 구조조정 등 불가피한 경우로서 대통령령으로 정하는 사유가 있는 경우는 제외한다. 그 밖의 청년직장체험 기회 및 직업지도프로그램 제공 등 고용서비스 및 직업능력개발훈련 지원, 글로벌인재양성사업 실시 등에 관한 조문을 두고 있다.

4. 향후 고용서비스의 과제

다른 분야와 마찬가지로 4차 산업혁명과 인공지능(AI) 시대, 저출산·고령화, 세계화와 기후변화의 가속화 등과 같은 노동시장을 둘러싼 메가 트렌드는 고용서비스에도 커다란 도전을 주고 있다(<그림 1-7> 참조). 특히, 디지털 기술과 인공지능의 확산은 노동시장의 유연화 정도가 아니라 노동개념 자체의 변화, 기존 일자리의 파괴, 플랫폼 노동의 급속한 확산 등을 통해 산업화 시대에 짜여진 법과 제도의 부정합성을 노출시키고 있다(OECD, 2019; 권현지 외, 2017; 유경준 외, 2020; 권오성, 2020). 이에 따라 직업소개(취업알선), 노동시장정보(LMI)의 제공, 노동시장 프로그램의 운영, 실업자 소득지원 프로그램의 운영을 축으

<그림 1-7> 고용서비스를 둘러싼 환경의 변화와 도전

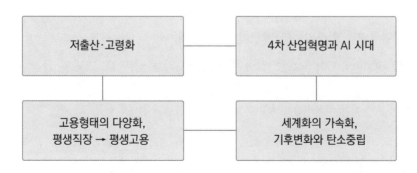

로 하는 고용서비스에도 많은 변화가 초래될 수밖에 없는 상황이 되었다.

이와 같은 노동시장의 메가트렌드는 산업구조의 재편을 통해 노동시장을 재구성하고 새로운 형태의 일자리 등장을 촉진함으로써 고용서비스의 정책대상과 서비스의 전달 방식에 있어서 변화를 요구하고 있다.

○ 고용형태의 다양화에 따른 과제

정책대상에 있어서 지금까지는 '표준적인 고용관계'(standard employment)[22]를 가진 근로자와 기간제·파견 근로자 등 일부 비정규직 근로자들 위주로 서비스를 제공해 왔으나, 앞으로는 디지털 특고, 프리랜서, 플랫폼 노동자, Gig-worker, crowd-worker 등 다양한 형태의 취업자들을 어떻게 정책 대상으로 포섭하여 서비스를 제공할 것인가가 문제이다. OECD 국가들의 노동법, 사회보험 체계 등 기존 질서들은 산업화 시대에 고도성장기를 구가하면서 그 틀이 완성되었기 때문에 정도의 차이는 있지만 어느 나라나 표준적인 고용관계에서 일탈한 다양한 취업자들을 정책 대상으로 포함시키는 데 어려움을 겪고 있다.

따라서 노동법이 미치지 못하고 제도적인 보호의 사각지대에 있는 디지털 특고 등을 보호하기 위해서는 '고용관계에 있는 사람들'(employees)뿐만 아니라 근로자로 인정받지 못하는 다양한 형태의 노동자(workers)들에게 맞는 고용안전망과 소득보전 대책, 재원 확보 방안들을 마련해나가는 것이 커다란 과제이다. 가령, 현재의 고용보험법은 (정규직) 근로자 중심으로 설계되어 있고 2020년 이후에야 일부 예술인[23]과 일부 특수형태근로종사자[24]에게 실업급여의 대상으로 포함시켰지만, 아직 대다수의 디지털 특고 등은 보호를 받지 못하고 있는 상태이다. 또한 현행 직업안정법과 직업소개요금 고시는 디지털 특고 등에 대한 소개요금을 규율하고 있지도 못하며 민법, 상법 또는 공정거래법(약관규제)상 「개인 사업자」로 취급되고 있다. 따라서 특수형태근로종사자와 플랫폼 노동에 맞는 '노동자성'에 대한 새로운 판단기준을 만들어야 하는 과제가 있다.

○ 4차 산업혁명과 인공지능의 발전에 따른 과제

ChatGPT, Gemini, Copilot 등 인공지능 플랫폼의 등장과 IT 기술의 급속한 발달은 인

---

22) full-time으로 일하고, 고용기한의 정함이 없으며, 단일의 고용주에게 직접 고용되어 있는 고용관계를 말한다.

23) 2020년 12월 10일부터 시행되었으며, 2023년까지 약 21만 명이 가입하였다.

24) 2021년 7월부터 19개 직종(보험설계사, 학습지 교사, 택배기사, 퀵서비스 기사, 대리운전 기사, 방문판매원 등) 종사자의 가입이 의무화되었다. 2023년 말까지 155만 명이 가입하였다.

간과 기계가 대화를 하는 세상이 열림으로써 경제사회 전반에 큰 변혁을 가져오고 있다. 직업상담 분야도 직업상담원들의 상담 스킬, 상담 내용, 업무처리에 있어 과거의 방식과는 다른 접근이 필요하며 직업상담원들의 직무 내용이 바뀔 수밖에 없다. 이제 AI라는 매우 똑똑한 도우미가 옆에 있기 때문에 이를 사용하지 않고는 각종 상담과 업무처리에 있어서 경쟁력을 갖기 어렵게 되었다. AI를 활용할 수 있는 구직자들은 고용센터를 방문할 필요성이 더욱 줄고 있으며, 기업 상담을 하는 상담원들은 AI의 등장에 따라 기업에서의 변화된 직무 내용과 작업 방식에 변화를 이해해야만 제대로 된 상담이 가능하게 되었다.

인공지능과 IT 기술의 발달에 따라 우리나라의 공공·민간의 고용서비스 분야에서도 많은 변화가 일어나고 있다. 공공부문에서는 지난 20년간 행정 내부 및 대국민 고용서비스의 개선을 위해 다양한 IT 기술을 접목해 왔고 인공지능도 도입하였다. Work−Net(구인·구직 전산망), HRD−Net(직업훈련), 고용보험, 외국인력(EPS) 등 엄청난 빅데이터를 보유하고 있는 고용전산망을 기초로 하여 빅데이터 기반의 추천 서비스 '더워크', 인공지능 기반 상담 지원시스템인 '잡케어(Job Care)'를 개통하였고, 2024년에는 디지털 고용서비스의 통합 포털인 「고용24」[25]를 개통하였다. 민간 부문에서는 서류 전형 및 면접에 인공지능을 활용한 소프트웨어가 폭넓게 사용되고 있고, 대형 고용서비스기관들은 공공부문보다 훨씬 광범위하게 인공지능 기반의 취업알선망을 활용하고 있다. 그러나 앞으로의 IT와 AI 발전 속도는 더욱 가속화될 것이므로 공공·민간의 고용서비스 전달체계의 하드웨어 및 소프트웨어를 지속적으로 개혁해 나가야 하는 일은 커다란 도전이 될 것이다.

○ 저출산·고령화에 따른 과제

인구 고령화 문제는 국민들의 고용서비스 의존 횟수 증가, 인생 이모작·삼모작 시대에 따른 생애경력설계와 자기개발, 전직지원서비스(outplacement service) 수요의 증가 등으로 나타난다. 고령인구에 대한 효율적인 고용서비스 체계의 구축은 저출산 문제에 따른 노동력 부족을 완화할 수 있는 수단이기도 하다. 한 직장에서의 장기근속과 평생직장의 시대가 저물고 몇 개의 직업과 일터에서 일을 하는 '평생고용의 시대'가 도래함에 따라 중장년에 대한 직업흥미검사, 직업상담 및 전직훈련, 경력설계와 경력개발, 평생교육훈련 등에 대한 고용서비스의 수요는 갈수록 늘게 마련이다. 특히, 중장년 이후 과거의 직무가 아닌 완전히 다른 직무로 이동하는 데 필요한 전직지원서비스는 고령화 시대에 필수적인 고용

---

25) 우리나라에는 Work−Net, HRD−Net, 고용보험 등 업무별로 전산시스템이 구축되어 운영되어 왔으나, 2024년 9월부터 각각의 홈페이지를 폐지하고 디지털 고용서비스의 통합포털로 구축된 「고용24」(www.work24.go.kr)로 통합되었다.

서비스이므로 기업과 노동계, 중앙정부, 지자체, 민간고용서비스기관들의 협업을 통한 전직지원서비스 생태계를 보강해 나가는 것이 필요하다. 체계적인 전직지원서비스 제공에 의한 '준비된 이직'은 실업기간의 단축, 직장 이동에 대한 불안 해소, 일 궁합의 향상을 통해 중장년 인력활용의 효율성을 높이기 때문이다.

○ 세계화와 기후변화에 따른 과제

이 외에도 메가 트랜드로 일컬어지는 노동시장의 변화에는 세계화와 기후변화가 포함되어 있다. 세계화는 한편으로는 블록 경제화에 따른 글로벌 공급망의 변화를, 다른 한편으로는 IT 기술과 인터넷의 발달에 따라 세계 경제의 통합을 가속화시키고 있으며, 기후변화는 탄소중립의 실현을 위한 산업구조 개편과 이 과정에서의 공정한 전환(just transit)의 과제를 제기하고 있다. 이러한 노동시장의 변화는 노동시장의 변동성·불활실성 증대와 그에 따른 인력수급의 불균형 및 미스매치 심화, 이·전직의 증가 등을 가져올 것으로 예상된다. 이러한 노동시장에서는 개인도 직업선택에 어려움을 겪게 되겠지만 기업들(특히 중소기업)도 인력 채용과 인력관리에 어려움에 직면하게 된다. 이러한 점에서 앞으로 고용서비스의 역할은 더욱 증가하게 될 것이고 개인에게는 생애경력설계를 기반으로 한 직업의 선택과 원활한 이·전직 지원이, 기업에게는 원활한 인력 채용과 HR 전반에 걸친 지원이 더욱 중요하게 될 것이다.

참고

공정한 전환이란?

"공정한 전환"은 탄소중립 목표를 이행하는 과정에서 산업 구조의 변화가 모든 사람에게 정의롭게 이루어져야 한다는 원칙과 정책을 의미한다. 탄소중립을 위해서는 탄소 배출을 줄이고 친환경 에너지로 전환해 가야 하는데, 이 과정에서 특히 석탄 채굴, 화력 발전 등과 같은 탄소 집약적 산업에 종사하는 노동자와 지역사회는 부정적인 영향을 받게 된다. 공정한 전환은 이와 같은 전환 과정에서 발생할 수 있는 경제적, 사회적 충격을 최소화하고, 모든 사람이 혜택을 받을 수 있도록 산업구조 조정으로 일자리를 잃는 노동자들에 대한 재교육 및 재훈련, 실업보험 및 사회복지 서비스 제공 등의 사회적 보호, 새로운 일자리 창출을 위한 투자, 공정한 전환을 위한 법적, 제도적 뒷받침을 마련하는 것 등을 포함한다. 우리나라에서는 2024년 1월부터 '기후위기 대응을 위한 탄소중립·녹색성장 기본법(약칭: 탄소중립기본법)'이 시행되었다.

제1부

제2장

공공고용서비스와 전달체계

1. 공공고용서비스 전달체계의 의의

2. 주요 국가의 공공고용서비스 전달체계

3. 우리나라의 공공고용서비스 전달체계

공공고용서비스와 전달체계

1. 공공고용서비스 전달체계의 의의

가. 공공고용서비스의 의의

공공고용서비스(PES)는 정부에 의해 제공되는 고용서비스를 의미한다. 현재 PES는 많은 국가들에서 '현대 국가의 필수적인 제도의 하나'로 인식되고 있으며(Thuy et al., 2001), ILO에서는 1948년 제88호 「고용서비스 협약」에서 회원국들에게 무료의 공공고용서비스를 제공할 의무를 부과하면서 고용서비스는 국가의 지휘 하에 있는 고용사무소의 전국적 체계로 구성되어야 한다고 규정하고 있다.[1] Thuy et al.(2001)은 현대 국가에서 PES가 필요한 이유(rationale)를 다음과 같이 설명하고 있다. 첫째, PES는 노동시장의 효율성을 증가시킬 수 있고 공공의 이익이 될 수 있도록 노동시장정보의 투명성을 증가시킬 수 있다. 둘째, PES는 취약계층이 노동시장에 공평하게 접근할 수 있도록 하고 그 권익을 보호할 수 있

---

1) (Article 2) The employment service shall consist of a national system of employment offices under the direction of a national authority.

다. 셋째, PES는 산업구조 조정이 가져올 수 있는 부정적 영향을 상쇄할 수 있다. 넷째, 실업급여 시스템을 운영하는 국가들에서는 수급자들이 가능한 한 빨리 일자리로 복귀할 수 있도록 지원하는 수단을 제공할 수 있다. 결국 PES는 모든 국민과 기업을 대상으로 무료로 고용서비스를 제공함으로써 노동시장의 효율성을 증가시켜 나갈 수 있으며 특히 취업취약계층[2]의 취업지원에 특화되어 노동시장의 형평성을 제고시킬 수 있다. 또한 고용안전망을 강화하여 구조조정에 대비할 수 있으며 실업급여 수급자에 대한 활성화(activation) 정책을 추진할 수 있게 된다.

제1장에서 살펴본 것과 같이 현대 국가에서 PES의 업무는 단순히 일자리 중개에 머물러 있지 않다. ILO의 제88호 「고용서비스 협약」에서도 PES는 완전고용의 달성·유지, 인적자원의 개발·사용을 위한 국가 프로그램의 가장 핵심적인 임무를 담당하여야 한다고 강조하고 있다. 이와 같이 현대 노동시장에서 각 국가의 PES가 수행하는 업무들은 ① 일자리 중개(job brokerage) 이외에도 ② 노동시장정보(labor market information)의 제공, ③ 노동시장 프로그램의 운영(administration of labor market programs), ④ 실업자 소득지원 프로그램의 운영(administration of income support programs for the unemployed) 등으로 분류할 수 있다(Thuy et al., 2001; World Bank, 2003). 여기에 더해 세계공공고용서비스협회 (World Association of Public Employment Services; WAPES)는 외국인력정책과 관련된 노동이주(labor migration)를 새로운 PES의 업무로 추가하고 있기도 하다(WAPES, 2015).

나. 공공고용서비스의 전달체계

PES에서 제공하는 서비스는 위와 같지만 모든 국가에서 이들 서비스가 동일한 형태로 제공되는 것은 아니다. 각 국가마다 고용서비스를 제공하는 전달체계는 관련 제도와 정치·경제·사회적 환경의 차이로 인하여 서로 다른 모습을 가지고 있다. 또 하나 중요한 점은 대부분의 국가가 복지서비스 전달체계와는 별도로 고용서비스 전달체계를 구축하고 있다는 점이다. 그 이유는 노동시장에서 발생하는 실업문제에 대응하기 위해서는 사회복지 차원이 아니라 노동시장정책 차원에서 별도의 전달체계가 필요했기 때문이다. 이처럼 고용서비스를 중심으로 실업자에 대한 소득지원과 취업지원 체제로 구성되어 있는 시스템을

---

2) 「고용정책 기본법」(제6조)에서는 취업취약계층에 대하여 학력·경력의 부족, 고령화, 육체적·정신적 장애, 실업의 장기화, 국외로부터의 이주 등으로 인하여 노동시장의 통상적인 조건에서 취업이 특히 곤란한 사람과 「국민기초생활 보장법」에 따른 수급자 등을 취업취약계층으로 정의하고 있다.

고용안전망이라고 부른다. 고용안전망이란 사회안전망의 하위개념으로서 노동시장 위험에 대한 안전망이라는 의미를 가지고 있으며, 고용을 통하여 개인과 가족의 생활 안정을 유지하는 것을 기본으로 하되, 실업으로 인하여 이러한 상태가 허물어졌을 때 다양한 방식으로 경제적 지원을 제공하면서 다른 일자리로 원활하게 이동할 수 있게 해 주는 사회시스템을 지칭한다(이병희, 2009).

고용서비스를 전달하는 PES의 조직체계는 다음과 같은 네 가지 유형으로 분류할 수 있으며 ①과 ②의 유형이 가장 일반적인 형태이고, ③과 ④는 예외적인 형태에 속한다.

① 정부 조직 형태: 노동부의 조직 형태로서 역사적으로 볼 때 대부분의 국가에서 PES가 도입될 때 채택되는 형태이다. 노동부 본부에 직속된 집행조직의 형태와 노동부에 소속된 외청과 같은 집행기관의 형태로 나눌 수 있다. 노동부 본부에 소속된 집행조직의 경우 노동부 본부의 간부들이 PES의 업무에 일일 단위로 개입할 수 있는 반면에, 외청과 같은 집행기관의 경우에는 노동부와 성과계약을 체결하는 외청장과 같은 기관장이 PES를 지휘하게 된다. 영국의 JobCentre Plus가 대표적인 예인데 설치 당시에는 자율성이 어느 정도 인정된 외청 조직과 같은 형태로 시작되었으나 현재는 고용연금부(DWP)에 소속된 집행조직으로 운영되고 있다(Thuy et al., 2001). 일본과 한국의 PES도 노동부의 집행조직 형태에 속한다.

② 공공기관 형태: 특별법에 의해 공공기관이 설치되고 담당 업무가 법률에 의해 규정되며 기관 운영의 자율성이 부여된다. 유럽의 PES들은 정부 조직 형태로 출발해 공공기관 형태로 변화해 왔으며 노사정 3자에 의한 이사회가 구성되어 있는 경우가 많다. 독일 연방고용공단(Bundesagentur für arbeit; BA), 프랑스고용공단(France Travail) 등이 대표적인 예이다.

③ 분권화된 네트워크 모형(decentralised network model): 여러 기관들이 각각의 역할을 분담하며 독립적으로 운영되지만, 전체적으로는 협력하여 하나의 시스템으로 기능하는 형태이다. 이 모델에서는 정책과 가이드라인은 중앙에서 설정되지만, 실제 서비스 제공은 독립적으로 운영되는 지역·민간 기관을 통해 이루어지게 된다. 덴마크와 미국이 이 유형에 해당하는 예외적인 사례이다. 덴마크에서는 고용부 산하의 공공기관이 대규모의 민간위탁을 통해 노동시장 프로그램을 외부에서 구매함으로써 지자체의 jobcenter와 함께 공·사조직으로 네트워크를 구성해 고용서비스가 제공되고 있다. 미국의 경우에는 연방정부의 지침과 자금지원을 받기는 하지만 각 주와 지방 정부가

자기 실정에 맞는 프로그램을 개발해 운영할 수 있으며, 정부조직 형태로 운영되는 직업소개기관과 실업보험 사무소를 포함해 직업훈련 등 관련되는 서비스와 one-stop shop 구성을 위해 공공과 민간의 파트너십으로 운영되는 American Job Center를 설치해 운영하고 있다.

④ 민영화된 조직: 1998년에 예외적으로 호주에서 도입된 가장 급진적인 유형으로 정부조직 형태의 PES를 폐지하고 입찰절차를 통해 선정된 민간고용서비스기관의 네트워크에 고용서비스를 전면 위탁하는 형태이다.

위의 PES 모델들은 각각 장단점을 가지고 있다. Thuy et al.(2001)은 노동부 본부에 직속된 집행조직의 경우에는 노동부가 정부 정책방침에 따라 PES를 직접 통제할 수 있다는 장점이 있는 반면에 PES가 노동부와 너무 밀접하게 통합되면 PES 자체의 리더십을 구축하기가 쉽지 않을 뿐만 아니라 정부 차원의 정책변동에 쉽게 영향을 받게 되고 관료제의 특성상 고객수요에 반응해야 하는 비즈니스를 실현하기 어려운 단점이 있다고 지적하고 있다. 반면에, 외청과 같은 자율성을 갖는 집행기관의 경우에는 이러한 문제를 극복할 수는 있으나 노동부와 기관장이 얼마나 좋은 업무협조 관계를 설정하는가에 따라 성공 여부가 좌우되게 되며, ② 자율성을 갖는 공공기관 형태의 경우에도 궁극적으로는 정부조직, PES의 리더십, 사회적 파트너들의 협조관계에 따라 성공 여부가 좌우된다고 지적하고 있다. 민간위탁기관을 광범위하게 활용하는 ③ 분권화된 네트워크 모델이나 ④ 민영화된 조직의 경우에는 뒤에서 보는 바와 같이 민간위탁제도가 가지고 있는 근본적인 한계가 있기 때문에 민간위탁을 얼마나 효율적으로 관리할 수 있는지에 따라 그 성패가 좌우된다고 하겠다.

다. 1990년대 이후의 PES 혁신

1980년대부터 확산된 신자유주의의 물결에 따라 각 국가의 PES에서는 1990년대부터 약 20여 년에 걸쳐 대대적인 혁신이 추진되어 왔다. 그러므로, 각 국가 PES 전달체계의 현재의 모습을 이해하기 위해서는 이 기간에 어떠한 배경하에서 어떠한 혁신이 이루어졌는지를 이해할 필요가 있다. PES에서 이루어진 혁신의 상세한 내용에 대해서는 제5장에서 활성화 조치와 함께 논의하기로 하고, 이 장에서는 전달체계에 영향을 미친 주요한 혁신 항목과 그 배경에 대해서만 간략히 소개한다. 이 기간에 추진된 혁신은 주로 다음 두 가지를 배경으로 한다. 하나는 1950년대 이후 자본주의의 황금기에 조성된 복지국가(welfare state)의 개혁과 관련이 있으며, 다른 하나는 성과주의 행정을 구현하기 위한 신공공관리론의 등장과 관련이 있다.

○ 복지국가 개혁과 관련된 PES 혁신

먼저 복지국가의 개혁은 소득지원 체계의 전면적인 재설계, ALMP 및 재통합프로그램의 개혁을 주요 내용으로 하며, 실업급여 수급자에 대한 활성화, 저소득 취약계층의 빈곤 및 복지급여 수급으로부터의 탈출을 취업을 통해 달성하고자 하는 '근로연계 복지정책'(workfare) 또는 '일을 통한 복지정책'(welfare−to−work policy)으로 집약될 수 있다. 소득지원 체계가 어떻게 개편되었는지는 제5장에서 논의하고 여기에서는 전달체계로 한정한다. 실업급여 수급자의 활성화, 일을 통한 빈곤탈출을 위하여 각 국가에서는 관련되는 기관 간의 협력 및 서비스의 통합(integration of services)이 활발하게 진행되었다. 기관 간 협력 및 서비스 통합을 위하여 대표적으로 추진된 PES 혁신 조치로는 ① 원스톱 숍의 구축과 ② 차별화된 맞춤형 서비스(tiered service delivery)의 제공을 들 수 있다(World Bank, 2003).

첫 번째의 원스톱 숍의 경우에는 미국의 사례와 같이 고객의 불편을 해소하기 위해 다양한 서비스를 한 장소에서 제공하기 위한 목적으로부터 시작해서 OECD Jobs Study (1994)가 강조하는 바와 같이 실업급여 수급자에 대한 효과적인 활성화를 위해 제도적 분화를 줄이고 상호 연계를 높여 공동의 목표를 위해 서로 협력하도록 하는 혁신으로까지 발전되었다. OECD Jobs Study는 직업소개, 실업급여, 적극적 노동시장정책 프로그램을 PES를 중심으로 통합·연계하고 실업급여 및 실업부조 수급자에 대한 취업지원 및 활성화 조치를 강화할 것을 정책 권고한 바 있다.[3] 이와 같은 활성화 조치는 처음에 실업급여 수급자를 대상으로 추진되었으나 이후에 공공부조와 같은 복지급여 수급자에게로 확대되었다. 이를 고용·복지의 연계 또는 근로연계 복지정책이라고 부르며, 이 정책을 추진하는 과정에서 전통적으로 지방자치단체를 중심으로 구축되어 있는 복지서비스 전달체계와 중앙정부를 중심으로 구축되어 있는 고용서비스 전달체계를 어떻게 효과적으로 연결해 복지급여 수급자에 대한 활성화 조치의 성과를 높일 것인지에 대한 논의가 각 국가에서 전개되었다. 국가에 따라서는 복지서비스를 담당하는 지방자치단체가 독자적으로 노동시장프로그램을 강화하기도 하고 또는 중앙정부가 담당하는 고용서비스 전달체계와 통합 또는

---

3) PES와 실업급여를 통합한 대표적인 사례는 프랑스고용공단(France Travail)을 들 수 있다.

연계를 강화하기도 하였다. 영국과 같이 중앙정부가 복지급여 지급업무를 직접 담당하고 있는 국가에서는 중앙정부 차원에서 고용과 복지를 통합한 사례가 있는가 하면 독일과 같이 중앙정부와 복지를 담당하는 지방정부가 공동으로 jobcenter를 설립한 사례도 있고 중앙정부와 지방정부가 공동으로 원스톱 숍(one-stop shop) 방식의 통합창구(gateway)를 별도로 설립해 운영하는 사례도 있다.4)

두 번째의 차별화된 맞춤형 서비스의 제공을 위해서는 구직자에 대한 획일적인 서비스 제공에서 탈피해 구직자 프로파일링을 토대로 구직자에게 필요한 서비스를 맞춤형으로 제공함으로써 고용서비스의 효과성과 효율성을 높이는 방안이 추진되었다. 이를 고용서비스의 개별화와 계약화라고 한다. 영국의 'New Deal 프로그램'을 시작으로 1990년대 말부터는 프로파일링을 통해 취업취약자를 조기에 인지하여 취업취약자에게는 사례관리(case management)를 통해 직업소개, 실업급여, 실업부조, ALMP, 공적부조 등을 긴밀하게 연계한 맞춤형 고용·복지서비스를 패키지로 제공하는 방식이 발전하기 시작하였다.

○ 신공공관리론과 관련된 PES 혁신

1990년대부터 확산된 신공공관리론은 공공서비스에 시장주의(경쟁)와 성과주의를 도입해 공공고용서비스의 효율성과 효과성을 높이고자 하는 행정이론이다. 신공공관리론에 따라 PES에서는 ① 공공고용서비스의 민간 위탁을 적극적으로 활용하고자 하는 민영화와 시장화(Marketisation), ② 목표관리제(MBO)를 통한 새로운 성과관리, ③ 일선기관에게 세부 프로그램의 설계·집행에 대한 재량권을 부여해 지역의 파트너십을 구축하면서 지역 맞춤형으로 서비스를 제공하고자 하는 분권화(Decentralisation)가 추진되었다(World Bank, 2003). 목표관리제는 PES 조직 내에서 유연성(flexibiltiy)과 책임성(accountability)을 조화시키기 위한 관리전략(managerial strategy)의 하나로 활용되고 있으며, 분권화는 통상적으로 목표관리제(MBO)에 의한 성과관리의 형태를 띠게 된다(EC, 2011). PES의 민간위탁에 대해서는 제10장에서, 성관관리에 관해서는 제11장에서 각각 자세히 논의한다.

○ 디지털 기술발전에 따른 PES 혁신

2010년대 이후에 이루어지고 있는 최근 PES의 혁신은 주로 디지털 기술의 발전과 관련이 있다. 디지털 기술의 발전에 따라 노동시장에서 스킬 수요가 급속하게 변경되면서 PES에게는 스킬 미스매치를 어떻게 해소할 것인가가 중요한 과제로 떠오르고 있고 또한 디지

---

4) 중앙정부와 지방정부가 공동으로 원스톱 숍 방식의 gateway를 설립한 사례로는 네덜란드의 워크플라자(Werkpleninen), 핀란드의 LAFOS를 들 수 있다.

털 기술을 활용해 어떻게 하면 구인·구직자에게 맞춤형 서비스를 제공할 것인가가 또 다른 과제로 등장하고 있다. 그동안에는 디지털 기술의 활용은 고용서비스가 제공되는 프로세스의 자동화와 업무지원에 집중함으로써 고용서비스의 효율성과 효과성, 고객의 만족도 증가 등을 목적으로 추진되어 왔다. 그러나 디지털 기술이 발전되면서 민간기업들과 같이 디지털 채널을 활용한 멀티 채널 전략 또는 옴니 채널 전략을 활용하는 PES들이 증가하고 있고 이와 같은 채널 전략의 활용은 고용서비스 전달체계의 혁신으로 이어지고 있다. 이에 관해서는 제12장에서 논의한다.

2. 주요 국가의 공공고용서비스 전달체계

가. 독 일

1) 제도적 배경 및 경과

독일은 1927년 실업보험을 도입하고 '제국직업안정·실업보험청'을 설립하면서 그 일선 조직으로 전국적인 고용안전망을 구축하였다, 1952년에는 기관의 명칭을 '연방직업안정·실업보험청'으로 변경하였다. 1967년에는 「고용촉진법」을 제정하면서 기존의 실업보험을 고용보험 체제로 전환하고 조직도 '연방고용청(Bundesanstalt für Arbeit)'으로 확대 개편해 실업급여·실업부조 외에도 다양한 ALMP를 집행하도록 하였다. 「고용촉진법」은 모든 노동시장 프로그램은 연방고용청으로 통합되어 추진하도록 규정하였으며, 이때부터 독일에서는 ALMP 예산은 연방고용청에서 모두 운용하게 되었다. 그 결과 PES의 기능도 대폭 확대되었다.

독일은 1990년의 독일 통일 이후 2000년대 초반까지 저성장, 고실업, 장기실업이 지속되는 어려움을 겪었으며 이에 대처하기 위해 1990년대부터 일련의 개혁작업이 추진되었다. 우선, 독일은 오랫동안 PES 조직만이 직업소개를 담당하는 PES 독점체제를 유지하였으나, 1994년부터 민간고용서비스기관(PrEA)을 허용하였다. 1998년에는 「고용촉진법」을 「사회법전 제3권-고용촉진(SGB Ⅲ-Arbeitsförderung)」으로 대체하면서 실업에 대한 근로자와 사용자의 상호의무와 책임을 강조하고 실업급여의 수급요건을 강화하는 한편, 지역고용사무소에 배분된 예산의 10%는 지역실정에 맞는 고용서비스 제공을 위해 지역고용사무소가 자율적으로 집행할 수 있도록 하였다.

○ 2000년대 중반의 Harz 개혁

2002년에는 하르츠(Harz)위원회를 구성해 2003년부터 2005년까지 일련의 노동시장 구조개혁을 추진하였다. 독일의 PES 전달체계는 Harz 개혁에 의하여 큰 변화를 겪게 되는데 4개의 개혁 패키지로 구성된 Harz 개혁 중에서 Harz II를 제외한 3개의 개혁패키지는 고용서비스를 대상으로 한다.

- Harz I(2003): 실업자의 노동시장 재진입 촉진을 위하여 실업자의 구직등록을 의무화하고 실직 후 4개월째부터 고용사무소가 알선한 일자리에의 취업을 거부하는 경우 실업급여 지급을 정지하도록 하였다. 실업자를 임시 고용해 기업에 파견·공급해 일 경험을 쌓음으로써 노동시장으로의 진입을 돕는 인력서비스기관(Personal Service Agency)이 설치되었으며, 직업훈련 및 취업알선 바우처제도가 도입되었다.

- Harz III(2004): PES의 서비스조직으로서의 성격을 강화하기 위해 정부조직형태인 연방고용청을 공공기관인 연방고용공단(Bundsagentur für Arbeit: BA)으로 개편하였다. 연방고용청은 공무원과 민간인의 혼합조직으로 직원의 약 20%는 국가공무원의 신분을 가지고 주로 관리직을 맡고 있었으며, 나머지 80%는 민간인 신분을 가지는 전문직 직원으로 직접적인 대민서비스를 담당하고 있었으나, 연방고용공단으로 개편되면서 공무원들은 모두 민간인 신분으로 전환되었으며, 성과관리체제가 대폭 강화되었다.

- Harz IV(2005): 종전에는 실업자 소득지원체계가 실업보험(UB), 실업부조(UA), 사회부조(SA)의 3층 구조로 구성되어 실업보험(UB)과 실업부조는 연방고용청에서 담당하고 사회부조는 지방자치단체가 담당하고 있었다. 이를 개선해 근로능력이 있는 사회부조 수급자에 대한 활성화(activation)를 강화하기 위하여 기존의 실업부조(UA)와 사회부조(SA)를 실업급여 II로 대체해 연방고용공단이 직접 담당하도록 하면서,5) 고용·복지의 연계를 위해 연방고용공단과 지자체가 공동으로 운영하는 jobcenter를 설치하였다.

이와 함께 독일의 슈뢰더 총리는 2004년에는 아젠더 2010의 개혁을 추진해 실업급여 지급기간을 축소하고 고용보호법규 완화 등 노동시장의 유연성 조치를 추진하였다.

---

5) 자세한 사항은 제5장을 참고하기 바란다.

2) 연방고용공단(BA)의 현황[6]

연방고용공단은 독일의 고용서비스 전달체계에서 핵심적인 역할을 담당하고 있으며, 독일 전체에서 단일 조직으로는 가장 큰 규모를 가지고 있다. 연방고용공단은 취업알선, 직업상담 및 진로지도, 직업훈련 상담과 지원, 기업에 대한 채용지원, 기업에 대한 고용유지 지원, 직업능력 향상 교육 지원, 장애인 취업지원, 취업취약계층의 고용유지를 위한 지원, 실업보험 수급자를 위한 실업급여 I과 저소득가구를 위한 실업급여 II,[7] 체불임금의 대위지급금 등의 지급, 구직자 기초생활보장 지원, 노동시장 및 직업연구, 노동시장 통계, 가족수당 관련 업무, 부정수급 방지 등 고용 및 노동시장과 관련된 모든 업무를 담당하고 있다. 2002년에 발생한 취업알선률 관련 부정 사건의 후폭풍으로 공무원 중심의 정부 조직에서 강력한 성과관리를 동반한 공단조직으로 개혁되었으며, 기관의 성격을 청(廳, Anstalt)에서 공공법인 성격의 공단(Agentur)으로 전환하여 관료적 성격을 줄이고 서비스기관으로 변화시켰다.

연방고용공단은 연방노동사회부의 감독을 받는 산하기관이기는 하지만 명실상부한 노동시장정책의 책임운영기관이라고 할 수 있으며, 노사정 파트너십에 의해 자율적인 거버넌스(self-governance) 원리에 따라 상당한 자율성을 보장받으며 운영되는 공법인 형태의 공공기관이다. 연방고용공단의 자율적인 거버넌스의 핵심에는 3인의 임원으로 구성된 집행위원회(executive board)와 노사정 대표 각 7인으로 구성된 이사회(board of governors)가 있다. 집행위원회가 연방고용공단의 경영책임을 지며, 이사회는 연방고용공단의 업무 추진 상황을 감독하고 노동시장정책을 자문하며 공단의 예산·규정 등 주요 사항에 대한 의결 기능을 담당한다. 독자적인 자율행정체계를 가지고 있기는 하지만, 이사회를 통해 연방노동사회부가 협의 지향적인 방식으로 운영을 주도해 나가는 방식으로 운영된다. 연방고용공단은 Harz 개혁을 통하여 목표 관리제(MBO)에 더욱 중점을 두게 되었으며, 연방노동사회부와 연간 성과 협약을 체결해 운영하고 있다.

연방고용공단의 조직은 본부(뉘른베르크 소재), 10개의 지역본부,[8] 156개의 지방고용사무소(Agentur für Arbeit; AA)가 있고, 특이하게 지자체와 공동으로 운영하는 303개의 Jobcenter가 있다. 직원수는 10만여 명이 근무하고 있다. 연방고용공단 본부는 연방고용

---

6) 연방고용공단, 2021; Schulze-Boeing, 2024; BA 홈페이지.

7) 실업급여 II는 2023년부터 Citizens' Allowance로 개혁되어 수급요건을 완화하고 급여수준을 인상하였다.

8) 독일어의 명칭은 지역고용공단으로 번역되어야 하나 우리나라 공공기관에서 존재하는 지역본부와 같은 조직 형태이므로 지역본부로 번역하였다.

공단의 전략수립, 노동시장정책의 전반적인 내용 결정 및 지역고용공단에 대한 관리를 주업무로 하고 있다. 10개의 지역본부는 연방고용공단의 중간조직으로서 본부에서 수립한 전략 및 지침을 지방고용사무소(AA)에 전달하고 지방정부와 협의하여 그 지역의 여건에 맞는 노동시장정책과 고용서비스가 지방고용사무소를 통해 제공될 수 있도록 기획·조정하는 역할을 수행한다.

지방고용사무소(AA)는 연방고용공단의 일선 사무소로서 각종 고용서비스를 제공하는데 서비스 대상자는 주로 실업급여 I 수급자를 대상으로 한다. 독일의 지방고용사무소는 다른 나라에 비해 고용사무소 1개소의 인력이 500명 이상일 정도로 크며, 고용문제에 관한 거의 대부분의 서비스를 제공하고 있다. 또한 Harz 개혁 이후 지방고용사무소는 고객지향서비스 센터로 재편되어 모든 고용서비스를 한 번에 이용할 수 있는 '원스톱 숍'으로 기능하고 있다.

독일 연방고용공단은 HdBA라는 고용서비스 특성화 대학을 가지고 있는데, 재학 시부터 한 학기는 학교에서 이론교육을, 다음 학기는 지역고용사무소(또는 jobcenter)에서 OJT 훈련을 받은 후 졸업하면 OJT를 받은 기관에 취업을 하는 일학습병행 방식의 수업을 하여 핵심 인재를 배출하고 있다.

한편, 연방고용공단(BA)과 지방정부(Kommune) 간 정치적 타협의 결과[9]로 <그림 2-1>에서 보는 바와 같이 지역단위에는 연방고용공단의 지방고용사무소(AA) 외에 지자체

〈그림 2-1〉 독일 고용서비스 전달체계

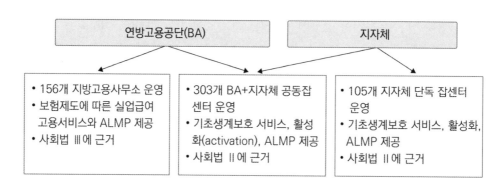

---

9) 2007년 헌법재판소에 의해 연방고용공단과 지방정부가 합동으로 운영하는 업무공동체형 jobcenter는 헌법에 보장된 행정자치권에 위배된다고 하여 위헌 판결을 받은 바 있는데, 독일 연방의회에서는 업무공동체형을 유지하기 위해 헌법을 개정하자는 정치적 합의가 이루어져 2010년 헌법이 개정되면서 현행대로 유지되게 되었다.

와 합동으로 운영하는 공동 jobcenter와 지자체가 단독으로 운영하는 jobcenter가 따로 존재한다.

3) 지자체와의 협업: 지자체와의 공동 jobcenter

독일에는 총 408개의 jobcenter가 있는데, <그림 2-1>에서 보는 바와 같이 연방고용공단과 지자체가 공동으로 운영하는 jobcenter가 303개, 지자체 단독 jobcenter가 105개이다. 공동 jobcenter는 지방고용사무소와 지자체 간의 협약에 의해 설치된다. 공동 jobcenter에는 연방고용공단의 직원과 지자체 직원이 함께 근무하며 연방고용공단은 실업급여 II와 적극적 노동시장정책을 담당하고, 지자체는 전통적인 사회복지서비스(채무 관련 자문, 약물 및 심리상담, 보육서비스 제공 등)를 담당하고 있다. 공동 jobcenter의 운영은 양자 간의 협력을 통해 운영되지만 궁극적인 운영의 책임은 법적으로 연방고용공단이 지고 있으며, 연방고용공단의 지방고용사무소(AA)와 동일한 방식으로 관리되고 있다. 이에 반해 지자체 jobcenter는 지방정부가 독자적으로 운영을 전적으로 맡아서 하는 체계이다.

두 가지 형태의 jobcenter 모두 제공하는 서비스는 차이가 없다. 즉, '실업급여 I'을 소진하거나 또는 수급자격이 없는 저소득 실업자를 대상으로 '실업급여 II'를 지급하고 이들에 대해 집중적인 취업지원을 제공하며, 빈곤층에 대해서는 기본보장(Grundsicherung)과 관련된 복지서비스를 제공한다. 이들은 복합적인 취업장애요인을 가진 저소득 취업취약계층으로서 맞춤형 고용복지 서비스가 필요한 대상들이다.

나. 영 국

1) 제도적 배경 및 경과

영국 PES의 기원은 20세기 초로 거슬러 올라간다. 1909년에 국가가 운영하는 직업소개소에 관한 법률(Labour Exchanges Act)이 제정되면서 1910년 영국 전역에 최초로 62개의 직업소개소(labour exchanges)가 설립되어 이후 4년간 430개소로 확대되었다. 1911년에는 강제 적용 방식에 의한 사회보험으로서의 실업보험제도가 세계 최초로 시행되어 직업소개소를 통해 실업급여가 지급되었다. 1973년에 직업소개소를 현대적인 의미의 고용서비스에 전문화된 Jobcentre로 개편하면서 실업급여사무소를 별도로 설치해 실업급여 지급업무를 담당하게 하기도 하였으나, 대처정부 시절인 1980년대 말에 다시 실업급여 사무소를 잡센터로 통합하였다.

○ JobCentre Plus의 설치

1990년대 이후 20여 년에 걸쳐 영국의 PES는 급격한 변화를 겪게 된다. 그 배경에는 '일을 통한 복지'(welfare to work)로 특징지어지는 복지국가의 개혁이 있다. 그동안 실업급여 수급자에게 부과되어 왔던 취업관련 의무(work-related conditionality)가 한 부모, 장애인, 저소득층과 같은 복지급여 수급자에게까지 확대되어 복지급여에 안주하기보다는 저임금 일자리에라도 취업하도록 유도되었다(Finn, 2018). 1998년 신노동당 정부는 '일을 통한 복지'를 위하여 복지급여 시스템에 '취업 통합창구(single work focused gateway)'를 설치해 의무적으로 '취업 집중 상담(Work Focused Interviews; WFI)'을 받도록 하고, 'One' 서비스라는 이름 아래 고용·복지 전달체계를 '연계'하는 개혁 작업을 추진하였다. 신노동당 정부가 2기 집권에 성공한 이후인 2001년에는 중앙부처 차원에서 고용부와 사회보장부를 고용연금부(Department for Work and Pensions: DWP)로 통합하고, 2002년에는 고용과 복지의 전달체계인 잡센터와 복지급여 사무소를 통합해 JobCentre Plus를 설치하였다.10) 이러한 점에서 JobCentre Plus는 복지급여 수급자에 대한 '취업우선' 통합창구('employment first' gateway)의 역할을 담당하며 복지급여 수급자들은 JobCentre Plus를 통해 취업지원과 함께 취업집중상담(WFI)을 의무적으로 받아야 한다.

○ 종합취업지원패키지 사업의 실시

신노동당 정부는 1998년 일을 통한 복지(welfare-to-work) 정책의 핵심 수단으로 구직자에게 맞춤형 취업지원 서비스를 제공하는 종합취업지원패키지로서 '뉴딜 프로그램'을 실시하였다. 뉴딜프로그램은 청년실업 해소를 위한 청년뉴딜(New Deal for Young People) 프로그램으로부터 시작해 25세 이상 뉴딜, 50세 이상 뉴딜, 한부모 뉴딜, 장애인 뉴딜, 배우자 뉴딜 등 6개 프로그램으로 확대되었다. 청년 뉴딜의 경우에는 6개월 이상 구직자수당(실업급여)을 수령한 청년(18~24세)은 의무적으로 참여토록 하고, 최대 4개월 동안 상담원과 집중적인 상담이 이루어지는 1단계, 이후 최대 6~12개월 동안 임금보조금을 받는 고용11)·직업훈련·자원봉사활동·환경개선활동의 4가지 옵션 중에서 하나를 선택해 참여토록 하는 2단계, 최대 6개월 동안 추가적인 취업지원이 제공되는 3단계로 구성되어 있었다. 이와 같은 뉴딜 프로그램은 우리나라의 취업성공패키지 사업의 벤치마킹 대상이 되었다.

---

10) 영국은 복지급여의 지급을 중앙정부가 직접 담당하고 있는 특징이 있다. 지방정부는 주로 사회서비스를 담당하고 있다.

11) 일종의 일경험을 제공할 수 있도록 고용주에게 고용장려금을 제공하는 고용을 말한다.

이후에 뉴딜프로그램은 2009~2011년의 유연뉴딜(Flexible New Deal)프로그램, 2011~
2017년의 Work Programme, 2017년 이후의 Work and Health Programme(WHP)으로
사업이 개편되었는데, 유연뉴딜 프로그램부터는 장기실업자에 대해 민간위탁기관의 서비
스를 받도록 하는 제도로 전면 개편되었다.[12]

2010년부터 영국은 실업부조를 포함해 근로연령대를 대상으로 하는 6개의 복지급여를
하나의 '통합급여(UC: Universal Credit)로 통합하는 대대적인 개혁작업을 추진해 오고 있
다. 이 개혁작업은 매우 복잡해진 복지급여체계를 단순화함과 동시에 모든 복지급여에 취
업 인센티브를 강화하는 것을 목표로 하고 있다.

2) JobCentre Plus의 현황

JobCentre Plus는 영국에서 고용서비스를 전달하는 주무기관으로서 취업알선, 각종 노
동시장 프로그램, 실업급여, 각종 사회보장급여의 지급 업무를 담당하여 고용·훈련·복지
서비스를 종합적으로 제공하고 있다. JobCentre Plus의 설치 목적은 '일할 수 있는 사람에
게 일자리를, 일할 수 없는 사람에게는 지원서비스'를 제공하는 것으로(Jobcentre Plus ....
(its) aim is to provide "work for those who can and support for those who cannot"),[13] 실업
자뿐만 아니라 한부모가정, 장애인, 노인 등 다양한 취약계층을 대상으로 고용과 복지의
연계를 강화하는 것을 목적으로 한다. 영국 PES의 거버넌스와 구조는 다른 국가와 비교할
때 상대적으로 중앙집권화되어 있어서 중앙정부에서 기획하고 예산을 확보한 고용서비스
와 급여가 중앙정부가 직접 관장하는 잡센터의 네트워크, 온라인 채널, 전화서비스센터를
통해 전달되고 있다(Finn, 2018).

JobCentre Plus는 중앙부처인 고용연금부(DWP)에 소속되어 있는 일선집행기관이다. 당
초 2002년에 JobCentre Plus가 설치될 당시에는 우리나라의 외청 조직과 유사하게 어느
정도의 자율성이 인정된 'Executive Agency'로 설립되었으나, 2011년부터 고용연금부의
직속기관으로 변경되었다. 이와 같이 변경된 이유에 대하여 조직을 합리화하고 부처의 핵
심 업무에 대한 책임 관계(accountability)를 명확히 하며 예산을 절감하고 통합급여의 도입
을 준비하기 위한 것이라고 설명되고 있으나, 가장 큰 이유는 행정비용을 절감하기 위한
것이라고 한다(Finn, 2018). 이에 따라 현재는 고용연금부가 JobCentre Plus를 직할하고

---

12) 자세한 내용은 제10장에서 설명한다.

13) Memorandum submitted by Jobcentre Plus, Select Committee on Work and Pensions Minutes of
    Evidence, www.parliament.uk(Prepared 3 May 2007).

있다.[14] JobCentre Plus는 고용연금부의 운영국장(Director General for Operations)이 관장하며, 5명의 권역별 과장(Area Directors)과 노동시장 프로그램을 담당하는 과장의 보좌를 받고 있다.

JobCentre Plus는 34개의 지역잡센터(jobcentre districts)와 700여개의 일선 JobCentre Plus(local jobcentre plus)로 구성되어 있으며, 잡센터에 근무하는 전체 직원은 2012년 기준으로 총 74,500명이다. 고용연금부의 운영국에 소속된 5명의 권역별 과장(Area Directors)이 34개의 지역잡센터(jobcentre districts)를 권역별로 나누어 담당하고, 지역잡센터가 다시 구역별로 나누어 일선 JobCentre Plus(local jobcentre plus)를 담당하는 구조이다.

지역잡센터의 내부구조는 구역에 따라 다르기는 하지만 일반적으로 일선 JobCentre Plus(local jobcentre plus)를 구역별로 나누어 담당하는 부서들과 성과관리·예산, 인적자원, 지역내 협력, 서비스혁신 등 지원업무를 담당하는 전문직위로 구성되어 있다. 일선 JobCentre Plus(local jobcentre plus)를 구역별로 나누어 담당하는 부서들은 취업지원과 기업지원으로 나누어 워크코치(직업상담사)·취업지원 서비스를 담당하는 팀과 기업지원·파트너십을 담당하는 팀으로 구성되어 있다.

다. 프랑스

1) 제도적 배경 및 경과

프랑스는 1905년에 세계 최초로 노사가 자율적으로 발전시켜 오던 지역별·업종별 실업공제기금에 국가가 보조금을 지급하는 방식으로 임의적 실업보험제도를 도입하였다. 그러다 보니 다른 국가에서와 같이 실업보험제도의 시행이 국가 차원의 PES 발전의 계기로는 이어지지 못하였다. 프랑스는 2008년 이전까지는 실업보험을 국가에서 관장하지 않고 지역별·업종별로 조직된 노사단체인 지방상공업고용협회(ASSEDIC)가 실업급여를 지급하고 ASSEDIC의 전국적인 연합단체인 전국상공업고용조합(UNEDIC; National Union for Employment in Commerce and Industry)이 정부의 위임을 받아 각 지역의 ASSEDIC과 협의해 실업보험제도를 전국 단위에서 운영하는 형태였다. 국가적인 PES로는 1967년에 국립고용청(ANPE: Agence Nationale pour l'emploi)을 설립하고 그 일선기관으로 고용사무소를

---

14) 1970년대와 1980년대에는 영국에서도 3자 구성 방식의 인력서비스위원회(a tripartite Manpower Service Commission)를 통해 사용자단체와 노동조합이 PES의 관리와 거버넌스에 참여하였으나, 노동조합이 잡센터가 추진하던 근로우선(work first) 정책에 반대하면서 1987년 인력서비스위원회가 폐지되었다.

설치·운영하면서 전국적인 전달체계가 구축되었으며, 1970년대 오일쇼크 이후 실업률이 급증하자 다양한 ALMP 프로그램을 도입해 운영하였다. 따라서, 2008년 이전까지는 취업알선과 적극적 노동시장정책의 집행은 ANPE를 통해 제공되고 실업급여의 지급은 UNEDIC과 ASSEDIC을 통해 지급되는 이원화된 시스템을 유지하였다.

프랑스는 2000년대 초부터 실업자에 대한 개인별 맞춤형 지원, 장기 실업급여 수급자에 대한 노동시장 프로그램에의 참여 의무화 등 활성화(activation) 조치를 강화하였으며, 동시에 실업급여 수급자의 조기취업을 촉진하기 위해 실업급여 지급기간을 최대 60개월, 42개월, 23개월로 단계적으로 축소하였다. 그러나 고용서비스 전달체계와 실업급여 전달체계가 분리됨에 따른 한계로 인해 실업급여 수급자에 대한 재취업지원이 원활하지 못하다는 비판을 지속적으로 받아 왔다. 이에 따라 2008년 사르코지 대통령이 집권하면서 ANPE와 UNEDIC, ASSEDIC을 통합하여 2009년에 고용서비스공단(Pôle emploi; Employment Center)을 발족시킴으로써 실업급여 전달체계와 PES 전달체계를 일원화하는 개혁을 단행하였다. 프랑스의 고용서비스공단(Pôle emploi)은 2024년 1월부터 「프랑스고용공단」(France Travail; France Work)으로 명칭이 변경되었다.

2) 프랑스고용공단(France Travail)의 현황

프랑스고용공단의 전신인 고용서비스공단(Pôle emploi)은 「공공고용서비스 조직의 개혁에 관한 법률」에 근거해 설립된 프랑스의 PES 조직으로서, 정부조직과 민간조직을 공공기관으로 통합하였다는 점에서 매우 이례적인 사례로 평가된다. 왜냐하면 공공기관을 민영화하는 조직개편 사례는 많으나 민간조직을 정부조직과 통합해 공공기관으로 전환하는 사례는 매우 드물기 때문이다. 통합과정에서 UNEDIC은 그 규모를 대폭 축소하여 형식적인 실체만 유지하게 되었으며, UNEDIC의 지방조직인 ASSEDIC은 고용서비스공단의 지역고용사무소로 편입되어 소멸되었다. 종전 ANPE의 국가공무원들은 고용서비스공단으로 통합되는 과정에서 민간인 신분인 공공기관 직원으로 전환되었으며, UNEDIC과 ASSEDIC의 직원들은 민간조직에서 공공기관 직원으로 전환되었다.

프랑스고용공단은 파리 근교의 누아지 르 그랑(Noisy-le-Grand)에 본부를 두고 있으며, 13개 지역본부와 800개 이상의 지방사무소로 구성되어 있다. 2024년 현재 직원수는 약 55,000명이며, 이 중에서 5,500여 명의 상담원이 기업을 위한 고용서비스를 제공하고 있다. 프랑스고용공단에는 3년 임기의 사무총장(director general)이 있으며, 노사정이 참여하는 이사회(board of directors)가 설치되어 있다. 이사회는 19명의 이사로 구성되어 있는

데 정부부처 대표 5명, 5개의 전국노동조합의 대표 5명, 사용자단체의 대표 5명, 지방정부 지명 2명, 전문가 2명으로 구성되어 있다. 정부, UNEDIC, 프랑스고용공단은 대략 3년마다 다년간 협약을 체결하여 고용서비스전략을 수립하고 예산을 협의·결정한다.

프랑스의 지역고용정책 전달체계는 중앙정부와 지방정부의 협력형 모델이 특징이다. 프랑스고용공단은 중앙 차원에서는 UNEDIC과 국가 사이에 다년간 협약을 체결해 프랑스고용공단의 사업내용과 목표를 정하고, 지역 차원에서는 지자체와의 파트너십을 구축하고 있다. 프랑스고용공단의 각 지방사무소의 책임자는 당해 지역의 지자체와 지역 고용상황과 노동시장과 관련한 이슈들을 협의해 지역의 고용문제를 해결하기 위해 프랑스고용공단이 제공할 수 있는 서비스의 내용과 성과평가, 지역 파트너와의 협력 조건 등에 대해 협약을 맺고 지역의 고용문제 해결에 공동으로 노력하는 파트너십을 형성하고 있다.

라. 미 국

1) 제도적 배경 및 경과

미국은 1930년대의 대공황 시기에 뉴딜정책의 하나로 고용서비스 전달체계를 구축하고 실업보험을 도입하였다. 1933년 Wagner-Peyser Act를 제정하면서 연방정부는 가이드라인을 제정하고 이를 준수해 고용서비스시스템을 구축해 운영하는 주정부에 지원금을 지원하는 형태로 연방정부와 주정부의 파트너십에 기초한 독특한 형태의 고용서비스 전달체계를 구축하였다. 1935년에는 사회보장법(Social Security Act)과 연방실업세법(Federal Unemployment Tax Act)을 제정해 각 주별로 실업보험을 도입하도록 하되 사회보장법에 규정된 기준을 준수하는 경우 연방실업보험세를 감면하는 형태로 연방정부와 주정부의 파트너십에 기초한 실업보험제를 도입하였다. 이와 같이 독특한 형태의 고용서비스 시스템과 실업보험제가 도입된 배경에는 미국 헌법에 규정되어 있는 연방정부의 권한이 어디까지인가 하는 문제가 있으며 위헌 논란을 피하기 위한 방안으로 이와 같이 복잡한 형태를 채택하게 되었다.

한편, 1970년대에 들어 직업훈련의 역할이 강화되면서 미국에서도 직업훈련시스템이 계속해서 개편되었다. 미국 연방정부의 직업훈련법은 1962년의 Manpower Development and Training Act, 1974년의 Comprehensive Employment and Training Act에 이어 1982년에는 Job Training Partnership Act가 제정되면서 주정부가 지역 경제단체의 의견을 수렴해 자율적으로 프로그램을 운영하도록 하였다. 그러나, 이와 같이 구성된 미국의 고용·훈련시스템은 각각 분산된 체계로 운영됨으로써 고용 및 직업훈련과 관련된 연방정부 프로그램이 무려 150여 개가 넘었으며, 각각의 프로그램은 일관된 조정 메커니즘을 가지지 못한 채 다양한 행정기관을 통해 운영되어 서비스의 중복성과 비효율성에 대한 비판이 지속적으로 제기되었다.

이에 따라 1998년 인력투자법(Workforce Investment Act: WIA)이 제정되면서 공공과 민간의 파트너십으로 운영되는 원스톱 커리어센터(One-stop Career Center)를 설립해 고용·훈련서비스의 전달체계를 일원화하였다. 연방정부 차원에서는 여러 기관에 의해 수많은 프로그램들이 운영되지만 일선에는 원스톱 센터를 설치해 깔때기 형태로 한 센터에서 모든 프로그램들을 집행하도록 한 것이다. 이에 따라 고용서비스, 성인·해고 근로자·청소년의 직업훈련, 실업보험, 제대군인 취업지원, 성인교육 및 문해교육, 직업재활 등 4개 부처의 17개 프로그램을 필수프로그램으로 지정해 반드시 원스톱 커리어센터를 통해 서비스가 제공되도록 하였다. 사회부조,[15] 보육 등의 경우에는 선택적으로 할 수 있도록 하였다. 2014년에는 인력투자법을 확대 개편한 인력혁신기회법(Workforce Innovation and Opportunity Act: WIOA)이 제정되면서 원스톱 커리어센터의 명칭을 American Job Centers로 변경하고 기능을 강화하였다.

2) American Job Centers의 현황

1 인력개발위원회

인력혁신기회법(WIOA)은 주정부와 지방정부에 인력개발위원회를 설치하고 자체적인 인력개발계획을 수립해 운영하도록 규정하고 있다.[16] 주정부와 지방정부에 설치되는 인력개발위원회는 주지사 또는 지방정부의 장, 기업체 대표, 고위선출직 공무원, 노사단체 대표, 공공기관 대표, 교육기관, 시민단체, 다양한 공공·민간 조직의 구성원으로 구성되어 있다. 주인력개발위원회(state workforce development board)가 수립하는 인력개발계획에는 인력개발 및 경력개발경로에 관한 정책, 관련 프로그램의 조정, 자원의 배분, 노동시장정보시스템(LMIS)의 구축, 원스톱 전달시스템(One-Stop delivery system) 및 원스톱 파트너(One-stop partners)에 관한 정책 개발 등을 포함하고 있다. 또한 지방인력개발위원회(local

---

15) 빈곤가족 일시지원 프로그램(TANF; Temporary Assistance for Needy Families), 푸드스탬프 고용 및 훈련 프로그램(Food Stamp Employment and Training).

16) 인력투자법(WIA)에서는 주정부와 지방정부에 인력투자위원회(Workforce Investment Board)를 설치하도록 규정하고 있었으나, 인력기회혁신법(WIOA)에서는 인력개발위원회로 변경되었다.

workforce development board)는 주인력개발위원회가 수립한 인력개발계획에 따라 각 지역의 인력개발계획을 수립해 운영하면서 원스톱센터 프로그램의 관리감독, 원스톱센터 운영자의 선정 등과 같이 보다 직접적으로 원스톱센터의 관리·운영과 관련된 사안을 다루고 있다.

인력혁신기회법(WIAO)은 지방인력개발위원회마다 최소한 한 개 이상의 원스톱센터를 설치해 필수 프로그램을 통합해 서비스를 제공하도록 하고 있으며, 필수프로그램 운영기관은 최소한 1명 이상의 직원을 원스톱센터에 근무하도록 규정하고 있다(Kogan, 2015). 이에 따라 현재 미국 전역에 걸쳐 원스톱 센터로서의 American Job Centers는 약 2,400개소가 설치되어 있으며, 연방노동부가 주인력개발위원회와 지방인력개발위원회를 거쳐 예산을 지원하고 있다.

American Job Centers의 운영자는 해당 지역을 관장하는 지방인력개발위원회에서 선정하는데 경쟁방식을 채택한 경우에는 민간·공공의 프로그램 운영기관 중에서 경쟁을 통해 선정하고, 협력방식을 채택한 경우에는 3개 이상의 기관이 컨소시엄을 구성해 운영을 담당하고 있다. American Job Centers의 운영자는 인력개발위원회와 원스톱센터에 참여하는 프로그램 운영기관(파트너)과 각각 MOU를 체결해 운영하고 있으며, 센터의 운영비용은 각각의 참여기관이 센터에서 차지하는 공간의 크기에 따라 분담하고 있다. American Job Centers는 파트너들이 공동입주한 경우에는 공동접수, 공동오리엔테이션, 다기관팀(multi-agency teams)을 구성해 운영하고 있으며, 공동입주가 어려운 경우에는 추천·연계시스템(joint referral system), 직원교차훈련(staff cross training), MIS 등 전자정보시스템(electronic linkage) 등을 통해 연계체제를 구축하고 있다.

모든 American Job Centers에서는 3단계의 서비스가 제공되고 있다. 1단계의 핵심서비스(core services)는 모든 사람에게 제공되는 서비스로 직업정보 탐색과 취업지원, 노동시장 정보제공, 이력서 작성, 인터뷰 요령 등 구직과 관련된 기본적인 활동에 대한 지원 등이 포함된다. 2단계의 집중서비스(intensive services)는 등록된 구직자만 이용할 수 있는 서비스로서 취업상담, 개별적인 취업계획의 수립, 경력설계, 직업개발 및 배치, 단기 취업지원 서비스 등으로 구성되어 있다. 3단계인 훈련서비스(training services)에는 직업훈련, 현장훈련(OJT), 맞춤훈련, 기술향상 및 재훈련 등이 개인훈련계좌를 통해 지원되고 있다. 1994년에는 실업자 프로파일링 제도가 도입되어 전산프로그램을 통해 실업급여 수급자를 장기실업의 위험이 높은 순서대로 선별해 한정된 예산과 인력을 장기실업의 위험이 높은 취약실업자의 취업알선과 직업훈련 등에 집중 투입함으로써 실업기간을 단축하고 고용서비스의 효율성을 제고하도록 하고 있다.

American Job Center는 모든 서비스를 제공하는 종합센터(a comprehensive center)와 일부 서비스만을 제공하는 제휴센터(affiliate centers)로 구분되는데, 제휴센터는 이동이 쉽지 않은 이민자, 노숙인, 고령자, 퇴역군인, 출소자 등 취약대상을 대상으로 특정지역에서 필요한 서비스만을 제한적으로 제공하는 센터이다. 종합센터의 경우에도 설치형태와 숫자는 지역별로 상이하며, 한 지역 내에서도 대형 센터와 소형 센터가 혼합되어 구성되어 있다. 대형센터의 경우에는 풀타임 관리자와 직원들이 근무하는 반면에 소형센터의 경우에는 다른 센터와 관리직원을 공유하기도 한다. 제휴센터의 경우에는 취약계층을 지원할 목적으로 설립된 지역사회단체들이 대부분 운영하고 있다. 그리고, American Job Centers들은 이동차량, 출장팀, 무인창구도 운영하고 있다(Kogan, 2015).

마. 호 주

1) 제도적 배경 및 경과

호주는 1945년에 PES로서 연방고용청(Commonwealth Employment Service)을 설립하고 1947년에 사회보장법을 제정해 실업부조를 도입하였다. 그러나 대다수의 OECD 국가와 달리 산재보험을 제외한 사회보험은 도입하지 않았다. 연방고용청은 노동부 소관으로 설립되었으나, 실업부조는 사회보장부가 담당하였다. 1970년대의 오일쇼크 이후 실업률이 급증하고 장기실업자가 증가하면서 1970년대와 1980년대에 걸쳐 ALMP가 되고 활성화(activation)가 점차 강화되었다. 1994년에는 'Working Nation'(일하는 국가)을 표방하면서 장기수급자에 대한 사례관리를 강화하고 수급자가 선택하는 경우에는 민간고용서비스기관의 사례관리를 받을 수 있도록 민간위탁제도가 도입되었다.

1996년에 집권한 Howard 정부는 Working Nation 정책을 폐기하고 고용서비스에 대한 대대적인 개편계획을 발표해 1998년부터 시행하였다. 이 개편계획에 따라 연방고용청은 폐지되고 그 동안의 노동시장프로그램과 사례관리시스템도 폐지되었다. 고용서비스는 입찰절차를 통해 선정된 영리·비영리의 민간고용서비스기관에게 전면 위탁되었으며, 민간고용서비스기관들이 매칭서비스, 구직기법훈련, 취약구직자에 대한 집중지원(intensive assistance), 창업지원 등을 담당하였다. 또한, 새로이 설립된 센터링크(Centerlink)라는 사회보장부 산하의 일선기관이 실업자들의 통합창구(gateway) 기능을 담당해 실업부조 지급, 구직등록, 구직자평가 및 분류, 민간고용서비스기관으로의 연결 등의 업무를 담당하도록 하였다. 따라서 호주에서는 센터링크와 민간고용서비스기관으로 이어지는 공공고용서비스 전달체계가 구축된 셈이다. 이와 같은 호주의 개혁은 OECD 국가 중에서 가장 급진적인 개혁으로 평가되어 왔다. 민간고용서비스기관들로 구성된 고용서비스 네트워크는 1998년의 개혁 당시에는 Job Network라는 이름으로 불렸다. 이후에 제도가 개편될 때마다 새로운 이름이 붙여졌는데 2009년에는 Job Services Australia로 변경되었다가 2015년부터 2022년 7월의 제도 개편 전까지는 jobactive라는 이름으로 운영되었다.

호주의 전면적인 민간위탁을 활용한 고용서비스 전달체계에 대해서는 그동안 많은 연구 결과가 축적되어 왔다. 최근에는 호주 내에서 민간고용서비스제공기관들이 도움이 가장 필요한 취약계층에게 취업지원을 집중하는 대신에 취업능력을 이미 갖추고 있는 구직자들에게 이력서 작성 등 상대적으로 간단한 서비스를 제공하고 이에 대해 정부가 많은 예산을 지출하는 것이 타당한 것인지에 대한 논란이 제기되었다(이재갑·이우영, 2021). 이를 배경으로 차세대 고용서비스 시스템에 대한 논의가 시작되어 2018년 말에 「고용서비스 전문가 자문위원회(Employment Services Expert Advisory Panel)」는 디지털 기술을 최대한 활용한 새로운 고용서비스 모델을 제안하였으며, 2019년과 2020년의 시범실시를 거쳐 2022년 7월부터 새로운 체제인 Workforce Australia가 본격 출범되었다.

2) Workforce Australia의 현황

① 센터링크

센터링크(Centrelink)는 호주에서 공적지원의 사회서비스를 받고자 하는 사람들에게 통합창구(gateway)로서의 역할을 담당하도록 하기 위해 1997년에 설립되었다. 처음에는 사회보장부 산하의 정부기관으로 설립되었으나 수차례 정부조직 개편을 거쳐 현재는 Services Australia로 기관의 명칭이 변경되었으며, 센터링크라는 명칭은 그 기관에서 담당하는 복지급여와 서비스의 통합전달 프로그램을 지칭하고 있다(이우영·이재갑, 2023). 현재 센터링크는 정부의 10개 부처를 포함해 25개 정부기관이 제공하는 약 140여 가지 서비스를 통합적으로 제공하고 있으며, 직접 서비스를 제공하는 것이 아니라 서비스를 제공할 수 있는 민간기관과 계약을 맺고 필요한 서비스를 구매하는 방식을 취하고 있다. 또한 정부로부터 직접 예산지원을 받는 것이 아니라 센터링크에 서비스 제공을 위탁하는 25개 정부기관으로부터 수수료를 받는 방식으로 사업비를 조달하고 있다. 전국적으로 1천개의 사무소를 가지고 있으며, 2024년 현재 약 34천명이 근무하고 있다.

새로운 고용서비스 모델인 Workforce Australia에서도 센터링크는 여전히 동일한 기능을 담당하고 있어서, 구직등록 및 실업급여 지급, 프로파일링 도구를 통한 취업능력 평가, 민간고용서비스기관에 대한 정보 제공 및 연결 등의 업무를 호주의 고용부로부터 위탁받아 담당하고 있다.

2 새로운 고용서비스 모델

호주는 디지털 기술을 스마트하게 활용하는 새로운 고용서비스 모델을 설계하였다. 즉 취업능력을 이미 갖추고 있는 구직자들은 온라인서비스를 이용하도록 하고 이를 통해 취약구직자들에 대해 대면 서비스를 더욱 밀도 있게 제공하도록 하기 위한 것이다. 이에 따라 구직자들은 먼저 Service Australia에 실업부조인 구직자급여를 신청하여야 하며, 이때 기존의 프로파일링 도구인 구직자 분류 도구(Job Seeker Classification Instrument)에 디지털 능력 평가를 추가해 온라인 버전으로 발전시킨 Job Seeker Snapshot을 이용해 취업능력과 디지털능력을 평가받게 된다. 그 결과를 토대로 구직자들은 세 가지 유형으로 분류되는데 ① 디지털 플랫폼을 이용해 온라인 상에서 자율적인 구직활동을 하게 될 Digital First(Stream A), ② 온라인 상에서 자기구직활동을 하되 디지털기술 또는 직업훈련 등을 위해 민간고용서비스업체의 지원을 받게 될 Digital Plus(Stream B), ③ 민간고용서비스업체에 위탁되어 개인적인 사례관리를 받게 될 Enhanced Services(Stream C)로 분류되게 되어 그 유형에 따라 구직활동을 하거나 또는 취업지원을 받게 된다. 새로운 고용서비스 모델의 또 하나의 특징은 구직자들이 자신에게 맞는 구직경로와 취업활동을 최대한 자율적으로 선택할 수 있도록 하기 위해 포인트 기반 활성화 시스템(Points-based Activation System)을 도입한 것이다. 이 시스템에 따라 구직자들은 매월 100포인트의 목표를 부여받고 취업 활동 별로 책정된 포인트를 합산해 목표 포인트를 채우는 방법으로 취업 활동을 자율적으로 선택할 수 있다. 다만, 매월 5회의 구직활동은 반드시 이행하여야 하며, 1회의 구직활동에는 5포인트가 부여된다.

3 Workforce Australia

Workforce Australia는 호주의 고용부와 고용서비스 위탁계약을 체결한 민간고용서비스기관들로 구성된 네트워크로서, 호주 정부로부터 소득지원을 받는 사람들과 기업에 대한 고용서비스 제공을 담당하고 있다. Workforce Australia로부터 고용서비스가 제공되는 소득지원프로그램에는 실업부조에 해당하는 구직자급여(jobseeker payment), 청년 구직자에게 지급되는 청년수당(youth allowance), 장애급여(disability support pension), 육아급여(parenting payment) 등이 포함된다. 민간고용서비스기관들은 전국적으로 진행되는 입찰절차를 통해 선정되고 있다.

민간고용서비스업체들에 대해서는 엄격한 성과관리가 이루어지고 있다. 고용서비스제공업체들은 성과평가 결과를 토대로 6개월마다 별점평가(star rating)를 받아 공개되며, 구직자들은 별점평가 결과를 참고해 자신이 서비스를 제공받을 고용서비스 제공업체를 선택할 수 있다. 민간고용서비스 업체들에게 지급되는 보수는 위탁서비스가 제공될 때 지급되는 서비스료와 취업성과가 실현되었을 때 지급되는 알선료, 13주 및 26주 동안 고용유지되었을 때 각각 지급되는 성과보수로 구성되어 있다. 호주에서 시행되는 민간위탁의 자세한 내용은 제11장에서 논의된다.

바. 일 본

1) 제도적 배경 및 경과

일본은 19세기 중반의 메이지유신 이후 정부 주도의 산업화를 추진하면서 20세기 초부터 공공직업안정소를 구축하기 시작하였다. 2차 세계대전 패전 이후 대량 실업 사태에 직면해 1947년 실업보험제를 도입하였으며 이를 위해 공공직업안정소를 전국적으로 확대하였다. 1973년 1차 오일쇼크가 발생하자 경기침체와 실업 증가에 대처하기 위해 1975년 실업보험제도를 고용보험제도로 전환하여 적극적 노동시장정책을 추진하기 위한 '고용개선사업', '능력개발사업', '고용복지사업'의 '3사업'을 추진하기 시작하였다. '고용개선사업'은 각종 채용장려금 등을 지급하는 사업이며 '능력개발사업'은 직업훈련에 소요되는 비용의 일부를 지원하는 사업이다. '고용복지사업'으로는 중소기업의 근로복지사업, 일용근로자 등의 복지지원사업 등을 실시하였으나 고용보험사업으로 시행하는 것에 대한 타당성 논란으로 인해 2007년부터 폐지되었다. 고용보험 '3사업'이 고용보험제도의 틀 속에 포함됨에 따라 일본의 노동시장정책은 고용보험제도를 중심으로 크게 발전하기 시작하였으며, 공공직업안정소가 이들 사업을 추진하면서 그 기능과 역할이 크게 확대되었다.

일본의 행정체계는 중앙정부와 광역자치단체인 도도부현(都道府縣), 기초자치단체인 시정촌(市町村)의 3단계로 구성되어 있으며, 1970년대까지는 국가가 공공고용서비스 기능을 독점하였다. 일본 공공고용서비스의 중추로는 공공직업안정소로서 헬로워크(Hello Work)가 설치되어 있다. 다만 2000년 경을 경계로 행정체계에 큰 변화가 있었으므로 편의상 그 이전과 그 이후로 나누어 기술한다. 2000년 이전에는 일본의 고용서비스 전달체계는 도도부현에 소속되어 있었다. 그러나 여기에 근무하는 직원들은 국가공무원의 신분으로서 노동성에 소속되어 있었으며 업무에 관해서 도도부현 지사의 지휘감독을 받았고, 노동성대신이 다시 도도부현 지사를 지휘감독하는 체계이었다. 즉, 「노동성－도도부현(직업안정과·고용보험과)－헬로워크」로 구성되는 전달체계를 가지고 있었다.

○ 2000년 이후 후생노동성 직속의 헬로워크

2000년 이후에 고용서비스 전달체계는 큰 변화를 겪게 된다. 2001년에는 고용과 복지정책을 연계하기 위해 복지정책을 담당하던 후생성과 고용노동정책을 담당하던 노동성이 후생노동성으로 통합되었으나 복지 전달체계와 고용서비스 전달체계는 변화없이 별도로 존재하였다. 그러나 2000년 지방이양일괄법이 제정되어 중앙부처의 장관이 소관 업무에 대해 도도부현 지사를 직접 지휘할 수 없게 되자, 2004년에 도도부현을 통해 운영되던 직업안정과와 고용보험과를 후생노동성 직속의 특별행정기관인 지방노동국(47개소) 소속으로 변경하고, 헬로워크를 도도부현 노동국의 지휘감독을 받는 후생노동성의 일선기관으로 재정비하였다. 이에 따라 고용서비스 전달체계는 「후생노동성－후생노동성 직속 지방노동국－헬로워크」의 형태로 변화되었다.

헬로워크가 도도부현으로부터 분리되게 되자 도도부현지사들은 2001년부터 헬로워크의 지방 이양을 요구하였으며, 오랜 논의 끝에 2016년에 '지방분권 일괄법'을 다시 개정하여 지방정부도 독립적으로 지역 실정에 맞는 '지방형 헬로워크'를 만들거나 운영할 수 있게 허용되었다. 다만, 국가와 지자체는 뒤에서 보는 바와 같이 고용서비스와 복지서비스의 제공을 위하여 협업하도록 하였다.

2) 헬로워크의 현황

후생노동성 직속의 헬로워크는 2023년 현재 본소(本所) 436개소, 출장소 95개소,[17] 분실 13개소[18]로 총 544개소가 설치되어 있으며, 공무원 1만여 명과 민간인 신분인 계약직 상담원 2만 1천여 명으로 총 3만 1천여 명이 근무하고 있다. 본소의 경우 1967년에 437개소이었으므로 지난 50여 년 동안 숫자의 변화가 거의 없었으며, 출장소와 분실의 경우에는 2009년 이후 숫자가 동일하다. 헬로워크에 근무하는 직원 수의 경우에는 2009년 이후

---

17) 헬로워크 본소의 업무의 일부를 수행한다.
18) 구직자·구인자 서비스의 일부를 수행한다.

공무원은 약간 감소한 반면 상담원은 크게 증가하였다. 헬로워크에 근무하는 직원 중에서 계약직 상담원이 차지하는 비율은 시간이 갈수록 증가하고 있다. 그 이유는 1990년대 이후 일본 경제의 장기침체에 따라 실업자 수가 증가하면서 헬로워크의 직원 수를 증원하여야 하였으나 '작은 정부'를 지향하는 정부 정책에 따라 공무원수는 증원하지 않고 비정규직 직원을 충원하는 방식으로 대응해 왔기 때문이다.

헬로워크는 직업소개, 고용보험, 고용대책을 3개 축으로 하여 이들 3가지 서비스를 상호 긴밀하게 연계하여 원스톱 서비스를 제공하고 있다. 여기에서 직업소개 서비스는 모든 구직자에 대한 직업소개, 진로지도, 직업상담, 직업훈련상담 및 진단, 직업훈련의 위탁, 기업의 구인 개척, 기업의 근로자 채용 등의 상담 및 지원 등의 서비스를 포함하며, 고용보험 서비스는 고용보험 피보험자업무의 처리, 실업급여, 고용보험 2사업의 집행, 고용보험 부정수급 방지 등의 업무를 포함한다. 마지막으로 고용대책 서비스는 고용보험 사업 이외의 고용대책, 즉 장애인 의무고용의 지도, 자녀 보육 여성의 근로시간 유연화 등의 지도, 고용유지에 대한 지원·지도, 구직자의 고용안정 및 생활지원 등의 서비스를 포함한다.

헬로워크의 내부조직은 고용보험 관련업무를 담당하는 고용보험과, 직업소개·직업상담·구직접수 등의 업무를 담당하는 직업상담부문, 구인관련 업무와 채용장려금 등의 업무를 담당하는 사업소부문, 서무과로 구성되어 있으며 직업상담부문의 경우 직업훈련부문과 신규대졸자, 장애인 등 전문적인 직업상담을 필요로 하는 구직자에 대한 업무를 담당하는 전문원조부문을 별도로 설치하기도 한다. 특히 주요 헬로워크에는 '상용고용 카운터'를 설치하고 '상용고용 네비게이터'를 배치하여 비정규직 근로자를 안정적인 상용근로자로 취업할 수 있도록 맞춤형 고용서비스를 제공하고 있다.

일본에서는 우리나라처럼 여러 중앙부처가 특정 대상 계층을 대상으로 하는 고용서비스 기관을 개별적으로 설치하지 않으며, 후생노동성만이 헬로워크를 설치해 운영하고 특정 대상 계층을 위해 필요한 경우에는 헬로워크의 부속시설로서 별도 사무소를 설치하거나 또는 헬로워크 내에 전문코너를 설치·운영하고 있다.

① 신규대졸자헬로워크(신졸응원헬로워크): 대학을 신규로 졸업한 사람과 대학 졸업 후 3년 이내의 미취직 졸업자를 대상으로 대학 등이 다수 소재하고 있는 지역에 56개소가 설치되어 있다.

② 청년층 헬로워크: 정규직 취업을 희망하는 35세 미만의 프리터에 대한 취업지원을 담당하며 별도의 사무소로 22개소가 설치되어 있고, 197개의 헬로워크에 청년층지원코

너·창구가 설치되어 있다.

③ 엄마 헬로워크: 자녀을 양육하고 있는 여성 등에 대한 취업지원을 담당하며 별도의 사무소로 21개소가 설치되어 있고, 185개의 헬로워크에 엄마코너가 설치되어 있다.

④ 외국인고용서비스센터: 졸업 후에 취업을 희망하는 유학생과 전문기술분야의 외국인에 대한 취업지원을 담당하며, 별도의 사무소로 4개소가 설치되어 있다.

⑤ 생애현역지원창구: 65세 이상의 고령구직자에 대한 직업생활의 재설계와 재취직 지원을 위해 300개의 헬로워크에 창구가 설치되어 있다.

⑥ 취직빙하기세대전문창구: 불안정고용에 취업하고 있는 취직빙하기세대[19]에 대하여 취업부터 직장 정착에까지 일관하여 지원하는 전문코너로서 92개의 헬로워크에 설치되어 있다.

○ 지자체와의 협력관계

지방자치단체가 독자적으로 설치·운영하는 지방형 헬로워크는 지역내의 특정 대상자(청년층, 자녀 양육 중인 여성, 생활곤란자 등)에 대한 직업소개, 지역 내 기업의 인재확보 지원, 후생노동성 헬로워크가 없는 지역의 주민서비스 등을 담당하며 2018년 현재 621개소가 설치되어 있다. 대부분의 경우에는 기존에 지자체가 운영하던 무료 직업소개사업소에서 전환된 것들이다. 또한 후생노동성이 헬로워크를 설치·운영하기 어려운 지역에서 지자체의 요청에 따라 기초 지자체의 시설 등을 활용해 해당 지자체의 비용으로 후생노동성이 직업소개 서비스 거점을 설치하여 운영하는 고향형 헬로워크도 137개소가 설치되어 있다.

또한, 2015년의 고용대책법 개정에 따라 국가와 지방공공단체는 고용대책에 관하여 협정을 체결하고 동일한 시설에서 일체적인 서비스를 연계하여 제공할 수 있으며, 지방공공단체의 장이 고용안정에 관해 필요한 조치를 실시해 줄 것을 국가에 요청하면 국가는 지체없이 검토 결과를 지방공공단체에 통지하고 이에 적극 협조토록 하고 있다. 결국 고용서비스는 고용보험사업·고용대책을 연계해 중앙정부가 중심이 되어 제공하면서 지자체가 협력하도록 하고, 복지서비스는 지자체가 중심이 되어 전달하면서 고용서비스와 연계해 국가가 고용서비스를 지원하는 일체적 서비스를 원스톱으로 제공하도록 하는 '일본형 고용·복지 연계 모형'이라고 볼 수 있다(유길상, 2020). 2022년 현재 234개 지자체가 후생노동성과 고용대책협정을 체결하고 있으며, 「일체적 실시」 사업은 340개 지자체에서 운영되

---

19) 취직빙하기란 버블경제 붕괴 후 장기 불황의 영향을 받은 1990년대 중반부터 10년 정도를 가리키는 표현으로, 일본의 종신고용 관행 하에서 이 기간 중에 신규채용이 위축되면서 취업기회를 상실하게 된 세대를 지칭한다. 대략 1970년대생인 현재 40~50대가 여기에 해당한다.

고 있다. 또한 생활보호대상자 등의 취업촉진사업을 위해 국가와 도도부현시정촌 협정을 체결한 수도 1,732개소에 달한다.

3. 우리나라의 공공고용서비스 전달체계

가. 제도적 배경

우리나라에서 직업안정소가 설치된 것은 1961년 직업안정법의 제정 시로 거슬러 올라 간다. 직업안정법에 근거에 전국적으로 41개의 직업안정소가 설치되었다. 처음에는 직업 안정소가 지방자치단체의 소속으로 운영되었으나 노동력 수급을 전국적 단위에서 관리하 기 위해 1967년 노동청 소속으로 이관되었다. 그러나 1980년대까지는 높은 경제성장률과 낮은 실업률로 인하여 노동시장정책은 경제성장을 뒷받침하기 위한 인력양성을 목적으로 하는 인력정책에 집중하였기 때문에 직업안전망은 그다지 주목을 받지 못했다. 우리나라 에서 고용문제가 불거지기 시작한 것은 1990년대 초부터 중소제조업의 인력 부족과 산업 의 구조조정에 따른 고용불안이 동시에 발생하면서부터이다. 이와 같은 노동시장의 변화 에 대응해 1993년 「고용정책기본법」, 「고용보험법」, 「직업안정법」(개정)으로 구성된 이른 바 '고용 3법'이 제·개정되면서 우리나라에 고용정책의 추진체계가 비로소 정립되었다(정 병석 외, 2020).

그러나, 우리나라에서 고용서비스가 본격적으로 발전하기 시작한 것은 1997년 외환위기 가 계기가 되었다. 외환위기에 따라 대량실업이 발생하고 실업급여를 청구하기 위한 민원 이 폭증하자 노동부는 1998년 지방노동관서의 고용안정과와 고용보험과를 통합해 고용안 정센터[20]를 설립하였다. 고용안정센터는 OECD의 Jobs Study의 정책권고 내용에 부합되 게 취업알선, 고용보험, 직업능력개발을 원스톱으로 수행할 수 있는 직업안정기관으로 설 계되었으며, 실업자의 접근성을 확보하기 위해 1998년 99개소에서 2001년에는 168개소까 지 확충되었다. 고용안정센터에 근무하는 직업상담원도 채용을 확대해 1997년 말에 100 여 명에서 1998년에는 약 1,700명으로 급속하게 증가하였다. 다만, 긴축재정과 정부기관 의 축소 기조 속에서 직업상담원들은 계약직으로 채용되었다.

---

20) 고용안정센터의 명칭은 고용지원센터를 거쳐 고용센터로 변경되었으며, 2014년부터는 지자체 복지팀, 지자 체 일자리센터 등이 고용센터에 입주하면서, 고용복지⁺센터라는 명칭을 사용하고 있다.

한편, 우리나라의 공공부조는 다른 사회복지서비스와 함께 지방자치단체가 담당하고 있으며 과거에는 「생활보호법」에 근거해 노동능력이 없는 빈민층만을 대상으로 한 생활보호제도로 시행되었으나, 2000년부터 가난한 사람은 누구나 국가의 지원을 받을 수 있도록 하는 국민기초생활보장제도가 시행되었다. 국민기초생활보장제도에 의해 노동능력이 있는 저소득층은 노동에 참여해야만 국가 지원을 받는 조건부 수급제도가 도입되어 자활사업이 매우 중요하게 되었다(이준용 외, 2016). 조건부 수급자를 위한 자활사업은 지방자치단체가 담당하고 있으나, 근로능력·자활욕구·가구여건 등에 비추어 노동시장의 일자리에 취업하는 것이 적합하다고 판단되는 조건부 수급자에 대해서는 지방자치단체가 고용센터에 의뢰하여 일반 노동시장에서 취업지원을 받도록 하였다.21)

나. 발전경과

1) 노무현 정부: 2005년 고용서비스 선진화

외환위기에 대응해 실업대책을 추진하는 과정에서 고용서비스의 양적인 확대가 이루어졌다면 고용서비스의 질적인 발전은 노무현 정부에서 이루어졌다(정병석 외, 2020). 노무현 정부에서 추진된 고용서비스의 선진화는 개인에게 특화된 맞춤형 고용서비스의 제공에 목표를 두었다. 이때부터 우리나라에도 구직자를 취업의욕·취업능력 등을 기준으로 유형을 분류하고 「개인별 취업활동계획」(Individual Action Plan: IAP)을 수립해 맞춤형 서비스를 제공하는 고용서비스 프로세스의 골격이 마련되었다.

맞춤형 고용서비스를 제공하기 위해서는 고용센터에 개인화된 서비스 제공에 필요한 인력이 충분히 근무하고 있을 필요가 있었다. 이를 위해 그동안 전국에 산재되어 있던 소규모 고용안정센터를 통폐합하여 고용센터의 허브화·대형화가 추진되었다. 그 결과 고용안정센터의 수는 2010년에 80개까지 감소되었다. 이와 함께 고용센터의 정원도 늘렸으며 계약직 상담원의 신분안정을 위하여 상담직 공무원으로의 전환도 추진되었다. 또한, 이때부터 신용회복 등 유관서비스와의 협력체계가 구축되었으며, 기업에 대한 고용서비스도 강화되고 민간고용서비스 우수기관 인증제와 함께 민간부문의 역량을 활용하기 위한 취업지원 민간위탁 사업이 시작되었다.

---

21) 국민기초생활보장법시행령 제11조.

2) 이명박 정부: 2008년 세계금융위기와 취업성공패키지의 도입

2008년 세계금융위기가 발생하자 외환위기 당시에 추진한 실업대책 경험을 토대로 일자리 나누기와 고용유지지원금, 고용센터의 인력확충 등으로 선제 대응할 수 있었다. 이 시기에는 취업취약계층을 대상으로 한 맞춤형 고용서비스 제공이 한층 더 강화되었는데, 2009년부터 청년, 고령자 기타 취업취약자를 대상으로 직업상담, 직업훈련, 직업소개 등을 패키지 형태로 통합해 맞춤형으로 제공하는 「취업성공패키지」사업이 시행되었다, 이때부터 「취업성공패키지」는 질적·양적으로 성장해 고용센터의 대표적인 통합 취업지원 서비스모델로 자리잡게 되었다(이병희, 2021). 이와 함께 취업성공패키지의 규모가 2009년 9천명으로 시작해 2017년에는 36만여 명이 될 때까지 계속해 증가하면서 고용센터의 인력부족 문제가 대두되었고, 이를 해소하기 위한 방안으로 민간위탁사업이 대폭 확대되었다. 또한 공공부조 수급자에 대한 '일을 통한 복지(welfare-to-work)'를 강화하기 위하여 고용노동부는 자립지원 직업상담사를 지방자치단체에 배치하여 국민기초생활보장제도의 조건부 수급자에 대한 자활역량평가에 참여토록 하였으며, 고용센터에 취업지원 의뢰된 조건부 수급자에 대해서는 취업성공패키지 프로그램에 참여토록 하였다.

3) 박근혜 정부: 고용복지⁺센터의 설치

그동안 우리나라에서 고용과 복지 서비스는 크게 확충되어 왔으나 전달체계가 분리되어 별도의 공간에서 분절적으로 서비스가 제공됨으로써 국민 불편이 유발된다는 지적이 지속적으로 제기되어 왔다. 이에 따라 2013년 국민경제자문회의는 "융합형 사회서비스 전달체계 구축방안"을 발표하였고, 2014년 초에 정부에서는 사회보장위원회를 개최하여 고용과 복지를 원스톱으로 처리하는 고용·복지 연계정책 강화방안을 확정하였다. 이를 토대로 2014년에는 전국 최초로 남양주고용복지⁺센터가 시범적으로 설치되었다. 고용복지⁺센터는 고용센터, 시군구 일자리센터, 시군구 사회복지사, 여성새로일하기센터, 중장년내일센터, 각종 서민금융기관 등이 고용센터에 함께 모여 협업을 통해 서비스를 제공하는 모형이다. 고용노동부는 기존의 고용센터를 고용복지⁺센터로 전환하는 것을 포함해 2017년까지 100개소를 설치하는 것을 목표로 설정하였으며, 2018년까지 모두 98개소를 설치하였다.

4) 문재인 정부: 중층적 고용안전망의 구축과 고용복지⁺센터의 확대

2020년 초에 아무도 예상하지 못한 상태에서 발생한 코로나19 감염병 위기는 고용서비스에 대하여 한편에서는 사회적 거리두기 조치에 따라 비대면 서비스를 확대하면서 다른 한편에서는 고용위기에 대응해 업무량이 폭증하는 이중의 과제를 가져왔다. 고용센터에서는 온라인서비스를 확대하면서, 고용유지지원금과 실업급여, 고용안전망의 사각지대에 놓여 있는 특고·프리랜서에 대한 긴급고용안정지원금 등 고용안정을 위한 총력적인 대응을 추진하였다. 이와 함께 우리나라의 고용안전망을 근본적으로 확충하기 위한 정책을 추진해 2021년 1월부터는 한국형 실업부조로서 국민취업지원제도가 시행되었고, 2020년 12월에는 예술인, 2021년 7월부터 2022년 7월까지 단계적으로 특고와 플랫폼노동자에 대하여 고용보험이 확대 적용되었다. 이로써 우리나라에도 고용보험과 실업부조로 구성된 중층적 고용안전망이 구축되게 되었다. 국민취업지원제도 시행을 앞두고 2020년 하반기에는 고용서비스 인프라가 대폭 확충되었다. 국민취업지원제도는 취약계층을 주된 대상으로 하기 때문에 저소득층, 청년, 여성 등 취업취약계층이 집에서 '1시간 이내'에 있는 대중교통수단을 이용해 고용복지⁺센터에 접근할 수 있도록 중형센터 30개소와 출장소 40개소가 설치되었다.[22] 또한, 2021년에는 국민취업지원제도의 원활한 시행을 위해 736명의 공무원이 증원되었다.

다른 한편, 이 기간에 빅데이터와 인공지능을 활용한 디지털 고용서비스의 개발에 집중적인 투자가 이루어졌다. 2018년부터 고용관련 전산데이터를 통합한 데이터웨어하우스로서 국가일자리정보 플랫폼이 구축되었으며, 이를 토대로 2021년에는 인공지능을 활용한 일자리매칭 시스템이, 2022년에는 인공지능에 기반한 직업상담 지원시스템인 잡케어서비스가 개발되어 고용센터에서 활용되기 시작하였다. 2022년부터는 향후에 고용서비스의 통합포털 기능을 담당하게 될 '고용24' 구축 사업이 시작되었다. 이에 대하여는 제13장에서 별도로 논의한다.

5) 윤석열 정부: 구직자·기업 도약보장패키지 사업의 추진

2022년 코로나19가 거의 종료되면서 노동시장에서는 구인난이 심화되고, 디지털 경제로의 이행, 산업구조의 전환 등으로 노동환경이 급변하게 되었다. 노동환경의 변화에 따라

---

22) 고용센터까지의 이동시간이 대중교통수단으로 1시간을 넘으면서 인구수가 5만명 이상인 지역에는 중형센터를 설치하고 인구수가 5만명 미만으로 행정수요가 적은 지역에는 출장소를 설치하였다.

구직자들은 생애별 경력설계와 취업역량 향상 기술에 대한 욕구가 증가하고 기업들도 좋은 인력을 확보하여 장기근속을 유도하려는 관심이 증가하게 됨에 따라 고용복지⁺센터에서는 구직자·기업 도약보장 패키지를 도입하였다. 구직자 도약보장 패키지는 구직자에게 '진단－심층경력설계－맞춤형 취업지원'을 패키지로 제공하는 사업이며, 기업 도약보장 패키지는 기업의 구인애로 유형별로 '진단－컨설팅－맞춤형 채용지원'을 패키지로 제공하는 사업이다.[23]

다. 고용복지⁺센터

1) 설치배경

1995년 고용보험제의 도입과 1997년 외환위기를 거치면서 설치되어 우리나라의 PES 전달체계의 중추로 성장해 온 대표적인 PES는 고용센터이다. 직업안정법에는 직업안정기관이라는 용어로 사용되고 있지만,[24] 고용노동부의 직제규정에 의해 고용센터가 설치되어 있다. 고용센터는 직제상 고용노동청 또는 고용노동지청에 소속되어 있으며, 지역에 따라 내부 편제가 다르기는 하지만 기본적으로는 담당 기능에 따라 취업지원팀(과), 실업급여팀(과), 국민취업지원팀(과), 기업지원팀(과), 직업능력개발팀(과)으로 구성되어 있다. 고용센터는 고용서비스와 관련된 모든 업무를 원스톱으로 처리할 수 있도록 구직자에 대한 취업지원과 기업에 대한 구인지원, 직업진로지도, 직업훈련상담 및 직업능력개발계좌의 발급 등 직업능력개발, 고용보험에 의한 각종 급여·지원금, 국민취업지원제도, 고용허가제에 따른 외국인근로자의 구인·구직관리, 지역노동시장의 조사분석 및 지역고용대책의 수립 등을 담당하고 있다(장신철, 2022).

이와 같은 고용센터를 고용복지⁺센터로 확대·전환한 것은 다음과 같이 고용서비스와 복지서비스가 분절적으로 제공되는 문제를 개선해 다양한 고용·복지 서비스기관이 한 장소에서 함께 서비스를 제공하기 위한 것을 목적으로 한다(고용노동부, 2023c). 첫째, 고용센터가 그동안 우리나라 PES의 중추기관으로서 역할을 해 오기는 하였으나, 고용센터 이외에도 여성새로일하기센터(여성가족부·고용노동부 공동), 제대군인지원센터(국가보훈부), 지방자치단체 일자리센터(직영 또는 위탁) 등 대상별 특화기관이 설치되어 옴에 따라 대상별로

---

23) 구직자·기업 도약보장 패키지 사업에 대하여는 제4장에서 상세히 설명한다.
24) 직업안정법 제2조의 2는 직업안정기관에 대해 직업소개, 직업지도 등 직업안정업무를 수행하는 지방고용노동행정기관을 말한다고 정의하고 있다.

전달체계가 별도로 존재해 고용서비스가 분절적으로 제공되는 문제가 있어 왔다. 둘째, 복지관련 서비스는 지방자치단체를 중심으로 제공되어 옴에 따라 고용서비스와 복지서비스가 분절적으로 제공되는 문제도 있었다. 그에 따라 국민들의 입장에서 보면 필요한 서비스를 제공받기 위해서는 여러 기관을 방문해야 했고 시간·비용의 소모도 크다는 문제가 지속적으로 제기되어 왔다. 특히, 고용서비스의 주된 대상이 되는 저소득층, 청년, 경력단절여성, 특고·프리랜서, 영세 자영업자 등 취약계층의 경우에는 취업장애요인도 다양하고 복잡해 다양한 복지서비스를 필요로 하는 경우가 많음에도 불구하고 고용서비스와 복지서비스가 효과적으로 연계되어 제공되지 못하는 한계가 있었다.

2) 일반 현황

2024년 말을 기준으로 고용복지⁺센터는 총 102개소가 설치되어 있으며, 이외에 상근직원 5명 내외의 중형센터 30개소가 설치되어 있고 고용센터 직원이 관할 지방자치단체 등에서 제공하는 청사 내의 공간으로 주 1~2회 출장하여 비상근 근무하는 출장센터 40개소가 운영되고 있다. 고용센터는 그동안 두 단계에 걸쳐 그 수가 확대되어 왔는데, 1차 확산기는 고용복지⁺센터의 확산을 위해 2014년부터 2017년까지 고용복지⁺센터 100개소 설치를 목표로 추진되었으며, 2차 확산기는 2001년의 국민취업지원제도 시행을 앞두고 전국 어느 곳에서든지 대중교통수단을 이용해 1시간 이내에 접근할 수 있도록 고용복지⁺센터가 확충되었다. 고용센터에 근무하고 있는 고용부 직원은 2023년 말을 기준으로 공무원 3,300명과 공무직 1,900명으로 총 5,200여 명으로 구성되어 있다. 또한, 고용복지⁺센터에 참여하고 있는 참여기관의 인원까지 포함하면 2023년 말을 기준으로 총 6,200여 명이 고용복지⁺센터에 근무하고 있어 1개소당 평균 60명 정도가 근무하고 있다.

3) 참여기관 및 내부운영

고용복지⁺센터는 한 공간에서 고용·복지서비스를 일괄 제공할 수 있도록 하는 공간통합형 센터를 지향하고 있다. 즉, 고용복지⁺센터는 통합센터에 참여하는 각 기관들이 독자적인 지위와 조직·인사·예산 등의 독립성을 유지하고 있는 기관 간 협의체로서, 공간 등 하드웨어의 통합을 바탕으로 각 기관이 고유업무를 수행하면서 필요한 서비스·프로그램 등 소프트웨어를 상호 연계하여 제공하는 것을 지향하고 있다. 고용복지⁺센터에 참여하고 있는 기관들은 <그림 2-2>와 같다. 특기할 점은 고용복지⁺센터는 법령에 근거한 기관이 아니고 통합센터의 참여에 강제력이 있는 것도 아니기 때문에 어떤 기관이 입주할 것

〈그림 2-2〉 고용복지⁺센터의 참여기관 및 체계도

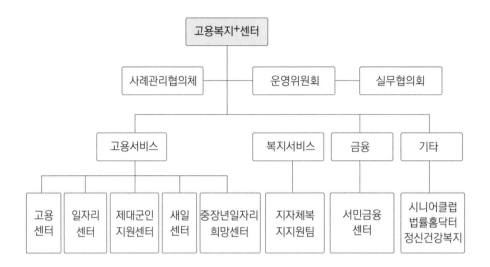

* 고용노동부(2023c)

인지의 여부는 그 기관의 자율에 맡겨져 있다는 점이다. 그럼에도 불구하고 고용복지⁺센터에서 제공되는 서비스는 고용과 복지를 기본으로 하고, 필요에 따라 서민금융, 제대군인지원, 문화기능을 추가할 수 있도록 하고 있다.

　고용복지⁺센터의 기본적인 서비스 프로세스는 <그림 2-3>에서 보는 바와 같이 초기 상담창구를 두어 처음 방문하는 구직자를 상담하여 적합한 서비스 기관으로 안내하고 2회차부터는 바로 해당 서비스 창구로 방문하는 모델이다. 고용노동부는 고용복지⁺센터의 설치로 일자리 정보 공유, 참여기관 간 프로그램 상호 개방, 서비스 연계를 통한 취업 장애요인 해소 등 수요자 맞춤형 취업지원 서비스 제공이 용이해졌으며, 참여기관 간 서비스 연계도 활성화된 것으로 평가하고 있다(고용노동부, 2023c). 고용복지⁺센터의 서비스 연계 실적을 보면 입주기관이 가장 많은 고용 관련 기관끼리의 '고용 ↔ 고용' 서비스 연계가 가장 많고 '고용 ↔ 복지' 연계도 꾸준히 증가하고 있다. 연계 서비스 실적도 2016년에는 12만 건 수준에서 2019년에는 47만 건 수준까지 증가하였으며, 그 이후에는 2020년 코로나19의 발생으로 감소되었으며 다시 회복을 위해 노력하고 있다(장신철, 2022).

　그런데, 고용복지⁺센터에 입주한 고용관련 기관들의 경우 대상별로 특화된 취업지원 프로그램을 제공하고 있기는 하지만 동시에 개별 기관마다 서비스가 중복되는 측면도 있는 것이 사실이기 때문에 중복적인 서비스 업무를 어떻게 조정하고 또 연계를 강화할 것인지

<그림 2-3> 고용복지⁺센터의 서비스 프로세스

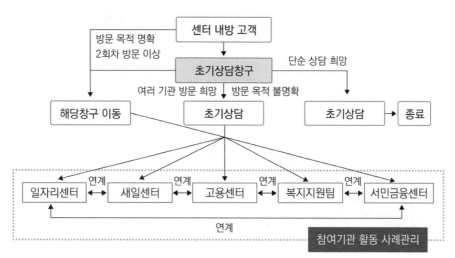

* 고용노동부 내부자료

가 향후 고용복지⁺센터 성공에 매우 큰 과제라고 할 수 있다. 이러한 점들로 인해 유길상
(2020)은 고용복지⁺센터 내에서 참여기관 간의 역할과 책임을 명확하게 설정할 수 있는 거
버넌스가 구축되어 있지 않은 점이 한계라고 지적하고 있다. 따라서 고용복지⁺센터를 설
치하고 운영할 수 있는 법적 근거를 마련해 참여기관 간의 역할 분담과 협업, 서비스 간의
연계, 참여기관을 일사분란하게 운영할 수 있는 거버넌스 체제를 구축할 필요가 있다.

4) PES의 조직형태 측면에서 본 특징

앞의 해외 사례를 살펴보면 영국의 JobCentre Plus는 정부부처인 고용연금부
(Department of Work and Pension)의 집행기관이고 일본의 헬로워크는 후생노동성의 특별
지방행정기관이다. 반면에, 프랑스고용공단은 공공기관으로 설립되었으며, 독일의 연방고
용공단은 당초 정부조직 형태로 설립되었으나 이후에 공공기관으로 개편되었다. <표
2-1>은 WAPES가 회원국가들을 대상으로 조사한 PES의 조직 및 서비스 전달 구조의
현황을 보여주고 있다. 조사대상 73개국 중에서 PES가 고용부 소속의 지방조직인 경우가
23개국(전체의 32%)이고, 고용부 산하의 공공기관(public agency/public body)인 경우가 44
개국(60%)으로[25] 거의 대부분을 차지하고 있으며. 나머지 중에서 4개국(6%)은 덴마크와

---

25) 유럽 국가들의 경우 초기에는 대부분의 PES가 정부조직 형태로 설치되었으나 현재는 공공기관으로 전환된
경우가 많으며, 현재 유럽 24개 국가의 PES 중 88%인 22개 PES가 공공기관 형태를 가지고 있다.

같이 고용부 산하의 공공기관이 일선기관 없이 지자체, 영리·비영리조직 등으로 구성된 네트워크를 조정하면서 고용서비스를 제공하는 분권화된 네트워크 모형이고, 또 다른 1개 국(1%)은 호주로서 산하의 공공기관도 없이 고용부가 직접 민간조직과 계약을 맺고 고용서비스를 제공하도록 하는 경우이다(WAPES, 2015). 그러므로 결국 세계 각국의 공공고용서비스 전달체계는 정부조직인 형태와 공공기관인 형태 두 가지로 크게 나눌 수 있다.

〈표 2-1〉 전세계 PES의 조직 및 서비스 전달 체계의 유형

계	고용부 소속의 지방조직	고용부 산하의 공공기관	분권화된 네트워크 모형	민간기관에 전면 위탁	기타
73개국	23개국 (32%)	44개국 (60%)	4개국 (6%)	1개국 (1%)	1개국 (1%)

* WAPES(2015)에서 재구성

우리나라의 경우에는 1995년 고용보험제 시행을 앞두고 고용보험 전달체계를 정부조직 형태로 할 것인지 아니면 공공기관 형태로 할 것인지에 대한 논의가 정부부처 사이에서 치열하게 전개된 바 있다. 이 논쟁 과정에서 당시 노동부는 정부부처 형태를 채택해 오늘날 고용센터의 모습을 가지게 되었다. 이 당시에 정부조직 형태를 주장하면서 제기된 논거로는 고용보험은 적극적 노동시장정책의 수단으로 도입되는 것이므로 책임 있는 정부조직이 고용정책과 유기적으로 연계해 집행해야 한다는 점과 우리나라 공단조직이 가지고 있는 비효율성 문제가 제시된 반면, 공공기관 형태를 지지하는 논거로는 순환보직제가 보편화되어 있는 공무원 조직으로는 특정 업무에 대한 전문지식과 경험축적이 곤란하다는 점과 공무원조직의 경직성과 인력증원의 한계 등이 제시된 바 있다(정병석 외, 2020).

그동안 30년 가까이 정부조직 형태로서의 고용(복지⁺)센터를 운영해 온 경험을 토대로 보았을 때 정부조직 형태의 최대 장점은 1997년 외환위기, 2008년 세계금융위기, 2020년 코로나19 위기 등 약 10년마다 찾아오는 고용위기에 정부조직 만큼 신속하고 일사분란하게 대응할 수 있는 조직은 없었다는 점이다. Thuy et al(2001)이 지적한 노동부 본부에 직속된 집행조직의 경우에 노동부의 정책기능과 통합됨으로써 노동부가 정부 정책에 따라 PES를 직접 통제할 수 있다는 장점과 일맥상통하는 장점이라고 하겠다. 반면에 정부조직 형태를 취함에 따라 발생하는 문제점도 많은데 Thuy et al(2001)이 지적한 관료제에 의한 한계 등 외에도 만성화된 인력부족 문제와 순환보직에 따른 전문성 확보 곤란의 문제를 대표적으로 들 수 있다.

<표 2-2>는 우리나라 고용센터의 직원 수를 여러 측면에서 주요 국가 PES 직원 수와 비교하여 보여준다. 다른 국가에 비해 PES 직원의 절대 수도 작을 뿐만 아니라 직원 1인당 경제활동인구는 물론 직원 1인당 실업자 수의 경우에도 다른 국가에 비해 월등한 격차를 보이고 있음을 알 수 있다.

〈표 2-2〉 주요국의 국가고용서비스기관 종사자 수 비교(2023년 기준)

	직원수(천명) (A)	경활인구(천명) (B)	실업자수(천명) (C)	직원 1인당 경활인구(명) (B ÷ A)	직원 1인당 실업자수(명) (C ÷ A)
독일	100	47,119	1,333	471	13.3
프랑스	59	30,680	2,300	520	39.0
일본	31	78,863	1,617	2,544	52.1
한국	5	29,203	787	5,615	151.3

라. 기타 공공고용서비스 제공기관

<표 2-3>은 우리나라 공공고용서비스 제공기관의 전체 현황을 보여주고 있다. 공공고용서비스 전달체계의 핵심에는 고용복지+센터가 위치해 있기는 하지만 매우 다양한 고용서비스 제공기관이 설치되어 있는 것을 볼 수 있다. 고용노동부 산하에도 대상별로 독자적인 고용서비스 제공기관이 운영되고 있을 뿐만 아니라, 고용노동부 이외에도 여러 중앙부처와 지자체에 의해 독자적인 공공고용서비스기관이 설치·운영되고 있다. 고용노동부 산하에만 해도 청년(대학생 및 졸업생)을 대상으로 하는 대학일자리(플러스)센터, 고령자를 대상으로 하는 중장년내일센터와 고령자인재은행, 경력단절여성을 대상으로 하는 여성새로일하기센터(약칭 새일센터), 장애인을 대상으로 하는 장애인고용공단 등이 있다. 이들 중에서 장애인고용 및 직업훈련에 특화된 장애인고용공단을 제외하고는 모두 국가보조금 방식으로 민간기관을 활용하는 방식이다.

이와 같이 고용노동부 산하에 대상별로 별도의 전달체계가 구성된 배경에는 제1장에서 논의한 바와 같이 고용센터가 활성화되기 이전에 개별 법률에서 특화된 대상에 대해 고용서비스를 제공하도록 전달체계를 별도로 규정한 이유가 컸으며, 개별부처와 지방자치단체에 별도의 전달체계가 구축된 배경에는 재정지원 일자리사업의 확대 과정에서 개별 부처마다 고용서비스 전달체계에 독자적으로 투자를 했기 때문이다. 앞에서 설명한 바와 같이

〈표 2-3〉 공공고용서비스 제공기관 현황(2023년 기준)

구분		기관	현황	방식
고용노동부 (513개)	전체	고용복지⁺센터	132개* (5,226명)	공공
	청년	대학일자리플러스센터	99개(636명)	민간위탁
	고령자	중장년내일센터(노발재단)	13개(109명)	공공
		중장년내일센터(경총등)	54개(207명)	민간위탁
		고령자인재은행	44개(97명)	민간위탁
	여성	새일센터(여가부공동)	159개 (1,242명)	공공41개 민간118개
		대체인력뱅크	3개(39명)	민간위탁
	장애인	장애인고용공단	44개(265명)	공공
보건복지부 (449개)	기초생활 수급자	지역자활센터	249개 (1,490명)	민간위탁
	노인	노인인력개발원	6개(117명)	공공
		대한노인회 취업지원센터	194개(265명)	민간위탁
통일부(25개)	북한이탈주민	하나센터	25개(35명)	공공
법무부(24개)	출소자 등	법무보호복지공단	24개(75명)	공공
해양수산부(1개)	선원	선원복지고용센터	1개(58명)	민간위탁
국방부(1개)	제대군인	국방전직교육원	1개(42명)	공공
국가보훈부(1개)		제대군인지원센터	7개(109명)	공공
지자체(232개)		일자리지원센터	232개	공공, 민간위탁

* 고용복지⁺센터 102개와 중형센터 30개를 합한 수치이다.

고용노동부는 이렇게 분절화되고 파편화된 고용서비스 전달체계를 원스톱 숍 방식으로 개선하기 위해 고용복지⁺센터를 설치하였다. 고용노동부 산하의 전달체계 중에서 중장년내일센터는 이·전직을 희망하는 중장년층을 대상으로 하고, 새일센터는 노동시장에 재진입을 희망하는 경력단절여성을 대상으로 하고 있다. 이러한 점에서 이들 두 기관의 경우에는 고용복지⁺센터에 입주해도 고객들의 접근성에 불편함이 없을 뿐만 아니라 고용센터와 같은 공간에 입주하는 경우 서비스 연계에 시너지 효과를 볼 수 있다는 판단에 따라 고용복지⁺센터의 입주 대상으로 선정되었다. 중장년내일센터의 경우에는 고용복지⁺센터 내에 중장년내일센터의 컨설턴트가 입주하여 서비스를 제공하는 형태이고, 새일센터의 경우에는 대부분 센터 자체가 고용복지⁺센터 내에 입주하여 서비스를 제공하고 있다.

이와 달리, 대학일자리센터는 대학캠퍼스 안에서 대학생과 졸업생들에게 직접 직업지도와 상담 등을 통해 경력설계를 지원하고 취업지원을 하는 것을 목적으로 설치되었으며, 고령자 인재은행의 경우에는 고령자의 취업기회 확대를 위해 고용센터가 접근하기 어려운 일용직 중심의 무료직업소개사업을 하는 비영리법인 또는 공익단체를 지정하여 운영하고 있기 때문에 고용복지⁺센터로의 공간통합 대상이 되기는 어려워 제외되었다

이외에도 보건복지부 산하의 노인인력개발원, 통일부 산하의 하나센터, 법무부 산하 공공기관인 법무보호복지공단, 국방부 산하의 국방전직교육원, 국가보훈처 산하의 제대군인지원센터 등이 대상별로 특화되어 설치되어 있고, 광역 및 기초 지자체가 지역주민의 취업지원을 위하여 자체적으로 설치·운영하고 있는 일자리센터도 232개소에 달한다. 대부분의 지자체 일자리센터는 영세하고 전문성도 크게 부족한 상황에 놓여 있다. 원스톱 숍 방식의 고용복지⁺센터가 설치되어 있기는 하지만, 여전히 중앙부처 간, 그리고 중앙부처와 지자체 간에는 공공고용서비스기관의 설치·운영에 대한 조율은 제대로 이루어지지 못하다.

이하에서는 중장년내일센터, 여성새로일하기센터, 대학일자리센터에 대하여 좀더 설명하기로 한다.

1) 중장년내일센터

중장년내일센터는 조기퇴직 관행의 확산, 노동시장 환경변화에 따른 이·전직의 증가 등의 상황에 대응하기 위해 만 40세 이상 중장년층에게 생애경력설계, 이·전직 및 재취업, 특화서비스 등의 종합고용지원서비스를 제공하기 위한 목적으로 설치되었다. 법령상으로는 「고용상 연령차별금지 및 고령자 고용촉진에 관한 법률」에 규정된 중견전문인력 고용지원센터를 근거로 하고 설치되었다. 2024년 현재 노사발전재단 직영센터 13개소와 상공회의소, 경영자총협회 등 민간단체가 54개의 센터를 고용복지⁺센터에 입주하여 운영하고 있다.

중장년내일센터에서는 생애전환기에 따른 과업, 업종·직종별 종사자의 니즈·경력 상황·특성에 따라 체계적으로 경력설계를 할 수 있도록 지원하는 생애경력설계 프로그램을 운영하고 있으며, 1년 이내에 퇴직 예정인 자를 대상으로 변화관리를 통해 퇴직에 대한 인식전환과 전직기술 습득을 통한 자신감 확보 등을 목적으로 하는 전직스쿨 프로그램을 운영하고, 퇴직 근로자에 대해 취업역량강화 및 동아리 활동을 통한 전직 학습 기회를 제

공하기 위한 재도약 프로그램을 운영하고 있다. 이외에도 경력진단을 통한 경력목표 설정을 목표로 하는 전직지원 컨설팅, 중장년 내일패키지사업. 개인별 경력개발서비스, 직업기초역량증진교육 등의 특화서비스를 제공하고 있다.

2) 여성새로일하기센터

여성새로일하기센터(이하 새일센터라고 한다)는 경력단절 여성의 재취업지원을 위하여 「경력단절 여성 등의 경제활동촉진법」에 근거를 두고 설치되었다. 2008년부터 여성가족부와 고용노동부의 공동사업으로 추진되어 여성가족부는 여성인턴제, 취업설계사 인건비, 직업교육훈련 등의 예산을 책정하고 고용노동부는 집단상담 프로그램 운영비 등의 예산을 배정해 운영하고 있다. 주로 육아·가사 등으로 경력이 단절된 여성을 대상으로 직업상담, 구인·구직 관리, 직업교육훈련, 인턴쉽, 취업 연계, 취업 후 사후관리 등 종합적인 취업지원 서비스를 제공하고 있다. 새일센터는 전국에 총 159개가 있는데, 이 중 118개소는 여성인력개발센터 등에 민간위탁으로 운영되고 있다.

새일센터는 기초자치단체 단위로 설립되어 취업지원 서비스를 제공하고 있으며, 새일센터가 지정되지 않은 지역은 광역자치단체 단위로 구축되어 있는 광역새일센터가 취업지원 기능을 총괄하고 있다. 현재 새일센터 미지정 지역의 여성을 대상으로 취업지원 서비스를 제공하기 위한 목적으로 광역새일센터가 10개 지정되어 운영되고 있다.

3) 대학일자리플러스센터

2000년대 후반부터 악화되기 시작한 청년 고용상황에 대응해 청년고용대책이 보다 효과적으로 청년들에게 전달되도록 하기 위해 2011년부터 대학교를 중심으로 청년 고용서비스 전달체계가 구축되어 왔다. 이와 같이 별도의 전달체계가 구축되어 온 것은 실업부조제도가 없는 상황에서 고용보험제도를 중심으로 운영되고 있는 고용센터만으로는 대학에 재학 중인 청년들에 대한 고용서비스 제공에 한계가 있었기 때문이다. 2011년에 대학청년고용센터라는 이름으로 시작된 사업은 전문컨설턴트가 대학캠퍼스에 상주하면서 직업심리검사, 직업탐색, 개인별 맞춤형 취업지원 프로그램을 운영하도록 하는 사업으로 추진되었다.

그러나 대학청년고용센터 외에도 대학 내에는 고용노동부의 취업지원관, 여성가족부의 여성커리개발센터 지원사업, 중소기업청의 창업지원사업, 대학별 자체 취업지원기능 등 여러 사업들이 분적절적으로 제공되고 있음에 따라 이들 진로지도 및 취업·창업지원 서비스를 공간적으로 통합하거나 또는 기능적으로 연계함으로써 학생들에게 체계적인 원스톱 통합서비스를 제공하기 위하여 2015년에 '대학일자리센터'가 설치되기 시작해 2020년에는 108개 대학으로 확대되었다. 2021년부터는 기존 대학일자리센터의 기능을 확대·개편해 기존 기능에 추가해 지역산업 특성, 대학 특성, 산업·채용 변화 양상을 반영한 '거점형 특화프로그램'을 운영할 수 있도록 하는 '대학일자리플러스'센터로 전환되었다. 대학일자리플러스센터들은 대학 밖의 고용센터, 지자체 등과의 협업을 통해 지역 청년고용 거버넌스를 구축해 공동 협력사업도 발굴해 추진하도록 하고 있으며, 2023년 기준으로 99개가 설치되어 있다(이재갑, 2022).

민간고용서비스와 직업안정법

1. 민간고용서비스의 의의와 성장

2. 직업안정법과 무료·유료 직업소개

3. 기타 일자리중개사업

제3장 민간고용서비스와 직업안정법

민간고용서비스는 민간기관에서 제공하는 고용서비스이다. 주로 기업을 대상으로 대가를 받고 맞춤형 인력채용 서비스를 제공하고 있으며, 최근에는 청년 또는 중고령자를 대상으로 유료로 맞춤형 취업지원 서비스를 제공하기도 한다. 민간고용서비스의 발전 정도는 국가에 따라 다른데, 미국, 영국, 호주와 같은 국가에서는 민간고용서비스기관들이 직업소개, 헤드헌팅, 파견, 직업훈련, HR 컨설팅 등을 행하는 종합 서비스기업으로 성장하고 있고, 대형 다국적기업들로 발전하는 회사들도 많다. 이 장에서는 민간고용서비스의 다양한 유형과 공공고용서비스와의 관계를 고찰해 보고, 우리나라 직업안정법에 규정된 직업소개의 의미와 민간고용서비스의 유형과 법적 요건 등을 논의한다.

1. 민간고용서비스의 의의와 성장

가. 민간고용서비스의 의의와 유형

민간고용서비스는 영리기업 또는 비영리단체에서 제공하는 고용서비스이다. ILO(1994)는 좀 더 구체적으로 민간고용서비스기관(PrEA)에 대하여 "개인 고객 또는 기업 고객을 위하여 취업, 경력 발전 또는 인력 채용을 쉽게 또는 빨리 하는 것을 목적으로 계약을 체결하고 대가로서 금전적 보상(수수료 또는 보조금)을 받으면서 서비스를 제공하는 업체"라고 정의하고 있다. ILO의 1997년 제181호 「민간고용서비스기관 협약」은 이와 같은 PrEA를 세 가지 범주로 나누어 유형화하고 있는데, <표 3-1>은 이러한 세 가지 범주에 대해 우리나라 노동시장에서 제공되고 있는 민간고용서비스의 실제를 들어 예시한 것이다. 구체적으로 보면 (a)의 구인·구직을 연결하는 민간고용서비스는 직업소개, 헤드헌팅, 채용

대행서비스 등이 이루어지는 영역으로 PrEA가 그로 인해 이루어지는 고용관계의 당사자가 되지 않는 서비스를 의미한다. (b)의 간접고용의 알선은 근로자파견·노무도급 등과 같이 제3자가 근로자를 사용할 수 있도록 PrEA가 근로자를 고용하는 서비스로서 근로자·고용사업주·사용사업주로 구성되는 고용의 삼각관계가 형성되는 특징이 있다. (C)는 (a), (b)에 속하지 않는 기타 고용관련 서비스를 말한다.

〈표 3-1〉 ILO 협약에 따른 민간고용서비스의 분류

범 주	예 시
(a) 구인·구직의 연결	• 국내 및 국외 직업소개, 헤드헌팅 • 근로자 모집, 채용대행 서비스
(b) 간접고용(3자 관계)의 알선	• 근로자파견, 노무도급(용역), 근로자공급
(c) 기타 고용서비스	• 직업상담, 심리안정 서비스 • 직업정보의 제공, 인력컨설팅 • 전직지원서비스 • 취업관련 부대 서비스(이력서, 면접 지도 등) • 직업훈련, 직업교육 • HR 관련 기타 서비스

그런데, ILO 협약에 따른 <표 3-1>의 범주 분류는 간접고용의 알선 여부에 지나치게 비중을 둔 관계로 다양하게 전개되는 민간고용서비스의 유형을 보여주지 못하는 한계가 있다. 그래서 여기에서는 ILO(1994)에서 제시한 민간고용서비스의 다섯 가지 범주와 세부 유형을 소개하기로 한다. 물론 세부 유형 중에는 우리나라에는 존재하지 않는 유형도 있다.

① 노동 공급과 수요의 중개업체: 유료직업소개업체, 해외직업소개업체, 외국인 근로자의 채용알선업체
② 사용업체, 근로자, 민간고용서비스업체 사이에 고용계약의 삼각관계가 놓이는 업체: 근로자파견업체(temporary work agencies), 용역업체(Contract labour agencies), 직원임대업체(staff leasing agencies)[1]

---

[1] 기업의 직원고용을 아웃소싱받아 특정 기업이 필요로 하는 인력을 고용해 인사관리 전체를 맡아서 하면서 인력을 임대해 주는 사업으로, 고용주는 직원임대회사가 되며 고객 기업은 이 인력을 일정 기간 활용할 수 있다. 1980년대에 미국에서 나타난 사업 유형이다. 미국에서는 termporary work agency는 비교적 짧은 기간 동안 임시직 인력을 제공하는 데 비해, staff leasing agency는 특정 부서나 프로젝트의 장기적인 인력 운용을 위해 비교적 장기간 인력을 임대한다는 차이가 있으며, 건설, 엔지니어링, 전문서비스 등 기술적 인력이 필요한 분야에서 주로 활용된다. 최근에는 고객 기업에 고용된 인력의 보수관리 등 HR 기능의 일부를 아웃소싱받아 공동 고용주(co-employer)가 되는 Professional employer organization(PEO)의 형태가 분화되어 따로 발전

③ 전문인력을 탐색하거나 또는 경력을 상담해 주는 업체: 헤드헌팅(중역탐색업체(executive search agencies)), 전직지원업체(outplacement agencies), 구직컨설팅업체, 인력관리컨설팅업체

④ 여러 가지 직업안정기능을 동시에 제공하는 하드브리드(hybrid) 업체: 교육훈련과 취업지원을 동시에 수행하는 업체(training and placelment institutes), 주문형 전문서비스 제공업체(job shops or cooperatives),[2] 잡포털(job portal) 업체[3]

⑤ 기타 업체: 경력관리업체(career−management agencies)[4] 및 위탁고용업체(employment enterprise)[5]

이와 같이 다양한 유형 중에서 유료직업소개업체, 잡포털 업체(직업정보제공사업), 근로자파견업체, 용역업체, 헤드헌팅(중역탐색업체), 전직지원업체를 대표적인 유형의 민간고용서비스업으로 볼 수 있겠다.

나. 민간고용서비스와 공공고용서비스의 관계

PES와 PrEA 간의 관계를 어떻게 설정할 것인가 하는 것은 과거부터의 오랜 숙제이다. 각국의 고용서비스 발전 과정, 노동시장 상황, 노사관계, 기간제·근로자파견 등 임시직 관련 규제, 고용보호법규(Employment Protection Legislation) 등 다양한 요인에 의해 차이가 있을 수 있다, 그러나 어느 국가에서나 PES는 기본적으로 노동시장에서 스스로 일자리를 찾는 데 어려움을 겪는 취업취약계층과 인력 확보에 어려움이 있는 중소기업을 주 대상으로 하여 무료의 서비스를 제공하는 것이 가장 큰 존립 근거가 된다. 따라서 PES의 직업소개를 이용하는 구직자는 주로 저숙련·저소득 관련 직종이 많고, 구인 기업도 중소기업이 큰 비중을 차지하게 된다.[6] 반면, PrEA의 경우에는 영리를 목적으로 하는지 또는 비영리

하고 있다.

2) 소수의 전문가(예: 시스템 엔지니어, 컴퓨터 네트워크 전문가)들이 소규모의 기술 서비스를 제공하는 업체를 만들어 수수료를 받고 고객기업에 기술 서비스를 제공하면서, 자신들이 제공할 수 없는 기술에 대해서는 인력을 채용해 서비스를 제공하는 사업이다.

3) 우리나라 직업안정법 상의 직업정보제공사업과 유사한 사업이다.

4) 연예산업의 기획사와 같이 고객의 경력을 관리하고 계약관계를 관리하며 홍보 등을 담당하는 사업이다.

5) 이윤을 목적으로 제품을 생산하거나 판매하는 것이 아니라 보호작업장과 같이 직원들을 임시로 고용해 기능을 습득시켜 다른 회사에 정식 근로자로 채용될 수 있도록 하는 것을 목적으로 하는 사업이다. 통상 공적 기금에 의해 보조금을 지급받는다.

6) 한국의 경우 Work−Net 통계를 기준으로 보면 구인직종은 경영·행정·사무, 단순제조, 기계설치 돌봄서비스,

를 목적으로 하는지, 영리를 목적으로 하는 경우에도 어떤 분야에서 영업활동을 하느냐에 따라 저숙련·저소득 직종이나 중소기업을 대상으로 하는 경우도 있고 고숙련·고소득 직종, 대기업을 대상으로 하는 경우도 있다. 일반적으로는 PES에 비해 상대적으로 고숙련·고소득 직종 또는 대기업을 대상으로 하는 경우가 많다.

그러나 PES와 PrEA가 각각 제공하는 서비스의 주요한 고객(clients)과 직종, 기업 규모 등은 국가별로 차이가 있으며, 지역의 일자리 특성에 따라서도 차이가 있게 된다. 가령, 연방고용공단(BA)의 직원수가 10만 명에 달하는 독일의 경우에는 PES의 영향력이 워낙 크기 때문에 민간고용서비스기관들은 근로파견과 헤드헌팅 등 제한적인 영역에서만 활동하고 있고 영향력도 크지 못하다. 반면, PES의 역할이 크지 않은 미국의 경우에는 PrEA가 고용서비스 시장을 주도하고 있으며, PES를 이용하는 사람은 취약계층이 대부분으로서 실업급여 지급과 취업알선 서비스를 제공하고 있다. 호주의 경우에는 1998년 PES를 폐지하고 국민들에게 제공하는 고용서비스는 민간기관이 제공하도록 하는 극단적인 개혁을 하였고, 철저하게 실적에 따라 보상을 하는 시장 시스템을 도입하였다.

우리나라는 지난 30여 년간 PES와 PrEA가 함께 성장을 해온 특이한 케이스다. 한국의 PES는 과거에는 워낙 취약했었으나, 1995년 고용보험제 시행, 1997년 말 외환위기, 2008년 세계 금융위기, 2020년 코로나 위기를 거치면서 PES와 각종 노동시장정책이 대폭 확충되었다. 이 시기에 PrEA도 크게 성장하였는데 주요한 이유는 PES의 지속적인 인력 부족으로 인해 많은 민간위탁이 이루어졌기 때문이다. 이 덕분에 한국의 PrEA도 대형화가 이루어진 경우가 많이 있고, Manpower, Adecco, Ingeous, Maximus, Kelly 등 고용서비스 분야의 다국적 기업들이 국내에 진출하였다. 한국의 PES와 PrEA의 동반성장은 <표 3-2>에 잘 나타나 있다. 우리나라 국민들이 일자리를 찾는 구직 경로를 보면 PES와 PrEA가 차지하는 비중이 함께 큰 폭으로 성장한 것을 볼 수 있다. 과거에는 많은 비중을 차지했던 친인척, 친구, 교사 등 개인적인 관계망에 의한 비공식적인 직장탐색과 신문·방송 등 대중매체에 의한 직장탐색이 줄어든 반면, 공식적인 직장탐색 채널인 PES와 PrEA를 이용한 구직이 꾸준히 함께 성장한 것을 볼 수 있으며 매우 바람직한 변화이다.

경비·청소 등, 구직 직종은 경비·청소, 음식서비스, 돌봄서비스, 단순제조, 경영·행정·사무 직종 등이 주류를 이룬다. PES를 이용하는 기업규모를 보면 80%가 100인 미만 기업이다.

<表 3-2> 한국 국민들의 구직 경로(%)

	PES	PrEA	대중매체	학교·학원	친척·친구	기타
2022년	23.0	33.0	22.0	2.0	20.0	0.0
2020년	21.0	27.0	26.0	1.0	25.0	0.0
2013년	20.3	20.3	59.6	6.9	42.7	2.4
2009년	9.4	7.1	42.9	2.8	35.4	2.5

* 통계청, 경활인구조사

우리나라의 PrEA는 기관 수를 기준으로 보면 건설 일용·간병·가사서비스 관련 직업소 개업소가 약 80%를 차지하고 있다. 이들 분야는 PES가 발달하기 훨씬 이전인 1960년대부 터 존재해 온 특화된 분야로서 회원제 관리 방식, 직업소개소에 의한 임금의 대불 등 독특 한 관행이 형성되어 있어서 PES가 담당하기 어려운 분야이다. 그러나 건설 분야의 중층적 하도급 제도의 시정, 간호·간병 통합서비스의 제공, 가사근로자법의 적용 확대 등이 보다 빨리 이루어진다면 이 분야의 영세한 직업소개소의 수는 서서히 줄어들 것으로 예상된다.

다. 우리나라 민간고용서비스의 성장 경과

우리나라에서는 1961년 직업안정법을 제정하면서 직업소개에 대한 PES 독점의 원칙과 민간고용서비스의 예외적인 허용, 그리고 엄격한 감독방침을 정하고 있었던 그 당시의 ILO 1949년 제96호 「유료고용서비스기관 협약」의 내용을 반영해 유·무료 직업소개사업 과 근로자 공급사업에 대해서 허가제를 규정한 바 있었다. 이후 1997년 외환위기 발생 직 후인 1998년에 노동시장의 유연성 확대를 위하여 「파견근로자 보호 등에 관한 법률」이 제정되어 근로자파견업이 도입되었고 1999년에는 직업안정법이 개정되어 유료직업소개사 업은 등록제로, 무료직업소개사업은 신고제로 완화됨으로써 민간직업소개사업이 양적으로 확산되는 계기를 마련하였다.

그 이후에 '서비스산업 선진화'를 추진한 이명박 정부하에서 민간고용서비스의 활성화를 위한 다양한 조치들이 추진되었다. 2009년에는 고용서비스산업 선진화 방안이 수립되어 추진됨에 따라 고급·전문 인력에 대한 직업소개요금은 당사자 간의 협의에 의해 받을 수 있도록 자율화되었으며, 고용서비스산업의 육성을 위해 다양한 지원 방안들이 시행되었다. 그 결과 2010년부터 PrEA의 숫자가 연평균 1천 개씩 증가하였다. 2011년 이후에는 취업 성공패키지가 시작되어 그 규모가 급속히 확대되면서 고용서비스 민간위탁도 본격적으로 확대되었다. 최근 수년간을 보면 직업소개사업의 신규 설립이 다시 크게 증가하고 있는데, <표 3-3>에서 보는 바와 같이 2023년의 국내유료직업소개사업의 수는 2015년에 비해 74.2%나 증가하였다.

〈표 3-3〉 연도별 국내 유·무료직업소개사업의 설립추이(개소)

구분		'15년	'16년	'17년	'18년	'19년	'20년	'21년	'22년	'23년
총계		11,675	12,960	14,182	15,762	16,459	17,040	17,302	17,957	18,911
직업 소개 사업	국내 무료	1,374	1,476	1,542	1,595	1,603	1,587	1,637	1,713	1,728
	국내 유료	8,924	9,990	11,207	12,725	13,368	13,883	14,138	14,706	15,548
	국외 무료	16	22	20	32	35	34	29	23	26
	국외 유료	171	187	188	192	198	186	172	185	201
직업정보제공사업		1,145	1,239	1,179	1,172	1,209	1,305	1,280	1,285	1,364
근로자 공급 사업	국내	45	46	46	46	46	45	45	45	44
	국외	0	0	0	0	0	0	0	0	0

* 고용노동부 내부자료

2. 직업안정법과 무료·유료 직업소개[7]

가. 직업안정법의 개요

직업안정법은 국가, 지방자치단체의 직업소개·직업지도·고용정보의 제공 등 PES[8]가 행하는 고용서비스와 함께 민간이 행하는 PrEA에 대하여 규정하고 있다. PrEA와 관련해서는 직업소개사업, 직업정보제공사업, 근로자 공급사업에 대해 규정하고 있다. 민간의 직업소개사업은 무료와 유료 직업소개사업으로 구분된다. 무료 직업소개는 비영리법인 또는

---

7) 이 부분은 장신철(2011)에 주로 근거하였다.

8) 직업안정법에서는 직업안정기관이라는 용어를 사용하고 있고 제2조의2에서 "직업안정기관"이란 직업소개, 직업지도 등 직업안정업무를 수행하는 지방고용노동행정기관을 말한다고 규정하고 있다.

공익단체가 할 수 있다. 유료직업소개는 대가를 받고 구인·구직자 간의 고용계약을 알선하는 행위이다. ILO에서는 구인자에 대한 소개요금은 자율에 맡기되 구직자에 대한 소개요금 징수는 특별한 경우가 아니면 금지하고 있으나, 우리나라에서는 구인자에 대한 소개요금은 최대한도를 설정하고 구직자로부터도 적은 금액이나마 소개 수수료 징수가 가능하도록 되어 있다.

직업안정법은 1961년 법 제정 이래 수차례 개정을 거치기는 하였으나 아직도 당시의 골격을 그대로 유지하고 있으며, 그러다 보니 직업소개 등에 있어서 중간착취를 막는다는 규제적 시각이 그대로 남아있는 법이라는 한계가 있다. 직업안정이라는 용어도 1960~1980년대 철학을 반영한 소극적 용어로서 실업의 위험이 크지 않았고 평생고용이 가능했던 고성장·저실업 시대에 만들어진 것으로 지금은 거의 사용되지 않는 용어이다. 현재는 국제적으로 고용서비스(employment service)라는 개념이 사용되고 있으므로 이러한 용어를 사용해 법률의 틀을 변경할 필요가 있다. 또한 중간착취의 방지라는 규제적인 시각이 아니라 날로 성장하고 있는 고용서비스 분야를 산업 차원에서 육성하고, IT와 AI 기술 발달에 따라 복잡해지는 구인·구직 시장의 변화와 고용형태의 다변화에 고용서비스가 대응해 나갈 수 있도록 전면적인 법률 개정이 필요해 보인다.

이와 관련해, 강순희 외(2010)는 금융산업에 빗대어 고용서비스를 노융(勞融)산업으로 표현한 바 있으며, 민간고용서비스 활성화를 위한 많은 연구도 이루어져 왔다(어수봉, 2009; 김승택 외, 2006; 강순희, 2011; 길현종, 2019). 고용노동부에서도 이러한 점을 인식하고 공공과 민간의 고용서비스 육성을 위해 직업안정법 전부개정안을 마련해 법률 개정을 지속적으로 추진해 왔다. 2010년에는 법률의 명칭을 「고용서비스 활성화 등에 관한 법률」로 변경한 전면 개정안을 국회에 제출한 바 있고, 그 이후에는 다시 법률의 명칭을 「직업안정 및 고용서비스에 관한 법률」로 변경해 소극적인 직업소개에서 보다 적극적인 "고용서비스"의 기본법으로 위상을 강화하고자 국회에 법률 개정안을 제출한 바 있으나 큰 쟁점이 없음에도 불구하고 국회의 관심 부족으로 통과되지 못했다.

나. 직업소개의 개념

1) 직업소개의 의의

직업안정법은 직업소개에 대하여 "구인 또는 구직의 신청을 받아 구직자 또는 구인자를 탐색하거나 구직자를 모집하여 구인자와 구직자 간에 고용계약이 성립되도록 알선하는 것

〈그림 3-1〉 직업소개의 개념도

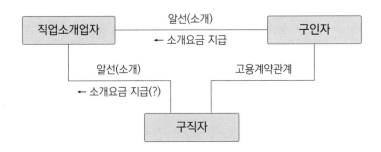

을 말한다"고 정의하고 있다(제2조의 2). 직업소개는 일자리 중개 기능의 핵심이 되는 행위로서 취업알선이라고도 불린다. 구인자와 구직자 간의 고용계약을 소개(알선)할 뿐 직업소개업자와 구직자 간에는 고용관계가 없다는 점에서 근로자공급사업이나 근로자파견사업과 구별된다. 고급 전문인력을 알선하는 헤드헌팅도 고용계약을 알선한다는 측면에서 직업소개에 해당한다. 직업소개는 직업소개업자와 구직자간에 지휘명령관계가 없다는 점에서 근로자 파견과 구별되고, 사실상의 지배관계도 존재하지 않는다는 점에서 근로자공급과도 구별된다.[9]

2) 유사 개념: 근로자 모집

근로자의 모집(법 제28조)은 근로자를 고용하려는 자가 취업하려는 사람에게 피고용인이 되도록 권유하거나 다른 사람으로 하여금 권유하게 하는 것을 말한다(법 제2조의2). 근로자를 고용하려는 자는 광고, 문서 또는 정보통신망 등 다양한 매체를 활용하여 자유롭게 근로자를 모집할 수 있다(법 제28조). 다만, 국외에 취업할 근로자를 모집한 경우에는 고용노동부장관에게 신고하여야 한다(법 제30조). 근로자를 모집하려는 자와 그 모집 업무에 종사하는 자는 어떠한 명목으로든 응모자로부터 그 모집과 관련하여 금품을 받거나 그 밖의 이익을 취해서는 안된다(법 제32조). 다만, 제19조에 따라 유료직업소개사업을 하는 자가 구인자의 의뢰를 받아 구인자가 제시한 조건에 맞는 자를 모집하여 직업소개한 경우에는 그러하지 아니하다.

---

9) 현재 근로자공급사업은 중간착취를 방지한다는 취지에서 항만하역, 농수산물 하차 등 분야의 42개 노조에만 허가되어 있다. 그러나 회원제 형태로 운영되는 직업소개의 경우 회원가입에 진입장벽이 존재하고 직업소개를 하면서 근로자에 대한 통제가 이루어진다면 근로자공급과 흡사하게 되는 문제가 있을 수 있다.

다. 무료직업소개사업

1) 무료직업소개사업의 의의

"무료직업소개사업"이란 수수료, 회비 또는 그 밖의 어떠한 금품도 받지 아니하고 하는 직업소개사업을 말한다(법 제2조의2). 무료직업소개사업은 소개대상이 되는 근로자가 취업하려는 장소를 기준으로 하여 국내 무료직업소개사업과 국외 무료직업소개사업으로 구분하되, 국내 무료직업소개사업을 하려는 자는 주된 사업소의 소재지를 관할하는 특별자치도지사·시장·군수 및 구청장에게 신고하여야 하고, 국외 무료직업소개사업을 하려는 자는 고용노동부장관에게 신고하여야 한다. 신고한 사항을 변경하려는 경우에도 또한 같다(법 제18조 제1항). 제1항 및 제4항에 따라 무료직업소개사업을 하는 자 및 그 종사자는 구인자가 구인신청 당시 「근로기준법」 제43조의2에 따라 명단이 공개 중인 체불사업주인 경우 그 사업주에게 직업소개를 할 수 없다(법 제18조제5항).

2) 무료직업소개사업을 할 수 있는 자

무료직업소개사업을 할 수 있는 자는 그 설립 목적 및 사업 내용이 무료직업소개사업에 적합하고, 당해 사업의 유지·운영에 필요한 조직 및 자산을 갖춘 비영리법인 또는 공익단체이다(시행령 제14조 제1항). 비영리법인 중에서 직업소개사업과 겸업이 금지되어 있는 결혼중개업, 숙박업, 유흥주점업[10] 등의 영업을 하는 자를 구성원으로 하는 비영리법인인 경우에는 ① 법인이 둘 이상의 특별시·광역시·도 및 특별자치도에 걸친 조직을 갖추고, ② 해당 업자의 법인가입률 및 회비납부율이 80% 이상인 경우로 한정된다. 2024년 기준으로 전국적으로 1,700여 개 무료직업소개소가 있는데 장애인복지관, 여성새로일하기센터, 노인복지관, 지역상공회의소, 지역경영자총협회, YWCA, 지역자활센터 등이 주요한 역할을 하고 있다.

공익단체는 법인이 아닌 단체 중에서 그 설립에 관하여 행정기관의 인·허가를 받았거나 행정기관에 신고를 한 단체로서 활동의 공공성·사회성이 인정된 단체를 말한다(시행령 제14조 제3항). 이외에 한국산업인력공단, 한국장애인고용공단, 각급 학교, 공공직업훈련시설, 근로복지공단은 별도의 신고 절차 없이 법률의 규정에 의하여 당연히 무료직업소개사업을 할 수 있다(법 제18조 제4항).

---

10) 직업안정법 제26조.

라. 유료직업소개업

1) 유료직업소개업의 의의

'유료직업소개사업'이란 무료직업소개사업이 아닌 직업소개사업을 말한다(법 제2조의2). 즉, 직업소개의 대가를 받는 사업이다. 직업안정법에서 PES 관련 내용을 제외하고 본다면 가장 중요하게 다루어지고 있는 영역이다. 유료직업소개사업의 경우에도 소개 대상이 되는 근로자가 취업하려는 장소를 기준으로 하여 국내 유료직업소개사업과 국외 유료직업소개사업으로 구분되며, 국내 유료직업소개사업을 하려는 자는 주된 사업소의 소재지를 관할하는 특별자치도지사·시장·군수 및 구청장에게 등록하여야 하고, 국외 유료직업소개사업을 하려는 자는 고용노동부장관에게 등록하여야 한다(법 제19조 제1항).

2) 유료직업소개업의 등록 기준과 대표자 요건

유료직업소개사업의 등록 기준이 되는 인적·물적 요건[11]과 그 밖에 유료직업소개사업에 관한 사항은 직업안정법 시행령 제21조에서 규정하고 있다. 인적 요건을 보면 법 제19조 제1항에 따른 유료직업소개사업의 등록을 할 수 있는 자는 다음 각 호의 어느 하나에 해당하는 자에 한정하고 있다. 법인인 경우에는 직업소개사업을 목적으로 설립된 「상법」상 회사 또는 「협동조합 기본법」 제2조 제1호에 따른 협동조합(같은 조 제3호에 따른 사회적협동조합은 제외한다)으로서 납입자본금이 5천만 원(둘 이상의 사업소를 설치하는 경우에는 추가하는 사업소 1개소당 2천만 원을 가산한 금액) 이상이고 임원 2명 이상이 다음 각 호의 어느 하나에 해당하는 자 또는 「국민 평생 직업능력 개발법」에 따른 직업능력개발훈련법인으로서 임원 2명 이상이 다음 각 호의 어느 하나에 해당하는 자에 한정한다.

> <직업안정법상 유료직업소개업 대표자 요건(시행령 제21조)>
> ① 「국가기술자격법」에 의한 직업상담사 1급 또는 2급의 국가기술자격이 있는 자
> ② 직업소개사업의 사업소, 「국민 평생 직업능력 개발법」에 의한 직업능력개발훈련시설, 「초·중등교육법」 및 「고등교육법」에 의한 학교, 「청소년기본법」에 의한 청소년단체에서 직업상담·직업지도·직업훈련 기타 직업소개와 관련이 있는 상담업무에 2년 이상 종사한 경력이 있는 자

---

11) 물적 요건은 직업안정법 시행규칙(노동부령) 제18조에서 전용면적 10제곱미터 이상의 사무실을 요구하고 있고 특별한 쟁점도 없는 사항이다.

③ 「공인노무사법」 제3조의 규정에 의한 공인노무사 자격을 가진 자

④ 조합원이 100인 이상인 단위노동조합, 산업별 연합단체인 노동조합 또는 총연합단체인 노동조합에서 노동조합업무전담자로 2년 이상 근무한 경력이 있는 자

⑤ 상시사용근로자 300인 이상인 사업 또는 사업장에서 노무관리업무전담자로 2년 이상 근무한 경력이 있는 자

⑥ 국가공무원 또는 지방공무원으로서 2년 이상 근무한 경력이 있는 자

⑦ 「초·중등교육법」에 의한 교원자격증을 가지고 있는 자로서 교사근무경력이 2년 이상인 자

⑧ 「사회복지사업법」에 따른 사회복지사 자격증을 가진 사람

현행 직업안정법은 중간착취 배제, 인신구속 억제 등의 철학을 바탕으로 유료직업소개사업 등록 시 대표자에 대해 위와 같은 일정한 자격·경력을 요구함으로써 진입장벽을 두고 있다. 직업안정법이 만들어진 1960년대에는 이러한 자격요건이 타당성이 있었는지 모르겠으나 현재는 대표자에 대한 자격규제를 계속 유지하여 진입을 제한할 당위성 또는 실익은 없어 보인다. 다른 고용서비스 업역을 보아도 근로자파견사업의 경우 대표자에 대해 아무런 자격·경력을 요구함이 없이 시설 요건만을 규정하고 있으며, 직업능력개발훈련법인의 경우에도 대표자에 대한 자격요건은 요구하고 있지 않다.[12] 심지어 한층 더 높은 도덕성이 요구되는 결혼중개업의 경우에도 대표자에 대해 일정한 자격·경력을 요구하고 있지 않다.[13] 이와 같이 볼 때 유료직업소개업 등록 시 대표자에 대한 진입장벽은 제거할 필요가 있고, 보다 역량 있는 전문 경영인들이 유료직업소개업에 진출하여 업계를 발전시켜 나가는 것이 필요하다.

유료직업소개사업의 대표자 요건은 2010년 7월 경제사회발전노사정위원회 산하 고용서비스발전위원회의 「공공고용서비스 강화 및 민간고용서비스 활성화를 위한 노사정위원회 합의문」에서 2011년부터 삭제하여 전문경영인과 자본의 참여를 촉진하기로 합의한 바 있으며 2013년 6월 발표된 정부의 「고용률 70% 로드맵」에서도 같은 내용이 명시된 바 있다(관계부처 합동, 2013). 이에 기초하여 정부에서는 수차례 직업안정법 개정안을 마련하여 국회에 제출한 바 있으나 현재까지 법 개정이 이루어지지 못하고 있다.

---

12) 다만 인적 구성에 있어서 친족관계에 있는 자가 이사 총수의 50% 미만이고, 감사는 이사와 친족관계가 없으면 된다.

13) 결혼중개업의 관리에 관한 법률 제3조(국내결혼중개업의 신고) ① 국내결혼중개업을 하고자 하는 자는 보증보험금 및 중개사무소 등 대통령령으로 정하는 기준을 갖추어 특별자치시장·시장·군수·구청장에게 신고하여야 한다.

3) 직업소개요금

유료직업소개사업자는 고용노동부장관이 결정·고시한 요금 외의 금품을 받아서는 안된다(법 제19조 제3항). 다만, 고용노동부령으로 정하는 고급·전문인력을 소개하는 경우에는 당사자 사이에 정한 요금을 구인자로부터 받을 수 있다. 고용노동부장관이 결정·고시한 요금은 국내의 경우는 「국내유료직업소개요금 등 고시」로, 국외의 경우는 「국외유료직업소개요금 등 고시」로 정하고 있다. 여기에서는 국내유료직업소개요금에 대해서 좀 더 자세히 살펴보기로 한다.

소개요금을 받을 수 있는 시점은 구인자와 구직자 간에 근로계약14)이 체결된 이후이다. 소개요금은 구인자 또는 구직자 모두로부터 정해진 한도 내에서 받을 수 있다. 구직자에게서 받는 소개요금은 반드시 사전에 구직자와 체결한 서면계약에 근거하여야 한다. 소개요금 서면계약은 직업안정법 시행규칙 별표1의2 제2호의 절차에 따라 "소개요금약정서(시행규칙 별지 제20호 서식)"로 작성하여야 한다. 다만, 일용근로자의 소개에서는 강제사항이 아니다.

① 구인자에 대한 소개요금

고용기간이 3개월 이상인 경우에는 3개월간 지급하기로 한 임금의 30%(건설일용근로자의 경우에는 10%)를 한도로 하며, 고용기간이 3개월 미만인 경우에는 고용기간 중 지급하기로 한 임금의 30%(건설일용근로자의 경우에는 10%)를 한도로 한다. 여기에서의 임금은 「근로기준법」 제2조 제1항 제5호에 따른 임금을 말한다.15) 여기에서 "고용기간"이란 기간제근로자(일용근로자 포함)의 경우 고용(근로)계약서상의 고용기간이 아니라 동일 사업주에 고용되어 계속 근무한 기간을 의미한다.16) 임금을 따로 정하지 않고 봉사료를 주된 수입으로 하는 직종에 소개하는 경우에는 구인자가 제출하는 수입보증서의 금액에 의하여 임금을 산출한다. 구인자가 숙식을 제공하는 경우에는 월 5만 원의 범위에서 해당 숙식비를 임금에 가산할 수 있다.

---

14) 근로계약은 원칙적으로 「근로기준법」에 따라 서면으로 근로자에게 교부해야 한다. 그러나 근로계약서 미교부에 따른 처벌은 별개로 하고, 서면교부가 없더라도 구두 근로계약도 성립된다.

15) "임금"이란 사용자가 근로의 대가로 근로자에게 임금, 봉급, 그 밖에 어떠한 명칭으로든지 지급하는 일체의 금품을 말한다.

16) 따라서 3개월 미만으로 고용계약을 체결한 기간제근로자(일용근로자 포함)의 경우에도 계약기간의 갱신 또는 반복으로 인해 동일 사업주에 고용되어 단절 없이 계속 근무한 기간이 3개월 이상이라면, 직업소개사업자가 구인자로부터 받을 수 있는 소개요금은 해당 근로자에게 3개월간 지급하기로 한 임금의 30%(건설일용의 경우 10%)를 초과할 수 없다.

다만, 고급·전문인력에 대해서는 아무런 한도 제한 없이 당사자 사이에 정한 요금을 구인자로부터 받을 수 있다. 여기에서 고급·전문인력이란 직업안정법시행규칙 별표 1에 열거된 '고급관리자 및 전문가' 직종 해당자로서 연간 임금액이 일정 금액(고용형태별 근로실태조사에 따른 한국표준직업분류 대분류2(전문가)의 직업에 종사하는 사람의 근로소득 상위 25%에 해당하는 사람[17])을 말한다(직업안정법 시행규칙 제18조의2).

② 구직자에 대한 소개요금

고용기간이 3개월 이상인 경우에는 3개월간 지급받기로 한 임금의 1%를 한도로 징수할 수 있으며, 고용기간이 3개월 미만인 경우에는 고용기간 중 지급받기로 한 임금의 1%를 한도로 한다.

③ 회원제 소개요금

파출부, 간병인 등 일용노동자를 회원제로 소개·운영하는 경우에는 소개요금에 갈음해 월회비를 징수할 수 있다. 이 경우 월회비는 구인자 및 구직자로부터 월 최저임금액[18]의 4% 이내의 범위에서 각각 받을 수 있다. 가령, 2024년 기준 회원제 회비의 월 한도액은 80,423원이다.[19] 구인자와 구직자 중 일방은 회원제, 다른 일방은 비회원제로 하여 비회원으로부터 소개요금을 수령하는 것도 가능하다. 다만, 회원으로 가입한 일용노동자에게는 월회비 외에 추가 소개요금을 징수할 수 없다.

④ 소개요금의 대리수령

구직자가 간병인, 파출부, 건설일용 근로자인 경우에는 소개요금 한도 내에서 직업소개사업자와 구직자 간에 합의한 소개요금을 구직자가 사업주(구인자)로부터 대리수령하여 직업소개사업자에게 전달할 수 있으며, 이 경우 「국내유료직업소개요금 등 고시」 별지 서식의 "건설일용 및 간병·파출 소개요금 대리수령 동의서"를 활용하도록 하고 있다.

간병인·파출부와 같은 일용노동자의 경우에는 사용인이 일반 가정이기 때문에 소개요금의 징수편의상 대리수령제도를 활용하고 있으나, 건설일용 근로자의 경우에는 건설 현장의 관행과 관련된 논란을 해소하기 위한 목적으로 대리수령제도가 활용되고 있어 약간의 설명을 필요로 한다. 건설 현장에서는 중층적 하도급 구조 속에서 건설업체들 간의 공

---

17) 2023.6월 공고된 금액은 69,996천원이다.
18) 최저임금법에 따라 고용노동부장관이 고시한 시간급 최저임금을 월 209시간을 기준으로 월 단위로 환산한 금액을 의미한다.
19) 2025년 시간급 최저임금액 10,030원×209시간×0.04=83,850원.

사대금의 지급 관행이 복잡하여 하도급업체들이 일용근로자에 대해 일당을 매일 매일 지급하지 못하는 경우가 발생해 복잡한 문제가 발생하게 된다. 즉, 영세한 하도급 업체들은 원청으로부터 공사대금을 지급받기 전에는 매일 매일 발생하는 인건비를 그 때마다 지급할 자금이 없는 경우도 많고, 공사대금을 제 때에 지급받지 못하는 경우도 있다. 그러다 보니 직업소개기관으로부터 건설일용 근로자를 소개받아 사용하면서 일당을 매일 매일 지급하지도 못하고 직업소개기관에 따로 직업소개요금을 지불하지도 못한다. 이것은 건설현장의 중층적 하도급 구조에서 발생하는 문제로서 '임금의 지연지급'이 관행화됨에 따라 일을 하고도 2~3개월이 지나서 노임을 받게 되는 경우도 많게 된다.

이에 따라 건설분야에서는 건설업체를 대신해서 직업소개소가 건설일용 근로자들에게 일당을 미리 대불(代拂)해 주고 나중에 건설업체들로부터 건설일용 근로자들이 받아야 할 일당을 지급받는 관행이 오랫동안 형성되어 왔다. 이 과정에서 직업소개소는 직업소개 비용 명목으로 일당의 10%를 미리 공제하고 일당을 대불해 주는데, 이에 대해 직업소개 기관들은 건설일용 근로자의 일당에는 직업소개요금이 포함된 것으로 보아야 하며 건설일용근로자들이 소개요금을 건설회사로부터 대리수령하는 것일 뿐이라고 해석한다. 반면에, 노동계에서는 건설일용근로자들이 자기가 받는 일당에서 10%씩을 납부하는 것이므로 직업소개요금을 근로자들이 낸 것이라고 주장해 왔다. 이 문제를 해소하기 위해 고용노동부에서는 사전에 명확하게 건설일용근로자와 직업소개소 사이에 소개요금을 대리수령하기로 한다는 서면합의서를 작성하도록 하는 제도를 2010년에 도입하였다. 그렇다고 해서 문제가 완전히 해결된 것은 아니다. 직업소개소가 임금을 대리지불하는 것은 근로기준법에서 규정하고 있는 임금의 직접지불의 원칙에 위배되기 때문이다. 또한 건설사업주들이 자신들이 직업소개소에 지불하는 소개요금이 얼마인지를 특정한 것도 아니라는 문제도 있다. 그러나 우리나라 건설현장은 저가낙찰, 중층적 하도급 관행, 임금의 지연 지급 등 구조적인 문제들이 얽혀 있기 때문에 이러한 문제에 대한 개선이 선행되지 않는 한 건설일용 근로자에 대한 소개요금제 개선에 대한 해법을 찾기가 쉽지 않은 상황이다.

5 직업소개요금을 둘러싼 문제

재화 또는 서비스의 구매자(buyers)와 판매자(sellers) 사이에서 중개행위를 통해 거래가 성사된 경우에는 중개수수료(brokerage fees)가 발생하게 된다. 직업소개 분야의 경우에도 노동력의 구매자와 판매자를 중개하여 취업이라는 거래를 성사시킨 때에는 소개요금이 발생하는데, 중개를 요청한 구인자와 구직자는 소개서비스를 제공한 직업소개기관에 소개요금을 지불하게 된다. 따라서 직업소개기관은 이론적으로 구인자와 구직자 양측에 소개요금을 청구할 수 있다.

○ ILO는 구직자로부터 수수료를 징수하는 것을 원칙적으로 금지

그러나 ILO는 '구직자' 측에 소개요금을 청구하는 것에 대해 강한 규제 장치를 두어 왔다. 그 이유는 직업소개기관들이 구직자들의 궁박함을 이용하여 과다한 직업소개요금을 징수할 가능성과 인신매매 등의 부작용이 있을 수 있다는 우려 때문이었다. 이러한 이유 때문에 ILO에서 1997년 제181호 『민간고용서비스기관 협약』이 만들어지기 전까지 직업소개는 원칙적으로 공공부문이 맡아야 할 독점적인 영역으로 인식되어 왔고 유료직업소개기관은 엄격한 규제 아래 인정하되, 특히 구직자에 대한 소개요금 징수는 엄격히 금지해 왔다. 이 협약 제7조에서는 "민간고용서비스기관은 직접 또는 간접적으로, 전체 또는 부분적으로 수수료나 비용을 근로자에게 청구해서는 안된다."고 규정하고 있다. 구직자는 일자리를 찾아야 하는 절박성이 있기 때문에 구직자에게 소개요금을 징수하는 경우 금액 다과를 불문하고 그 요금 징수에 응할 수밖에 없게 되고 이는 중간착취의 가능성이 높다고 본 것이다. 다만, 동 협약에서도 근로자의 이익을 위해서, 그리고 대표적 노사단체와 협의한 후에, 권한 있는 기관은 민간고용서비스기관이 제공하는 특정 형태의 서비스 및 일정 범주의 근로자와 관련하여 이에 대한 예외를 인정할 수 있다. 이러한 예외에 따라 구직자에게도 소개요금을 징수하는 외국의 사례를 보면 배우, 가수 등 연예인, 안무가, 작가, 아티스트, 스턴트맨, 전문 스포츠맨, 과학기술자 등 종사자가 해당한다(ILO, 2007; 2009; 2011).

그런데, 우리나라에서는 아직도 ILO 협약에 반하여 구직자에게도 소액의 소개요금 징수를 허용하고 있는 것이 문제가 된다. 이러한 점에서 2010년에 경제사회발전노사정위원회에서는 2011년부터 구직자로부터의 소개요금 징수는 국제적인 기준에 따라 금지하기로 하였으므로 신속한 법 개정이 이루어질 필요가 있다.

○ 구인자가 부담하는 소개요금을 제한하는 것은 실효성이 있을까?

우리나라에서는 직업소개기관이 '구인자'로부터 받을 수 있는 소개요금의 최대 한도를 규제하고 있는데 규제의 실익이 있는지를 따져 볼 필요가 있다. 정부가 고시를 통해 직업소개사업자로 하여금 정부가 정한 금액 이상의 소개요금을 징수하지 못하도록 하는 것은 가격 규제(price regulation)에 해당한다. 가격 규제는 기본적으로 물가안정과 취약계층 보호를 위해 행해지는 것으로, 가격규제 중에서도 직업소개요금 규제와 같이 일정 금액 이

상을 받지 못하도록 하는 것은 최고가격제(price ceiling) 정책이다.[20] 그런데 시장원리에 위배되는 규제로 인해 규제가격과 시장가격 간에 격차가 크게 발생하는 경우에는 가격규제로 인한 다양한 부작용이 나타나게 되어 가격규제가 의도했던 목적을 달성하기 어렵게 된다. 일반적으로 나타나는 가격규제의 부작용으로는 ⅰ) 공급위축으로 인한 소비자 피해 ⅱ) 암시장 증가 ⅲ) 가격의 하방경직성 증대 ⅳ) 기업의 규제회피적 행동 등을 들 수 있다(KDI, 2022). 직업소개 분야의 경우 오랜 기간 동안 가격규제를 해왔으나 과연 가격규제의 실익이 존재하는지 그리고 최고가격이 시장에서 제대로 준수되고 있는지, 준수되고 있지 않다면 그 이유가 무엇인지를 검토할 필요가 있다.

OECD 주요국들의 경우에는 유료직업소개기관들이 발전하면서 직업소개, 파견, 헤드헌팅, 컨설팅, 직업훈련 등을 행하는 종합 HR 기업으로 성장하여 수많은 다국적 기업들이 활동하고 있고 고용창출에도 많은 기여를 하고 있다. 또한 유료직업소개기관들은 PES가 가지지 못한 전문성, 신속성 등을 바탕으로 취업알선, 채용대행, 전직지원서비스, 정부 사업의 위탁 등 사업 영역을 확대해 나가고 있다. 우리나라의 경우에도 2000년 3천여 개소에 불과했던 국내 유료직업소개 사업자수가 2023년에는 15천여 개소로 증가하였고, 채용대행, 헤드헌팅, 전직지원서비스 등 분야에서 유료직업소개기관들이 비약적으로 성장하였으며, 국내의 전직지원서비스 시장 확대에 따라 해외 다국적기업들의 국내 시장 진출도 활발하게 이루어지고 있다. 특히, 2000년 이후 취업성공패키지 사업, 청년내일채움공제 등 정부의 대규모 민간위탁사업이 활성화됨에 따라 유료직업소개기관들은 정부사업을 대행하면서 크게 성장하였고, PES와의 동반자적 관계를 유지해 나가고 있다. 유료직업소개기관 중에서는 PES가 발달하기 이전인 1960년대부터 존재해 왔던 건설일용, 간병, 파출 등 분야가 숫적으로 가장 큰 비중을 차지하고 있지만,[21] 이러한 특수분야보다는 민간고용서비스 시장 전반의 성장에 주목할 필요가 있으며, 우리 경제 규모의 수준에 맞는 민간고용서비스 시장을 성장시켜 나갈 필요가 있다.

---

20) 반면, 노동공급자의 최저 생활 수준을 보호하기 위해 설정하고 있는 최저임금제는 최저가격제(price floor) 정책에 해당한다.

21) 길현종(2019)에서 조사하였듯이, 이들 분야에도 2010년 이후 플랫폼을 통해 소개서비스를 하는 전문기업들이 성장하고 있는 것은 주목할 만하다.

3. 기타 일자리중개사업

가. 직업정보제공사업

직업정보제공사업은 신문·잡지 기타 간행물 또는 유선·무선방송이나 컴퓨터통신 등에 의하여 구인·구직정보 등 직업정보를 제공하는 사업을 말한다(법 제2조의 2). 직업정보의 제공을 주된 사업으로 하고자 하는 경우에는 관할 행정관청(고용노동지청)에 신고를 해야 한다. 다만, 현재는 법 제18조의 규정에 의한 무료직업소개사업을 하는 자와 제19조의 규정에 의하여 유료직업소개사업을 하는 자는 별도의 신고 없이 직업정보제공사업을 할 수 있도록 명문화되어 있다.

직업정보제공사업은 직업소개사업과는 <표 3-4>와 같은 차이가 있다. 직업정보제공사업자는 2023년 1,300여 개소가 신고되어 있으며, 대부분 인터넷과 모바일 앱을 활용해 일자리정보와 인재정보를 제공하는 잡 포털(job portal) 또는 잡 보드(job board)와 같은 사업을 하고 있다. 일반 구인·구직자를 대상으로 하는 경우도 있지만 특정 업종·직종 등으로 특화해 직업정보제공사업을 하는 경우도 많으며, 직업소개사업자인 경우에는 인터넷에서의 매칭 기능을 활용해 직업소개(알선) 기능까지 함으로써 취업이 성사되는 경우 보수를 지급받는 경우도 있다. 최근에는 인공지능을 활용한 정교한 매칭 기능을 사용해 IT분야에서 소규모의 인재채용을 대행하는 것까지 사업영역이 확대되는 경우도 있다.

⟨표 3-4⟩ **직업소개사업과 직업정보제공사업의 구별**

	직업소개사업	직업정보제공사업
정의	• 구인 또는 구직의 신청을 받아 구직자 또는 구인자를 탐색하거나 구직자를 모집하여 구인자와 구직자 간에 고용계약이 성립되도록 알선하는 것(직안법 제2조)	• 신문, 잡지, 그 밖의 간행물 또는 유선·무선방송이나 컴퓨터통신 등으로 구인·구직 정보 등 직업정보를 제공하는 사업(직안법 제2조)
등록 또는 신고처	• 주된 사업소의 소재지를 관할하는 특별자치도지사·시장·군수 및 구청장에게 등록해야 함(직안법 제19조)	• 지방노동관서에 신고(직안법 제23조)
사업개시 요건	• 인적·물적 요건이 있음(직안법 제19조) • 인적요건은 직업상담사, 공인노무사, 상담 분야 2년 이상 종사자 등만 등록 가능 • 물적요건은 전용면적 10제곱미터 이상의 사무실 필요	• 직안법에 아무런 인적·물적 요건 없음

나. 근로자공급사업

근로자공급사업은 공급계약에 따라 근로자를 타인에게 사용하게 하는 사업을 말한다(법 제2조의2). 판례상 근로자공급사업의 해당 요건을 보면 ① 공급사업자와 근로자간에 고용 등 계약에 의하거나 사실상 근로자를 지배하는 관계 ② 공급사업자와 사용사업자간에 제3 자의 노무제공을 내용으로 하는 공급계약 ③ 근로자와 공급을 받는 자간에는 사실상 사용 관계가 존재해야 한다(<그림 3-2> 참조).[22] 근로자공급은 공급사업주와 근로자간에 "사 실상의 지배관계"가 있을 뿐 고용계약관계가 없다는 점에서 근로자파견과 구별된다.

근로자공급사업은 고용노동부장관의 허가를 받아야 한다(법 제33조). 근로자공급사업은 공급대상이 되는 근로자가 취업하려는 장소를 기준으로 국내와 국외 근로자공급사업으로 구분하며, 각각의 사업 허가를 받을 수 있는 자의 범위는 ⅰ) 국내 근로자공급사업의 경우 는 「노동조합 및 노동관계조정법」에 따른 노동조합 ⅱ) 국외 근로자공급사업의 경우는 국 내에서 제조업·건설업·용역업, 그 밖의 서비스업을 하고 있는 자에 한정된다(법 제33조 제 3항).[23] 공급사업의 허가는 3년마다 다시 받아야 한다. 국내 근로자공급사업의 경우에는 중간착취를 우려하여 노동조합에게만 허가가 되고 있기 때문에 현재 항운노조, 연합노조 가 행하는 항만, 농수산물, 철도의 하역 작업 등에서만 존재한다. 현재 약 40여 개 노조가 근로자공급사업 허가를 받아 약 2만여 명의 노조원을 두고 있으나 항만자동화 등의 영향 으로 어려움을 겪고 있다. 국외 근로자공급사업중 연예인공급사업의 경우에는 민법상 비

<그림 3-2> 근로자 공급사업의 개념도

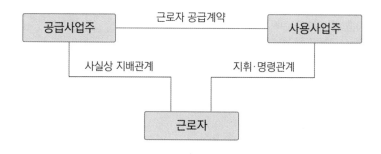

---

22) 대법원 1999.11.12. 선고 99도3157 판결 등.

23) 헌법재판소는 근로자공급사업을 원칙적으로 금지하는 동 조항이 헌법상 직업선택의 자유를 침해하지 아니한 다는 입장이다(헌재 1998.11.26. 선고 97헌바31 판결).

영리법인만 할 수 있다.

다. 근로자파견사업

근로자파견은 파견사업주가 근로자를 고용한 후 그 고용관계를 유지하면서 근로자파견 계약의 내용에 따라 사용사업주의 지휘·명령을 받아 사용사업주를 위한 근로에 종사하게 하는 것을 말한다(파견법 제2조). 고용(파견)사업주와 사용사업주가 일치하지 않는 대표적인 간접고용 유형이다. 이 때문에 사용자의 책임과 의무가 명확하지 못하여 노동기본권에 제약을 가져 올 수 있다. 근로자파견은 이와 같은 논란으로 인해 1998년 「파견근로자 보호 등에 관한 법률」(약칭: 파견법)이 제정되기 전까지 직업안정법에 따라 금지되었지만, 1997년 외환위기에 따라 IMF로부터 구제금융을 받으면서 취한 노동시장 유연화 조치에 따라 법 제정이 이루어졌다. 그러나 노동계에서는 '사라져버린 사용자 책임'을 간접고용의 문제로 지적하면서 사용사업주와 고용(파견)사업주에 의해 이중적인 착취가 행해지는 것으로 보고, 사업주가 부담해야 하는 법적 책임과 의무를 회피하는 수단이기 때문에 파견근로를 폐지해야 한다고 주장하고 있다(조돈문 외, 2013).

근로자파견사업은 도급 또는 용역사업과 구별된다. 근로자파견사업에서는 파견근로자를 사용하는 사업주가 파견근로자에 대해 지휘명령권을 가지지만 도급 또는 용역에서는 도급 인(원청업체)이 수급인(하청업체) 근로자를 지휘·명령하지 않는다는 데에 차이가 있다. 그러나 현실에서는 원청업체가 파견근로자처럼 지휘·명령을 하면서 도급 근로자를 직접 관리하는 경우가 많아 불법파견이 문제가 된다. 또한 우리나라의 경우에는 파견업체가 평소에 무기계약직으로 근로자를 고용하고 있다가 근로자파견계약이 체결되면 사용업체에 파견하는 '상용형 파견'이 거의 없고, 근로자파견계약이 체결되면 근로자를 그 기간 동안 채용해 파견하고 파견계약이 해지되면 파견사업주와도 고용관계가 단절되는 '모집·등록형 파견'이 대부분이기 때문에 직업소개와 개념상으로는 구별되지만 실제적으로는 유사한 모습을 띄게 된다. 바람직한 파견업의 발전을 위해서는 유럽과 같이 「상용형 파견」이 주류를 이루는 시장으로 나아가야 할 필요가 있다. 상용형 파견에서는 근로자가 파견되지 않는 기간이 있는 경우에도 파견사업체가 임금을 지급하게 되지만 고용안정성이 높아짐에 따라 양질의 인력을 유지할 수 있게 되고 파견기업에 대한 로열티가 높아지게 된다.

파견사업에 대한 규제는 파견 허용 업무, 파견기간, 사용 사유 제한의 유무에 따라 국가별로 다양하다. 영미계 국가들은 이에 대한 제한이 없기 때문에 파견이 매우 활성화되어

<그림 3-3> 근로자 파견의 개념도

있다.24) 반면, 스페인, 프랑스, 이탈리아와 같이 파견 사용사유와 사용 기간을 제한하는 국가도 있다. 사용 사유 제한은 정규직원을 쓰기 어렵거나 일시적인 인력 소요가 있는 경우에만 파견을 허용하는 매우 강한 규제이다. 2000년 이후 OECD 국가들은 근로자 파견에 대한 규제를 완화해 가는 추세이다.

우리나라의 경우에는 근로자파견사업을 하려는 자는 고용노동부장관의 허가를 받도록 하되 근로자파견을 두 가지 유형으로 나누어 ① 근로자파견법시행령에 열거된 32개 업무에 대해서는 최대 2년간 파견을 허용(제조업 생산공정은 금지)하고 ② 출산·질병·부상 등으로 결원이 생긴 경우, 일시적·간헐적으로 인력확보가 필요한 경우에는 최대 6개월간 파견을 허용(제조업 생산현장도 포함)하고 있다. ①의 경우에는 사용 사유 제한은 없지만 파견 허용 직종과 기간을 제한하고 ②의 경우에는 파견 허용업무에는 법령에 규정된 절대 금지업무25)가 아니면 제한이 없으나 사용 사유와 기간을 제한하는 특이한 형태이다. 최대 파견기간을 초과 고용하는 경우에는 사용사업주가 직접 고용해야 하는 의무를 부과하고 있다(파견법 제6조의2). 파견사업은 2017년을 피크로 하여 파견업체수, 파견근로자수가 감소 추세를 보이고 있는 반면에(고용노동부, 2023e),26) 노동법의 통제를 받지 않는 아웃소싱(사내하청, 노무도급) 분야는 지속 증가하는 풍선효과가 지적되고 있다.

---

24) 미국에서는 근로자파견회사(TWA: Temporary Work Agency)가 민간고용서비스업의 주축을 이루며, 단기 인력소요들을 탄력적으로 메꾸어 주고 있다. 파견업을 기반으로 헤드헌팅, 직업훈련, 취업알선, 노무 컨설팅 등 종합 HR 서비스를 행하는 다국적 기업들이 성장해 왔다.

25) 근로자파견법 제5조 및 시행령 제2조에 건설현장업무, 선원/하역업무 등 10개 절대 금지업무가 규정되어 있다.

26) 파견허가업체수는 2016년 2,500여 개소에서 2023년 상반기 2천여 개소로 줄었고, 파견근로자수는 2014년 132천 명을 피크로 해서 2023년 상반기 91천여 명까지 감소하였다. 문재인 정부 시절의 '공공부문 비정규직 제로' 정책과 2020년 이후의 코로나 위기가 업계에 타격을 가져왔다.

근로자파견법은 1998년 제정 이후 <표 3－5>의 32개 파견 대상 업무가 현재까지 그대로 유지되어 오고 있다. 경영계에서는 32개 허용업종 목록제(positive list system)를 변경하여 파견업을 해서는 안 되는 업종만을 정하는 불허용업종 목록제(negative list system)로 바꾸고, 준고령자(50~54세)·장애인은 허용업종·기간제한을 폐지하며, 사용 기간은 최대 2년을 무기한 또는 4년으로 개정할 것을 주장한다. 그러나 파견법의 폐지를 주장하는 노동계와는 워낙 시각차가 크기 때문에 접점을 찾지 못하고 있다.

〈표 3－5〉 근로자파견대상업무 32개

한국표준 직업분류	대 상 업 무	한국표준 직업분류	대 상 업 무
120	컴퓨터관련 전문가의 업무	317	사무 지원 종사자의 업무
16	행정, 경영 및 재정 전문가의 업무 * 행정 전문가(161) 업무 제외	318	도서, 우편 및 관련 사무 종사자의 업무
17131	특허 전문가의 업무	3213	수금 및 관련 사무 종사자의 업무
181	기록 보관원, 사서 및 관련 전문가 업무 * 사서(18120) 업무 제외	3222	전화교환 및 번호안내 사무 종사자 업무 * 전화교환 및 번호안내 사무 종사자의 업무가 당해 사업의 핵심 업무인 경우 제외
1822	번역가 및 통역가의 업무	323	고객 관련 사무 종사자의 업무
183	창작 및 공연예술가의 업무	411	개인보호 및 관련 종사자의 업무
184	영화, 연극 및 방송관련 전문가의 업무	421	음식 조리 종사자의 업무 * 「관광진흥법」 제3조에 따른 관광 숙박업 조리사 업무 제외
220	컴퓨터관련 준전문가의 업무	432	여행안내 종사자의 업무
23219	기타 전기공학 기술공의 업무	51206	주유원의 업무
23221	통신 기술공의 업무	51209	기타 소매업체 판매원의 업무
234	제도 기술 종사자, 캐드 포함의 업무	521	전화통신 판매 종사자의 업무
235	광학 및 전자장비 기술 종사자의 업무 * 보조업무에 한함 * 임상병리사(23531), 방사선사(23532), 기타 의료장비 기사(23539) 업무 제외	842	자동차 운전 종사자의 업무
252	정규교육이외 교육 준전문가의 업무	9112	건물 청소 종사자의 업무
253	기타 교육 준전문가의 업무	91221	수위 및 경비원의 업무 * 「경비업법」 제2조 제1호에 따른 경비업무 제외
28	예술, 연예 및 경기 준전문가의 업무	91225	주차장 관리원의 업무
291	관리 준전문가의 업무	913	배달, 운반 및 검침 관련 종사자의 업무

취업지원과 채용지원

1. 취업·채용지원과 직업상담
2. 구직자에 대한 취업지원 서비스
3. 기업에 대한 채용지원 서비스
4. 직업상담

제4장 취업지원과 채용지원

일자리의 매칭은 고용서비스의 핵심 기능으로서 구직자에 대한 취업지원과 기업에 대한 채용지원은 고용서비스의 가장 기본적인 업무이다. PES는 무료로 모든 국민과 기업을 대상으로 서비스를 제공하면서 특히 취업능력이 떨어지는 취업취약계층의 취업지원을 중점적으로 추진하는 반면에, PrEA는 대가를 받고 구직자에게 취업정보를 제공하거나 취업능력 향상을 위한 맞춤형 서비스를 제공하고 기업의 요청을 받아 맞춤형으로 인력 채용을 지원하거나 대행한다. 구직자에 대한 취업지원은 직업소개의 형태로 이루어지며, 직업소개 서비스는 직업상담을 통해 이루어진다. 이장에서는 구직자에 대한 취업지원과 기업에 대한 채용지원의 구체적인 내용, 그리고 이를 위한 직업상담의 절차와 이론적 기초에 대해 논의한다.

1. 취업·채용지원과 직업상담

고용서비스는 구직자에게는 취업 기회를, 기업에게는 적합한 인재를 제공하는 서비스이다. 구직자에 대한 취업지원은 구직자가 적합한 직업을 선택할 수 있도록 조언을 제공하고, 이력서·자기소개서의 작성 및 면접 준비 등 취업 준비를 지원하고 직업소개(취업알선)를 실시하며, 원하는 직업에 취업하기 위해 필요한 직업능력이 부족한 경우에는 직업훈련 또는 일경험을 받을 수 있도록 연계하는 것 등으로 구성된다. 기업에 대한 채용지원은 PrEA의 경우에는 대가를 받고 기업의 요청에 따른 맞춤형 서비스를 제공하며, PES의 경우에는 무료로 구인 광고의 작성 및 게시를 지원하면서 기업의 요청이 있는 경우에는 그 직무에 적합한 인재를 추천하거나 적합한 인재를 선발하는 채용 대행 서비스도 실시하게 된다.

○ 취업지원과 채용지원은 동전의 양면

구직자의 취업지원과 기업의 채용지원은 동전의 양면과 같아서 구직자의 취업을 원활히 하기 위해서는 기업으로부터 구인 요청을 확보하는 것이 필요하고, 기업으로부터 구인 요청을 많이 확보하기 위해서는 쉽게 필요한 인력을 채용할 수 있는 등 기업의 필요를 충족시킬 수 있어야 한다. 반대의 관계도 동일하여 기업이 필요로 하는 인력을 채용하기 위해서는 충분한 구직자의 풀이 구축되어야 하며 이를 위해서는 구직자를 위한 취업 기회가 많아야 구직자의 구직 등록이 많아질 수 있다. 따라서 기업의 채용지원에 중점을 두는 PrEA의 경우에도 양질의 구직자 풀을 확보하거나 접근할 수 있어야 하며, 구직자의 취업지원에 중점을 두는 PES의 경우에도 충분한 구인 정보를 확보하고 있어야 한다.

그럼에도 불구하고 PES의 경우에는 전통적으로 실업자·구직자 또는 취업취약계층 등에 대한 취업지원을 주된 임무라고 생각하여 기업을 위한 서비스 제공에 상대적으로 관심을 기울이지 않거나 서비스 자체도 더딘 속도로 발전해 오는 경향이 있어 왔다. 그러나 노동시장의 변동성이 커지고 복잡해짐에 따라 구직자뿐만 아니라 기업의 인력 채용·관리에 대한 수요도 더욱 커지고 기업에서 이러한 수요가 원활히 충족될수록 구직자들의 취업 기회가 더욱 커질 것이기 때문에 PES의 기업에 대한 고용서비스는 더욱 강화될 필요가 있다. 더욱이 4차 산업혁명이 진행될수록 기술 수요가 급변하고 노동시장의 변동성이 커지기 때문에 구직자에 대한 취업지원도 개인맞춤형으로 제공될 필요가 있으며, 구인 기업에 대한 지원도 전통적으로 시행되어 온 구인 광고 등록 정도에서 벗어나 기업의 성장단계와 필요에 부합하는 맞춤형 서비스로 전환될 필요가 증가하기 때문이다.

○ 취업지원은 직업상담을 통해 이루어진다

구직자에 대한 취업지원 서비스의 제공은 직업상담을 통해 이루어진다. 그리고 일선에서 직업상담을 담당하는 전문가가 바로 직업상담사이다. 직업상담사는 구직자가 적합한 직업을 선택하고 자신의 경력을 효과적으로 관리하고 개발해 나갈 수 있도록 지원하는 핵심 역할을 담당한다. 그리고 직업상담 과정은 취업지원 프로세스에 맞춰 초기 상담에서부터 시작해 직업선택·취업지원·직업능력 개발 등을 위한 상담과 직업소개(취업알선), 그리고 사후관리까지 구직자의 니즈(needs)에 맞춰 이루어지게 된다.

다만 고용복지⁺센터를 찾는 구직자들의 경우에는 실업급여 수급자, 국민취업지원제 참여자, 국민내일배움카드에 의한 직업훈련 희망자, 취업취약계층, 전직희망자, 일반 구직자 등 매우 다양하게 구성되어 있기 때문에 고용복지⁺센터에서는 먼저 진입 상담 단계에서 방문자가 원하는 바를 파악해 원하는 행정서비스 및 취업지원 서비스에 연계하는 과정을 거치게 된다. 행정서비스를 원하는 경우에는 실업급여, 국민취업지원제, 내일배움카드, 복지·금융 등 각각의 서비스로 연계하고, 취업지원을 원하는 경우에는 방문자의 취업욕구 및 준비도에 따라 직업상담 서비스를 제공하게 된다.

2. 구직자에 대한 취업지원 서비스

구직자들의 취업 준비 과정은 산업의 변화, 경제 상황, 기술의 발전 등 환경적 불확실성 속에서 적자생존의 치열한 경쟁을 견뎌야 하는 쉽지 않은 과정이다. 특히, 우리나라는 2022년을 기준으로 만 25~34세 청년층의 고등교육 이수율은 69.6%로 OECD 평균 47.2%에 비해 훨씬 높을 뿐만 아니라 OECD 국가 중에서도 1위지만, 고등교육을 이수하고 학사학위를 취득한 25~64세 사람들의 고용률은 2021년을 기준으로 77%로 나타나 OECD 평균 84%보다도 크게 낮을 뿐만 아니라 OECD 38개국 중에서 하위에서 4번째로 나타나고 있다(OECD, 2022c, 2023a). 또한, 2023년을 기준으로 15~29세 청년들이 학교를 졸업하고 첫 번째 일자리에 취업하는 데까지 걸리는 기간은 평균 10.4개월로 2년 이상 소요되는 청년들도 15.3%에 달한다.[1] 반복되는 취업 실패와 장기 실업은 불안, 우울 등 구직자의 정신건강에 악영향을 미칠 수 있을 뿐만 아니라 사회적으로도 국가 생산력 손실을 초래한다. 더욱이 직업 세계의 불확실성과 불안정성이 높아져 이·전직 및 은퇴 이후 재취업을 준비하는 경우가 늘어 취업지원 서비스가 더욱 중요한 역할을 하게 되었다.

○ PrEA의 취업지원 서비스

PrEA의 경우에는 최근 청년들이 겪는 취업의 어려움을 반영하여 청년의 취업지원 서비스를, 그리고 인구의 고령화를 배경으로 전직지원서비스를 비즈니스 모델로 하는 사업이 증가하고 있다. 청년의 취업지원 서비스는 정부의 위탁을 받아 수행하는 업체들도 많으며, 전직지원 서비스를 수행하는 업체들은 기업의 위탁을 받아 수행하게 된다. 이 사업들은 제3장에서 논의한 PrEA의 세부 유형 중에서 구직 컨설팅업체, 교육훈련과 취업지원을 동시에 수행하는 하이브리드업체, 잡 포털을 운영하는 직업정보제공업체, 유료직업소개업체, 전직지원 서비스업체 등 다양한 형태를 띠고 있으며, 취업상담 및 코칭, 직업·진로의 설

---

1) 2023년 5월 경제활동인구조사 청년층 부가조사 결과.

계, 경력전환의 지원, 네트워킹 및 직업탐색의 지원, 이력서 및 면접 준비, 인턴 등 일경험과 직업능력의 개발, 직업정보의 제공 등 다양한 구직자 개인 맞춤형 서비스를 제공하고 있다.

○ PES의 취업지원 서비스

우리나라 PES의 대표기관인 고용복지⁺센터에서 수행하는 구직자 취업지원 서비스는 고용노동부 훈령인 「고용센터 및 고용관련 부서 운영 규정」에 규정되어 있다. 그 내용은 <표 4-1>에 제시되어 있는데 제공해야 할 서비스를 열거하는 방식으로 되어 있어 다소 복잡해 보일 수 있으나, 현대 고용서비스에서는 맞춤형 서비스 제공을 위해 프로파일링을 통한 개인별 취업활동계획(IAP)의 수립을 강조하고 있으므로 개인별 취업활동계획(IAP)의 수립을 기준으로 그 전과 후로 나누고 사후관리를 하는 세 단계로 나누어 설명할 수 있다. 먼저 ① 개인별 취업활동계획(IAP)의 수립 단계에서는 2호의 '상담과 직업심리검사 등을 통한 진단'이라는 프로파일링이 실시되고, 그 결과를 토대로 3호의 '개인별 취업지원계획(IAP)[2]'을 수립하게 된다. ② 취업지원 단계에서는 수립된 계획에 따라 4호의 '적합한 직업진로지도, 직업능력개발 및 취업지원 프로그램의 안내'와 5호의 '취업알선'이 실시되며 필요에 따라 6호의 '동행면접 등 집중 취업서비스 제공'이 이루어지게 된다. ③ 사후관리 단계에서는 8호의 '취업한 사람에 대한 사후관리'가 이루어진다. 이와 같은 취업지원 프로세스는 고용복지⁺센터에서 이루어지는 취업지원 프로그램의 기본적인 골격을 이룬다.

이상에서 보는 바와 같이 구직자에 대한 취업지원은 구직자의 진로나 적성 등을 탐색하고, 이에 따라 필요한 구직자 취업역량 강화 프로그램 또는 직업능력 개발이나 취업지원 프로그램에 연결한 후에 취업 알선을 지원하고 취업된 이후에도 사후적으로 도움을 주는, 취업에 성공토록 전 과정을 폭넓게 지원하는 과정으로 이해할 수 있다. 이 중에서 현대 고용서비스에서 강조하고 있는 프로파일링과 개인별 취업활동계획(IAP)에 대해서는 좀 더 설명할 필요가 있다.

프로파일링은 PES가 고용서비스를 배분하거나 고용서비스의 타겟을 설정하기 위해서 구직자의 니즈(needs)를 파악하고 노동시장 상황에 비추어 가장 적절한 일자리를 찾아내기 위해 직업상담사가 구직자에게 행하는 평가를 의미한다(Blázquez, 2014). 프로파일링은

---

2) IAP는 Individual Action Plan의 약자로서 우리나라에서는 한국어 명칭이 수차례 변경된 바 있다. 고용서비스의 초기에는 맞춤형 취업지원을 강조하기 위해 '개인별 취업지원계획'이라는 명칭을 사용하였으나, 현재는 상호의무(mutual obligation)라는 원래의 취지에 맞게 '개인별 취업활동계획'이라는 명칭을 사용하고 있다.

〈표 4-1〉 고용센터의 구직자 취업지원 서비스(운영규정)

제6조 (취업지원)	① 소장은 …… 개인별 특성에 적합한 취업서비스를 제공하여야 한다. ② 소장은 …… 취업서비스를 위하여 다음 각 호의 업무를 수행한다. 1. 구직자의 구직신청 내용을 토대로 개인별 맞춤정보의 제공 2. 상담 …… 등을 통한 취업의욕, 취업능력, 구직기술 등의 진단 3. 구직자 유형의 분류 및 개인별 취업지원계획의 수립 지원 4. 적합한 직업진로지도, 직업능력개발 및 취업지원 프로그램 안내 5. 구직자의 적성과 능력에 적합한 일자리 알선 6. 취약계층에 대한 동행면접 등 집중 취업서비스 제공 7. 실업급여 수급자에 대한 실업인정 및 실업급여 지급 8. 고용센터에 구직등록 후 취업한 사람에 대한 사후관리 등
제9조 (직업진로지도)	① 소장은 …… 평생 직업진로지도 서비스가 이루어질 수 있도록 고용센터의 여건에 따라 다음 각 호의 프로그램을 운영한다. 1. 초·중·고교생: 직업세계의 이해 및 진로선택을 지원 2. 대학생 등 청년층 구직자: 적합한 직업선택, 구직기술 향상을 지원 3. 일반 구직자: 취업의욕 및 구직기술 향상을 지원 4. 고령자·장애인·취약계층 구직자: 자신감 향상, 직업생활 적응지원

* 고용센터 및 고용관련 부서 운영 규정

구직자의 개인적인 배경, 과거의 고용기록, 경험, 실업기간, 구직활동의지, 장애요인, 취업역량 등을 종합하여 이루어지며, 직업심리검사 등 다양한 평가 툴이 활용된다. 잡케어(JobCare)를 활용하면 직무역량에 대한 평가도 가능하다. 프로파일링은 개인의 강점과 약점을 진단해 개인별 취업활동계획(IAP)을 수립하는 것을 목표로 한다.[3)]

개인별 취업활동계획(IAP)은 구직자가 자신의 직업적 문제에 대한 이해를 바탕으로 적합한 직업을 선택하여 실행 가능한 취업 목표를 설정하고 (재)취업에 필요한 활동의 내용과 시기를 명시한 문서를 말한다. 상담자와 구직자가 협의하여 작성하기 때문에 상호 간에 신뢰 및 협력관계를 만들어 나가는 출발점이 될 수 있으며 실업급여 또는 실업부조 수급자인 경우에는 이 문서에 서명함으로써 정부는 급여를 지급하고 취업활동을 적극 지원하고, 수급자는 재취업을 위해 적극적으로 노력한다는 상호의무(mutual obligation)를 부담

---

3) 프로파일링은 통계적 모형을 사용하여 구직자의 장기 실업 확률을 측정하는 좁은 의미로 사용되기도 한다. 이러한 통계적 프로파일링은 장기 실업 확률 측정 결과를 토대로 구직자를 유형화하여 유형별로 표준화된 취업지원 프로그램을 제공하기 위한 용도로 사용된다. 이 장에서 의미하는 프로파일링은 좀 더 넓은 의미로서 직업상담사에 의해 이루어지는 직업을 중심에 놓은 종합적인 정보수집 및 판단을 의미한다. 이를 직업 프로파일링이라고도 한다. 좁은 의미의 통계적 모형은 직업상담사가 행하는 직업 프로파일링을 도와주는 보조적인 역할을 담당하기도 하고 국가에 따라서는 비대면 방식을 사용해 구직자를 사전에 유형화하기 위해 사용되기도 한다. 여기에 대해서는 제13장에서 좀 더 설명하기로 한다.

하게 된다. 개인별 취업활동계획(IAP)에는 일반적으로 구직활동, 직업훈련, 워크숍 참여, 자원봉사 등 여러 가지 활동이 포함될 수 있다. 우리나라의 「구직자 취업지원 및 생활안정지원에 관한 법률」 제12조에서는 국민취업지원제 참여자에 대하여 직업훈련·일경험 등 취업지원 프로그램과 이력서 작성·면접기법 등 구직활동지원 프로그램에 관한 사항을 포함해 개인별 취업활동계획을 수립하도록 하고 이를 위해 참여자를 대상으로 진로상담, 직업심리검사, 상담에 필요한 자료 수집 등을 할 수 있도록 규정하고 있다.

○ 구직신청 및 인증서비스

취업알선은 '구직자에게 능력에 알맞은 직업을 소개하고, 구인자에게 구인조건에 적합한 구직자를 소개한다'는 「직업안정법」 제11조 제1항의 '적격알선의 원칙'에 근거하여, 구직자들은 일자리를 구하고 구인기업은 필요한 인력을 찾을 수 있도록 지원하는 절차로 이루어진다. 이 과정은 구인기업과 구직자의 신청을 받아 인트라넷에 등록하고 구인·구직 상담을 제공하면서 구인기업에게는 적합한 구직자를 소개하고 구직자에게는 적합한 일자리를 알선하는 절차로 이루어진다.

일자리를 찾는 구직자가 고용센터에서 구직 신청서를 작성하거나 온라인으로 「고용24」[4]에 구직정보를 등록하면 구직 신청이 접수가 된다. 그런 다음 구직자 신원을 확인하고 신청 내용이 법령을 위반하지 않는지를 확인하여 구직 신청을 수리하게 된다. 구직 신청서는 당일에 처리하고, 구직 인증은 신청한 다음 날로부터 근무일 기준 1일 이내에 처리하게 된다. 외국인의 경우, 외국인등록증의 체류자격이 취업 활동이 가능한 체류자격인지를 확인한 후에 구직 신청의 수리여부를 결정하게 된다. 구직 신청의 유효기간은 3개월에서 취업지원 프로그램 참여 시 6개월까지 가능하고, 실업급여 수급자는 8개월까지 가능하다. 일단 구직신청이 수리되고 나면 일자리 매칭 기능을 이용해 자신에게 적합한 채용정보를 검색하는 등 구직활동을 할 수 있으며 희망하는 기업에 「고용24」를 통해 직접 입사 지원할 수 있는 서비스도 제공하고 있다.

○ 맞춤형 취업지원에 특화된 프로그램들

구직자를 위해 제공되는 고용서비스는 직업상담을 통해 맞춤형으로 제공되는 것이 원칙이다. 그러나 고질적인 인력 부족을 겪고 있는 고용복지⁺센터에서는 실업급여 수급자들에 대해서는 개별화된 맞춤형 서비스를 충분히 제공하는 데에 어려움을 겪고 있어 맞춤형 취

---

4) 종래 운영되어 오던 Work-Net 등 고용정보시스템은 2024년 9월부터 각자의 홈페이지를 폐지하고 디지털 고용서비스의 통합포털로 개발된 「고용24」로 통합되었다.

업지원에 특화된 프로그램들을 별도로 운영하고 있다. 그 대표적 사업들을 소개하면 다음과 같다.

1) 국민취업지원제

'국민취업지원제도'는 저소득 구직자, 청년 등 고용보험 적용을 받지 못하는 취약계층에게 취업지원(통상 1년), 소득지원(구직촉진수당 6개월, 취업성공수당)을 함께 제공하는 사업으로 전담 상담사와 3~6회의 1:1 심층상담을 통해 구직자 역량 및 취업의지에 맞는 취업활동계획(IAP)을 수립하고 그에 따른 다양한 취업지원 프로그램에 참여할 수 있도록 지원해 주는 제도이다. 국민취업지원제도에서 제공하는 취업지원 서비스는 다음의 <그림 4-1>과 같이, 초기상담, 참여자 선정, 취업지원 서비스, 사후관리로 이루어진다(고용노동부, 2024).[5] 제6장에서 보다 상세히 설명한다.

〈그림 4-1〉 국민취업지원제도의 취업지원 서비스

절차	초기상담	참여자 선정 단계			취업지원 서비스				사후관리	
참여자	초기상담 참여, 자가진단 실시	참여신청, 개인정보 제공 동의, 증빙서류 제출	(필요시) 추가서류 제출	수급자격 인정 / 불인정시 이의제기 가능	취업활동 계획 수립을 위한 각종 의무 이행	취업활동 계획 수립	취업지원 및 복지 서비스 참여	구직활동 프로그램 참여	취업	취업 성공 수당 신청
					매 회기별 구직촉진수당 지급 신청				미취업	

2) 구직자도약보장 패키지

'구직자도약보장 패키지'는 일자리를 찾는 데에 어려움이 있는 청년을 대상으로 경력개발단계, 구직애로 유형 등에 따라 [진단-심층 경력 설계-집중 취업지원]을 패키지로 제공되는 고용서비스이다. 인공지능 기반 직무역량 진단 시스템인 잡케어(JobCare)를 통한 직무역량 분석, 이력서 클리닉과 경력개발 컨설팅, 개인별 취업활동계획(IAP) 수립 및 적합 일자리 매칭 서비스 등을 패키지로 제공한다. 역량 향상이 필요한 구직자에게는 직업훈련, 취업컨설팅 프로그램 등을 통해 자격 및 구직기술을 갖추기 위한 프로그램 등으로 연계하고, 생계에 어려움을 겪는 구직자에게는 생계안정자금 등 복지서비스를 연계·지원

---

5) 제6장 실업자 소득지원제도에서 상세히 설명한다.

하고 있다. 특히, 대학일자리센터, 직업훈련기관, 정신건강센터 등 유관기관 및 관내 기업과 연계하여 운영센터별로 대상별 특화 맞춤형 서비스를 제공하고 있다.

구직자도약보장 패키지는 다음의 <그림 4-2>와 같이 구직자 역량 진단(경력 준비, 유지, 전환), 노동시장정보 분석, 경력개발 컨설팅, 맞춤형 패키지 지원 및 취업 집중 지원의 과정으로 이루어진다(고용노동부, 2023a). 특히, 개별 구직자의 요구와 경력개발 상황에 맞는 맞춤형 심층상담 서비스를 제공하고 있다. 즉, 구직자의 경력 개발 상황에 맞춰 직업선택 및 취업계획 수립, 취업알선, 취업상담, 직업훈련상담, 고용·복지 서비스 연계 등에 대하여 1:1 심층상담을 통해 지원해주고 있다. 심층상담은 상담 기간과 시간을 유연하게 조정할 수 있고, 회차 당 평균 50분 정도의 상담이 이루어진다.

〈그림 4-2〉 구직자도약보장패키지 서비스

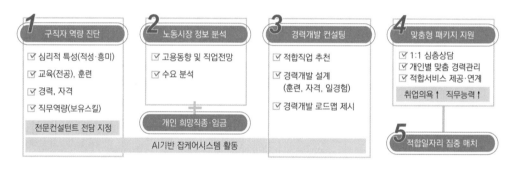

* 고용노동부 내부자료

3) 청년도전지원사업

'청년도전지원사업'은 고용노동부가 2021년부터 6개월 이상 취업 및 교육·직업 훈련이 없는 구직 단념 청년들을 대상으로 구직 의욕을 고취시키고 자신감을 회복하여 노동시장 참여 및 취업 촉진을 지원하고 있는 고용서비스이다. 최근 조사에서 한 달 이상 구직활동을 하지 않고 단순히 '쉬었음'이라고 응답한 청년(15~29세)이 40만 명을 넘어선 것으로 나타났는데, 취업이나 학업 또는 직업훈련 상태에 있지 않은 청년을 NEET(Not in Education, Employment or Training)라 칭한다. NEET 청년의 경우, 집에 있는 기간이 길어지면서 구직활동을 피하게 되고, 취업 공백 기간이 길어지면서 나중에는 결국 구직을 포기하게 되는 경우가 많아 단기간에 구직 의욕을 회복시키기 어려운 특성을 지닌다. 청년도전지원사업은 이러한 구직 단념 청년의 사회활동 참여 의욕 고취를 위해 밀착상담, 사례관리 프로그램, 자신감 회복 프로그램, 진로탐색 프로그램, 취업역량강화 프로그램의 5개 프로그램을 제공하고 있다.

4) 기 타

대학생들은 대학일자리센터나 대학내 취·창업지원센터 등에서 제공하는 취업박람회, NCS 서류 작성법, 기업분석, 자소서 및 이력서 작성 워크숍, 면접 준비법 등 다양한 취업지원 프로그램에 참여할 수도 있다. 「고용24」에서도 청소년과 성인을 대상으로 직업심리검사, 직업정보 등 직업선택 및 진로설계 등을 지원하기 위한 다양한 직업·진로서비스가 제공되고 있으며, LinkedIn, 잡코리아, 사람인 등의 민간분야 온라인 취업지원 플랫폼에서도 최신 채용동향 및 트랜드를 반영한 채용정보 및 온라인 취업상담을 제공하고 있으니 이를 적극적으로 활용한다면 취업 준비에 도움을 받을 수 있을 것이다.

3. 기업에 대한 채용지원 서비스

○ PrEA의 채용지원 서비스

기업들에서는 사업의 확장, 새로운 프로젝트에 따른 조직의 재구성, 퇴사자 발생 등 다양한 이유에 따라 지속적으로 인력채용 수요가 발생하며 기술 변화, 비즈니스 환경의 변화 등에 따라 특정 기술이나 역량을 가진 인재의 수요가 발생하기도 한다. 기업 내부에 충분한 HR부서를 가지고 있는 경우에는 다양한 인력 채용 수요에 맞춰 수시로 인력을 채용할 수 있으나 그렇지 못한 경우 또는 인력 채용의 전문성을 갖춘 외부 기관에 위탁해 인력을 채용하는 것이 비용적인 측면에서 보다 효율적이거나 또는 적합한 인재를 효과적으로 발굴할 수 있는 경우도 있다. 이러한 경우에 기업들로부터 대가를 받고 맞춤형으로 채용지원 서비스를 제공하는 것이 PrEA의 비즈니스 모델이 된다.

채용지원 서비스는 플랫폼 이용료, 채용 성공 수수료, 위탁 또는 대행 수수료, 광고비, 구독 서비스 등 서비스 모델에 따라 다양한 방식으로 수익을 창출할 수 있으며 지역, 산업, 직무에 따라 다양한 고객층을 대상으로 전문화할 수 있기 때문에 다양한 형태로 존재할 수 있다. PrEA의 세부 유형 중에서 헤드헌팅업체, 유료직업소개업체, 인력관리 컨설팅업체들이 이러한 서비스를 제공하며, 일용직 근로자의 직업소개업체, 근로자파견업체, 용역업체 등과 같이 기업의 유연한 인력채용 수요를 충족시켜 주는 서비스를 제공하기도 한다. 잡 포털을 운영하는 직업정보제공업체들이 인공지능에 기반한 고도화된 일자리 매칭 기능을 활용해 기업의 소규모 인력 채용을 대행하기도 한다. 어떠한 형태이든지 우리나라 「직업안정법」에서는 고용계약의 성립을 알선하는 경우에는 직업소개사업으로서의 요건을 갖추어야 하며, 근로자파견업체 또는 용역업체의 경우에는 관련법에 따라야 한다.

○ PES의 채용지원 서비스

그런데, 노동시장에는 PrEA에 비용을 지불하면서 인력의 채용지원 서비스를 받기 어려운 중소기업들도 많이 있으며 대부분의 중소기업들은 여기에 해당한다. 이러한 중소기업들은 PES로부터 무료의 인력 채용지원 서비스를 제공받을 수 있으므로 노동시장 전체에서의 일자리 매칭의 성과는 도리어 PES가 얼마나 양질의 채용지원 서비스를 제공할 수 있는지에 따라 좌우된다고 말해도 과언이 아니다. 이하에서는 PES에서 제공되는 인력 채용지원 서비스에 대해 논의해 보기로 한다.

가. 전통적인 채용지원 서비스

고용노동부의 「고용센터 및 고용관련 부서 운영 규정」 제7조 및 제8조는 기업지원을 위하여 고용복지⁺센터에서 제공하여야 하는 서비스에 관해 규정하고 있다. <표 4−2>에서 보는 바와 같이 고용복지⁺센터에서 제공되는 기업 대상 채용지원 고용서비스는 크게 ① 구인 내용을 확인하고 이를 전산 등록하고 관리하는 활동(제7조 제2항 제1호 및 제2호),

〈표 4-2〉 고용센터의 기업 채용지원 서비스(운영규정)

제7조 (기업지원)	① 소장은 구인자 등 기업(이하 "기업"이라 한다)에 대한 인재알선, 고용장려금 및 직업능력개발 지원 등 원활한 인력 채용에 필요한 서비스를 제공하여야 한다. ② 소장은 제1항에 따른 기업에 대한 서비스를 위하여 다음 각 호의 업무를 수행한다. 　1. 구인내용의 법령위반 여부, 적정성 등에 대한 확인 및 지도 　2. 기업이 제출한 구인신청의 전산등록 및 관리 　3. 채용박람회, 구인구직 만남의 날, 상설채용관 운영 등을 통한 구직자 알선 및 채용대행 서비스 제공 　4. 기업에 대한 직업능력개발제도 및 고용장려금 안내·지원, 집행·관리 등 ③ 소장은 지방고용노동관서의 관련 부서 및 산하기관 등과 공동으로 기업에게 필요한 지원을 종합적으로 제공하는 고용노동행정 종합 컨설팅 서비스를 실시하여야 한다.
제8조 (구인·구직 개척)	소장은 관계기관과 유기적으로 협조하여 양질의 일자리와 구직자를 발굴하도록 노력하여야 한다.

* 고용센터 및 고용관련 부서 운영 규정

② 다양한 구직자 알선 및 채용대행서비스 제공(제7조 제2항 제3호), ③ 종합컨설팅 서비스 제공(제7조 제3항), ④ 구인·구직 발굴 서비스 제공(제8조)이라고 할 수 있다.

이외에도 고용복지⁺센터의 기본적인 업무에는 노동시장정보 제공 기능이 포함되는데, 위의 고용센터 운영 규정에서도 지역의 고용정보를 체계적으로 수집·분석해 고용센터의 이용자 등에게 제공하도록 따로 규정하고 있다(제5조의3). 이때 기업에게 제공되는 고용정보에는 경제 및 산업동향, 노동시장 동향, 고용 및 실업동향, 임금 등 근로조건, 직업에 관한 정보, 채용 및 승진 등 고용관리에 관한 정보, 직업능력개발훈련에 관한 정보 등이 포함될 수 있다(윤동열 외, 2017). 이와 관련해 제7조 제2항 제4호에 규정되어 있는 직업능력 개발 제도 및 고용장려금 제도의 안내·지원 등은 기업에게 제공되는 고용정보로 이해할 수 있다.

그런데 이들 채용지원 서비스 모두가 고용복지⁺센터에서 상시적으로 행해져 오지는 못한 것으로 보인다(길현종 외, 2022; 이병희 외, 2023). 상시적으로 이루어져 온 채용지원 서비스는 ① 구인 내용을 확인하고 이를 전산 등록·관리하는 구인 인증 서비스, ② 구직자 알선 및 채용대행 서비스, 그리고 ④의 내용 중에서 구직자를 발굴하는 구직 개척 혹은 구직자 발굴 서비스 정도로 파악된다. ④의 내용 중에서 구인처 발굴 활동과 ③ 종합컨설팅 업무는 그 중요성에도 불구하고 시기에 따라 업무의 부침이 있어 왔다.

위의 내용 중에서 ① 구인 인증 서비스, ② 구직자 알선 및 채용대행 서비스, ④ 구인·구직 발굴 서비스를 전통적인 기업지원 서비스로 분류할 수 있다. 이들 서비스의 세부 내용은 다음과 같다.[6]

1) 구인 인증 서비스

구인 인증 서비스는 기업의 구인 정보를 확인하여 「고용24」에 등록해 주는 업무이다. 대체로 고용복지⁺센터에서는 담당 지역을 몇 군데로 나눈 뒤, 해당 지역 내 기업들의 구인 광고 등록 요청을 받아 광고를 검증한 한 후 「고용24」에 구인 정보를 등록하는 업무를 수행하고 있다. 개별 구인 정보의 내용을 일일이 확인하는 검증 절차, 즉 구인 인증 과정을 거치는 이유는 「고용24」 서비스는 무료로 개방되어 있기 때문에 허위 구인광고 또는 불법적 내용을 담은 구인광고, 이미 충원이 완료된 구인광고 등이 포함될 우려가 있기 때문이다. 이와 같은 인증 절차를 거쳐 「고용24」에 등록하기 때문에 「고용24」의 구인정보가

---

6) 이하의 내용 중 인용이 없는 부분은 길현종 외(2022), 이병희 외(2023)에 정리된 내용을 활용했음을 밝힌다.

상당히 공신력 있는 정보로 유지될 수 있다고 하겠다. 「고용24」에 구인광고가 등록되면 이 일자리에 관심이 있는 구직자들이 온라인으로 입사지원을 하게 되며 구인 기업은 이들 구직자를 대상으로 채용심사 절차를 진행하게 된다.

2) 구직자 알선 및 채용대행 서비스

구직자 알선 및 채용대행서비스는 좀 더 적극적으로 인재를 필요로 하는 기업에게 적절한 구직자를 연결해 주는 고용서비스이다. 여기에 해당하는 서비스들은 크게는 개별기업에 직접적인 서비스를 수행하는 업무와 채용을 위한 장을 펼치는 업무로 구분해 볼 수 있다.

첫 번째의 개별기업에 대해 직접적인 서비스를 수행하는 업무로 구인 인증을 담당하는 담당자가 구인 인증 시 구인등록을 한 기업들이 따로 요청하는 경우에 구인 인증 담당자가 「고용24」 내 구직자들 중에서 해당 기업에 소개하기 적절한 구직자를 찾아서 이들에게 연락해 관심 있는 사람이 확보되면 이들을 해당 기업에 소개하는 매칭 서비스를 제공하고 있다. 이와 같은 형태가 구인 기업에 대한 전형적인 구직자 알선에 해당한다.

또 다른 형태의 직접적인 서비스를 수행하는 업무로는 채용대행 서비스가 있다. 채용대행서비스는 우량기업을 중심으로 구직자 모집·선발 등 채용절차를 대행함으로써 기업의 인력 채용을 효율화하고 구직자의 취업을 촉진하기 위한 서비스이다. <그림 4-3>과 같이 대행하는 채용절차의 범위에 따라 A 유형(서류 심사대행), B 유형(면접 대행), C 유형(기타 지원)으로 나눌 수 있다. A 유형(서류 심사대행)은 고용24 이력서를 활용하여 서류를 접수하고 구인 조건에 맞는 구직자를 선별하여 기업 측에 전달하는 경우를 말한다. B 유

〈그림 4-3〉 채용대행 서비스 유형별 업무 프로세스

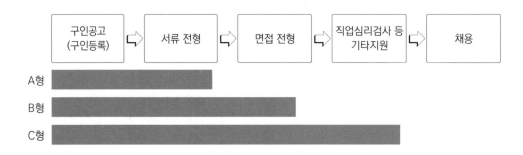

* 윤동열 외(2017)에서 재인용

형(면접 대행)은 A 유형의 서류 전형 합격자를 대상으로 면접 전형 진행 시에 면접관으로 참여하거나 면접 행사를 고용센터에서 진행하는 경우이다. C 유형(기타 지원)은 A 유형과 B 유형을 진행한 후 합격자에 대한 직업심리검사, 각종 지원금 신청 등 기타 사항 등을 진행하는 경우를 의미한다.

두 번째의 채용을 위한 장을 제공하는 업무로는 채용박람회, 구인·구직 만남의 날, 상설채용관 등을 운영해 채용을 지원하는 서비스가 있다. 통상적으로 구인·구직 만남의 날은 고용센터 내에서 소규모로 이루어지는 채용행사를, 채용박람회는 좀 더 넓은 장소를 활용하는 대규모 채용행사를, 그리고 상설채용관은 주로 고용센터 등 시설에서 구인·구직 만남의 날 등을 포함한 다양한 고용서비스 행사를 수행하는 활동을 의미한다(고용노동부, 2010a, 2021a).

이들 서비스들은 채용이라는 명칭을 사용해 기업을 지원하는 서비스로 분류하고는 있지만, 실제 운영되는 형태나 실제적인 목적에 따라서는 구직자를 위한 서비스가 될 수도 있다. 예를 들면 구직자가 많은 직종이나 산업 영역에 기업을 설득하여 해당 행사를 추진한다면, 이들 서비스는 구직자를 취한 취업지원 서비스가 될 수도 있을 것이다.

3) 구인·구직 발굴 서비스

구인·구직 개척은 「고용24」에 등록되지 않은 기업과 구직자를 새롭게 찾아내는 서비스이다. 이 서비스는 채용 과정을 직접적으로 지원하는 서비스는 아니고 채용을 위한 기업과 구직자 풀을 확대하는 서비스라고 할 수 있다. 따라서 그 목적이나 성격에 따라 기업을 위한 서비스일 수도 있고, 구직자를 위한 서비스일 수도 있다는 특징이 있다. 예를 들면, 지역 내에 구직자가 부족하여 기업을 위해 구직자를 발굴할 수 있는데, 이 경우는 기업의 채용지원을 위해 구직 개척을 하는 경우라고 할 수 있다. 반대로 지역 내 실업자가 너무 많아 구직자의 취업을 위해 기업을 설득해 일자리를 확보하는 때도 있는데, 이 경우는 구직자 취업지원을 위해 구인개척을 하는 경우라고 할 수 있다.

우리나라에서는 앞에서 살펴본 맞춤형 취업지원에 특화된 프로그램의 운영을 위해서라도 구직자 발굴은 상시적으로 추진되어 왔다. 구인기업 발굴의 경우에도 이를 적극적으로 추진하도록 하기 위해 현재 전국의 고용복지$^+$센터에는 2인 이상으로 일자리 발굴팀을 구성해 운영하도록 하고 있다. 일자리 발굴팀은 2주에 1~6일 출장을 원칙으로 개별 기업의 방문과 함께 기업설명회를 개최해 구인자 접점을 확대토록 하고, 양질의 구인업체가 발굴되면 일자리 발굴팀이 구인 인증 및 채용대행 서비스를 제공하고 고용센터에서 집중 취업알선을 제공한다. 그러나, 고용센터의 고질적인 인력부족 문제로 인해 구인기업의 발굴 업무에 얼마나 중점을 두는지는 시기에 따라 정책적인 측면에서 이 업무를 얼마나 강조하느냐에 따라 변화되어 온 것이 사실이다.

한편 전통적인 고용서비스 이외에 다른 정책 프로그램을 통해서도 기업 대상의 채용지원 서비스가 제공되는 경우도 있다. 예를 들어 중소벤처기업부는 벤처기업 구인난을 해소하기 위하여 벤처기업을 위한 고용서비스를 제공하는 사업을 오랜 기간 운영하고 있는데, 중소벤처기업부는 벤처기업 일자리 지원사업을 실시해 온·오프라인 채용박람회를 통한 공동채용, 벤처기업 신입사원 장기 재직 유도를 위한 공동 훈련 프로그램 등의 고용서비스를 제공하고 있다(중소벤처기업부, 2024).

나. 채용지원 서비스의 새로운 변화

그런데 위와 같은 채용지원 서비스의 환경에 최근 중대한 변화가 발생하고 있다. 그 변화는 채용의 어려움, 즉, 노동시장에서 기업들이 필요한 인재를 찾아 채용하는 데에 과거보다 더 큰 어려움을 경험하게 되었다는 점이다.

최근 노동시장은 급격한 구조적 변화를 겪고 있다. 급격한 인구구조의 변화와 디지털 기술발전에 따라 생산가능인구의 감소, 새로운 직업 가치관을 가진 청년층의 노동시장 진입, 급속한 기술 발전에 따른 스킬(skills) 수요·공급 간의 미스매치, 직업과 산업구조의 변화와 그에 따른 인력난과 취업난의 공존, 새로운 고용 형태의 등장, 디지털을 통한 채용 관행의 확산 등이 나타나고 있다. 그 결과 노동시장에서는 상시적인 불균형과 변동성이 크게 증가해 가고 있다. 이와 같은 노동시장의 변화는 구직자뿐만 아니라 기업들에게도 많은 어려움을 초래한다. 특히 HR 기능이 부족한 중소기업일수록 상시적인 불균형과 변동성에 놓여 있는 노동시장 속에서 인력의 채용과 재직근로자들의 직무능력 향상 및 인력 관리에 많은 어려움을 겪게 된다. 중소기업들이 인력 채용과 인력 관리에 어려움을 겪게 된다는 것은 곧 구직자들의 취업 기회가 감소한다는 것을 의미하기 때문에 기업들, 특히 중소기업들이 원활히 인력을 확보하고 필요로 하는 직무능력을 향상시키며 필요한 노동시장 프로그램의 지원을 받아 인력을 관리할 수 있도록 지원하는 것이 매우 중요해졌다. 기업들에게 도움을 준다는 것은 결국 구직자들에게도 도움을 준다는 것과 같은 의미이며, 좀 더 넓은 관점에서 보면 노동시장의 기능이 보다 더 잘 작동되도록 한다는 목적도 가지고 있기 때문이다.

노동시장의 변화에 유연하게 대응하고 지속 가능한 경제성장을 지원하기 위해 PES의 현대화를 적극적으로 추진하고 있는 유럽연합은 이러한 상황을 인식하고 새로운 노동시장 환경 속에서 추진할 PES 전략의 하나로 '노동수요 지향적인 서비스'(a more labour de-mand-oriented service)7)를 설정하고 있다. 그리고 PES가 기업이 필요로 하는 수요에 보다 더 민감해져야 한다고 강조하면서, 미래에는 인력채용지원과 같은 전통적인 서비스보다는 컨설팅이 보다 더 중요한 업무로 증가할 것이라고 전망하고, 기업들과 파트너십 관계를 구축해 좋은 협력관계를 맺고 PES가 기업 내부의 HR 서비스8)와 상호보완적인 관계를 형성할 수 있어야 한다고 강조하고 있다(PES Network, 2017). 아래에서는 새로이 증가하고 있는 기업지원 서비스로서 기업과의 파트너십 구축방안과 컨설팅에 대해 살펴보기로 한다.

1) 기업과의 파트너십 구축

유럽연합은 PES가 기업들과 장기적인 파트너십을 구축하기 위해 다음과 같이 가이드라인을 제시하고 있다(EC, 2018). 우리나라의 경우에도 기업과의 지속적인 협력관계를 유지하기 위해 일자리 발굴팀을 확대해 기업과의 파트너십을 구축해 나갈 필요가 있다.

① 기업들의 유형분류와 차별화된 접근이 필요

기업 규모, 산업 분류, 신생기업 여부 등을 기준으로 기업의 유형을 분류하고 유형에 따라 맞춤형 서비스를 제공하여야 한다. 만일 우선적으로 서비스를 제공할 기업들을 선정하는 경우에는 그 기준을 명확히 설정할 필요가 있다. 예를 든다면 PES의 입장에서 가장 적은 자원을 투입해 가장 많은 채용을 이룰 수 있도록 효율성(efficiency)을 기준으로 하든지, 경제성장의 장해요인을 제거할 수 있도록 인력난을 가장 많이 겪고 있는 기업들을 선정하든지, 또는 장기실업자를 줄일수 있도록 취업에 필요한 숙련·경험을 가진 구직자들이 가장 많은 분야의 기업을 선정하는 방법 등이 있다.

---

7) 노동수요 중심의 접근을 강조하는 고용서비스 전략을 의미한다. ① 노동시장의 현재와 미래의 수요를 예측하고 분석해 필요한 기술과 직무를 명확히 파악함으로써 노동수요에 부합할 수 있도록 교육훈련 프로그램을 조정하고, ② 디지털 기술 및 인공지능을 활용해 구직자와 기업 간의 매칭 프로세스를 효율화하며, ③ 기업과의 협력관계를 강화해 기업의 실제 필요(needs)를 반영하고 기업이 필요로 하는 인재를 빠르게 확보할 수 있도록 지원하는 것 등을 의미한다.

8) HR 서비스의 개념에 대해서는 제1장을 참고하기 바란다.

② 기업지원 서비스 전담팀의 구성

기업들과 장기적인 협력관계를 구축하기 위해서는 기업들과의 접점(single contact points) 으로서 기능할 수 있는 기업지원 서비스 전담팀을 구성하여야 한다. 기업지원 서비스 전담팀은 기업들의 다양한 요청 또는 니즈(needs)에 대응할 수 있어야 하며, 이를 위해 ㉠ 구인등록, ㉡ 구인발굴, ㉢ 인력소개 및 매칭, ㉣ 직업훈련의 지원, ㉤ 고용장려금 기타 적절한 적극적 노동시장정책(ALMPs), ㉥ 취업박람회와 같은 행사의 조직 등의 업무를 담당할 수 있어야 한다. 기업지원 서비스 전담팀은 기업들과 지속적인 관계를 형성할 수 있도록 지역적 위치를 고려해 설치하되, 경우에 따라서는 전국에 걸쳐 사업을 운영하는 대기업들을 전담하는 팀을 별도로 구성하는 것도 필요하다. 기업지원 서비스 전담팀을 구성해서 운영하는 경우 구직자에 대한 취업지원팀과 밀접한 협력관계를 유지하는 것이 효과적인 일자리 매칭을 위해서 매우 중요하다.

③ 담당 직원들에 대한 교육훈련

기업지원 서비스 전담팀에서 기업들과 밀접한 관계 속에서 일을 하는 직원들에게는 그에 필요한 역량을 필요로 한다. 대화 능력이 좋아야 하고 기업들의 관점에서 기업들의 필요(needs)와 관심사를 이해할 수 있어야 하며 문제해결 능력도 갖추어야 한다. 또한 인적자원관리 및 인력채용에 관한 경험이나 역량, 노동법 및 노동시장 상황에 대한 지식, 공공고용서비스가 제공할 수 있는 다양한 서비스에 대한 지식, 프로젝트 관리 역량 등도 필요하다. 따라서 직원들이 이러한 역량을 갖출 수 있도록 교육훈련, 매뉴얼, 멘토링, 인트라넷 등 다양한 지원을 해 주어야 한다.

2) 컨설팅

우리나라에서는 2010년대에 기업의 애로사항을 발굴해 PES는 물론 지방고용노동관서, 관련기관들이 합동으로 필요한 지원을 해 주는 고용노동행정 종합컨설팅 서비스가 집중적으로 시행된 적이 있다. 앞에서 본 「고용센터 및 고용관련 부서 운영 규정」 제7조 제3항에 규정되어 있는 '고용노동행정 종합 컨설팅 서비스를 실시'한다는 규정은 바로 이 시기에 마련된 것이다. 이 서비스는 이후에 상시적인 업무로 지속되지는 못하였으나, 시기에 따라 구인기업에 대한 상담 등 다양한 형태로 컨설팅이 이루어지고는 하였다.

그러다가 최근에 통상적인 컨설팅이 아니라 직접 채용까지 연계된 채용 중심의 컨설팅 사업이 새로이 추진되고 있다. 코로나19 감염병 시기가 종료되어 가던 2021년 6월에 발표된 공공고용서비스 강화 방안에는 ① 구인애로 기업 및 양질의 일자리 집중발굴과 ② 구인 기업 유형별 채용지원 서비스 제공이 포함되어 있다(관계부처합동, 2021). 이 중에서 후자의 내용이 채용 중심의 컨설팅사업을 추진한다는 내용으로, 기존의 컨설팅이 통상적인 조언 수준에 머물렀다면 이번의 컨설팅 사업은 직접 채용지원 서비스까지 연계한 새로운 형태의 서비스라고 할 수 있다. 기업 컨설팅이라는 조언 수준의 노력에서 한 단계 더 나아가 고용복지⁺센터가 가진 직접적인 채용지원의 누적된 경험을 연계해 직접적인 지원 서비스를 제공하는 것이기 때문이다.

세부 계획에 따르면 해당 채용지원 서비스는 서비스가 필요한 수준을 기준으로 총 다섯 개의 유형으로 기업을 유형화한 뒤에, 이에 따른 채용지원 컨설팅 및 서비스를 제공하는 것을 그 골간으로 하고 있다. 기업을 진단하고 그 결과를 토대로 기업을 유형화하여 채용의 실제 과정까지 맞춤형으로 지원한다는 측면에서 이는 컨설팅보다는 구직자에게 제공하는 사례관리(case management)형 고용서비스라고 이해할 수도 있다. 이에 따라 명칭도 구직자 대상의 취업성공패키지의 명칭과 유사하게 기업 채용지원 패키지라는 이름으로 명명되었다. 이후에 이 제도는 기업도약보장패키지라는 이름으로 확대되었다(고용노동부, 2023f).

다. 사례관리형 기업 채용지원 서비스: 기업도약보장패키지

새롭게 도입된 기업 대상 사례관리 서비스인 기업도약보장패키지를 좀 더 구체적으로 살펴보면 다음과 같다(고용노동부, 2023a). 기업도약보장패키지는 "기업의 구인애로 유형별로 진단-종합컨설팅-맞춤형 채용지원을 종합적으로 제공하는 서비스 중심의 사업"으로 정의되고 있다(고용노동부, 2023a). 전체 사업 운영 단계를 확인해 보면, 참여 대상을 발굴해 참여기업을 선정하고, 선정된 기업에 대해서 종합적인 서비스를 제공하는 단계로 이루어져 있다.

제공되는 종합 서비스는 순서에 따라 진단 → 종합컨설팅 → 집중 매칭 총 세 단계로 이루어진다. <그림 4-4>에서 확인할 수 있듯이, 진단 단계는 기업의 고용 여력 등을 분석·진단하고 서비스 경로를 설정하는 단계이다. 다음으로 종합컨설팅 단계는 현재 기업의 상황에 맞추어 컨설팅을 제공하는 단계로, 인사 노무·채용 절차 컨설팅, 인프라·환경 개선 컨설팅, 인지도 확산 등의 컨설팅이 제공된다. 기업에 제공될 수 있는 여러 종류의 컨설팅 중에서 주로 채용에 초점을 둔 종합컨설팅을 제공하는 것으로 이해할 수 있다. 마지막 단계는 집중 매칭 단계로 컨설팅 이후 실제 매칭과 사후관리가 이루어지는 단계이다. 본 서비스가 단순한 컨설팅 사업이 아닌 이유는 이처럼 매칭 과정에 직접 개입하여 고용 서비스를 적극적으로 제공하기 때문이라 할 수 있다.

이 과정에서 나타난 전달체계상 중요한 특징은 전담자를 지정하고 전담자가 서비스를 제공하는 것을 지원하는 사례관리협의체를 구성한 점이다. 매뉴얼은 개별 지원 기업에 대한 전담자를 배정하되, 지방 관서, 고용복지⁺센터, 관계기관 등이 함께 공동의 해결 방안을 모색하고 또 서비스를 제공할 수 있도록 사례관리협의체를 운영하도록 규정하고 있다. 사례관리협의체에는 지역별로 고용노동부 지방 관서 내 구직자도약보장패키지팀, 직업능력개발팀, 일터혁신 담당 근로감독관, 클린사업장 담당 산업안전감독관 등의 담당자와 지방자치단체, 업종별 협회, 경총, 대한상의 등 경제단체, 지역인적자원개발위원회, 중소기업진흥공단, 산업인력공단, 노사발전재단 등 관계기관이 포함된다.

〈그림 4-4〉 기업도약보장패키지 종합 서비스 3단계

단계		주요 지원 내용	권장기간
1 진단	❶ 분석·진단	• 기업인사담당자 컨설팅을 통한 고용여력 등 분석·진단	최대 15일
	❷ 경로 설정	• 기업-고용센터(전담자) 간 협의 과정을 거쳐 기업 맞춤형 지원경로 설정 및 세부전략 수립	
2 종합컨설팅	인사노무·채용절차 컨설팅	• 인사관리체계 및 조직문화 등 개선(일터혁신 컨설팅과 연계)	최대 3개월 * 연장 시 1년 限
	인프라·환경개선	• 기숙사 지원, 통근버스, 스마트공장, 작업장 환경개선(클린사업장) 등 고용환경개선 지원	
	맞춤인재 양성	• 노동시장 내 인력 부족 시 맞춤 인재 양성·공급(공동훈련센터, 우수 훈련기관, 대학 등 활용)	
	인지도 확산	• 기업의 근무환경, 작업공정 등을 생생하게 담은 카드 또는 영상 제작 및 홍보	
3 집중매칭	❶ 집중 채용지원	• 유관기관 협업을 통해 적합 구직자 알선 및 채용 대행·행사 등 집중 채용지원	2~5개월
	❷ 사후 관리	• 신규채용 근로자의 직장적응·고용유지 모니터링 및 추가 지원 필요사항 확인·지원	

* 고용노동부, 2023f

4. 직업상담

가. 직업상담과 직업상담사의 역할

직업상담은 개인의 직업선택과 경력개발을 목표로 하는 상담 영역이다. 좀 더 자세히 보면 직업상담은 노동시장 및 직업세계 등과 관련된 직업정보를 수집·분석하고, 진로탐색부터 직업선택, 직업적응, 직업전환, 은퇴 등 전 생애에 걸친 경력개발에서 발생하는 개인의 직업 관련 문제를 상담·지원하는 서비스를 말한다(한국고용정보원, 2021). 따라서, 단순히 학과나 직업선택을 위한 일회적 활동이 아니라, 개인이 자신의 흥미, 능력, 가치관 등에 대한 이해를 바탕으로 자신에게 적합한 직업에 대한 정보를 탐색하여 직업을 선택하고 취업 준비를 효과적으로 할 수 있도록 지원하는 전 과정을 의미한다. 특히, 청년들의 경우에는 학교 졸업 후 진로선택의 기로에 있기에 자신의 진로를 명확히 하고 효율적으로 취업을 준비할 수 있도록 직업상담 및 취업지원을 받는 것이 매우 도움이 된다. 구직자 취업지원을 위해서는 구직자가 다양한 직업 중에서 본인에게 적합한 직업을 찾거나 선택할 때, 취업을 위한 일자리 정보를 찾거나 구직기술 등 도움을 필요로 할 때, 희망하는 직업에의 취업을 위한 직무능력이 부족할 때 등 그 때마다 그에 필요한 상담서비스를 제공하게 된다.

직업상담사는 구직자나 진로선택 또는 직업전환을 고려하는 내담자에게 적극적으로 전문적인 직업 관련 조언과 지원을 제공하고 더 나은 직업선택을 하고 취업에 필요한 다양한 기술을 개발하여 취업 기회를 잡도록 조력하는 전문가이다. 또한, 직업상담사가 되기 위해서는 직업상담, 심리학, 교육학 등 관련 분야의 전문 지식과 함께 공감능력, 의사소통기술, 문제해결능력 등과 같은 소프트 스킬(soft skills)이 요구되며 최신 노동시장의 변화에 대한 직업정보 및 상담기법을 습득하기 위한 지속적인 자기개발 노력을 필요로 한다. 직업상담사의 역할은 초기상담, 진로상담, 직업정보 제공, 구직기술 훈련, 경력 관리 지원 등으로 자세한 사항은 다음과 같다.

○ 개인역량 진단 및 평가

직업상담사는 개인의 관심, 성격, 흥미, 적성, 역량, 경험 및 가치관을 평가하여 개인의 강점과 약점을 파악한다. 이때 흥미검사, 적성검사, 성격 검사 등 각종 직업심리검사 결과를 바탕으로 객관적인 진단이 이루어져야 한다. 이를 통해 어떤 직업이나 분야가 해당 개인과 잘 맞을지를 판단하게 된다.

○ 직업 의사결정 조력

직업상담은 직업 관련 의사결정을 다루게 된다. 구직자가 어떤 직업을 선택해야 할지 결정하는 데 도움을 주는 것이 직업상담사의 역할 중 하나이다. 직업 의사결정을 위한 상담은 직업 또는 취업 목표의 설정, 관련 정보의 수집, 다양한 대안의 모색 및 분석, 대안 평가 및 선택, 취업 준비 과정으로 이루어진다. 이때 직업상담사는 구직자 개인의 역량과 성향에 기반하여 다양한 직업 옵션을 제시하고, 각각의 선택이 어떤 경로와 가능성이 있는지에 대한 정보를 적극적으로 제공하는 것이 필요하다.

○ 경력개발 계획

직업상담사는 변화하는 직업세계에 대한 이해와 진로발달이론과 직업상담이론에 대한 전문성을 기반으로 개인의 전생애적 발달단계를 고려하여 다양한 경력개발 계획을 수립하도록 돕는다. 이를 통해 현재의 역량을 향상시키고 미래의 진로 목표를 달성하는 데 필요한 단계들을 계획한다.

○ 취업준비 지원

① 이력서 및 자기소개서 작성: 구직자에게 효과적인 이력서와 자기소개서 작성법을 가르치고 조언해 주어 취업 기회를 높인다.

② 면접 준비 및 실습: 직업상담사는 구직자에게 면접 준비 및 실제 면접에서의 자신감을 높이는 방법을 지도한다. 면접 질문에 대한 연습을 통해 구직자가 잠재력을 어필하도록 조력한다.

③ 직업교육 및 훈련 추천: 필요한 기술과 지식을 향상시키기 위해 어떤 직업교육 및 훈련과 자격증이 필요한지에 대해 조언하고, 이를 통해 개인의 경쟁력을 강화시킬 수 있도록 돕는다.

④ 직업 시장 동향 정보의 제공: 직업상담사는 현재의 직업 시장 동향과 산업 변화에 대한 정보를 제공하여 구직자가 더 나은 결정을 내릴 수 있도록 돕는다.

○ 심리적 지원 및 심층상담

직업상담사는 직업 상황에서의 스트레스나 불안감에 대한 심층상담을 제공하거나 심리안정 프로그램이나 심리적 지원을 위한 다른 정신건강 서비스로 연계하는 역할을 한다. 심층상담은 빈곤층 등 취업에 대한 복합적인 장애요인을 가지고 있는 구직자 또는 일반 구직자인 경우에도 장기간 취업하지 못하는 상태가 지속되는 경우에 제공된다. 따라서 복합적인 장애요인을 가지고 있는 취업취약계층에 대해서는 초기상담 단계에서도 제공되며, 일반 구직자의 경우에는 장기실업이 이어지는 경우에 제공된다.

○ 노동시장 프로그램의 사업수행 및 유관기관과의 연계

직업상담사는 구직자에게 실업급여, 고용보험, 청년내일채움공제 등 실업과 취업에 관련된 각종 고용지원제도를 안내하고 지원을 받을 수 있도록 조력하며, 자신이 소속된 기관이 담당하고 있는 노동시장 프로그램의 사업수행도 담당하는 역할도 중요하다. 취업지원을 위해 취업박람회, 잡콘서트, 캠프, 워크숍, 컨퍼런스, 기업탐방 등의 취업행사를 기획하고 운영하고 관리하는 역할도 할 수 있다. 또한, 지자체, 공공기관, 민간기관(고용, 직업훈련, 복지분야) 등과의 네트워크를 구축하여 취업지원 서비스 제공을 위한 정보교환, 협력, 서비스의 연계·추천 등의 역할을 담당한다.

○ 구인업체 발굴 및 매칭

직업상담사는 적극적 취업알선을 위한 사업체를 발굴하고 관리하는 역할을 수행하며, 구직자가 희망하는 적합한 일자리를 탐색하여 구인업체에 연계시켜 주는 역할을 담당한다. 직업상담사는 채용정보, 취업박람회, 기업체 방문 등을 통해 구인업체 정보를 수집하여 구인업체의 업종, 규모, 근무조건, 채용 인원, 자격 요건 등을 파악하여 구직자에게 적합한 구인업체를 추천하는 역할을 수행한다. 이를 위해 직업상담사에게는 구직자와 구인업체를 효과적으로 소통하고 협상을 통해 합의를 이끌어 낼 수 있는 의사소통 및 협상 역량이 요청된다.

○ 노동시장과 직업에 대한 정보제공

직업상담에서는 다른 상담 분야에 비해 고용상황, 구인구직 현황, 실업급여 수급자수, 일자리 충족률 등 노동시장정보를 기반으로 노동시장 상황을 분석하고 이해해 적절한 정보를 구직자에게 제공하거나 구직자가 정확한 정보를 찾을 수 있도록 조력해 주는 것이 중요하다. 특히, 구직자가 희망하는 직업과 직무에 대한 정보는 반드시 알고 있어야 한다. 어떤 일을 하는 직무인지, 그 직업에 취업하기 위해서는 어떤 과정과 역량이 필요한지, 관련 직업훈련은 무엇이 있는지, 어떤 자격증이 필요한지 등의 기본 정보는 물론, 실제로 근무하고 있는 인적 네트워크가 있는지, 해당 직업 관련 최근 시사 이슈는 무엇인지, 직업과 관련된 산업동향 및 채용 트렌드는 어떠한지 등 구체적인 정보를 알고 있는 것이 중요하다.

○ 직업상담 및 취업지원 관련 행정업무 수행

직업상담사는 내담자의 기본정보, 상담기록, 취업지원 이력 등을 관리하고, 공문서 처리 등의 행정 업무를 담당한다. 또한, 취업지원 현황 및 직업상담 결과 등을 파악하기 위한 통계 및 결과 보고 자료를 작성하는 일을 한다. 또한, 직업과 관련된 일반상담, 구인·구직 상담, 창업 상담, 경력개발 상담 등 각종 상담 업무 관련 행정처리를 담당한다. 그리고 직업상담사는 현재의 직업시장 동향과 산업변화, 전년도 사업성과에 대한 내·외부 환경 분석을 바탕으로 사업 제반 현황을 분석하여 연간사업 및 단위사업에 대한 사업 계획을 수립하고 시행·평가한 후 문제점을 분석하여 개선 사항을 제시하고 관리하는 사업 업무를 담당할 수 있다.

나. 직업상담의 절차

직업상담은 크게 초기, 중기, 종결 단계로 구분해 볼 수 있다. ① 초기 단계(Initial Phase)에서는 주로 상담의 기초를 마련하고 상담 목표를 설정하는 데 중점을 둔다. 상담자와 내담자 간의 신뢰관계를 형성해 상담의 기초를 마련하고 내담자의 직업적 고민과 문제를 명확히 하기 위해 상담의 방향을 설정하며 내담자와 협력해 상담의 구체적인 목표를 설정하게 된다. ② 중기 단계(Working Phase)에서는 주로 문제해결을 위한 구체적인 대안을 탐색하고, 의사결정을 내리며, 실행 계획을 수립한다. 이 단계에서는 본격적으로 취업 준비를 하고 단기 및 장기 경력 목표에 맞는 구체적인 계획을 수립해 실행하게 된다. ③ 마지막으로 종결 단계(Termination Phase)에서는 상담 과정을 평가하며 마무리하게 된다.[9]

1) 초기 단계

○ 라포 형성 및 상담 구조화

직업상담의 초기 단계는 상담자와 내담자 간에 촉진적이고 신뢰할 수 있는 관계

---

9) 취업지원은 직업상담을 통해 이루어진다. 그러므로 취업지원의 프로세스와 직업상담의 단계는 함께 이루어지는 하나의 현상을 다른 측면에서 본 것이다. 취업지원 프로세스에서는 맞춤형 취업지원을 위해 개인별 취업활동계획(IAP)을 수립하는 단계와 수립된 IAP에 따라 취업지원이 이루어지는 취업지원단계로 나누게 되는 데 반해, 직업상담에서는 상담 초기에 내담자의 문제를 파악해 상담 목표를 설정한 후에 본격적으로 문제를 해결해 가는 과정으로 진행되므로 래포 형성과 문제 파악을 토대로 상담 목표가 수립되는 초기 단계와 개입을 통해 내담자의 문제를 본격적으로 해결해 나가는 중기 단계로 구분한다. 결국 직업상담 단계에서는 프로파일링은 초기 단계에서 이루어지게 되며, IAP의 수립과 취업지원은 중기 단계에서 이루어지는 것으로 이해할 수 있다.

(rapport)를 형성하고 상담 과정에 대한 구조화가 이루어진다. 초기 상담에서 어떤 경로와 목적으로 상담에 참여하였는지, 어떤 기대를 가지고 있는지를 확인하고, 상담의 목표, 진행 절차나 사용하게 될 심리검사, 위험 요소, 비밀 유지의 한계 설정, 예상되는 성과 및 비용, 상담 시간 및 장소, 진행될 상담 회수 등에 관해 구조화하는 과정이 이루어진다. 특히, 비밀 유지의 이슈로서 내담자 정보는 법적, 윤리적으로 보호되고 상담 내용에 관한 비밀 유지를 약속하여 내담자가 안심하고 자기 개방을 할 수 있도록 격려하는 것이 중요하다. 다만 내담자 자신이나 타인이 위험에 처할 수 있는 경우에는 비밀보장의 예외 원칙에 해당함을 안내한다. 비밀보장의 예외 원칙은 내담자가 자살 등 극단적 선택을 암시하는 경우나 타인 혹은 사회의 안전이 위협이 된다고 판단되는 경우에 내담자의 동의 없이도 내담자에 대한 정보를 즉시 관련된 사람(가족, 경찰 등)에게 알릴 수 있는 것을 말한다.

직업상담사는 내담자가 자신을 잘 이해하고 적합한 직업을 선택하고 주체적으로 취업을 준비할 수 있도록 촉진하는 참여적 촉진자로서의 역할을 수행해야 한다. 초기 단계에서 직업상담사가 내담자와 촉진적인 관계를 형성하기 위해 갖추어야 할 기본적인 태도는 공감적 이해, 무조건적인 긍정적 존중, 진솔성이다(Carl Rogers, 2007). 공감적 이해는 상담자가 내담자의 주관적 세계의 입장에서 내담자를 깊이 있게 주관적으로 이해하고자 하는 태도로, 내담자가 상담자를 신뢰하고 자신의 이야기를 털어놓게 하는 가장 기본이 된다. 무조건적인 긍정적 존중은 상담자가 내담자를 평가하거나 판단하지 않고, 내담자가 나타내는 어떤 감정도 있는 그대로 수용하고 존중하는 태도를 의미한다. 진솔성은 상담자가 내담자와의 관계에서 순간순간 경험하는 자신의 감정이나 느낌을 있는 그대로 자각하고, 경우에 따라서는 솔직하게 자신이 경험하고 있는 것을 표현하는 태도를 의미한다. 진솔성은 내담자와 상담자가 인간 대 인간의 만남을 가능하게 하고, 내담자의 개방적인 자기 탐색을 촉진할 수 있다.

또한, 직업상담이 효과적으로 이루어지기 위해서는 내담자의 참여 의지와 동기가 무엇보다 중요하고, 상담자는 내담자의 문제를 직접 해결해 주는 역할이 아니라는 점을 명확히 안내하는 것이 중요하다. 결국 문제를 극복하는 것은 내담자 자신이고, 그 책임도 내담자에게 있다는 것을 강조한다.

○ 내담자의 상태 진단

내담자의 구직신청서와 초기면담 결과를 바탕으로 주요 경력 및 이력, 학력 및 자격증 등의 기본 인적 사항, 희망 직업 및 업무환경, 구직기술, 직업기초능력, 구직태도, 개인 및 환경적인 방해요인 등에 대한 정보를 자세하고 구체적으로 수집하는 '프로파일링'이 진행된다. 프로파일링은 내담자의 강점, 자원 및 구직활동 필요성을 분석하여 내담자가 원하는 직업에 취업할 준비가 되어 있는지를 파악하고 희망하는 곳에 취업하기 위한 직업프로필을 만들기 위해 실시된다. 이와 같은 프로파일링은 <표 4-3>과 같이 내담자의 희망직업에 대한 취업준비 정도와 필요한 활동을 파악하기 위해 내담자 개인의 특성과 희망직업에서 요구하는 조건들에 대한 정보를 수집하고 취합하는 과정으로 이루어진다.

이때 내담자의 자기 탐색 과정에서 자신의 가치, 성격, 흥미, 기술 등과 심리적 특성을 파악하기 위해 다양한 심리검사를 사용할 수 있다. MBTI검사, 스트롱흥미검사, MMPI(다면적 인성검사) 등의 표준화된 검사나 직업카드심리검사, 진로이야기 워크북과 같은 질적 검사 사용이 가능하다. 한국고용정보원에서 운영하는 「고용24」에서도 청소년 직업흥미검사, 직업가치관검사, 고등학생 적성검사 등 청소년을 대상으로 한 9종의 심리검사와 성인용 직업적성검사, 구직준비도 검사, 직업선호도검사 등 성인을 대상으로 한 12개의 직업심리검사들을 무료로 실시할 수 있다. 또한, 진로 탐색, 경력개발부터 취업까지 종합적으로 개인맞춤형 진단을 위해서 2023년부터 전 국민을 대상으로 「고용24」에서 서비스가 제공되고 있는 잡케어(JobCare)를 활용해 볼 수 있다. 잡케어는 구직자의 이력서, 자기소개서 상의 직무 키워드를 자동 분석하여, 구직자가 보유한 직무 역량을 진단해준다.

〈표 4-3〉 내담자의 취업준비 확인하기

준비영역	내용
취업목표	• 희망하는 직업이 분명하게 정해졌는가? • 희망직업에 취업하고자 하는 의지가 확고한가?
직무수행 능력	• 희망직업과 관련한 경력 및 이력을 가지고 있는가? (학력, 직업경력, 기술, 자격증, 훈련, 능력 등을 종합적으로 검토)
주변상황	• 희망직업 관련 내담자의 사회적 환경(양육, 재정, 건강, 심리 등), 근무환경(근무시간, 근무처 등 근무조건) 및 고용환경에서 어떤 어려움이 있는가?
구직태도	• 내담자가 구직과정에서 얼마나 적극적이고 유연하며, 긍정적인 태도를 가지고 있는가?
구직기술	• 희망직업 관련 적합한 일자리를 탐색하고 성공적인 취업을 위해 필요한 구직기술을 갖추고 있는가? (구직활동, 구직정보수집기술, 이력서 및 자기소개서 작성기술, 면접기술 등을 종합적으로 검토)
직업기초능력	• 내담자가 직업기초능력을 충분히 가지고 있는가? (의사소통능력, 대인관계능력, 자기관리 및 개발능력 등을 종합적으로 검토)

○ 상담목표의 설정

<표 4-3>에 따른 내담자의 상태 진단을 통해 직무수행능력, 방해요소, 구직태도, 구직기술, 직업기초능력, 취업준비 필요여부 등에 대한 진단결과가 도출되면 이를 바탕으로 현실적으로 달성가능한 상담 목표를 구체화하게 된다. 예를 들어 부정적인 구직태도가 확인되는 경우에는 구직태도 변화하기가 상담목표로 설정될 수 있으며, 구직기술의 부족이 확인된 경우에는 구직기술 향상하기가 상담목표로 설정될 수 있다. 이때 상담 목표는 구체적으로, 관찰 가능한 방식으로 표현하고 목표 달성 시점을 지정하고 실천 행동을 계획하는 것이 필요하다.

참고

직업심리검사는 무엇일까?

직업심리검사는 개인의 직업적 적성과 흥미, 성격, 가치관, 능력 등을 평가하기 위해 사용되는 다양한 심리적 도구와 기법을 의미한다. 주요한 직업 심리검사의 유형과 목적은 다음과 같다.

- 흥미 검사: 개인이 어떤 직무나 활동에 흥미를 느끼는지를 평가한다. 직업선호도 검사(S형, L형), Strong 흥미검사, 진로 성숙 검사 등이 있다.
- 성격 검사: 개인의 성격 유형과 특성이 직업적 환경과 어떻게 맞는지를 평가한다. MBTI (Myers-Briggs Type Indicators), MMPI(다면적 인성검사) 등이 있다.
- 적성검사: 개인의 능력이나 잠재력이 어떤 직무를 성공적으로 수행할 수 있을지를 예측하는 검사이다.
- 능력 검사: 개인의 특정 능력이나 기술을 평가하여 직무 적합성을 판별한다. 업무분야별로 기본역량검사가 마련되어 활용되고 있다.
- 가치관 검사: 개인이 중요하게 생각하는 가치와 직업적 만족도를 평가한다.
- 직무적합성 검사: 특정 직무에 대한 개인의 적합성을 평가한다. 구직준비도 검사, 취업준비도 검사도 여기에 포함된다.

이러한 검사들은 개인의 강점, 약점, 흥미 등을 이해하는 데 도움을 주며, 적합한 직업을 탐색하고 경력 발전 방향을 설정하고 필요한 기술이나 역량을 개발하는데 필요한 정보를 제공한다. 또한, 직업선택, 경력전환, 교육 및 훈련 결정 등을 위한 객관적인 정보를 제공한다.

2) 중기 단계

중기 단계는 본격적인 문제해결이 이루어지는 직업상담 단계이다. 다양한 진로상담이론에 기초한 상담기법들이 적용되고 내담자의 문제가 해결되는 역동적인 과정으로 이루어진다. 이 단계에서 내담자의 문제해결 과정에서 변화가 실제로 일어나기 시작하는데, 내담자는 상담이 더 이상 도움이 안 된다고 호소하거나, 행동은 달라졌지만 불안이 더 심해서 견딜 수 없다면서 상담을 그만두고자 하는 등 변화에 대한 저항을 보일 수 있다. 이에 대해 상담자는 내담자가 변화를 겪기 시작하면서 불편감, 고통, 두려움 및 불안 등 감정적인 반응의 자연스러운 결과로 이해하는 것이 필요하다. 여기에서는 한국고용정보원이 개발한 직업상담 매뉴얼을 기준으로 설명하기로 한다. 이에 따르면 중기 단계에서의 직업상담은 <표 4-3>에 따라 확인된 내담자의 취업준비도와 유형에 따라 다음과 같이 직업상담 및 취업지원 서비스가 이루어지게 된다.

○ 직업선택 및 취업계획 수립을 위한 상담

직업선택을 위한 의사결정 및 취업계획 수립에 어려움을 겪고 있는 구직자를 대상으로 취업동기 강화, 자기에 대한 이해, 직업에 대한 이해, 직업 의사결정, 직업계획 수립 및 실천 등 직업선택을 위한 의사결정과정을 돕는다. 자기에 대한 이해를 위해서는 직업적 자기평가를 실시하도록 해 자신의 흥미, 능력, 가치를 명확하게 인식하고 직업 선호도를 구분해 직업목록을 작성하도록 한다. 직업에 대한 이해를 위해서는 구직자의 관심사에 따라 관련되는 직업정보를 제공하고 다양한 정보원들을 활용해 관련 정보를 수집하도록 지원하고 얻어낸 정보의 중요성 및 신뢰도 등을 평가할 수 있도록 개입한다. 직업 의사결정은 다양한 직업 대안들 중에서 타당하고 실현가능한 직업을 결정하는 과정으로서 직업적 자기평가 및 직업정보에서 수집된 정보를 기반으로 가능한 대안을 창출하고 대안의 비교·평가를 통해 우선 순위를 정하고 직업을 결정하는 과정이다(한국고용정보원, 2018).

고용환경의 급격한 변화로 인해 희망 직무나 직업으로의 취업이 어려울 때에는 취업 목표 변경이나 직업전환을 고려해보는 것도 필요하게 된다. 이러한 경우에는 상담자는 내담자가 현재의 고용 상황을 객관적으로 확인할 수 있도록 하고, 최대한 내담자의 의견을 존중하여 취업 목표를 변경하거나 직업전환의 필요성을 수용하도록 한다. 특히, 직업전환을 해야 할 상황에서는 낮은 자존감, 우울, 좌절감 등 부정적 심리상태를 보일 수 있기 때문에, 내담자의 심리 안정 지원 프로그램과 연계하거나 취업의 어려움 극복을 위한 단기집단상담 프로그램이나 실직 스트레스 대처, 구직동기 회복, 취업자신감 제고 등을 위한 프로그램에 참여하도록 할 수 있다.

직업을 선택한 내담자에 대해서는 이를 달성하기 위한 구체적인 직업계획을 수립하도록 하거나 또는 취업상담을 통해 취업계획을 수립하도록 하고 상담자와 공동으로 평가하고 조정한다. 여기에서 직업계획이란 장기적인 경력개발을 포함해 직업경로를 어떻게 설정할지에 관한 계획을 의미하며, 취업계획이란 단기적으로 취업에 중점을 두고 선택한 직업에 취업하기 위한 구체적인 준비와 전략을 담은 계획을 의미한다. 직업계획 또는 취업계획이 완성되면 실천을 담보하기 위해 내담자와 상담자가 공동의 목표를 합의하고 계획의 실천을 서면으로 약속한다. 이는 실천약속을 문서화함으로써 내담자로 하여금 계획을 보다 신중하게 여기고 실천하게 도와주는 역할을 하도록 하기 위함이다.[10]

참고

생성형 AI를 활용해 직업정보를 얻는 방법

최근에 등장한 ChatGPT, 구글의 Gemini, 마이크로소프트의 Copilot, 뤼튼(Writn) 등 생성형 AI를 활용하여 필요한 직업정보를 제공받을 수 있다. 다만, 인공지능에는 환각(hallucination)효과가 있기 때문에 항상 생성된 정보에 대해서는 정보의 정확성과 신뢰성을 검토하여야 한다. 따라서 직업상담사는 이를 확인할 수 있는 전문지식을 갖추고 있어야 하며, 중요한 결정을 내릴 때에는 전문가의 의견과 다른 정보 소스를 함께 고려해 교차 검증할 필요가 있다. 구체적으로, 생성형 AI를 사용하여 직업정보를 얻을 수 있는 프롬프트 입력 과정의 예는 다음과 같으며 프롬프트를 얼마나 잘 작성할 수 있는지에 따라 원하는 결과를 얻을 수 있는지가 좌우된다.

- 먼저, 생성형 AI에 20년 된 취업컨설턴트라고 역할을 부여한 후, 내담자의 경력, 이력, 스펙을 입력한다. 인공지능에게는 질문의 맥락(context)이 자세할수록 정확한 답변을 얻을 수 있다.
- 입력한 내담자 정보를 바탕으로 적합한 직무를 도출해달라고 요청한다.
- 도출된 구체적인 해당 직무의 역할은 무엇인지 묻는다.
- 선택한 직업에 취업하는데 필요한 경험과 경력, 자격증이 무엇인지 도출해달라고 요청한다.
- 선택한 직무에 대한 내담자의 장점과 보완해야 할 점 등을 도출해달라고 요청한다.
- 추가적으로 내담자가 지원하고 싶은 회사나 직업에 대한 채용 가능성, 이력서 작성, 면접 답변 예시 답안들도 요청해볼 수 있다.

---

10) 개인별 취업활동계획(IAP)은 주로 단기적인 취업 목표 달성을 위한 구체적이고 실행 가능한 계획을 중심으로 작성되는 계획이다. 따라서 취업계획이 여기에 해당한다고 할 수 있다. 다만, 단기적인 취업 목표가 장기적인 경력 목표와 연결되어 있는 경우에는 개인별 취업활동계획(IAP)에도 장기적인 경력개발계획이 포함될 수 있으며 이를 위해 필요한 교육, 훈련, 자격증 취득계획 등을 포함될 수 있다.

○ 취업지원 서비스 제공을 위한 취업상담

취업상담에서는 내담자의 취업동기 및 상태를 파악하여 직업선택이 확고하게 이루어진 상태에서 내담자가 원하는 직업에 성공적으로 취업할 수 있도록 내담자의 취업능력을 향상시키는 활동이 진행되게 된다. <표 4-3>의 취업준비도 확인 항목에 따라 ① 만일 내담자가 구직의욕이 저하되어 있거나 심리적 저항이 있는 경우 등에는 내담자의 구직태도를 변화시키기 위해 상담을 통해 구직의욕을 높이거나 긍정적 사고로의 전환을 유도하고, 구직동기 강화를 위한 집단상담 프로그램 등으로 연계할 수 있다. ② 내담자가 입사서류 작성이나 면접 준비에 어려움을 호소하거나 구직기술이 부족한 경우에는 구직정보수집, 이력서·자소서 등의 입사서류 작성, AI 면접, 구직행동 등 구직기술을 향상시키기 위한 클리닉으로 연계하거나 집단상담 프로그램, 단기취업특강 등을 활용할 수 있다. ③ 직업기초능력이 부족한 경우에는 온라인 교육 등으로 직업기초능력을 보완할 수 있으며, ④ 생계에 어려움을 겪는 구직자에 대해서는 구직자도약보장 패키지 서비스를 통하여 구직에 집중할 수 있도록 생계안정지원금, 청년안심주택 등 복지서비스를 연계받을 수 있도록 한다.[11]

○ 교육 및 훈련상담

직업선택이 이루어진 상태에서 취·창업을 위한 직무수행능력 개발 또는 경력개발이 필요한 경우에는 교육 및 훈련상담이 진행된다. 희망직업의 요구역량과 내담자가 보유하고 있는 역량을 비교 분석해 직무수행능력 강화, 자격(면허) 취득, 학력 보완, 직업경험의 4가지 영역 중에서 직업능력 개발이 필요하다고 판단되는 경우에 적합한 교육훈련과정이나 일경험 프로그램을 선택하고 교육훈련을 잘 받을 수 있도록 지원한다.

희망하는 직업에서 요구하는 역량을 파악하기 위해서는 국가직무능력표준(NCS; ncs.go.kr)에서 관련 직무를 검색해 볼 수 있으며, 직업훈련정보의 탐색을 위해서는 「고용24」를 통하여 직업훈련 정보를 검색하거나 현재 전국에서 운영 중인 직업능력개발훈련의 현황을 알 수 있다. 또한, 국가기술자격(www.q-net.or.kr), 과정평가형 자격(www.cq.or.kr), 민간자격정보 서비스(www.pqi.or.kr)에서 자격정보를 검색할 수 있다(한국고용정보원, 2021).[12] 앞에서 설명한 바와 같이 「고용24」에서 제공하고 있는 잡케어(JobCare)는 구직자가 보유

---

11) 직업선택을 위한 상담뿐만 아니라 취업상담, 교육 및 훈련 상담 과정에서도 취업을 위해 필요한 활동의 내용과 시기를 명시한 개인별 취업활동계획(IAP)을 수립하게 된다.
12) 각 전산망에 대해서는 제13장에서 설명하고 있다.

한 직무역량을 토대로 구직자에게 부족한 직무수행능력과 이를 충족할 수 있는 자격 및 훈련 정보를 제공하고 있으며, HRD–Net에서도 유사한 기능을 제공하기 때문에 온라인 상에서 필요한 직업능력개발훈련과정을 추천받을 수 있다.

참고

취업능력은 어떻게 구성되나?

취업능력이란 노동시장의 진입 및 고용유지를 위해 개인이 보유한 지식, 기술 및 능력을 말하며 구직기술, 직업기초능력, 직무수행능력으로 구성된다. 이 중에서 구직기술은 적합한 일자리를 탐색하고 성공적인 입직을 위해 필요한 기술로 구직정보 수집기술, 이력서 및 자기소개서 작성기술, 면접기술 등이 포함된다(한국고용정보원, 2019).

직업기초능력과 직무수행능력은 직업능력을 구성하는데 직무수행능력이란 특정 직무를 수행하는 데 필요한 지식, 기술, 태도 등을 의미하며, 직업기초능력은 대부분의 직종에서 직무를 성공적으로 수행하는데 공통적으로 필요한 능력을 의미하는 것으로 의사소통능력, 대인관계능력 등과 같은 것을 의미한다. 이에 대해서는 직업훈련에 관한 제7장에서 좀 더 구체적으로 설명한다.

최근에는 역량이라는 용어도 많이 사용된다. 역량이란 업무를 수행해 탁월한 성과를 산출할 수 있는 개인의 잠재적이고 내적인 특성을 의미하는 것으로, 표면적으로 나타나는 지식·기술 외에도 동기·자기 개념·특질과 같은 비가시적인 요소를 포함한다. 따라서 구직역량이라고 하면 구직을 하기 위한 지식, 기술, 태도 등을 의미한다. 직무역량이라고 하면 직무수행에 필요한 역량을 의미하는데 직업능력과 혼용되어 사용되기도 한다.

○ 취업알선 서비스

취업알선 서비스는 일정한 직업을 구해 직장에 나갈 수 있도록 일자리를 매칭해주는 것으로, 구인자와 구직자를 서로 연결해주는 서비스를 의미한다. 취업준비도가 중간 이상이 되는 구직자를 대상으로 하며, 직업상담사가 내담자에게 적합한 일자리를 소개하기 위해서는 「고용24」 내부망에서 내담자가 등록한 구직등록표 내용을 확인하여 내담자의 희망 직업에 대한 직종코드, 직무내용, 근무조건 등에 대한 정보를 구체적으로 확인하고, 내담자의 희망 직업 조건에 맞는 구인기업을 검색하여 적합한 곳이 있으면 지정하여 알선하게 된다. 적합한 구인기업이 검색되지 않는다면, 상담자는 구인·구직만남의 날, 동행면접, 채용대행서비스, e–채용마당, 채용박람회 등의 온·오프라인 채용행사를 안내하여 내담자에게 다양한 일자리 정보와 취업기회를 제공할 수 있다.

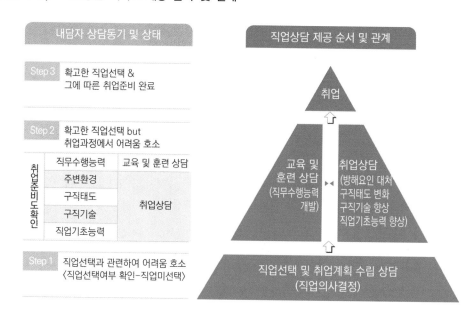

* 한국고용정보원(2019), 「취업지원 서비스를 위한 취업상담 매뉴얼」

○ 직업상담 서비스의 제공 순서와 관계

<그림 4-5>는 직업상담 서비스의 제공 순서와 서로의 관계를 보여주고 있다. 내담자가 직업선택과 관련해 어려움을 겪을 때에는 직업선택 및 취업계획 수립을 위한 상담을 진행하고, 직업선택이 확고히 이루어진 상태에서는 구직자의 취업준비도에 따라 취업상담 또는 교육 및 훈련상담이 진행되게 된다. 만일, 구직자의 주변환경, 구직태도, 구직기법, 또는 직업기초능력이 부족한 경우에는 취업상담이 진행되고 직무수행능력이 부족한 경우에는 교육 및 훈련상담이 진행된다. 이 경우에 취업상담과 교육 및 훈련상담은 병렬적이면서 상호보완적으로 진행되어 동시에 수행될 수도 있고, 교육 및 훈련상담을 통해 직업능력이 향상되었다면 취업상담 과정이 수행될 수도 있다(한국고용정보원, 2019).

3) 종결 단계: 취업 성공 및 직업생활 적응 지원

상담 종결이 이루어지는 기간은 내담자마다 다를 수 있는데, 미국의 경우, 내담자가 자신의 능력이나 흥미, 가치, 적성에 맞는 일을 최소 90일 이상 하고 있는 경우 직업복귀에 성공했다고 본다(Mandeville et al., 1998). 종결 단계에서는 그동안 진행되어 온 직업상담의 성과를 다지고, 내담자의 취업 이후에 직업생활에 대한 적응을 돕는 과정이 포함된다. 국민취업지원제도에서 사후관리는 취업자에게는 입사 후 직무 만족, 근무상황 등에 대한 사후 모니터링을 실시하여 원만하게 직장에 적응하고 근속할 수 있도록 지원해 줄 수 있으며, 미취업자에게는 취업지원 서비스가 종료된 날부터 3~4개월 동안 구인정보를 제공하여 취업할 수 있도록 독려할 수 있다(고용노동부, 2020b).

다. 직업상담이론의 기초

직업상담이론이란 개인이 자신의 직업을 선택하고 경력을 개발하는 과정에서 경험하는 문제들을 이해하고 해결하는 방법을 설명하는 이론적 틀을 의미한다. 이러한 이론은 직업선택, 진로발달, 직업 만족도, 직무 적응 등의 주제를 다루며, 개인의 특성과 직업 간의 상호 작용을 분석하는 데에 중점을 둔다. 진로상담이론이라고도 하는데 직업상담이론이 주로 현재의 직업선택과 적응에 중점을 두는 개념이라고 한다면, 진로상담이론은 보다 장기적인 관점에서 개인의 경력 발달을 다루는 개념이라는 차이가 있다. 그러나, 직업상담이론은 진로상담이론의 하위 개념으로 볼 수 있을만큼 서로 밀접한 관련이 있다. 직업상담이론은 시간의 흐름에 따라 다양한 학자들에 의해 발전해 왔으며 전통적 이론과 최신 이론으로 나눌 수 있다.

1) 전통적 이론

전통적 이론은 그동안의 직업상담 및 취업지원의 기초가 되는 이론으로서 개인의 특성과 직업환경의 특성이 얼마나 잘 맞는지에 관한 개인－직업환경의 매칭(matching) 관점에서 직업선택을 접근한다. 여기에서는 Parsons로 대표되는 특성－요인 이론과 Holland의 직업적 성격이론을 소개한다.

1 특성－요인 이론(Trait-Factor Theory)

특성－요인 이론은 한 개인에게 믿을 수 있고 타당하게 측정될 수 있는 고유한 특성이 있고, 직업도 종사자들이 직업적 성공을 위해 필요한 어떤 특성을 요구한다고 본다. 개인의 특성(능력, 흥미, 가치관 등)과 직업에서 요구하는 특성(직무의 성격)이 서로 밀접하게 관련되어 있을수록 해당 직업에서 성공할 가능성이 커진다고 본다.

Parsons(1909)는 현명한 직업선택의 요소로서 <그림 4－6>과 같이 개인 및 직업에 대한 이해를 바탕으로 합리적인 선택을 강조한다. 첫째, 각 개인은 적성, 능력, 흥미, 가치, 성격 등 자기 자신에 대해 잘 이해해야 한다. 둘째, 직업적 성공을 위한 요건, 직업의 장점 및 단점, 보상, 기회, 전망 등 직업에 대한 이해가 필요하다. 셋째, 각 개인과 직업에 대해 충분히 수집된 정보들을 바탕으로 개인의 특성과 직업의 특성을 서로 연결해 보고, 맞추어가면서 합리적으로 직업을 선택하게 된다. 따라서 직업상담은 이러한 과정을 도와주는 역할을 하게 된다.

〈그림 4-6〉 직업선택의 3요소

○ 변별 진단

특성-요인 이론을 구체적으로 직업상담에 적용한 Williamson(1939)은 개인이 직업선택 과정에서 겪는 다양한 유형의 결정 문제를 이해하고 분석하는 데 도움을 줄 수 있도록 변별 진단(differential diagnosis)을 실시해 직업선택에 관한 내담자의 호소 문제를 〈표 4-4〉와 같이 4가지 범주로 분류할 수 있다고 제시하였다.

〈표 4-4〉 변별 진단의 4가지 범주

진로무선택(선택하지 않음)	불확실한 선택
내담자가 자신이 원하는 바를 표현할 수 없고, 알지 못하는 상태로 자신이 무엇을 원하는지조차 모른다고 한다.	내담자는 자신이 원하는 직업을 알고 선택하였으나, 자신이 결정한 바에 대해 확신하지 못하고 의심을 보이는 상태
현명하지 못한 선택	흥미와 적성 간의 모순
내담자의 특성과 직업 사이의 특성이 불일치한 직업을 선택한 상태. 예를 들어 흥미가 있다는 이유로 능력이 부족한 직업을 선택한 경우, 내담자의 능력과 직업에서 요구하는 능력이 불일치한 경우에 해당한다.	내담자가 잘하는 일에는 흥미가 부족하고 잘하지 못하는 일에 흥미를 가진 상태

○ 직업상담에의 이론 적용

Williamson은 내담자의 호소문제를 변별 진단의 4가지 범주에 따라 분류하고, 이를 토대로 직업상담을 보다 체계적이고 과학적으로 실시하기 위해 6단계로 구성된 직업상담 과정을 제시하였다. Williamson이 제시한 6단계 진로상담 과정은 분석-종합-진단-예측-상담-추수지도로 이루어진다. 이 과정은 직업선택 및 경력 개발에 대한 상담의 흐름을 명확하게 설명하며, 각각의 단계에서 상담자는 내담자의 직업문제를 해결하는 데 필요한 중요한 역할을 하게 된다. 6단계 중 1~4단계는 상담자가 보다 주도적으로 전문성을 발휘하는 지시적인 특성을 보이며, 5~6단계는 내담자가 조금 더 적극적으로 상담에 참여하기를 기대받는다. Williamson의 직업상담 단계는 <표 4-5>와 같다.

〈표 4-5〉 Williamson의 직업상담 단계

1) 분석(analysis)	• 내담자의 자료를 수집하는 단계 • 심리검사 등 개인의 특성을 측정할 수 있는 다양한 표준화된 검사를 활용하고, 내담자에 대한 객관적인 기록 사항과 자서전 등의 주관적 기록 사항, 내담자 및 주요 타인들과의 면담 등을 통해 내담자에 대한 정보를 수집하는 단계
2) 종합(synthesis)	• 내담자에 대한 정보를 종합하는 단계 • 분석 단계에서 수집한 자료를 조직화하여 내담자의 특성이 분명하게 드러날 수 있도록 내담자에 대한 정보를 종합하는 단계
3) 진단(diagnosis)	• 문제 변별 및 원인을 파악하는 단계 • 분석/종합 단계에서 수집한 정보와 상담 과정에서 드러난 내담자의 특성을 바탕으로 내담자가 경험하는 어려움의 특성, 어려움에 영향을 미치는 요인들의 인과관계를 규명하는 단계
4) 예측(prognosis)	• 문제의 예후를 예상하고 선택한 대안들을 평가하고 예측하는 단계 • 내담자가 가진 어려움과 문제가 향후 어떻게 될지에 대해 예측하는 단계로서, 이 단계에서 예측한 내용까지를 종합하는 단계
5) 상담(counseling)	• 내담자의 진로 적응을 위한 조력 단계 • 충고, 설명, 지도, 격려, 안내 등 내담자의 적응을 위해 조력하는 단계로서, 내담자는 상담자와 함께 현재의 어려움을 해결하고 적응해가기 위해 무엇을 해야 할지 다루게 되는 단계
6) 추수지도(follow-up)	• 상담 이후 지속적인 조력이 이루어지는 단계 • 상담을 받은 내담자가 상담 이후에 어떻게 지내고 있는지를 확인하여 추가적으로 발생한 문제나 어려움, 이에 대한 대처 등을 확인하고 조력하는 단계

2 Holland의 직업성격이론

Holland(1997)의 직업성격이론은 개인-환경 일치의 관점이 확장된 것으로, 개인의 성격 유형에 따라 특정 직업에 대한 적합성이 달라지고 직업선택이 개인의 성격과 일치할 때 직업 만족도가 높아지고 성공할 가능성이 높아진다고 한다. Holland는 사람들의 성격을 6가지 주요 유형으로 나누고, 각 유형에 맞는 직업환경을 제시하였다. 이를 RIASEC 모델이라고 한다.

- 현실형(Realistic; R 유형): 자신의 손이나 도구를 사용하여 일하는 것을 좋아하고, 물건을 수선하거나 만드는 일을 선호한다. 기계를 사용하거나 신체활동을 통하여 하는 일을 좋아한다. 사물 지향적이며 공구나 기계를 다루는 업무, 현장 기술직 같은 직업과 관련이 있으며, 경찰, 군인, 농부, 운동선수, 항공기 조종사, 정비사, 정원사 등의 직업을 대표적으로 들 수 있다.

- 탐구형(Investigative; I 유형): 분석적이고 지적 활동을 선호하며, 문제해결과 탐구에 관심이 많다. 수학, 물리학, 생물학, 사회과학과 같은 학문적 분야에서 연구하는 것을 좋아한다. 사람보다 아이디어를 강조하고, 사회적 관계에 무관심하게 보이기도 한다. 학자, 연구원, 의사 등의 직업이 대표적이다.

- 예술형(Artistic; A 유형): 창의적이고 표현적인 활동을 선호하며, 자유롭고 비구조적인 환경에서 일하는 것을 좋아한다. 아이디어와 재료를 사용해서 자신을 새로운 방식으로 표현하는 작업을 선호한다. 또한 직관적이며 상상력이 풍부하고 창조적이며, 예술적인 재능과 심미적인 성향을 발휘하는 일을 선호한다. 관습과 보수성을 거부하고 현실적인 행동의 한계를 넘어서는 삶을 산다. 문학가, 음악가, 작사, 무대감독, PD 등의 직업이 이 유형에 해당된다.

- 사회형(Social; S 유형): 다른 사람과 함께 일하는 것을 지향하며 자선가 타입이다. 이익이 적더라도 도움이 필요한 사람을 돕는 일, 다른 사람을 성장시키고 발전할 수 있도록 돕는 일을 좋아한다. 사회사업가, 교사, 간호사, 사회복지사, 직업상담사 등의 직업이 해당된다.

- 기업형(Enterprising; E 유형): 특정 목표를 달성하고 성취의욕이 높고 명예나 사회적 지위에 관심이 있는 유형이다. 상황을 잘 통제하고 리더십을 발휘할 수 있는 환경을 좋아한다. 정치가, CEO, 영업사원, 전략가, 마케팅관리자 등의 활동이 이에 속한다.

- 관습형(Conventional; C 유형): 일반적으로 잘 짜여진 구조에서 일을 잘하고, 세밀하고 꼼꼼한 일에 능숙하며 구조화된 직업과 활동을 즐기는 경향이 있다. 고정되어 잘 변하지 않는 상태를 선호하고 체계적이고 구조적이며 인내심이 있다. 일을 성취하기 위한 목표나 수단이 명백하게 제시되는 구조화된 상황에서 일을 잘한다. 사무직처럼 세부

적이고 질서정연하며, 자료의 체계적인 정리 같은 업무와 관련이 있다. 사무원, 비서, 은행원, 세무사, 공무원, 회계사 등의 직업이 해당된다.

이러한 성격유형은 태도, 기술, 자신에 대한 신념, 선호하는 직업, 삶의 목표, 가치, 문제해결 방식 등과 영향을 주고 받는다. 직업 환경 역시 6가지 흥미유형으로 구분할 수 있는데, 개인은 자신의 흥미유형과 일치하는 직업환경을 추구하며 자신의 흥미유형과 일치하는 작업환경에서 일할 때 자신의 잠재력을 최대한 발휘할 수 있다.

○ 「고용24」의 직업선호도검사

직업상담에서 가장 많이 활용되는 직업심리검사인 「고용24」의 직업선호도검사(L형)가 홀랜드의 성격이론을 바탕으로 개발되어 있다. 직업선호도검사는 다양한 분야의 6가지 홀랜드 흥미유형을 측정하는 흥미검사, 일상생활 속에서 나타나는 성격 5요인(외향성, 호감성, 성실성, 정서적 불안정성, 경험에의 개방성)을 측정하는 성격검사, 대인관계 지향, 자존감, 독립심, 야망, 직무만족 등 과거와 현재의 개인 생활 특성을 측정하는 생활사 검사로 이루어져 있다. 직업선호도 검사는 직업상담 초기 단계에서 개인이 좋아하는 활동, 관심 있는 직업, 선호하는 분야 등 직업적 흥미를 조사하여 흥미유형에 적합한 직업분야를 탐색하기 위해 활용되고 있다. 직업상담사는 내담자의 직업선호도검사 결과 높은 점수를 보이는 2개의 코드 조합을 바탕으로 개인의 흥미유형과 적합한 직업분야를 탐색할 수 있다.

2) 최신 이론

위와 같은 전통적인 이론은 직업선택에 있어서 개인의 특성과 직업 요구 간의 일치에 중점을 두며, 비교적 정적인 관점에서 접근하고 있다. 이와 비교해 최신 이론은 직업선택이 동적이고 변화하는 과정이며 개인의 삶 전체와 상호작용하는 복잡한 사회적, 심리적 요소들을 반영한다고 하면서, 성격·흥미·자기효능감 등의 개인적, 심리적 특성 외에 사회맥락적 변인 또는 환경적 변인이 개인의 직업·진로 경험과 어떠한 상호작용을 하는지를 중요하게 다루고 있다. 여기에서는 사회인지진로이론과 진로구성이론를 중심으로 최근에 논의되고 있는 진로상담의 관점을 간략히 소개한다.

1 사회인지진로이론

사회인지진로이론(Social Cognitive Career Theory; SCCT)은 Lent, Brown, Hackett(1994)이 개발한 이론으로 개인이 직업 경로를 선택할 때 자기효능감, 결과기대, 목표 설정이 어떻게 상호작용하는지, 그리고 개인의 환경적 요인이 어떠한 역할을 하는지를 설명하는 진로선택 모델(Career Choice Model)을 제시하고 있다. 진로선택 모델을 구성하는 핵심 요소로는 자기효능감(Self-efficacy), 결과 기대(Outcome Expectations), 목표 설정(Goals)이 있다. 여기에서 자기효능감이란 개인이 특정 과업을 성공적으로 수행할 수 있다는 믿음을 의미하며, 진로선택에서 자기효능감은 어떤 직업 활동을 시도할 것인지와 그 활동을 지속할 것인지에 영향을 미친다. 예를 들어 특정 분야에서 높은 자기효능감을 가진 사람은 그 분야와 관련된 경로를 선택할 가능성이 높게 된다. 결과기대란 특정 활동을 통해 얻을 수 있는 결과에 대한 기대를 의미하며, 목표 설정은 개인이 어떤 성과를 달성하기 위해 구체적인 계획을 세우는 것을 의미한다.

진로선택 모델은 진로선택을 자기효능감 → 결과 기대 → 목표 설정 → 진로선택 및 행동의 흐름으로 이루어진다고 설명하고, 이 흐름 속에서 개인의 내적 특성과 외적 요인이 상호작용하여 진로선택을 이루게 되며, 경험과 피드백이 이 과정에서 지속적으로 자기효능감과 결과 기대에 영향을 미친다고 설명한다. 이와 같은 직업선택의 흐름에 따라 설명하면, 첫째는 자기효능감의 형성으로 과거의 경험, 대리 학습, 사회적 학습, 정서적 상태 등에 의해 자기효능감이 형성되게 된다. 예를 들어 개인이 과거에 특정 활동을 성공적으로 수행한 경험이 있으면 그 활동에 대한 자기효능감이 높아지며, 가족의 지지 등 환경적인 지원과 피드백을 많이 받을수록 자기효능감이 상승할 수 있다. 둘째는 결과 기대와 진로 탐색으로 자기효능감이 높은 사람은 결과 기대도 긍정적으로 형성되는 경향이 있으며 자기효능감이 낮은 사람은 그 활동에서의 결과가 부정적일 것으로 생각해 그 활동을 피하려는 경향을 보이게 된다. 셋째는 목표 설정과 진로선택으로 결과 기대가 긍정적일 경우, 개인은 목표를 설정하고 그 목표를 달성하기 위한 행동을 취하게 된다. 예를 들어 특정 직업에 필요한 기술을 배우거나 교육과정을 수강하게 된다. 이와 같은 직업선택의 흐름 속에서 사회적, 경제적, 교육적, 환경 요인은 진로선택에 중요한 영향을 미치게 된다. 예를 들어 가정의 경제적 지원이나 사회적 지지가 진로선택에 긍정적 영향을 미칠 수 있으며, 성차별, 경제적 제약, 교육 기회의 부족 등 부정적인 환경 요인은 개인이 목표를 달성하는 데 장애물이 될 수 있다.

○ 직업상담에의 이론 적용

직업상담에서는 개인의 자기효능감을 강화하는 것을 핵심과제로 접근한다. 상담사는 내담자가 자신의 능력에 대한 신념을 갖도록 돕고, 결과기대를 명확히 하여 실질적인 목표를 설정하도록 유도한다.

2 진로구성이론

진로구성이론은 Savickas(1997)가 제안한 이론으로 진로는 고정된 것이 아니라 개인이 자신의 삶의 맥락에서 구성해 나가는 과정이라는 것을 강조하는 이론이다. 이 이론은 특히 내러티브(narrative, 이야기)를 통해 개인이 자신의 진로를 어떻게 구성하고, 정체성과 일의 의미를 어떻게 찾는지에 초점을 맞추고 있다.

진로구성이론에서는 사람들이 진로를 통해 자신이 인생에서 의미를 찾으려 한다고 보았으며, 사람들은 일(직업)을 통해 자신의 정체성을 발견해 나가고 자신의 삶에 대한 개인과 사회적 의미를 발견하고 사회 공헌을 통해 스스로를 치유하고 자아실현을 성취하도록 돕는다(Maree, 2019). 또한, 전통적 이론에서는 고정된 진로 목표를 결정하고 이를 꾸준히 안정적으로 유지하는 것을 건강한 진로발달의 과정으로 이해하였지만, 진로구성이론에서는 진로발달의 핵심을 변화하는 사회환경에 대한 진로 적응으로 보고, 개개인의 유연성, 유동성, 변화민첩성을 개발할 것을 강조한다. 진로적응(Career Adaptability)은 급변하는 직업세계에서 개인이 성공적으로 적응할 수 있는 능력을 의미하며, 끊임없이 변화하는 사회에서 상급학교로의 진학, 학교에서 직업 사회로의 전환, 이직 또는 전직 등과 같이 새로운 환경으로의 변화에 대응하여 맞춰나가는 진로적응을 진로발달의 핵심적 과정으로 본다. 따라서 직업적 환경이나 역할에 맞춰 자신을 변화시킬 수 있는 사람들은 새로운 기회, 변화, 상황을 활용하고 이에 유연하게 적응할 수 있을 것이다.

진로구성이론에서는 개인의 진로 발달이 개인이 삶의 이야기와 연결되어 있다고 보았으며, 사람들은 자신의 경험을 이야기로 구성해 이 과정에서 자신의 직업적 선택과 방향을 정의한다고 보았다. 따라서, 내담자가 자신의 진로 이야기를 구성하면, 직업상담사는 그 이야기 속에서 내담자 자신의 성격, 가치관, 삶의 의미 등을 표현하는 생애진로주제(life theme)를 발견하게 하고, 내담자가 왜 이 직업을 선택했고, 어떤 방식으로 진로를 발전시킬 것인지에 대한 더 명확한 통찰을 얻을 수 있게 된다. 이와 같은 내러티브(narrative) 접근을 통해 상담자는 내담자의 강점과 자원을 발견하고, 내담자가 앞으로 어떻게 자신의 경력을 설계할 것인지를 함께 논의하며 그들의 강점과 자원을 진로 목표 설정에 반영하도록 돕는 역할을 담당한다.

○ 직업상담에의 이론 적용

진로구성이론을 적용한 직업상담에서는 개인이 주도적으로 진로를 설계해 나가는 과정, 삶의 목적에 맞는 진로를 구성해 나가는 과정을 강조하고 각 개인의 진로구성과정에서 주관적으로 인식한 일의 의미와 개인의 서사, 내러티브(narrative) 탐색에 주안점을 둔다. 내담자 인생의 주요 사건들, 반복적으로 발생하는 에피소드, 내담자의 가치 및 지향점을 보여주는 인물, 사건, 상황 등을 탐색하고 내담자의 진로경험을 이야기하는 과정과 풀어내는 방식에 주목하면서 내담자가 자신만의 내러티브를 펼쳐나가도록 돕는다. 이 과정에서 내담자가 자신의 개인적인 세계관으로서 자신에게 중요한 진로 경험 및 삶의 의미를 느끼는 방식인 생애진로주제(life career theme)을 발견할 수 있다. 예를 들어 도전 지향적인 생애진로주제를 지닌 내담자가 있다면, 자신의 진로목표를 타협하기보다 달성하기 어려워 보이는 일에 도전하고 더 높은 성취를 이루는 과정에서 더 큰 삶의 의미를 느낄 수 있다.

최근 직업상담에서 단기적인 취업뿐만 아니라 중·장기 경력로드맵 설계를 강조하고 있는 것도 진로구성이론의 맥락과 연결된다.

제2부

제5장

적극적 노동시장정책과
활성화 정책

1. 적극적 노동시장정책과 활성화 정책의 의미
2. 적극적 노동시장정책의 실태와 PES의 변화

적극적 노동시장정책과 활성화 정책

노동시장에 마찰적 실업만 존재하는 상황에서는 일자리 매칭만으로도 노동시장의 효율성을 높일 수 있다. 그러나 오늘날의 노동시장은 불확실성과 변동성이 증가하고 산업·직업구조, 기술 수요 등이 빠르게 변화해 구조적 실업과 장기 실업이 증가하고 취업취약계층의 고용가능성(employability)이 약화되고 있다. 이러한 상황에서는 정부가 노동시장에 보다 적극적으로 개입해 노동시장의 수요·공급 및 매칭 프로세스에 변화를 추구하는 정책을 추진하게 되는데 이러한 정책을 적극적 노동시장정책(ALMP)이라고 한다. 이 장에서는 ALMP의 의미와 뒤이어 제기된 활성화(activation) 정책의 의미, 적극적 노동시장정책의 실태와 그에 따른 PES 변화 양상에 대해 논의한다.

1. 적극적 노동시장정책과 활성화 정책의 의미

가. 적극적 노동시장정책

1) 적극적 노동시장정책의 의의

적극적 노동시장정책(ALMP)의 개념에 대해 하나로 합의된 정의는 존재하지 않는다. 이는 국가별로 적극적 노동시장정책이 시작된 맥락이나 구체적인 정책 내용 등이 다양하여 이를 하나로 개념화하기 어려운 이유에 기인한다(Bonoli. 2010). 그럼에도 불구하고 적극적 노동시장정책이 가지고 있는 공통적인 개념적 특징은 존재하므로 이를 중심으로 논의하기로 한다.

적극적 노동시장정책의 개념을 이해하기 위해서는 먼저 이와 대비되는 개념인 "소극적(Passive) 노동시장정책"을 살펴볼 필요가 있다. 소극적 노동시장정책의 대표적인 정책은 실업급여 제도1)이다. 실업급여 제도는 개인이 갑작스러운 실업 상황에 놓였을 때 소득이 급감하고 빈곤에 처하는 것을 방지하기 위해 소득을 지원하는 제도이다. 이와 같이 노동시장에 직접 뛰어들어 노동시장 자체의 변화를 일으키는 데 관심을 두기보다는 현재의 노동시장을 그대로 상정해 놓고 노동시장에서 파생되는 사회적 위험(예: 실업으로 인한 소득의 상실)을 완화하는 것과 같이 사후적, 수동적으로 개입하려는 정책을 소극적 노동시장정책이라고 한다. 즉, 노동시장에 직접 개입하기보다는 노동시장에서 파생되는 문제를 개선하고자 한다는 점에서 이들 정책을 '소극적' 노동시장정책으로 분류하는 것이다.

그러므로 이와 대비되는 개념으로서의 적극적 노동시장정책(ALMP)은 노동시장에 직접적으로 개입해 노동시장의 변화를 추구하려는 정책을 의미한다. 다른 말로 하면, 일하는 사람과 기업이 함께 존재하는 노동시장이라는 생태계에 국가가 주요 행위자로서 개입해 적극적이고 주도적으로 노동시장의 변화를 꾀하고자 추진하는 정책이 바로 ALMP이다. 그리고 이와 같은 적극적인 개입을 통해 이루고자 하는 변화의 방향은 결국 노동시장이 좀 더 효과적으로 기능하도록 돕는 것이며, 이를 통해 좀 더 많은 사람들이 행복하게 일할 수 있고 또 좀 더 많은 기업이 좋은 인재를 구해 성장할 수 있도록 다양한 정책적 수단을 마련해 적용하는 것이다. 다만, ALMP는 노동시장을 구성하는 양대 축인 사람과 기업 모두에게 균형적인 관심을 두기보다는, 사람에 좀 더 많은 관심을 두고 있는 것으로 보인다. 이러한 점에서 ALMP는 더 많은 사람이 일할 수 있도록 적극적으로 노동시장에 개입하는 정책으로 이해할 수 있다.

국내외 연구자들은 ALMP를 다양한 방법으로 정의하고 있다. Auer et al(2008)은 소극적 노동시장정책이 "실업 또는 구직 기간 동안 소득을 보전"하는 것과 관련이 있는 반면, 적극적 노동시장정책은 "노동 수요 또는 공급 측면 조치를 통해 노동시장 통합(labour market integration)"을 목적으로 하는 노동시장정책으로 정의하고 있다. 유사한 관점에서 Kluve(2014)는 "복지 국가가 구직자의 고용 확률을 적극적으로 높이고 총 실업을 줄이기 위해 사용하는 노동시장정책 개입"으로 정의하고 있다. 황덕순(2008)은 "취업 알선이나 직업훈련, 임금 보조 제도 등을 통해 일자리로의 재취업을 촉진하는 정책"으로 정의하고 있다. 사용하는 단어는 노동시장 통합, 고용과 실업, 일자리로의 재취업 등으로 다르지만, 사람에 좀 더 초점을 두고 노동시장 통합 또는 재취업을 목적으로 노동시장에 적극적으로 개입하는 정책이라는 공통적 내용이 포함되어 있음을 알 수 있다. 결국 종합해 보면,

---

1) 제6장에서 논의한다.

ALMP는 일자리를 유지하고 새로운 고용기회를 창출하며, 장기실업자와 비경제활동인구의 노동시장 통합을 촉진하는 것 등을 목적으로 다양한 정책적 수단을 통해 노동시장의 수요·공급 및 매칭 프로세스에 변화를 일으켜 노동시장의 기능을 증진하고자 하는 공공지출을 수반한 정부의 정책적 개입을 의미한다.[2]

2) 적극적 노동시장정책의 역사적 전개

많은 연구자들은 현재의 ALMP가 1950년대에 스웨덴에서 시작되었다는 데에 대체로 동의하고 있다(Bonoli, 2010).[3] 적극적 노동시장정책의 전개 과정은 국가별로 차이를 보이기 때문에 하나의 흐름으로 단순화하기 어려운 측면이 있기는 하지만 여기에서는 Bonoli(2010)의 구분에 따라 ALMP의 발전 과정을 크게 세 단계로 나누어 정리해 본다.

○ 첫 번째 시기: 1950년대~1960년대

먼저 첫 번째 시기는 적극적 노동시장정책이 시작되고 유럽 각국으로 확산된 1950년대에서 1960년대까지의 시기이다. 1950년대 스웨덴에서는 고용노동 정책의 큰 변화가 발생한다. 당시 스웨덴에서는 노동경제 전문가인 렌(Gösta Rehn)과 마이드너(Rudolf Meidner)가 고안한 렌-마이드너 모델이 도입되게 된다. 이들이 주장한 새로운 노동시장정책은 연대임금정책과 ALMP를 양대 축으로 한다. 먼저 연대임금정책은 동일 업종에 종사하는 노동자에게 동일 임금을 지급하는 정책이다. 이 정책은 기업 측에게는 임금을 고정시키는 효과를 발생시키기 때문에 개별 기업들로 하여금 이에 대응해 노동생산성을 증대시키기 위한 다양한 노력을 기울이도록 유도한다. 이에 따라 이 정책은 스웨덴의 산업 효율성을 제고시켜 산업적 발전을 유도하게 되는 장점이 있었다. 그러나 이와 동시에, 경쟁에서 뒤처지는 낮은 생산성을 띠는 기업이나 산업은 시장에서 퇴출당할 수밖에 없고, 이는 곧 노동자들의 실업으로 이어진다는 단점 또한 동시에 가질 수밖에 없었다. 이와 같은 문제점을

---

2) https://webapps.ilo.org/static/english/intserv/working-papers/wp078/index.html

3) 적극적 노동시장정책을 사람에 초점을 두고 노동시장에 적극적으로 개입하는 정책으로 이해한다면 적극적 노동시장정책의 역사는 매우 오래전까지 거슬러 올라갈 수 있다. 예를 들어, 영국에서 1601년에 제정된 엘리자베스 구빈법(Elizabethan Poor Law)에는 노동능력이 있는 빈민을 교정원(house of correction)이나 노역장(work house)에 배치해 일하도록 했는데, 이 역시 넓은 의미에서 적극적 노동시장정책으로 분류할 수 있다. 노동시장이라는 개념이 구체적으로 정립되지 않은 시대이긴 했지만, 취약계층을 대상으로 일과 관련해 적극적으로 개입한 정책이기 때문이다. 조금 더 최근의 사례를 찾아보면 1920년대 후반부터 시작된 대공황 시기에 일자리 창출을 위해 시행된 대규모 공공사업 역시 적극적 노동시장정책으로 분류 가능하다(감정기 외, 2002). 그러나 많은 연구자들은 적극적 노동시장정책의 원류를 제2차 세계대전 이후 유럽 국가들의 노동시장정책에서 찾고 있다.

극복하기 위한 정책 수단이 바로 이 모델의 또 다른 한 축인 적극적 노동시장정책(ALMP)이었다. 즉, 당시 스웨덴의 적극적 노동시장정책은 산업구조 혹은 노동시장의 구조적인 변화 과정에서 밀려나게 된 노동자들에게 재교육훈련을 통해 좀 더 생산성 혹은 경쟁력이 높은 산업으로 이동시키는 기능을 수행하는 정책이었다(Bonoli, 2010; 송호근, 1996).

이와 같은 스웨덴 모델 중에서 적극적 노동시장정책은 많은 나라의 관심을 받게 되고 또 널리 확산되게 된다. 여기에는 대다수 유럽 국가들이 전후 급격한 경제성장 상황에서 노동력부족을 경험했고, 이에 따라 직업훈련을 중심으로 한 적극적 노동시장정책의 확대가 필요했기 때문이었다. 특히, 1960년대 초반 렌-마이드너 모델의 주창자인 렌이 OECD에서 근무하게 되면서 OECD 또한 적극적 노동시장책의 확산에 직접적인 역할을 수행한다(Bonoli, 2010; Weishaupt, 2011).

○ 두 번째 시기: 1970년대~1990년대 초반

이상의 첫 번째 시기가 직업훈련 중심의 ALMP가 확산된 시기라고 한다면, 소위 오일쇼크로 인한 경제위기를 경험한 1970년대부터 저성장 국면이 지속되던 1990년대 초반까지는 이전과 다른 내용의 ALMP가 관심을 받게 된다. 당시 경제위기는 이전 경제성장기의 노동력부족 상황을 일자리 부족과 대량 실업으로 급변시키게 만든다. 이에 따라 각국은 대량 실업자 문제를 해결하기 위한 대안을 탐색하게 되고, 이를 위한 수단 중 하나로 ALMP가 활용된다. 따라서 이 시기의 ALMP는 이전의 직업훈련을 통한 노동력의 이동에 초점을 두는 형태가 아닌, 일자리가 부족한 상황에서 실업에 처한 많은 사람들에게 일자리를 창출해 제공하는 것이 주요 과제가 된다. 미국의 대공황 시기에 추진된 대규모 공공사업을 통한 일자리 창출과 같이, 일자리 창출을 위한 ALMP가 필요로 하게 된 것이다. 직업훈련 역시 이 시기에 지속되었지만, 이 시기에는 경기가 좋아질 때까지 실업자들이 노동시장에서 완전히 이탈하는 것을 방지하기 위해, 즉, 인적자본을 유지하기 위한 목적으로 직업훈련을 이용한 경향이 컸다(Bonoli, 2010; Weishaupt, 2011).

○ 세 번째 시기: 1990년대 중반~현재

마지막 시기는 1990년대 중반 이후부터 현재까지 이어지는데, 이 시기는 기존의 노동시장정책 혹은 더 넓게는 복지정책을 포함한 사회정책 전반에 대한 의구심으로부터 시작된다. 1970년대 이후 오랫동안 경기침체를 경험하면서 유럽의 여러 국가들은 그동안 추진된 사회정책의 효과성에 의구심을 갖게 된다. 노동시장정책으로 논의의 틀을 좁혀서 보면 오랜 기간 ALMP에 상당 수준의 재정투자를 했음에도 불구하고 여전히 실업의 문제를 해결하거나 개선하지 못했기 때문이다. 이를 바탕으로 1990년대 초중반에 OECD나 EU 등을 중심으로 새로운 노동시장정책 방향을 숙고하게 되고, 이를 통해 기존과는 다른 새로운 방식의 노동시장정책에 관심을 두게 되는데 이것이 바로 활성화(activation) 정책이다.

활성화 정책 역시 ALMP와 마찬가지로 합의된 개념이 존재하지 않는다. 다만, 연구자들이 동의하는 활성화 전략의 몇 가지 지향이 있다. 여기에는 사회보장 정책이 개인의 노동시장 참여 유인을 저해하는 방향으로 정책설계가 이루어지지 말아야 한다는 방향, 그리고 다양한 취업취약계층의 노동시장 참여를 위해 맞춤형 지원을 제공해야 할 필요가 있다는 방향 등이 포함된다(Weishaupt, 2013). 말하자면, 사회보장 정책에 머무르는 취업취약계층 등을 이전과 달리 적극적으로 활성화해 일반노동시장에의 참여를 제고하는 것을 지향하는 정책이라고 하겠다. 정책의 내용 측면에서 보면, 직업훈련이나 일자리 창출에 비해 사회보장 수급자의 수급 자격을 변화시켜 일반 노동시장 진입을 유도하는 다양한 조건을 부가하고, 취업취약계층 대상의 맞춤형 고용서비스 정책을 강화하는 등의 정책이 중시된다. 특히 이 둘의 결합이 중시되는데, 예를 들어, 사회보장제도 수급 자격에 고용서비스 참여 의무를 부과하는 것 등이 이에 해당된다. 이러한 활성화 정책 기반의 ALMP는 2000년대 후반 세계 경기침체 경험 속에서도 여전히 여러 국가에서 효과적인 정책으로 인식되며 지속되었다(Bonoli, 2010; Martin, 2022; Weishaupt, 2011, 2013; Weishaupt et al., 2022).

3) 적극적 노동시장정책의 분류: OECD의 분류

위에서 본 바와 같이, 1950년대 초 스웨덴에서 시작된 ALMP는 초기에는 직업훈련이 강조되었으나, 1970년대 이후에는 일자리 창출과 제공이, 그리고 현재에는 고용서비스를 강조하는 방향으로 점진적으로 변화해 왔다. 여기에서 언급되는 직업훈련, 고용서비스, 일자리 창출 프로그램은 ALMP의 핵심적인 프로그램들이다. ALMP의 세계적 확산에 핵심적인 역할을 담당해 온 OECD는 이들을 포함하여 ALMP에 속하는 프로그램을 총 여섯 가지로 구분하고 있다(OECD, 2022). 구체적으로, 이 여섯 가지는 1) 고용서비스와 행정(Public employment services and administration), 2) 직업훈련(Training), 3) 고용장려금(Employment incentives), 4) 보호 및 지원 고용과 재활(Sheltered and supported employment and re-habilitation), 5) 직접일자리 창출(Direct job creation), 6) 창업지원(Start-up incentives)이다. OECD는 이들 여섯 가지 분류를 <표 5-1>과 같이 세분화하고 있다(OECD, 2022).

〈표 5-1〉 OECD 적극적 노동시장정책 구분

구분	세부 분류
고용서비스와 행정(Public employment services and administration)	① 직업소개 및 관련 서비스(Placement and related services), ② 급여행정(Benefit Administration), ③ 기타(Other)
직업훈련(Training)	① 기관훈련(Institutional training), ② 사업장훈련(Workplace training) ③ 통합훈련(Integrated training), ④ 도제훈련을 위한 특별지원(Special support for apprenticeship)
고용장려금 (Employment incentives)	① 채용장려금(Recruitment incentives), ② 고용유지장려금 (Employment maintenace incentives), ③ 일자리 나누기(job sharing)
보호 및 지원고용과 재활(Sheltered and supported employment and rehabilitation)	① 보호 및 지원고용(Sheltered and supported employment), ② 재활(Rehabilitation)
직접 일자리 창출(Direct job creation)	-
창업지원(Start-up incentives)	-

1 고용서비스와 행정(Public employment services and administration)

먼저, 고용서비스와 행정은 ① 직업소개 및 관련 서비스(Placement and related services), ② 급여 행정(Benefit administration) 그리고 ③ 기타(Other) 서비스로 세분된다. 여기에서 ① 직업소개 및 관련 서비스에는 노동시장정보의 제공, 구직자에 대한 직업상담 및 사례 관리, 취업알선, 구직활동 비용 등의 지원, 고용주를 위한 인력 채용지원 및 관련서비스 등이 포함된다. ② 급여행정에는 실업급여 등의 지급과 관련된 관리 예산이 포함되며 ③ 기타에는 ALMP 프로그램의 관리를 위한 관련 예산이 포함된다.4)

2 직업훈련(Training)

OECD는 직업훈련을 ① 기관훈련(Institutional training), ② 사업장훈련(Workplace train-ing), ③ 통합훈련(Integrated training), ④ 도제훈련5)을 위한 특별 지원(Special support for apprenticeship)의 네 가지로 구분하고 있다. ① 기관훈련은 훈련시간의 대부분(75% 이상)

---

4) OECD의 ALMP 분류기준은 본래 ALMP에 대한 공적지출(public expenditure) 규모와 참여자수에 대한 데이터를 수집해 분석하기 위한 목적을 가지고 구축되어 있으므로 분류기준도 어떤 예산이 어떤 항목에 포함되는 지를 중심으로 설명되어 있다. 이에 따르면 다른 ALMP 항목의 예산에 이미 포함되어 있는 관리 예산은 그 항목으로 분류하고, 그렇지 않은 경우에만 고용서비스와 행정에 포함한다고 설명되어 있다.
5) 학교와 기업을 오가면서 학교에서 이론교육을 받고 기업에서 현장실습을 통해 실무교육을 받는 일학습병행훈련을 말한다.

을 학교, 직업훈련원 등과 같은 「훈련기관」에서 보내는 직업훈련을 의미한다. 일반적으로 커리큘럼을 이용한 공식적인(formal) 훈련과정이 편성되어 있으며 자격증으로 이어지기도 한다. 이와 비교해 ② 사업장 훈련은 훈련시간의 대부분(75% 이상)을 「사업장」에서 보내는 직업훈련을 의미한다. 인턴십, OJT 등과 같이 작업장에서 이루어지는 학습활동을 포함하며, 실제 작업현장에서 사용되는 스킬의 습득에 중점을 두고 하드 스킬(hard skill)과 소프트 스킬(soft skill)을 향상시키는 것을 목표로 한다. ③ 통합훈련은 「훈련기관」과 「사업장」에서의 훈련 시간이 균형적으로 나누어져 있는 직업훈련을 의미한다. ④ 도제훈련을 위한 특별지원은 노동시장정책의 목표집단(labor market policy target group)을 견습생으로 채용하도록 고용주에게 인센티브를 부여하는 프로그램 또는 취업취약계층에게 훈련수당을 지급하는 프로그램을 의미한다.

③ 고용장려금(Employment incentives)

OECD는 고용장려금을 ① 채용장려금(Recruitment incentives), ② 고용유지장려금(Employment maintenance incentives), 그리고 ③ 일자리 나누기(Job sharing)로 구분하고 있다. 이 구분은 목적에 따른 구분으로 이해할 수 있는데, ① 채용 장려금은 실업자와 목표집단(target group)의 신규 채용 시 또는 고용 증가 시에 일정한 기간 동안 지원금을 지급하는 프로그램을 의미하며, ② 고용유지 장려금은 구조조정과 같은 상황 속에서 고용유지를 촉진하기 위해 지원금을 지급하는 프로그램을 의미한다. ③ 일자리 나누기는 현재 근로자가 근무하고 있는 일자리를 나누어 두 명 이상의 근로자가 하나의 정규직 자리를 나눠 근무하는 방식으로서 실업자 또는 다른 목표집단에 속하는 사람들에게 일자리를 제공하는 것을 촉진하기 위하여 지원하는 제도를 의미한다.[6]

④ 보호 및 지원고용과 재활(Sheltered and supported employment and rehabilitation)

보호 및 지원 고용과 재활은 주로 장애인 등을 대상으로 하는 ① 보호 및 지원 고용과, ② 재활로 구분된다. ① 보호 및 지원 고용은 장기간 혹은 영구적으로 일할 능력이 저하된 사람을 채용할 때 지원하는 프로그램을, ② 재활은 일할 능력이 저하된 사람들이 일반적인 직장이나 정규 직업훈련을 받기 위해 준비하는 것을 돕는 직업재활 프로그램을 말한다. 우리나라에서는 「장애인고용 및 직업재활법」에서 지원고용, 보호고용 및 직업재활에 대해

---

6) OECD에서는 job sharing 외에 job rotation을 포함하고 있으나 여기에서는 설명을 생략하기로 한다.

규정하고 있고, 「산업재해보상보험법」에서 산재환자에 대한 직업재활이 규정되어 있다.

5 직접 일자리 창출(Direct job creation)

직접 일자리 창출은 단일사업으로 구성되어 있으며, 장기실업자 또는 일자리를 구하기 어려운 사람들을 대상으로 일정한 기간 동안 사회적으로 유용하거나 지역사회에 필요한 일자리를 추가적으로 창출해 제공하는 프로그램을 포함한다. 주로 공공 또는 비영리부문에서 일자리가 창출되어 제공되며, 인건비의 대부분은 공적기금에서 지불되며 한정된 기간 동안 지원된다.

6 창업지원(Start-up incentives)

창업지원 역시 단일사업으로 구성되어 있으며, 실업자 및 목표집단에 속하는 사람들이 자신들의 사업을 창업하거나 또는 자영업자가 되도록 지원하는 프로그램이 포함된다.

이상의 OECD에서 제시한 분류는 현재 ALMP를 분류하는 기준 중에서 가장 많이 활용되는 가장 대표적 기준이다. 예를 들어, 우리나라의 재정지원일자리사업 내 ALMP 역시 직접 일자리, 직업훈련, 고용서비스, 고용장려금, 창업지원, 지원 고용으로 구분되고 있는데, 이 OECD의 분류와 정확하게 일치하는 것이라 할 수 있다. 이상과 같은 OECD의 분류는 기능별 분류에 해당한다. 그런데, 최근에 들어서면서 우리나라의 취업성공패키지 또는 국민취업지원제, 영국의 Work Programmes와 같이 정책수단이 패키지화하는 경향이 있어서 기능별 분류를 적용하기에 어려움을 겪는 사례들이 늘어나고 있다(김영중, 2023).

4) 우리나라의 적극적 노동시장정책

우리나라에서 노동시장정책이 본격적으로 제도화되고 관리되기 시작한 것은 1990년대 초반부터이다. 1970년대와 1980년대에 걸쳐 고도경제성장을 기록한 기간에는 경제성장에 필요한 인력양성을 목표로 한 직업훈련 중심의 인력정책이 추진되었다. 그러나 1990년을 전후하여 한편에서는 경제발전 단계에 따른 산업구조조정이 진행되면서 고용불안이 발생하고 다른 한편에서는 서비스업의 발전으로 인력이 서비스업에 유입되면서 중소제조업의 인력 부족 문제가 대두되는 등 노동시장에 고용불안과 인력 부족이 동시에 공존하는 매우 혼란스러운 상황이 전개되었다. 이와 같은 상황에 따라 정부 내에서는 체계적인 노동시장정책을 구축해야 한다는 정책적 공감대를 형성하게 되었다(정병석, 2022). 이를 배경으로 1993년 말에 고용정책기본법과 고용보험법이 제정되어 각각 1994년과 1995년부터 시행되게 되었다. 이들 법률을 토대로 노동시장정책이 고용정책이라는 이름 아래 시행되기 시

<표 5-2>　현행 고용정책기본법에 규정된 노동시장정책의 내용

제6조 제1항 국가의 시책 (2023.3.28.)	1. …… 고용·직업 및 노동시장정보의 수집·제공에 관한 사항과 인력수급 동향·전망에 관한 조사·공표에 관한 사항 2. 근로자의 전 생애에 걸친 직업능력개발과 산업에 필요한 기술·기능 인력을 양성하기 위한 직업능력개발훈련 및 기술자격 검정에 관한 사항 3. 근로자의 실업 예방, 고용안정 및 고용평등 증진에 관한 사항 4. 산업·직업·지역 간 근로자 이동의 지원에 관한 사항 5. 실업자의 실업기간 중 소득지원과 취업촉진을 위한 직업소개·직업지도·직업훈련, …… 불완전취업자의 경력개발 및 비경제활동 인구의 노동시장 참여 촉진에 관한 사항 6. …… 노동시장의 통상적인 조건에서 취업이 특히 곤란한 사람과 「국민기초생활 보장법」에 따른 수급권자 등(이하 "취업취약계층"이라 한다)의 고용촉진에 관한 사항 7. 사업주의 일자리 창출, 인력의 확보, 고용유지 등의 지원 및 인력부족의 예방에 관한 사항 8. 지역 고용창출 및 지역 노동시장의 활성화를 위한 지역별 고용촉진에 관한 사항 9. 제1호부터 제8호까지의 사항에 관한 시책 추진을 위한 각종 지원금, 장려금, 수당 등 지원에 관한 제도의 효율적인 운영에 관한 사항 10. 제1호부터 제8호까지의 사항에 관한 시책을 효과적으로 시행하기 위하여 하는 구직자 또는 구인자(求人者)에 대한 고용정보의 제공, 직업소개·직업지도 또는 직업능력개발 등 고용을 지원하는 업무(이하 "고용서비스"라 한다)의 확충 및 민간고용서비스시장의 육성에 관한 사항 11. 그 밖에 노동시장의 효율성 및 건전성을 높이는 데 필요한 사항

작하였다. 고용정책기본법은 노동시장정책의 추진체계 등 노동시장정책을 총괄하는 기본법 기능을 수행하는 법률로서, <표 5-2>는 현행 고용정책기본법 제6조에 규정되어 있는 국가가 노동시장정책으로 추진해야 할 사항들을 보여주고 있다.

한편, 고용보험법이 제정됨으로써 다양한 노동시장정책의 수단이 마련되었다. 고용보험법의 시행으로 실업급여가 지급되었고 고용안정사업에 의한 고용유지지원금과 고용촉진장려금의 지급, 직업능력개발사업에 의한 다양한 직업훈련의 지원이 시행되었다. 이후 1997년 말에 외환위기가 발생하자 대량실업에 대응해 실업대책이 대규모로 시행되었으며 고용유지지원, 전직지원, 직접 일자리 창출, 실업자 직업훈련 등 다양한 노동시장정책 프로그램이 수립되어 집행되었다. 외환위기가 극복된 이후인 2000년대 초부터는 경제의 고용창출력 저하를 보완하기 위한 목적으로 일자리정책 또는 대책이 추진되기 시작하였다. 일자리정책은 전략산업 육성 등 노동시장정책의 범위를 넘어서는 내용도 포함되는 등 노동시장정책보다 더 포괄적이고 확장된 개념으로 쓰이는 경우가 많으나(김영중, 2023), 고용의 창출·유지 및 취업취약계층의 고용촉진 등을 목표로 하는 다양한 노동시장정책 프로그램들이 포함되어 있고 고용률을 주된 정책지표로 사용하고 있다.

일자리정책은 2010년부터는 '재정지원일자리사업'이라는 이름으로 불리면서 체계적으로 관리되기 시작하였다. 정부는 2009년 여러 중앙부처에서 다양한 재원으로 산발적으로 제공되어 온 모든 노동시장정책을 통합적으로 관리하여 효율성을 제고하기로 하고, 2010년 「재정지원일자리사업 효율화 방안」을 마련하였다(관계부처합동, 2010). 이에 따라 정부는 중앙부처에서 수행되는 모든 노동시장정책을 최대한 취합하여 재정지원일자리사업이라는 이름으로 관리하기 시작하였다.[7] 현재도 이 재정지원일자리사업이라는 명칭은 주로 노동시장정책 전체를 통합적으로 관리하기 위한 목적으로 활용되는데, 매년 수행하는 재정지원일자리사업 성과평가가 대표적인 예라 할 수 있다.

중앙부처에서 행하는 모든 노동시장정책을 총괄하고 효율화하기 위해 재정지원일자리사업은 앞서 언급한 OECD의 기준을 최대한 활용하고 있다. 가장 최근 분류를 확인해 보면, 재정지원일자리사업은 여러 사업을 ① 직접 일자리, ② 직업훈련, ③ 고용서비스, ④ 고용장려금, ⑤ 창업지원, ⑥ 실업 소득 유지 및 지원, ⑦ 지원고용 및 재활로 구분하고 있다.[8] 이중 실업 소득 유지·지원 항목이 소극적 노동시장정책이며, 나머지 여섯 가지 항목은 OECD의 ALMP 구분과 정확히 일치한다. 즉, 고용서비스는 ALMP의 일부로 재정지원일자리사업 내 주요 항목으로 포함되어 있다고 할 수 있다.

나. 활성화 정책의 의의

1) 활성화 정책 (또는 전략)

활성화 정책의 경우에도 연구자에 따라 다양한 관점에서 정의되고 있지만, 여기에서는 활성화 정책의 논의 및 확산을 주도해 온 OECD의 관점에서 설명하기로 한다. OECD는 활성화 정책을 핵심 목표와 3대 요소를 활용해 정의하고 있다. 구체적으로 OECD는 <그

---

[7] 고용정책과 재정지원일자리사업이라는 두 용어는 노동시장정책을 통칭한다는 점에서는 공통점을 갖는다. 다만 이 두 용어는 미세한 차이가 있는데, 가장 큰 차이는 고용정책이 일반적인 노동시장정책을 개념적으로 이해할 때 활용되는 용어라면, 재정지원일자리사업은 이 노동시장정책을 정확하게 측정하고 관리하기 위해 사용되는 용어라 할 수 있다. 즉, 고용정책이 통상적인 노동시장정책을 말하기 위해 사용되지만, 재정지원일자리사업은 모든 노동시장정책 사업을 목록화하고 전체 재정지출을 파악하는 데 활용되는 용어라 할 수 있다. 이에 재정지원일자리사업은 학술적 관점에서 보면, 노동시장정책을 정확하고 구체적으로 측정하기 위해 활용되는 일종의 조작적 정의(operational definition)에 가깝다고 할 수 있다. 이러한 차이가 있기에, 재정지원일자리사업은 명확한 범위가 존재한다. 예를 들면, 통상적으로 재정지원일자리사업에는 예산관리의 목적상 중앙정부의 노동시장정책만이 포함되기에, 지방자치단체의 노동시장정책은 제외되어 있다. 고용정책이라는 용어는 정부 주체와 관계없이 우리나라에서 제공되는 다양한 정책을 포괄하는 개념이라고 본다면, 이러한 범위 역시 두 명칭을 구분 짓는 중요한 특징 중 하나로 이해해 볼 수 있을 것이다.

[8] "2024년 재정지원 일자리사업 성과평가 결과"(고용노동부 보도자료, 2024.7.25.).

림 5-1>에서 보는 바와 같이 활성화 정책의 주요 목표를 포용적(inclusive)이며, 회복력(resilient)이 높은 노동시장을 촉진하는 것이라고 설명하면서, 이 목표를 달성하기 위한 3대 요소로서 구직자의 근로 동기(motivation)를 높이고, 구직자의 고용가능성(employability)을 개선하며, 구직자들이 취업할 기회(opportunities)를 높이는 것이 중요하다고 강조하고 있다(OECDb, 2015). 좀 더 쉽게 설명한다면, 노동 취약계층을 포함해 좀 더 많은 사람들이 노동시장에서 일할 수 있도록 구직자의 근로 동기를 저해하는 요소를 제거하고, 이들에게 적극적인 맞춤형 서비스를 제공하며, 다양하고 많은 일자리를 준비해 일할 기회를 촉진하는 것을 그 핵심으로 하는 정책이라고 할 수 있다.

이전까지의 ALMP 흐름과 비교했을 때, 이와 같은 활성화 정책이 갖는 가장 두드러지는 차이는 크게 두 가지로 보인다.

첫째, 가장 큰 차이점은 ALMP가 소극적 노동시장정책, 더 나아가 복지정책 등 다른 사회보장정책과 연계되어 논의된다는 점이다. 앞서 제시한 OECD 개념 정의에서 보듯이, 활성화 전략의 출발점 중 하나는 기존에 소극적 노동시장정책 영역의 실업급여나 복지정책 영역의 공공부조 등을 통해 제공되던 관대한 사회보장 급여가 사람들의 근로 동기를 감소시킨다는 문제의식이었다. 따라서 활성화 전략에서는 이들 급여를 어떻게 변화시켜 근로

〈그림 5-1〉 OECD에서 정의한 활성화 전략의 핵심요소

* OECD(2015b)

동기를 지속시키거나 증진하도록 만들지가 중요한 논의 주제가 된다. 예를 들면 실업급여, 공공부조를 수급하는 사람들에게 일자리를 찾는 의무를 강화한다든지 하는 등의 변화가 매우 중요해진다. 그리고 수급자 상당수가 취업취약계층이기에, 이들에게 고용관련 프로그램만 제공하는 것이 아니라 여러 맞춤형 복지서비스를 제공하는 것 또한 중요해진다. 이같이 소극적 노동시장정책이나 복지정책 등을 완전히 통합적 관점에서 바라보고자 하는 경향은 활성화 전략 체제하에서 크게 강화되었다.

둘째, 또 다른 차이는 고용서비스 정책에 관한 관심이 증가하였다는 점이다. 위에서 살펴본 OECD의 세 가지 요소 중 두 번째의 고용가능성(employability)과 세 번째의 취업 기회(opportunities)를 위해서는 구직자들에게 적극적인 매칭과 취업지원 서비스를 제공하고 더욱 많은 구인 정보를 확보해야 하는데 이 모두가 고용서비스 정책에서 행하는 일이기 때문이다. 더불어, 취업취약계층의 취업지원을 위해 고용을 중심으로 다양한 서비스의 결합을 강조하게 되면서, 고용서비스 중심의 사회서비스 연계와 사례관리 서비스 또한 새롭게 강조될 수밖에 없게 되었다. 이에 따라 활성화 전략을 적극 채용한 많은 나라들에서는 고용서비스의 선진화 또는 현대화가 매우 중요한 정책적 과제로 추진되고 있다. 달리 표현하자면, 활성화 전략이 현재의 PES를 형성하는 데 매우 크게 영향을 미쳤다고 해도 과언이 아니다. 이러한 점에서 ALMP의 역사에서 이전의 시대가 직업훈련과 직접 일자리의 시대였다면, 활성과 정책과 함께한 최근까지의 시대를 고용서비스의 시대라고 말한다(Bonoli, 2010).

고용서비스와 더불어 관심을 받게 된 또 다른 정책의 예로는, 일에 대해서 금전적 급부를 제공하는 프로그램을 들 수 있다. 미국에서 가장 먼저 시작된 EITC(Earned Income Tax Credit)가 가장 대표적인 제도라 할 수 있는데, EITC 제도는 조세제도와 사회복지를 결합한 제도로서 근로소득이 일정 수준 이하인 납세자들에게는 근로소득세를 징수하는 대신에 정부가 보조금을 지급함으로써 저소득층의 소득을 보전해 주는 프로그램이다. EITC 제도는 저소득층이 일을 더 함으로써 근로소득이 증가하면 정부의 보조금은 조금씩 감소시킴으로써 근로소득과 정부의 보조금을 합한 총소득이 일정 금액에 도달할 때까지는 더욱 증가하도록 설계함으로써 근로 동기를 지속하게 한다는 점에서 활성화 전략의 일부로 이해될 수 있다. 실제로 1990년대 이후에 많은 국가에서 유사한 정책이 새로 도입되거나 확대되는데, 우리나라에서는 2008년 소득을 대상으로 2009년 최초로 장려금을 지급하였다(황덕순, 2010).

〈표 5-3〉 활성화 정책의 내용과 요소

활성화 정책의 내용			
활성화는 a) 소득 보호와 취업 촉진 간에 긴밀한 연관성을 확보(즉, 수동적인 급여 수령을 억제), b) 비경활인구를 대상으로 하는 새로운 정책 접근(즉, 장애인, 한부모 또는 전업주부에 대한 활성화), 그리고 c) 조기퇴직을 촉진하지 않는 방향으로 사회보장 시스템을 재조정(즉, 고령 근로자에 대한 활성화)에 관한 것임.			
활성화 정책의 요소			
(노동시장으로) 밀어내는 요소		(노동시장으로) 끌어들이는 요소	
현금	현물	현금	현물
• 금액을 낮추거나 짧은 기간 동안의 지급 • 노동시장 참여를 대체할 수 있는 급여는 제한적으로만 사용하거나 폐지	• 엄격한 적극적 구직활동 의무 부과 • 적절한 일자리 제안을 넓게 정의[1] • 엄격한 수급 자격조건 부여	• 적절한 수준의 법정 최저임금 • 저임금 노동에 대한 비과세 혹은 낮은 과세	• 직업 상담과 매칭 서비스 • 훈련 프로그램 • 일경험 또는 보호 고용 • 보육 서비스 • 이외의 다른 복지서비스

* 주1): 많은 국가에서 수급자는 적절한 일자리 제안에 따라야 할 의무가 부과되기도 하며, 이에 적절한 일자리 제안의 범위가 넓을수록 따라야 할 의무가 커진다는 의미로 이해할 수 있다.
* Weishaupt(2013)

종합해 보면, 활성화 정책은 사회보장 급여 내 근로 동기를 약화시키는 여러 조건을 변화시키고, 고용서비스 등을 중심으로 다양한 프로그램을 도입해 취업취약계층을 포함한 많은 이들을 일반 노동시장에 진입하도록 지원하거나 유도하는 정책으로 정의할 수 있을 것이다. 이러한 관점에서 Weishaupt(2013)는 <표 5-3>에서 보는 바와 같이 활성화 정책에는 사람들을 일반 노동시장으로 밀어내는 요소(push factor)와 노동시장으로 끌어들이는 요소(pull factor)가 함께 존재한다고 설명하고 있다. 이들 요소들의 세부 구성 내용들을 살펴보면 다양한 사회정책들이 포함되어 있고, 고용서비스나 취업을 촉진하기 위한 조건부 급여와 같은 프로그램들이 주목받고 있음을 확인해 볼 수 있다. 결국, 공공고용서비스는 활성화 전략이라는 사회정책의 큰 흐름 속에서 그 위상이나 중요성이 커진 것으로 보인다.

2) 유사 개념: 근로연계복지와 근로유인정책

활성화 전략과 유사한 개념으로 근로연계복지나 근로유인정책이 있다. 먼저 근로연계복지는 영어 "workfare"를 번역한 것으로, 우리나라에서는 워크페어, 근로복지, 노동연계복지 등으로도 표현된다(예: 문진영, 2004; 백승호, 2012; 이명헌, 2006). 대체로 이 용어는 영미권 국가에서 자주 활용되는 개념으로 "경제활동에 대한 참여를 의무 조건으로 하여 사회부조 수급자에게 급여를 제공하는 정책"(백승호, 2012)으로 정의할 수 있다. 정책 대상은 근로 능력이 있는 사회부조 수급자로, 이들에게 제공되는 수급기간을 단축하거나 구직활동 요건을 강화하는 등 급여 수급에 일정 조건을 부과하는 것이 그 핵심이라 할 수 있다. <표 5-3>에 수록된 '노동시장으로 밀어내는 요소'에 해당하는 정책군이 근로연계복지에 해당한다. 즉, 근로연계복지는 활성화 정책 일부로 이해할 수 있다. 특히 구직활동 요건, 적절한 일자리 제안과 같은 내용은 고용서비스이기에, 근로연계복지의 일부로 고용서비스 기능 또한 포함되어 있다고 이야기할 수 있다.

다음으로 근로유인정책은 영어 "make work pay policy"를 번역한 것으로 일부 문헌에는 근로유인형 복지정책, 근로유인보상정책 등의 용어로 표현되기도 한다(백승호, 2012; 이태진 외, 2010; 황덕순, 2010). 이 용어는 일에 대해 대가를 지급하는 정책으로 직역할 수 있는데, 대체로 "미취업자가 취업할 때 더 나은 금전적인 보상을 받도록 함으로써 취업을 선택하도록 유도하는 정책"으로 정의된다(황덕순, 2010). 정책 대상은 근로 능력이 있는 미취업자를 주요 대상으로 하며, 이들의 취업을 유도하기 위해 활용할 수 있는 다양한 프로그램들이 본 정책에 포함된다. 앞서 언급한 미국의 EITC와 같은 근로장려세제가 대표적인 예에 포함될 것이며, 법정 최저임금을 높이는 전략 또한 미취업자의 취업을 증진하는 효과가 있다는 측면에서 본 정책 일부로 포함될 수 있을 것이다. <표 5-3>에 수록된 '노동시장으로 끌어들이는 요소' 중, 현금과 관련된 부분에 속한 정책군이 근로유인정책에 해당한다. 이에, 근로유인정책 역시 활성화 정책 일부로 이해할 수 있다.

2. 적극적 노동시장정책의 실태와 PES의 변화

가. 적극적 노동시장정책의 양적 실태

여기에서는 OECD에서 제공하는 노동시장정책에 관한 통계자료를 활용해 주요 국가들의 ALMP 현황과 우리나라의 실태에 대해 알아 보기로 한다. OECD의 「노동시장정책에 관한 통계자료」(OECD data on labor market programmes)[9]는 ALMP의 전 세계적 동향을 확인하기 위해 활용되는 가장 대표적 자료이다. OECD는 앞에서 제시한 ALMP 분류를 기반으로 각국의 ALMP 재정지출 현황을 1985년부터 현재까지 시계열자료로 제공하고 있다.

---

9) data-explorer.oecd.ogr

비록, ALMP가 시작된 1950년대 초반부터 1980년대 중반까지의 양적 현황을 확인하기 어렵다는 근본적인 한계를 지니고 있긴 하지만, 활성화 정책의 흐름이 이어진 최근 40년 가까운 기간 동안 각국 재정지출의 흐름을 프로그램별로 확인할 수 있다는 장점이 있다.

여러 OECD 회원국 중 이 장에서는 우리나라에서 관심을 두는 주요 국가들이라 할 수 있는 호주, 캐나다, 덴마크, 프랑스, 독일, 이탈리아, 일본, 한국, 노르웨이, 스페인, 스웨덴, 영국, 미국 총 13개국과 OECD 평균의 ALMP 현황을 살펴 보기로 한다. 분석 기간은 코로나19가 발생하기 전인 2018년[10]부터 이전 30년(1988~2018)의 기간과 가장 최근의 시점인 2021년을 포괄하였다. 다만, 2021년의 경우 국가에 따라서는 코로나19의 영향에서 완전히 벗어나지 못한 경우도 있다는 점을 감안할 필요가 있다.

<표 5-4>는 1988년부터 2021년까지 ALMP 사업의 재정지출 변화 추이를 보여주고 있다. 먼저 코로나19가 발생하기 전인 2018년을 기준으로 ALMP 재정지출의 GDP 대비

〈표 5-4〉 1988~2018년 각국의 ALMP 사업의 GDP 대비 재정지출 비율(%)

	1988	1998	2008	2018	2021
호주	0.22	0.35	0.31	0.23	0.42
캐나다	0.45	0.48	0.28	0.21	0.92
덴마크	1.01	1.65	1.34	1.89	1.65
프랑스	0.70	1.15	0.81	0.76	0.82
독일	0.79	1.17	0.88	0.68	0.57
이탈리아	-	-	0.45	0.42	-
일본	0.16	0.16	0.10	0.15	0.58
한국	-	-	0.25	0.36	0.68
노르웨이	0.35	0.75	0.51	0.42	0.39
스페인	0.70	0.56	0.79	0.71	0.95
스웨덴	1.58	2.30	0.82	1.11	2.05
영국	0.47	0.19	0.31	-	-
미국	0.22	0.18	0.17	0.10	0.08
OECD 평균	-	-	0.44	0.47	0.62

* data-explorer.oecd.org

10) 국가별로 회계연도가 달라서 2019년에도 2020년의 재정지출이 포함된 국가가 존재하기 때문에 2018년을 코로나19가 발생하기 전의 가장 최근 해로 설정하였다.

비율이 가장 높은 국가는 노동시장의 유연안정성 모델에 따라 ALMP에 방대한 지출을 하고 있는 덴마크[11]로 전체 GDP의 1.89%를 나타냈으며, 스웨덴이 그다음으로 1.11%이었다. OECD 전체 평균은 0.47%로 이탈리아, 노르웨이가 평균 정도에 근접한 수준을 나타내고 있으며, 우리나라는 0.36%로 OECD 전체 평균보다 낮은 수준이다. 이와 비교해 코로나19 이후인 2021년을 기준으로 보면 스웨덴이 2.05%로 크게 높아져 덴마크의 1.65%를 넘어 가장 비율이 높은 국가로 나타났다. 2021년의 OECD 전체 평균은 0.62%로서 우리나라의 0.68%는 OECD 평균을 약간 넘었다.

1988년부터 2018년까지 30년의 기간 중에 큰 변화를 경험한 국가들도 확인할 수 있다. 덴마크는 1988년에 비해 2018년에 재정지출이 큰 폭으로 증가한 반면, 캐나다, 미국은 재정지출이 상당폭 감소했음이 확인된다. 스웨덴의 경우에는 1990년대 경제 악화에 따른 실업률 급증 상황을 반영해 ALMP 사업의 재정지출이 1998년에 GDP 대비 2.3%까지 크게 증가한 뒤에 실업률이 안정되면서 다시 감소했다가 코로나19의 발생으로 다시 증가한 것으로 나타난다. 한편, 코로나19를 거치면서 OECD 평균으로는 2021년의 ALMP 사업의 재정지출 규모가 2018년 대비 약 1/3 정도 증가하였는데, 호주, 캐나다, 일본, 한국, 스웨덴의 경우에는 그보다 훨씬 많은 증가를 보였다.

다음으로 ALMP 내 하위 프로그램의 지출 구성 비율을 국가별로 확인해 보면 <표 5-5>와 같다. 코로나19가 발생되기 이전인 2018년의 OECD 평균을 보면 고용서비스 비중이 가장 높고(25.4%), 다음이 직업훈련(23.0%)이며, 보호 및 지원고용과 재활(18.9%)과 고용장려금(17.8%)은 유사한 수준을 보이고, 직접일자리(10.3%)와 창업지원(2.4%)은 상대적으로 낮은 비율을 나타내고 있다. 국가별로도 고용서비스의 비중이 가장 높은 국가가 13개 국가 중에서 7개국으로 가장 많고, 다음이 직업훈련(2개국)으로 나타났다. 그런데 2021년의 경우에는 코로나19의 영향으로 고용장려금의 비중이 가장 높은 것(40.2%)으로 나타났고, 그 다음이 고용서비스(19.1%), 직업훈련(17.1%), 보호 및 지원고용과 재활(14.5%), 직접일자리(6.6%) 순으로 나타나 있다. 이는 코로나19 기간 중에 많은 국가들에서 고용유지장려금을 대규모로 집행된 영향이 2021년에도 이어지고 있었기 때문으로 평가된다.

우리나라의 경우 2018년을 기준으로 OECD 평균과 비교해 보면 직접 일자리 창출이 41.7%를 차지해 지나치게 직접 일자리 창출에 의존하고 있는 것으로 나타난 반면에 고용서비스에 대한 지출은 낮은 것으로 나타났으며, 2021년을 기준으로 보아도 이와 같은 경

---

11) 덴마크는 노동시장의 유연안전성으로 다른 국가들의 벤치마크 대상이 되어 왔으며, 유연한 노동시장, 촘촘한 사회안전망, 적극적 노동시장정책으로 구성된 "황금의 삼각형(Golden Triangle)"으로 널리 알려져 있다.

<표 5-5> 각국 ALMP 사업의 구성비(GDP 대비, 2018년)

(단위: %, 국가별 합=100.00%)

	고용서비스와 행정	직업훈련	고용장려금	보호 및 지원고용과 재활	직접일자리	창업지원
호주	65.2	4.4	4.4	21.7	0.0	4.4
캐나다	57.9	31.6	5.7	0.0	5.3	0.0
덴마크	20.0	20.5	10.0	49.5	0.0	0.0
프랑스	30.3	34.2	34.0	11.8	14.5	5.7
독일	63.2	26.5	2.9	2.9	2.9	1.5
이탈리아	14.3	26.2	57.1	2.4	0.0	0.0
일본	46.7	6.7	40.0	6.7	0.0	0.0
한국('18)	13.9	16.7	11.1	5.6	41.7	11.1
한국('21)	10.6	13.5	37.8	5.1	26.3	6.5
노르웨이	33.3	21.4	19.1	26.2	0.0	0.0
스페인	21.1	16.9	11.3	15.5	16.9	18.3
스웨덴	25.0	8.9	43.8	21.4	0.0	0.9
미국	22.2	33.3	11.1	33.3	0.0	0.0
OECD 평균('18)	25.4	23.0	17.8	18.9	10.3	2.4
OECD 평균('21)	19.1	17.1	40.2	14.5	6.6	1.8

* data-explorer.oecd.org

향은 더욱 강화된 것으로 보인다. 다만, 2021년의 경우 고용장려금이 차지하는 비율이 OECD 평균과 유사해 보이기는 하지만 그 내용에 있어서는 차이가 있어서 다른 OECD 국가들에서는 큰 폭으로 증가한 고용유지장려금 때문이었으나, 우리나라에서는 청년추가 고용장려금 등 채용장려금의 비중이 월등히 크게 나타나 다른 OECD 국가들과는 다른 양상을 보이고 있다.

우리나라는 ALMP의 전체예산 중 10.6~13.9% 정도를 고용서비스에 투입하고 있는 편으로, 전체 비교 국가 중에서 가장 낮은 수준이다. 이에 반해, 직접일자리사업에는 26.3~41.7%를 투입하고 있어서 직접일자리사업 중심의 ALMP를 활용하는 국가로 분류된다. 비록 지난 10년간 고용서비스에 상당한 투자를 지속해 왔지만, 여전히 다른 국가와 비교해 볼 때, ALMP 프로그램 구성에 있어 고용서비스에 대한 투자가 낮은 수준이다. 우리나라가 직접 일자리사업의 비중이 높은 것은 서구에 비해 사회안전망이 취약하기 때문에

<표 5-6> ALMP 지출비율에 따른 국가 유형화(2015년)

	공공고용서비스	직업훈련	고용장려금	지원고용 및 재활	직접 일자리창출	창업장려금
유형 1	0.11	0.04	0.02	0.03	0.01	0.00
유형 2	0.09	0.16	0.11	0.02	0.11	0.03
유형 3	0.17	0.13	0.10	0.23	0.02	0.00
유형 4	0.23	0.35	0.06	0.06	0.10	0.02
유형 5	0.32	0.38	0.44	0.52	0.00	0.01

주 : 유형 1 : 호주, 뉴질랜드, 일본, 미국, 캐나다.
　　유형 2 : 한국, 아일랜드, 스페인, 이탈리아, 포르투갈.
　　유형 3 : 벨기에, 스위스, 노르웨이, 네덜란드.
　　유형 4 : 오스트리아, 핀란드, 프랑스, 독일.
　　유형 5 : 덴마크, 스웨덴.

* 이영수(2019)

노인일자리사업 등 취약계층들을 위한 단기 일자리 제공사업이 사회안전망으로서 역할을 하고 있기 때문이다.

최근 이루어진 한 연구는 이 같은 국가별 차이를 군집분석(Cluster Analysis) 기법을 활용해 좀 더 정교하게 분석했다. 이영수(2019)는 OECD 21개국의 ALMP 프로그램을 분석 변수로 활용해 2015년을 기준으로 유사한 재정지출을 보이는 국가들을 유형화했다. 분석 결과는 <표 5-6>과 같으며, 2015년에 총 다섯 개 유형으로 구분되었다.

첫 번째 유형은 호주, 뉴질랜드, 일본, 미국, 캐나다로 주로 영미권 국가와 일본이 포함되는데, 전체적으로 모든 프로그램의 지출이 낮으나 그나마 상대적으로 고용서비스 지출 비중이 높은 특징을 보이는 유형이다. 두 번째 유형은 한국, 아일랜드, 스페인, 이탈리아, 포르투갈로 남유럽 국가와 한국이 포함되는데, 직접 일자리와 창업지원의 지출이 상대적으로 높은 특징을 보이며, 고용장려금도 높은 수준을 보이는 유형이다. 세 번째는 벨기에, 스위스, 노르웨이, 네덜란드로 스칸디나비아 국가와 서유럽 대륙 국가가 혼재되어 있는데, 전체적으로 고른 지출을 보이며, 지원고용 및 재활에 대한 지출이 상대적으로 높게 나타나는 유형이다. 네 번째 유형은 프랑스, 독일, 오스트리아, 핀란드로 세 번째 유형과 마찬가지로 스칸디나비아 국가와 서유럽 대륙 국가가 포함되어 있으며, 고용서비스, 직업훈련, 직접 일자리 창출 프로그램에 대한 지출 수준이 전반적으로 높은 편인 국가들이다. 마지막으로 다섯 번째 유형에는 스칸디아비아 국가인 덴마크와 스웨덴이 포함되는데, 고용서비스, 직업훈련, 고용장려금, 지원 고용 및 재활에 대한 지출이 가장 높은 수준을 보이는 반면, 직접 일자리 창출이나 창업지원은 가장 낮은 수준을 나타낸다.

이상에서 확인한 ALMP의 양적 실태를 요약해 보면 다음과 같다, 먼저 전체 적극적 노동시장 지출 규모나 변화추이는 국가별로 차이를 보였다. 즉, 활성화 전략이 주도하는 최근 시기, ALMP의 지출 비중이 대다수 국가에서 일관되게 급증하거나 감소하거나 비슷한 지출 규모로 수렴되는 등의 경향은 확인되지 않았다. 하지만, 고용서비스 영역의 경우 대부분의 국가에서 지출 비율이 증가한 것으로 볼 때, 많은 국가에서 상당한 관심을 가졌던 것은 분명해 보인다. 이 결과 고용서비스가 ALMP 지출에서 차지하는 비중이 상당히 높게 나타나고 있음을 확인해 볼 수 있었다. 우리나라의 경우에는 최근 정부가 고용서비스를 포함한 ALMP에 많은 관심을 가지고 상대적으로 재정투입을 증가시키고 있는 것으로 보이나, 여전히 높은 수준이라고 보기는 어렵다. 특히, 고용서비스의 경우 다른 국가와 비교해 볼 때 상대적으로 지출 비중이 매우 낮은 수준을 나타내고 있다.

나. 활성화 정책 흐름에서의 공공고용서비스 질적 변화

1) 전 세계적 변화의 흐름

활성화 정책의 핵심으로서 PES에 관한 관심은 양적 확대만이 아니라 질적 개편으로도 이어진다. Weishaupt et al(2022)은 활성화 정책 시기에 발생했던 PES의 질적 개편을 총 여섯 가지로 요약하고 있다. 구체적으로는, ① 목표관리제(MBO)를 통한 새로운 성과관리

〈표 5-7〉 활성화 전략 당시 공공고용서비스의 개편

개편 키워드	주요 내용
새로운 성과관리	목표관리(Management by objectives, MBO)를 통한 새로운 성과관리 체계의 도입
개별화와 계약화	서비스 제공자와 이용자 간 관계의 개별화와 계약화
분권화	행정적 과업의 지방분권화(decentralization)
원스톱 숍	기관 간 협력의 증가와 소위 원스톱 숍(One-stop shops)의 설립
급여 제한	사회보장 급여에 엄격성 증가와 시간제한 부여
민영화와 시장화	공공고용서비스의 역할을 민간 공급자에 맡기는 민영화와 시장화(Privatization and Marketization)

* Weishaupt et al. (2002: 205)

체계의 도입, ② 공공고용서비스 이용자에 대한 개별화된 맞춤형 서비스 제공과 서비스 제공 과정에서의 계약제 도입, ③ 공공고용서비스의 분권화, ④ 일선 사회보장 급여 및 서비스 제공기관과의 네트워크 강화 및 "원스톱 숍(one-stop shop)"의 설립, ⑤ 사회보장 급여에 대한 제한 조건 부과와 이에 따른 공공고용서비스의 역할 강화, ⑥ 공공고용서비스의 일부 역할을 민간에게 위탁하는 민영화와 시장화이다. 반복적으로 말하지만, 이러한 개편안의 활용 범위나, 강도, 내용 등은 국가별로 차이를 보일 수 있으므로 대체로 많이 활용된 개편 흐름을 전체적 관점에서 정리한 것임을 염두에 둘 필요가 있다.

1 새로운 성과관리

먼저 공공고용서비스 관리체계의 변화이다. 고용서비스를 포함한 공공서비스는 오래전부터 지침 등 규정에 따른 관리(Managed by regulations)를 원칙으로 해 왔다. 이러한 전통적 방식은 1980년대 중후반부터 신공공관리론이 대두되면서 민간에서 활용되는 목표관리제(MBO) 방식 등에 영향을 받은 새로운 성과관리 체계 도입으로 변화하게 된다. 이 새로운 성과관리체계의 핵심은 기존에 규정을 얼마나 잘 따르는지를 확인하는 방식을 넘어, 목표와 성과지표를 체계화하고 성과를 측정해 운영자들에게 책임을 부여하는 방식으로 변화하는 것에 있다.

공공고용서비스 영역을 보면, 스웨덴에서 1980년대 중반에 이를 처음으로 도입했고, 1980년대 후반에는 벨기에와 영국에서 이를 채택하였다. 이후 유럽 전역으로 확산되어, 핀란드, 프랑스, 네덜란드는 1990년대 초반에, 오스트리아는 1990년대 중반에, 그리고 아일랜드와 독일은 1990년대 후반에서 2000년대 초반에 걸쳐 이와 같은 성과관리 방식이 도입되었다. 물론 활성화 전략만이 이와 같은 변화에 영향을 준 흐름이라고 이야기하기는 어렵다. 하지만 활성화 체제하에서 PES의 발전 혹은 현대화를 필요로 하는 상황은 새로운 성과관리체계를 PES에 확산시켰으며, 이러한 점에서 활성화 전략이 성과관리체계의 확산에 일정 정도 기여했다고 볼 수 있다(van Berkel, 2011; Weishaupt, 2010, 2011).

2 개별화와 계약화

다음으로 고용서비스의 개별화와 계약화가 이루어졌다. 활성화 전략은 기존에 사회보장 급여를 받는 수급자를 주요 대상으로 설정하고 있기에, 정책 대상의 상당수는 실업뿐만 아니라 매우 복합적인 문제를 경험하는 계층일 수밖에 없다. 이같이 다양하고 복잡한 문제를 가진 취업취약계층을 대상으로 공공고용서비스를 제공하기 위해서는 개인의 욕구나 필요에 부합하는 맞춤형 서비스가 제공될 필요가 있다. 이에 따라 개인의 다양한 문제를 총체적으로 관리하여 이들의 문제를 해결하고 취업에 이르게 하는 개인맞춤형 사례 관리(case management)형 고용서비스가 적극적으로 활용되게 되었다. 취업지원이라는 궁극적인 지향점하에서 고용서비스를 넘어 복지서비스 등 다양한 사회서비스가 개인에게 맞춤형으로 결합되어 제공되게 된 것이다.

그리고 이러한 개별화된 사례 관리는 개인별 취업활동계획(IAP)의 적극적 활용과 결합되게 된다. IAP는 서비스 제공자와 서비스 이용자 사이의 합의를 통해 작성되는 일종의 계약문서라고 할 수 있다. 이 IAP는 사회보장제도 수급자들의 도덕적 해이를 줄이고, 책임과 권한을 명확하게 하며, 투명성을 제고하는 목적으로 활성화 전략을 활용하는 대부분의 나라에서 활용되고 있다. 말하자면, 활성화 정책의 정책효과를 높이기 위한 수단으로 IAP가 도입된 것이다. 2000년대 후반을 기준으로 보면 스페인, 벨기에, 덴마크, 핀란드, 아일랜드, 포르투갈, 오스트리아, 프랑스, 독일, 이탈리아, 네덜란드, 스웨덴, 영국 등 대부분의 유럽 복지국가에서 거의 예외 없이 IAP가 활용되었으며, 이는 1990년대 후반에 비해 더욱 강화된 것이었다(Weishaupt, 2010, 2013). 이와 같은 서비스의 개별화와 계약화 역시, 활성화 정책이 상당 부분 영향을 미친 것으로 보인다.

③ 분권화

또 다른 차원의 변화는 PES의 분권화이다. 분권화 역시 그 범위에 따라서 다양하게 개념화될 수 있는데, 대체로 분권화는 공공정책의 권한과 책임을 국가 단위에서 지역 또는 지방(regional, sub-regional or local level) 단위로 이전하는 것을 의미하며 다시 행정적 분권화와 정치적 분권화로 나눌 수 있다. 고용서비스 분야에서 행정적 분권화는 대부분 신공공관리론에 따라 PES의 지방조직들이 국가의 정책목표를 달성하기 위한 프로그램의 집행에 있어서 유연성을 증대해 지역실정에 따른 맞춤형 서비스를 제공할 수 있도록 하는 것을 의미한다. 목표관리제(MBO)에 의한 성과관리가 적용되면서 이와 같은 행정적 분권화가 가능하게 되었다(EC, 2011). 행정적 분권화의 예로는 독일을 들 수 있다. 독일의 연방고용공단에서는 지방고용사무소에 배분된 전체 예산의 10% 정도는 지방고용사무소에서 지역실정에 적합한 노동시장 프로그램을 독자적으로 편성해 집행할 수 있도록 자율권을 부여하고 있다.

한편, 고용서비스 분야에서 정치적 분권화는 중앙정부가 운영하는 PES를 지방정부에 이양하는 것을 의미하는 것으로 덴마크를 그 예로 들 수 있다. 덴마크는 2009년 개혁을 통해 잡세터를 지방정부에 이양하였다.[12] 이와 같은 행정적·정치적 분권화는 앞에서 언급한 두 가지 변화만큼 많은 국가에서 활용했다고 보기는 어렵지만, 분권화 역시 취업취약계층에게 맞춤형 서비스를 제공해야 할 필요가 컸던 활성화 체제하에서 주목받은 개편 중 하나였다(Weishaupt, 2022).

④ 원스톱 숍의 설립

지역 차원에서 일선 사회보장 및 고용서비스기관 간 협업의 증가와 one-stop shop의 설립도 중요한 변화이다. 앞서 언급한 바와 같이, 통합적 사회서비스 제공은 사회보장제도 내 다양한 취약계층의 취업지원을 위해 필수적인 프로그램 중 하나이다. 예를 들어, 가족 중 돌봄 수요가 있어 일하지 못하는 개인을 위해서 정부는 돌봄 관련 복지서비스와 취업지원을 위한 고용서비스를 통합적으로 제공해야 했다. 이와 같이 지역 내 복지급여 혹은 사회서비스를 제공하는 기관 간 연계를 강화하는 것은 어쩌면 당연한 노력이라 할 수 있다.

그리고 많은 국가들에서는 이러한 기관 간 협력에서 한 걸음 더 나아가 기관 간 물리적 통합, 즉 다양한 급여와 서비스를 한 장소에서 제공하는 one-stop shop을 설치하기도 했다. 영국의 Jobcentre Plus, 핀란드의 LAFOS, 독일의 Jobcenter, 노르웨이의 NAV, 프랑스의 Pôle Emploi(현재는 France Travail로 변경), 덴마크의 Jobcentre, 네덜란드의 Werkplein 등이 이러한 원스톱 숍 예에 포함될 수 있다. 전달체계 통합 방식 중에서 '서비스의 연계·통합'은 담당 기관들은 분리된 상태로 그대로 둔 상황에서 이용자 중심으로 서비스의 연계만을 강화하는, 즉 소프트웨어 차원의 연계 강화인 반면, '원스톱 숍'은 일선 기관 자체를 통합하는 하드웨어 차원의 연계 강화라 할 수 있다. 이와 같은 소위 고용-복지 연계 증진은 활성화 정책과 직접적으로 연결되는 대표적인 공공고용서비스 개편 중 하나라고 할 수 있다(길현종 외, 2015).

⑤ 사회보장 급여에 대한 제한조건 부과

다섯 번째는 급여의 엄격성 증가에 따른 공공고용서비스의 변화이다. 앞서 언급한 바와

---

12) 덴마크는 임의적 실업보험을 운영하는 국가로 노동조합이 운영하는 30여개의 실업보험기금에 정부가 보조금을 지급하는 형태로 운영된다. 과거에는 중앙정부의 PES가 실업급여 수급자들의 취업지원과 ALMP를 담당하였고 지방정부는 공공부조를 담당하고 있었다. 이러한 상황 하에서 덴마크에서는 실업보험 미가입 근로자까지 포함해 취업지원을 위한 단일의 통합창구(Gateway)를 마련하고 지자체가 관장하는 공공부조 수급자들에 대한 취업지원을 보다 효과적으로 통합하기 위한 목적으로 2009년에 PES 전달체계를 지방정부에 이양하였다. 여기에는 노사의 영향력을 줄여 노동시장정책 프로그램을 조속한 취업지원으로 재설정하기 위해 중앙정부의 ALMP에 대한 통제권을 강화하려는 의도도 작용하였다(김승택 외, 2015).

같이 급여의 조건화 혹은 엄격성 강화는 활성화 정책의 양대 축 중 하나라 할 수 있을 만큼 핵심적 요소 중의 하나이다. 이와 관련된 여러 엄격성 강화 방식 중에서 구직활동 의무 부과나 또는 적절한 일자리 제안에 응해야 하는 일자리 제안 수락 의무 부과 등이 공공고용서비스 개편과 직접적으로 맞닿아 있다고 판단된다. 각국의 실업급여 제도의 제도적 변화를 확인해 보면, 1990년대 후반만 하더라도 벨기에, 덴마크, 핀란드, 포르투갈, 스페인 등의 국가에서는 실업급여 수급자들이 구직활동에 대해 보고하거나 확인을 받아야 할 의무가 전혀 존재하지 않았으나, 2000년대 후반에 가면 위 국가들 모두 수급자들의 구직활동을 확인하는 일정한 절차가 도입되었음을 확인할 수 있다. 이러한 변화는 PES의 규모나 내용의 변화를 불러일으킬 수밖에 없게 된다. 이에 더해, 실업급여의 수급기간 제한과 같은 변화 또한 급여 종료가 다가오면서 PES의 취업지원 수요를 증대시킬 수 있기 때문에 간접적으로 PES 수요를 증가시킬 가능성이 크다(Weishaupt, 2013).

6 민영화와 시장화

마지막으로 PES의 민영화와 시장화로의 개편이다. ILO에서는 1949년에 이미 제96호「(개정) 유료 고용서비스기관 협약」을 통해 회원국들이 직업소개에 대한 PES 독점의 원칙을 따르지 않을 수 있도록 허용하고 PrEA 운영을 허용한 바 있다. 그러나 대륙계 유럽국가들은 대부분 전통적으로 취약한 실업자의 위치를 악용해 이들을 착취할 수 있다는 우려에 따라 민간고용서비스 활동 자체를 원칙적으로 금지시켰고, 이에 따라 많은 국가들에서 오랜 기간 공공에서 독점적으로 고용서비스를 제공해 왔다. 그러다가 1980년대 후반에 경쟁을 통한 효율화라는 관점에서 독점체계를 점진적으로 폐기하기 시작했다. 1989년에 포르투갈, 1990년에 덴마크, 1991년에 네덜란드, 1993년에 스웨덴, 1994년에 독일, 오스트리아, 핀란드는 공식적으로 이러한 공공 독점 고용서비스를 폐기하게 된다.

그리고 이러한 민간고용서비스 허용은 활성화 정책 시대에 PES의 파트너로서 PrEA를 적극적으로 활용하는 것으로 이어진다. 1990년대 후반부터 영국, 네덜란드 등 많은 국가에서 민간 위탁 방식의 고용서비스를 활용하기 시작하였다(유길상, 2010). 활성화 정책의 시작을 알린 OECD의 문건에서도 공공고용서비스의 독점성을 포기하고 경쟁을 활용해야 한다는 점을 분명하게 명시하고 있는데(OECD, 1994), 이는 활성화 정책하에서 고용서비스를 개선하고자 하는 방향성이 공공고용서비스의 민영화 혹은 시장화에 일정 정도 영향을 미친 것으로 해석할 수 있는 부분이다.

2) 우리나라 고용서비스의 변화: 세계적 흐름과 유사한 변화

세계적으로 활성화 정책이 시작된 시기인 1990년대 초반, 우리나라에서는 「고용정책기본법」이 제정되었다. 이는 활성화 정책이 시작된 시기와 우리나라에서 ALMP의 일부로서 고용서비스 정책이 체계적으로 발전한 시점이 맞닿아 있는 것이다. 다른 여러 사회정책과 마찬가지로, 이 시기 고용서비스 정책의 발전 역시 해외 주요 선진국의 정책변화에 상당한 영향을 받았다. 1990년대 이후 우리나라 PES의 발전을 확인해 보면, 앞에서 살펴본 서구에서 이루어진 고용서비스의 질적 변화가 우리나라에서도 유사하게 이루어졌다.

○ PES 발전 방향의 기틀 마련: 2005년의 고용서비스 선진화

이러한 변화를 가능하게 한 주요한 정부 정책의 변화를 살펴보면 다음과 같다. 먼저 우리나라 PES 발전 방향의 기틀을 마련한 것으로 평가할 수 있는 2005년 「고용서비스 선진화 방안」에서 이러한 변화 경향이 확인된다. 노무현 정부에서 추진한 「고용서비스 선진화 방안」은 인적자원의 효율적 활용을 통해 국가경쟁력을 강화한다는 비전 아래 4대 목표와 8대 역점과제를 제시하고 있다. 이 8대 과제 중에는 "수요자 중심의 개인별 맞춤 서비스 제공," "지역고용 네트워크의 허브," "민·관 파트너십 강화"와 같은 내용이 포함되어 있다. 이들 개별과제의 구체적인 내용을 살펴보면, 수요자 중심의 개인별 맞춤 서비스 제공에는 "개인별 원-스톱 취업지원제(One-stop Individual Case Management System)," "개인별 취업활동계획(Individual Action Plan)" 등의 내용이 포함되어 있는데, 이는 앞서 언급한 고용서비스의 개별화와 계약화 방향과 연결되는 내용이다. 다음으로 네트워크 허브의 경우, 고용안정센터(현 고용복지⁺센터)가 지방자치단체, 노사단체, 대학, 훈련기관 등을 포괄하는 지역 고용 네트워크를 구성하여 정책의 효율성을 배가시키는 계획을 담고 있는데, 이 역시 앞서 언급한 기관 간 협력 증대의 방향을 구현하는 것으로 이해해 볼 수 있다. 마지막으로, 민·관 파트너십 강화에는 취업지원 프로그램 민간 위탁 시범사업을 추진한다는 정책 방향을 명시하여, 민영화와 시장화를 활성화하는 계획을 담고 있다(노동부, 2005: 23, 26).

○ PES 전달체계의 개편: 고용복지⁺센터로의 전환

이에 더해 전달체계와 관련한 대폭적인 개편도 이루어졌다. 최근에 이루어진 개편 중 가장 대표적인 변화가 바로 고용센터의 고용복지⁺센터로의 전환이다. 정부는 2010년대 초중반 우리나라 사회서비스 전달체계의 분절 문제를 극복하기 위해 지역 내에 존재하는 여러 고용서비스기관과 지방자치단체의 복지기능을 통합한 고용복지⁺센터를 설립하고 또 확산하여 왔다(길현종 외, 2015). 엄밀한 의미에서 우리나라의 고용복지⁺센터는 다른 국가

의 원스톱 숍과 비교했을 때 설립 목적에서 약간의 차이가 존재한다. 하지만 그 형태만으로 보자면, 이 고용복지$^{+}$센터는 일선 전달체계를 고용서비스 기능을 중심으로 물리적으로 통합한, 소위 한국형 원스톱 숍에 해당한다.

○ 성과평가 체계의 개편: MBO 방식의 도입

마지막으로, 목표관리제(MBO)에 기반한 성과평가 체계 개편 또한 확인된다. 2011년 정부는 기존 고용센터 성과평가의 문제를 개선하기 위해 평가 개편 작업에 착수하게 된다. 당시 개편의 가장 큰 목표가 바로 목표관리 체계를 고용센터 성과평가에 접목하는 것이었으며, 이를 통해 목표관리제(MBO)방식의 성과관리체계가 도입되었다(오성욱·최석현·윤호영, 2013). 정리하자면 비록 완전히 같을 수는 없겠지만, 활성화 전략 시대에 우리나라의 PES 역시 다른 나라 고용서비스의 질적 개편 흐름과 유사한 방향에서 변화가 지속되어 왔다고 할 수 있다. 특히, 앞서 Weishaupt et al(2022)이 이야기한 활성화 시대의 여섯 가지 고용서비스의 질적 변화 중 새로운 성과관리, 개별화와 계약화, 원스톱 숍, 민영화의 네 가지 변화는 다른 서구 복지 국가의 고용서비스 변화와 매우 유사한 방향에서 진행된 것으로 보인다.

3) 우리나라 고용서비스의 변화: 세계적 흐름과 차이를 보이는 변화

하지만, 우리나라에서의 변화가 서구 복지 국가와 완전히 같다고 보기는 어렵다. 앞서 ALMP가 국가별로 다른 형태로 나타나듯이, 같은 활성화 전략을 활용하는 국가들이라도 그 질적 변화는 다르게 나타날 수 있기 때문이다. 대표적인 영역 중 하나가 급여 제한과 관련한 부분이다. 앞서 다른 서구 복지 국가의 경우 관대했던 급여 수급 조건이 활성화 전략 시대에는 수급자에게 구직활동 의무를 부과하는 방향으로 엄격하게 변화한다. 그리고 이러한 의무 부과는 고용서비스를 확대하는 데 크게 기여했다.

○ 사회보장체계 도입 시 처음부터 구직활동 의무 등을 부과

하지만 우리나라는 이들 국가와 달리 사회보장 제도 자체가 충분히 구축되지 않은 상태였다. 그래서 우리나라에서는 새로운 사회보장 제도가 도입될 때 아예 구직활동 의무를 처음부터 부과하는 방식으로 급여 제한 체계가 구현되었다. 활성화 정책의 시대에 우리나라에서는 세 가지 관련 제도가 도입되었다. ① 먼저 빈곤층을 대상으로 급여를 제공하는 공공부조의 경우, 근로 능력이 있는 사람도 이를 수급할 수 있도록 2000년부터 제도가 변경되었다(「국민기초생활보장법」). ② 이에 더해 실업에 처한 사람들을 보험의 원리로 보호하

는 실업보험의 경우, 1995년 고용보험이라는 이름으로 제도가 최초로 도입된다(「고용보험법」). ③ 마지막으로 2021년에는 공공부조나 고용보험을 통해 보호받지 못하지만 실업으로 빈곤 위기에 처한 저소득가구의 국민을 대상으로 급여와 고용서비스를 제공하는, 소위 한국형 실업부조라 불리는 국민취업지원제도가 처음으로 도입되었다(「구직자 취업촉진 및 생활안정지원에 관한 법률」). 이 세 가지 제도는 우리나라에서 고용보험-실업부조-공공부조로 구성되는 3층 고용안전망의 역할을 수행하게 되는데, 제도 도입 처음부터 급여 수급자가 구직 혹은 일과 관련된 일정 활동을 수행하도록 조건을 부과하는 방식으로 제도가 설계되었다. 즉, 우리나라에서는 이들 제도가 처음 시작부터 급여 수급에 구직의무를 부과하는 방식으로 운용된 것이다. 물론 이들 제도의 도입은 다른 서구 복지 국가와 마찬가지로 고용서비스 역할 확대에 긍정적으로 작용한 개편이었다. 결과적으로는 같은 형태이지만, 복지 국가 발전의 시차로 인해 우리나라의 급여 제한은 다른 서구 복지 국가와 다른 형태로 구현된 것이다.

○ PES 전달체계의 분권화 문제와 분절화

이와 더불어 차이를 보이는 또 다른 영역은 전달체계의 분권화이다. 아마도 <표 5-7>의 여섯 가지 질적 변화 중에서 가장 적용되기 어려운 변화가 이 고용서비스의 분권화일 것이다. 우리나라의 예산구조는 아직도 경직적이어서 독일과 같이 고용복지⁺센터에서 지역노동시장의 특성을 반영해 독자적인 노동시장 프로그램을 편성할 수 있는 탄력성있는 예산은 편성하기 어려운 한계가 있어서, 그 대신에 공모형 사업을 통해 고용복지⁺센터와 지방자치단체가 독자적 또는 공동으로 지역맞춤형 사업을 기획하여 고용노동부에 신청하여 선정되면 일정액의 예산을 지원받는 방식으로 사업이 추진되고 있다.

고용서비스 전달체계 논의에서는 분권화 자체의 문제 못지 않게 중요한 주제가 있는데, 이것이 바로 전달체계의 분절(fragmentation)화이다. 여기에서 분절이란 중앙 및 지방정부 그리고 일선 고용서비스기관에서 여러 고용서비스가 제공되는 현실 및 이로 인해 발생하는 관련 문제를 통칭하는 용어이다(길현종 외, 2017). 앞서 설명한 바와 같이 우리나라에서는 활성화 전략 시대에 고용서비스 정책에 대한 재정투자가 대폭 확대되었다. 물론 고용노동부의 고용센터를 중심으로 많은 투자가 이루어지기는 하였으나 일부 정부 부처와 지자체들도 규모가 크지는 않지만 독자적인 전달체계를 구축해 투자를 함으로써 중앙과 지방정부에서 다양한 주체들이 복수의 고용서비스를 제공하고 있는데 이것은 고용서비스 전달체계의 분절화로 나타날 수 있다. 전달체계가 다양할 경우 나타나기 쉬운 것이 서비스의 중복제공 또는 사각지대 발생이기 때문에 이러한 부작용을 해소하기 위해서는 중앙정부 부처간, 중앙－지방 정부간 협의를 해나갈 수 있는 협의체를 구성하고 상시적인 조율을 해나가는 것이 필요하다.

실업자 소득지원제도

1. 실업자에 대한 소득지원체계
2. 실업보험의 제도적 특징과 활성화 정책
3. 우리나라의 실업급여(고용보험)
4. 실업부조

제6장 실업자 소득지원제도

실업은 소득중단으로 인한 생계곤란, 심리적 스트레스, 사회적 고립과 외로움 등을 가져옴으로써 개인과 가정을 파괴하고 사회에 큰 부담을 야기할 수 있다. 이를 막기 위해 각국 정부는 실업보험 또는 실업부조 방식을 통해 실업자에게 일정한 소득을 지원함으로써 생계안정을 지원하는 사회안전망을 구축하게 된다. 그런데, 이와 같은 소득지원은 실업자의 구직노력을 감소시키고 실업기간이 늘어나는 부작용을 발생시킬 수 있다는 우려가 따른다. 그래서 소득지원 제도 내에 구직노력을 감소시킬 수 있는 제도적 장치를 제거하고 조기에 취업할 수 있도록 지원하는 활성화(activation) 정책이 중요하게 된다. 이 장에서는 실업보험과 실업부조의 제도적 특징, 수급자에 대한 활성화 조치의 내용, 향후 과제 등에 대해 논의한다.

1. 실업자에 대한 소득지원체계

가. 고용안전망의 의의

사회안전망(social safety net)은 질병·노령·실업·산업재해·빈곤 등 사회적 위험으로부터 모든 국민을 보호하기 위한 제도적 장치라는 의미로 정의되는데, 노동시장에서는 실업이라는 사회적 위험에 대응하는 것이 주요한 관심이기 때문에 고용안전망이라는 용어가 자주 사용되고 있다. 실업 시에는 소득지원 뿐만 아니라 적극적 노동시장정책(ALMP)을 통해 실업자의 고용가능성(employability)과 노동시장에 대한 적응력(adaptability)을 높여 보다 보다 나은 일자리로 빠른 시간 내에 취업할 수 있도록 뒷받침하는 시스템을 구축하는 것이 중요하기 때문이다. 이와 같은 점에서 사회안전망의 개념에 다양한 노동시장정책 수단을 결합하여 노동시장에서는 고용안전망이라는 개념을 사용하고 있는 것이다.

고용안전망은 "고용(근로자) 또는 취업(자영업자)을 통하여 개인과 가족의 생활 안정을 유지하는 것을 기본으로 하되, 실업이 발생해 이러한 상태가 허물어진 때에는 다양한 방식으로 경제적 지원을 제공하면서 다른 일자리로 원활하게 이동할 수 있게 해 주는 사회시스템"으로 정의할 수 있다(이병희 외, 2009). 그리고 여기에는 실업기간 중의 소득지원체계와 함께 새로운 일자리로의 취업을 지원해 노동시장으로의 통합을 촉진하는 다양한 정책수단들이 포함되게 된다. 전자의 소득지원체계는 소극적 노동시장정책에 해당하고, 후자의 새로운 일자리로의 취업을 지원하기 위한 정책수단들은 적극적 노동시장정책(ALMP)에 해당한다. 그리고 전자의 소득지원체계는 활성화 정책을 통해 ALMP와 연계되게 된다.

나. 소득지원 체계의 유형

실업자에 대한 소득지원 체계는 실업보험(unemployment insurance)과 실업부조(unemployment assistance)로 나눌 수 있다.[1] 실업보험은 실업의 위험에 대응하여 보험방식을 적용함으로써 보험료를 재원으로 하여 실업이 발생한 경우에 일정한 기간 동안 실업급여를 지급하는 제도이다. 이와 비교해 실업부조는 정부의 일반회계 재정을 사용해 저소득 가구의 실업자에 대하여 일정액의 수당을 지급하는 제도이다.

○ 실업은 사회적으로 대응해야 할 사회적 위험

19세기까지만 해도 고전파 경제이론에 의하면 실업은 새로운 일자리를 탐색하거나 이직을 하는 과정에서 일시적으로 발생하는 마찰적 실업만이 존재하고 이러한 마찰적 실업은 모두 자발적 실업으로 간주해 사회적으로 책임을 질 필요가 없다는 입장이었다. 나아가 실업 기간에 소득을 지원하게 되면 스스로 실업을 선택하는 도덕적 해이가 증가하게 되고 결과적으로 노동을 하려는 사람들의 수를 감소시킬 것이라고 보았다. 이러한 입장에 따라 빈곤 대책을 제외하고는 실업보험과 같은 실업자에 대한 소득지원 체계는 오랫동안 도입되지 못했다. 그러나 1929년에 대공황이 발생하면서 케인즈(Keynes, J, M.) 경제학은 유효수요의 부족이 있는 경우 비자발적 실업이 대량으로 발생하게 됨을 설명하였고, 이에

---

1) 우리나라 사회보장기본법(제3조)은 ""사회보장"이란 출산, 양육, 실업, 노령, 장애, 질병, 빈곤 및 사망 등의 사회적 위험으로부터 모든 국민을 보호하고 국민 삶의 질을 향상시키는 데 필요한 소득·서비스를 보장하는 사회보험, 공공부조, 사회서비스를 말한다"고 규정해 사회보장이 보험방식을 적용하는 사회보험과 정부의 재정을 활용하는 공공부조, 그리고 상담, 재활, 돌봄, 정보의 제공 등을 제공하는 사회서비스로 구성되어 있다고 밝히고 있다.

따라 실업은 더 이상 일부 근로자들의 문제가 아니라 사회적 위험으로서 사회적으로 그 비용을 분담하여야 한다는 인식이 확산되면서 실업보험과 같은 실업자 소득지원 체계를 갖추게 되었다.

이후에도 자본주의 경제는 실업 문제를 반복적으로 겪어 왔다. 1970년대에는 오일쇼크로 인해 전 세계가 경제침체기에 들어서면서 실업률이 급증하고 장기 실업이 증가하게 되었다. 또한 1990년대 후반의 동아시아 외환위기, 2008년의 세계 금융위기, 2020년의 코로나19에 따른 위기 등이 반복적으로 나타남으로써 대량 실업을 경험하였다. 한편 이러한 경제적인 요인 이외에도 인구의 고령화, 세계화, 급속한 기술 변화에 따라 산업구조의 변동, 지역간 불균형 발전, 직업별 수요구조의 변동, 노동력 공급변동 등이 나타나면서 노동력의 수요·공급의 구조적 불일치가 확대됨으로써 구조적 실업(structural unemployment)이 증가하게 되었다. 이와 같은 실업은 본질적으로 비자발적으로 발생하는 것이기 때문에 사회적으로 대응해야 할 '사회적 위험'에 해당한다.

나아가 현대 산업사회에서는 노동시장이 변화되어 실업의 성격이 과거와 달라졌다는 점도 지적할 수 있다. 과거의 전통적인 사회에서는 노동시장에서 일자리를 찾지 못하는 경우에 가내 생산 또는 자영 생활을 통해서 경제활동을 계속 할 수도 있었으나, 현대의 산업사회에서는 근로자들이 생산수단을 소유하고 있지 않기 때문에 노동시장에서 일자리를 찾을 수 없는 경우에는 어떠한 경제활동도 할 수 없게 되었다. 따라서 현대 산업사회에서는 근로자들은 일을 하고 있거나 아니면 일을 하지 않는 두 가지 상황 중의 하나에만 놓이게 되었고 일을 하지 않는 경우에는 생활을 유지할 수 있는 아무런 수단이 없게 되었다. 이런 점에서 실업보험은 이와 같은 노동시장의 변화에 대한 대응(response)이라고 할 수 있다(World Bank, 2002).

○ 실업보험과 실업부조

실업보험과 실업부조는 실업에 따른 소득 상실을 부분적으로 보전해 준다는 점에서는 공통점이 있으나 제도의 목적은 서로 다르다. 실업보험의 경우에는 보험의 원리에 따라 평소에 소득의 일부를 보험료로 납부한 뒤에 일자리 상실이라는 보험사고가 발생한 경우에 지출의 급격한 감소를 방지하는 것(consumption smoothing)을 목적으로 하는 반면, 실업부조는 저소득가구의 실업자가 빈곤층으로 전락하는 것을 방지함으로써 빈곤을 감축하는 것(poverty reduction)을 목적으로 한다(World Bank, 2002). 노무제공 이외에는 생계수단이 없는 저소득 가구에게는 실업은 바로 빈곤의 위험을 의미하기 때문에 빈곤화 방지를 위해 실업부조를 통해 보호하고자 하는 것이다.

실업보험의 경우에는 호주와 뉴질랜드를 제외한 대부분의 OECD국가들이 도입해 운영하고 있는 데에 반해, 실업부조의 경우에는 제도의 도입 여부와 제도의 내용이 국가에 따라 차이가 난다. 실업부조를 실시하고 있는 국가들로는 호주, 뉴질랜드, 영국, 독일, 오스트리아, 네덜란드, 프랑스, 스페인, 포르투갈, 핀란드 등을 들 수 있다. 그런데 실업부조를 실시하는 국가들은 근로능력이 있는 빈곤가구 실업자를 공공부조의 대상으로 설계하였는지 아니면 실업부조의 대상으로 설계하였는지에 따라 두 가지 유형으로 다시 구분할 수 있다. 근로능력이 있는 빈곤가구 실업자를 실업부조의 대상으로 하는 경우에는 실업부조는 포괄적으로 설계되어 노동시장정책에 보다 전문성이 있는 중앙정부의 PES가 노동시장정책 차원에서 빈곤가구 실업자를 담당하게 된다. 반면에, 공공부조의 대상으로 하는 경우에는 지방정부가 사회복지정책 차원에서 담당하면서 취업지원에 대해서는 별도의 프로그램을 마련해 접근하기 때문이다. 실업부조를 운영하는 국가들 중에서 호주, 뉴질랜드, 영국, 독일은 빈곤가구를 포함해 '모든' 저소득 가구의 실업자를 대상으로 하는 포괄적인 실업부조제도를 운영[2]하고 있는 반면에, 우리나라를 포함한 나머지 국가들은 빈곤가구는 공공부조에 맡기고 소득기준이 그 이상인 저소득가구의 실업자만을 대상으로 실업부조제도를 운영하고 있다. 이와 비교해 미국, 캐나다, 벨기에, 덴마크, 이탈리아, 룩셈부르크, 노르웨이, 스위스의 경우에는 별도의 실업부조 제도를 운영하고 있지 않고 있다.

이와 같은 점에서 공공부조까지 포함해 실업자에 대한 소득지원체계를 유형화해 보면 한국, 오스트리아, 네덜란드, 프랑스 등과 같이 「실업보험 – 실업부조 – 공공부조」의 3층 구조로 운영하고 있는 국가들이 있는 반면, 영국, 독일과 같이 실업부조를 포괄적으로 설계해 「실업보험 – 실업부조」의 2층 구조로 운영하는 국가도 있고, 미국, 캐나다 등과 같이 실업부조 없이 「실업보험 – 공공부조」의 2층 구조로 운영하고 있는 국가도 있다. 또한 호주와 뉴질랜드와 같이 실업보험 제도 없이 실업부조 제도만 운영하고 있는 국가도 있다. 호주와 뉴질랜드는 국제적으로 보면 예외적인 사례에 해당하는데, 근로자 중심의 실업보험 제도를 가지고 있지 않기 때문에 사각지대 없이 모든 국민을 대상으로 하여 상대적으로 관대한 수준의 실업부조 제도를 운영하고 있다.

---

2) 영국은 과거에는 별도로 실업부조제도를 운영하였으나 2012년부터 실업부조를 포함해 자산조사 기반의 6개 복지급여를 하나로 통합한 통합급여(Universal Credit)를 운영 중에 있고, 독일은 2005년에 하르츠 개혁을 통해 기존의 실업부조와 사회부조를 실업급여 II(ALG II)로 통합하고 근로능력이 없는 빈곤가구를 대상으로 한 공공부조제도를 새로 만들었다.

다. 실업보험과 실업부조의 비교

먼저 사회보험과 공공부조가 일반적으로 어떻게 다른지를 비교해 보기로 한다. 실업보험은 사회보험의 한 유형이고 실업부조는 부조라는 측면에서 공공부조와 유사한 측면을 공유하고 있기 때문이다. 김용하(2021)는 사회보험과 공공부조의 차이를 다음과 같이 기술하고 있다. 첫째, 필요의 증명 측면에서 사회보험은 욕구조사와 자산소득 조사(means test)를 필요로 하지 않으나 공공부조는 언제나 욕구조사, 자산소득조사 등을 필요로 한다. 둘째, 재정방식에서 사회보험은 보험료를 재원으로 하는 데 반해 공공부조는 일반 조세를 재원으로 한다. 따라서 공공부조에서는 사회보험과 같은 수급자의 기여가 없으며 또한 급여와 기여 사이에도 별다른 관계가 없다. 셋째, 사회보험의 수급을 위해서는 자격요건만 충족되면 별다른 필요를 증명하지 않고도 법적 권리가 부여되므로 낙인효과가 발생하지 않지만, 공공부조에 있어서는 자산소득조사로 인하여 낙인효과가 발생하게 된다.

이상의 차이점 중에서 첫 번째에 기술된 필요의 증명 측면에 대해서는 추가 설명이 필요하다. 실업보험은 자산소득조사(means test)를 필요로 하지 않고 실업부조는 자산소득조사를 항상 필요로 한다는 점에서는 위와 같으나, 욕구조사와 관련해서는 실업보험과 실업부조의 경우에도 급여 지급과 함께 실업자의 취업능력·희망직업 등을 파악해 개인별로 맞춤형 취업지원 서비스를 제공해야 한다는 점에서 최근에는 프로파일링의 중요성이 강조되고 있다. 이와 같은 점에서 현대 고용서비스에서는 여러 가지 복지서비스 중에서 필요한 서비스로 연결하기 위한 공공부조 욕구조사와 유사하게 실업보험과 실업부조에서도 수급자의 니즈(needs) 파악을 하고 있다.

〈표 6-1〉 실업자 소득보장제도 유형별 원리비교

	실업보험	실업부조
목적	• 실업 시 생계안정과 지출 수준의 급격한 감소 방지	• 실업 시 최소 생계지원을 통한 빈곤 방지
재원	• 노사의 보험료/기여금 • 정부의 출연금	• 정부의 일반 조세 수입
지급대상	• 일정 기간 동안 보험료/기여금을 납부한 실업자	• 가구소득이 일정 기준 미만 • 자산소득조사 필요
지급기간	• 최대지급 기간을 제한 • 기여기간 등에 따라 차등	• 원칙적으로 수급요건을 만족하는 한 계속 지급
지급금액	• 과거의 임금수준에 따라 차등지급 • 최저·최고금액의 설정 가능	• 최저소득 보장을 위한 정액제 • 부양가족에 따라 차등

실업보험과 실업부조는 그 원리의 측면에서 <표 6-1>과 같은 차이가 있다. OECD 나 국제노동기구(ILO) 등의 국제통계 및 제도비교를 위한 표준화 작업에서도 이러한 원리 의 차이를 토대로 국가별로 실업보장제도를 구분하고 있다.

<표 6-1>을 보면 실업보험의 주된 목표는 지출 수준의 급격한 감소 방지(consump - tion smoothing)에 있고 실업부조의 주된 목표는 빈곤 감축(poverty reduction)에 있다는 점 이 그대로 반영되어 있음을 알 수 있다. 첫째, 재원의 경우에는 실업보험은 노사가 납부하 는 보험료인 반면에 실업부조는 일반조세수입에 의해 조성되는 일반재정이다. 둘째, 지급 대상의 경우 실업보험은 보험의 원리에 따라 기여금과 연계되어 있는 데에 반해 실업부조 의 경우에는 저소득가구의 실업자 보호를 위해 자산소득조사(means test)에 의한 가구소득 (자산)으로 결정되게 된다. 셋째, 수급기간의 경우에 실업보험은 최대 지급기간이 제한되 어 있으며 기여기간 등에 따라 수급기간이 차등되는 데 반해 실업부조는 대부분 가구소득 (자산)이 일정 기준 이하인 상태에서 실업이 지속되는 한 계속 지급되는 것이 원칙이다. 넷째, 급여수준(수급기준)에 있어서도 실업보험은 과거의 임금수준에 따라 차등 결정되는 데에 반해 실업부조는 최저소득 보장을 위해 일반적으로 정액제로 지급되고 있다.

라. 실업자 소득지원의 경제사회적 효과

실업보험과 실업부조는 실업자에게 소득을 지원하는 것이므로 개인적인 관점에서 보면 실업기간 중의 소득을 보호하는 효과를 가지고 있다. 그런데 사회적인 관점으로 시야를 넓혀 보면 좀 더 다양한 효과를 가지고 있음을 지적할 수 있다.

첫째, 경기침체기에 실업이 증가하면 실업급여 지출이 증가하고 경기가 회복되면 실업 급여 지출이 감소한다. 즉 경기침체기에 정부의 재정지출을 자동적으로 증가시키며 경기 회복기에는 감소시킴으로써 경기 변동성을 완화시킬 수 있다. 이러한 기능을 거시경제의 자동안정화장치(automatic macroeconomic stablizer)라고 한다.

둘째, 일반적으로 실업의 위험은 대기업체의 정규직과 같은 고임금 일자리보다는 비정 규직, 영세업체와 같은 저임금 일자리에서 높게 나타나므로 실업에 대한 소득지원은 일정 한 소득재분배 효과를 가지고 있다.

셋째, 미국과 같이 실업보험의 보험료율에 경험료율(experience rate) 제도를 도입해 한 사업장에서 실업급여의 지출이 증가하면 사업주의 보험료율이 자동적으로 증가하게 만들 면 근로자에 대한 정리해고(layoffs)가 감소되어 노동시장의 고용안정성을 증대시킬 수 있다. 노동법에 해고제한 규정이 없이 임의고용(employment-at-will) 원칙이 적용되고 있는 미국의 경우에는 기업이 해고를 많이 하여 실업급여의 지급이 많아지면 보다 높은 실업보험료를 내게 하는 경험료율(experiencing rate) 제도의 도입이 실업보험제도 도입의 주요한 목적 중의 하나였다.

넷째, 실업보험과 같이 실업기간 중에 소득지원을 해 주면 노동시장의 안전성(security)이 증가하게 되고, 이렇게 되면 실패할 위험성은 높으나 생산성이 높은 일자리나 산업이 보다 쉽게 등장할 수 있게 될 뿐 아니라 노동시장의 유연화에도 도움을 주어 경제의 효율성을 높일 수 있다(World Bank, 2002).

○ 실업자에 대한 소득지원은 실업자의 취업행동에도 영향

실업자에 대해 소득지원을 하면 실업자의 취업행동에 영향을 미치게 된다. 일반적으로는 실업급여와 같은 소득지원은 실업자의 구직 노력을 감소시키고 의중임금(reservation wage)을 증가시켜 실업의 감소를 지연시키고 실업기간을 늘리는 부정적인 인센티브 효과(adverse incentive)를 가지고 있다고 지적되고 있다. 반면에, 실업자에 대한 소득지원은 실업자가 충분한 시간을 가지고 숙련과 경력에 적합한 일자리를 찾도록 지원하거나 또는 적절한 ALMP와 결합됨으로써 일자리 매칭의 질(job-match quality)을 높이는 효과를 가져올 수도 있다는 반론도 있다(이병희 외, 2009).

이러한 이유 때문에 실업자에 대한 소득지원체계에서는 활성화 정책의 중요성이 무엇보다 강조된다. OECD는 활성화 정책에 대하여 적극적 구직활동과 취업능력 향상을 위한 프로그램에 참여하는 것을 조건으로 실업급여를 지급하고 고용서비스와 노동시장 프로그램들이 재취업을 효과적으로 촉진할 수 있도록 관리함으로써 보다 많은 사람들을 재취업으로 유도하는 조치라고 정의하고 있다(Martin, 2015). 이에 따라 OECD 국가들은 실업급여의 수급자격 강화, 개인별 취업활동계획(IAP)의 수립, 구직활동의 모니터링, 일정한 실업기간이 경과한 뒤에는 ALMP 프로그램에의 참여를 의무화하는 등의 조치를 취하여 왔다(OECD, 2007).

2. 실업보험의 제도적 특징과 활성화 정책

가. 실업보험의 역사

실업기간 동안의 소득지원체계는 19세기 중반 자본주의 경제에서 반복적으로 나타나는 실업 문제에 대응하기 위해 유럽의 일부 노동조합들이 실직조합원들에게 실업수당을 지급하기 위해 만들었던 자주적인 실업공제기금으로부터 출발한다. 그러나 이 당시의 실업공제기금은 임의가입 원칙에 기초하고 있었으며 기금의 규모가 크지 않아 대량실업이 발생하면 재정위기에 봉착하는 문제가 있었다. 이에 따라 20세기 초에 들어서면 노동조합 중심의 실업공제기금에 재정의 안정성과 적용의 보편성을 높이기 위해 국가 또는 지방정부가 보조금을 지불하면서 감독권을 행사하기 시작하였다. 이러한 방식을 겐트시스템(Ghent system)[3]이라고 하며, 현재에도 덴마크, 스웨덴, 핀란드 등에 그 유형이 존재하고 있다.

강제가입을 원칙으로 하는 사회보험 방식의 실업보험은 1911년 영국에서 최초로 도입되었다. 사회보험 방식 자체는 1880년대에 독일의 총리였던 비스마르크(Bismark von Otto)에 의해 만들어진 사회보장 방식이다. 영국에서는 전통적으로 산업화 과정에서 발생하는 빈민 문제를 공공부조의 성격을 띤 빈민법을 통해 해결하려고 하였으나 그러한 접근이 그다지 효과적이지 못하였다는 것을 간접 경험한 후발 산업국가인 독일에서 이러한 사회문제를 노동자들 사이에 존재하고 있었던 공제조합을 활용한 집합주의적 해결책으로 접근한 것이 사회보험의 출발이었다(이준영 외, 2016). 독일에서는 1880년대에 임금근로자를 대상으로 한 사회보험으로서 산재보험, 의료보험, 노령연금이 도입되었다.

이와 같은 사회보험 방식을 영국이 도입해 1911년 국민보험법(National Insurance Act)을 제정하면서 최초의 실업보험이 만들어졌다. 영국 최초의 국민보험은 실업보험과 의료보험으로 구성되었으며, 재원은 근로자, 사용자 그리고 일반 납세자로부터 각각 고정액을 보험료로 징수하는 방식으로 조성되었다. 처음에는 일부 산업을 대상으로 제한적으로 적용되었으나, 1920년 실업보험법이 제정되면서 모든 임금근로자로 확대되었다. 실업보험은 제1차 세계대전 이후 대량실업을 거치면서 이탈리아(1911년), 오스트리아(1920년), 독일(1927년), 미국(1935), 캐나다(1940) 등으로 확대되었다. 미국에서는 1932년 위스콘신주에서 먼저 실업보험법이 제정되었으나, 뉴딜정책의 일환으로 1935년 연방정부가 사회보장법(Social Security Act)을 제정하면서 각 주별로 실업보험의 도입을 유도하였다. 미국의 실업

---

3) 겐트시스템이라는 명칭은 이러한 방식을 최초로 시행한 벨기에의 겐트시에서 유래한다.

보험은 연방정부와 주정부의 파트너십에 의해 운영되는 매우 특수한 형태이다.4) 제2차 세계대전 이후 복지국가를 거치면서 대부분의 선진 산업국가에서는 실업보험이 도입되어 운영되게 되었다.

1970년대 이후에 구조적 실업과 장기실업이 증가하면서 OECD 등 국제기구를 중심으로 실업급여와 ALMP의 효과적인 연계가 강조되기 시작하였으며 많은 국가에서 실업급여 수급자에 대한 활성화 조치를 강화하기 시작하였다. 나아가 일부 국가에서는 실업보험을 ALMP와 통합한 고용보험 체제로 변경하였다. 독일은 1969년 고용촉진법을 제정하면서 고용보험 체제로 변경5)하였으며, 일본은 1974년에, 캐나다는 1996년에 각각 실업보험을 고용보험으로 개편하였다. 우리나라는 1995년 고용보험을 신규로 도입하였다.

나. 실업보험의 유형

OECD 국가들에서 운영되는 실업보험은 강제적 실업보험과 임의적 실업보험으로 분류할 수 있다. 강제적 실업보험은 일정 요건에 해당하는 사업장의 근로자에 대해서는 가입이 의무화되어 있는 형태로서 미국, 영국, 독일, 프랑스, 캐나다, 한국, 일본 등에서 시행되고 있는 일반적인 형태이다. 이 중에서 영국, 아일랜드, 노르웨이는 하나의 시스템으로 통합되어 운영되는 단일 사회보장체계(Social Security Scheme)의 한 프로그램으로 운영되고, 나머지 국가들은 독립적인 사회보험으로 운영되고 있다. 독립적인 사회보험으로 운영되는 경우에도 보험료를 개별적으로 징수하는 국가가 있는가 하면 다른 사회보험료 또는 일반조세와 통합 징수하여 실업보험기금에 배분해 주는 국가도 있다. 또한 이와 같은 강제적 실업보험은 국가에서 직접 운영하기 때문에 ALMP와의 연계가 상대적으로 용이하다는 장점이 있다.

---

4) 미국과 캐나다는 연방정부가 국내 문제에 대해서는 제한된 권한만을 갖는 연방제를 채택하고 있다. 그래서 1930년대에 대공황에 대응해 연방법에 의한 실업보험을 도입하려고 하는 과정에서 헌법위반 문제에 봉착하였다. 미국의 경우에는 위스콘신주에서 이미 주법으로 실업보험을 도입하는 법률을 제정하고 있어서 연방실업보험세를 징수하되 연방기준에 맞는 주 실업보험을 도입하는 주에 대해서는 연방실업보험세의 상당 부분을 면제해 주는 방식을 사용해 주정부에서의 실업보험제 도입을 유도하고 연방정부는 주 실업보험의 최소기준과 주 실업보험의 운영지원, 그리고 주 실업보험의 재정안정을 위한 신탁기금을 설립해 운영하는 형태로 제도를 도입하였다. 이에 반해 캐나다의 경우에는 각 주의 동의를 받는 형태로 연방 실업보험을 도입하였다. 그러한 과정을 거치다 보니 이 두 나라에서 실업보험이 도입된 것은 대공황의 발생 시기에 비춰 보면 상당히 늦게 되었다.

5) 제도의 명칭은 실업보험을 그대로 사용하고 있으나 고용촉진법은 모든 적극적 노동시장 프로그램 예산을 실업보험기금으로 통합해 운영함으로써 실제에 있어서는 고용보험체제로 변경되었다.

○ 독일의 비스마르크식 제도와 영국의 베버리지식 제도

강제적 실업보험인 경우에도 독일의 비스마르크식의 제도와 영국식의 제도는 그 성격이 서로 다르다. 영국에서는 제2차 세계대전이 한창이던 1941년에 영국노총의 건의를 받아 사회연대 의식 강화 차원에서 사회보험 실태를 조사하고 「베버리지 보고서」를 발표하였다. 「베버리지 보고서」는 이후 영국의 사회보장체계의 근간을 구성하게 되는데 보편주의를 그 기본이념으로 삼았다. 이에 따라 모든 시민을 포함해 동일한 급여를 제공함으로써 소득자산조사에 따른 낙인효과를 제거하고, 국민 최저(national minimum)의 개념을 내포해 급여 수준을 기본적 욕구를 충족하는 선에서 결정하자고 하였다. 또한, 사회보험을 1차적인 안전망으로 하고 공공부조와 임의보험을 보완적인 제도로 하되 모든 사회보험을 하나의 시스템으로 통합·확대할 것을 제안하였다(이준영 외, 2016). 이 제안을 토대로 영국의 사회보험은 하나의 국민보험으로 통합되었으며, 「베버리지 보고서」를 계기로 영국과 독일의 사회보험은 상당한 차이를 가져오게 되었다. 독일의 비스마르크식 사회(실업)보험이 보험에 가입된 근로자들의 임금소득에 비례해 보험료를 납부하고 보험급여를 지급하는 보험의 원리에 좀 더 충실하다고 한다면, 영국의 사회(실업)보험은 보편적·포괄적 사회보험체제를 지향하면서 보험료는 소득에 비례해 납부하지만 보험급여는 비교적 낮은 수준의 정액급여로 지급되고 있다.

○ 임의적 실업보험

임의적 실업보험은 겐트시스템에 따라 노동조합에 의해 설립된 실업보험기금이 정부로부터 인가받아 운영되는 형태로서 조합원이 납부한 보험료와 정부의 재정보조로 운영되는 형태이다. 당해 기금을 설립해 운영하는 노동조합의 조합원뿐만 아니라 일반 시민들도 가입할 수 있으며, 스웨덴에는 35개, 핀란드에는 36개, 덴마크에는 30여 개의 기금이 각각 운영되고 있다. 1990년대 이후에는 노동조합과 관계없이 독립적인 실업보험기금도 설립되고 있으며, 자영업자들이 가입할 수 있는 실업보험기금도 존재한다. 스웨덴과 핀란드의 경우에는 실업보험기금에 가입되어 있지 않거나 수급자격에 미달한 실업자에 대해 정액의 실업수당을 지급하는 기초보험과 같은 이중시스템을 운영함으로써 임의가입에서 오는 사각지대 문제를 해소하고 있다. 이와 같은 이중시스템에서는 기초보험이 일반 자영업자에게도 적용되고 있어서 보편적인 실업보험이 가능하게 된다. 덴마크의 경우에는 높은 노동조합 가입률과 관대한 실업급여 지급으로 인해 과거에는 실업보험 가입률이 강제가입 국가와 유사하게 매우 높은 수준을 나타냈기 때문에 임의가입이 문제가 되지 않았으나 최근에는 노동조합 가입률이 감소하면서 실업보험의 사각지대가 증가하고 있는 상황이다.

○ Esser에 의한 실업보험의 네 가지 유형분류

이와 유사한 관점에서 Esser et al.(2013)은 실업급여 수급조건, 급여수준의 결정원리, 보험행정의 세 가지 기준을 사용해 유럽 국가들의 실업보험 유형을 네 가지 유형으로 세분하고 있다. ① 국가조합주의 프로그램(State Corporatist program)은 독일, 프랑스, 오스트리아 등 대륙계 유럽 국가에서 강제보험을 운영하면서 보험료 납부를 토대로 수급자격을 결정하고 소득에 비례해 비교적 높은 수준의 실업급여를 지급하고, 노사 대표가 보험관리에 참여해 온 유형이다. ② 포괄적 기초보장 프로그램(Comprehensive basic security program)은 영국, 아일랜드와 같이 보편주의에 따라 적용 대상을 넓게 설정하되 실업급여는 낮은 수준의 정액으로 지급하는 유형이다. ③ 임의적 국가보조프로그램(Voluntary state-sub-sidized program)은 스웨덴, 핀란드, 덴마크와 같이 임의가입 형식의 실업보험기금에 국가가 재정 보조하는 형태로 운영하면서, 소득에 비례해 실업급여가 지급되는 유형이다. ④ 포괄적 소득보장 프로그램(Comprehensive income security program)은 동유럽 국가들에서 체제 전환 이후 강제보험 형태로 도입하되 실업급여의 상한을 설정하고 소득대체율이 비교적 낮은 유형이다.

다. 실업보험의 제도적 특징

실업보험은 앞에서 설명한 바와 같이 ① 실업이라는 사회적 위험에 대응하여 ② 보험방식을 적용함으로써 ③ 보험료를 재원으로 하여 ④ 실업이 발생한 경우에 일정한 기간 동안 실업급여를 지급하는 제도이다. 이 개념을 토대로 실업보험의 제도적 특징을 좀 더 살펴보기로 한다.

1) 실업이라는 사회적 위험에 대응하여

사회적 위험으로서의 실업은 근로의 의사와 능력이 있음에도 불구하고 일자리를 갖지 못한 경우를 말한다.[6] 실업은 근로자에게는 소득의 상실을 의미하므로 생계에 부정적 영향을 주게 되며 거시적으로는 구매력이 약화되어 한 나라의 경제에서 총수요가 감소하게

---

6) 통계적으로는 '1주일에 1시간도 수입 있는 일을 하지 않은 사람으로서 지난 4주간 일자리를 찾아 적극적으로 구직활동을 하였고 일자리가 주어지면 즉시 취업이 가능한 사람'으로 정의하고 있다.

된다. 또한 노동력이 생산활동에 투입되지 못하고 유휴화되는 것이므로 경제에도 비효율적이 된다. 따라서 실업이 발생하면 실업보험으로 소득을 지원하고 재취업을 지원하게 되는데, 실업급여의 지급대상이 되는 실업이 되기 위해서는 어떤 사람의 근로의 의사를 판단하여야 하기 때문에 통상 실업자로서 구직등록을 하고 고용센터에서의 상담을 거치도록 하고 있다.

실업은 발생 원인에 따라 다음과 같이 분류된다. 다만, 실업보험에 있어서는 발생 원인에 따른 실업의 유형보다는 이직의 원인이 자발적인지, 비자발적인지가 중요한 기준이 되며, 마찰적 실업은 자발적 이직과 비자발적 이직에서 모두 발생할 수 있고, 경기적 실업, 구조적 실업 그리고 계절적 실업은 그 성격상 비자발적 이직에 해당한다고 하겠다.

① 마찰적 실업(frictional unemployment): 새로운 일자리를 탐색하거나 이직을 하는 과정에서 일시적으로 발생하는 실업으로서, 정보의 부족이나 기타 제도적인 장애로 전직 및 이직 과정이 원활하게 진행되지 않는 경우에 나타날 수 있다.

② 경기적 실업(cyclical unemployment): 경기후퇴 및 불황에 수반하여 발생하는 실업으로서 생산물시장에서의 총수요 감소가 노동에 대한 총수요를 감소시키면서 발생한다.

③ 구조적 실업(structural unemployment): 일자리에서 요구하는 기술 수준과 근로자들이 공급하는 기술 수준 간의 불합치(mismatch)로 발생하는 실업을 의미하며, 산업구조의 변동으로 성장산업에서 요구하는 기술과 쇠퇴·사양산업에 있던 근로자들이 가지고 있는 기술이 불일치하여 발생하거나, 지역간 불균등 발전이 있을 때 성장지역의 기업들이 요구하는 기술 수준과 낙후지역에서 이주해 온 근로자들의 기술 수준이 맞지 않거나 지역적 이동이 어려울 때 발생할 수 있다.

④ 계절적 실업(seasonal unemployment): 어떤 산업의 생산이 계절적으로 변동하기 때문에 일어나는 단기적 실업으로서 자연적 요인 또는 계절적 요인에 따라 농업, 건설업, 관광업 등에서 발생한다.

2) 보험방식을 적용함으로써

실업보험은 사회보험의 일종이며, 사회보험은 보험기술을 이용해 사회정책을 실현하려는 제도이다. 따라서 사회보험은 '보험의 원리'에 의한 지배를 받는다. 그러나 '사회'보험이기 때문에 민간보험에서 적용되는 보험의 원리가 그대로 적용될 수는 없다. 보험의 원리에는 '위험분산(pooling of risks)의 원리'와 '수지상응(equivalence)의 원리'가 있으며, '위험분산의 원리'란 집단적 대응을 통해 불확실성을 제거하는 방식으로서 각 개인이 기대치만큼 보험료를 부담하면 사회적 위험에 직면하였을 경우 언제든지 보장을 받을 수 있도록 하는 것을 의미하고, '수지상응(균형)의 원리'란 수입과 지출이 균형을 이루어야 할 뿐만 아니라 보험에 지불한 비용과 혜택을 받는 금액이 서로 비례하여야 한다는 것을 의미한다. 나아가 이 원리는 보험료는 위험의 크기에 따라 변화하며 위험 발생에 대비하여 일정한 비용을 기여한 사람만이 위험에 처했을 때 사전에 부담한 만큼에 비례하여 혜택을 본다는 보험수리적 형평성을 의미하는 것으로 민간보험에서는 핵심적 원리에 해당한다(이준영 외, 2016). '위험분산의 원리'는 보험방식의 기본이므로 실업보험에 그대로 적용되나, 민간보험의 핵심 원리인 '수지상응의 원리'의 경우에는 실업보험에의 적용에 일정한 제한이 따르게 된다.

사회보험은 '사회'보험이기 때문에 보험의 원리에만 지배되지 않고 다른 사회보험의 원칙의 지배를 함께 받기 때문이다. 사회보험에 적용되는 원칙은 소득재분배의 원칙, 사회적 연대의 원칙, 강제가입의 원칙이 포함된다. 따라서 사회보험에서는 '수지상응의 원리'와 같이 위험의 크기에 따라 보험료를 더 많이 내는 것이 아니라 각자의 능력, 즉 소득수준에 따라 보험료를 납부하게 되며 고소득자가 더 많은 보험료를 부담하는 보험료 부담방식을 통해 소득의 재분배가 이루어진다. 또한 사회적 연대의 원칙에 따라 소득이 높은 구성원이 소득이 낮은 구성원을 지원하는 방식으로 제도가 설계되게 된다(이준영 외, 2016). 이와 같은 원칙을 Leschke(2008)는 복지의 원리(welfare principle)라고 표현하면서 모든 실업보험에는 보험의 원리와 복지의 원리가 함께 작동하는데, 국가에 따라 복지의 원리가 더 많이 반영되어 있는 국가도 있고 이와 달리 보험의 원리가 더 많이 반영되어 있는 국가도 있다고 한다. 이와 같은 측면에서 보면 영국은 복지의 원리가 보다 강하게 반영된 보험을 가지고 있는 반면에 독일은 보험의 원리가 보다 강하게 반영된 보험을 가지고 있다고 하겠다.

3) 보험료를 재원으로 하여

실업보험은 보험의 원리가 적용되면서 사회보험의 원칙이 함께 적용되기 때문에 그 재원은 근로자의 임금소득에 비례해 납부하는 보험료로 조성된다. 다만, 보험료의 납부 주체는 근로자와 사용자가 1/2씩 분담하는 경우가 대부분이며, 미국과 같이 사용자만 부담하는 경우도 있고 캐나다와 같이 사용자가 근로자보다 좀 더 많은 보험료를 부담하는 경우도 있다. 많은 국가에서는 보험료 수입 이외에 정부가 국고에서 일부 재정지원을 한다.

실업보험은 수입과 지출이 균형을 이루어야 한다는 '수지상응의 원리'에 따라 보험수지가 균형을 이룰 수 있도록 관리되며, 대부분의 국가에서는 실업률이 급증할 경우에 대비한 적립금을 운영하고 있다. 실업보험의 재정수지는 노동시장 상황에 따라 변동하게 되므로 보험의 적자 또는 흑자가 누적되게 되면 보험료율 조정을 통해 재정수지를 관리하게 된다. 보험료율 조정 방식은 국가에 따라 다른데 일본과 미국과 같이 탄력적 요율제를 통해 재정수지 상황에 따라 자동적으로 요율이 조정되도록 하는 경우도 있으며, 독일과 같이 비정기적으로 조정하는 경우도 있다. 캐나다와 영국의 경우에는 중장기 보험수지를 토대로 매년 보험료율을 결정하는 방식을 사용한다. 우리나라의 경우에는 보험료율은 고용보험법시행령에서 직접 규정하면서 동시에 실업급여 계정의 적립금을 한 해 지출액의 1.5~2배 규모로 유지하도록 규정하고 있어서 독일과 일본·미국의 혼합형태로 볼 수 있다.

4) 실업이 발생한 경우에 일정한 기간 동안 실업급여를 지급

1 실업의 발생

실업보험에서 이직 사유는 매우 중요하다. 비자발적 실업의 경우에는 실업급여가 정상적으로 지급되나 자발적 실업의 경우에는 실업급여를 일정 부분 제한[7]하거나 또는 미국, 캐나다, 한국 등과 같이 수급자격을 인정하지 않는 경우도 있다. 쉽게 설명하면 자발적 실업은 스스로 보험사고를 유발한 경우에 해당하기 때문이며, 이런 경우에도 실업급여를 온전히 지급하는 경우 도덕적 해이(moral hazard)를 초래하기 때문이다.

또한 완전실업뿐만 아니라 부분실업에 대해서도 실업급여를 지급하는 국가가 많이 있다.[8] 일반적으로는 파트타임 형태로 복수의 일자리에서 취업하다가 하나의 일자리에서 실직하는 경우가 부분실업에 해당하며, 미국과 같은 경우에는 회사 사정에 따라 근로시간이 축소되어 임금이 줄어든 경우도 부분실업으로 인정하고 있다.[9] 다만, 우리나라의 경우에는 임금근로자가 복수의 일자리에 고용되어 있는 경우 주된 일자리에서만 피보험자격 취득신고를 하도록 하고 있고 근로시간이 줄더라도 실업 상태는 아니기 때문에 현행 고용보

---

7) 일정한 기간이 지나도 취업하지 못하는 경우에는 비자발적 실업으로 성격이 변경된 것이라 하여 일정기간이 지난 뒤부터 실업급여를 지급하고 급여액 또는 급여기간도 감축하는 국가들이 있다.

8) 독일, 프랑스, 네덜란드, 스웨덴, 캐나다가 그 예이며, 동료 근로자들과 일자리 나누기(work-sharing)를 하는 경우 감소된 임금을 부분 실업급여로 지급하는 것이 대표적인 유형이다.

9) 독일과 같은 경우에는 회사 사정에 따라 근로시간이 축소되는 경우에는 고용유지지원제도로서 사업주에게 근로시간단축수당을 지급하여 임금수준은 실업급여 수준 이상으로 유지하도록 하는 제도를 운영하고 있다.

험제도에서는 부분실업이라는 개념은 인정되지 않고 있다. 그러나 노동시장의 변화에 따라 소위 N잡러가 갈수록 증가하고 있기 때문에 앞으로 실업급여 제도가 이를 어떻게 수용할지가 과제가 되고 있다.

② 수급자격

실업보험은 보험의 원리가 적용되기 때문에 자격요건(Eligibility Conditions) 이외에 기여요건(Contribution Requirements)의 충족을 요구한다. 먼저, 자격요건이라 하면 실업의 상태에 있어야 하며, 구직등록을 하고 jobcenter에서 직업상담을 거쳐야 하는 등 행정적 의무를 이행한 경우를 말한다. 여기에서 실업의 상태라 함은 취업하지 못한 상태일 뿐 아니라 일을 할 수 있는 능력(ability to)과 일을 할 수 있는 상태(availability)에 있어서 언제든지 일자리가 생기면 일을 할 수 있는 사람으로서 적극적으로 구직노력을 하고 있는 사람이어야 한다는 것을 의미하며, 행정적 의무를 이행한 경우라고 하면 jobcenter에 구직등록을 하고 직업상담과 취업알선을 받는 등 행정적 요건을 이행한 사람이어야 한다는 것이다(정병석 외, 2021). 활성화 정책에 따라 요구되는 자격요건이라 하겠다.

한편, 기여요건이란 실업급여를 지급받기 위해서는 실업보험에 일정한 기여를 하였음을 요구하는 것으로 기준기간(qualifying period 또는 base period) 동안에 일정한 기여를 하였을 것을 요구하는 형태로 구성되어 있다. 일반적으로 기준기간 동안에 일정 금액 이상의 소득(earnings)을 요구하든지 또는 일정 기간 이상의 고용(employment)을 요구하는데, 고용의 경우에는 국가에 따라 날 수(days), 주 수(weeks) 또는 월 수(months)로 규정되어 있다. 주 또는 월의 충족 여부를 산정할 때에는 몇 시간 이상 또는 몇 일 이상 일한 주 또는 월 만을 산정해 포함시키는 것이 일반적이다(정병석 외, 2021). 어느 정도의 기여요건을 요구하는지는 국가에 따라 매우 다양해 일반론을 찾기는 어려워 보이나, OECD(2020)에 의하면 OECD 국가들의 경우 평균적으로는 약 12개월 정도 고용되어 보험료를 납부하였을 것을 요구하나 국가에 따라 최소 3개월에서 최대 24개월까지 요구하는 등 다양하게 설정되어 있으며, 기준기간의 경우에도 평균적으로는 2년이나 국가에 따라 최소 9개월에서 최대 6년까지 다양하게 설정되어 있다.

결국 평균적인 모습은 직전 2년 동안에 1년 이상 고용되어 보험료를 납부하였을 것을 요구하는 것이지만 국가에 따라 매우 다양한 모습을 띄고 있다고 하겠다. 평균적인 모습은 독일과 영국에서 볼 수 있으며, 프랑스의 경우에는 직전 2년 동안에 6개월 이상을, 스웨덴은 직전 1년 동안에 6개월 이상 취업할 것을 요구한다. 네덜란드의 경우에는 기초급여와 확대급여로 구분되는데 기초급여의 경우에는 직전 36주 중에서 26주 이상을 요구하고 확대급여는 지난 5년 중에서 4년 이상 취업할 것을 요구한다. 캐나다의 경우에는 직전 1년 동안 420시간 내지 700시간의 취업을 요구하고 있다. 기여기간을 길게 요구하면 고용이 불안정한 비정규직 근로자들은 빈번한 실업에 노출됨에도 불구하고 실업의 위험으로부터 보호받지 못하기 때문에 일반적으로 기여기간을 짧게 설정하는 것은 고용이 불안정한 비정규직 근로자들을 보호하기 위한 목적과 관련이 있다(OECD, 2018).

③ 급여의 수준과 지급기간

일반적으로 실업보험에서 지급되는 급여의 수준은 종전 임금수준에 비례하여 지급되며, 평균 임금의 40%~75% 사이에서 지급되고 있다(World Bank, 2004). 그러나 스웨덴과 같이 첫 200일 동안은 기존 임금의 80%를 지급하다가 이후에는 70%를 지급하는 국가도 있고, 덴마크와 같이 기존 임금의 90%[10]를 지급하는 국가도 있다.

한편, 실업보험에 의한 실업급여는 최대 지급기간이 제한되어 있다. 지급기간 역시 국가에 따라 많은 편차가 있으며, 덴마크, 프랑스, 이탈리아, 네덜란드와 같이 2년까지 지급하는 국가가 있는가 하면 독일, 오스트리아, 스페인의 경우에는 1년까지 지급하고, 영국·미국과 같은 경우에는 6개월로 한정하는 경우도 있다. 프랑스의 경우에는 연령에 따라 최대 2년에서 3년을 지급하며, 벨기에는 예외적으로 실업부조를 운영하지 않는 대신에 실업급여에 기간 제한을 설정하지 않고 있다(OECD, 2020).

라. 실업급여 수급자에 대한 활성화(activation)

실업자에 대한 소득지원은 제도를 잘 설계해 운영하면 실업자의 소득을 안정시켜 자신에게 적합한 보다 좋은 일자리에 취업할 수 있는 여건을 마련해 줄 수도 있지만 자칫하면 실업자의 근로의욕을 감소시킬 수 있다. 그렇기 때문에 실업자의 소득지원에서는 활성화 정책이 중요하게 된다. 제5장에서 살펴본 바와 같이 활성화 정책은 사회보장 급여 내 근로의욕을 저하시키는 제도적 장치를 제거하고 그 대신에 구직노력을 촉진하는 제도적 장치를 마련하며, 고용서비스 등을 중심으로 한 다양한 프로그램을 도입해 이들을 노동시장에 취업하도록 지원하는 정책을 말한다. 일반적으로 전자의 근로의욕을 유지하는 방안은 실업급여의 수급자격과 이후의 실업인정 기준 등에 다양한 조건을 부과하는 방식으로 실

---

10) 다만, 상한액의 제한이 있어서 하루에 110유로가 실업급여 수준의 상한액이다.

업보험제도 내에서 구체화되며, 후자의 취업지원 방안은 실업급여 수급자에 대한 직업상담 등 재취업지원서비스로 구체화되게 된다.

1) 근로의욕 유지를 위한 실업보험제도 내의 조건 부과

우선, 실업급여의 수급자격 중 '언제든지 일자리가 생기면 일을 할 수 있는 사람'(job availability)으로서 적극적으로 구직노력을 하고 있는 사람이어야 한다는 조건과 jobcenter 에 구직등록을 하고 직업상담과 취업알선을 받는 등 행정적 요건을 이행한 사람이어야 한다는 조건은 실업급여 수급자의 근로동기(motivation)를 유지하기 위한 방안에 해당한다. 특히 이와 같은 수급자격은 실업급여를 지급하는 첫날부터 근로동기를 유지하기 위한 방안으로서의 의미가 있다(OECD, 2015b).

이후에 이어지는 실업 인정의 기준에도 근로동기를 유지하기 위한 여러 가지 조건이 부여되고 있다. 일반적으로 각국의 실업보험제도에서는 ① 구직활동노력의 신고의무, ② 정당한 이유 없는 직업소개의 거부 금지, ③ ALMP에의 참여 의무, ④ 이들 의무 위반 시의 제재 등이 규정되어 있다.

먼저 ① 실업급여의 수급기간 중에 이루어지는 구직활동 노력에 대한 신고의무와 관련해서는 국가에 따라 어느 정도의 구직활동을 요구하는지 그리고 어떠한 방식으로 그 실적을 신고받아 모니터링을 하는지에 다양한 차이가 있다. 미국·네덜란드·일본·아이슬란드 등과 같은 국가에서는 한 달에 이행해야 할 최소 구직활동 횟수를 정하고 있는데 국가별로 최소 1회부터 최대 20회까지 다양하게 규정되어 있다. 근로동기 유지를 위해 구직활동을 열심히 하도록 요구하는 것이기는 하지만, 실업급여 수급자에게 최소 구직활동 횟수를 너무 많이 요구하는 경우에는 사업주들로부터 무의미한 구직신청이 많아진다는 불만이 제기될 수도 있기 때문이다. 이러한 점을 고려해 영국에서는 최소 구직활동 횟수를 정하는 대신에 개인별 취업활동계획(IAP)에 취업활동을 하기 위해 수행해야 할 내용을 상세히 기재하는 방식을 취하며, 캐나다에서는 구직자들의 취업능력 유형에 따라 그에 부합하는 차별화된 취업활동의무를 부과하는 방식을 취하기도 한다(OECD, 2015b). 한편, 실업부조로 운영되는 호주에서는 최근 최소 구직활동 횟수를 부과하는 방식 대신에 한 달에 달성해야 할 목표 포인트를 부과하고 취업활동 유형별로 포인트를 설정해 자신이 설계한 다양한 취업활동[11])을 통해 목표포인트를 달성해 가도록 하는 방식을 도입하여 운영하고 있다. 호주

---

11) 1달에 달성해야 할 목표포인트는 일반적으로 100점을 부여하고 취업활동 유형에 따라 서로 상이한 포인트가 설정되어 있다. 이를 Points-based activation system이라고 한다.

정부는 다양하게 급변해 가는 현대 노동시장에서는 취업활동도 자기 책임하에 보다 다양하게 전개될 필요가 있다고 설명하고 있다. 이와 같은 구직활동 노력은 정기적으로 신고하도록 하고 있는데 이 경우에도 국가마다 차이가 있어서 1주, 2주, 1개월 또는 3개월마다 신고하도록 하기도 하고, 일부 국가에서는 심층상담을 하는 과정에서 상담을 통해 모니터링하기도 한다. 이와 같은 구직활동은 과거에는 jobcenter에의 출석을 통해 모니터링이 이루어졌기 때문에 구직활동 신고의무는 jobcenter에의 출석을 통한 실업의 인정과 거의 같은 의미로 사용되었으나, 최근에는 인터넷 기술이 발달하면서 국가에 따라 인터넷 또는 휴대폰의 앱을 활용한 신고의무로 전환되는 등 다양한 시도가 이루어지고 있는 분야이기도 하다.

이와 함께, 각 국가의 실업보험제도는 ② 정당한 이유 없는 직업소개의 거부 금지, ③ ALMP에의 참여 의무와 관련해 상세한 기준을 가지고 있으며 ④ 이들 의무 위반 시의 제재 등도 규정하고 있다. 우리나라의 경우에도 고용보험법에서는 정당한 이유 없이 고용센터의 직업소개를 거부하거나 고용센터에서 지시한 직업훈련에의 참여를 거부하는 경우에는 실업급여의 지급을 정지하도록 하고, 어떠한 경우가 거부할 수 있는 정당한 사유에 해당하는지에 대한 상세한 기준을 규정하고 있다. 다만, 우리나라의 경우에는 그동안에는 장기 실업의 문제가 크게 문제되지 않았기 때문에 실업이 일정 기간 경과한 장기실업자에 대해 ALMP에 참여하는 것을 의무화하는 규정은 두고 있지 않다.

2) 실업급여 수급자에 대한 재취업지원서비스

실업급여 수급자에 대한 재취업지원서비스는 직업상담을 통해 이루어진다. 다만 직업상담은 실업보험 제도 내의 수급자격 판단과 실업인정 절차와 통합되어 진행된다. 대부분의 국가에서는 실업급여를 지급받기 위해서는 구직등록과 실업급여 신청 직후에 jobcenter에 출석해 초기상담을 받도록 하고 있으며, 이 과정에서 실업급여 수급자의 의무사항을 전달받을 뿐 아니라 프로파일링을 실시해 개인의 역량·흥미를 평가하고 학력·경력·직무경험 등 개인적인 프로파일을 토대로 개인별 취업활동계획(IAP)을 수립하게 된다. 여기에 구직자와 직업상담사가 함께 서명하면 실업급여 수급자는 이 계획에 따른 취업활동을 할 의무를 부담하고 jobcenter는 이러한 노력을 적극 지원하면서 실업급여를 지급할 의무를 부담한다는 상호의무(mutual obligation)가 성립되게 된다. 이후에는 정기적으로 구직활동노력을 신고하고 실업의 인정을 받으면 그 기간에 대한 실업급여가 지급되게 된다. 일정 기간이 지나도 취업하지 못하는 경우에는 다시 심층상담을 실시해 구직활동전략과 면접기법에 관한 조언, 직업능력 개발기회의 탐색, 개인별 취업활동계획(IAP)의 수정 등을 실시하게 된다. 그리고 또다시 일정한 기간이 경과할 때까지 취업하지 못하는 장기실업자에 대해서는 영국과 같이 ALMP에의 참여를 의무화하는 국가들도 많다.

○ 실업급여 수급자들의 유형 분류

실업급여 수급자에 대한 초기상담은 개인의 상황에 따른 맞춤형 재취업지원서비스를 제공함에 있어서 매우 중요한 역할을 담당한다. 그런데, 많은 국가에서는 jobcenter에 근무하는 직업상담사의 수가 제한되어 있기 때문에 제한된 상담인력을 재취업지원서비스를 가장 많이 필요로 하는 취업능력이 가장 낮은 수급자에게 집중하기 위해 프로파일링 결과를 토대로 취업능력에 따라 수급자들을 유형분류하는 방안을 사용하고 있다. 대표적인 예로 독일과 프랑스에서는 직업상담사들이 다양한 도구의 도움을 받아 직접 상담을 통해 구직자의 숙련수준 등을 평가함으로써 구직자들을 유형화[12]하고 유형별로 차별화된 표준 서비스를 제공하고 있다. 또 다른 일부 국가에서는 수급자의 6개월 또는 12개월의 장기실업확률을 측정하는 통계모형을 구축해 수급자의 프로파일을 토대로 장기실업확률을 평가해 계량적인 방법으로 수급자를 유형화[13]하는 방법을 사용하고 있다. 미국, 호주, 네덜란드, 벨기에(VDAB) 등이 대표적인 예로 OECD(2022a)에 의하면 디지털 기술이 발달하면서 인공지능기법을 이용해 프로파일링 통계모형을 구축하는 국가들이 최근 증가하고 있다고 한다.[14]

초기상담 과정에서 실업급여 수급자들이 유형화되면 취업능력이 높은 수급자에 대해서는 jobcenter에의 출석 없이 온라인을 통해 구직활동 실적을 신고받아 모니터링을 하고, 취업능력이 낮은 수급자에 대해서만 jobcenter에 정기적으로 출석하도록 해서 대면상담을 실시하면서 재취업서비스를 집중적으로 하게 된다. 일종의 '선택과 집중'을 통해 고용서비스의 효율성과 효과성을 높이는 방식이다. 아래에서는 주요 국가들에서 이루어지는 세부절차와 방법을 간단히 소개하기로 한다.

○ 독일의 초기상담과 유형분류

독일의 경우에는 4단계 모델(4 Phase Model)에 따라 ① 프로파일링, ② 목표 확정, ③개인별 로드맵의 수립, ④ 실행·유지 및 지속적인 피드백의 절차에 따라 직업상담이 이루어

---

12) 이러한 방법을 Caseworker-based profiling이라고 한다.
13) 이러한 방법을 Statistical profiling이라고 한다.
14) 자세한 내용은 12장에서 설명한다.

진다. 특히 초기상담 과정에서 실시된 프로파일링 결과를 토대로 자격조건, 잠재력, 동기부여, 환경적 여건 등의 충족 여부와 취업까지의 예상 기간을 고려해 실업급여 수급자를 6개의 유형 중의 하나로 구분해 그 유형에 따른 표준화된 서비스를 제공하고 있다. 6개의 유형은 1차 노동시장에의 취업이 가능한지 아니면 대안적인 경제활동으로 취업해야 하는지의 여부, 6개월 또는 12개월 내에 취업이 가능한지 아니면 그 이상 소요될 것인지의 여부, 직업능력개발과 같은 한 가지의 서비스 지원만 있으면 되는지 아니면 환경적 여건 등 복합 서비스 지원이 필요한지의 여부에 따라 구분된다. 예를 들어 1차 노동시장에 6개월 이내에 취업가능성이 높아 별다른 서비스 지원이 필요없고 즉시 취업알선이 가능한 구직자의 경우에는 일반시장 프로파일(Market profiles)로 구분되게 된다.

○ 프랑스의 초기상담과 유형분류

프랑스의 경우 실업급여를 지급받기 위해서는 온라인을 통해 실업급여의 신청과 구직등록을 미리 하도록 하고, jobcenter에서 전화로 상담 일자가 정해져 통보되면 구직등록 후 4주 이내에 초기상담(jobseeker situation interview)이 실시된다. 이 초기상담에서는 심층상담을 통해 프로파일링이 실시되고 이 결과를 토대로 "3＋1의 지원경로(3＋1 engagement paths)"에 따라 ① Folow－up support(자율적인 구직과 사후 확인), ② Guided support(정기적인 상담 및 취업지원), ③ Intensive support(집중 취업지원), ④ Global Support(사회복지사와의 협업지원) 중의 하나로 지원경로가 유형화되고 이를 토대로 개인별 취업활동계획(IAP)이 수립된다. 이후에 구직등록 후 6주 이내에 개인별 전담 상담사가 지정되고 구직등록 후 8주 이내에 지정된 전담 상담사와 첫 번째 상담을 실시하고 나면 이후에는 "3＋1의 지원경로"의 유형에 따라 상담과 지원이 차별적으로 이루어지게 된다(이우영·이재갑, 2021).

○ 영국의 초기상담과 장기실업자에 대한 민간위탁

영국의 경우에는 구직자 수당을 지급받기 위해서는 온라인으로 구직등록을 하고 수당신청을 하여야 하며, 등록 후 14일 이내에 상담일이 통지되면 jobcenter에 출석해 초기상담에 해당하는 최초의 취업집중상담(WFI)이 실시된다. 이 상담에서 고용가능성이 평가되고 취업장애요인이 확인되면 수급자가 해야 할 구직활동 또는 취업관련활동을 정해 개인별 취업활동계획(IAP)에 해당하는 '수당청구인의 약속'(Claimant Commitment)에 서명하게 된다. 영국에서는 구직자 유형분류는 하지 않는 대신에 '수당청구인의 약속'에 개인별로 차별화된 맞춤형 취업활동계획을 기재하는 방식을 사용하고 있다. 이후에는 2주 단위로

5~10분 정도의 짧은 '구직활동평가' 인터뷰에 참가해 개인별 취업활동계획에 따른 취업활동을 했는지를 심사받고 실업의 인정을 받도록 하고 있다. 수급자에 대한 집중적인 구직활동평가와 도움이 필요한 경우에는 따로 날을 정해 40분 정도의 '취업집중상담(WFI)'을 별도로 실시하고 있으며 9개월이 지나도 취업하지 못하는 장기실업자에 대해서는 PrEA에 위탁해 집중적인 취업지원을 받도록 하고 있다.

○ 네덜란드·벨기에(VDAB)·호주의 온라인 프로파일링

프랑스, 독일, 영국의 경우에는 유럽에서도 규모가 큰 PES 조직을 운영하고 있는 국가로서 상담인력도 상대적으로 많이 보유하고 있다. 이에 반해 네덜란드·벨기에(VDAB)와 같은 국가들의 경우에는 상담인력이 충분하지 않아 모든 실업급여 신청자와 구직자에 대해 초기상담을 실시하는 데에 어려움을 겪어 왔다. 이들 국가에서는 이러한 문제를 해결하기 위해 digital first 원칙을 적용해 온라인으로 구직등록을 하고 나면 온라인 상에서 프로파일링 도구를 이용해 취업능력을 평가토록 하고 평가결과 장기실업 확률이 높은 취약구직자들에 대해서는 jobcenter를 방문해 대면상담을 통해 취업지원 서비스를 제공받도록 하고, 취업능력이 있는 구직자들은 자율적인 구직활동을 하도록 하되, 정기적인 전화상담을 통해 구직활동 노력을 모니터링하고 대면 서비스가 필요한지의 여부를 검토하도록 하는 방식을 사용하고 있다.[15] 고용서비스를 전면적으로 민간 위탁한 호주의 경우에는 이러한 방식을 벤치마킹하여 복지사무소인 Centrelink에 구직자급여를 신청하면 온라인 프로파일링을 실시하도록 하고 그 평가결과에 따라 구직자 유형을 분류해 취업능력이 높은 구직자들은 목표포인트를 달성하는 방식으로 자율적으로 취업활동을 하도록 하는 디지털 활성화(digital activation)을 적용하고, 취업능력이 낮은 구직자들은 민간위탁기관에 재취업지원을 위탁하는 방식으로 고용서비스를 제공하고 있다(이우영·이재갑, 2022).

마. 고용형태의 다양화에 따른 정책과제

1) 실업보험과 고용형태의 다양화

주요 국가에서 실업보험제도가 설계되어 도입된 20세기 초반의 노동시장은 상용직 중심의 노동시장이었다. 여기에서 말하는 상용직이란 '무기계약＋full－time 근로＋직접고용'을 특징으로 하는 고용형태를 지칭하며 이러한 고용형태를 표준고용형태라고도 한다.

---

15) 벨기에(VDAB)에서 디지털 고용서비스를 활용하는 방식은 제13장을 참고하기 바란다.

이러한 노동시장을 배경으로 설계된 실업보험은 자연히 상용직 근로자를 전제로 설계되는 경우가 많았다(OECD, 2018). 실업보험의 적용·징수체계, 수급자격 요건, 실업과 취업의 정의, 실업기간 중의 소득인정 기준 등에서 자연스럽게 상용직 근로자를 전제로 한 기준들이 설정되게 되었다.

그러나, 제2차 세계대전 이후에 여성의 노동시장 참여가 증가하면서 파트타임 근로가 증가하였고, 1980년대부터는 노동시장의 유연화가 진행되면서 다양한 고용형태가 증가해 기간제 계약, 파견·도급 등 간접고용 형태의 고용이 불완전한 비정규직 근로가 증가하기 시작하였다. 최근에는 디지털 경제로 이행하면서 더욱 다양한 고용형태가 증가해 특수형태근로종사자, 플랫폼노동, 디지털 특고, 프리랜서 등 임금근로자가 아니면서 전통적인 자영업자와도 다른 회색지대 노동자들이 증가하고 있다. 미래에 디지털 기술이 더욱 발전되면 기업과 고용관계가 프로젝트 베이스로 전환되면서 프로젝트형 고용관계가 더욱 확대될 것으로 예상되어 고용관계의 다양화는 더욱 증가할 것으로 전망된다. 또한 디지털 기술의 급격한 발전은 노동시장의 변동성과 불확실성을 크게 증가시켜 노동자들은 빈번한 실업의 위험에 노출되고 생애에 걸쳐 이·전직 등을 통해 다양한 고용관계를 경험하게 될 것으로 전망된다.

2) 고용형태의 다양화에 따른 정책과제

이러한 상황 속에서 노동시장의 기능이 잘 작동되도록 하기 위해서는 그 속에서 일을 하는 노동자들을 실업의 위험으로부터 보호하면서 고용가능성(employability)과 적응력(adaptability)을 높일 수 있는 고용안전망을 구축하는 것이 무엇보다 중요하게 된다. 그렇기 때문에 대부분의 OECD 국가들에서는 고용형태의 다양화에 대응해 고용안전망을 어떻게 확대해 나갈 것인가가 정책적 과제로 등장하여 왔으며 고용형태에 따라서는 이미 실업보험을 제도적으로 보완하는 방법 등으로 실업보험 체계를 확대 적용해 나가고 있다.[16)]

노동시장의 불확실성과 변동성에 대응해 고용안전망을 확충하기 위해서는 실업보험의 보편성 확보를 목표로 실업보험의 적용을 계속 확대해 나갈 필요가 있다. 그런데 특수형

---

16) 고용형태의 다양화는 시대에 따라 파트타임, 비정규직 근로, 특수형태근로, 플랫폼노동의 순서로 진행되어 왔다. 그러다 보니 일찍이 진행된 파트타임 근로에 대해서는 복수의 피보험자격 인정, 부분실업 등의 형태로 실업보험체계 속에 이미 반영하고 있다. 고용이 불완전한 비정규직 근로의 경우에는 수급자격의 기여기간 등이 관련되는데 부분적으로 반영되어 있고, 비교적 최근에 나타나기 시작한 특수형태근로, 플랫폼노동의 경우에는 적용·징수체계와 주로 관련되는데 국가별 벤치마킹과 국제적인 정책적 논의가 진행되고 있다.

태근로종사자, 프리랜서 등의 임금근로자가 아닌 자영업자[17]에게 실업보험을 확대 적용하는 데에는 고려해야 할 사항이 많이 제기되게 된다. 첫째는 임금근로자의 경우에는 보험료를 일반적으로 노·사가 1/2씩 부담하는 방식으로 실업보험이 적용되는데 자영업자의 경우에는 사용자 부담분을 누가 부담해야 할 것인지의 문제가 제기된다. 사용자 부담분을 자영업자가 모두 부담토록 하게 하면 이른바 이중 부담(double contribution)의 문제가 발생하게 되고 국가가 부담하게 되면 임금근로자와의 형평성 문제가 발생하게 된다(OECD, 2018). 둘째는 임금근로자의 경우에는 임금액이 대부분 고정되어 안정적인 데 반해 자영업자의 경우에는 수입의 변동성이 높은 상황이므로 이와 같이 변동성이 높은 소득수준을 실업보험에 어떻게 반영하는 것이 타당한지에 대한 문제가 제기된다. 자영업자의 실소득을 정확하고 신속히 확인하는 방법이 필요할 뿐만 아니라, 실소득 대신에 고시된 기준소득을 사용하는 경우에는 기준소득이 실소득 상황을 어느 정도 반영하지 않으면 소득지원으로서의 기능이 떨어지는 문제가 발생한다. 셋째는, 자영업자의 경우에는 영업상황이 어려워지는 경우에도 바로 폐업으로 이어지지 않고 소득의 감소 또는 휴업으로 진행되는 경우가 많아 무엇을 실업으로 볼 것인지, 그리고 실업급여 지급과정에서의 도덕적 해이를 어떻게 방지할 것인지에 대한 많은 논의가 필요하게 된다. 그럼에도 불구하고 현대와 미래의 노동시장에서는 고용의 변동성과 불확실성이 높아져 임금근로자, 특수형태근로종사자, 프리랜서, 자영업자 등 다양한 고용형태를 한 명의 노동자가 동시에 또는 순차적으로 경험하게 되는 경우가 늘어날 것이므로 다양한 고용형태에 대해 실업보험을 어떻게 확대 적용할 것인지에 대한 진지한 고민과 사회적 논의가 필요하게 된다.

3. 우리나라의 실업급여(고용보험)

가. 고용보험제도의 개요

우리나라에서 실업급여는 고용보험제도로 운용되고 있다. 고용보험제도는 산업구조조정에 따른 고용불안, 서비스업의 발전에 따른 중소제조업의 인력부족 등 노동시장에서 복합적인 고용문제가 제기되던 1990년대 초에 고용정책기본법과 함께 본격적인 고용정책의

---

17) 특수형태근로종사자, 플랫폼노동, 프리랜서 등은 전통적인 자영업자에는 속하지 않지만 임금근로자와 자영업자라는 이분법적 구분에서는 기본적으로 자영업자로 분류되게 된다.

추진을 위해 도입되었다. 1995년에 처음 시행된 이후 3차례의 경제위기, 경제의 고용창출력 저하에 따른 일자리 대책 추진 등을 거치면서 고용정책의 핵심수단으로서의 역할을 수행해 왔다. 고용보험은 보험료를 재원으로 하여 보험사업으로서 실업급여, 고용안정·직업능력개발사업, 모성보호·육아지원사업을 시행하고 있다. 고용안정·직업능력개발사업이 우리나라의 적극적 노동시장정책(ALMP)의 근간을 이루고 있다는 점에서 고용보험은 실업급여와 ALMP를 통합한 체제이다. 고용보험은 고용정책 추진의 핵심 수단이기 때문에 고용정책관련 법률과 밀접히 연계되어 있다. 실업급여의 경우에는 고용서비스를 규정하고 있는 「직업안정법」과 관련되어 있으며, 고용안정·직업능력개발사업은 「고용정책 기본법」, 「국민 평생 직업능력 개발법」, 기타 고령자·여성·청년의 고용관련법들과 연계되어 있고, 모성보호·육아지원사업은 「남녀고용평등과 일가정 양립 지원에 관한 법률」과 연계되어 있다.

고용보험의 보험료율은 <표 6−2>와 같이 실업급여의 보험료율과 고용안정·직업능력개발사업의 보험료율로 구분되어 있으며 실업급여의 보험료율은 보수총액의 1.8%를 근로자와 사용자가 1/2씩 분담하고 있고, 고용안정·직업능력개발사업의 보험료율은 사업체의 규모에 따라 보수총액의 0.25~0.85%를 사용자가 부담하도록 규정하고 있다. 육아휴직급여, 출산전후휴가급여 등을 지급하는 모성보호·육아지원사업은 국고지원금과 함께 실업급여의 보험료를 재원으로 사용하고 있다.

〈표 6-2〉 고용보험료율

	보험료율	근로자	사업주
	실업급여	0.9	0.9
고용안정· 직업능력개발사업	150인 미만 기업	-	0.25
	150인 이상 우선지원기업	-	0.45
	150인 이상~ 1,000인 미만 기업	-	0.65
	1,000인 이상 기업, 국가·자치단체	-	0.85

* 실업급여 보험료의 OECD 중위값은 2.26%

나. 실업급여의 종류

우리나라의 실업급여는 <그림 6−1>과 같이 구성되어 있다. 그림은 다소 복잡해 보이지만 기본적으로는 구직급여와 취직촉진수당으로 구성되어 있다고 하겠다. 연장급여는

<그림 6-1> 실업급여의 종류

특별한 경우에 구직급여의 지급을 연장하여 지급하는 것이고, 상병급여는 질병·부상·출산으로 즉시 취업이 어려운 경우에 구직급여에 갈음하여 지급되는 것이기 때문에 모두 구직급여와 궤를 같이 한다. 그러나 취직촉진수당은 구직급여와는 구분된 별개의 급여이다.

근로자가 실직을 하여 구직등록을 하고 실업급여를 신청하는 경우에 기본적으로 지급되는 급여는 구직급여이다. 따라서 문헌에 따라서는 실업급여와 구직급여를 서로 혼용하기도 한다. 구직급여라는 명칭에는 단순한 소득지원이 아니라 실업자의 구직활동을 지원하기 위한 급여라는 의미를 강조하고자 하는 취지가 담겨져 있다. 영국의 구직자수당(Jobseeker's allowance), 아일랜드의 구직자급여(Jobseeker's Benefit), 호주의 구직자급여(Jobseeker's payment), 뉴질랜드의 구직자지원(Jobseeker Support)도 동일한 의미가 있다고 생각한다.

다. 구직급여

1) 수급자격

실업급여의 수급자격에는 ① 기여요건과 ② 자격요건이 있다고 앞에서 설명하였다. 여기에 추가하여 ③ 부자격요건(Disqualification)도 있다. 기여요건과 자격요건이 충족되었다고 하더라도 이러한 경우에는 실업급여를 지급하지 않는다는 규정이 여기에 해당한다.

1 기여요건

직전 18개월 동안에 180일을 취업할 것을 요구한다. 고용보험법에 정해진 법률용어로 설명하면 기준기간 18개월 동안에 피보험단위기간이 180일 이상이 되어야 하며, 이때 피보험단위기간이란 피보험기간 중 보수 지급의 기초가 된 날을 합산하여 산정한다고 규정되어 있다.[18] 다른 국가들과 기여요건을 비교해 보면 고용보험법 제정 당시에는 다른 국가들의 평균적인 수준과 유사하게 규정되어 있었으나, 외환위기를 거치면서 2000년에 현재와 같은 기여요건으로 개정되었다. 이 당시의 개정은 소규모 사업체에 종사하는 근로자나 임시·시간제 근로자와 같이 취업과 실업을 반복하는 근로자들을 보호하기 위한 목적으로 이루어진 것이나(정병석 외, 2021), 실업급여의 반복수급자가 증가하는 등의 부작용도 발생하고 있다.

2 자격요건

앞에서 실업급여의 자격요건이란 활성화 정책의 일환으로 실업의 상태에 있어야 하며, 구직등록을 하고 고용센터에서 직업상담을 거쳐야 하는 등 행정적 의무를 이행한 경우를 말한다고 설명한 바 있다. 고용보험법에서도 실업급여를 지급받기 위해서는 ㉠ 근로의 의사와 능력이 있음에도 불구하고 취업하지 못한 상태에 있어야 하며, 재취업을 위한 노력을 적극적으로 하여야 한다고 규정[19]해 실업의 상태에 있어야 함을 전제로 하고, ㉡ 이직 후 지체없이 직업안정기관(고용노동부 고용센터)에 출석하여 실업을 신고하고 구직을 신청하여야 하며,[20] ㉢ 이후 정기적으로 지정된 날에 출석하여 재취업을 위한 노력을 하였음을 신고하고 실업의 인정을 받아야 한다.[21]

3 부자격요건

이직사유와 관련해 자발적 실업인 경우와 근로자가 자기의 중대한 귀책사유로 해고된 경우에는 수급자격이 인정되지 않는다.[22] 자발적 실업인 경우란 다른 사업장으로 전직하

---

18) 고용보험법 제40조 제1항 제1호.

19) 고용보험법 제40조 제1항 제2호 및 제4호.

20) 고용보험법 제42조, 실업의 신고를 늦게 하였다고 하여 실업급여의 수급자격에 영향을 받지는 않으나 제48조 제1항에서 실업급여는 이직일로부터 12개월 내에 소정급여일수를 한도로 지급한다고 규정되어 있으므로 실업의 신고를 늦게 하는 경우 실업급여의 지급이 제한될 수 있다. 이 규정은 실업자들이 고용센터에 빠른 시간 내에 구직등록을 하여 취업의 지원을 받도록 유도하기 위한 규정이다.

21) 고용보험법 제44조.

22) 고용보험법 제40조 제1항 제3호 및 제58조. 세부적인 기준은 고용보험법 시행규칙 제101조에 상세히 규정되어 있다.

거나 또는 자영업 창업 등을 위해 의원면직 처리되는 경우를 의미한다. 다만 자발적 실업이라고 하여 일률적으로 수급자격을 부인함에 따른 부작용이 있을 수 있기 때문에, 자발적 실업인 경우에도 임금체불이 발생하거나, 불합리한 차별대우를 받았거나, 성희롱 등 괴롭힘을 당한 경우 등 정당한 사유가 있는 경우 또는 사업주의 권고에 의해 의원면직 처리되는 경우에는 외견상 자발적 이직이라 하더라도 불가피한 사유가 인정되기 때문에 수급자격을 인정하고 있다. 한편, 근로자의 중대한 귀책사유로 해고된 경우란 사업에 막대한 지장을 초래하거나 재산상 손해를 끼친 경우 또는 정당한 사유없이 장기간 무단 결근하는 경우 등을 의미하는 것으로 이러한 경우에도 수급자격이 인정되지 않는다. 자발적 실업과 관련해 지속적으로 제기되는 논의 과제는 자발적으로 이직했다 하더라도 일정 기간(가령 6개월)이 지나서까지 취업을 하지 못하고 있다면 비자발적 실업으로 변경된 것으로 보아 수급자격을 부여함이 타당하지 않느냐는 것이다. 이에 관해서는 실업급여의 재원에 미치는 영향, 도덕적 해이의 가능성, 우리나라 노동시장에서의 입·이직 관행 등을 종합적으로 검토해야 할 사항이라 하겠다.

2) 급여의 수준

구직급여는 이직전 임금의 60%를 지급하되 상한액과 하한액이 존재한다. 종래 구직급여는 이직전 임금의 50%를 지급하였으나 2019년 실업급여의 보장성 강화 조치에 의하여 60%로 상향 조정되었다.[23] 구직급여의 수준을 산정하기 위해서는 근로기준법상의 평균임금 산정 방법에 따라 이직 전 3개월 동안에 지급된 임금총액을 그 날 수로 나누어 기초임금을 산정하고 그 금액의 60%를 구직급여 일액으로 계산한다. 만일 산정된 기초임금이 상한액[24]을 초과하는 경우에는 그 상한액을 기초임금으로 하여 그 금액의 60%를 구직급여 일액으로 계산한다.

한편, 최저임금의 80%[25]를 구직급여의 하한액으로 하여 구직급여일액이 하한액보다 낮게 산정되는 경우에는 이 하한액을 구직급여 일액으로 한다.[26] 저임금근로자에 대한 소득

---

23) 2019년에 구직급여의 지급률이 50%에서 60%로 상향 조정되었으나 상한액에는 이러한 사항이 별도로 반영되지 않았기 때문에 지급률 상향조정의 효과는 사실상 그렇게 크지 않은 것으로 추정된다.

24) 기초임금의 상한액은 2024년 현재 11만원으로 규정되어 있어서 결국 구직급여일액의 상한액은 66천원이 된다.

25) 2000년 이래 구직급여의 하한액은 최저기초임금의 90%로 지급되어 도덕적 해이를 초래한다는 문제제기가 있어 왔으며, 이 문제를 해소하기 위해 2019년 실업급여 보장성 강화조치를 하면서 최저기초임금의 80%로 하향조정하였다.

26) 고용보험법 제45조 및 제46조.

〈그림 6-2〉 구직급여의 상한액·하한액 추이

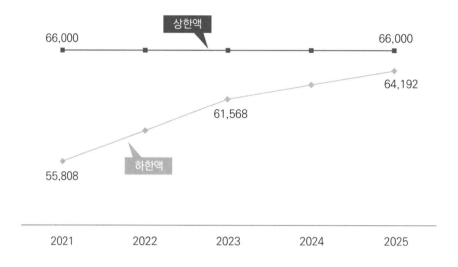

대체율을 높여 저임금근로자를 보호하기 위한 취지를 가지고 있으나, 구직급여일액의 상한액은 고용보험법 시행령에 2019년 이후 인상 없이 고정되어 있는 반면에 최저임금은 매년 인상됨에 따라 구직급여의 상한액과 하한액의 격차가 극히 좁아져 사실상 하한액에 해당하는 정액제의 실업급여제도와 같이 운영되는 문제가 발생하고 있다. 상한액을 적정 수준으로 인상함과 동시에 구직급여의 하한액이 도덕적 해이를 유발하는지에 대한 검토 등 제도적 정비가 필요한 상황이다.

3) 수급기간

구직급여는 이직일로부터 12개월 내에 소정급여일수를 한도로 지급하며, 소정급여일수는 <표 6-3>과 같다.[27]

〈표 6-3〉 구직급여의 소정급여일수

		피보험기간				
		1년 미만	1년 이상 3년 미만	3년 이상 5년 미만	5년 이상 10년 미만	10년 이상
이직일 현재 연령	50세 미만	120일	150일	180일	210일	240일
	50세 이상 및 장애인	120일	180일	210일	240일	270일

---

27) 고용보험법 제48조.

50세 미만 실업자의 경우 피보험기간에 따라 120일~240일 분을 지급받을 수 있다. 50세 이상 고령자 및 장애인의 경우에는 취업능력이 상대적으로 떨어지기 때문에 소정급여일수를 조금 더 인정하고 있다. 우리나라의 구직급여는 법 제정 후에 1997년 외환위기를 거치면서 연장된 바 있고, 2019년 실업급여 보장성 강화조치를 취하면서 다시 연장되었다. 과거에는 피보험기간이 1년 미만인 경우와 청년의 경우에는 소정급여일수가 90일로 제한되어 있어서 실업급여 소진률이 높게 나타나는 문제가 있었고, 그러한 문제가 노동시장의 실업기간 실태에 비해 실업급여 지급기간이 지나치게 짧게 설정된 것이라는 지적을 받아 왔다. 이러한 문제를 해소하기 위해 2019년에 실업급여 보장성 강화조치가 취해진 것이다(정병석 외, 2021).

라. 연장급여

<그림 6-1>에서 보는 바와 같이 연장급여는 훈련연장급여, 개별연장급여, 특별연장급여의 세 가지가 있다.

1) 훈련연장급여

직업안정기관의 장이 실업자의 재취업을 위해 직업능력개발훈련 등이 필요하다고 인정하여 훈련 등을 받도록 '지시'하는 경우에는 훈련기간 동안 구직급여가 연장되어 지급될 수 있다.[28] 직업능력개발훈련과정 중에는 장기훈련 과정도 있는데 국가기간·전략산업직종훈련 또는 폴리텍의 기능사훈련과정 등과 같은 경우에는 훈련기간이 1년 이상이 되는 경우도 있으며, 이러한 장기 훈련과정은 취업성과도 높게 나타난다. 고용보험법 시행규칙에는 저소득층 가구주, 중증장애인, 자유무역협정에 따른 구조조정으로 이직하게 된 근로자 등을 우선적으로 고려하는 등 직업능력개발훈련을 받도록 지시할 수 있는 실업자에 대한 상세한 기준이 마련되어 있고, 훈련에 참여하고 있는 기간에 대하여 구직급여의 100%를 최대 2년을 한도로 연장 지급된다. 훈련과정 중에서 훈련기간이 1년 이상인 장기과정이 그렇게 많은 것은 아니기 때문에 지출이 많은 급여항목은 아니다.

---

28) 고용보험법 제51조 및 고용보험법 시행규칙 제94조.

2) 개별연장급여

직업안정기관의 장은 취업이 특히 곤란하고 생활이 어려운 실업자에 대해서는 소정급여 일수를 초과하여 구직급여를 연장하여 지급할 수 있다.[29] 개별연장급여를 지급받을 수 있는 사람은 저소득층 가구의 실업자로서 18세 미만 년소자, 65세 이상 고령자, 장애인, 1개월 이상의 요양이 요구되는 환자, 소득이 없는 배우자, 학생 등으로서 직업안정기관의 장의 직업소개에 3회 이상 응하였으나 취업되지 않은 경우로 한정되며, 구직급여의 70%를 60일을 한도로 연장 지급한다. 연장급여 중에서는 비교적 활발하게 활용되는 급여항목이다.

3) 특별연장급여

경기의 악화에 따라 실업률이 크게 증가하여 장기간 지속되는 경우에는 실업급여 수급자들의 재취업이 매우 어려워질 수 있다. 이러한 상황에 대비해 실업률이 연속하여 3개월 동안 6% 이상 초과하고 향후에도 이러한 상황이 계속될 것으로 예상되는 경우 등 일정한 요건을 충족하는 경우에는 고용노동부장관은 기간을 정하여 그 기간 동안에는 일률적으로 구직급여의 70%를 최대 60일의 범위에서 연장하여 지급할 수 있다.[30] 우리나라에서는 특별연장급여는 1997년 외환위기 기간 동안에 시행된 사례[31]가 있으나, 한번 발동되면 전체 수급자에 대하여 일률적으로 수급기간이 연장되기 때문에 막대한 재정지출을 수반하게 된다.

마. 취직촉진수당

취직촉진수당 중 대표적인 수당은 조기재취업수당이다. 조기재취업수당은 실업급여 지급으로 인한 실업의 장기화를 막고 적극적인 구직활동을 촉진하기 위한 인센티브로 도입되었다. 고용보험법 제정 이후 인센티브를 강화하기 위한 목적으로 지속적으로 지급요건을 완화하고 지급금액을 상향 조정하는 조치가 취해져 왔으나 조기재취업수당의 지출을 급증하게 만드는 결과를 초래하여 제도 개혁을 통해 현재의 제도로 안정화되었다. 현재 조기재취업수당은 소정급여일수 1/2 이상을 남기고 재취업한 경우로서 12개월 이상 계속

---

29) 고용보험법 제52조 및 고용보험법 시행령 제73조.
30) 고용보험법 제53조.
31) 당초 1998.7.15.~1999.1.14.의 기간을 정하여 시행되었으나 2차례 연장되어 1999.12월까지 시행되었다.

하여 고용되거나 사업을 영위하는 경우에 잔여 소정급여일수의 1/2을 조기재취업수당으로 지급하고 있다.[32]

이외에 취업촉진수당에는 직업능력개발수당, 광역구직활동비, 이주비가 있다. 직업능력개발수당은 기본급여 수급자가 직업안정기관의 장이 지시하는 직업능력개발훈련을 받는 경우에 그 훈련을 받는 날에 교통비, 식비 등을 위하여 고용노동부장관이 고시하는 금액[33]을 지급받는 제도이다. 광역구직활동비는 직업안정기관의 소개에 따라 25km 이상 떨어진 곳에서 구직활동을 하는 경우 교통비·숙박비 등 소요된 비용을 지급하는 제도이며, 이주비는 취업하거나 직업안정기관의 장이 지시한 직업능력개발훈련을 받기 위하여 이사하는 경우 이사 비용을 지급하는 제도이다.

바. 실업급여 수급자에 대한 활성화(activation) 정책

구직급여의 수급자격, 정당한 이유 없이 직업소개·직업훈련 등을 거절하는 경우 실업급여의 지급정지 등의 규정은 모두 실업급여 수급자의 근로동기(motivation)를 유지하기 위한 조건들이며, 조기재취업수당도 동일한 목적을 가지고 도입된 제도이다. 이외에도 실업자가 구직급여를 지급받기 위해서는 이직 후 지체 없이 직업안정기관에 출석해 실업을 신고하여야 하며,[34] 구직급여의 수급자격 인정을 신청하여야 한다.[35] 실업자가 실직 후 지체 없이 구직신청을 하도록 하기 위해 고용보험법은 구직급여의 소정급여일수와 관계 없이 이직한 날로부터 1년의 기간 내에서만 구직급여가 지급될 수 있도록 기간을 제한하고 있다.[36]

○ 실업의 인정 절차

수급자격을 인정받은 실업자는 실업의 신고를 한 날로부터 시작해 1주 내지 4주의 범위에서 직업안정기관의 장이 지정한 날에 출석하여 재취업을 위한 노력을 신고하고 실업의 인정을 받아야 하며, 구직급여는 실업의 인정을 받은 날에 대하여 지급된다.[37] 현재 고용

---

32) 고용보험법 제64조.
33) 2023년 1월 현재 1일 7,530원으로 고시되어 있다.
34) 고용보험법 제42조.
35) 고용보험법 제43조.
36) 고용보험법 제48조.
37) 고용보험법 제44조.

노동부의 지침에 따르면 실업의 신고를 한 날로부터 2주 이내에 1차 실업인정일을 운영하며 이날에는 수급자격자가 모두 직업안정기관에 출석하여 집체교육을 받도록 하고 있다. 이후에는 일반적으로 4주에 한 번씩 실업의 인정을 받도록 하되 2차~3차는 온라인을 이용해 취업활동 실적을 보고토록 하고 4차 실업인정일에는 고용센터에 반드시 출석하여 실업의 인정을 받도록 하고 있다. 5차 이후에도 온라인을 통해 취업활동을 보고하고 실업의 인정을 받을 수 있으나 장기수급자의 경우에는 구직급여 수급기간 만료 직전의 실업인정일에 반드시 고용센터에 출석하도록 해서 취업알선, 진로상담 등을 실시하고 있다.

우리나라의 고용센터는 상담인력의 절대적인 부족으로 인해 연간 170만명에 달하는 실업급여 수급자에 대한 개별적인 맞춤형 서비스 제공에 상당한 어려움을 겪어 왔다. 당초 2005년 「고용서비스 선진화 방안」에 의해 직업상담을 통해 실업급여 수급자들을 취업의욕·취업능력 등을 기준으로 유형분류하고 개인별 취업활동계획(IAP)을 수립해 맞춤형 서비스를 제공하는 고용서비스 프로세스 골격이 마련되어 이를 내실화하기 위한 각종 조치가 2010년대 초까지 집중적으로 이루어졌었다.[38] 그러나, 2009년에 취약계층을 대상으로 하여 집중적인 직업상담과 취업지원을 실시하는 취업성공패키지가 도입되어 그 규모가 2009년 9천 명에서 2017년 36만여 명으로까지 급속하게 확대되면서 고용센터의 상담 인력은 상대적으로 취업능력이 떨어지는 취약계층을 대상으로 하는 취업성공패키지에 집중 투입되게 된다. 그 결과 상대적으로 취업능력이 높다고 인정되는 실업급여 수급자에 대해서는 초기상담이 집체교육으로 대체되고 자율적인 구직활동을 보장하는 방향으로 절차가 변경되면서 현재와 같은 실업의 인정 절차가 마련되었다.

당초에 초기상담을 통해 수립하도록 하였던 취업활동계획(IAP)은 4차 실업인정일에 고용센터에 출석하면 작성하는 것으로 변경되었다가 수년 전부터는 명목화된 취업활동계획(IAP) 대신에 재취업을 위한 구직활동 시 고용센터의 적극적인 도움을 필요로 하는지, 필요로 한다면 어떤 서비스 지원을 희망하는지 등을 파악하는 '재취업지원 설문지'를 작성하는 것으로 변경되어 고용센터에 출석하는 1차와 4차 실업인정일에 작성하도록 하고 있다. 이 설문지를 통해 자율적인 구직활동 대신에 재취업지원서비스를 희망하는 것으로 확인된 수급자에 대해서는 가능한 한 대면상담을 통해 적극적인 취업지원을 하도록 하고 있다. 최근에는 실업급여 수급자 중에서 선발된 사람에 대해서는 「구직자 도약 패키지」를 활용해 맞춤형 서비스를 패키지로 제공하는 사업도 시행하고 있다.

---

38) 자세한 사항은 제2장을 참조하기 바란다.

○ 최소 구직활동의무

 실업의 인정을 받기 위해 필요로 하는 최소 구직활동에 대해 과거에는 엄격하게 요구하기도 하였으나, 기업들로부터 의미 없는 구직활동이 증가한다는 불만이 제기됨에 따라 현재와 같이 구직활동 외에도 고용센터에서 진행되는 단기취업특강, 직업심리검사, 심리안정프로그램 등 직업지도와 직업훈련, 취업박람회에의 참여 등도 재취업활동으로 폭넓게 인정하고 있다. 최근에는 실업급여 수급자들의 구직활동을 촉진하기 위해 실업급여 수급자 특성별로 재취업활동의 횟수와 범위를 다르게 적용하는 지침을 시행하고 있는데,[39] 일반 수급자의 경우에는 4차 실업인정일까지는 4주에 1회 이상의 재취업활동을 하도록 하되, 5차 실업인정일부터는 4주에 2회 이상의 재취업활동을 하도록 하면서 반드시 1회 이상의 구직활동이 포함되도록 하고 있다. 장기수급자의 경우에는 8차 실업인정일부터는 취업을 위한 구직활동만 인정하되 1주 1회 이상의 구직활동을 하도록 의무화하고 있다. 실업급여의 반복수급자의 경우에는 구직활동만을 재취업활동으로 인정하고 있는 반면에, 만60세 이상의 고령자 또는 장애인의 경우에는 상대적으로 완화된 기준을 적용하는 방식이다.

○ 개선 방안의 고찰

 이와 같은 실업급여 수급자에 대한 실업인정 절차는 상담인력의 절대적 부족이라는 현실에 비추어 부득이한 측면이 있다. 그러나, 과거에는 고용보험에 가입되어 있는 근로자들이 상대적으로 취업능력이 높은 계층이라고 할 수 있었으나 현재에는 비정규직, 일용근로자, 일부 특수형태근로종사자 등도 고용보험에 가입되어 있기 때문에 반드시 취업능력이 높은 계층이라고 할 수는 없다. 이러한 점에서 다른 국가들의 사례를 토대로 개선방안을 생각해 볼 필요가 있다.

 생각해 볼 수 있는 첫 번째 방안은 네덜란드, 벨기에(VDAB), 호주와 같이 통계적 프로파일링 모델을 구축해 구직등록과 함께 온라인 상에서 미리 취업능력을 평가하도록 하여 취업능력에 따라 수급자를 유형분류한 뒤에 취업능력이 높은 것으로 평가된 수급자들은 처음부터 자기구직활동(self-jobsearch)을 하면서 온라인 실업인정을 받도록 제도화하고 취업능력이 낮은 것으로 평가된 수급자에 한해서는 초기상담부터 대면상담을 실시해 활성화 정책을 강하게 도입하는 방안이다. 과거에는 장기실업자가 많지 않은 관계로 장기실업 확률을 예측하는 통계모델의 구축이 어려웠으나 제13장에서 보는 바와 같이 빅데이터로서

---

39) 고용노동부 보도자료(2022.7.28.).

'국가일자리정보 플랫폼'이 구축되어 있고 인공지능기술이 발전하였기 때문에 취업확률을 산정하는 프로파일링 모델 구축은 시도해 볼 가치가 있는 방안이 되었다. 두 번째 방안은 반대로 영국에서와 같이 일정기간이 지나도 취업하지 못하는 장기실업자에 대해서는 ALMP 참여를 의무화하면서 PrEA에 민간위탁해 집중적인 취업지원을 받도록 하는 방법이다. PrEA에게는 성과에 기반한 위탁비를 지급하는 방식으로 민간위탁을 보완하고 어떤 취업지원을 제공할 것인지에 대해서는 PrEA의 자율에 맡길 필요가 있다. 과거에는 실업급여 지급기간이 짧아 장기실업자를 별도로 분리해 내기가 어려웠으나 이제는 우리나라의 실업급여 수급기간도 많이 늘어났으므로 고려해 볼 수 있는 방안이 되겠다.

사. 고용형태 다양화에 따른 고용보험의 확대적용

우리나라의 고용보험은 임금근로자를 대상으로 도입되어 초단시간 근로자[40]를 제외한 모든 임금근로자에게 적용되고 있다.[41] 이와 같은 형태는 다른 국가들에서도 동일하여, 실업보험은 상대적으로 안정적이고 장기적인 고용관계를 대상으로 발전되어 왔다고 할 수 있다(장지연, 2015). 그런데 고용형태의 다양화 등 노동시장의 변화에 따라 임금근로자 이외의 형태로 일을 하는 사람들에 대한 실업보호의 필요성이 제기되어 왔다. 우리나라에서는 2012년 자영업의 구조조정 과정에서 비자발적으로 폐업하는 자영업자의 고용안전망을 구축하기 위해 임의가입 형태로 자영업자에 대한 실업급여 제도가 도입되었으며, 2020년에는 예술인, 2021년에는 일부 특수형태근로종사자에 대한 실업급여 제도가 당연가입 형태로 도입되었다.[42]

1) 자영업자

고용보험에 가입할 수 있는 자영업자는 근로자를 사용하지 않는 1인 자영업자와 50명 미만의 근로자를 사용하는 사업주로서 「부가세법」에 따라 사업자등록을 하고 실제 사업을

---

40) 주 15시간 미만 근로하는 자를 말한다.

41) 고용보험법의 적용제외 근로자는 직역연금의 대상인 공무원과 사립학교 교직원, 그리고 1개월의 소정근로시간이 60시간 미만인 초단시간근로자이다. 그리고 65세 이후에 새로이 고용된 사람에 대해서는 실업급여를 적용하지 않는다.

42) 고용노동부는 2020년 12월 고용보험을 보편적 고용안전망으로 개편하기 위한 중장기 발전계획으로 「전국민 고용보험 로드맵」을 수립하여 발표한 바 있으며, 예술인·특수형태근로종사자에 대한 실업급여 적용확대는 이 계획의 일환이다.

영위하고 있어야 한다.[43] 자영업자에게 고용보험과 같은 사회보험을 적용함에 있어서 가장 큰 장애요인은 정확한 소득 파악의 문제와 소득의 변동성 문제이다. 그래서 자영업자에 대해서는 기준보수를 고시하여 7등급으로 나누어진 기준보수 중에서 희망하는 기준보수를 선택하여 보험에 가입하면 이 금액을 토대로 보험료를 납부하고 실업 시에는 이 금액을 기준으로 실업급여를 지급하는 방식을 적용하고 있다. 임금근로자의 경우에는 근로자와 사용자가 보험료를 1/2씩 분담하나 자영업자의 경우에는 자영업자가 2%로 책정된 보험료율 전체를 납부하여야 한다.[44] 다만, 1인 자영업자에 대해서는 비용부담 완화 차원에서 소상공인진흥공단에서 보험료의 일부를 지원해 주고 있다.

자영업자가 실업급여를 지급받기 위해서는 기여요건과 자격요건을 충족하여야 한다. 자영업자의 기여요건은 기준기간 24개월 동안에 1년 이상 보험료를 납부하였어야 한다. 자격요건의 하나로 '폐업'할 것을 요구하며 폐업의 여부는 사업자등록 폐지 여부로 이를 확인한다. 폐업 사유는 적자 지속, 매출액 감소, 가족 간호, 본인의 건강 등 비자발적인 사유이어야 한다. 구직급여는 기준보수의 60%를 피보험기간에 따라 120~210일 동안 지급한다.[45]

2) 특수형태근로종사자

노동시장에서 다양한 고용형태가 증가하면서 임금근로자와 유사하게 노무를 제공하면서도 고용계약이 아닌 위수탁계약 등을 체결하고 경제활동을 함으로써 임금근로자로는 분류되지 않는 노동자들이 증가하고 있다. 이들 노동자들은 자본을 투자하지 않는다는 점 등에서 전통적인 자영업자와도 다르다. 즉 임금근로자와 전통적인 자영업자의 중간에 해당하는 '회색지대'에 위치한 노동자들로서 국제노동기구(ILO)에서는 '의존적 계약자'(de-pendent contractors)로 분류하고 있다. 경제적으로 의존되어 있다는 의미가 되겠다. 우리나라에서는 산재보험에서 '특수형태근로종사자'라는 명칭으로 직종을 지정해 특례가입 조치해 왔으나, '특수형태근로종사자'의 개념이 노무전속성을 전제로 하고 있어 특정 업체에 전속되어 있지 않은 노동자들의 보호가 제한적이라는 지적이 제기되면서 노무전속성의 요건을 삭제한 '노무제공자'라는 개념을 사용하게 되었다.

---

43) 따라서 대부분의 프리랜서와 같이 사업자등록을 하지 않는 자영업자는 임의가입 대상이 아니다.

44) OECD는 이 문제를 이중부담(double contribution)의 문제라고 하며 손쉬운 접근은 자영업자가 근로자와 사용자 부담분을 모두 부담하는 방식이나 이렇게 하면 보험료 부담이 과도하게 되는 문제가 있고 사용자 부담분을 정부가 지원하는 방식도 있으나 형평성 문제가 제기될 수 있다고 한다(OECD, 2018).

45) 고용보험법 제69조의3 내지 제69조의7.

고용보험에 당연가입 대상이 되는 노무제공자는 직종으로 지정이 되는데 현재 19개 직종이 규정되어 있다.[46] 이들 직종에 대해서는 세법상 소득파악체계를 강화하여 신고된 소득을 기준으로 고용보험을 적용하고 있다. 이에 따라 세법상 사업소득·기타소득에서 비과세소득과 필요경비를 제외한 월보수액이 80만 원 이상이면 당연 적용대상이 되며, 보험료는 월보수액의 1.6%를 노무제공자와 사업주가 1/2씩 부담하도록 하였다. 이 경우에도 소득 파악이 어려운 일부 직종에 대해서는 직종별 기준보수를 기준으로 하고 있다. 노무제공자가 실업급여를 지급받기 위한 기여조건은 기준기간 24개월 중에 피보험단위기간이 12개월 이상이어야 한다. 수급조건이 충족되는 경우 실업급여는 이직 전 1년 간의 월평균 보수일액의 60%(임금근로자와 동일한 상한액 적용)를 지급하며 소정급여일수는 임금근로자와 동일하다.[47] 최근 급격하게 증가하고 있는 오토바이 배달원 등 플랫폼노동자의 경우에는 노무대행업체와 같은 별도의 사업주가 있는 경우에도 모든 디지털 정보를 가지고 있는 플랫폼 사업주가 피보험자격 신고 및 보험료 원천공제·납부의무를 부담하도록 하고 있다.[48]

3) 예술인

간헐적으로 작품이 있을 때마다 예술활동에 종사하게 되는 예술인에 대해서는 국제적으로도 별도의 특례를 통해 사회보험을 적용하기도 한다. 우리나라에서는 2012년부터 산재보험에 특례 적용을 해 왔으며, 2020년 12월부터는 고용보험에서도 특례 적용을 시작하였다. 고용보험의 적용을 받는 예술인은 「예술인복지법」에 따라 문화·예술 분야에서 창작, 실연, 기술지원 등의 활동을 하는 사람을 의미하며, 예술활동과 관련된 계약을 할 때에는 「예술인복지법」에 따라 표준화된 '문화예술용역관련계약'[49]을 체결하도록 하여 예술활동을 증명하는 방법을 사용하고 있다.

문화예술용역계약의 월평균소득이 50만 원 이상인 경우에 당연적용되며, 보험료율은 보수액의 1.6%를 예술인과 사업주가 각각 1/2씩 분담한다. 이때 보수액은 사업소득과 기타소득에서 비과세소득과 경비를 제외하여 산정하며, 사업주가 예술인의 고용보험료를 원천

---

46) 보험설계사, 신용카드회사모집인, 대출모집인, 학습지교사, 방문강사, 택배기사, 대여제품방문점검원, 가전제품배송·설치기사, 방문판매원, 화물차주, 건설기계조종사, 방과후학교강사, 퀵서비스기사, 대리운전기사, IT 소프트웨어 기술자, 어린이 통학버스 기사, 관광통역안내사, 골프장 캐디, 화물차주가 적용대상이다.

47) 고용보험법 제77조의8.

48) 고용보험법 제77조의7.

49) 특정 문화예술 결과물의 완성을 위하여 예술인이 대가를 받고 다른 사업의 사업을 위하여 일정 기간 동안 제공하는 문화예술의 창작·실연·기술지원 등의 노무를 제공하는 계약을 말한다. 고용, 도급, 위임, 업무위탁, 파견 등 그 형태를 막론하고 모두 포함된다.

공제하여 납부토록 하고 있다. 예술인이 구직급여를 지급받기 위한 기여요건은 기준기간 24개월 동안 피보험단위기간이 통산하여 9개월 이상이어야 한다, 구직급여의 수급조건을 충족하는 경우에 구직급여는 1년간 신고된 월평균 보수일액의 60%(임금근로자와 동일한 상한액 적용)를 지급하며, 소정급여일수는 임금근로자와 동일하다. 예술인의 경우에는 기준보수액을 80만 원으로 설정하여 기준보수액의 60%를 실업급여의 하한액으로 지급한다.50)

4. 실업부조

가. 실업부조의 제도적 특징

실업부조는 정부의 일반회계 재정을 사용해 저소득 가구의 실업자에 대하여 일정액의 수당을 지급하는 제도이다. 국가에 따라 실업급여의 수급기간이 소진된 저소득 장기실업자를 대상으로 하거나 또는 청년 등과 같은 신규 노동시장 진입자나 취업과 실업을 반복하는 비정규직 등 실업급여의 수급자격이 없는 저소득 실업자를 대상으로 빈곤층으로 전락되지 않도록 제도가 운영되고 있다.

World Bank(2004)는 실업부조의 급여지급 기준 및 절차상의 특징을 실업보험과 비교해 <표 6-4>와 같이 제시하고 있다, 실업보험은 과거의 취업이력과 이직의 정당한 사유를 필요로 하는 데 반해 실업부조는 가구의 소득(자산)에 대한 정보가 필요하다. 또한 실업급여를 계속 지급하는 과정에서도 지속적으로 수급자격을 판단해야 하는데 실업의 인정 절차와 같이 근로의 의사와 능력의 유무, 적극적으로 구직활동의 여부 등을 모니터링하는 것은 실업부조의 경우에도 동일하나, 실업부조의 경우에는 계속해서 가구의 소득(자산)도 모니터링해야 한다. 따라서 최초의 수급자격 판단은 물론 이후에도 계속해서 자산소득조사(means test)에 대한 행정부담이 많이 소요되게 된다. 우리나라에서는 행정부담 완화를 위해 사회보장정보시스템을 통해 연계된 공적자료를 기준으로 소득을 산정토록 하고 있으나, 자료조회 및 소득산정에 상당한 시일(최대 3~4주)이 소요되고 있는 문제는 개선이 필요하다.

실업부조제도를 시행하는 국가 중에서 복지와 고용이 JobCentre Plus로 통합되어 있는 영국은 물론이고, 다른 국가들에서도 일반적으로 실업부조는 고용센터와 같은 직업안정기

---

50) 고용보험법 제77조의3.

〈표 6-4〉 실업보험과 실업부조의 주요 제도적 특징 비교

	실업보험	실업부조
최초의 수급자격		
수급자에게 요구되는 사항		
실업의 상태	○	○
과거의 취업이력	○	
이직의 정당한 사유	○	
대기기간	○	○
가구의 낮은 소득(과 재산)		○
행정기관이 결정하는 사항		
수급자격의 판단(yes/no)	○	○
급여의 수준	○	○
이후의 수급자격		
수급자에게 요구되는 사항		
근로의 능력(Able to work)	○	○
즉시 취업가능(Available to work)	○	○
적극적 구직활동(Active work search)	○	○
가구의 낮은 소득(과 재산)		○
행정기관이 모니터링하는 사항		
구직활동의 적절성	○	○
적절한 취업 제안의 수용여부	○	○
급여에서 감액되는 기타 소득 금액	○	
가구원들의 소득		○
급여 수준		
과거의 소득수준에 따라 결정	○	
정액/가구소득 수준에 따라 결정		○
최대 수급기간을 제한	○	
재원		
기여금(Contributions)/보험료	○	
일반 조세		○

* World Bank(2004)를 수정

관에서 담당하고 있다.[51] 공공부조(또는 사회부조)를 지방자치단체가 담당하고 있는 것과 비교해, 실업부조를 직업안정기관이 담당하고 있다는 것은 노동시장 프로그램에 전문화되어 있는 고용센터로 하여금 이들 저소득가구의 실업자에 대하여 소득지원을 하면서 재취업지원을 하는 활성화 조치를 강력히 추진한다는 의미가 있다.

　여기에서는 다른 국가에서 실업부조제도가 어떻게 설계되어 운영되는지를 살펴보기 위해 포괄적인 실업부조제도로 개편해 운용하고 있는 독일의 사례를 소개하기로 한다. 독일에서는 2005년 이전까지는 실업자 소득지원체계가 실업보험(UI) ─ 실업부조(UA) ─ 사회부조(SA)의 3층 구조로 구성되어 있었다. 실업보험은 직전 2년간[52] 12개월 이상 피보험 일자리에 고용되어 있는 경우에 수급자격을 취득하며 이전 소득의 60%[53]를 최대 12개월[54] 동안 지급하는 반면에, 실업부조(UA)의 경우에는 실업보험급여의 수급기간이 만료되거나 수급자격이 없는 저소득 실업자를 대상으로 실직 전 소득의 53%[55]를 실업하는 한 무기한 지급하였으며 연방고용공단이 실업보험과 함께 담당하였다. 사회부조는 빈곤층을 대상으로 지자체가 이들에 대한 취업지원과 함께 담당하였다.

　그러나 사회부조를 둘러싸고 제도의 실효성 논란이 제기되면서 2005년 Harz 개혁을 통해 사회부조를 기존의 실업부조와 통합해 실업급여 II로 대체하고 연방고용공단이 담당해 취업지원을 하도록 개편하였다. 이에 따라 근로능력이 있는 저소득가구의 실업자는 모두 실업급여 II의 대상이 되었으며 금액도 정액제[56]로 대체되고 활성화 조치가 강화되었다. 근로능력이 없는 빈곤층에 대한 사회부조는 새로운 기초부조제도로 대체되었는데, 이들의 경우에는 근로능력이 없기 때문에 활성화 조치가 적용되지 않는다. 실업급여 II는 제도의 성격상 실업부조에 해당하여 일반 조세수입을 재원으로 하고, 자산소득조사를 통해 가구소득을 파악하며, 급여는 정액을 무기한 지급하되 엄격한 보충성의 원칙을 따르도록 하고 있다. 실업급여 II의 대상은 실업보험의 수급자격이 없는 대졸 청년, 자영업자는 물론 약물중독자, 노숙자와 같은 사회주변인까지 포함되며, 가구소득이 빈곤선 미만인 근로자도 대상이 된다. 일부 근로소득이나 실업보험급여를 받는 경우에도 정해진 기준 소득 미만이

---

51) 영국의 실업부조는 다른 5개의 복지급여와 함께 하나의 통합급여(Universal Credit)로 통합되었다.
52) 2006년 이전까지는 기준기간이 3년이었으며 2006년에 2년으로 단축되었다.
53) 자녀가 1인 이상 있는 경우에는 67%를 지급한다.
54) 2006년까지는 최대 32개월까지 지급되었으나, 2006년에 일반근로자는 12개월, 고령자는 18개월로 단축되었다가 고령자의 경우 2007년에 다시 24개월로 연장되었다.
55) 자녀가 1인 이상 있는 경우에는 57%를 지급하였다.
56) 금액도 기존의 실업부조에 의한 급여보다 훨씬 낮아졌다.

면 실업급여 II의 대상이 되어 소득과 기준소득의 차액을 지급받아 근로빈곤층을 위한 '근로연계급여'로도 볼 수 있다.

실업급여 II 수급자에 대해서는 다양한 ALMP를 통해 노동시장에의 재통합을 지원하고 있으며, 지자체는 부채, 알코올 및 기타 약물중독과 같은 장해요인을 해결하기 위한 사회서비스를 제공하고 있다. 실업급여 II는 연방고용공단 지방사무소와는 별도로 jobcenter를 연방고용공단과 지방자치단체가 공동으로 설치해 담당하고 있다.[57] 실업급여 II 수급자에 대한 재취업지원서비스는 연방고용공단에서 실업보험급여 수급자에 대해 진행하고 있는 재취업지원서비스와 거의 유사한 방법으로 진행되고 있다.

나. 우리나라의 실업부조(국민취업지원제도)

1) 도입경과 및 배경

우리나라에는 '한국형 실업부조'로서 국민취업지원제도가 2021년 1월부터 시행되었다. 이에 따라 고용보험을 1차 안전망으로 하고, 국민취업지원제도를 2차 안전망으로 하는 중층적 고용안전망이 구축되었으며 공공부조에 해당하는 국민기초생활보장제도와 함께 3층 구조의 실업자 소득지원체계를 구축하였다. '한국형 실업부조'로서 「구직자 취업촉진 및 생활안정지원에 관한 법률」이 제정되기에 앞서서 우리나라에서는 2009년부터 근로빈곤층에 대한 종합취업지원 프로그램으로 취업성공패키지가 시행되어 왔었다. 취업성공패키지는 2017년에는 지원규모가 36만여 명까지 증가하여 우리나라의 대표적인 취업지원프로그램으로 자리잡았다. 그러나 법적 근거 없이 예산사업으로 시행된 관계로 매년 사업의 지속성 여부와 지원규모가 불투명하였으며, 취업지원 프로그램이 직업훈련에 치중되어 있고 저소득 구직자에 대한 소득지원이 미흡하다는 문제 등이 있었다.

국민취업지원제도는 예산사업으로 추진된 취업성공패키지의 법적 근거를 마련하고 저소득 가구의 실업자에 대해 법적 권리로서 구직촉진수당을 지급하면서 종합적인 취업지원 프로그램에 참여토록 한다는 의미를 가지고 있다. 여기에서 '한국형' 실업부조라고 부르는 이유는 다른 국가의 실업부조는 급여의 지급이 먼저이고 이들의 활성화 조치를 위해 취업지원이 이루어졌다고 한다면, 우리나라의 경우에는 활성화 조치에 참여해 취업지원을 받는 것을 조건으로 급여가 지급될 정도로 강력한 활성화 조치에 연동되어 있다는 차이가

---

57) 상세한 내용은 제2장을 참조하기 바란다.

있기 때문이다.

2) 지원대상 및 지원내용

국민취업지원제도를 '한국형 실업부조'라고 부르기는 하지만, 세부 내용을 살펴보면 전통적인 실업부조적인 내용 이외에 기존의 취업성공패키지와 청년구직활동지원금이 통합되어 있다는 것을 알 수 있다(이병희, 2021).

○ I유형의 요건심사형은 전통적인 실업부조에 해당

<표 6-5>에서 보는 바와 같이 첫 번째 I유형의 '요건심사형'은 저소득가구의 실업자를 대상으로 하는 전통적인 실업부조에 해당한다. 가구소득이 중위소득 60% 이하이면서 가구재산이 4억원[58] 이하인 가구에 속하는 15세~69세까지의 실업자에 대해 법적 권리로서 구직촉진수당이 지급되기 때문이다.[59] 이 경우에 구직의사가 없는 비경제활동인구가

〈표 6-5〉 국민취업지원제도의 유형별 요건 및 지원내용(2024년 기준)

			수급자격 요건				지원 내용
			연령(세)	가구 소득	가구 재산	취업경험	
I 유형	요건심사형		15~69	중위 60% 이하	4억원 이하 (청년은 5억원 이하)	2년내 100일 또는 ·800시간 이상	• 구직촉진수당: 월 50만원 + 부양가족 1인당 10만원(월 최대 40만원) 추가지원 X 6개월 • 조기취업성공수당: 잔여 구직촉진수당의 50% 지급 • 취업성공수당: 최대 150만원(중위소득 60% 이하)
	선발형	비경활	15~69	중위 60% 이하	4억원 이하	2년내 100일 또는 800시간 미만	
		청년	18~34	중위 소득 120% 이하	5억원 이하	무관	
II 유형	특정계층		15~69	무관	무관	무관	• 취업활동비용: 최대 195.4만원 * IAP 수립 참여수당 15~25만원, 직업훈련 참여수당(월 28.4만원X6개월) • 조기취업성공수당: 50만원(생계급여 조건부 수급자) • 취업성공수당: 최대 150만원(중위소득 60% 이하 및 특정계층)
	청년		15~34	무관			
	중장년		35~69	중위 100% 이하			

* 주: 청년 연령은 2024년부터 15~34세에 병역의무 이행기간을 최대 3년 한도내에서 추가 인정

단순히 수당 수급을 목적으로 참여하는 것을 방지하기 위해 직전 2년 내에 100일 또는 800시간 이상의 취업경험 요건이 설정되어 있다. 이와 같은 취업경험요건은 실업보험에서 기여요건으로서 고용기간을 요구하고 있는 것과는 그 성격이 다르다. 실업보험에서는 보험료 납부라는 기여를 할 것을 요구하는 것인 반면에 국민취업지원제도에서는 우리나라 노동시장에서 광범위하게 존재하는 비경활인구에게 발생할 수 있는 도덕적 해이(moral hazard)를 방지하기 위한 것이라는 차이가 있다. I유형의 요건심사형은 자산소득조사를 거쳐 저소득가구에 속한 실업자에 대해서는 권리로서 수당이 지급된다는 점에서 실업부조에 해당한다.

구직촉진수당의 금액은 2022년까지는 월 50만 원씩 6개월 동안 지급되는 것으로 책정되어 있었으나, 2023년부터는 월 50만 원에 부양가족 1인당 10만 원씩 4인까지 월 최대 40만 원이 추가 지원되어 부양가족수에 따라 월 50만 원~90만 원이 6개월간 지급되고 있다. 구직촉진수당을 지급받고 있는 동안에 참여자에게 소득이 발생하는 경우에는 월에 발생한 소득이 구직촉진수당의 금액(월 50만원~90만원)을 초과하게 되면 구직촉진수당이 지급되지 않게 된다. 다른 국가의 실업부조제도와 비교해 보면 우리나라의 국민취업지원제도의 경우 구직촉진수당의 금액 자체 보다 지급기간이 6개월로 제한되어 있다는 제도적 한계를 가지고 있다.

○ I유형의 선발형과 II유형은 예산의 범위내에서 선발

I유형의 선발형은 I유형의 '요건심사형'과 같이 권리로서 참여하는 것이 아니기 때문에 편성된 예산의 범위 내에서만 참여할 수 있으나, II유형과는 다르게 구직촉진수당이 지급된다. 취업경험요건을 충족하지 못하는 경력단절여성 및 취업경험이 없는 저소득층은 I유형의 '비경활 선발형'에 참여할 수 있다.

I유형의 '청년 선발형'은 가구소득이 중위소득의 120% 이하까지 소득기준을 상향조정하여 취업경험이 없는 청년의 경우에도 프로그램에 참여하여 6개월간 구직촉진수당을 지급받으면서 취업지원프로그램에 참여할 수 있도록 하는 제도이다. '청년 선발형' 역시 권리로서 참여하는 것이 아니기 때문에 편성된 예산의 범위 내에서만 참여할 수 있다. 제도적인 측면에서 보면 기존에 청년들에게 지급되었던 청년구직활동지원금이 국민취업지원제도로 통합되면서 이와 같은 형태로 개편된 것이라 하겠다. 청년이라 하더라도 '요건심사

---

58) 2022년부터 청년의 경우에는 가구재산이 5억원 이하로 상향조정되었다.
59) 가구소득이 중위소득 30% 이하이면 국민기초생활보장제도의 생계급여 대상이 된다.

형'의 기준을 충족하는 경우에는 권리로서 '요건심사형'에 참여하면 된다.

II유형은 기존의 취업성공패키지 사업으로서 저소득층, 결혼이민자, 북한이탈주민 등의 특정취업취약계층, 청년, 중장년을 대상으로 구직촉진수당 없이 취업지원 서비스를 제공하며, 구직촉진수당 대신에 실비 성격의 취업활동비용60)이 지원된다. 공공부조에 해당하는 국민기초생활보장제도의 수급자들 중에서 근로능력이 있는 사람으로서 일반노동시장 참여자로 분류되어 고용복지＋센터로 취업지원이 의뢰되어 온 사람은 국민취업지원제도 II유형(저소득층)에 참여하게 된다.

3) 국민취업지원제의 활성화(activation) 조치

국민취업지원제도는 강력한 활성화를 특징으로 한다. 우리나라 최초로 근거 법률에 '상호의무원칙'(mutual obligation)을 명시하고 있다는 점도 특징이다. 그래서 이 원칙에 따라 국가는 소득지원과 취업지원에 필요한 지원서비스를 제공하고, 참여자는 취업지원 서비스에 성실히 참여하고 취업을 위해 노력을 하여야 할 의무를 갖게 된다. I유형과 II유형 참여자 모두 직업상담사와의 상담을 거쳐 개인별 취업활동계획(IAP)을 수립하고 이를 바탕으로 취업에 필요한 직업훈련, 일경험, 복지서비스 연계, 일자리 소개 등 각종 취업지원 서비스를 제공받게 되며 취업지원을 받을 수 있는 기간은 1년으로 필요한 경우에는 6개월까지 연장할 수 있다.

○ 개인별 취업활동계획의 수립

국민취업지원제의 취업지원 프로세스는 기본적으로 취업성공패키지에서 마련된 절차를 기본으로 하고 있다. 그래서 참여자들이 취업과 관련된 여러 가지 문제를 가지고 있을 수 있는 저소득층 기타 취업취약계층이라는 점을 고려해 초기 단계에서 ① 기초상담 및 취업역량평가 → ② 직업심리검사 및 검사결과를 토대로 한 심층상담 → ③ 취업희망 분야나 진로가 명확하지 않은 사람에 대해서는 관심분야에 대한 정보를 스스로 찾도록 하는 과제 제시 등의 맞춤형 상담을 통한 구직 목표 설정 → ④ 취업의지·능력이 낮은 사람에 대해서는 집단상담 프로그램 등에 참여(1회) 유도 → ⑤ 개인별 취업활동계획(IAP)의 수립이라는 절차를 따르도록 하는 등 심층상담, 취업의욕 고취, 취업장애요인 확인 등에 많은 시간을 할애토록 하고 있다.

그리고 이러한 절차를 밟기 위해 참여자와 협의해 처음 한 달 동안 3~5일 간격으로

---

60) 직업훈련에 참여하는 경우 최대 6개월의 범위에서 월 최대 28.4만원을 지원한다.

3~6회의 범위내에서 직업상담을 집중적으로 실시토록 하고 있으며, 기초상담은 최소 30분 이상, 심층상담은 60분을 실시하도록 권고하고 있다. 국민취업지원제에서는 프로파일링의 일환으로 설문지를 활용한 취업역량평가를 실시하고 있다. 취업역량평가를 위한 설문항목은 구직의지, 구직 장애요인, 건강상태, 구직역량 영역으로 구분되어 있으며, 취업역량 판정점수에 따라 4가지 수준으로 평가유형을 구분해 개인별 취업활동계획의 수립과 취업지원 서비스에 참고하도록 하고 있다. 4가지 평가유형은 ① 빠른 취업지원 지원형, ② 능력향상 지원형, ③ 의욕향상 지원형, ④ 복지향상형으로 나누는데 취업역량 판정점수에 따라 유형분류를 하되 점수가 일정 구간에 속할 경우에는 최종 판단을 직업상담사에게 허용하는 재량구간을 운영하고 있다. 고용노동부에서는 평가유형에 따라 표준화된 취업지원 서비스 모델을 제공해 직업상담사들이 참고할 수 있도록 하고 있다.

○ 취업지원 및 구직활동 지원

개인별 취업활동계획(IAP)이 수립되면 그 계획에 따라 취업지원 프로그램과 구직활동지원 프로그램이 제공된다. 취업지원 프로그램에는 ① 취업의욕 고취·취업기술 향상를 위한 집단상담 등의 취업역량강화 프로그램[61]과 전문심리상담서비스와의 연계, ② 직업능력개발을 위한 직업훈련, 창업지원, 해외취업지원, 일경험 프로그램, ③ 취업장애요인 해소를 위한 각종 복지·금융지원 연계 프로그램 등이 포함되며, 구직활동지원 프로그램은 이력서 등 구직기술 향상 지원과 취업알선으로 구성되어 있다.

이와 같은 프로세스는 기본적으로 취약계층의 취업지원을 위해 설계된 취업성공패키지에서 마련된 것이다. 그런데, 국민취업지원제의 대상에는 취약계층 외에도 많은 청년들이 포함되어 있는데, 취약 청년이 아닌 일반 청년들에게까지 취약계층과 동일한 프로세스를 적용하는 것이 타당한지에 대한 의문이 있다. 밀도있는 취업지원을 한다는 측면에서 보면 청년들에게 도움을 주는 것은 분명하나, 청년들이 국민취업지원제에 참여하는 것 자체를 주저하게 만들 수 있는 요인으로 작용할 수도 있다. 이러한 점에서 취업능력을 갖추고 있는 청년들을 선별해 낼 수 있는 프로파일링 도구를 만들어 별도의 유형으로 분류하고 그에 맞는 취업지원 프로세스를 마련하는 것이 고용서비스의 효율성과 효과성을 높일 수 있

---

61) 집단상담 프로그램은 참여자들끼리 공통의 문제 해결을 위한 상담이 이뤄지는 형태로, 다른 사람을 관찰하면서 자신의 문제에 대응하는 방법을 배워 집단 상호 역동을 통한 향상 효과를 기대할 수 있다, 고용복지⁺센터에서는 청년(예: CAP＋, 청취력 등), 중장년층(예: 성취프로그램, 성실 등), 취약계층(예: 행복내일 등), 여성(예: 경단여성 재취업설계 등) 등 대상별로 보통 4일간 24h 과정의 집단상담 프로그램이 설계되어 운영되고 있다. 이 외에도 단기취업특강(2h), 단기집단상담(3h)도 운영된다. 이들 프로그램을 취업역량강화 프로그램이라고 통칭한다.

는 방안이 될 수 있겠다.

○ 직업훈련 및 일경험 프로그램의 활용

국민취업지원제도에서는 직업능력을 개발할 수 있는 취업지원 프로그램으로 직업훈련과 일경험 프로그램을 활용하고 있다. 직업훈련을 통한 직무능력 개발이 필요한 경우에는 국민내일배움카드를 활용해 수강할 수 있도록 연계하고, 일경험이 필요한 경우에는 청년일경험지원 사업, 중장년 인턴제, 새일센터 여성인턴사업 등 다양한 일경험 프로그램과 연계해 일경험을 지원받을 수 있도록 하고 있다. 당초에는 국민취업지원제도가 자체적으로 일경험 프로그램을 운영하였으나 2025년도부터 청년일경험지원 사업이 대규모로 확대되면서 독자적인 일경험 프로그램을 폐지하고 외부의 일경험 프로그램과 연계하는 것으로 변경되었다. 청년일경험지원 사업의 경우에는 직무경험을 필요로 하는 34세 이하의 청년을 대상으로 인턴형(1~5개월), 프로젝트형(2개월 이내), ESG지원형(6개월 이내), 기업탐방향(5일 내외)의 일경험을 제공하면서 기업에게는 멘토 수당 등을 지급하고 청년에게는 참여수당 등을 지급하는 사업이다.

국민취업지원제에서 독자적으로 일경험 프로그램을 운영하였을 때에는 일경험 프로그램을 체험형과 인턴형으로 구분해 체험형의 경우에는 구직의욕 고취가 필요한 사람에 대하여 NGO, NPO, 공공기관 등에서 30일 내외의 단기간 동안 '직무 체험'중심의 일경험을 제공하였으며, 인턴형의 경우에는 구직의사와 역량이 강한 사람에 대하여 취업연계가 가능한 민간기업 등에서 3개월 이내의 기간 동안 '직무 수행' 중심의 일경험을 제공하였다. 국민취업지원제는 이외에도 대학생 현장실습, 민간기업의 인턴제 등 다른 정부기관, 지자체, 민간기업(단체) 등이 운영하는 3개월 이내로 운영되는 단기 일자리 사업의 경우에도 참여자의 일경험 및 직무습득에 도움이 되는 사업에 대해서는 해당 사업을 일경험 프로그램으로 연계하여 운영해 왔다. 이 경우에 일경험 참여로 발생된 소득이 구직촉진수당을 초과하는 경우에는 해당 월의 구직촉진수당은 지급되지 않고 소멸되는 것으로 운영해 왔다.

또한, 국민취업지원제도의 참여자에 대해서는 신속한 취업촉진을 위하여 구직촉진수당을 3회차 이내로 수급하고 취·창업하는 경우 50만 원을 조기취업성공수당으로 지급하는 제도가 도입되었다(이재갑, 2022). 그런데, 일경험 프로그램을 활성화하기 위해서는 유럽국가들에서와 같이 일경험과 연계한 고용장려금 도입을 검토할 필요가 있다.[62] 일경험 프로

---

62) 자세한 내용은 제8장을 참고하기 바란다.

그램을 운영하는 기업에 대하여 고용장려금을 지급함으로써 기업의 인건비 부담을 완화할 수 있는 인센티브로 활용할 수 있기 때문이다.

4) 참고: 우리나라 공공부조(국민기초생활보장제)에서의 취업지원

우리나라에서 빈곤가구를 위한 공공부조로는 국민기초생활보장제도가 있으며, 국민기초 생활보장제에서는 근로능력자와 근로무능력자로 구분해 근로능력자에 대해서는 자활사업에 참여하는 것을 조건으로 생계급여를 지급하고 있다. 근로능력자의 경우에는 자활역량 평가를 통해 일반노동시장 참여자와 자활근로사업 참여자로 구분해 일반노동시장 참여자에 대해서는 고용복지⁺센터로 이관하는 방식을 사용하고 있다. 이러한 점에서 우리나라의 국민기초생활보장제도는 공공부조 수급자의 취업지원을 위해 사회복지 전달체계와 고용 서비스 전달체계의 '연계'를 강화하는 방식을 채택하고 있다고 하겠다. 이 절차를 보다 자세히 설명하면 다음과 같다.

국민기초생활보장제도에서는 근로능력이 있는 수급자는 조건부 수급자로 분류되어 자활사업에 참가하는 것을 조건으로 생계급여가 지급되며, <그림 6-3>과 같이 지방자치단체는 조건부 수급자를 대상으로 자활지원계획수립 상담을 실시하고 자활역량평가를 실시해 평가결과가 80점 미만인 사람에 대해서는 지방자치단체가 운영하는 자활근로사업에 참가토록 하고, 80점 이상인 사람에 대해서는 일반노동시장에서 취업할 수 있도록 고용복

〈그림 6-3〉 국민기초생활보장제도 조건부수급자 자활사업경로

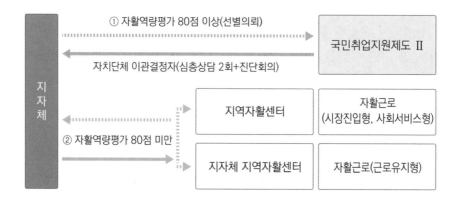

[지자체 조건부수급자 국민취업지원제도 의뢰 프로세스]

* 2022년 국민취업지원제도 업무매뉴얼(고용노동부)

지⁺센터에 의뢰하고 있다. 고용복지⁺센터는 이들을 국민취업지원제도 II유형에 참여시킴으로써 패키지형식의 종합적인 고용서비스를 제공하고 있다. 다만, 심층상담 및 취업역량 평가결과를 토대로 고용복지⁺센터의 담당자와 지방자치단체의 담당자가 참여하는 진단회의를 통해 개인·가구여건 등으로 인한 취업장애요인이 단기적으로 해소가 불가능하다고 판단되는 경우에는 지방자치단체로 다시 이관해 자활근로사업에 참여토록 하고 있다.

참고

고용보험제도의 소개

우리나라에서 고용보험제는 사회보험의 하나이자 노동시장정책의 수단으로 도입되었다. 전통적인 실업보험은 실직자의 생계를 지원하는 사후적·소극적인 사회보장제도인 데 반해 고용보험은 실직자에 대한 생계지원에 추가해 실업의 예방 및 고용안정, 직업능력개발을 강화하기 위한 사전적·적극적 차원의 노동시장정책 수단이라는 차이가 있다. 독일은 1969년에 「고용촉진법」을 제정하면서 실업보험과 모든 노동시장정책을 통합해 규정함으로써 고용보험체계로 변경하였으며, 일본은 1974년에, 캐나다는 1996년에 실업보험을 각각 고용보험으로 변경하였다. 우리나라는 1993년 말에 고용보험법이 제정되어 1995년 7월부터 시행되었다. 이후 1997년 말에 발생한 외환위기를 겪으면서 급속하게 대폭 강화되었다.

고용보험제는 제도 도입 당시에는 실업급여, 고용안정사업, 직업능력개발사업의 3개 보험사업으로 구성되었고, 보험료도 보험사업별로 구분되어 각각의 보험사업에 사용되는 체제였다. 그 이후 2001년에 모성보호·육아지원 사업이 추가되면서 실업급여 보험료를 재원으로 사용하게 되었으며, 2005년에는 고용안정사업과 직업능력개발사업을 고용안정·직업능력개발사업으로 통합해 재원을 융통성있게 사용할 수 있도록 하였다. 그 결과 현행 제도에서의 보험사업은 실업급여, 모성보호·육아지원사업, 고용안정·직업능력개발사업의 3개 사업으로 구성되어 있으며, 보험료는 실업급여의 보험료와 고용안정·직업능력개발사업의 보험료로 구성되어 있다. 다만, 고용안정·직업능력개발사업의 통합은 재원의 통합 사용을 목적으로 이루어진 것으로 사업의 성격과 내용은 여전히 별개로 구분되는 것이므로 고용보험사업은 사실상 3+1의 형태로 구성되어 있다고 보는 것이 타당하다. 정부는 모성보호급여에 소요되는 비용의 일부를 일반회계로 지원하고 있다. 보험사업에 필요한 재원을 충당하기 위해 고용보험료를 주요 재원으로 고용보험기금을 조성하고 있으며, 노동시장의 급변에 대비에 일정 수준의 적립금도 운영하고 있다.

본서는 고용보험제에 대하여 많은 내용을 다루고 있다. 제6장(실업자 소득지원)은 실업급여와 적용범위를 다루고 있고, 제7장(직업훈련)은 직업능력개발사업을, 제8장(고용장려금)은 고용안정사업을 각각 다루고 있다. 모성보호·육아지원 사업을 간단히 소개하면 출산전후휴가급여와 육아휴직급여(통칭하여 '모성보호급여'라고도 지칭한다)를 지급하고 있다. 출산전후휴가급여는 모성보호비용의 사회분담화의 일환으로 근로기준법상 부여되는 출산전후휴가기간 90일에 대하여 우선지원대상기업의 경우에는 90일 전체를, 대기업의 경우에는 마지막 30일에 대하여 통상임금의 100%를 지급하며, 유산·사산휴가급여와 배우자 출산휴가급여도 지급한다. 육아휴직급여는 8세 미만 또는 초등학교 2학년 이하의 자녀를 육아 중인 근로자가 육아휴직을 사용하는 경우에 1년 한도 내에서 통상임금의 50~80%를 지급하며, 육아기근로시간단축급여도 지급하고 있다. 이들 내용은 1장에서 소개한 이행노동시장 이론에 따른 고용서비스와 관련이 있다. 이외에 고용보험의 적용관계와 보험의 재정에 관한 세부 내용은 정병석 외(2022)를 참고할 수 있다.

제2부

제7장

직업훈련

1. 직업훈련의 의의
2. 직업훈련과 관련된 이론과 재원조달 방안
3. 직업훈련과 직업교육
4. 한국의 직업훈련 발전과 지원 체계
5. 한국의 직업교육: 일학습병행 훈련
6. 직업능력 품질관리

제7장	직업훈련[1]

직업훈련은 실업자와 근로자의 직업능력 개발을 지원하는 노동시장 공급 측면의 ALMP 수단이다. 학교교육과 함께 한 나라 경제에서 노동 공급의 양과 질을 좌우한다. 또한, 기술변화 등에 따라 급변하는 노동시장 환경 속에서 구직자와 근로자 개개인의 고용가능성(employability)과 적응력(adaptability)을 향상시키며, 최근에는 평생 직업능력 개발체제로 발전해 가고 있다. 기업에서는 재직근로자의 직무능력 향상을 위한 인적자원개발(HRD)의 중요한 수단이 된다. 이 장에서는 직업훈련의 의의와 이론적 논의, 우리나라의 직업훈련체제, 그리고 일학습병행제에 대해 논의한다.

1. 직업훈련의 의의

가. 직업훈련의 개관

직업훈련은 기업의 생산성 및 제품 경쟁력, 근로자의 임금수준과 격차, 이직률, 노동력의 질 등에 영향을 미치는 변수이며 기업의 경쟁력과 밀접한 관련이 있다. 이 때문에 각국 정부와 기업들은 직업훈련에 많은 관심을 기울여 왔다. 직업훈련은 사업주(기업) 또는 개인의 필요에 따라 투자가 이루어지게 되는데 직업훈련이 가지는 외부효과(externality) 때문에 시장실패(market failure)가 나타날 가능성이 있다. 외부효과는 경제적 활동이 제3자에게 의도하지 않은 편익이나 비용을 발생시키면서 그에 대한 대가가 지불되지 않을 때 발생한다(이준구 외, 2016). 다른 기업이 양성한 인력을 빼내 온다면 빼 오기를 한 기업은 비

---

1) 본 장의 내용은 필자가 집필한 「직업능력개발훈련개관」(한국기술교육대학교, 2024)에 기초하였음.

용 지불 없이 기능인력을 활용하는 것이기 때문에 무임승차자(free-riders)가 되는 것이고 이를 방치한다면 기업들이 아무도 훈련을 시키지 않는 시장실패(market failure)가 발생하게 된다. 내부노동시장(internal labor market)이 존재하지 않고, 근속기간이 짧은 경우, 기간제·파견 등 비정규직이 많은 경우에도 사업주들이 훈련에 투자할 유인이 저하된다. 반면, 개인들은 훈련참가에 따른 기회비용이 발생하고, 훈련결과에 대한 가격신호가 불충분할 경우 불확실한 수익성으로 인해 훈련을 기피할 수 있다. 결과적으로 기업과 개인들이 가진 불완전한 정보(훈련 정보, 훈련의 미래 수익 등), 위험회피적 속성, 훈련비용 부담, 인력 빼가기의 외부효과는 시장실패로 이어지게 된다(Keep, 2006; Brunello & Paola, 2004).

직업훈련의 실시에는 여러 가지 변수들이 영향을 미칠 수 있다. 각국 정부의 ALMP의 구성과 활성화 정책의 방향, 정부·사업주·근로자(노동조합) 간의 상호관계, 기업들의 경쟁전략과 내부노동시장의 존재 여부 등을 예로 들 수 있다. 특정 국가의 직업훈련 체제(regime)는 이러한 다양한 제도들이 상호작용을 하는 「제도적 상보성」(institutional com-plementaries)2)을 토대로 형성되게 된다. 이 때문에 세계화에도 불구하고 각국의 훈련제도는 유사한 양태로 수렴(convergence)하기보다는 서로 다른 특징들을 그대로 유지해 나가고 있다. Bosch & Charest(2008)는 각국의 직업훈련 실시 양태를 분석하여 직업훈련을 ⅰ) 시장모형 ⅱ) 조합주의 모형 ⅲ) 국가주의모형으로 분류한다. 시장모형은 훈련의 수요·공급을 시장기능에 맡기고 정부 개입이 미미한 경우로서 영미계 국가가 해당한다. 조합주의 모형은 노사정의 사회적 파트너십을 기반으로 노사가 훈련기준, 자격검정, 평가 등에 깊숙이 관여하는 모델로 독일·스위스 등 도제훈련에 기반한 dual system이 발달한 국가들이 속한다. 국가주의 모형은 국가가 주도적으로 훈련시장에 개입하여 훈련분담금 또는 보험료를 징수하고 인력의 수요·공급을 조절하는 유형으로 한국, 프랑스, 스페인, 일본이 해당한다. 시장모형에서는 시장실패가 나타날 가능성이 있는 반면에, 국가주의 모형에서는 중앙정부가 시장 수요를 제대로 파악하지 못할 경우 정부실패(government failure)가 나타날 우려가 있다.

나. 직업훈련과 직업능력개발훈련

직업훈련 또는 직업능력개발훈련에 대한 통일적인 정의는 존재하지 않는다. 직업훈련은

---

2) 특정 영역에서 특정 형태의 제도의 존재가 다른 영역에서 다른 제도의 존재, 기능 및 효율성을 강화시켜 줄 때 제도 간 상호보완성이 존재한다(하연섭, 2008).

각국의 역사적·문화적 제도하에서 발전되어 왔고 시대적 흐름에 따라 변화되어 왔기 때문에 국제기구, 국가에 따라 직업훈련의 정의(definition)에도 차이가 있다. 우리나라에서는 1967년 「직업훈련법」, 1976년 「직업훈련기본법」이 제정되어 직업훈련이라는 용어가 사용되어 왔으나, 1995년 고용보험 사업의 하나로 직업능력개발사업이 시행된 이후에는 직업능력개발훈련이라는 용어도 널리 사용되고 있다. 2020년 2월에는 「국민 평생 직업능력 개발법」으로 개정되어 시행되었는데, 동법에서는 "직업능력개발훈련이란 모든 국민에게 평생에 걸쳐 직업에 필요한 직무수행능력(중략)을 습득·향상시키기 위하여 실시하는 훈련을 말한다."고 정의하고 있다.[3]

직업훈련과 직업능력개발훈련이라는 두 용어의 의미가 다른 것인지, 혼용해서 사용해도 무방한 것인지에 대해 의문이 있을 수 있다. 직업훈련이라는 용어는 1990년대 초반까지의 산업화 시대에 기능인력 양성을 위한 직업훈련 의무제와 함께 사용되어 온 용어인 반면, 직업능력개발훈련이라는 용어는 1995년 고용보험제 시행 이후에 '직업능력을 개발한다'는 훈련의 목적을 강조하면서 등장한 용어이다. 고용보험의 직업능력개발사업에서는 훈련이 모든 업종으로 확대되었고, 훈련대상자도 기능인력 양성을 위한 비진학청소년 중심에서 재직근로자와 실업자까지 크게 확대되었다. 따라서 직업능력개발훈련이라는 용어가 직업훈련보다 좀 더 포괄적인 의미를 갖는 측면은 있다. 그러나 이러한 직업능력개발 체제로의 전환이 이루어졌다고 하더라도 직업훈련이라는 용어와 직업능력개발훈련이라는 용어가 서로 다른 의미를 갖는 것은 아니다. 지난 30년간 직업훈련의 개념이 진화하여 직업능력개발훈련이라는 용어가 나온 것이며, 흔히 직업능력개발훈련의 줄임말로 직업훈련이라는 용어를 사용하고 있기 때문이다. 영어로 직업훈련과 직업능력개발훈련을 구별해서 표현하기도 어렵다. 결국, 직업훈련이라는 용어를 굳이 산업화 시대의 유물로 생각할 이유는 없어 보이므로 이 장에서는 두 용어의 의미를 같은 것으로 보고 혼용하여 사용하고자 한다.

다. 직업능력과 직무수행능력

위에서 본 바와 같이 직업훈련은 구직자 또는 근로자 등이 특정 직업에 필요한 '직업능력'을 습득·향상시키기 위하여 실시하는 훈련이라고 정의할 수 있다. 그런데 「국민 평생

---

3) 과거의 「직업훈련촉진법」에서도 직업훈련에 대하여 '직업에 필요한 직무수행능력을 습득·향상시키기 위해 실시하는 훈련'이라고 동일하게 정의하고 있었다.

직업능력 개발법」에서는 직업에 필요한 '직무수행능력'을 습득·향상시키기 위하여 실시하는 훈련이라고 정의하고 있어 직업능력과 직무수행능력은 차이가 있는 것인지 같은 것인지 궁금해진다.

<그림 7-1>은 직업능력과 직무수행능력의 관계에 대해서 보여주고 있다. 직업능력이란 특정한 직업의 직무를 수행하는 데 요구되는 능력을 의미하는 것으로 직무수행능력과 직업기초능력으로 분류할 수 있다(한국고용정보원, 2021). 직무수행능력이란 해당 직업의 직무를 잘 이해하고 수행하는 데 필요한 지식, 기술, 태도 등을 의미한다. 직업상담사를 예로 들어 설명하면 직업상담이라는 직무를 효과적으로 수행하기 위해서는 ① 직업상담·심리이론, 직무분석론 등과 같은 지식, ② 통계활용기술, 의사소통기술 등의 기술(skill), 그리고 ③ 목표를 성취하려고 하는 적극적인 태도, 타부서와 소통하는 자세 등과 같은 태도를 필요로 한다. 이와 같은 직업상담사의 직무에 필요한 지식, 기술, 태도 등을 직무수행능력이라고 한다. 이와 비교해 직업기초능력이란 직종이나 직위에 상관없이 대부분의 직종에서 직무를 성공적으로 수행하는 데 공통적으로 필요한 능력을 의미하는 것으로, 의사소통능력, 수리능력, 문제해결능력, 자기개발능력, 자원관리능력, 대인관계능력, 정보능력 등을 포함하고 있다.

〈그림 7-1〉 **직업능력의 구분**

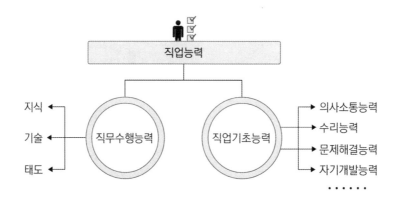

* 한국고용정보원(2021)에서 재인용

2021년까지 시행된 「근로자 직업능력 개발법」까지만 해도 직업훈련은 "직무수행능력"의 습득·향상으로 규정되면서 하드 스킬(hard skill) 중심의 직업훈련이 이루어져 왔다. 그러나 인공지능 기술이 비약적으로 발전하고 있는 4차 산업혁명 시대에는 창의력, 문제

해결능력, 의사소통능력 등과 같은 소프트 스킬(soft skill)의 중요성이 더욱 커지게 된다. 이런 점을 고려해 2021년에 「국민 평생 직업능력 개발법」으로 개정되면서 "직무수행능력(지능정보화 및 포괄적 직업·직무기초능력을 포함한다)"으로 개정함으로써 직업훈련의 범위를 직무기초능력이 포함될 수 있도록 확대하였다. 따라서 직업훈련의 교과과정을 직업기초능력과 소프트스킬을 증진시킬 수 있는 방식이나 내용으로 변경할 수 있게 되었으며 그 비용도 지원할 수 있는 법률적 근거가 마련되었다. 직업기초능력과 소프트스킬은 일반적으로는 청소년기에 학교교육을 통해 습득된다고 하나, 성인을 대상으로 하는 직업훈련에서도 그룹 프로젝트와 협력학습, 문제 해결 워크숍, 실습 세션을 통한 비판적 사고와 분석능력 향상, 정기적인 피드백과 코칭, 멘토링 훈련, 의사소통 훈련, 리더십 훈련 등 다양한 방법으로 향상될 수 있다. 그러므로 이를 촉진하기 위해 보다 유연한 직업훈련 기준의 적용 및 교과 개발이 필요해 보인다.

참고

하드 스킬과 소프트 스킬은 무엇일까?

먼저, 기술(skill)에 대해 정의하면 기술은 특정한 작업이나 활동을 수행하는 데 필요한 실질적이고 구체적인 능력을 말하는 것으로 지식을 실제로 적용하여 특정 업무를 수행하는 능력을 뜻한다. 보통 훈련이나 경험을 통해 습득되는 능력으로, 개인이 실제로 어떤 작업을 얼마나 잘 수행할 수 있는지를 나타낸다. 기술은 하드 스킬(hard skill)과 소프트 스킬(soft skill)로 나눌 수 있다. 하드 스킬은 기술적이거나 학문적인 지식과 관련된 능력으로, 프로그래밍, 데이터 분석, 기계 조작 등과 같이 명확히 측정 가능한 기술을 의미하며, 소프트 스킬은 문제해결 능력, 의사소통 능력과 등과 같은 비기술적인 능력을 의미한다.

하드 스킬의 경우에는 직무수행능력을 구성하는 핵심 요소가 된다. 그런데, 소프트 스킬의 경우에는 직무수행능력을 구성하는 것과 직업기초능력을 구성하는 것으로 나누어 볼 수 있다. 직무수행능력을 구성하는 소프트 스킬은 특정 직무에서 요구되는 다양한 역량을 의미하는 것으로 영업 직무의 경우에는 설득력과 고객 관리능력이, 팀 리더 직무의 경우에는 리더십과 의사결정 능력이 직무에서 각각 요구되는 소프트 스킬이 된다. 이와 비교해 직업기초능력을 구성하는 소프트 스킬은 다양한 직무에서 공통적으로 요구되는 기본적인 역량으로서 의사소통 능력, 대인관계 능력, 문제 해결 능력, 비판적 사고능력 등과 같은 것을 의미한다.

한 기업에서 직업훈련 필요성의 판단은 직무분석을 토대로 확인된 직무능력(또는 역량)과 종업원들이 보유하고 있는 직무능력(또는 역량)의 격차를 메우기 위하여 실시된다. 동일한 방법으로 구직자에 대한 직업훈련 상담은 그 구직자가 희망하는 직업에서 요구하는 직무능력과 그 구직자가 보유한 직무능력의 격차를 확인해 그 격차를 메울 수 있는 직업훈련과정을 검색해 추천하는 방식으로 이루어진다. 이때 구직자가 희망하는 직업에서 요구하는 직무능력을 탐색하는 방법으로는 「고용24」의 한국직업정보(KNOW) 또는 한국직업능력표준(NCS)을 활용하는 방법이 있다. 최근에는 인공지능을 활용한 잡케어(Job Care)가 개발되어 「고용24」에 입력된 구직자의 프로필을 토대로 구직자가 보유하고 있는 직무능력을 구체화해 제시해 주고 이 직무능력으로 취업할 수 있는 직업을 추천해 주거나 또는 희망하는 직업이 있는 경우 그 직업에서 필요로 하는 직무능력과의 격차를 보여주면서 부족한 직무능력을 습득할 수 있는 직업훈련과정을 자동적으로 추천해 준다.

2. 직업훈련과 관련된 이론과 재원조달 방안

가. 직업훈련 투자와 시장실패

직업훈련의 주체는 기업 또는 개인이다. 기업들은 인력을 채용한 후 자사에 맞는 교육훈련을 실시함으로써 생산성 향상과 기업의 경쟁력을 높이고자 한다. 개인들도 훈련투자를 통해 자기계발과 역량향상을 통한 임금상승을 기대한다. 그러나 기업과 개인은 모두 위험회피적(risk aversion)이기 때문에 훈련의 투자수익률(ROI: Return of Investment)이 (+)가 아닌 한 훈련 투자를 주저하게 된다. 훈련이라는 인적자본투자에는 교육비·식비·교통비 등 직접비용과 다른 일을 못하는 기회비용(oppourunity cost)이 발생하기 때문에 훈련주체들은 생산성 향상과 미래 수익(임금)의 증가가 실현 가능할 때만 훈련투자에 나서게 된다.

$$ROI(\%) = \frac{교육훈련 \ 이익}{교육훈련 \ 투자비용} \times 100$$

많은 국내외 학자들은 실증연구를 통해 직업훈련이 생산성과 임금수준을 향상시킨다는 것을 제시한 바 있지만, 2000년대 이후 노동시장의 유연화와 고용형태의 다양화에 따라 직업훈련과 ROI와의 관계는 불확실성이 커졌다. 사업주 입장에서 직업훈련은 생산성 향상이 나타나기까지 회임기간이 길고, 훈련의 결과(skill & knowledge)는 단기간 내에 회수 불가능하다. 또한 훈련의 외부효과(poaching externalities)는 기업들의 훈련 투자를 저해함을 앞에서 보았다. 개인 입장에서도 고용이 불안정할 경우 직업훈련의 기회비용이 커지고 수익이 불확실하기 때문에 훈련 기피로 이어질 수 있다. 이러한 이유로 사업주와 개인들이 훈련 투자를 하지 않고, 훈련이 필요 없는 경력직 채용을 사업주들이 선호하게 될 때 노동시장에서는 필요 인력의 수요보다 공급이 적어지게 되어 시장실패가 나타나게 된다. 기업·개인들이 가진 불완전한 정보(훈련 투자의 미래수익, 훈련정보 등), 위험회피적 속성, 훈련비용 부담, 인력 빼가기의 외부효과(poaching externalities) 등이 시장실패에 영향을 줄 수 있다(Keep, 2006; Brunello & Paola, 2004). 그러나 시장실패가 있다고 해서 정부개입이 정당화되는 것은 아니다. 시장실패보다 정부실패는 더 나쁜 결과를 초래할 수 있기 때문이다. 관료들은 장기적 공공의 이익보다 자신의 입신양명을 위해 단기성과에 집착하고, 민간보다 훈련의 수요를 보다 정확하게 파악할 수 있는 능력이 있는 것도 아니다(Booth & Snower, 1996, 심재용, 1997).

Becker(1993)는 인적자본이론(Human Capital Theory)을 통해 직업훈련의 시장실패가 범용훈련(general training)과 기업특수적 훈련(firm-specific-training)에 따라 다르게 나타날 수 있다고 본다. 범용훈련은 어느 기업에서나 활용가능한 기능습득 훈련인 반면, 기업특수적 훈련은 특정 기업의 기술에 특화된 훈련이기 때문에 이직 시에는 활용 가치가 낮아진다. 이 때문에 기업특수적 훈련보다 범용훈련이 '인력 빼가기'의 주대상이 되며, 결국 사업주들은 인력양성을 꺼려함으로써 시장실패가 나타날 수 있다.4) 그러나 기능·기술은 범용적 속성과 기업특수적 속성이 동시에 존재하기 때문에 Becker의 이론은 지나친 단순화라는 비판이 있다(Booth & Snower, 1996).

나. 시장실패에 대한 각국의 대응

각국 정부가 직업훈련의 시장실패에 대응하기 위한 정책은 <표 7-1>과 같이 정리해 볼 수 있다.

① 훈련관련 분담금(levy) 제도는 한국, 일본과 프랑스, 영국, 스페인, 벨기에, 핀란드 등에서 운영하고 있다. 분담금제에는 두 가지 종류가 있는데, ⅰ) 사업주에게 훈련의무를 부과하여 이를 달성하지 못한 경우에만 분담금을 징수하는 Train-or-Pay 방식(프랑스, 스페

---

4) 그러나 기업이 어느 정도의 노동수요에 대한 독점력(먼 통근거리, 지역, 이직비용 등)이 있다면 범용훈련을 시키더라도 이직 가능성을 낮출 수 있다.

인, 과거 한국의 훈련의무제) ⅱ) 기업이 일단 분담금을 내고 훈련실적에 따라 환급받는 Levy – Grant 방식(한국, 일본, 이탈리아)이 있다.

② 개인별 계좌제훈련은 2000년 이후 프랑스, 영국, 캐나다, 미국 등에서 도입하였는데, 그 목적은 개인들에게 훈련기관과 훈련과정에 대한 선택권을 주어 훈련 참여의 자발성과 주인의식(ownership)을 갖게 하고 훈련기관(providers) 간 경쟁을 촉진하여 훈련의 질을 높이고자 하는 것이다(OECD, 2019b; 장신철, 2020). 계좌제훈련은 훈련공급자(providers)가 아닌 수요자의 선택권을 중시함으로써 경쟁 촉진과 재정 효율성의 추구, 투명성을 강조하는 시장친화적 직업능력 체제와도 부합한다.

③ 훈련비 환불조항(Payback clause)은 네덜란드, 룩셈부르크 등 일부 유럽국가의 단체협약을 통해 시행되고 있는데, 사업주 비용으로 훈련을 받은 후 소위 '먹튀'를 하는 근로자를 억제하기 위한 수단이다. 한국은 명시적인 환불조항은 없지만 훈련계약 체결 시 훈련 이수 후 일정 기간 근무해야 함을 포함할 수 있도록 평생직능법에 규정하고 있다.[5]

④ 훈련에 대한 세제 혜택은 많은 국가에서 시행하고 있는데, 기존의 조세제도를 이용하므로 시행에 따른 행정부담이 적고 기업들이 스스로 인력을 양성하도록 하는 유인책이 된다. 그러나 일부 대기업과 같이 세제혜택이 없더라도 스스로 인력을 양성하고자 하는 기업에는 사중손실이 나타나는 문제가 있다.

〈표 7-1〉 직업훈련의 시장실패를 억제하기 위한 정책

시장실패 대응 조치	내용
분담금 제도 (Levy-grant 방식 또는 Train or pay 방식)	• 직업훈련의무제(1995년까지의 한국: Train or pay) • 직업능력개발사업 보험료 부과(한국, 일본) • 프랑스의 훈련분담금(11인 이상 기업은 1%, 10인 이하는 0.44% 납부) + 모든 기업에 도제세 0.68% 별도 부과 • 영국의 도제세(연간 15천 파운드: 2017부터 납입)
개인에 대한 훈련비 지급	• 계좌제훈련(Individual Learning Account)을 통해 사업주훈련의 시장실패를 보완
훈련비 환불조항 (pay-back clause)	• 사업주 비용으로 훈련을 받은 후 약정기간을 못채우고 이직하는 경우 훈련비용을 변상: 유럽국가들의 경우 단체협약으로 규정
세제 혜택	• 사업주 및 개인에 대한 각종 세제 혜택 부여

---

5) 「국민 평생 직업능력 개발법」 제9조(훈련계약과 권리의무) ① 사업주와 직업능력개발훈련을 받으려는 근로자는 직업능력개발훈련에 따른 권리·의무 등에 관하여 훈련계약을 체결할 수 있다.
② 사업주는 제1항에 따른 훈련계약을 체결할 때에는 해당 직업능력개발훈련을 받는 사람이 직업능력개발훈련을 이수한 후에 사업주가 지정하는 업무에 일정 기간 종사하도록 할 수 있다. 이 경우 그 기간은 5년 이내로 하되, 직업능력개발훈련 기간의 3배를 초과할 수 없다.

다. 직업훈련 재원 조달 방안(financing system)

직업훈련의 실시에는 적지 않은 비용이 따르기 때문에 누가 재원을 부담하느냐 하는 것은 매우 중요한 이슈로서 흔히 정부, 기업 또는 개인이 부담 주체가 된다. 어느 국가나 활용하는 재원은 세금으로 조성되는 일반회계(general taxation)로서 취약계층훈련과 공공직업훈련시설 확충에 주로 사용된다. 그러나 일반회계는 재원이 불안정하고 충분한 예산을 확보하기도 어렵기 때문에 많은 국가에서는 기업에게 훈련분담금(levy)을 부과하여 형성된 기금을 훈련에 사용하고 있다. 분담금 제도는 훈련의 외부효과(externality)와 기업의 인력 빼오기(poaching) 등 문제에 대응하기 위한 수단이기도 하다. UNESCO(2022)에 의하면 훈련분담금은 전세계적으로 70여 개 국가에서 활용하고 있으며, 평균 요율은 임금의 1.3% 수준으로서 약 1/4은 1% 미만, 3/4은 1~2%였다. 산업별로 부담하는 요율에 차등을 두기도 한다. 한국의 경우에는 고용보험의 고용안정·직업능력개발사업 보험료를 통해 징수되는 보험료가 훈련분담금에 해당하며 훈련재원의 대부분을 충당해 왔다. 독일·스위스·오스트리아 등에서는 정부의 강제 없이 상공회의소 등 직종별 단체의 지원을 받아 기업 스스로의 필요에 의해 도제훈련(dual system)을 실시해 온 오랜 전통이 있다.[6]

마지막으로 훈련생의 자비부담액도 중요한 훈련재원의 하나이다. 일반적으로 취약계층에게는 자비부담을 부과하지 않는 경향이지만 훈련생의 쉬운 중도탈락, 도덕적 해이 방지, 훈련 쇼핑 억제 등을 위해서는 적정 수준의 자비부담 부과가 필요하다. 결국 일반회계, 훈련분담금, 자비부담의 부담 비중을 어떻게 조합하여 훈련재원을 확보하느냐 하는 것은 각국의 복지레짐(regime),[7] 노동시장체제, 노사관계 등 다양한 변수에 의해 결정된다.

3. 직업훈련과 직업교육

직업훈련과 직업교육과의 관계는 각국의 역사적, 문화적 토양에 따라 양태가 다르게 나

---

6) 하지만 프랑스, 영국, 스페인, 이탈리아 등 다른 유럽 국가들의 도제훈련이 발달되어 있지 못한 것을 보면 고등학생의 약 60%가 직업학교에 진출하는 독일·스위스·오스트리아의 사례는 유럽 내에서도 일반적이라기보다는 특이한 사례에 가깝다.

7) 사회복지 정책과 제도들이 어떻게 구성되고 운영되는지를 설명하는 개념으로서, "레짐"은 체제 또는 제도라는 뜻을 가지고 있어서 복지레짐은 특정 국가가 사회에서 운영되는 복지 시스템의 전반적인 특성과 구조를 나타낸다.

타난다. 양자가 강한 결합을 보이는 국가는 독일·스위스와 같은 일학습병행 제도(dual system)를 가진 국가들이다. 이들 국가에서는 약 60%의 청소년들이 직업학교에 진학하고 학교에서의 이론교육과 기업에서의 현장훈련이 병행되어 직업교육과 직업훈련이 통합되어 있다. 이들 국가에서는 일학습병행은 대학에 진학하지 않는 트랙이며 중간에 진로를 바꾸기 쉽지 않다. 반면, 학교교육 나아가 일반교육을 중시하는 미국, 일본, 한국 등에서는 직업교육을 받는 청소년의 비중도 20% 미만으로 직업교육이 발달하지 않았고, 국민들은 대학입학을 선호하는 경향이 강하며, 직업훈련과 학교 교육과정(직업교육)이 분리되어 있다.

〈표 7-2〉 직업교육관련 두 가지 유형

	일반교육 중시 국가	직업교육 중시 국가(dual system)
직업교육의 내용	기초교육(수학, 어학 등), 전인교육	특정 직종에 맞춘 직무중심
진로선택	대학 진학시까지 늦은 진로선택	중학교 단계에서 빠른 진로선택
직업교육을 받는 고등학생의 비중	20~30% 미만	60% 내외
직업훈련과 직업교육의 관계	분리	통합
학력과 자격의 관계	분리	일원화
사회적 파트너십	취약	높음
장점	폭넓은 교육을 받아 기술변화에 적응 용이	조기 취업, school-to-work 원활
주요 국가	한, 미, 일	독일, 스위스, 오스트리아, 덴마크

일학습병행 제도의 전통이 오래된 독일, 스위스 등 독어권 국가들에서는 청소년들의 직업교육과 직업훈련이 통합되어 있기 때문에 ⅰ) 학생들을 대상으로 하는 직업교육과 ⅱ) 직업교육을 마친 성인들을 대상으로 하는 직업훈련으로 그 개념이 구분되어 사용되고 있다(Brings, 2012; 유진영, 2015). 독일은 초등학교 졸업 이후 빠른 진로선택을 통해 직업학교 또는 대학으로 갈 학생을 구분한다. 학생들의 약 60%가 직업학교에 진출하여 고등학교부터 기업현장에서 도제훈련을 받고 다년간의 숙련형성을 통해 최고 수준인 마이스터(Meister) 자격증을 취득하는 경로를 밟기 때문에 직업교육을 중시하는 사회적 인식이 형성되어 있다.[8] 반면, 이러한 전통이 없는 한국·미국·일본에서는 일반교육·대학교육 중심이며 직업교육을 중시하는 사회적 인식은 미약하다(이동임, 2020; 장신철, 2020b).

---

[8] 많은 유럽국가와 ILO, CEDEFOP(유럽직업훈련개발센터), OECD 등 국제기구에서는 직업교육과 직업훈련을 통합하여 VET(Vocational Education and Training)라는 용어를 널리 사용하고 있다. 기술분야의 직업교육훈련은 TVET(Technical Vocational Education and Training)로 칭한다.

<표 7-3> 직업교육과 직업훈련의 차이

구분	직업교육	직업훈련
담당부서	교육부	고용노동부
기간	고정(고교 3년, 대학교 2~4년)	제한 없음
가르치는 내용	교육부의 인가 필요 교양 등 종합적 내용	제한 없음 필요한 분야의 기술에 특화
교사	교사자격증 취득자만 가능	훈련교사, 현장 경력 소지자 등 다양
기관	학교설립은 엄격하게 제한 (실업계 중등학교, 전문대 등)	지정훈련시설뿐만 아니라 학원 등 다양한 기관에서 실시 (공공, 민간, 기업, 협회 등)
학위/ 자격증	학위 부여	별도의 검정과정을 거쳐서 자격증 부여(수료만으로 학위나 자격이 인정되지 않음)

우리나라에서는 직업훈련과 직업교육의 가장 큰 차이는 정규교육체제로 인정되는가 하는 것이다. 직업훈련은 "정규교육제도 밖"의 공공·민간 직업훈련시설에서 기술 등을 익히는 과정인 반면, 후자는 "정규교육제도 내"의 교육부 인가 학교에서 이루어진다. 그에 따라 직업훈련은 고용노동부, 직업교육은 교육부에서 관장하며 가르치는 기간, 시설, 교사, 학위 부여 등의 측면에서 차이가 있다. 직업교육은 정규 교육과정의 일환이기 때문에 학위가 부여되지만, 직업훈련은 별도의 검정과정을 거쳐 자격증을 줄 뿐이고 학위는 부여하지 않는 것이 원칙이다. 직업교육은 교육의 일환이라는 특성상, 특성화고, 마이스터고, 전문대학교 등 정규 교육기관에서 이루어지지만, 직업훈련은 학원, 사업주가 설립한 회사 내외의 시설, 공공직업훈련기관 등 다양한 시설에서 이루어진다. 양자를 비교해 보면 <표 7-3>과 같다.

이상과 같이 직업훈련과 직업교육이 구분되지만 한국에서도 양자를 결합한 '직업교육훈련'이 다양한 형태로 증가하고 있다. 1997년 고용노동부와 교육부의 공동주관으로 제정된 「직업교육훈련 촉진법」에서는 직업교육훈련이라는 용어의 정의 규정을 둠으로써 학교교육과 직업훈련의 결합이 이루어졌고,[9] 2020년 8월 시행된 일학습병행법[10]에서는 학생을 근로자 신분으로 인정하고 특성화고, 전문대 등 정규교육체제 내에서 직업훈련과 직업교육의 결합을 법적으로 제도화하였다. 폴리텍 2년 과정을 마칠 경우 산업학사 학위(전문대

---

9) 제2조(정의) 1호: "직업교육훈련"이란 「산업교육진흥 및 산학협력촉진에 관한 법률」 및 「근로자 직업능력 개발법」과 그 밖의 다른 법령에 따라 학생과 근로자 등에게 취업 또는 직무수행에 필요한 지식·기술 및 태도를 습득·향상시키기 위하여 실시하는 직업교육 및 직업훈련을 말한다.

10) 정식 법률명은 「산업현장 일학습병행 지원에 관한 법률」이다.

<표 7-4> 한국과 독일의 직업훈련 vs. 직업교육 비교

	한국의 직업훈련	독일의 직업교육
훈련의 강제성	정부의 고용보험료 부과에 의한 훈련 강제	직업훈련은 산업계가 책임을 지는 오랜 전통(분담금 없음)
산업계의 역할	산업별 협회, 지역·산업별 인자위가 있으나 주도적 역할을 못함	도제식 직업교육(양성훈련)에 대해 직종별 협회가 훈련표준 마련부터 자격부여까지 주도적 역할
훈련기관	정부인증 훈련기관(학원, 기업 훈련원, 훈련법인 등) 약 4천개	45만개 도제사업장 또는 직종별 협회
품질관리	정부(심평원)에서 훈련기관·과정심사	상공회의소, 수공업협회, 농업회의소 등 직종별 협회에서 품질관리
자격검정	국가기술자격은 인력공단 외 대한상의 등 검정기관이 시행	훈련 후 상공회의소, 직종별협회에서 평가 후 자격부여
주관부처	고용노동부	교육연구부, 노동사회부

졸과 동등 학위)를 부여하는 것도 직업훈련과 직업교육이 결합된 예이다.

<표 7-4>의 비교표를 보면 한국과 독일의 직업훈련, 직업교육의 차이를 보다 쉽게 이해할 수 있다. 독일의 직업훈련은 청소년을 대상으로 한 도제식 직업교육이 중심이며 중고생의 약 60%가 참여하는 교육시스템의 일환이다. 도제훈련 비용은 기업들이 부담해온 오랜 전통이 있고 상공회의소, 수공업협회, 농업회의소 등 직종별 협회에서 품질관리와 자격발급을 담당한다. 직업훈련은 성인들이 대상이 되며 이 성인들이 이직, 전직, 승진 등을 위해 필요한 계속교육을 의미한다. 이에 반해 한국의 직업훈련은 기업이 아닌 정부 주도이며, 분담금(고용보험료)의 선(先)징수와 훈련실적에 따른 환급 방식으로 훈련 시스템이 짜여 있다. 주된 훈련 대상은 실업자와 재직자이며, 직업교육인 도제훈련(일학습병행)의 경우 특성화고생과 전문대생 일부(매년 약 3천명)만이 참여하고 있다.

4. 한국의 직업훈련 발전과 지원 체계

가. 직업훈련 정책의 시대적 흐름

한국의 직업훈련은 1967년 직업훈련법 제정 이후 지난 50여 년간 많은 발전을 이루었으며 ILO 등 국제기구에서도 성공적인 직업훈련 모델 국가로 평가하고 있다. 한국 직업훈련의 역사는 경제개발 5개년 계획과 궤를 같이한다(서상선, 2002; 강순희, 2014; 정병석, 2020). 한국은 1960년대 초부터 경제개발 계획을 통한 국가 주도 경제성장을 추진하면서 노동력의 동원과 활용이 현안으로 대두되었다. 이를 위해 1967년 「직업훈련법」을 제정하여 22개 주요 직종의 주요 대기업에 대해 기능인력을 양성하는 경우 일반회계로 훈련비를 지원하는 보조금 사업을 시행하였으나 사업주들의 훈련 기피로 실패하였다. 1970년대에는 급속한 중화학 공업화로 기술·기능 인력의 수요가 급증함에 따라 기능인력의 적절한 공급 문제가 정부의 핵심 과제로 부상하였다. 이에 따라 외국원조(UNDP), ADB·IBRD 차관을 이용하여 총 24개 공공훈련원을 연차적으로 건립하였고 국가기술자격제도 도입을 위하여 국가기술자격법을 제정(1973)하였다.

1974년에는 「직업훈련에 관한 특별조치법」을 제정하여 대기업에 직업훈련 의무제를 시행하였다. 광업, 제조업, 전기·가스·수도업, 건설업 및 운수 창고 및 통신업, 서비스업 등 6개 산업의 500인 이상 사업장에 대하여 소속 근로자 수의 15% 이상 기능인력을 양성하도록 직업훈련 의무를 부과하였다.[11] 이러한 특별 조치는 훈련시설과 양성 인원의 획기적 확대로 기능인력의 공급에 기여하였고 정부의 수출주도형 산업정책을 효율적으로 뒷받침하였다. 1976년에는 「직업훈련기본법」을 제정해 훈련의무 위반 시 벌금형 대신에 분담금(levy)을 납부하도록 규제를 완화하였고, 훈련의무 인원도 재직근로자수의 10% 범위 내에서 산업별로 차등화하였다. 기업의 의무 불이행으로 납부된 분담금은 기금으로 조성하여 각종 훈련사업과 인프라 구축에 투자할 수 있었다. 1982년 24개 공법인 훈련원이 건립되었고 한국직업훈련관리공단(현, 한국산업인력공단)을 설립하였다. 1986년에는 「직업훈련기본법」을 개정하여 사업주의 직업훈련의무를 『근로자 수 → 임금총액』을 기준으로 변경하여 직업훈련 실시 비율을 고시하였다. 1992년에는 직업훈련교사를 양성하기 위하여 4년제 정규 대학과정의 한국기술교육대학교가 설립되었다. 1990년대초부터는 중국 경제의 부상에 따라 한국의 노동시장이 불안하게 되었고, 노동부는 이에 대응하여 고용보험제 도입과 고용서비스 기능 확충에 필요한 고용관련법을 제개정함으로써 새로운 역사를 썼다.[12]

고용보험제의 1995년 7월 시행은 한국의 고용·훈련정책에 획기적인 변화를 초래하였고 고용보험기금을 활용한 다양한 사업 추진을 가능하게 하였다. 1974년부터 시행되었던 직

---

11) 위반 시 사업주는 500만원 이하 벌금, 훈련생은 훈련기간의 2배 취업 의무가 있었다.

12) 고용정책기본법 제정(1993), 고용보험법 제정(1993), 직업안정법(1993, 개정), 근로자파견법 제정 추진(노동계 반대로 1998년 제정), 고령자고용촉진법 제정(1991), 장애인고용촉진법 제정(1990)이 모두 1990년대 초에 이루어졌다.

업훈련의무제는 고용보험제의 직업능력개발사업으로 통합되었고, 모든 기업들이 직업능력 개발사업 보험료를 부담함으로써 훈련 재원도 크게 확충되었다. 2010년부터는 「개인계좌 제훈련」(Individual Learning Account)이 비정규직과 중소기업근로자를 대상으로 시작되었고, 2020년에는 이를 혁신한 국민내일배움카드제가 시행됨으로써 선진국 수준의 계좌제훈련이 시행되고 있다. 2022년에는 「근로자 직업능력 개발법」을 「국민 평생 직업능력 개발법」으로 개정하여 직업훈련의 대상을 전국민으로 확대하였다. 2021년에는 2010년부터 시행되어 온 취업성공패키지 사업을 법에 근거한 국민취업지원제도로 전환하여 실업에 대비한 고용안전망이 보강되었다. 이상의 역사를 시대별로 구분해 보면 다음과 같다.

〈표 7-5〉 **직업능력개발 관련 정책의 변화**

구분	노동시장 상황	직업능력개발 주요 정책
1970~ 1980년대	• 산업화에 따른 기능인력 수요 급증	• 정부 주도 기능인력 양성: 공공훈련 기관 • 직업훈련의무제: 대기업에 기능인력 자체 양성 의무 부과(1974~)
	• 노동집약 → 기술집약 • 대량생산 → 다품종 소량생산	• 기능인력 → 다기술·다기능 인력양성으로 전환 • 기업에 훈련시설·장비 등 지원 확충

1990년대	• 산업구조 변화
	• 서비스업 성장
	• 1997 IMF 외환위기 경험
		• 직업훈련의무제 → 고용보험제('95)
		  - 훈련의무 부과 → 훈련비 지원
		  - 제조업 생산직 중심 → 전 산업 모든 근로자
		• 외환위기 시 대대적인 실업자 훈련 실시

2000~ 2019	• 평생직장 → 평생직업 • IT 등 신산업 성장 • 노동시장 양극화	• 「근로자 직업능력 개발법」으로 개정(2005) • 산학협력을 통한 전문 인력 양성 • 취약계층(중소기업, 비정규직 등) 내일배움카드 시행
2020 이후 (미래대비)	• 4차산업혁명시대 • 전국민에 대한 고용안전망 구축 필요성 증대	• 미래형 인재육성 • 국민내일배움카드(2020), 국민취업지원제도 도입(2021), 평생국민직업능력개발법 시행(2022.2)

* 정병석(2020)을 참고하여 새로이 구성

나. 직업훈련 관련법

주요 직업훈련 관련법은 <표 7-6>과 같다. 직업훈련 분야의 모법(母法)은 「국민 평생 직업능력 개발법」이고, 분야별로 일학습병행과 직업교육, 자격, 숙련기술장려를 규정한 단행법들이 있다. 직업훈련 분야의 입법은 주로 1970~1980년대에 이루어졌는데, 우리나라가 1970년대 이후 급속한 산업화와 경제개발을 추진하면서 여기에 필요한 기능인력 양

〈표 7-6〉 직업훈련 관련법의 개요

법률	제정	주요 내용
국민평생직업능력개발법(舊 근로자직업능력개발법)	'21.8	직업훈련의 모법으로서 계좌제훈련, 사업주훈련, 직업훈련교사 등 규정
고용보험법('95.7 시행)	'93.12	직업능력개발사업에 대한 지원 규정,
직업교육훈련촉진법 (노동부·교육부 공동)	'97.3	특성화고생의 현장실습에 대한 규정
산업현장 일학습병행 지원에 관한 법률('20.8 시행)	'19.8	일학습병행에 참여하는 근로자와 근로조건, 기업의 책무
자격기본법(노동부·교육부 공동)	'97.3	NCS, 국가자격, 민간자격
국가기술자격법	'73.12	국가기술자격의 종류, 등급, 검정방법, 관리 등
한국산업인력공단법	'81.12	인력공단의 설치와 주요 사업
숙련기술장려법	'89.4.	대한민국명장, 숙련기술전수자, 이달의 기능한국인, 기능경기대회

성을 뒷받침하기 위한 것이었다.

「국민 평생 직업능력 개발법」은 「근로자 직업능력 개발법」을 개정하여 2022년 2월 시행되었는데, 법 명칭에서 보듯이 전국민 직업능력개발 시대를 지향하고 있다. 즉, 직업훈련의 대상을 근로자(구직자 포함)뿐만 아니라 특수고용형태종사자, 자영업자 등을 포함한 전체 국민임을 명확히 하였다. 또한 직업훈련 관련법들은 고용노동부가 주관 부서이지만, 특성화고생들의 3학년 현장실습에 대해 규정하고 있는 「직업교육훈련 촉진법」은 고용노동부와 교육부가 공동 주관부서이다. 고용노동부에서 담당하는 직업훈련의 영역과 교육부에서 담당하는 직업교육 영역은 법적·제도적으로 구분되어 시행되고 있지만, 특성화고생들의 현장실습과 일학습병행, 공공훈련기관인 폴리텍에서의 산업학사학위 부여, 훈련기관·평생학습시설 등에서의 학점취득을 통한 학사학위 취득(학점은행제) 등은 직업훈련과 교육간 밀접한 협업이 이루어지고 있는 분야이다.

다. 현행 한국 직업훈련 체계와 훈련 규모

1) 직업훈련 지원 체계

<그림 7-2>에서 보듯이 한국의 직업훈련은 사업주훈련과 개인주도훈련 지원으로 대

<그림 7-2> 한국 직업능력개발사업의 지원 체계

사업주훈련	개인주도훈련(국민내일배움카드 활용)
• 사업주직업훈련지원(집체, 현장, 원격) • 국가인적자원개발 컨소시엄 • 지역·산업 맞춤형 훈련 • 현장맞춤형 체계적 훈련(S-OJT) • 일학습병행훈련	• 일반직종 훈련 • 국가기간·전략산업직종훈련 • 일반고 특화훈련 • K-Digital 트레이닝, K-Digital 크레딧 • 산업구조변화 대응 특화훈련

기타
• 직업훈련생계비 대부 • 중소기업 학습조직화 지원 • K-Digital 플랫폼 사업 • 사업내 자격검정 지원

별되며, 이밖에 훈련생계비 대부 등 기타 사업들이 있다. 1960년대 경제개발 단계 때부터 직업훈련은 사업주훈련이 주축이었다. 정부는 1975년부터 기업에 대해 훈련의무를 부과하는 직업훈련의무제를 시행해 오다가 1995년 고용보험제 시행을 계기로 직업능력개발사업 보험료를 징수했고, 보험료는 사업주가 단독 부담했기 때문에 개인주도훈련에 대한 지원은 거의 없었다. 그러나 2010년부터의 내일배움카드제 시행을 계기로 중소기업근로자와 비정규직들에 대한 계좌제훈련이 제한적으로 시행되다가 2020년 국민내일배움카드제 시행 이후 개인훈련의 규모가 크게 증가하여 2024년에는 1조 3천억원을 넘어섬으로써 사업주환급훈련 예산(약 3천억원)을 압도하게 되었다.

 2000년대 이후 노동시장의 유연화 경향에 따른 다양한 고용형태의 증가와 수시채용의 감소, 경력직 채용의 증가 등은 사업주훈련 감소에 큰 영향을 주었고 앞으로도 사업주훈련의 감소세를 되돌리기는 쉽지 않아 보인다. 이러한 이유로 정부는 2020년부터 국민내일배움카드제를 시행하여 사업주가 누구냐에 관계없이 카드 1장으로 300~500만원의 직업훈련을 받을 수 있는 개인주도훈련을 강화하게 되었다. 사업주훈련과 개인주도훈련의 장단점을 비교해 보면 <표 7-7>과 같다.

<표 7-7> 사업주훈련 vs. 개인주도훈련의 장단점 비교

	사업주훈련	개인주도훈련
유형	• 고용보험에 의한 환급과정훈련 및 일학습병행훈련 등	• 국민내일배움카드제(계좌제방식)
장점	• 기업 특수적(firm-specific) 훈련 가능 및 이직 억제 효과	• 직장을 이동하더라도 훈련을 수강할 수 있는 포터블한 훈련권(비정규직에 유리)
	• Levy(고용보험료)에 의한 훈련 실시를 통해 시장실패 치유	• 개인이 원하는 다양한 훈련과정, 시간·장소 선택 가능(능동적 참여)
	• 기업 맞춤형 훈련을 통해 생산성 향상 및 기업 경쟁력 확보	• 개인이 훈련공급자를 선택함으로써 훈련기관간 경쟁 촉진 및 질 향상
단점	• 비핵심인력에 대한 훈련 투자 소홀	• 스스로 훈련시간을 확보 필요
	• 이직이 심한 기업은 자발적 훈련투자 미흡	• 사업주의 훈련수요과 무관한 훈련 수강
	• 고용형태 다양화 등에 따라 직업훈련 선호도 감소	• 생계문제로 취약계층의 훈련참여가 어렵지 않도록 생계비 대부 등 국가적 배려 필요

1 사업주훈련

사업주가 소속 근로자, 채용예정자, 구직자 등의 직무수행능력 향상을 위해 훈련을 실시하는 경우 비용의 일부를 고용보험기금에서 지원하는 훈련이다. 재원은 고용보험기금으로서 고용안정·직업능력개발사업의 보험료로 조성된다. 지원총액의 한도는 납부한 고용안정·직업능력개발사업 고용보험료의 100%(우선지원대상기업 240%)로서 대기업에 지원금이 과도하게 나가는 문제를 억제하기 위한 조치이다. 사업주훈련으로 가능한 직종은 기계장비, 전기전자, 건설건축, 정보통신, 사무관리, 서비스, 의료, 금융, 화학섬유 등 총 24개 분야의 272개 직종이다. 지원되는 훈련의 종류에는 사업주 일반훈련, 국가인적자원개발 컨소시엄 훈련, 지역·산업맞춤형 훈련, 일학습병행훈련이 있다. 일학습병행훈련은 사업주훈련의 일종이지만 따로 일학습병행법이 존재하고 비용지원체계가 상이하기 때문에 따로 구분한다.

사업주 일반훈련의 경우 기업들은 집체훈련, 현장훈련(OJT), 원격훈련(인터넷, 우편), 혼합훈련 등의 방법으로 4시간 이상[13]의 훈련을 실시하면 다음과 같은 지원을 행한다. 원격훈련과 혼합훈련에 대한 단가는 따로 정해져 있다.

---

13) 과거에는 우선지원대상기업은 8시간 이상, 대기업은 16시간(2일 이상) 훈련에만 환급을 해주었으나 2022.2월부터 4시간으로 지원대상을 확대하였다.

<표 7-8> 집체훈련, 현장훈련에 대한 사업주 지원내용

지원내용	지원요건	지원수준
훈련비	4시간 이상 훈련실시	우선지원대상기업: 90~100%, 1,000인 미만: 60%, 1,000인 이상: 40%
훈련수당	채용예정자 등을 대상으로 1개월 120시간 이상 훈련을 실시하면서 훈련수당 지급	1월 20만원 한도 내에서 사업주가 훈련생에게 지급한 금액
숙식비	훈련시간이 1일 5시간 이상인 훈련 과정 중 숙식 제공	숙식비 1일 14,000원, 월 330,000원 한도
인건비 (비정규직)	기간제, 단시간, 파견, 일용 근로자 등에 대한 훈련실시	소정훈련시간 × 시간급 최저임금액의 120%

2 개인주도훈련(국민내일배움카드)

1980년대 이후 노동시장의 유연화 진행, 내부노동시장(internal labor market)의 축소, 장기고용관행의 쇠퇴, 비정규직의 증가, 경력직 채용 증가 등으로 인해 기업들이 스스로 인력을 양성하려는 경향은 축소되고 있다. 이에 대응하여 프랑스, 미국, 영국, 캐나다 등 주요국들은 사업주가 아닌 개인들에게 비용을 지급하여 훈련을 받게 하는 개인계좌제훈련(Individual Learning Accounts)을 도입하였고, 한국도 2009년 내일배움카드제를 도입하였다(OECD, 2019b; 고용노동부, 2019d; 장신철, 2020a).

계좌제 훈련의 가장 큰 장점은 직장 이동으로 사업주가 바뀌더라도 개인들에게 할당된 계좌금액을 사용할 수 있는 '포터블'(portable)한 훈련이라는 점이다. 또한 개인들이 훈련기관을 자발적으로 선택할 수 있기 때문에 훈련기관간 경쟁이 촉진되어 훈련 품질 경쟁을 유도하고 훈련수강료 인상이 억제되는 장점도 있다.

2020년 1월부터 시행된 국민내일배움카드제는 과거의 내일배움카드제를 근본적으로 개혁함으로써 선진국 수준의 계좌제 훈련 시대를 열었다고 평가된다. 개인들은 300~500만원(취약계층 우대)의 가상 금액을 지원받아 「고용24」를 통해 훈련기관과 훈련과정을 스스로 선택하여 다양한 훈련을 수강할 수 있다, 경제활동상태의 변동 또는 사업장 이동이 있더라도 카드 1장으로 5년간 계속 사용이 가능하고, 고용센터의 상담을 거쳐 카드를 다시 발급받을 수 있기 때문에 보다 장기적 안목을 가지고 경력개발을 설계할 수 있는 장점이 있다.

국민내일배움카드 소지자는 <표 7-9>와 같은 훈련과정을 수강할 수 있다. 대부분의 훈련과정이 포함되는데 2020년 이후에는 인공지능 등 신기술분야, 게임, 홍보, 문화예술경영, 공연예술 등 청년들이 선호하는 과정을 확대해 나가고 있다. 일반적인 훈련과정은 별

<표 7-9> 국민내일배움카드를 이용하여 받을 수 있는 훈련

구분	훈련유형	사업목적 및 지원내용

고보기금	일반계좌제훈련	• 실업자의 취·창업을 위한 기술·기능 습득 등 직업훈련 지원
		• 재직자의 이·전직 및 직무능력향상 지원
		  - 훈련비 일부* 및 훈련장려금
		  * 5년간 300~500만원 한도, 15~55% 자부담, 취약계층은 전액 지원

	국가기간·전략 직종훈련	• 전기·전자, 기계·금속 등 주요산업 분야에서 필요로 하는 직종 훈련지원 - 훈련비 전액 및 훈련장려금
	산업구조변화대응 등 특화훈련	• 지역 인자위 중심으로 산업구조변화 등에 따라 지역 현장에서 수시로 필요로 하는 훈련과정 공급 및 참여 지원 - 훈련비 전액 및 훈련장려금
일반회계	K-Digital Training	• 훈련기관과 기업이 PBL 방식으로 훈련과정 설계 • 교강사 없는 교육 등 능동적인 학습환경 및 개인맞춤형 교육 - 훈련비 전액 및 훈련장려금
	돌봄서비스 특화훈련	• 요양보호사, 아이돌보미 등 돌봄서비스 분야의 인력을 양성하기 위한 훈련과정 - 훈련비 90% 선부담(취약계층 10%) 취업 후 전액환급, 훈련장려금
	일반고 특화훈련	• 노동시장 진입에 취약한 일반고 3학년생 대상 훈련지원 - 훈련비 전액 및 훈련장려금
	평생크레딧 (K-Digital Credit)	• 구직자 등 취약계층이 디지털 역량부족으로 노동시장 진입, 적응에 어려움 겪지 않도록 코딩, 웹 개발, 메타버스 등 디지털 기초역량 강화 지원(개인 계좌에 추가 훈련비 50만원 지원)

도의 훈련상담 없이 「고용24」에서 검색해 수강할 수 있으나, 훈련시간이 140시간 이상이 되는 훈련과정은 고용센터를 방문하거나 또는 「고용24」를 통해 온라인 훈련진단·상담을 받아야 한다.

국민내일배움카드에는 일부 자비부담이 있다. 자비부담률은 훈련직종별 3년간의 취업률과 훈련생의 경제적 어려움을 고려하여 15%~55%까지 부담한다.[14] 실업자와 재직자 간에는 자비부담률에 차이가 없다. 직업능력개발사업 보험료는 사업주 단독으로 부담하는 것이기 때문에 개인훈련에 대한 자비부담이 전혀 없다면 개인들은 무임승차자(free-rider)가 되는 문제가 있다. 다만, 국민내일배움카드로 수강하는 과정 중 K-Digital 훈련, 국가기간·전략산업직종 훈련 등은 훈련생이 경제적 어려움이 없더라도 자비부담을 요구하지 않는다. 경제사회 전체에 꼭 필요한 직종의 인력을 양성하기 위한 목적 때문이다. 다만,

---

14) 국민취업지원제 I, II 유형 중 취약계층은 자비부담이 없으며, 국가기간전략산업직종, K-Digital 훈련 참여자도 국가의 인력수급정책 목적상 자비부담을 면제하고 있다.

이들 훈련직종의 경우에도 취약계층을 제외한 일반 훈련생들에게는 무임승차 문제 해소와 훈련생의 도덕적 해이(예: 부담 없는 중도탈락)를 방지할 수 있도록 적정 수준의 자비부담이 필요해 보인다는 의견도 있다.

국민내일배움카드에서 카드발급 대상자는 네거티브 방식으로 규정함으로써 전국민 평생직업능력개발 시대로 더 나아갔다. 과거에는 카드발급 대상자를 일일이 열거하는 포지티브 방식을 채택하였으나 갈수록 다양화되고 있는 '일하는 유형'을 제대로 포괄하지 못하는 문제가 있었기 때문이다. 현재는 재원의 한계 때문에 ⅰ) 고용보험법이 적용되지 않는 공무원[15]과 사립학교 교직원, ⅱ) 최종학년 졸업예정자 이외의 재학생(대학 3·4학년은 발급), ⅲ) 연 매출 4억 원 이상의 자영자, ⅳ) 월평균 임금 300만 원 이상인 대기업 근로자(45세 미만) ⅴ) 월평균 소득 500만 원 이상인 특수형태근로종사자 등은 카드 발급대상에서 제외하고 있다. 그러나 연차별로 카드발급 비대상자를 줄여나감으로써 궁극적으로 「전국민 내일배움카드」를 실현할 필요가 있다. 소득 수준이 높다는 이유로 현재 카드 발급 대상에서 제외하고 있는 계층들의 경우에는 다소 높은 자비부담률을 부과한다는 전제하에 적용 시기를 앞당길 수 있을 것이다. 그리고 국민내일배움카드의 계좌에 정부 지원금(1인당 300~500만원/5년)뿐만 아니라 사업주, 지자체, 로또 등 공익기금의 지원이 가능하도록 발전시킬 필요가 있다.[16] 가령 사업주가 소속 근로자들을 위해 훈련비 추가 지원을 할 경우 인력개발 관련 세액공제 혜택을 줄 수 있다. 국민내일배움카드 계좌는 15세 이상 경제활동을 하는 전국민에게 발급가능한 훌륭한 플랫폼이며, 수강한 훈련과정, 계좌 사용내역과 잔액 등 모든 훈련 이력이 투명하게 관리 가능하다. 따라서 국민내일배움카드의 플랫폼을 이용하여 개인훈련 투자와 훈련 기회 확대가 이루어질 수 있도록 노사정 간에 머리를 맞댈 필요가 있다.

③ 기타: 직업훈련생계비 대부 사업

취약계층(비정규직, 전직실업자, 무급휴직자 등)의 훈련 참여에 걸림돌이 되는 것은 훈련기간 동안의 생계 문제이다. 정부는 근로복지공단을 통한 「직업훈련생계비대부 사업」 시행을 통해 훈련생들의 어려움을 덜어주고 있다. 대부대상은 고용노동부에서 지원하는 140시간 이상 직업훈련에 참여하고 있는 비정규직근로자 및 전직실업자, 무급휴직자, 자영업자

---

15) 프랑스는 정부에서 훈련기금에 일정 금액을 출연함으로써 공무원들에 대해서도 계좌제훈련을 적용하고 있다. 퇴직을 몇 년 앞둔 공무원들도 제2의 인생설계를 위해 본인이 원하는 훈련을 수강하게 할 필요가 있다.
16) 프랑스는 개인별 계좌에 노사 협상에 의한 추가 지원, 지방 정부의 추가 지원이 가능하다. 미국의 일부 주에서는 401(K) 연금처럼 개인이 계좌에 납입한 금액에 상응하여 사업주가 매칭 금액을 지원하고 있다.

인 피보험자로서 일정 소득요건을 충족하는 사람이다. 지원한도는 1인당 1,000만원 이내이며 연 1.0%라는 정책 금리를 적용하고 있다.

2) 직업훈련의 예산 규모

1995년 이후 고용보험의 직업능력개발사업이 시행되고 전 업종에 직업능력개발사업 보험료가 부과됨에 따라 직업훈련 예산이 크게 확충됨으로써 훈련의 양적·질적 성장이 이루어졌다. 2024년 직업훈련 예산은 약 3조 원이며, 그 재원 구성을 살펴보면 고용보험 기금이 55%, 일반회계 31%, 기타 14%이다. 직업훈련 분야는 보험원리가 작동되기 어려운 영역이기 때문에 고용보험기금(고용안정·직업능력개발사업 계정)의 재정 상태에 따라 일반회계 부담 수준이 변동되어 왔다. 코로나19 위기 이전에는 훈련재원 중 90% 정도를 고용보험기금에서 부담해 왔으나, 코로나19 위기 등으로 고용보험기금이 감소된 2021년 이후에는 일반회계와 고등평생교육지원특별회계 부담이 크게 상승하였다.

〈표 7-10〉 **고용노동부의 직업훈련 예산 규모**

(단위: 억원)

연도	계	사업주 훈련	일학습 병행	컨소시엄훈련	개인주도훈련	기타
2025년	2조 7,137	3,006	2,766	1,192	1조 1,963	8,210
2024년	2조 9,735	3,568	3,116	1,250	1조 3,192	8,609
2023년	2조 9,636	3,030	2,992	1,445	1조 4,061	8,107

3) 직업훈련의 공급자와 수요자

1 직업훈련의 공급자

「국민 평생 직업능력 개발법」에서는 직업능력개발훈련의 질 관리를 위하여 직업능력 개발훈련과정을 실시할 수 있는 시설 또는 기관을 제한하여 규정하고 있다. 공공직업훈련시설[17]은 당연히 직업훈련을 실시할 수 있는 기관에 포함된다. 그 외에는 직업능력개발훈련을 위탁받을 수 있는 기관의 종류를 다음과 같다.[18]

---

17) 국가, 지자체 및 공공단체가 직업능력개발훈련을 위하여 설치한 시설로서 고용노동부장관과 협의하거나 승인을 받아 설치한 시설이다. 한국산업인력공단, 한국기술교육대학교, 한국폴리텍대학, 한국장애인고용공단, 근로복지공단이 공공직업훈련시설을 운영하고 있다.
18) 「국민 평생 직업능력 개발법 시행령」 제12조.

<직업능력개발훈련을 실시할 수 있는 기관의 종류>

‣ 공공직업훈련시설
‣ 직업능력개발훈련시설
‣ 「고등교육법」 제2조에 따른 학교
‣ 「평생교육법」에 따라 인가·등록·신고 또는 보고된 평생교육시설
‣ 「학원의 설립·운영 및 과외교습에 관한 법률」에 따른 평생직업교육학원
‣ 그 밖에 법 제12조 또는 법 제15조에 따른 직업능력개발훈련을 위탁하여 실시하려는 기관의 장이 그 직업능력개발훈련을 실시할 능력이 있다고 인정하는 시설 또는 기관

직업능력개발훈련기관의 유형별 현황은 다음과 같으며, 학원이 절반 정도를 차지한다.

〈표 7-11〉 직업능력개발훈련기관 수(공공직업훈련시설 제외)

(단위: 개소)

	2019	2020	2021	2022	2023
합계	3,499	3,555	3,716	4,023	4,272
직업능력개발훈련시설(훈련법인 포함)	629	621	613	587	570
고등교육법 학교(대학)	60	65	59	37	33
평생교육시설	411	383	398	405	458
평생직업교육학원	1,701	1,787	1,858	1,991	2,075
사업주 또는 사업주단체	34	15	9	8	5
타법령에 따른 직업훈련시설(기관) 등	664	684	779	995	1,129

* 훈련기관 인증평가 결과, "1년 이상 인증등급"을 획득한 훈련기관 수

② 직업훈련의 수요자

「국민 평생 직업능력 개발법」의 제1조(목적)에서는 "이 법은 모든 국민의 평생에 걸친 직업능력개발을 촉진·지원하고 산업현장에서 필요한 인력을 양성하며 산학협력 등에 관한 사업을 수행함으로써 국민의 고용창출, 고용촉진, 고용안정 및 사회·경제적 지위 향상과 기업의 생산성 향상을 도모하고 능력중심사회의 구현 및 사회·경제의 발전에 이바지함을 목적으로 한다."고 규정하고 있어 정책 대상을 「모든 국민」으로 명확히 하고 있다. 다만, 훈련 재원의 한계상 모든 국민들이 훈련 수강을 희망한다고 해서 정부가 지원해 주는 것은 아니다. 가령 국민내일배움카드를 발급받아 훈련 참여를 희망하는 경우 현재 일부 고소득자와 공무원·사립학교교직원 등에게는 참여를 제한하고 있다. 중장기적으로는

전국민이 원하는 훈련에 참여할 수 있도록 제도 개선이 필요한 사항이다.

4) 직업훈련 참여자 현황

먼저 사업주훈련 참여자 수를 보면 정부의 최근 규제 완화정책과 중소기업에 대한 다양한 훈련 컨설팅 실시에 따라 중소기업에서의 훈련인원과 지원금액이 늘어나는 추세에 있다.

〈표 7-12〉 기업규모별 사업주훈련 참여 현황

(단위: 개소, 명, 억원)

구 분		2020	2021	2022
계	사업장수	109,435	114,212	153,309
	훈련인원	2,146,849	2,220,941	2,953,700
	지원금	2,317	2,684	2,870
대규모 기업	사업장수	3,980	3,575	3,996
	훈련인원	487,736	445,930	667,585
	지원금	608	481	454
우선지원 기업	사업장수	105,455	110,636	149,304
	훈련인원	1,659,113	1,775,010	2,286,080
	지원금	1,708	2,203	2,416

그러나 〈표 7-13〉에서 보듯이 기업들의 노동비용 총액 중 교육훈련비 비중이 지속적으로 감소하고 있기 때문에 사업주훈련이 앞으로 얼마나 활성화될 수 있을지 미지수이다.

〈표 7-13〉 노동비용 총액 중 교육훈련비 비중(%)

	2000	2003	2010	2016	2018	2020	2022
기업전체	1.4	1.5	0.6	0.4	0.4	0.30	0.30
대 기 업	1.5	1.6	0.9	0.7	0.7	0.46	0.55
중소기업	0.5	0.4	0.3	0.1	0.2	0.10	0.11

* 고용노동부(각 연도), 기업체노동비용조사보고서(10인 이상 사업체 기준)

반면, 국민내일배움카드를 통해 지원하는 개인주도훈련 참여자는 〈표 7-14〉에서 보듯이 2023년 100만명을 넘어섬으로써 비약적인 성장을 이루었다. 2020~2021년 코로나

위기에도 불구하고 훈련인원이 증가한 것은 고용위기 시 훈련투자가 필요하다는 개인들의 인식 증가와 잘 설계된 국민내일배움카드제에 기인한 것으로 판단된다. 특히, 훈련참여가 매우 저조했던 특수고용형태종사자와 자영업자의 훈련참여가 큰 폭으로 늘어난 것은 매우 긍정적이다. 그러나 아직 절대 참여 인원수는 전체 훈련인원의 3.9%에 불과한 수준이므로 이들의 훈련참여 확대를 위한 생계비 지원 확대 등 정책적 배려가 필요해 보인다.

〈표 7-14〉 개인주도훈련 참여현황

(단위: 명)

구 분	'17	'19	'20	'21	'22	'23
계	564,666	808,085	718,113	1,054,414	940,067	1,074,941
재직자	272,358	551,514	266,923	327,376	279,881	325,398
실업자	284,180	242,850	428,485	688,519	623,960	704,245
특고	549	3,602	5,056	8,865	10,224	14,216
자영업자	7,579	10,119	17,649	29,654	26,002	31,082

5. 한국의 직업교육: 일학습병행 훈련

가. 일학습병행(도제훈련)의 연원

한국 일학습병행의 모델은 독일·스위스 등의 dual system[19]이다. 동 제도는 중세시대부터 이어져 온 길드(guild) 제도를 교육체제에 반영한 것으로 독일·스위스 제조업 경쟁력의 핵심 제도로 평가받고 있다(Hanushek, 2017, 2015; BIBB, 2019, Rindfleisch et al., 2015). Dual은 장소적 개념으로서 학교와 기업현장 두 곳을 의미한다. 학교에서 2일 정도의 이론교육, 기업 현장에서 3일의 현장교육을 받는 '일터기반형 훈련'(workplace−based training)이며, 훈련 이수 후 뛰어난 실무능력을 갖출 수 있게 되는 것이 장점이다. 보통 3년 정도의 교육훈련을 마치면 평가를 거쳐 자격증을 취득한 후 취업한다. 독일의 도제교육은 상공회의소, 수공업회의소, 각 분야 직능단체들이 참여하여 훈련기준 마련, 훈련실시, 평가, 자격 발급까지를 담당한다. 중앙 및 주정부의 도제훈련 관련 의사결정기구에 노사의 참여

---

19) 우리나라에서는 도제교육, 이원화제도로 번역하기도 한다. 본 책자에서는 일학습병행과 도제교육, 도제훈련을 같은 의미로 사용한다.

가 보장되어 있다. 개별 기업에서도 작업평의회(work council)를 통해 노조가 도제훈련에 관여한다.

독일·스위스의 사업주들은 정부의 강제없이 도제 관련 비용을 스스로 부담하지만 도제 교육을 실시하는 것이 이점이 있기 때문에 기업들의 참여가 높다. 그 이점은 도제교육을 마치면 그 기업에 취업하는 비율이 높고(독일은 약 60%), 도제기간 중 최저임금에 훨씬 미달하는 수당을 지급하는 것이 가능하기 때문이다.[20] 도제훈련생들은 숙련도가 일반근로자보다 떨어지기 때문에 최저임금보다 낮은 수당을 지급하며, 숙련도 향상에 따라 연차별로 금액이 올라가는 구조이다. <그림 7-3>에서 보면 t1까지는 도제수당이 생산성보다 높기 때문에 A만큼 사업주가 손해를 보지만, t2 이후에는 생산성이 더 높기 때문에 B만큼 사업주가 이득을 본다. 도제훈련 종료 후 그 기업에 취업을 한다면 사업주는 C만큼의 이익도 발생하기 때문에 도제훈련을 실시할 유인은 커지게 된다. 한국의 경우에는 노동착취라는 비난 가능성을 차단하기 위해 일학습병행 훈련생에게 근로자 신분을 부여하였고 따라서 최저임금 이상을 적용받고 있다. 결국 사업주들은 학생의 생산성과 무관하게 최저임금 이상을 지급해야 하는 것이다. 대신 정부는 기업의 부담을 덜어 주고자 <표 7-16>과 같은 다양한 지원을 함으로써 사업주의 금전적 부담을 대폭 덜어 주고 있다.

〈그림 7-3〉 도제훈련생의 생산성과 보수와의 관계

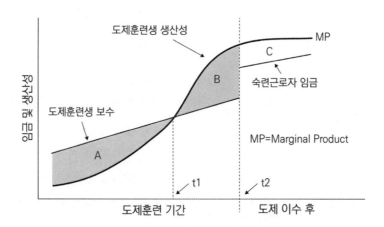

* Gambin et al. (2010), p.133

---

20) 2023년 기준으로 독일의 최저임금은 월 2,032유로(시간당 12유로)인데 도제훈련수당은 1년차: 620유로, 2년 차: 732유로, 3년차: 837유로, 4년차: 868유로로서 최저임금의 30%~43%에 불과하다.

나. 한국의 일학습병행 현황과 과제

우리나라에 일학습병행 훈련을 도입하고자 하는 본격적인 시도는 1991년부터 시작되었고「공고 2+1」등 다양한 시도가 이루어져 왔으나 번번히 실패하였다. 그러다가 박근혜 정부에서 학력타파와 능력중심 채용을 국정과제로 채택하여 일학습병행과「국가직무능력표준」(NCS: National Competency Standards)[21]을 본격 추진함으로써 강한 추동력을 얻게 되었다. 그 결과 일학습병행 제도가 2014년부터 본격 시행되었고, 2020년 8월 일학습병행법이 시행됨으로써 커다란 전기를 마련하였다(나영돈, 2013; 장신철, 2020b).

○ 일학습병행의 현황

일학습병행법에 의하면 일학습병행 참여자는 근로자 신분을 부여 받기 때문에[22] 노동법의 적용을 받으며, 최저임금과 4대 사회보험의 혜택을 받게 된다. 그리고 외부평가 합격 시에는 사업주가 정규직으로 계속고용해야 한다(법 제24조). 외부평가에 합격하면 국가자격인 일학습병행자격을 취득하게 되며(법 제31조), 같은 수준의 국가기술자격과 동등한 혜택이 주어진다. 반면, 교육부 주관의「현장실습」은 참여학생의 신분이 근로자가 아니며 그 기간도 1~6개월로 짧다는 데 차이가 있다. 현장실습생은 법상 근로자가 아니기 때문에

〈표 7-15〉 일학습병행제의 유형

	대상 및 유형	명칭	주요 내용
재직자	단독기업형 (상시근로자 50인 이상)		명장기업, 우수기술기업 등 개별 기업에서 도제식 현장 교육훈련(OJT)과 사업장 외 교육훈련(Off-JT) 실시
	공동훈련센터형 (상시근로자 20인 이상)		대기업·대학·산업별단체 등이 여러 중소기업을 대상으로 공동 훈련센터에서 사업장 외 교육훈련(Off-JT) 실시·지원
재학생	<고교 단계> 특성화고 2~3학년	산학일체형 도제학교	학교와 기업을 오가며 직업교육 + 도제훈련 → 현장성 제고
	<전문대 단계> 전문대 2학년	전문대 단계 일학습병행	직업교육 중심으로 운영되고, 조기취업이 가능한 전문대학 2학년 재학생을 대상으로 하는 일학습병행
	<대학교 단계> 4년제大 3~4학년	IPP형 일학습병행	3~4학년 학생이 학기제(4~6월) 방식 장기현장실습 + 일학습병행 참여
後학습	P-TECH		도제학교 졸업생 등을 대상으로 지역폴리텍 등과 연계하여 융합·신기술 중심의 고숙련훈련과 학위취득을 지원

---

21) 산업현장에서 필요한 인력양성을 위해 직무 수행에 요구되는 지식·기술·소양 등의 내용을 직무 분야별, 수준별로 체계화한 것으로서 블라인드 채용과 스펙이 아닌 직무능력 중심사회 구현을 위한 기초가 되고 있다.

사업주는 근로를 시킬 수 없으며, 일(근로)이 아닌 체험학습을 한다.

일학습병행 유형은 <표 7-15>와 같다. 재학생 유형의 70% 이상은 특성화고생들이 참여하고 있고, 아직 전문대와 대학의 참여는 높지 못하다. 재직자 유형은 입사 후 1년 이내 직원을 대상으로 한다. 기업 규모면에서 300인 미만 중소기업이 96.3%이기 때문에 기업 외부의 공동훈련센터에서 도제훈련을 실시하는 비율이 2/3를 차지한다.

일학습병행에 참여하는 기업에 대해서는 사업주가 낸 보험료로 조성된 고용보험기금의 고용안정·직업능력개발사업 계정에서 폭넓은 지원을 한다. 기업에 대한 지원내용은 인프라 구축(훈련 프로그램 개발 등), 훈련비(OJT, Off-JT, 훈련장려금), 기업현장교사 및 HRD 담당자 수당 등이다. 유형에 따라 학습근로자 1인당 800~1,200만원까지 지원되므로 사업주의 부담은 큰 폭으로 경감된다.

〈표 7-16〉 일학습병행 실시 사업주에 대한 정부지원 내용

인프라 구축 지원	• 훈련과정 개발비(4개 직무까지) • 학습과정개발지원 컨설팅(요청시)	• 과정개발진에 지원
훈련비	• 현장훈련(OJT) 비용 • 현장외훈련(OFF-JT) 비용 • 일학습병행 훈련장려금(월 20만원)	• 현장훈련 및 현장외훈련 비용은 1,000인 이상 기업은 차등 지원 • '학습근로자 훈련장려금'은 1,000인 이상 기업 지원 제외
기업 전담인력 지원	• 기업현장교사 수당(학습근로자수에 따라 연 400~1,600만원) • HRD 담당자 수당(연300만원) • 기업현장교사 및 HRD 담당자 연수	

○ 일학습병행의 향후 과제

2020년 8월 일학습병행법이 시행됨으로써 그 이전에 예산사업으로 시행되어 오던 일학습병행 사업의 불확실성이 해소되었고, 일학습병행자격이라는 국가자격이 발급됨에 따라 일학습병행 2.0 시대가 열렸다. 그러나 한국에서 일학습병행이 과연 확실하게 뿌리내릴 수 있을지는 불확실하다.

앞에서 살펴보았듯이 독일·스위스의 도제제도는 길드제도에 뿌리를 둔 오랜 역사적 전통, 조합주의(corporatism)에 기초한 협력적 노사문화, 직업교육에 대한 높은 사회적 인식

---

22) 일학습병행법 제3조 제3호: "학습근로자"란 「근로기준법」 제2조 제1항 제1호의 근로자로서 학습기업의 사업주에게 일학습병행을 제공받는 사람을 말한다.

이 뒷받침되고 있기 때문에 성공모델로 자리잡고 있다. 그러나 도제제도의 전통도 없고, 노사단체의 관심도 약하며, 인문숭상의 DNA와 직업교육에 대한 경시문화가 남아 있는 우리로서는 도제훈련의 토양 자체가 다름을 인정할 수밖에 없다. 중학교 진학 시기에 대학 또는 직업학교로의 진로를 선택해야 하고, 일부 학생들만 대학으로 진학하는 독일식 모델이 과연 바람직한지, 한국적 정서에 맞는지도 의문이다.[23] 고등학생의 50% 이상을 직업교육(도제훈련)으로 보낼 수 있는 교육시스템도 아니다. 학력의 임금 프리미엄도 매우 크기 때문에 대학에 진학하려는 욕구도 크며, 세계 최고 수준의 대학 진학률을 보이고 있다 (2008: 83.8%, 2023: 72.8%). 따라서 독일·스위스식 도제 모델은 사실상 복제가 불가능한 모델로 보아야 한다. 결국, 우리로서는 학교의 설립목적이 직업교육인 특성화고와 전문대학을 대상으로 한 일학습병행을 더욱 확산시켜 나간다는 현실적인 접근이 필요해 보인다. 이를 위해 특성화고생들에게 도제의 문호를 더욱 개방하고, 교수진과 교육시설이 양호한 전문대학의 참여를 대폭 확대할 필요가 있다(장신철, 2020b).

그리고 일학습병행의 지속가능성 확보를 위해서는 이제까지의 정부 주도형 일학습병행을 사업주 주도형으로 전환시켜 나가는 적극적인 노력이 필요하다. Dual system이 뿌리내린 독일·스위스 등 국가들은 공통적으로 노사단체의 파트너십에 의해 일학습병행에 깊숙이 관여하고 있다(BIBB, 2022). 상공회의소·수공업회의소·농업회의소 등 사업주단체와 중앙·지역 노동조합들이 도제훈련을 위한 규정 제정과 훈련 실시, 자격검정에까지 협업으로 작업하며, 도제훈련 비용도 한국과는 달리 기업 스스로 부담한다.[24] 자기 기업에서 쓸 근로자를 미리 확보하여 자기 비용으로 양성한다는 산업계의 인식이 자리잡고 있기 때문에 가능한 일이다. 학자들(Hanushek, 2017; Solga et al., 2014, Funk, 2005, Dybowski, 2014)은 독일 도제훈련의 성공요인은 높은 노조 조직률과 노사단체의 주도적인 역할, 노동시장에 대한 강한 규제, 직업교육에 대한 높은 평가와 자격에 대한 신뢰 등을 열거하고 있다. 독일 도제제도의 성공요인은 여러 가지 제도를 이 상호 연관성을 맺고 발달해 온 상호작용의 결과이기 때문에 도입을 원하는 어느 하나의 제도만을 이식한다고 해서는 성공하기 어렵다. 이러한 요소들은 짧은 기간에 형성되거나 모방하기 어려운 것들로서 한국을 비롯한 세계의 여러 나라에서 독일의 dual system을 도입하려는 시도가 있었지만 제대로 정착

---

23) 독일의 dual system에 대한 비판의 목소리도 많다. 미국 학자인 Hanushek(2017)은 이원화 제도가 특정기업의 기술에는 강점을 보이지만 50세 이후에는 오히려 적응력이 떨어짐을 지적하며, Sloga et al(2014)과 Yossit et al(2000)은 독일식 도제훈련이 디지털 지식기반사회에 적합한 방식인가에 대한 의문을 제기한다. 또한 주로 노동자 계층의 자녀가 대학 진학을 포기하고 도제학교에 진학한다는 점도 비판의 대상이 된다.
24) 건설분야만 건설협회 자체 결정으로 각 건설사로부터 2.3%의 분담금을 징수하고 있다.

되지 못하고 있는 이유이기도 하다.

　우리나라의 경우에도 일학습병행의 지속 가능성을 확보하기 위해서는 산업계와 노사단체 주도의 일학습병행 생태계가 구축되어야 한다. 이를 위해서는 학습기업의 선정, 훈련프로그램의 개발, 이수자 평가 등에 노사단체의 참여를 늘리고, 중장기적으로는 노사단체가 사업 수행을 하는 것까지 고려하는 것이 필요하다. 향후 정착까지 많은 시간이 걸릴 수도 있지만, 노사단체 주도형으로의 패러다임 전환은 일학습병행의 지속가능성을 제고함과 동시에 훈련의 현장성이 보다 강화됨으로써 훈련의 질도 향상되는 결과로 이어질 수 있을 것이다.

6. 직업능력 품질관리

가. 직업훈련 심사평가

　직업훈련에는 매년 막대한 예산이 투자되고 있기 때문에 훈련에 참여하는 기관 및 훈련 과정에 대한 품질관리는 엄격하게 이루어져야 한다. 이를 위해 정부는 각기 분산되어 있던 심사평가 기능을 통합하여 2015년 한국기술교육대학교 산하 「직업능력심사평가원」을 신설하였다. 호주의 직업훈련품질관리원(Australia Skills Quality Authority, ASQA)을 벤치마킹하였으며 훈련기관의 시설과 장비, 훈련교사 및 강사 그리고 훈련과정 심사, 이수자 평가, 부정훈련 관리 업무 등을 행하고 있다.

　훈련과정 심사는 훈련과정의 적정성, 훈련시설·장비 등 인프라의 적정성, 교·강사의 적정성, 지역·산업의 훈련수요 등을 반영하여 정부위탁 훈련으로 적합한 훈련과정을 선정하기 위한 절차이다(직업능력심사평가원, 2023). 정부지원 훈련(계좌제훈련, 사업주 위탁훈련 등)을 실시하고자 하는 훈련기관들은 전년도에 신청서를 제출하여 직업능력개발 심사평가를 통과하면 그다음 해의 훈련에 참여할 수 있다. 심사평가 분야는 ⅰ) 기관 건전성 평가 ⅱ) 훈련과정 및 역량 평가를 받아야 한다. 훈련과정이 종료되면 훈련과정을 이수한 훈련생의 기능·기술 습득 정도를 평가하기 위해 훈련이수자 평가를 실시한다. 훈련이수자 평가결과는 평가 점수에 따라 4개 등급(A, B, C, D)으로 부여하고, 평가결과에 따라 훈련기관 인증 평가 및 훈련과정 심사 선정 등에 반영한다.

기관 건전성 평가		훈련과정 평가 및 역량 평가	
준법성	행정처분, 임금 관련 법 위반이력 등	성과평가	취업률, 수료율, 수요자 만족도, 훈련이수자 평가 결과 등
재정건전성	신용수준, 세금체납 여부 등	현장평가	훈련시설과 장비, 훈련 교강사, 훈련과정 관리 등

* 신규 진입기관은 성과평가 생략

나. 직업훈련 교사·강사에 대한 보수교육 의무

직업훈련은 훈련교사 1~3급 국가 자격증이 있는 훈련교사 또는 훈련교사 자격증이 없더라도 현장경력이 1년 이상이 있는 훈련강사가 가르칠 수 있다. 비중으로는 훈련강사가 약 80%를 차지한다. 직업훈련을 가르치는 교사·강사들은 최근 갈수록 빠르게 변하는 기술 변화를 따라잡고 '기술의 노후화'(skills obsolescence)를 막기 위해 정기적으로 기술 현행화를 위한 보수교육이 필요하다. 이러한 점을 고려하여 2020년 10월부터 직업훈련 교사·강사에 대한 보수교육이 「국민 평생 직업능력 개발법」 제37조에 의해 의무화되었다. 그 이전에는 보수교육에 자발적으로 참여했기 때문에 매년 교육참여자는 일부에 불과하였고, 4차 산업혁명·IT 기술의 발전에 따라 훈련 교사·강사들의 보수교육 필요성이 제기되었기 때문이다.

보수교육은 「직업능력개발훈련 교·강사의 보수교육에 관한 운영규정」에서 정하고 있

〈표 7-18〉 훈련교강사 보수교육 의무 내용

구분	기초교육	기본교육	전문교육	융합교육
교육대상	전체 훈련 교·강사	연 140시간 또는 15일 이상 가르치려는 자	평가 관련 업무 역량 강화를 하고자 하는 자	타 직종의 전공역량을 습득하려는 자
보수교육의 종류	민간위탁 직업훈련의 전체 교·강사	훈련과정심사 등록을 하려고 하는 교·강사	강의 외 업무 수행 교·강사	타 직종에 대해 학습하려는 교·강사
과정별 교육 시간	2시간	12시간	8시간	12시간 이상 중·장기과정
의무	필수(연 1회)	필수(연 1회)	선택	선택

* 다만, ① 디지털 신기술 핵심 실무 인재 양성훈련, ② 인터넷원격·우편훈련(혼합훈련제외), ③ 연간 15일 또는 140시간 이내로 강의하는 자는 기초교육(2시간)만 이수

다. 보수교육의 종류는 기초교육(온라인), 기본교육, 전문교육, 융합교육으로 구성되어 있고 교육내용과 이수해야 할 시간은 <표 7-18>과 같다. 직업훈련 교사·강사에 대한 의무교육은 한국기술교육대학교 산하 능력개발교육원에서 시행을 하고 있다.

제2부

제8장

고용장려금

1. 고용장려금의 의의

2. 채용장려금

3. 우리나라의 고용(채용)장려금

4. 고용유지장려금

고용장려금

고용장려금은 고용주에게 금전적 인센티브를 제공하는 노동시장 수요 측면의 ALMP 수단이다. 고용장려금은 경기 불황에 대응해 실업자를 감소시키기 위해 노동비용을 감소시킴으로써 일자리를 창출하거나 통상적인 상황에서는 취업하기 어려운 취업취약계층의 고용을 촉진하는 것 등을 목적으로 한다. 이 장에서는 고용장려금의 의의, 채용장려금의 유형과 효과, 우리나라의 고용장려금에 대해 논의한다.

1. 고용장려금의 의의

고용장려금은 고용주에게 금전적 인센티브를 제공하여 노동비용을 감소시킴으로써 고용을 창출·유지하거나 취업취약계층의 고용촉진 등 다양한 목적을 추진하는 노동시장 수요 측면의 정책적 개입을 의미한다. 고용장려금의 대상이 되는 일자리는 대부분 민간기업의 일자리이며 장려금으로 지급되는 금전적 인센티브는 지급되는 임금의 일정 부분에 대하여 제공된다. 고용장려금은 임금보조금(wage subsidies), 고용보조금(employment sub-sidies) 또는 고용인센티브(employment incentives)와 같은 용어와 함께 혼용되기도 한다.

ALMP 중에서 인건비가 지급되는 또 다른 프로그램으로 직접일자리 창출(direct job creation)이 있다. OECD의 개념 정의에 의하면 직접일자리 창출은 장기실업자 또는 취업에 어려움을 겪는 사람들을 위하여 비영리 또는 공공부문에서 지역사회 또는 사회적으로 도움이 되는 추가적 일자리를 만들어 내는 사업으로서 공적 기금으로 노동비용의 대부분을 충당하는 사업을 의미한다.[1] 고용장려금이 노동시장의 수요측면에 존재하는 민간기업

---

1) https://www.oecd.org/els/emp/Coverage-and-classification-of-OECD-data-2015.pdf

의 일자리에 대하여 국가가 고용주에게 임금의 일정 부분을 인센티브로 지급하는 것임에 비하여, 직접일자리 창출은 비영리 또는 공공부문에서 지역사회 또는 사회적으로 도움이 되는 추가적인 일자리를 만들어내기 위하여 국가가 노동비용의 대부분을 부담한다는 점에서 개념상 구별된다. 그럼에도 불구하고 실제에 있어서는 공공프로젝트에 임금보조금이 지급되는 경우와 같이 두 사업의 구분이 애매한 경우도 발생할 수 있다.

활성화(activation) 정책의 측면에서 보면 고용장려금은 노동시장의 수요측면에서 활성화 정책을 실현시키는 중요한 수단이 된다(Lee, 2005). 실업급여 수급자에 대한 활성화 정책은 노동시장의 공급 측면에서 실업급여 수급자들의 노동시장 참여를 증가시키는 것이다. 이때 고용장려금은 노동시장의 수요 측면에서 이들의 고용기회를 확대시키게 된다. 이러한 측면 때문에 1990년대 이후 유럽에서는 실업급여 수급자에 대한 활성화 정책이 강화되면서 고용장려금의 지출 규모가 함께 크게 확대되었다(Cronert, 2019).

OECD는 제5장에서 살펴본 바와 같이 고용장려금을 채용장려금(recruitment incentives), 고용유지장려금(employment maintenance incentives) 및 일자리 나누기(job sharing)로 분류하고 있는데, ① 채용장려금은 실업자 기타 타겟으로 설정된(targeted) 목표집단 구직자의 고용을 늘리기 위하여 일정 기간 동안 고용주에게 노동비용의 일부를 보조하는 프로그램이고, ② 고용유지장려금은 구조조정 기타 유사한 상황에서 고용이 유지될 수 있도록 노동비용의 일부를 보조하는 프로그램이라고 정의하고 있다. 또한 ③ 일자리 나누기는 현재 근로자가 근무하고 있는 일자리를 나누어 두 명 이상의 근로자가 하나의 정규직 자리를 나눠 근무하는 방식으로서 실업자 또는 다른 목표집단(target group)에 속하는 사람들에게 일자리를 제공하는 것을 촉진하기 위하여 지원하는 제도를 의미한다고 한다. 우리나라의 고용장려금 중에서 '일자리 함께하기' 지원금이 여기에 해당하는데 이에 대해서는 뒤에서 설명하기로 한다.

이 장에서는 OECD의 분류를 약간 수정하여 채용장려금과 고용유지장려금으로 나누어 설명하기로 한다. 우리나라에서는 '일자리 함께하기' 지원금을 별도로 구분하지 않고 고용창출장려금에 포함해 운영하고 있기 때문이다.

2. 채용장려금

가. 활용 목적

채용장려금(recruitment incentive)은 채용보조금(hiring subsidy)[2]이라고도 한다. 채용장려금은 노동비용의 감소를 통해 추가적인 일자리를 만들어내는 것 이외에도 유효한 노동공급을 늘리거나 또는 장기실업자에게 취업할 기회를 제공함으로써 형평성을 높이는 것 등 다양한 목적을 가지고 있다(Martin and Grub, 2001). EC(2014)는 이와 같이 다양한 채용장려금의 목적을 경제적 목적(economic rationale), 사회적 목적(social rationale), 숙련향상 목적(up-skilling rationale)으로 설명하고 있다. 경제적 목적은 노동수요를 증가시킴으로써 노동시장에서 일자리를 창출하고자 하는 것이고, 사회적 목적은 취업취약계층(disadvantaged groups)에 대한 노동비용의 일부를 보조함으로써 다른 일반 구직자들과의 생산성 격차를 극복하도록 하여 취업취약계층이 고용되도록 지원하는 것이며, 숙련향상 목적은 구직자에게 일경험 또는 현장훈련(OJT) 기회를 제공하는 기업에게 장려금을 지급함으로써 직무경험의 습득 또는 숙련 향상을 통해 고용가능성을 증대시키고자 하는 것이다.

전통적으로 고용장려금의 대상이 되는 가장 대표적인 집단은 장기실업자이다. 최근에는 청년 실업이 증가하면서 청년을 목표집단으로 하는 채용장려금이 많이 증가하고 있다.[3] 이 외에 고용장려금의 지급대상이 되는 집단으로는 고령자, 장애인, 부양 아동이 있는 여성가장 등을 들 수 있다. 이들은 취업취약계층으로서 특별한 정책적 개입이 없다면 장기실업자가 될 확률이 크다고 보기 때문이다.

나. 고용주 장려금과 근로자 장려금

고용장려금은 고용주에게 금전적 인센티브를 제공하는 것이 대표적인 형태이기는 하지만, 경우에 따라서는 근로자에게 금전적 인센티브를 제공하기도 한다. 따라서 금전적 인센티브를 누구에게 지급하느냐에 따라 고용주 장려금(employer-side subsidy)과 근로자 장려금(employee-side subsidy)으로 구분할 수 있다. 고용주 장려금은 고용주에게 장려금을 지

---

[2] EC(2014)는 채용보조금(hiring subsidy)이라는 용어를 사용하고 있다.

[3] 유럽국가들을 대상으로 조사한 바에 의하면 응답 국가 27개국 중에서 신규채용보조금을 청년을 대상으로 도입한 국가는 18개국, 장기실업자를 대상으로 도입한 국가는 16개국, 고령자를 대상으로 도입한 국가는 13개국, 장애인을 대상으로 도입한 국가는 11개국으로 나타났다(EC, 2014).

급함으로써 노동비용을 감소시켜 노동수요를 증가시키려고 하는 노동시장 수요 측면의 개입인 데 반해 근로자 장려금은 근로자에게 장려금을 직접 지급함으로써 노동 공급에 영향을 주고자 하는 노동시장 공급 측면의 개입이라는 차이가 있다. 근로자 장려금은 구직행동에 영향을 주어 상대적으로 부족한 임금을 제안받더라도 일자리를 받아들일 수 있는 인센티브를 제공하거나 또는 근로소득장려금(EITC)과 같이 저임금근로자가 근로소득을 얻을 때 소득보조금을 추가로 지급함으로써 근로의욕을 증가시키는 데에 활용된다.

채용장려금을 고용주에게 지급할 것인지 아니면 근로자에게 직접 지급할 것인지는 실업의 원인이 노동수요의 부족에 있는지 아니면 임금수준이 너무 낮아서 근로자를 끌어들이지 못하는 것에 있는지에 대한 진단에 따라 달라지며, 추구하고자 하는 목적이 취업취약계층의 고용 증대 자체를 목적으로 하는 것인지 아니면 실질적인 소득향상을 목적으로 하는 지에 의해서도 영향을 받게 된다(장지연, 2002).

다. 현금 이전 방식과 세금 감면 방식

채용장려금은 이전방식(transfer type)에 따라 고용주에게 현금을 직접이전(direct transfer)하는 방식도 있고, 세금 또는 사회보장기여금을 감면하는 방식도 있다. 가장 일반적으로는 현금의 직접이전 방식을 사용하지만, 미국의 경우에는 대부분 세금을 감면하는 방식을 사용하고 있다. 또한 사회보험료의 부담 수준이 높은 유럽의 국가들은 고용주의 사회보험료 감면 방식을 사용하기도 한다.[4] 현금을 직접 이전하는 방식은 행정적으로 비용이 많이 드는 단점이 있는 반면에 훨씬 유연한 제도설계가 가능하고 고용주에게 신속히 유동성을 제공할 수 있다는 장점이 있다. 반면에, 세금 감면 방식의 경우에는 실질적인 조세납부 의무가 있는 기업에게만 혜택이 돌아간다는 한계가 있다(장지연, 2002). 우리나라에서는 고용보험법, 장애인고용촉진법 등에서 현금 직접이전 방식의 고용장려금 제도를 운용하고 있다. 세금 감면 방식으로는 기업의 고용증가분에 대하여 일정액의 세금을 감면하는 '고용증대세액공제제도'[5]가 운영되고 있는데, OECD에서는 "타겟이 설정된(targeted)" 수단만을 ALMP로 분류하고 있으므로 목표집단(target group) 없이 모든 근로자의 고용증가분에 대

---

4) 우리나라의 사회보험료 지원사업은 영세사업장을 대상으로 하는 사회보험 사각지대 해소를 목적으로 하기 때문에 고용장려금의 성격은 아니다.

5) 상시근로자수가 전년 대비 증가한 경우 증가한 근로자 수에 1인당 공제금액을 곱한 금액만큼 2년간(중소, 중견기업은 3년간) 세액공제를 받을 수 있는 제도이다. 수도권보다는 수도권 외의 혜택이 크고 근로자가 청년·장애인·60세 이상 고령자 중 하나에 해당할 경우 1인당 공제금액이 더 크다.

해 세액공제하는 제도는 고용장려금으로 분류되지 않는다(OECD, 2022a).

라. 채용장려금의 유형

1) 목적에 따른 분류

채용장려금은 국가에 따라 매우 다양한 형태로 운영된다. EC(2014)는 채용장려금을 그 목적에 따라 ① 노동수요를 진작시키고자 하는 채용장려금, ② 취업취약계층의 고용촉진을 목적으로 하는 채용장려금, ③ 숙련향상을 지원하는 채용장려금으로 구분하고 있다.

① 노동수요를 진작시키고자 하는 채용장려금

고용주에게 금전적 인센티브를 제공함으로써 노동수요를 늘리고자 하는 장려금으로 경기 불황에 따른 장기실업의 증가해 대응해 기업의 노동비용을 감소시켜 경제의 일자리를 창출하고자 하는 것을 주된 목적으로 하는 장려금이다. 민간기업에서 실업자를 고용해 고용이 증가하는 경우에 보조금이 지급되는 방식이다. 이외에도 경제적으로 어려움을 겪고 있는 분야 또는 그린 잡(green jobs)과 같이 적극적으로 늘려 나갈 필요가 있는 분야 등 특정한 분야(sector)를 대상으로 하는 장려금, 지원이 필요한 지역 또는 투자진흥이 필요한 지역 등 특정한 지역을 대상으로 하는 장려금, 저임금 분야에서 고용의 증가를 목적으로 하는 장려금(근로자장려금), 비정규직의 정규직 전환을 목적으로 하는 장려금(전환장려금(conversion subsidy)) 등이 있다.

② 취업취약계층의 고용을 촉진하고자 하는 채용장려금

취업취약계층의 낮은 생산성을 보전하기 위해 취업취약계층의 노동비용의 일부에 대해 금전적 인센티브를 제공하는 장려금이다. 타겟이 되는 목표집단에 따라 청년 고용장려금, 고령자 고용장려금, 장기실업자 고용장려금, 장애인 고용장려금 등으로 나눌 수 있다. 뒤에서 보는 바와 같이 채용장려금이 계획한 대로의 성과를 내기 위해서는 ① 노동시장에서 구조적인 장애요인을 가지고 있어서 통상적인 조건하에서는 취업하기 어려운 집단으로 타겟을 명확하게 특정해 설정해야 하며, ② 기업들이 기존 근로자를 장려금을 지급받을 수 있는 취업취약계층 근로자로 대체하거나 또는 장려금이 지급되는 동안만 고용했다가 장려금 지급이 종료되면 장려금을 지급받을 수 있는 다른 목표집단 근로자로 대체하는 것과 같은 행동을 방지하기 위해서는 고용주에게 엄격한 조건을 부과할 필요가 있다.

③ 숙련향상을 지원하기 위한 채용장려금

취업취약계층의 직무수행능력을 향상시키거나 고용가능성(employability)을 높이기 위해 현장훈련(OJT)를 제공하거나 또는 인턴십·일경험 등을 제공하는 고용주에게 금전적 인센티브를 제공하는 장려금이다. 청년들을 대상으로 기업들이 도제훈련(apprenticeship)을 실시하는 전통이 강한 국가들에서 많이 사용된다. 고령자를 대상으로 도제훈련이나 인턴십을 제공하는 경우 장려금을 지급하기도 하며, 청년, 장기실업자, 고령자, 장애인 등 취업취약계층을 대상으로 기업들이 현장훈련(OJT)을 제공하는 경우에 장려금을 지급하기도 한다.

2) 장려금이 지급되는 '고용'에 따른 분류

채용장려금은 모든 고용에 대하여 지급할 수도 있고 고용의 증가분에 대하여 지급할 수도 있으며 신규채용에 대하여 지급할 수도 있다.

① 일반고용보조금(general employment subsidy): 제도가 설정한 대상집단에 속한 '근로자 전체'에 대하여 장려금이 지급되는 형태이다. 임금지급 총액의 일정비율 또는 근로자 1인당 일정액의 장려금이 지급된다. 흔히 사용되는 방식은 고용주의 사회보장기여금 감축이다. 이 방식에서는 장려금이 없어도 존재했을 일자리에 대해 장려금을 지급하는 문제(사중손실)가 발생한다.

② 한계고용보조금(marginal employment subsidy): 제도가 설정한 대상 집단의 '고용 증가분(증가한 근로자 수)'에 대해 장려금을 지급하는 형태이다. 채용된 근로자 수에서 퇴직한 근로자 수를 제외한 숫자로 산정한다. 이론적으로는 사중손실문제가 감소될 수는 있지만, 실제로 장려금이 없을 때 어느 정도의 고용이 이루어질 것인지에 대한 정보가 없기 때문에 사중손실을 완전히 제거할 수는 없다.

③ 목표집단 채용보조금(targeted recruitment subsidy): '새로이 채용된 근로자'에 대해 장려금을 지급하는 형태로서 새로이 늘어난 근로자를 대상으로 지급한다는 점에서 한계고용장려금의 한 유형으로 볼 수도 있다(Lee, 2005). 대부분의 OECD 국가들에서는 목표집단에 속하는 신규채용 근로자를 대상으로 채용장려금을 지급한다. 근본적으로 사중손실을 제거할 수는 없으나 타겟을 좁게 잘 설정하는 경우에 사중손실을 상당히 제거할 수 있으며, 취업취약계층에게 취업의 기회를 제공함으로써 관련기술을 습득할 수 있게 하고 취업경험을 쌓을 수 있도록 한다는 장점도 있다.

마. 채용장려금의 효과

○ 이론적 논의

채용장려금은 타겟이 되는 목표집단 근로자를 고용하는 비용을 감소시켜 이들 근로자에 대한 수요를 촉진시키고 고용과 소득을 높이려는 것이다. 그런데 이와 같은 고용장려금의 효과는 세 가지 간접효과(indirect effects)에 의해 그 효과가 감소될 수 있다. 세 가지 간접효과란 사중손실, 대체효과, 전치효과를 말하며, 이론적으로 고용장려금의 순고용 효과는 다음과 같이 계산될 수 있다(전병유 외, 2005).

$$순효과 = 총효과 - 사중손실 - 대체효과 - 전치효과$$

① 사중손실(deadweight loss): 장려금의 지급이 없었어도 존재했을 일자리에 장려금이 지급되는 것을 의미하며, 결국 장려금의 지급 여부와 상관없이 어쨌든 고용이 창출되거나 유지되는 경우에 발생한다. 이 경우 사업주는 무상으로 장려금의 혜택을 누리게 되므로 횡재효과(windfall effect)라고도 부른다.

② 대체효과(substitution effect): 장려금을 받은 근로자가 장려금을 받지 않은 근로자를 대체하여 고용의 순효과가 발생하지 않는 경우를 의미한다. 이 효과는 근로자 중의 특정 그룹만을 대상으로 하는 고용장려금을 지급하는 경우에 발생할 수 있으며, 장려금을 받는 노동자 집단과 장려금을 받지 않는 노동자 집단 사이에 상대가격이 변동됨으로써 발생하게 된다. 정책적으로 대체효과를 문제시 할 것인지의 여부는 고용장려금의 목적에 달려 있으며, 취업취약집단의 고용촉진을 목적으로 지급되는 장려금에서는 사회적 형평성을 위해 대체효과의 발생을 감수할 필요가 있다.

③ 전치효과(displacement effect): 장려금을 받는 회사가 가격경쟁력을 바탕으로 장려금을 받지 않는 회사와 시장에서 경쟁하여 장려금을 받지 않는 회사의 고용수준을 감소시키는 효과이다. 그 결과 노동시장 전체로 보면 전치효과만큼 고용효과가 감소된다.

○ 실증분석 연구결과

고용장려금의 경제적 효과를 실증분석한 연구결과들을 정리해 보면 다음과 같이 요약할 수 있다.

첫째, 대부분의 고용장려금에서는 높은 수준의 사중손실과 대체효과가 발생해 순고용효과가 상당히 낮은 수준이라고 한다. 그러나 취업취약계층의 고용촉진을 위한 고용장려금의 경우에는 사회적 형평성을 목적으로 하는 것이고 취업취약계층이 고용장려금을 통해 취업을 하게 되면 지속적으로 직업세계와 연결을 맺으면서 일에 대한 동기부여와 기술습득을 할 수 있기 때문에 순고용효과가 작은 경우에도 그 자체로서 의미가 있다고 보아야 한다(장지연 외, 2002). 따라서, 취업취약계층의 고용촉진을 목적으로 하는 장려금에 대한 평가를 위해서는 순고용 효과의 크기가 아니라 그 장려금이 원래 목표한 대로 취업취약계층의 고용촉진에 어느 정도의 효과를 거두었는지에 대한 효과성(effectiveness), 최소한의 비용으로 가능한 한 많은 참여자들에게 혜택이 돌아갔는지를 기준으로 하는 효율성(cost efficiency), 개별적인 프로그램이 다른 정책들과 목적 면에서 갈등을 일으키는 측면은 없는지에 대한 정책의 적절성(policy relevance)이 더욱 중요하게 평가될 필요가 있다.

둘째, 사중손실을 최소화하기 위해서는 목표집단을 명확하게 설정할 필요가 있다. 목표집단이 광범위할수록 사중손실이 커지기 때문이다. 예를 들어 저임금근로자 전체에 대하여 지급하는 장려금을 생각해 보자. 이런 유형의 장려금은 주로 고용주가 부담하는 사회보장기여금을 감면하는 방식으로 실시되는데 임금수준이 유일한 자격조건이기 때문에 정해진 임금수준 이하의 근로자는 신규채용 여부와 관계없이 모두 지원대상이 된다. 이런 장려금은 저숙련근로자의 고용을 증가시키는 데에는 효과적이지만 지원대상이 광범위하기 때문에 사중손실의 정도가 크게 발생한다. 반대로, 고용장려금에서 목표집단을 좁게 한정하는 경우에는 사중손실의 크기를 상당히 줄일 수 있다(전병유 외, 2005). 그런데, 목표집단을 너무 좁게하면 기업들의 참여도가 낮아지거나 낙인효과가 발생해 고용주들이 채용을 꺼리는 역효과가 발생할 우려가 있다. 사중손실을 줄이는 방법으로 기업마다 장려금을 받을 수 있는 총액에 최대 한도를 설정하거나 근로자 1인당 장려금의 최대 한도를 설정하는 방법도 있다(OECD, 2009).

셋째, 직업훈련, 취업활동 지원과 같은 다른 노동시장 프로그램과 연계되어 고용장려금이 지급되면 보다 효과적이다.

넷째, 경기가 불황이 되어 채용이 줄어들면 고용장려금의 사중손실은 감소하고, 경기가 회복되어 채용이 증가하면 사중손실은 다시 증가하게 된다. 그러므로 경기 불황시에는 고용장려금을 확대하는 정책이 유효한 반면에 경기가 회복되면 다시 규모를 축소할 필요가 있다. 2020년의 코로나19 위기에 대응해 대부분의 OECD 국가들은 청년, 장기실업자 기타 취업취약계층을 목표집단으로 하는 채용장려금을 대규모로 확대하였으며, 재직근로자들을 대상으로 하는 고용주의 사회보장기여금 감면조치도 확대하였다. 이러한 정책과 관련해 OECD(2021a)는 제한된 기간 동안 정교하게 설계되어 타겟이 설정되어 있는 채용장려금(time-limited, well-designed and targeted hiring subsidies)의 경우에는 코로나19 위기와 같은 위기 상황에서 실업을 감소시키고 근로자들의 고용가능성을 증대시키며 취업취약계층을 지원할 수 있는 비용효과적인 방법(a cost-effective way)이 될 수 있다고 강조하고 있다. 다만, 경기회복 국면에서는 그 규모를 단계적으로 축소해 가야 한다고 권고하고 있다.

3. 우리나라의 고용(채용)장려금

가. 고용장려금의 구성과 운영

우리나라에는 다양한 종류의 고용장려금이 운영되고 있다. 대표적인 고용장려금으로는 고용보험법에 의해 운영되는 다양한 장려금과 「장애인 고용촉진 및 직업재활법」(약칭 장애인고용촉진법)에 의해 운영되는 장려금이 있다. 이외에도 다른 부처에서도 고용장려금을 운영하고 있는데, 통일부에서 운영하는 북한이탈주민 고용지원금이 그 예이다.

○ 장애인고용촉진법에 의한 고용장려금

장애인고용촉진법에 의해 운영되는 장려금은 장애인 고용장려금과 장애인 신규 고용장려금으로 구성되어 있다. 장애인 고용장려금은 장애인 고용의무제와 관련되어 지급되는 제도로서, 우리나라에서는 상시근로자 50명 이상의 사업주는 소속 근로자의 일정 비율(2024년의 경우 민간기업은 3.1%, 공공부문은 3.8%) 이상 장애인을 고용하도록 의무를 부과하고, 이 의무를 이행하지 못한 상시근로자 100명 이상의 사업주에게는 부담금을 부과하고 반대로 의무고용률 이상 장애인을 고용한 '모든' 사업주에 대해서는 장애인 고용장려금을 지급하고 있다. 이때 장애인 고용장려금은 월별로 의무고용률을 초과하는 경우 계속 지급되는 데 장애인의 장애 정도와 성별에 따라 매월 35만 원~90만 원이 지급된다. 장애인 신규 고용장려금은 상시근로자 50명 미만 사업주에게만 지급되는데 장애인을 신규로 고용하고 6개월 이상 고용을 유지하면 최대 1년간 지급된다. 금액은 장애인 고용장려금과 같으며 두 가지의 장려금을 중복해서 받을 수는 없고 사업주가 선택해서 받을 수 있다.

○ 고용보험법에 의한 고용장려금

이외에 우리나라 대부분의 장려금은 고용보험제에 의해 운영되고 있다. <그림 8-1>

〈그림 8-1〉　고용보험제도에 의한 고용장려금의 구성

은 고용보험제에 의해 운영되는 다양한 고용장려금을 보여준다. 정부는 2017년에 복잡했던 고용장려금 체계를 알기 쉽게 하기 위해 장려금의 목적에 따라 고용창출장려금, 고용안정장려금, 고용유지장려금, 기타장려금으로 단순화한 바 있다. 그 이후에 인구구조 변화에 따라 청년과 고령자 고용대책이 강화되면서 청·장년 고용장려금이 별도로 추가되었다.

　고용창출장려금은 일자리 창출을 지원하는 장려금을 의미하며, 고용안정장려금은 기존 근로자의 고용안정을 지원하는 장려금을 의미한다. 고용유지지원금은 구조조정과 관련된 특수성이 있어서 별도의 장려금으로 분류하였다. 청·장년 고용장려금은 청년과 장년을 대상으로 고용증가, 고용안정, 고용연장 등 다양한 목적을 가지고 있는 장려금으로 구성되어 있다. 기타 고용장려금은 고용환경개선장려금과 지역고용촉진지원금으로 분화되었는데, 지역고용촉진지원금은 고용위기지역을 대상으로 하는 특수성이 있어서 별도로 분류하고 있다.

　이와 같은 우리나라의 고용장려금 분류는 앞에서 설명한 EC(2014)의 '목적'에 따른 분류와는 다르다. EC(2014)의 목적에 따른 분류에 따라 재분류를 해 보면 ① 취업취약계층의 고용촉진을 목적으로 하는 장려금은 우리나라에서는 고용창출장려금과 청·장년 고용장려금 등에 흩어져 있다. 따라서 이를 모아 보면 신중년 적합직무 고용지원(고령자), 고용촉진장려금(장기실업자, 여성가장, 근로빈곤층 등), 청년일자리도약장려금(청년), 고령자계속고용장려금(고령자), 고령자고용지원금(고령자), 장애인 고용장려금(장애인), 장애인 신규고용장려금(장애인)을 들 수 있다. 나머지 장려금들은 대부분 ② 노동수요를 진작시키고자 하는 장려금으로 분류할 수 있다. ③ 숙련향상을 지원하기 위한 채용장려금은 우리나라에서는 별도로 활용되고 있지 않다. 현재는 기업이 구직자를 대상으로 양성훈련을 실시하는 경우에는 사업주 직업능력개발훈련에 해당되어 훈련비와 훈련수당이 지원되고 있으며, 청년일경험지원사업, 중장년 인턴제, 새일센터 여성인턴사업과 같은 일경험 사업의 경우에는 프로그램 자체 내에서 운영기업에 대한 멘토수당 등이 지원되고 있다. 그러나, 이들 지원금은 소요비용을 지원한다는 개념으로 기업들이 직업훈련이나 일경험을 적극적으로 제공하도록 하는 금전적 인센티브로서의 기능은 하지 못하는 것으로 보인다. 이러한 점에서 우리나라에서도 고용장려금의 활용 범위를 확대해 다양한 취업지원 프로그램을 확충해 나갈 필요가 있어 보인다.

고용장려금은 일반적으로 법적 지급요건이 충족되면 자동적으로 장려금이 지급된다. 그러나 우리나라에서는 제한된 예산으로 운영되다 보니 일부 장려금의 경우에는 예산의 범위 내에서만 장려금이 지급되는 재량사업 방식으로 운영되고 있다. 재량사업의 경우에는 공모를 통해 고용주가 사업참여 신청서와 계획서를 고용센터에 제출하면 예산의 범위 내에서 사업참여를 승인하는 절차가 필요하다는 점에서 '공모형'으로 분류하고 있으며, 공모형의 경우에는 연간 균등한 집행을 위해 매월 공모절차를 진행하고 있다.[6]

1) 고용창출장려금

통상적인 조건에서는 취업이 어려운 취업취약계층을 신규로 고용하거나 만 50세 이상의 실업자를 신중년 적합직무에 고용하거나 교대제 개편, 근로시간 단축 등 근무형태 변경을 통해 고용기회를 확대하여 근로자수가 증가한 사업주에게 지급되는 장려금이다.

1 일자리 함께하기 지원(공모형)

교대제 개편, 실근로시간 단축 등을 도입하여 기존 근로자의 근로시간을 줄임으로써 실업자를 신규 고용하여 근로자 수가 증가한 사업주에 대하여 증가한 근로자 1인당 인건비의 일부를 지원하며 근로시간 단축으로 임금이 감소한 기존 재직자의 임금감소액의 일부를 임금보전비로 지원한다. 지원금액은 인건비의 경우에는 기업규모에 따라 월 40만 원~80만 원을 1년(제조업의 우선지원대상기업[7]과 중견기업은 2년)을 한도로 지원하며, 기존

---

[6] 이하에서 공모형이라고 표기되어 있지 않은 장려금은 법적 지급요건이 충족되면 장려금이 자동적으로 지급되는 요건심사형에 해당한다(고용환경개선장려금은 제외).

[7] 고용보험법에서는 우선지원대상기업에 대하여 지원을 우대하여 지급하고 있으며, 우선지원대상기업에 대하여

재직자에 대한 임금보전비는 우선지원대상기업과 중견기업을 대상(대기업은 제외)으로 지원하되 월 40만 원을 1년(제조업의 우선지원대상기업은 2년)을 한도로 지원한다. 이 장려금이 OECD의 고용장려금 유형분류 중에서 '일자리 나누기(job rotation and job sharing)'로 볼 수 있는 사례이다.

2 국내복귀기업 고용지원

산업통상자원부 장관이 국내복귀기업[8])으로 지정한 지 5년 이내인 기업에서 근로자 수가 증가한 경우에 증가한 근로자 1인당 기업 규모(대기업은 제외)에 따라 월 30만 원~60만 원을 2년간 지원한다. 지원인원은 100명을 한도로 한다.

3 고용촉진장려금

취업취약계층의 고용을 촉진하기 위하여 노동시장의 통상적인 조건에서는 취업이 곤란한 사람을 새로이 채용한 사업주에게 장려금을 지급하는 전형적인 목표집단 채용보조금(targeted recruitment subsidy)이다. 다만, 이 장려금은 취업지원 프로그램과 연계되어 고용노동부장관이 지정한 취업지원 프로그램(아래 박스 참고)을 이수한 사람을 새로이 채용한 경우에 한해 지원대상이 된다. 취업지원 프로그램의 참여조건이 면제되는 사람은 중증장애인, 가족부양의 책임이 있는 여성실업자, 섬 지역 거주자이다. 과거에는 장기실업자를 주된 지원대상으로 도입되었으나 지원대상이 점차 확대되면서 취업취약계층에 대한 취업지원 프로그램과 연계해 취업지원효과를 높이기 위한 방향으로 개편되었다.

이들 실업자를 신규채용해 6개월 이상 고용을 유지한 우선지원대상기업과 중견기업의 사업주에 대하여 장려금이 지급되며 신규고용한 근로자 1인당 기업규모에 따라 월 30만 원~60만 원을 1년간 지급한다. 다만, 기초생활수급자, 중증장애인, 가족부양책임이 있는 여성실업자의 경우에는 2년간 지급한다. 지원인원은 고용보험 피보험자수의 30%를 한도로 한다.

상시근로자 500명 이하의 제조업, 상시근로자 300명 이하의 광업, 건설업, 운수창고업, 정보통신업, 사업시설관리·사업지원 및 임대서비스업, 전문과학기술서비스업, 보건복지서비스업, 상시근로자 200명 이하의 도소매업, 숙박음식점업, 금융보험업, 예술스포츠여가관련서비스업, 그리고 그 밖의 업종은 상시근로자 100명 이하로 정하고 있다. 다만, 중소기업기본법상의 중소기업은 이 기준과는 별도로 모두 우선지원대상기업에 해당한다.

8) 「해외진출기업의 국내복귀 지원에 관한 법률」에 따라 해외진출기업이 해외사업장을 청산·양도·축소하거나 첨단산업 또는 국내 공급망 안정에 필수적인 경우로서 국내에 해외사업장 생산제품과 같거나 유사한 제품·서비스를 생산하는 사업장을 국내에 신설·증설한 경우에 국내복귀기업으로 지정한다.

○ 고용촉진장려금 지급 대상이 되는 대표적인 취업지원프로그램

- 「국민취업지원제도」(고용부)의 취업지원 서비스 수급자격을 인정받은 사람(Ⅰ유형 청년특례, Ⅱ유형 청년은 제외): 저소득층
- 「자활근로」(보건복지부): 복지수급자 중 자활대상자
- 여성새로일하기센터의「직업교육훈련 프로그램」(고용부, 여가부): 경력단절여성
- 고령자인재은행의 「고령자 취업능력 향상 프로그램」, 중장년내일센터가 운영하는 「취업지원프로그램(재도약프로그램)」(고용부): 고령자, 저소득 중장년층
- 한국장애인고용공단의 「직업능력개발훈련」, 「장애인 취업성공패키지」(고용부): 장애인
- 학교 밖 청소년 직업역량강화 프로그램 및 내일이룸학교(여가부): NEET청년
- 청년도전 지원사업 프로그램(고용부): 구직단념청년(NEET 청년)
- 고용위기지역 이직자 및 특별고용지원업종 이직자로서 취업지원프로그램 이수자(고용부): 전직실업자

4 신중년 적합직무 지원금(공모형)

만 50세 이상의 실업자를 고용노동부장관이 고시한 신중년 적합직무에 신규로 고용하여 6개월간 고용유지한 우선지원대상기업과 중견기업의 사업주에 대하여 신규 고용한 근로자 1인당 기업 규모에 따라 월 40만 원~80만 원을 1년의 범위 내에서 지원한다. 지원인원은 피보험자 수의 30%를 한도로 한다. 신중년은 50세 이상을 의미하며 신중년 적합직무란 신중년의 특성·경력 등을 감안했을 때 신중년의 취업에 적합한 업무로서 상담전문가, 청소년지도사, 경영진단전문가, 전기설비기술자 등 200여 개 직무가 지정되어 고시되어 있다.

2) 고용안정장려금

고용안정장려금은 정규직전환 지원, 근로시간 단축, 일·가정양립환경 개선지원, 출산육아기 고용안정지원 등을 통해 기존 근로자의 고용을 유지하는 기업을 지원하여 근로자의 고용안정을 목적으로 하는 장려금이다.

1 정규직 전환지원(공모형)

6개월 이상 2년 이하 고용(사용)한 기간제 근로자, 파견·하도급 근로자 또는 6개월 이상 근무한 특수형태근로종사자를 정규직으로 전환한 우선지원대상기업 및 중견기업의 사업주에 대하여 전환된 근로자 1인당 지원금을 지급한다. 정규직으로 전환되면서 임금증가

분이 20만 원 이상인 경우에는 임금증가액 보전금으로 월 20만 원과 간접노무비 월 30만 원을 지급하며, 임금증가분이 20만 원 미만인 경우에는 임금증가액 보전금을 지급하지 않고 간접노무비 월 30만 원을 지급한다. 지원금은 1년을 한도로 지급하며 직접 고용하여 1개월 이상 고용유지하여야 한다. 다만, 기간제근로자를 전환한 경우에는 고용보험 피보험자의 30%를 한도로 하며 최대 100명을 초과할 수 없다.

2 워라밸 일자리 장려금

남녀고용평등법상의 '가족돌봄 등을 위한 근로시간 단축 규정에 따라 가족돌봄, 본인건강, 은퇴준비, 학업 등 본인의 필요에 의해 근로시간의 단축을 신청하고 사업주가 이를 허용한 경우에 근로시간 단축 근로자 1인당 지원금을 지급한다. 근로시간을 단축하면서 임금감소분에 대한 사업주 보전금이 월 20만 원 이상인 경우에는 임금감소액 보전금으로 월 20만 원과 간접노무비 월 30만 원을 지급하며, 사업주 보전금이 월 20만 원 미만인 경우에는 임금감소액 보전금을 지급하지 않고 간접노무비 월 30만 원을 지급한다. 다만, 간접노무비는 대기업에 대해서는 지급하지 않는다.

3 일·가정양립 환경개선 지원(공모형)

일·가정양립 환경개선 지원은 유연근무제 간접노무비 지원과 일·생활 균형 인프라 구축비 지원으로 구성되어 있다. 유연근무제 간접노무비 지원의 경우에는 소속 근로자의 필요에 따라 유연근무제[9]를 활용한 우선지원대상기업 및 중견기업의 사업주에게 유연근무제 활용 근로자 1인당 월당 활용일수에 따라 매월 15만 원~30만 원을 최대 1년간 지원한다. 연간 지원 인원은 고용보험 피보험자 수의 30%를 한도로 하며 최대 70명을 초과할 수 없다.

일·생활 균형 인프라 구축비 지원은 재택·원격근무를 도입·활용하거나 근무혁신 우수 기업으로 선정된 우선지원대상기업 및 중견기업의 사업주에게 인프라 구축비로서 시스템 구축비를 최대 2천만 원까지 지원한다.

4 출산육아기 고용안정장려금

출산육아기 고용안정장려금은 다음의 세 가지로 구성되어 있다. 첫째는 육아휴직지원금으로서 육아휴직을 부여한 우선지원대상기업에게 육아휴직 근로자 1인당 월 30만원(2022년부터는 1세 미만의 영아를 대상으로 3개월 이상 육아휴직을 부여한 경우에는 첫 3개월 동안 월

---

9) 유연근무제는 근로기준법 상의 선택근무제(1개월(R&D업무는 3개월) 이내의 정산기간을 평균하여 1주간의 소정근로시간이 40시간을 초과하지 않는 범위 내에서 1주 또는 1일의 근무시간을 근로자의 선택에 맡기는 제도)와 재택근무제, 원격근무제를 의미한다.

200만원)을 지급한다. 둘째는 육아기 근로시간 단축 지원금으로 육아기 근로시간 단축을 부여한 우선지원대상기업에게 근로시간을 단축한 근로자 1인당 월 30만 원을 지급한다. 셋째는 육아기 근로시간 단축 지원금으로서 출산전후휴가·육아기 근로시간 단축 등을 부여하고 대체인력을 채용한 우선지원대상 기업의 사업주에게 대체인력 1인당 월 80만 원을 지급한다.

3) 청·장년 고용장려금

1 청년내일채움공제

청년(15~34세)이 중소기업에서 장기근속할 수 있도록 청년·기업·정부가 2년간 공동으로 적립하여 청년의 자산형성을 지원하는 제도이다. 2022년까지는 전체 중소기업을 대상으로 시행되었으나 2023년부터는 인력이 부족한 업종(제조업, 건설업)의 소규모(50인 미만) 기업을 대상으로 하는 것으로 축소되었다. 2023년 이후에 시행되고 있는 사업설계에 따르면 2년간 청년, 기업, 정부가 각각 400만 원을 적립하여 만기 시에 청년이 1,200만원의 만기공제금을 수령하는 형태이다. 우리나라의 고용장려금은 대부분 고용주에게 장려금이 지급되는 고용주 보조금이나, 이 장려금은 청년들이 우수한 중소기업에 오래 근무할 수 있도록 청년들에게 지급되는 근로자 보조금에 해당한다.

2 청년일자리도약장려금

취업애로청년을 정규직으로 신규채용하고 6개월 이상 고용유지한 우선지원대상기업의 사업주에게 채용한 청년 1인당 장려금을 지급한다. 취업애로청년이라 함은 채용일을 기준으로 6개월 이상 실업상태인 청년(15~34세)을 의미하나, 고졸 이하 청년, 고용촉진장려금의 대상이 되는 청년, 국민취업지원제도 참여자, 청년도전지원사업 수료자, 폐업 자영업자, 최종학교 졸업일 이후 채용일까지 고용보험 총 가입기간이 12개월 미만인 청년 등은 실업기간이 6개월 미만인 경우에도 포함된다. 취업애로청년을 정규직으로 채용한 경우에 장려금이 지급되며 월 최대 60만 원씩 1년간 지원하고 최초 채용 후 2년 근속시에 480만 원을 일시에 지급하여 2년간 최대 1,200만 원이 지급된다.[10]

3 고령자계속고용장려금

근로자가 정년 이후에도 주된 일자리에서 계속 일할 수 있도록 계속고용제도를 도입한

---

10) 청년에 대한 채용장려금은 2017년부터 2020년까지는 청년추가고용장려금이 시행되었으며, 2021년 청년특별 채용장려금을 거쳐 2022부터 청년일자리도약장려금이 시행되고 있다.

우선지원대상기업 및 중견기업의 사업주에 대하여 장려금을 지급한다. 계속고용제도는 ① 정년을 연장하거나, ② 정년을 폐지하거나, 또는 ③ 정년을 유지하되 정년에 도달한 자를 계속 고용하거나 6개월 이내에 재고용할 수 있도록 하는 제도를 의미하며, 계속고용 제도의 시행일로부터 5년 이내에 정년에 도달한 근로자 중 계속고용제도를 적용받아 고용 연장된 근로자 1인당 월 30만 원을 지급한다. 지원 인원은 고용보험 피보험자의 30%를 한도로 한다.

4 고령자고용지원금

60세 이상 고령근로자들이 은퇴희망연령까지 고용안정이 될 수 있도록 60세 이상 근로 자수가 증가한 우선지원대상기업 및 중견기업의 사업주에 대하여 증가한 60세 이상 근로 자 1인당 지원금을 지급한다. 근로자수의 증가는 60세 이상 월평균 근로자수가 이전 3년 간 월 평균보다 증가하였는지의 여부로 판단하며, 증가한 60세 이상 근로자 1인당 분기 30만 원씩 2년간 지원한다. 지원 인원은 피보험자수의 30%를 한도로 하며 최대 30명을 한도로 한다.

4) 고용환경개선장려금

1 직장어린이집 지원금

직장어린이집 지원금은 직장어린이집 설치비 지원과 직장어린이집 인건비 및 운영비 지 원으로 구성되어 있다. 직장어린이집은 근로자의 육아부담 완화와 여성의 경제활동 참여 촉진을 위하여 매우 중요한 시설이다. 직장어린이집 설치비 지원은 직장어린이집을 설치 하고자 하는 사업주(또는 사업주단체)에게 소요비용의 60~90% 범위 내에서 3억 원~6억 원을 한도로 지원하며, 중소기업 사업주가 공동으로 설치하는 공동형의 경우에는 최대 20 억 원을 한도로 지원한다. 교재교구비도 무상지원하고 있다. 직장어린이집 인건비 및 운영 비 지원은 직장보육교사, 원장, 취사부에 대한 인건비와 보육영유아 수에 따른 운영비를 지급한다.

2 일·생활 균형 인프라 구축비 지원

재택·원격근무를 활용하거나 또는 근무혁신 우수기업으로 선정된 우선지원대상기업과 중견기업의 사업주에 대하여 정보시스템과 보안시스템을 설치하려고 하는 경우 인프라 구 축비 및 서비스 사용료를 최대 2천만 원 한도내에서 지원한다.

③ 지역고용촉진지원금

「고용정책기본법」은 고용사정이 급격히 악화되거나 악화될 우려가 있는 지역을 고용위기지역으로 지정하여 고용창출 및 고용안정을 위한 여러 가지 지원을 하도록 규정하고 있다.[11] 이때 지정된 고용위기지역으로 사업을 이전하거나, 신설 또는 증설하는 사업주가 해당 지역의 실업자를 신규채용하는 경우 채용된 근로자 1인당 지원금을 지급한다. 지원 대상이 되는 실업자는 해당지역에서 3개월 이상 거주한 구직자이며 이전, 신설 또는 증설된 사업장에서 6개월 이상 고용보험 피보험자로 고용하여 고용을 유지하여야 한다. 지원금은 월 통상임금의 1/2(대규모기업은 1/3)을 최대 1년간 지원한다.

나. 우리나라 고용장려금의 특징

첫째, 우리나라 고용장려금의 예산은 2011년에는 전체 일자리예산의 10.8%인 0.9조 원에 불과하였으나 2013년에는 전체 일자리예산의 16.6%인 1.7조 원으로 증가한 이후에 계속 증가해 2017년에는 3.2조 원(전체 예산의 20.1%), 2021년에는 8.1조 원(전체 예산의 26.9%)으로 급속하게 증가하였다. 2017년 이후에 고용장려금 예산이 크게 증가한 것은 2017년의 청년내일채움공제와 청년추가고용장려금[12]의 확대에 주로 기인했기 때문에, 청년내일채움공제가 축소되고 청년일자리도약장려금이 시행되면서 2022년부터는 감소세로 전환되었다. 그러나 여전히 2023년을 기준으로 고용장려금 예산은 5.1조 원으로 전체 일자리예산의 16.8%를 차지하고 있다. 이와 같이 보면 우리나라는 ALMP 중에서 고용장려금에 의존하는 비율이 매우 높은 국가에 속한다.[13]

둘째, 우리나라의 고용장려금은 예산의 규모가 클 뿐만 아니라 사업의 종류가 너무 많아 사업을 관리하고 집행하기 위한 행정부담을 크게 야기한다는 지적을 받고 있다. 또한 고용장려금의 목표집단이 넓게 설정되어 사중손실이 크게 나타날 가능성이 있다는 지적도 받고 있다. 이러한 점에서 고용장려금 중에서 사업성과가 낮은 장려금은 과감히 정비하고 장려금의 타겟(target)을 좀 더 분명하고 좁게 설정함으로써 사업의 성과를 높여나갈 필요

---

11) 고용정책기본법 제32조.
12) 청년추가고용장려금은 2017년부터 3년간 한시적으로 시행된 사업으로서 청년을 정규직으로 신규채용해 근로자 수가 증가하고 6개월 이상 고용을 유지하는 경우 청년 추가 채용 1명당 연 최대 900만원을 3년간 지원하였다.
13) 자세한 내용은 제5장을 참조.

가 있다.

셋째, 우리나라의 고용장려금은 유형에 따라 약간의 차이가 있지만 대부분의 경우 사업장의 규모에 따라 월 30만 원 또는 60만 원 정도를 1년(일부 취업취약계층에 대해서는 2년) 정도 지급하는 것으로 구성되어 있다. 그런데 다른 국가들과 비교해 보면 고용장려금의 지급기간은 유사해 보이기는 하지만 금액의 경우에는 상대적으로 낮아 인센티브로서의 기능이 제한적이라는 한계를 보이고 있다. EC(2014)는 사업주가 부담하는 행정비용에 비해 지급되는 고용장려금의 금액이 낮은 경우에는 대기업들에게는 인센티브로서 작동하지 못하고 소기업 또는 영세기업 중심으로 고용장려금 제도가 운영되는 결과를 초래해 정책의 효과성이 떨어진다는 평가 결과를 제시하고 있다. 또한 EC(2014)는 고용장려금의 지원수준을 차별화해 취업이 가장 어려운 계층에게 지원수준을 높여 나갈 필요가 있다고 설명하고 있는데, 우리나라의 경우에는 정책적으로 민감한 청년고용대책을 위해 청년에 대한 고용장려금 지원수준이 상대적으로 높아 다른 취업취약계층에 대한 인센티브 기능을 제한하는 문제가 발생하기도 한다.

넷째, OECD(2021a)의 평가와 같이 고용장려금의 규모를 경기변동에 탄력적으로 대응할 수 있도록 할 필요가 있다. 우리나라의 고용장려금은 고용보험법 시행령에 대부분 규정되어 있어서 급격한 경기침체가 발생하는 경우 시행령 개정에 소요되는 기간만큼 대응이 지체될 우려가 있으며, 반대로 경기가 회복되는 경우에는 사중손실 축소를 위해 규모를 축소해야 하는데 법령을 정비하지 않는 한 지출규모가 증가될 수 있는 경직성이 있다. 이러한 문제를 해소하기 위한 정책적 고민이 필요해 보인다.

이러한 점에 비추어 우리나라의 고용장려금은 사업의 종류를 줄이고 타겟을 명확히 하면서 장려금의 금액과 지급기간은 인센티브로서의 기능이 작동할 수 있도록 제도를 보완하되 경기변동에 대응해 탄력적으로 운용할 수 있도록 해 나갈 필요가 있으며, 이를 위해 엄격한 성과평가를 실시할 필요도 있겠다.

4. 고용유지장려금

가. 고용유지장려금의 의의

자본주의 경제는 주기적인 경기변동을 겪는다. 때로는 1997년 외환위기, 2008년 세계경제위기, 2020년 코로나19 위기와 같은 외부 충격에 따라 경제위기를 겪기도 한다. 또한 한 기업의 경우에도 경영과정에서 일시적인 경영상의 어려움에 부딪히기도 한다. 이와 같이 일시적인 경제나 경영상의 어려움에 부딪힌 경우에 기업은 시장의 수요 감소에 대응하기 위해 연장근로 감축, 신규채용 동결, 임금조정, 희망퇴직, 조업단축, 휴직, 휴업, 정리해고 등의 조치를 취할 수 있다. 그런데 이 중에서 정리해고의 경우에는 근로자의 입장에서는 고용관계가 단절되어 실직에 이르게 되며, 기업의 입장에서는 회복하기 어려운 인적자원의 손실이 된다. 그리고 경제나 경영상의 어려움이 회복된 뒤에 인적자원을 복원하기 위해서는 많은 시간과 비용이 소요되게 된다. 그 결과 국가적으로는 실업이 늘고 실업급여의 지출이 증가하는 등 사회적 비용이 커지고, 경제나 기업의 회복이 지연되는 경제적 손실을 입을 수 있다.

고용유지장려금은 일시적인 경영상 어려움을 겪는 기업들이 정리해고를 하지 않고 고용유지를 할 수 있도록 지원함으로써 실업을 예방하고 일시적인 경영상의 어려움이 해소된 뒤에 신속하게 경영정상화를 이룰 수 있도록 지원하는 고용장려금이다. 전 세계적으로는 고용유지제도(Job Retention Schemes: JRS)의 한 유형에 해당한다.

나. 고용유지제도의 이론적 논의

1) 고용유지제도의 개념

고용유지제도(JRS)는 두 가지 목적을 가지고 있다. 가장 직접적인 첫 번째 목적은 일시적으로 시장 수요의 위축으로 어려움을 겪고 있는 기업체에서 고용을 유지하는 것이다. 고용관계는 한 번 단절되면 재구축하는 데에 비용이 많이 들기 때문이다. 또 하나의 목적은 근로자들의 노무 제공이 정지된 경우에도 근로자들이 소득을 얻을 수 있도록 지원하는 것이다(Eichhorst et al., 2022). 근로자들의 관점에서 보면 근로자들의 소득을 지원한다는 점에서는 실업급여와 같은 기능을 한다고 볼 수 있지만 고용유지제도(JRS)는 실업급여와 달리 근로자들을 일자리 상실과 경력 파괴로부터 보호해 주는 역할을 한다. 기업들의 경우에는 기업특수적 지식(firm-specific knowledge)을 가지고 있는 인력의 손실을 방지하고 경제가 다시 회복되기 시작하였을 때 신규채용과 직업훈련에 소요되는 비용을 방지해 주며 즉시 불경기 이전 수준으로 생산수준을 회복할 수 있게 해 준다.

고용유지제도(JRS)는 독일에서는 1920년대 바이마르공화국 때부터 존재하던 정부 보조 프로그램이며, 2008년 세계금융위기를 거치면서 고용유지 및 실업감소 효과가 주목을 받아 2008년~2009년 대침체(Great Recession)를 겪은 유럽을 중심으로 제도 도입이 확산되었다. 2009년을 기준으로 보면 유럽연합 회원국 중 16개국과 스위스, 노르웨이에서 제도가 활용되었다. 2020년 코로나19 위기를 겪으면서는 고용유지제도가 핵심적인 위기 대응 수단이 되어, 멕시코를 제외한 모든 OECD 회원국들에서 어떤 형태로든 고용유지제도를 도입하여 활용하였다. 세계금융위기 동안에는 일시적인 경기침체로 인하여 파괴될 수 있는 일자리를 비용효과적으로 보호할 수 있는 수단으로 활용되었다고 한다면, 코로나19 위기 동안에는 방역조치로 인해 국가에 의해 강제된 사회적 거리두기 조치 등에 따른 비용으로부터 기업과 근로자를 보호하기 위한 조치이었다는 점에서 고용유지제도의 목적이 좀 더 확대되었다고도 볼 수 있다(OECD, 2021b).

2) 고용유지제도의 유형

세계 각국에서 운용되고 있는 고용유지제도의 대표적인 프로그램은 근로시간단축제(Short-time work scheme)이다. 이 외에도 지난 코로나19 위기 동안에는 국가에 따라 휴직제(Furlough scheme)와 임금보조제(Wage subsidy scheme)와 같은 형태도 시행되었다. 이와 같이 근로시간단축제는 일반적으로 상설적인 제도로 운영되는 측면이 강한 반면에, 휴직제와 임금보조제는 경제위기 시에 임시적인 조치로 도입된 측면이 강하다.

1 근로시간단축제(Short-time work scheme)

고용유지제도의 대표적인 유형으로서 독일, 한국, 일본을 비롯해 오스트리아, 벨기에, 프랑스, 스페인, 포르투갈, 스위스, 터키 등에서 코로나19 위기 이전부터 상설제도의 형태로 운영되고 있다. 경기 불황기에 근로시간이 감축되어 일하지 못하는 시간에 대하여 직접 지원금을 지급하는 제도로서 가장 대표적인 국가인 독일의 *Kurzarbeit(short-time work)*의 사례를 들어 제도의 내용을 설명해 보기로 한다. 통상적인 상태에서의 독일 근로시간단축제는 사업장에서 전체 근로자의 1/3 이상이 근로시간이 단축되어 임금의 10% 이상이 감소되면 근로시간단축수당의 지급대상이 되었으며, 근로시간단축수당으로 순임금손실의 60%(자녀가 있는 경우에는 67%)를 최대 12개월 동안 지원하였다. 그러나, 코로나19 위기가 발생한 2020년과 2021년에는 제도를 대폭 확대해 전체 근로자의 10% 이상이 임금의 10% 이상 감소되면 근로시간단축수당을 지급받을 수 있게 하였으며, 근로시간이 50% 이상 감소한 근로자들에 대해서는 첫 3개월은 순임금손실의 60%(자녀가 있는 경우에는 67%)를 지급하지만, 4~6개월 동안은 순임금손실의 70%(자녀가 있는 경우에는 77%), 7개월 이상부터는 임금의 80%(자녀가 있는 경우 87%)[14]를 최대 24개월까지 지원하였다. 지원대상도 종전에는 사회보험 가입자와 임시직, 견습생에게 적용되었으나 파견근로에게도 확대 적용하였다. 근로시간단축수당은 사업주가 임금을 지급하면 지급된 임금을 토대로 사업주에게 지급된다.

2 휴직제(Furlough scheme)

휴직제는 근로시간이 0시간으로 감소되어 근로자들이 전혀 일하지 않고 휴직상태에 있는 경우에 지원금을 지급하는 유형이다. 코로나19 위기 동안에 영국, 덴마크, 그리스 등에서 임시조치로 도입하였다. 그러나 코로나19 위기가 진행되면서 휴직제에서도 부분적으로 근로를 제공하는 것을 허용하는 형태로 완화된 반면에 근로시간단축제의 경우에도 유연화되어 근로시간이 0시간으로까지 완전히 감축되는 것을 허용하면서 두 제도의 경계가 중첩되어 나타나 OECD(2021b)는 휴직제를 근로시간단축제의 하위 유형의 하나로 분류하기도 한다.

영국에서 시행된 코로나바이러스 고용유지조치(Job Retention Scheme)의 사례를 보면 영국은 일명 코로나바이러스 휴직제(furlough scheme)라고도 불리는 이 조치를 2020년 3월에 시작해 수차례 연장하면서 2021년 9월까지 시행하였다. 처음에는 3주 이상 강제휴직(furlough)에 놓인 근로자들을 지원대상으로 하였으며 이미 해고된 근로자도 복직시키면 지원대상에 포함할 수 있도록 허용하였다. 사업주는 휴직근로자에게 전년도 임금의 80%를 지급하도록 의무화하였으며 정부가 이 비용을 사업주에게 지원하였다. 이후에 제도가 완화되면서 2020년 7월부터는 강제휴직 근로자가 복직하여 부분적으로 일을 하는 것을 허용하였으며, 사업주가 휴직근로자에게 전년도 임금의 80% 이상을 지급해야 할 의무는 계속 유지하였으나 정부의 지원금은 2020년 9월에는 임금의 70%, 10월에는 60%로 감소되었다(윤자영·김현경, 2021).

3 임금보조제(Wage subsidy scheme)

임금보조제는 근로시간의 단축 여부와는 관계없이 매출액이 감소한 기업에 대하여 일률적으로 임금을 지원하는 제도이다. 코로나19 위기 동안에 호주, 뉴질랜드, 캐나다, 네덜란드와 같은 국가들에서 임시조치로 도입되었다.[15] 임금보조금을 지급받기 위해서는 어떠한

---

14) 사회보험료의 고용주 부담분의 전액을 추가로 지원하기 때문에 기업의 노동비용에 대한 지원비율은 훨씬 높은 수준이 된다.

15) 미국의 경우에는 Cares Act를 통해 중소기업에게 2달의 인건비를 저리로 대출해 주되 고용유지시에는 인건

근로자도 해고하지 않아야 하며 임금의 감액없이 종전의 임금이 계속 지급되어야 한다(OECD, 2021b). 네덜란드의 경우에는 원래 근로시간단축제(Short-time work scheme)를 운영하는 국가이나 코로나19가 발발하자 코로나19로 인한 대규모 해고를 방지하기 위해 기존의 근로시간단축제도를 임시 대체한 임시 긴급고용유지지원제도(NOW)를 마련해 시행하였다. 이 조치에 따라 매출이 20% 이상 감소한 기업에 대하여 매출 감소폭에 따라 임금의 90%까지 지원하였다(윤자영·김현경, 2021).

3) 고용유지제도의 효과평가

고용유지제도의 대표적 형태인 근로시간단축제(Short-time work scheme)를 중심으로 고용유지제도의 효과에 대해 살펴보기로 한다. 근로시간단축제의 경제적 효과는 기업이 일시적인 경제적 어려움에 처한 기간 동안에 그러한 어려움이 없었다면 생존할 수 있었던 일자리가 비효율적으로 종료되는 것을 방지한다는 데에 있다. 이 기간 동안에 기업들의 노동비용을 감소시킴으로써 정리해고와 근로자들의 심각한 소득상실을 방지하게 되는 것이다. 실제로 세계금융위기 동안에 근로시간단축제는 독일, 벨기에, 일본, 이탈리아 같은 국가에서는 전체 임금근로자의 3% 이상이 고용유지제도의 지원을 받는 등 노동시장의 안정화를 위해 필수적인 역할을 담당하였다(Eichhorst et al., 2022). 코로나19 위기 동안에는 더욱 더 대규모로 활용되어 코로나19에 따른 경제사회적 영향이 최고조에 이르렀던 2020년 5월에는 고용유지제도의 지원을 받는 근로자의 비율은 세계금융위기 기간동안의 피크 시점에 비해 약 10배까지 증가하였다(OECD, 2021b).

반면에, 근로시간단축제는 정부의 보조금이 없었어도 고용이 유지되었을 일자리에 보조금을 지원하는 사중손실(deaweight losses)이 발생할 수 있으며, 장기적으로는 생존하기 어려운 일자리에 보조금을 지원함으로써 노동력의 이동을 방해하고 재훈련 기타 효율성 증대를 위한 조치를 취할 동기를 저해하는 전치효과(displacement effects)도 발생할 수 있다. 또한 정규상용직 근로자들의 일자리만을 보호하였을 뿐 임시직 근로자들에 대해서는 영향을 미치지 못했다는 지적도 받는다(Drahokoupil & Müller, 2021).

종합적으로 보면, 코로나19 위기 이전에 실시된 실증분석 결과에 따르면 근로시간단축

비와 이자를 전액 감면해 주고, 나머지에 대해서만 2년 후에 상환토록 하는 Paycheck Protection Program(PPP)을 시행하였으며, PPP 대출을 이용하지 않는 기업 중에서 강제로 휴업조치되는 기업과 급격한 매출감소를 입는 기업에 대해 2020년 말까지 임금의 50%를 지원하는 Employee Retention Credit(ERC) 제도를 시행하였다. 크레딧은 사회보험료나 세금의 납부에 이용할 수 있다. 후자인 ERC제도는 임금보조제에 해당한다.

제는 근로시간의 유연성을 증대시킴으로써 정리해고를 감소시켜 일시적인 불경기 동안에 실업을 감소시킬 수 있으며, 근로시간단축제의 지출 증대와 사중손실은 실업급여 지출의 감소에 의해 상쇄될 수 있다고 한다(Eichhorst et al., 2022).

그러나 장기적인 전치효과에 대해서는 데이터의 한계로 실증분석 결과로는 확인되지 않는다. 다만, 근로시간단축제의 효과가 어떻게 나타나는지는 다른 노동시장정책 및 노동시장제도와 관련되어 있을 뿐만 아니라 제도 자체의 설계와도 관련되어 있다고 한다. 만일 근로시간단축제의 지원을 받더라도 고용유지의 비용이 너무 높은 경우에는 기업들은 고용조정을 하게 되는 반면, 그 비용이 너무 낮은 경우에는 기업들이 근로시간단축제를 비효율적으로 과도하게 사용할 것이기 때문이다. 또한 불경기 이외의 시점에서 고용유지제도가 사용되는 경우에는 자원배분의 비효율성이 증가할 가능성이 있다는 지적도 받는다. 이러한 점에서 근로시간단축제는 경기변동의 충격(cyclical shocks)에 대해서는 효과적이지만 경제의 구조적 충격(strctural shocks)에 대해서는 그렇지 못하다고 지적된다(Drahokoupil & Müller, 2021).

○ OECD의 분석 결과

OECD(2021b)는 코로나19 위기 기간 동안의 고용유지제도와 관련해서 유사한 분석 결과를 제시하고 있다. 이 분석결과는 코로나19가 완전히 종식되지 않은 2021년을 기준으로 작성되었다.

첫째, 코로나19 위기, 특히 초기 6개월 동안에 고용유지제도는 실업 감소에 중요한 역할을 담당하였으며, 근로시간의 감소를 고용의 감소로 환산해 보면 고용유지제도가 없었다면 2020년 2분기 동안에 취업자 감소는 통계로 나타난 −4%가 아니라 실제로는 −11%에 달했을 것으로 추산된다.

둘째, 아직까지는 고용유지제도가 구조적으로 어려운 기업에서 근로자들을 고용유지시켜 일자리 창출을 저해했다는 증거는 없으며, 거의 모든 지원이 코로나19에 따른 사회적 거리두기 등의 조치에 따라 영향을 받은 기업들에게 제공되었다.

셋째, 아직 위기가 끝나지 않았기 때문에 정부는 신속한 절차에 따라 계속해서 고용유지지원을 기업들에게 제공하여야 하며, 지급절차에 소요되는 시간을 최소화하는 것이 고용유지제도의 효과를 결정하는 데에 중요한 요소이다.

넷째, 고용유지제도가 경기가 회복되는 시점에서 일자리 창출과 일자리 배분을 저해시키지 않도록 하기 위해서는 점차적으로 자격요건을 강화하고 기업들의 비용 분담을 증대시킴으로써 중기적으로도 살아남을 수 있는 일자리에 고용유지제도의 타겟을 맞춰 나가야 한다.

다섯째, 고용유지제도는 한시적으로 시행되어야 한다. 고용유지제도는 일시적인 경영위축에서 과도한 고용조정이 이루어지지 않도록 하는 중요한 정책수단이기는 하지만 좋은 일자리 창출과 일자리 배분을 저해할 수 있는 위험을 가지고 있기 때문에 구조적 어려움을 가지고 있는 기업을 지원하는 수단이 되어서는 안 되기 때문이다.

다. 우리나라의 고용유지지원금

1) 제도의 개요

우리나라 고용보험법은 고용유지지원금에 대해 경기의 변동, 산업구조의 변화 등에 따른 사업규모의 축소, 사업의 폐업 또는 전환으로 고용조정이 불가피하게 되었지만, 휴업·

〈표 8-1〉 고용유지지원금의 주요 내용

구분	유급 고용유지지원금	무급 고용유지지원금
대상결정	법령 요건에 적합한 경우 모두 지원(의무성 지출)	법령 요건에 적합한 경우 심사위원회가 심사하여 결정(재량지출)
지원수준	지급된 임금의 2/3(우선지원 기업) 또는 1/2(대기업)	평균임금의 50% 이내에서 심사위원회가 결정
지원금 상한액	1일 66,000원	1일 66,000원
지원기간	매년 180일	최대 180일
고용조정이 불가피한 사유	재고량이 50% 이상 증가하고 매출액·생산량이 15% 이상 감소 등	재고량이 50% 이상 증가하고 매출액·생산량이 30% 이상 감소 등
사전절차요건	없음	(휴업) 노동위원회 승인 (휴직) 무급휴직 전 1년 이내에 3개월 이상 휴업 실시
휴업·휴직 요건	(휴업) 1개월 단위 전체 피보험자 총 근로시간의 100분의 20 초과	30일 이상 실시 피보험자의 10% 이상(피보험자 규모에 따라 차등)
	(휴직) 1개월 이상 실시	90일 이상 실시 피보험자의 10% 이상(피보험자규모에 따라 차등)

* 한권으로 통하는 고용노동정책(2024)에서 발췌

휴직 등을 실시하여 근로자의 고용안정을 위한 조치를 한 고용주나 고용주의 고용안정을 위한 조치로 임금이 심각하게 감소한 근로자에게 주어지는 지원금이라고 규정하고 있다.[16] 고용유지지원금은 <표 8−1>과 같이 2가지 형태로 구분되며 이 중에서 유급 고용유지지원금은 외국의 근로시간단축제(Short−time work scheme)에 해당하는 제도로서 고용주에게 지급되는 고용장려금인 반면에 무급 고용유지지원금은 고용유지지원제도의 보완적 제도로서 사업주가 근로자에 대하여 무급휴업 또는 휴직을 실시하는 경우 근로자에게 지급되는 고용장려금으로서 전형적인 형태의 휴가제(Furlough scheme)에 가까운 제도이다.

이와 관련해 먼저 근로기준법에 규정되어 있는 휴업수당제도를 살펴 볼 필요가 있다. 우리나라 근로기준법은 사용자의 귀책사유로 휴업하는 경우에 사용자는 휴업기간 동안 그 근로자에게 평균임금의 70% 이상을 휴업수당으로 지급하여야 한다고 규정[17]하고 있고 여기에서 '사용자의 귀책사유'라 함은 사용자의 고의·과실을 의미하는 것이 아니라 원칙적으로 사용자의 세력범위 안에서 발생한 경영장애를 의미하는 것이기 때문에 대부분의 경영상의 어려움은 근로기준법의 휴업수당제도의 요건에 해당되어 법정 기준 이상의 휴업수당을 지급해야 한다. 다만, 부득이한 사유로 사업의 계속이 불가능한 경우에는 노동위원회의 승인을 받아 휴업수당의 지급수준을 낮추거나 지급의무를 면할 수 있다.

2) 유급 고용유지지원금

유급 고용유지지원금은 ① 고용조정이 불가피하게 된 사업주가 ② 고용보험의 피보험자 총근로시간의 20%를 초과하여 단축하고 단축된 근로시간에 대해 임금을 보전하기 위한 금품을 지급했거나(이하 유급휴업) ③ 1개월 이상의 휴직을 부여한 경우(이하 유급휴직)에 지급된다. 또한, ④ 지원금액은 고용주가 피보험자의 임금을 보전하기 위해 지급한 금품의 2/3(우선지원대상기업) 또는 1/2(대규모기업)이며 지원금액의 상한은 실업급여 수급액 상한과 일치되어 있다. ⑤ 지급기간의 한도는 1년에 180일이다. 따라서 역월에 의해 1월부터 12월의 기간 중에 180일을 한도로 지원되며, 다음 년도 1월 1일이 시작되면 지급기간의 산정은 다시 시작된다. 위의 내용을 좀 더 세분해서 자세히 살펴보기로 한다.

① 도덕적 해이를 방지하기 위해 지원대상을 '고용조정이 불가피하게 된 사업주'로 한정하고 있으며 생산량, 매출액, 재고량 등이 일정 수준 이상 감소하고 그러한 감소가 추세적

---

16) 고용보험법 제21조 제1항.
17) 근로기준법 제46조.

으로 계속된 경우 등으로 판단한다.[18]

② 고용유지조치로 인하여 1달을 단위로 하여 사업장에 종사하는 피보험자의 총근로시간이 전전분기(4~6개월 전)의 월평균 대비 20% 이상 감소된 경우에 지급대상이 된다. 고용유지조치에는 근로시간의 조정, 교대제 개편, 휴업 등이 포함되며 그 결과 총근로시간이 20% 이상 감소하면 된다. 다만, 고용조정으로 피보험자를 이직시키지 않아야 한다.[19] 근로시간의 단축(조업의 단축) 또는 휴직 조치는 근로기준법상 '근로자의 귀책사유로 휴업하는 경우'에 해당하므로 사업주는 근로자에게 평균임금 70% 이상의 휴업수당을 지급하여야 하며, 이 금액이 고용유지지원금의 지원대상이 된다.

③ 유급 휴직한 근로자가 있는 경우에는 1달 이상 휴직하고 휴직수당 등을 지급한 근로자가 지원대상이 된다.[20]

④ 지원수준과 기간은 <표 8−1>과 같으나 실업의 급증 등 고용사정이 악화되어 고용안정을 위해 필요하다고 인정되는 경우에는 고용노동부장관의 고시에 의해 3/4~9/10의 범위 내에서 상향조정(대규모 기업의 경우에는 2/3)할 수 있다. 이 경우에도 지원기간은 1년에 180일로 한정된다.[21] 이 규정을 근거로 코로나19 위기 기간 동안에는 <표 8−2>와 같이 지원수준을 상향조정하였다. 다만, 코로나19의 영향이 컸던 2020년의 경우에는 고용보험법시행령에 직접 예외규정을 두어 지원기간을 240일까지 연장하였다.

한편, 고용정책기본법은 국내외 경제사정의 변화 등으로 고용사정이 급격히 악화되거나 악화될 우려가 있는 산업에 대해서는 특별고용지원업종으로, 지역에 대해서는 고용위기지역으로 각각 지정할 수 있으며, 특별고용지원업종이나 고용위기지역에 대해서는 고용유지지원금을 확대하여 지원할 수 있도록 하고 있다.[22] 이 규정을 근거로 코로나19가 발발하

〈표 8-2〉 2020년도 고용유지지원금의 지원수준 변화

고용유지조치 기간	평상시	2.1~3.31	4.1~9.30	특별고용 지원업종
우선지원대상기업	2/3	3/4	9/10	9/10
대규모기업	1/2~2/3	2/3	2/3	2/3~3/4

---

18) 고용보험법 시행규칙 제24조.
19) 고용보험법 시행령 제19조.
20) 이 경우의 휴직은 사용자 귀책사유(경영상 이유 등)에 의해 실시된 '휴업'의 개념과 같은 것이므로, 근로기준법의 휴업수당 규정에 따라 평균임금의 70% 이상의 금품을 지급하여야 한다.
21) 고용보험법 시행령 제21조.
22) 고용정책기본법 제32조.

자 코로나19로 직격탄을 맞은 여행업, 관광숙박업, 관광운송업, 공연업 등 8개 업종을 특별고용지원업종으로 지정해 <표 8-2>와 같이 지원수준을 확대하여 지원하였다.

3) 무급 고용유지지원금

사업주가 노동위원회의 승인을 받아 휴업수당의 지급수준을 낮추거나 또는 무급휴업을 실시한 경우, 그리고 기업이 너무 어려워 노사합의에 의해 정리해고를 하는 대신에 무급휴직을 하는 경우 등에는 유급 고용유지지원금으로는 지원하지 못하는 문제가 생긴다. 이 경우에는 고용관계가 단절된 것도 아니기 때문에 실업급여의 지급대상이 되지도 못한다. 이와 같은 사각지대를 해소하기 위해 보완적인 제도로 마련된 것이 무급 고용유지지원금이다.

무급 고용유지지원금을 분해하여 설명하면, ① 고용조정이 불가피한 사업주가 ② 노동위원회의 승인을 얻어 일정 비율 이상의 근로자에 대해 50% 미만의 휴업수당을 지급하는 휴업을 30일 이상 실시하거나(이하 무급휴업) 또는 ③ 지난 1년 이내에 3개월 이상의 유급휴직(평균임금의 70% 이상)을 부여한 이후 근로자대표와의 합의에 따라 일정 비율 이상의 근로자에 대해 90일 이상의 무급휴직을 실시하는 경우(이하 무급휴직)에 근로자에게 직접 지급된다. ④ 지원금액은 평균임금의 50% 이내에서 심사위원회에서 결정하고 최대 180일 한도로 지급된다.

제2부

제9장

노동시장정보의 제공

1. 노동시장정보의 개관
2. 직업선택과 직업정보
3. 직업정보의 현황

제9장 노동시장정보의 제공

노동시장정보는 노동시장의 관점에서는 노동의 수요와 공급 사이의 매칭을 원활하게 하여 노동시장의 기능을 효율화하며, 직업진로지도의 관점에서는 개인이 직업을 올바르게 선택할 수 있도록 도와줘 개인의 고용안정과 경력개발을 지원한다. 그래서 노동시장정보의 제공은 일자리 중개와 함께 고용서비스의 핵심 기능에 해당하며, 국가에서는 노동시장의 기본 인프라로서 노동시장정보의 확충에 지속적인 투자를 해 오고 있다. 또한 노동시장정보의 제공은 컴퓨터 및 디지털 기술의 발전과 밀접한 관련을 가지고 있어 기술이 발전되면서 활용 범위가 크게 증가하고 있다. 이 장에서는 노동시장정보와 직업정보의 개념, 직업선택에 있어서 직업정보의 역할, 그리고 직업정보의 유형에 대해 논의한다.

1. 노동시장정보의 개관

가. 노동시장정보

1) 노동시장정보의 의의

노동시장정보(Labor market information; LMI)는 일반적으로 노동의 수요와 공급 등 노동시장의 전체적인 상태와 동향을 이해하기 위해 필요한 정보라는 의미로 이해되고 있다. 이러한 의미에서의 LMI는 노동 수요와 공급에 관한 데이터(data), 노동 수요와 공급의 구조와 특징, 그리고 노동시장에서의 수요와 공급의 동학(dynamics)을 포함하게 된다. 여기에는 노동시장 전체 또는 특정 산업·지역·직업에서의 인력 공급과 수요의 상황, 고용동향, 노동력의 구성, 취업자와 실업자, 임금수준 및 분포, 노동시장에 영향을 미치는 경제성장률·물가상승률 등의 경제지표, 인구통계 등과 같은 통계데이터 등을 포함하게 된다.

LMI와 비교되는 용어로 직업정보(ocupational information)가 있다. 직업정보는 직업의 분류, 직업별로 하는 일과 작업조건, 직업별로 요구되는 기술(skill)과 자격요건, 준비과정, 취업정보 등 직업·직무·작업/과업 등에 관한 모든 종류의 정보를 의미한다. LMI가 주로 노동시장의 전체적인 상태와 동향을 파악하기 위한 정보라고 한다면 직업정보는 특정 직업에 대한 상세한 설명을 제공함으로써 학생·구직자·노동자들이 적절한 직업·진로를 선택하는 데 도움을 주는 정보이다.

그런데, 급속한 기술발전에 따른 노동시장 환경의 급변, 그리고 인구의 고령화에 따른 노동생애주기의 장기화로 인해 직업진로지도 및 경력설계·개발의 중요성이 강조되면서 LMI가 직업선택 또는 경력설계에도 도움을 줄 수 있도록 LMI의 개념을 보다 넓게 정의할 필요성이 증가하였다. 이러한 관점에서는 LMI는 개인의 노동시장과 관련된 결정에 사용될 수 있는 모든 종류의 정보를 의미하게 되며, "기업의 운영, 개인의 경력설계와 준비, 교육·훈련과정의 편성, 일자리 탐색과 인력 채용, 정부의 정책과 인력투자전략 등과 관련해 [노동시장의 주체들이] 계획·선택·결정할 수 있도록 도와 줄 수 있는 노동시장에 관한 모든 양적·질적 정보와 지능(intelligence)을 포함한다"고 정의된다. 이와 같이 LMI를 넓게 정의하는 경우에는 LMI는 노동의 수요·공급 등 노동시장 상황 외에도 노동의 수요·공급의 전망(즉, 인력수급전망), 직업의 변화와 고용 기회, 기술(skills)의 수요, 교육훈련 서비스, 기타 노동시장과 관련된 결정을 지원할 수 있는 모든 정보들이 포함되게 되며, 여기에는 당연히 직업정보도 포함되게 된다(Woods & O'Leary, 2006; Hofer et al., 2020; Schmillen, 2019).

이와 같은 맥락에서 캐나다 British Columbia주의 직업전망서인 Work futures는 "LMI에 대한 전통적인 정의는 직업, 임금, 실업률, 고용전망, 교육 및 훈련, 경제 추세 및 조건에 대한 기술적 및 통계적 정보를 의미한다. 그렇지만 경력 개발에서 LMI가 점점 더 중요해짐에 따라 LMI의 정의가 확대되고 있다. 현재 LMI는 노동시장과 관련된 계획수립 및 의사결정에 사용되는 모든 정보를 의미하고 있다"고 기술하고 있다(Woods & O'Leary, 2006). 이와 같은 경향은 뒤의 노동시장정보시스템(LMIS) 구축 동향을 보면 더욱 명확해진다.

우리나라의 경우에는 「고용정책기본법」 제15조에서 고용노동부장관으로 하여금 고용·직업에 관한 정보를 수집·관리하도록 규정하고, 한국고용정보원을 설립해 직업에 관한 연구를 통해 직업정보를 수집·분석·배포하면서 고용·직업정보를 내용으로 하는 고용정보시스템을 운영하도록 하고 있다. 이 규정에 따라 우리나라에서는 오랫동안 고용동향을 파악하기 위한 각종 고용통계를 확충하면서 동시에 직업정보를 다각적인 측면에서 생산해

Work-Net을 중심으로 제공해 왔다. 이와 별도로 각급 학교의 청소년을 대상으로는 한국직업능력연구원에서 운영하는 커리어넷을 통해 진로정보가 제공되어 왔으며, 여기에는 직업정보와 함께 진로 및 직업과 관련된 각종 심리검사가 제공되고 있다.

참고

데이터, 정보, 지능의 개념

우선, 데이터(data)란 숫자, 글자, 영상 및 기타 형태로 존재하는 사실(raw facts), 수치(figures), 관측(observations)을 지칭하는 것으로 그 자체로는 의미를 가지지 않는다. 이와 비교해 정보(information)란 데이터가 의미를 가질 수 있도록 처리(processed)되거나, 조직화(organized)되거나 구조화된 것을 의미하며, 데이터를 분석하고 해석한 결과를 지칭한다. 예를 들어 시간대별로 측정한 온도를 기록한 리스트가 있다면 이 리스트는 데이터에 해당하고, 이 데이터를 이용해 특정일의 평균 온도를 산정하였다면 산정된 평균온도는 정보에 해당한다. 이와 같은 정보는 수신자에게 어떤 의미를 제공해 그의 의사결정이나 행동 형성에 도움을 주는 자료이기 때문에 LMI는 노동시장 주체들의 의사결정에 도움을 주는 자료라 하겠다.

그런데, 최근에는 노동시장지능(labor market intelligence)과 같이 지능이라는 용어를 자주 사용하게 된다. 여기에서 지능(intelligence)이란 단순한 정보 수집을 넘어 종합적이고 전략적인 이해를 위한 지식과 통찰력을 의미하며, 단순한 정보에 맥락(context)을 더해 의미 있는 통찰을 제공하거나 의사결정과 행동에 직접 활용할 수 있는 형태로 가공된 정보를 의미한다. 이를 위해서는 높은 사고력과 인간의 인지력(cognition), 또는 고도의 알고리즘을 필요로 한다. 이러한 점에서 노동시장지능(labor market intelligence)이라고 하면 노동시장에 대한 체계적이고 심층적인 정보 수집, 분석 및 통찰을 의미하는 것으로 노동시장과 관련된 데이터와 정보를 지속적으로 수집하고 모니터링하며, 수집된 정보를 분석하여 노동시장의 동향·패턴·추세를 파악하고 분석 결과를 바탕으로 노동시장에 대한 통찰을 제공하며 이와 같은 통찰을 활용해 전략적 의사결정과 정책수립에 도움을 주는 것을 말한다. 종합해 보면 노동시장정보는 원데이터(raw data)와 기술적 분석(descriptive analysis)을 중심으로 이루어진 데 반해 노동시장지능은 노동시장정보의 고도화된 분석과 해석을 의미한다고 할 수 있다(inSSO, 2010).

2) 노동시장정보의 중요성

현대노동시장에서 LMI의 중요성은 다음과 같이 요약할 수 있다.

첫째, LMI는 노동시장이 효율적으로 작동하기에 필수적인 가장 기본적인 요건이다. 경제학에서는 경쟁노동시장이라는 개념이 있다. 경쟁노동시장은 불특정 다수인 노동공급자와 노동수요자의 거래에 의해 임금과 고용이 결정되는 노동시장으로서 경제의 효용성을 극대화하는 노동시장을 의미한다. 그런데 이와 같은 경쟁노동시장은 완전정보 상태를 기본 가정으로 하고 있다. 즉, 근로자는 임금, 일자리, 근로조건 등에 대한 완전한 정보를 가지고 있으며, 고용주(기업)도 근로자의 특성에 대하여 완전한 정보를 가지고 있다(조유현 외, 2016). 만일 정보가 불충분한 경우에는 구직자들은 일자리를 찾기가 어려워져 실업이 발생하게 되며, 기업들은 구직자들의 직무능력에 대한 정보가 부족해 일자리에 적합한 인력 채용이 어려워지게 된다. 또한, 기업들이 요구하는 기술(skill)에 대한 정보가 부족해 교육과 직업훈련을 통해 노동시장에서 필요로 하는 기술(skill)에 대한 공급이 어려워지게 되며, 그 결과 기업들은 기술(skill) 공급의 부족에 따라 경쟁력이 떨어지고 경영비용이 증가하게 된다. 이러한 점에서 노동시장정보는 노동시장의 매칭을 속도와 질적인 측면에서 개선시킬 수 있다.

둘째, LMI는 개인의 직업선택 및 진로결정에 중요한 영향을 미친다. 개인들은 LMI를 통해 희망하는 직업을 탐색하고 직업과 직무에서 어떤 직업수행능력을 요구하는지를 확인하고 준비에 필요한 계획을 수립하는데 도움을 받을 수 있다. 또한, 전직을 희망하는 노동자들에게 현재의 직업과 유사한 직무와 직무수행능력을 요구하는 직업을 찾아 직업 전환에도 도움을 줄 수 있다. 따라서 직업선택 또는 진로결정 과정에서 필요한 노동시장정보가 체계적으로 제공될 필요가 있으며, 직업진로지도를 통해 개인이 이를 올바르게 해석할 수 있도록 도와주어야 한다. 다만, 직업선택 또는 진로결정의 주체는 개인이고 노동시장정보의 제공은 개인이 직업선택 또는 진로결정을 합리적으로 할 수 있도록 도와주는 기능을 한다는 점에서, 노동시장정보의 제공은 다른 PES의 서비스와는 달리 구직·구인자에게 간접적으로 영향을 미치게 된다(Thuy et al., 2001).

셋째, LMI는 한 사람의 사용이 다른 사람을 위한 가치와 사용을 줄이지 않는다는 의미에서 공공재이다. 이와 같은 공공재적 성격은 민간이 LMI를 생산하고자 하는 동기를 감소시키며 정부가 투자해야 할 필요성을 증가시킨다. 다만, 인터넷 활용이 증가하면서 민간분야에서도 직업정보제공사업이 증가하고 있고, 인터넷에 등록된 구인광고를 분석해 노동시장정보를 생산해 내는 등 인터넷 상의 구인광고가 새로운 정보원(source of information)으로 등장함에 따라 정부와 민간분야의 협력관계가 점차 중요해지고 있다.

넷째, 세계화와 디지털화는 노동시장정보의 중요성을 증가시키고 있다. 디지털 플랫폼은 국경을 넘어 노동시장을 통합함으로써 세계화를 더욱 강화시키고 있다. 이에 따라 급변하는 노동시장에서 LMI는 학생들과 구직자들이 일자리를 찾을 수 있도록 도와줄 수 있다.

3) 노동시장정보의 이용자

LMI의 이용자들에는 정부의 정책담당자, 학생·구직자 및 노동자, 기업, 노동시장 중개기관(labor market intermediaries), 교육훈련 제공자 등이 포함된다. 우선, 정부의 정책담당자는 LMI를 이용해 노동시장 상황을 파악하고 노동시장정책과 사업을 결정하며 정책의 효과를 평가할 수 있다. 학생·구직자 및 노동자들은 LMI를 통해 경력설계와 경력개발을 관리하고, 필요로 하는 기술(skill)을 결정하며, 직업의 향후 전망에 관한 정보를 획득할 수 있다. 기업들은 LMI를 토대로 적정한 임금 기타 근로조건을 정하고 입사 지원한 구직자 풀의 양과 질을 평가할 수 있다. 고용서비스 제공기관과 같은 노동시장 중개기관들은 고용주와 구직자에게 LMI를 제공하고 구직자 또는 청년들에 대한 직업진로지도 및 경력설계지원에 활용하며 노동시장 상황에 따라 필요한 고용서비스를 계획할 수 있다. 교육훈련기관들은 LMI를 이용해 노동시장에서 필요로 하는 기술(skill)을 파악해 교육훈련과정을 설계해 제공할 수 있다.

4) 노동시장정보의 유형

LMI는 정보의 내용을 기준으로 ① 경제 및 노동력에 관한 정보(예: 산업별 취업자, 실업자, 임금 등), ② 직업에 관한 정보(예: 직업과 직무에 관한 기술 등), ③ 인구에 관한 정보(예: 성별·연령별 인구수 등)로 분류할 수 있다.

또한, LMI는 양적 정보와 질적 정보로 나눌 수 있는데, ① 양적 정보로는 취업자수, 실업자수, 임금, 사업체수, 피용자수, 고용동향, 인력수급전망에 관한 통계 등 숫자 정보(information based on numbers)를 들 수 있고, ② 질적 정보로는 특정 직무(job)의 업무, 기술변화의 영향, 근로조건, 자격·교육훈련, 경력발전 전망 등에 관해 기술한 정보(descriptive information)를 들 수 있다(inSSO, 2010). 양적 정보는 주로 통계조사 또는 행정 데이터를 토대로 생산되며, 질적 정보는 직무분석 등의 방법으로 생산된다. 질적 정보에 대해서는 '3. 직업정보의 현황'에서 좀 더 자세히 살펴보기로 하고 여기에서는 양적 정보에 대해 살펴보기로 한다. 양적 정보는 전통적인 통계조사와 행정업무 수행 과정에서 구축되는 행정 DB를 통해 수집된다. 이외에도 전망자료로서 중장기 인력수급 전망이 있고, 새로운 정보원으로서 온라인 구인광고 등과 같은 빅데이터가 있다.

① 통계조사

통계조사는 크게 가구조사와 사업체조사로 구분된다. 가구조사는 가구를 대상으로 하는 조사로서 통계청이 매월 실시하는 경제활동인구조사가 대표적이며, 사업체조사는 사업체에 대한 조사로서 고용노동부가 매월 실시하는 사업체노동력조사가 대표적이다. 경제활동인구조사와 사업체노동력조사의 주요 내용은 <표 9-1>과 같으며 노동시장정보의 정보원(source of information)으로서의 가구조사와 사업체조사는 각각의 장단점을 가지고 있다.

〈표 9-1〉 경제활동인구조사와 사업체노동력조사의 비교

구분	경제활동인구조사	사업체노동력조사
조사대상	35천 표본가구	5만개 표본사업체
표본관리	34천명 취업자 표본	표본 내 전체 종사자
	표본의 1/36에 해당하는 가구표본을 매달 교체	추출된 표본을 36개월 간 연속조사
조사방법	가구방문 설문조사	인사노무담당자가 조사표에 기입
조사내용	취업자수(인적속성, 종사상 지위, 산업·직업·규모별) 실업자수, 비경활인구수	종사자수(종사상 지위별, 산업·규모별) 입직자수, 이직자수, 빈일자리수 월평균 임금, 월평균 근로시간
산업분류	대표 가구원이 가구 내 취업자가 속한 사업체의 주된 산업활동을 응답	전국사업체조사(통계청)의 산업분류를 기초로 하며, 주요 생산품목·영업종목을 기초로 고용노동부에서 분류
공표범위	산업대분류	산업대분류, 산업중분류

우선, 가구조사는 우리나라 전체의 15세 이상 생산가능인구를 대표할 수 있는 표본가구를 선정해 조사하기 때문에 경제 전체의 취업 및 실업 상황을 포괄적으로 파악할 수 있는 장점이 있으며, 자영업자와 실업자까지 포함해 취업현황을 파악할 수 있다. 또한, 가구 단위로 성별, 연령별, 학력별 등 다양한 인구학적 정보를 수집할 수 있다는 장점도 있다. 반면에, 응답자가 고용상태나 소득 등을 주관적으로 평가해 응답할 수 있어서 이들 항목에서는 응답의 신뢰도가 떨어질 수 있다는 단점이 있다. 사업체조사의 경우에는 종업원수, 임금, 근로시간 등에 대하여 사업체가 직접 응답하기 때문에 근로조건에 대한 정확한 조사가 가능하며, 채용하고 있는 종업원수 외에도 입직·이직자수, 인력을 채용하려고 하였으나 채용하지 못한 빈 일자리의 수 등에 대한 조사도 가능하다는 장점이 있다. 반면에 자영업자, 실업자, 일용노동자와 같이 주된 사업장이 없는 사람들에 대해서는 조사가 안 된다는 단점이 있다.

이상의 조사들은 모집단을 대표하는 표본가구 또는 표본사업체를 선정해 특정 시점에서

의 데이터를 수집하여 분석한다는 점에서 횡단면조사(cross-sectional study)라고 한다. 그런데 이와 같은 횡단면조사는 특정 조사 시점에서의 상황을 파악하는 데에는 유용하나, 조사대상이 시간의 흐름에 따라 어떻게 변화하였는지 변동 상황을 구체적으로 파악하기는 어렵다는 한계가 있다. 이러한 한계를 보완해 동일한 표본을 오랜 기간 동안 유지하면서 동일한 표본을 대상으로 일정한 시간 간격을 두고 동일한 내용을 반복적으로 측정하여 시간에 따른 변화를 추적하고 분석하는 종단면조사(longitudinal study)가 있다. 우리나라에서는 각 연구기관들이 실시하고 있는 각종 패널조사들이 있으며 일반적으로 10년 이상 동일한 표본을 유지한다. <표 9-2>는 우리나라에서 노동시장의 동향 파악을 위해 실시되는 주요 통계조사와 중요한 패널조사들을 보여주고 있다. 패널조사들은 각 연구기관에서 응답결과를 집계한 기초보고서를 발간하고, 원데이터를 공개해 누구든지 필요한 연구를 할 수 있도록 지원하고 있다.

〈표 9-2〉 노동시장에 관한 주요 통계조사 현황

구분	조사명	조사기관	조사대상	주요 조사내용
가구 조사	경제활동인구조사	통계청	매월	취업자, 실업자
	경제활동인구조사 부가조사		연간	청년·고령층(5월), 근로형태별·비임금(8월)
	지역별 고용조사		반기	취업자, 실업자
사업체 조사	전국사업체조사	통계청	매년	전국의 사업체·종사자 현황
	사업체노동력조사	고용부	매월	임금, 근로자수, 빈일자리 등
	지역별 사업체노동력조사		반기	지역별 임금, 근로자수, 빈일자리
	직종별 사업체노동력조사		반기	채용계획, 채용인원, 부족인원 등
	고용형태별근로실태조사		매년	정규·비정규직의 근로조건 실태
패널조사	노동패널	노동연	매년	경제활동상태, 근로실태 등
	청년패널	한고원	매년	취업경험, 진로, 직업준비 등
	고령화패널		매년	고령자 취업, 퇴직, 구직활동 등
	대졸자직업이동경로조사		매년	과거 및 현재 일자리, 이동, 진로

2 행정 DB

노동시정정보로서 활용될 수 있는 행정 DB로는 구인자와 구직자에 대한 정보를 담고 있는 Work-Net DB와 실업급여 수급자, 고용보험 적용사업장 및 피보험자 등의 정보를 담고 있는 고용보험 DB가 있다. 또한, 직업훈련과정 및 수강자에 대한 정보를 담고 있는

HRD−Net DB가 있다. 이들 행정 DB는 해당 업무를 수행하는 과정에서 자연히 구축되는 DB이다. 이들 행정 DB를 관리하고 있는 한국고용정보원에서는 Work−Net DB에 대해서는 매월 「Work−Net 구인구직 및 취업동향」을, 고용보험 DB에 대해서는 매월 「고용보험통계현황」을, HRD−Net DB에 대하여는 매년 「직업능력개발통계연보」를 각각 발표하고 있으며, 이들 행정 데이터를 분석해 고용노동부에서는 매월 「고용행정 통계로 본 노동시장동향」을 발표하고 있다.

이외에 통계청에서는 사회보험, 과세자료 등 30종의 행정 데이터를 이용해 일자리정책 수립과 취업준비자의 직업선택에 필요한 기초자료 제공을 목적으로 매년 일자리 현황을 분석한 「일자리행정통계」와 근로자의 이동현황을 분석한 「일자리이동통계」를 발표하고 있다.

③ 인력수급전망

중장기 인력수급전망은 10년 후의 노동시장 구조를 전망해 미래의 노동수요·공급에 관한 정보를 제공함으로써 개인의 직업·진로선택과 기업의 고용전략의 수립, 그리고 국가의 인력양성 정책의 수립에 도움을 주기 위한 목적으로 한국고용정보원에서 2년마다 실시되고 있다. 인력수급 전망은 크게 인력공급 전망, 인력수요 전망, 인력수급 격차 전망 등 크게 세 부문으로 나누어 이루어진다. 중장기 인력공급은 경제활동인구조사와 지역별 고용조사의 실측 데이터를 토대로 인구추계 결과 등을 반영해 전망하고, 중장기 인력수요는 현재의 산업 생산·기술·고용구조의 추세와 산업별 경제성장 전망 결과 등을 활용해 산업별·직업별 취업자수를 전망한다. 인력수급 격차 전망은 학력별·전공별 졸업생 수와 구인인력수요를 전망하여 미래 노동시장 격차를 전망하고 있다.

④ 새로운 정보원: 온라인 구인광고 등 빅데이터

최근에는 인터넷을 활용한 구인광고 및 구직활동이 크게 증가하면서 인터넷에 등록되어 있는 구인광고, 구직자의 이력서 등과 같은 빅데이터가 LMI의 새로운 데이터 소스로 활용되기 시작하고 있다. 전통적인 통계조사의 경우에는 모집단을 대표하는 측정결과를 생산할 수 있는 장점이 있지만, 시간과 비용이 많이 소요되는 단점이 있는 반면에, 이들 온라인 자료들은 실시간으로 풍부한 자료를 수집할 수 있고 비용이 저렴하다는 장점이 있다. 다만, 대표성을 확보하기 어렵다는 한계가 존재한다.

온라인 구인광고를 LMI의 새로운 데이터 소스로 활용하는 대표적인 사례로는 2016년에 유럽직업훈련개발센터(Cedefop)가 개발한 Skills−OVATE(Skills Online Vacancy Analysis

Tool for Europe)가 있다.[1] 이 시스템은 유럽 전역에서 인터넷에 등록된 온라인 구인광고를 각 기관과 협약을 체결해 API 방식으로 데이터를 직접 전송받거나 그렇지 못한 경우에는 스크랩핑 등의 방법으로 수집해 빅데이터를 구축하고, 구인광고에 기재되어 있는 직무와 기술(skill) 요건을 분석함으로써 산업현장에서 새로이 증가하고 있는 직업과 기술(skill) 수요를 실시간으로 파악하고자 하는 것을 목적으로 하고 있다. 이렇게 파악된 기술 수요는 유럽 각국의 교육훈련기관에 제공되어 교육훈련과정 편성에 활용되고 있다.

이와 함께 유럽연합 통계청(Eurostat)은 <그림 9-1>과 같이 유럽직업훈련개발센터에서 개발한 Skills-OVATE를 포함해 우리 일상생활에서 끊임없이 생성되는 디지털 데이터를 수집해 빅데이터를 구축하고 이를 분석해 공식 통계와 결합해 사용할 수 있는 방안을 연구하는 ESSnet 빅데이터 프로젝트를 진행중에 있다. 이와 같이 가까운 장래에는 온라인 플랫폼뿐만 아니라 스마트기기, 센서 등을 통해 수집되는 디지털 데이터들이 기존의 통계를 보완하는 새로운 데이터 소스로 본격적으로 활용될 것으로 보인다.

〈그림 9-1〉 유럽연합 통계청의 ESSnet 빅데이터 프로젝트 개념도

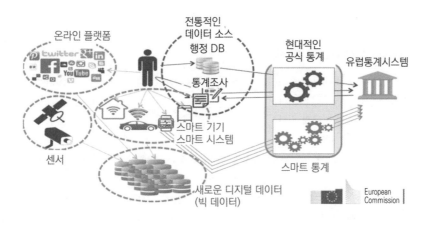

* Hahn(2019)

---

1) https://www.cedefop.europa.eu/en/tools/skills-online-vacancies

나. 노동시장정보시스템

노동시장정보시스템(labor market information system; LMIS)은 이론적으로는 복잡하게 정의되고 있지만 간단하게는 노동시장정보(LMI)를 수집·분석·제공하는 체계적인 시스템이라고 말할 수 있다. LMIS는 노동시장에 대한 종합적인 정보를 제공하며, LMI의 이용자들은 LMIS를 활용해 정보를 얻고 노동시장에 대한 결정을 내리게 된다. LMIS를 구성하는 핵심 요소에는 LMI를 배포하고 온라인 서비스를 제공하는 온라인 전산시스템이 있다. 그러나, LMIS는 단순히 전산시스템을 지칭하는 것이 아니며 다양한 이해관계자, 데이터의 수집·분석·제공에 관한 절차와 규범, 관련되는 기관·제도의 구성, 기관간의 협력관계 등으로 구성되어 있는 하나의 시스템을 지칭하는 것이다. World Bank(2021)는 LMIS가 제공하는 정보의 질, 제공되는 서비스, 시스템에 참여하는 이해관계자를 기준으로 LMIS의 단계를 <표 9-3>과 같이 기본, 중급, 고급 LMIS로 분류하고 있다. 표에서 보는 바와 같이 고급 LMIS는 위에서 설명한 디지털 기술발전에 따라 LMI의 새로운 데이터 소스로 등장하고 있는 빅데이터를 토대로 실시간 정보를 맞춤형으로 제공하는 수준의 LMIS라는 것을 알 수 있다.

〈표 9-3〉 LMIS의 분류(World Bank)

구성요소	기본(Basic)	중급(intermediate)	고급(advanced)
정보	통계조사·행정 DB에 기반한 통계지표를 사용해 기본적인 통계를 제공	보다 다양한 데이터 소스를 사용해 노동시장 지능을 제공	빅데이터를 사용한 (실시간) 정보를 수집·생산·평가·배포하는 서브시스템과 디지털 툴을 제공
서비스	없음	구직자와 기업 등에게 기본적인 서비스를 제공	다양한 이용자에게 맞춤형 서비스를 제공
이해관계자	소수의 공공부문만 참여	교육시스템, 직업상담 및 일자리 매칭 서비스, 사회보장, 통계청 등 다양한 공공부문이 참여	데이터와 서비스의 이용자 및 생산자로서 다양한 공공 및 민간 부문이 참여

이와 같이 고급 LMIS가 구축되면 이용자들에게 구직활동, 경력설계, 직무능력개발, 기업의 투자 및 채용결정, 정부와 민간의 인적자원개발에 대한 투자 등 다양한 이슈에 대하여 적절한(relevent) 정보를 적시에(timely) 제공함으로써 합리적인 선택을 할 수 있도록 도와줄 수 있게 되므로, 고급 LMIS는 현대 고용서비스에서는 필수적인 요소가 되고 있다. World Bank(2021)는 고급 LMIS가 제공해야 하는 4가지 핵심 기능을 다음과 같이 제시하

고 있다.

① 일자리 매칭(Job matching): 실업자 또는 전직 희망 노동자들이 일자리 기회를 찾을 수 있도록, 기업들이 부족한 인력을 채용할 수 있도록, 그리고 공공 및 민간고용서비스기관들이 일자리 중개를 할 수 있도록 도와주는 핵심 서비스이다.

② 경력 및 훈련 상담(Career and Skills Guidance): 구직자와 노동자들이 자신이 보유한 직업능력을 확인하고 다양한 직업에 대한 적성·흥미를 발견하며, 자신이 희망하는 직업에 취업하기 위해 필요한 직업능력개발 경로를 찾을 수 있도록 도와주는 서비스로서, LMIS 이용자들을 적절한 교육·훈련 프로그램으로 연결하는 기능도 제공하여야 한다.

③ 정부프로그램(Government support): 개인과 직업상담사들이 ALMP와 기타 직무능력개발 프로그램, 사회복지 프로그램 등 자신들이 필요로 하는 정부프로그램을 찾을 수 있도록 도와주는 서비스이다.

④ 일반적인 노동시장정보 및 분석(General labor market information and analysis): 정책담당자, 직업상담사, 연구자들에게 노동시장의 상황과 정책 및 프로그램의 성과에 관한 정보를 제공하는 서비스이다.

우리나라에서는 고용정책기본법 제15조에 규정된 고용정보시스템이 LMIS를 구성하고 있으며, 그 중에서도 Work-Net이 가장 핵심적인 역할을 담당해 왔다. Work-Net에서는 구인·구직정보와 함께 이용자에게 직업전망, 직업별로 요구되는 직업능력 등 다양한 직업정보를 제공해 왔다. 이 외에도 직업능력개발시스템(HRD-Net)은 Work-Net의 일자리 정보와 연계된 직업훈련과정 정보를, 그리고 고용보험시스템은 고용보험과 관련된 각종 행정데이터를 제공해 왔다. 그런데, 2024년 9월부터는 이들 시스템의 홈페이지는 모두 폐지되고 현재는 「고용24」의 홈페이지 하나로 모두 통합되어 있어 각종 노동시장정보는 「고용24」에서 통합해 제공하고 있다. 그리고, 이들 행정 DB에 대한 고용정보 통합분석시스템으로 고용행정통계시스템(EIS; eis.work.go.kr)이 운영되고 있으며, 여기에서는 고용보험, Work-Net, 직업훈련, 외국인, 자격 등 고용과 관련된 행정통계를 실시간으로 조회하고 다차원으로 분석할 수 있는 기능을 제공하고 있다.

2. 직업선택과 직업정보

가. 직업상담과 직업선택

제4장에서 설명한 바와 같이 그동안의 직업상담은 개인의 특성과 직업의 특성이 잘 맞는지에 대한 매칭 관점의 진로선택이론인 특성-요인 이론에 기반하여 이루어지고 있다. 이 이론의 대표적인 학자인 Parsons(1909)는 직업선택을 '개인의 특성과 직업이 요구하는 특성들의 이성적인 결합 과정'이라고 설명하면서 합리적인 직업선택을 위해서는 '개인의 직업특성을 어떻게 평가할 것인가?', '직장의 요구를 어떻게 측정할 것인가?', '이 두 가지를 어떻게 비교·결합할 것인가?'의 세 가지 측면을 고려하여야 한다고 하였다. 이러한 점에서 직업상담은 상담의 기본원리와 기법을 통해 개인의 흥미·적성·가치관·직업능력 등 직업적 특성과 직업의 작업내용, 요구되는 자격조건·직업능력, 임금 기타 근로조건 등 직업에 관한 정보를 기초로 이 두 가지 특성이 서로 부합하는지의 여부를 개인이 합리적으로 판단할 수 있도록 지원해 주는 활동이라고 할 수 있다. 이 과정에서 직업상담사는 개인이 필요로 하는 직업정보를 체계적으로 제공해 주고 개인이 직업정보를 올바르게 해석할 수 있도록 촉진하여 합리적으로 직업 관련 의사결정을 할 수 있도록 지원하는 역할을 담당하게 된다(박상철, 2008).

나. 직업선택 의사결정과 직업정보

직업선택을 위한 의사결정은 개인이 여러 가지 선택 가능한 직업 중에서 자신의 투자가 최대로 보상받을 수 있는 직업을 선택하는 과정이다(Harren, 1979). 여기에서의 보상이란 지위나 명예, 일하는 보람, 봉사, 욕구 충족 등을 의미한다. 개인이 자신의 직업을 선택할 때 어떻게 의사결정을 내리게 되는지에 대해서는 다양한 이론적 모형이 존재한다. 이를 직업선택 결정모형(Vocational Decision-Making Models)이라고 하며, 사람들의 일반적인 직업결정 방식을 나타내고자 시도한 이론을 기술적(descriptive) 직업선택 결정모형이라고 하고, 사람들로 하여금 보다 나은 직업선택을 할 수 있도록 도와주려는 의도에서 시도한 이론을 처방적(perscriptive) 직업선택 결정모형이라고 한다.

먼저 기술적 직업선택 모형을 설명하면, ① 타이드만과 오하라(Tiedeman & O'Hara)의 모형은 직업발달이론을 기초로 직업선택을 준비하는 기대기간과 직업선택 이후에 그 직업에 적응하는 실행기간으로 나누어, 기대기간 동안에 탐색, 구체화, 선택, 명료화의 4단계를 거쳐 직업을 선택하게 된다고 설명한다. ② 힐튼(Hilton)의 모형에서는 직업선택과정을 3단계로 나누어 개인의 흥미, 성격, 능력 등 내적 요인과 사회적 기대 등 외적 요인을 파악하는 전제단계, 직업대안을 비교·평가해 직업을 선택하고 이를 달성하기 위한 계획을 수립하는 계획단계, 그리고 직업선택 후에 자신의 선택에 대한 의문 등 심리적 불편함이 발생하는 인지부조화 단계를 거친다고 설명한다. ③ 브룸(Vroom)의 모형은 기대이론(Expectency Theory)을 바탕으로 어떤 직업을 선택하는 힘은 그 직업에서 성공할 수 있다는 기대, 성공하였을 때 보상을 받을 것이라는 믿음, 그리고 그 보상의 가치에 의해 결정된다고 설명한다.

다음으로 처방적 직업선택 결정모형으로 ④ 카츠(Katz)의 모형은 직업선택을 위해서는 개인의 특성을 명확히 인식하고 직업정보를 수집해 직업대안을 논리적으로 분석해 선택할 수 있는 기술을 갖추는 것이 중요하며, 직업결정자는 개인적인 특성요인을 나열해 보고 나열된 특성들 간의 가치와 중요도를 비교해 본 후에 자신의 특성에 맞는 직업 대안들을 탐색해 논리적으로 비교·선택하는 구조화된 과정을 거치는 것이 중요하다고 한다. ⑤ 겔라트(Gelatt)의 모형은 직업 결정을 내릴 때 직업정보를 어떻게 사용하는지가 매우 중요하며, 직업정보를 바탕으로 직업 의사결정이 목적의식 → 정보수집 → 가능한 대안의 열거 → 각 대안의 결과 예측 → 각 대안의 실현가능성 예측 → 가치 평가 → 의사결정 → 평가 및 재투입의 8단계로 구성된 체계적이고 분석적인 과정을 거쳐 이루어져야 한다고 한다. 어떠한 이론적 모형이든지 모두 직업정보를 활용하여 직업선택의 의사결정을 하게 된다는 이론적 틀을 제시하고 있다. 이와 같이 직업선택의 의사결정 과정에서 직업정보는 필수적으로 중요하게 된다.

여기에서는 <그림 9-2>와 같이 직업선택 의사결정 단계를 도식화하여 설명한 Joann(2002)을 토대로 직업선택을 위한 의사결정과정에서 직업정보가 어떠한 역할을 담당하는지를 살펴보기로 한다. 여기에 따르면 6개의 단계 중에서 1단계를 제외한 나머지 5개의 단계에서 직업정보가 활용된다(박상철, 2008).

① 1단계(직업선택의 인식): 이직, 전직, 실직, 신규 취업 등으로 자신이 직업을 선택해야 하는 필요성을 인식하게 되는 단계이다. 개인적인 내적 인식의 단계이므로 직업정보를 활용하는 단계는 아니다.

② 2단계(개인의 직업특성 평가): 자신이 선택한 직업에 대한 만족은 개인의 흥미, 적성, 능

〈그림 9-2〉 직업선택 의사결정 단계

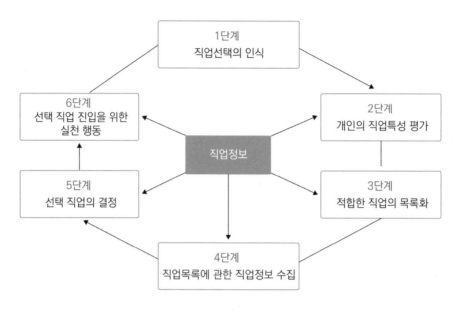

* 박상철(2008)에서 재인용

력, 가치 등과 얼마나 일치하는지에 따라 좌우될 수 있기 때문에 개인이 자신의 직업
적 특성에 관해 객관적으로 탐색하고 확인하는 과정을 거쳐야 한다. 한국고용정보원
에서는 개인의 직업적 특성의 평가를 지원하기 위한 도구로서 직업선호도검사, 직업
적성검사, 직업흥미검사 등 다양한 직업심리검사들을 개발해 「고용24」를 통해 청소
년과 성인을 대상으로 총 21가지의 검사를 제공하고 있다. 여기의 직업심리검사는
개인의 흥미, 적성, 능력, 가치 등을 파악해 어떤 직업이 적합한지에 대한 정보를 제
공해 주기 때문에 직업정보로 분류될 수 있다.

③ 3단계(적합한 직업의 목록화): 2단계에서 실시한 개인의 직업특성 평가 결과에 따라 적
합한 직업의 목록을 생성하게 된다. 「고용24」는 심리검사 결과를 토대로 개인에게
적합한 직업의 목록을 자동적으로 작성해 추천해 주고 있다. 따라서 현재 고용24의
직업심리검사들은 2단계와 3단계를 동시에 진행할 수 있도록 하고 있다고 하겠다.

④ 4단계(직업목록에 관한 직업정보의 수집): 직업선택을 위한 의사결정을 하는 개인들에게
직업에 관한 정보가 가장 필요한 단계로서, 수집된 정보들은 직업들을 비교하는 준
거로서 활용되게 된다. 개인들은 정확한 비교를 위해 다양한 방법으로 정보를 수집

하게 된다. 이 단계에서 필요한 정보들은 그 직업에서 수행하는 직업의 내용, 임금 및 근로조건, 직업 전망 등 직무 중심의 정보와 그 직업에 종사하는 노동자들의 직업 흥미·직업 가치, 요구되는 학력 및 직무수행능력, 경력 등과 같은 작업자 중심의 정보로 나누어 볼 수 있다. 이 단계에서 활용 가능한 직업정보로는 한국직업사전, 한국직업전망, 중장기 인력수급전망, 한국직업정보(KNOW) 등이 있으며 이들 정보들은 「고용24」를 통해 제공된다.

⑤ 5단계(선택 직업의 결정): 직업목록에 추천된 직업들을 비교한 결과를 통해 최종적으로 직업을 선택하는 단계이다. 의사결정을 하는 개인들은 특정 기준에 따라 일부 직업 대안들은 제거하고, 다른 직업 대안들에 대해서는 더욱 자세한 직업정보를 탐색하게 된다. 따라서 이 단계에서는 수집된 정보를 처리하는 수준이 더욱 전문화되고 정교화되게 된다. 그런데 직업선택을 하는 개인들의 입장에서는 경험부족 등으로 인해 가장 어려움을 겪는 단계이기 때문에 직업상담사들이 적극적으로 개입해 도와줄 필요가 있다.

⑥ 6단계(선택된 직업에의 진입을 위한 실천 행동): 직업을 선택하면 선택한 직업에 진입하기 위한 취업계획을 수립하게 된다. 여기에는 자신이 선택한 직업에 바로 취업할 수 있는지 아니면 직무수행능력의 개발 또는 경력개발과 같은 준비 과정이 필요한지의 여부를 결정하게 된다. 만일 직업에 바로 취업할 수 있는 경우에는 해당 직업에서의 구인정보를 필요로 하며, 준비 과정이 필요한 경우에는 선택한 직업의 요구역량과 개인이 보유하고 있는 역량을 비교 분석해 직무수행능력이 부족하거나 자격증이 필요한 경우에는 직업훈련을, 학력 보완이 필요한 경우에는 진학을 필요로 하게 되므로 직업에서 요구하는 역량에 대한 구체적인 정보가 필요하게 되며, 직업훈련·자격·진학 등과 관련한 정보를 필요로 하게 된다. 우리나라에서는 국가직무능력표준(NCS)에서 직무별로 필요한 요구역량을 검색할 수 있으며, HRD-Net과 Q-Net에서 직업훈련과정 및 자격관련 정보를 제공해 준다. 청소년을 위해서는 한국직업능력연구원에서 운영하는 커리어넷에서 진로 및 직업과 관련된 각종 정보를 제공해 주고 있다.

3. 직업정보의 현황

가. 직업정보의 의의

1) 직업정보의 개념

직업정보는 직업(occupation)에 관한 정보이다. 구체적으로는 매체에 상관없이 문자, 숫자, 도표, 그림 등을 포함한 직업에 대한 사실(facts) 또는 데이터(data)로 직업탐색, 직업계획 등 직업선택의 의사결정에서 가치 있는 직위, 직무, 직업에 관한 모든 종류의 정보를 말한다. 이와 같은 직업정보에는 직업구조와 직업군, 직업의 분류, 직업에 필요한 자격요건, 준비과정, 취업경향, 취업처, 직업전망 등이 포함된다.

직업정보가 가지고 있는 유용성은 다음과 같이 요약할 수 있다. 첫째, 개인들이 희망하는 직업을 탐색하고 그 직업에서 어떤 기술(skill), 지식, 경험 등을 요구하는지를 확인해 실현 가능한 계획을 수립하는 데 도움을 준다. 둘째, 고려할 수 있는 직업 대안의 리스트를 명료화하고 고려하고 있는 직업 대안 중에서 어떤 것을 배제할 것인지를 결정하는 데에도 이용할 수 있다. 셋째, 현재의 직업과 유사한 직무능력을 요구하는 직업을 찾아 새로운 직업으로 전직하는 데에도 도움을 준다. 넷째, 개인에게 직업의식을 높이고 직업세계에 대한 지식과 이해를 증가시켜 장래의 진로를 선택하고 결정하는 능력을 증가시킨다.

2) 직무분석

직업정보는 기본적으로 질적 정보로서 직무분석(job analysis)을 기초로 생산된다. 직무분석이란 직무에 대한 정보를 수집하고 분석하는 체계적인 과정을 의미하며, ① 특정한 직무에서 수행하는 업무내용과, ② 그 직무를 담당할 사람에게 요구되는 수행요건, 즉 경험·기술(skill)·지식(knowledge)·능력(ability)·책임 등을 각각 명확하게 밝혀서 기술하는 것을 목적으로 한다. 따라서 직무분석은 수행업무 분석(작업목적, 작업내용, 작업방법, 작업장소, 작업시간)과 수행요건 분석(책임, 능력, 기술, 작업조건)으로 구분할 수 있다(한상덕·주석진, 2018). 직무분석은 기업체에서는 직무를 기반으로 인력채용·배치·직무평가·보상·능력개발 등을 하기 위해 활용되며, 업무재설계를 하기 위한 목적으로도 활용된다. 국가 단위에서는 직업정보를 생산하거나 또는 직업교육·훈련과정을 개발하기 위한 목적으로 사용된다. 직무분석은 분석대상의 성격과 활용목적 등에 따라 도출하는 내용, 방법, 분석의 방법이 달라지게 된다.

여기에서 직무(job)란 한 사업장에서 유사한 직위(position)[2]들의 묶음으로 작업자가 수행하는 책무(duty)[3]와 작업/과업(tasks)[4]으로 구성되어 있다. 하나의 사업장에서는 유사한 직무의 묶음을 직렬 또는 직군으로 나누어 인사관리의 기준으로 삼게 되는데, 노동시장 전체에서는 하나 이상의 사업장에서 발견되는 공통된 직무들의 묶음을 직업(occupation)으로 분류하게 된다. 따라서 직업은 한 개의 직무 또는 몇 개의 유사 직무로 구성되며, 특정한 직업은 작업목적, 작업방법, 중간재료, 최종생산물, 작업자의 행동, 작업자의 특성 등의 관점에서 볼 때 유사한 관계에 있게 된다. 이러한 점에서 직업정보 생산을 위한 직무분석은 특정 직업을 구성하는 직무의 내용으로 수행하고 있는 일들에 대한 사실을 명확하게 밝히고, 수행업무의 분석에서 밝혀진 사실에 입각해 그 직무의 담당자에게 요구되는 책임·능력 등과 그 직무가 수행되는 작업조건이 어떠한가를 밝히는 것이라 하겠다(한상덕·주석진, 2018).

3) 미국의 O*Net

직업정보로 전세계에서 가장 많이 활용되는 것은 미국의 O*Net(Occupational Information Network)이다. 미국에서는 1930년대부터 직업사전(Dictionary of Occupational Titles)을 발간해 왔으나 1990년대 초반 지식정보화 사회로 전환되면서 직업사전을 대체하여 O*Net을 개발하였다. 현재 O*Net은 미국 노동시장 전체를 나타내는 1,016개의 직업에 대해 표준화된 정보를 제공하고 있는데, 재직 근로자에 대한 설문지 조사방법과 직무분석 전문가들의 평정방법을 통하여 주기적으로 업데이트되고 있다. O*Net이 제공하는 정보는 노동자 중심(Worker-oriented) 정보와 직무 중심(Job-oriented) 정보로 구성되는데, 노동자 중심 정보로는 노동자에게 요구되는 변경되기 어려운 성향(능력, 흥미, 직업가치, 일하는 방식), 노동자가 후천적으로 습득하는 것이 필요한 능력과 경험(기술, 지식, 교육), 노동자에게 요구되는 경험(직업경험, 훈련, 자격 등)이 제공되고 있고, 직무 중심 정보로는 직업적 요구조건(일반업무활동, 업무환경), 노동력 특징(노동시장정보, 직업전망), 직업특수적 정보(직업명칭, 직업에 대한 개요, 수행업무 등)가 제공되고 있다. O*Net은 미국 노동시장의 직업정보를 포괄적으로 제공하는 것이지만, O*Net이 제공하는 구조화된 데이터는 보편적으

---

2) 직위는 한 사람에 의해 수행되도록 할당된 작업/과업의 집단으로 직위의 수는 그 조직 구성원의 수와 같다.
3) 직무를 수행하는 데 있어 가장 주가 되는 책임을 책무라고 한다. 행동을 나타내는 용어로 한 직업에서 반드시 수행해야 할 일을 크게 구분지은 것이라 할 수 있다.
4) 책무를 단계별로 작은 부분으로 나눈 것으로 그 자체로 독립적일 수 있으며, 측정 가능한 행동으로서 의미 있는 결과를 산출할 수 있는 최소의 업무 활동 단위를 말한다.

로 적용될 수 있는 특성을 가지고 있어서 국제적으로도 많이 활용되고 있다.

우리나라에서도 개인이 직업세계를 이해하고 자신의 적성·능력 등에 적합한 직업을 선택할 수 있도록 직업진로지도의 중요성이 강조되어 왔으며, 그러한 맥락에서 개인의 의사결정을 도와줄 수 있는 정보로서 다양한 직업정보를 개발해 왔다.

나. 직업사전 및 직업전망

한국고용정보원에서는 다양한 직업정보서를 발간하고 이를 오프라인과 온라인을 통해 제공하고 있다. 온라인으로는 「고용24」에 수록되어 누구나 활용할 수 있도록 제공하고 있다. 한국고용정보원에서 제공하는 직업정보서 중에 가장 대표적인 것이 한국직업사전과 한국직업전망이다.

한국직업사전은 급속한 과학기술발전과 산업구조 변화 등에 따라 변동하는 직업세계를 조사·분석해 표준화된 직업명과 기초직업정보를 제공할 목적으로 발간되고 있다. 매년 직종별 조사계획에 따라 사업체조사를 실시해 「직종별 직업사전」을 발간하고 이를 묶어 주기적(6~9년)으로 통합본을 발간하는 방식이다. 가장 최근에는 2019년에 「한국직업사전」 통합본 5판을 발간하였다. 한국직업사전에 수록되어 있는 직업 수는 직무내용이 기술되어 있는 본직업[5]만 6,075개이며, 관련직업[6] 6,748개를 포함하면 대략 우리나라 노동시장에 존재하는 직업 수는 12,000개를 초과하게 된다. 여기에 본직업을 명칭만 다르게 부르는 유사명칭이 4,068개가 더 있다고 수록되어 있다. 한국직업사전에서는 해당 직업이 한국고용직업분류의 직업분류 중에서 어떤 직업에 해당하는지, 그리고 그 직무의 개요와 수행하는 과업/작업(task)의 내용을 기술하고 부가직업정보로 직무수행에 필요한 교육수준과 숙련기간, 작업강도와 필요한 신체적 능력, 필요한 자격면허 등의 정보가 제공되고 있다.

한국직업전망은 직업 전망 활동을 통해 새롭게 신생, 소멸, 감소, 증가하는 직업정보를 생성해 제공하고 있으며, 노동시장의 변화를 사전에 예측해 노동시장에 새로이 진입하는 개인들의 구직활동, 직업선택, 직업훈련 과정에 유용한 정보를 제공하기 위한 목적으로 만들어지고 있다. 미국에서는 「Occupational Outlook Handbook」, 일본에서는 「직업핸드

---

5) 산업현장에서 일반적으로 해당 직업으로 알려진 명칭 혹은 그 직무가 통상적으로 호칭되는 것으로 한국직업사전에 그 직무내용이 기술된 직업을 말한다.
6) 본직업명과 기본적인 직무에 있어서 공통점이 있으나 직무의 범위, 대상 등에 따라 나누어지는 직업을 말한다. 하나의 본직업명에는 두 개 이상이 관련 직업이 있을 수 있다.

북」, 캐나다에서는 「Job Future」라는 이름으로 유사한 형태의 직업 전망을 제공하고 있다. 한국직업전망은 정량적 분석으로 중장기인력수급전망 결과와 정성적 분석으로 직업별 전문가를 대상으로 한 향후 10년의 일자리 전망조사 결과 등을 토대로 한 주요 전망 결과에 대해 전문가 검토를 거쳐 최종 직업 전망을 도출하고 일자리 변동에 영향을 미치는 주요 요인을 제시하고 있다. 과거에는 2년 주기로 우리나라 대표직업 약 200개에 대한 직업 전망을 제공하였으나, 최근에는 한국직업정보(KNOW)에 수록된 직업과의 연계성 확보를 목표로 한국직업정보에 수록된 537개 직업에 대해 2021~2023년에 걸쳐 분야별로 직업전망서를 발간한 후에 「2021~2023 한국직업전망: 일자리 전망 통합본」을 발간하였다.

다. 한국직업정보(KNOW)

미국의 O*Net을 모델로 직업에 대한 체계적인 정보를 제공하기 위해 2003년에 개발된 것이 한국직업정보(KNOW: Korea Network for Occupation and Workers)이다. 당초에는 한국직업사전을 대체하고자 하였으나, 우리나라에서는 직업사전의 상징적인 의미 때문에 직업사전도 계속 존속하고 있다. 개발 초기에는 독자적인 홈페이지를 가지고 있었으나 2012년부터는 Work-Net에 통합되어 제공되었다. 한국직업정보(KNOW)는 청소년과 성인들의 진로 및 경력설계, 직업선택, 직업상담 등에 활용할 수 있는 종합적인 직업정보의 원천으

〈그림 9-3〉 **한국직업정보시스템의 내용 모형**

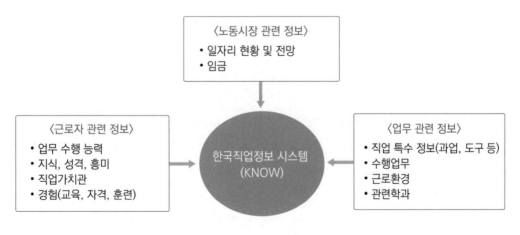

* 김한준 외(2022)를 수정

로서 한국고용직업분류(KECO)의 세분류에 기초하고 전문직 등 일부 직업들은 세세분류로 좀 더 세분해 현재 537개 직업에 대한 직업정보를 제공하고 있다.

한국고용정보(KNOW)는 매년 특정 직업군을 선정해 재직자에 대한 설문조사를 실시하여 업데이트(update)하는 방식으로 진행된다. KNOW에서 제공되는 직업정보는 <그림 9-3>에서 보는 바와 같이 근로자(worker) 관련 정보, 업무(work) 관련 정보, 노동시장 관련 정보의 세 가지 영역으로 구성되어 제공되는데 미국의 O*Net과 유사하게 종합적인 정보를 제공하고 있다. 한국직업정보(KNOW)는 현재 「고용24」에서 "홈 > 직업·진로 > 직업정보 > 한국직업정보"의 메뉴를 따라 들어가면 직업을 검색하여 직업정보를 제공받을 수 있다. 직업명을 알고 있을 때에는 직업명을 직접 입력하고 그렇지 않으면 한국고용직업분류(KECO)의 분류체계에 따라 직업을 선택할 수 있다. 평균연봉 수준과 직업전망의 명암을 조합하여 조건 검색할 수도 있으며, "내게 맞는 직업 찾기"를 이용해 자신에게 해당하는 흥미, 지식, 업무수행능력, 업무환경 항목을 선택하여 조회하면 그에 적합한 직업을 추천해 준다.

이와 함께 「고용24」에서는 "직무기반 직업추천"을 통해 개인이 직업에서 중요하게 생각하는 직무적 특성을 가장 많이 지닌 직업을 추천해 주며, 청소년, 성인들의 직업선택 및 구인·구직, 진로·경력설계, 진로상담 등에 도움을 주기 위해 직업심리검사, 직업정보, 학과정보, 직업·취업동영상, 자료실(직업진로정보서 등) 등의 서비스를 종합적으로 제공하고 있다.

라. 국가직무능력표준(NCS)

2000년대에는 산업현장에서 직무를 수행하기 위해 필요한 능력(지식, 기술, 태도)을 국가 차원에서 표준화한 국가직무능력표준(National Competency Standard; NCS)이 구축되었다. NCS를 구축한 목적은 교육훈련에 산업현장의 직무수요를 반영함으로써 교육훈련과정을 노동시장에서 요구하는 직무수행능력 관점으로 개편하고 나아가 '일-교육·훈련-자격'이 상호 연계될 수 있도록 국가적 차원의 표준을 제정하기 위한 것이다.

NCS는 직무의 유형(type)을 중심으로 "직무"를 대분류(24개)-중분류(81개)-소분류(271개)-세분류(1,083개)로 분류하고 있으며, NCS의 대분류는 노동시장정보와의 연계를 위해 한국고용직업분류(KECO)에 의한 직업의 중분류를 차용하여 분류하였다. NCS는 직무의 세분류 단위에서 개발되어 있기 때문에 NCS 세분류(직무)와 한국고용직업분류(KECD) 세분류(직업)의 연계표를 활용하면 특정 직업에 대한 NCS를 찾아 활용할 수 있다.

NCS는 하나의 직무를 구성하는 여러 개의 능력단위로 나뉘며, 능력단위는 다시 능력단위요소(수행준거,[7] 지식·기술·태도), 적용범위 및 작업상황, 평가지침, 직업기초능력으로 구성되는 계층구조를 가지고 있다. 직무분석을 실시하여 그 결과를 토대로 개발되는데 직무분석의 방법에 따라 다르기는 하지만 직무를 구성하는 책무(duty)가 능력단위에 해당하고, 책무를 구성하는 작업/과업(tasks)이 능력단위요소에 해당한다. 예를 들어 '직업상담'이라는 직무는 직업상담 기획, 직업상담 진단, 진로상담, 취업상담 등을 능력단위로 하며, 이 중에서 '취업상담'이라는 능력단위는 내담자역량 파악하기, 취업목표 설정하기라는 능력단위요소로 구성되어 있다. NCS는 이러한 능력단위요소별로 필요한 수행준거, 지식, 기술, 태도 등을 분석하여 제시하고 있다. 그리고, NCS는 산업현장 직무의 수준을 체계화하기 위해 수준체계를 8단계로 나누어 능력단위 별로 평정하여 제시하고 있다. NCS는 국가직무능력 홈페이지(ncs.go.kr)에서 검색해 활용할 수 있다.

참고

직업분류체계

한국직업사전에 수록되어 있는 수많은 직업을 그대로 관리하기는 어렵다. 그래서 유사한 직업들끼리 묶어서 체계적으로 관리하기 위해 직업분류체계(classification of occupation)를 사용한다. 우리나라에서는 통계청에서 사용하는 한국표준직업분류(KSCO)와 고용노동부에서 사용하는 한국고용직업분류(KECO)가 있다.

한국표준직업분류는 표준분류로서 통계청에서 생산되는 통계조사에 활용되며, 법령에서 특정 직업에 대한 사항을 규정할 때에도 한국표준직업분류가 활용된다. 한국표준직업분류는 직업을 편제할 때 직능[8]을 근거로 편제하되 직능유형과 직능수준을 고려하고 있으며, 최소 1천명의 고용이 있어야 독립된 직업으로 분류하고 있다. 2024년에 8차 개정되어 대분류(10)-중분류(54개)-소분류(167개)-세분류(495개)-세세분류(1,270개)의 트리 구조로 구성되어 있다. 이 중에서 대분류(10)는 직능수준을 기준으로 하는 국제표준직업분류를 따르고 있다.

한국고용직업분류는 우리나라의 현실적인 직업구조를 반영하기 위해 개발된 특수목적분류로서, 고용노동부가 생산하는 모든 통계에 활용된다. 대분류(10개)-중분류(35개)-소분류(136개)-세분류(450개)로 구성되어 있으며, 대분류는 직능수준이 아닌 직능유형 만을 고려해 분류하고,

---

7) 능력단위요소별로 성취여부를 판단하기 위하여 개인이 도달해야 하는 수행의 기준을 제시한 것이다.
8) 직무수행능력의 줄임말로서 주어진 일자리에서 책무(duties)와 작업/과업(tasks)을 수행할 수 있는 능력을 의미한다.

중분류도 직능유형을 기준으로 분류하고 있다. 소분류와 세분류는 직능유형과 직능수준을 함께 고려하여 분류하고 있다. 취업알선에 사용되는 직업분류는 한국고용직업분류의 세세분류(933개)에 해당한다.

이와 같이 두 가지의 직업분류를 사용하게 된 연원은 과거에 표준직업분류는 우리나라 노동시장의 현실과는 관계없이 국제적인 비교의 편이성을 위해 직능수준을 기준으로 한 국제표준직업분류를 기준으로 작성되어 있었는데, 2000년대 초에 중장기 인력수급전망을 구축하는 작업을 하는 과정에서 우리나라 노동시장의 현실을 반영하면서 직능유형을 고려한 새로운 직업분류체계의 필요성이 대두되어 한국고용직업분류가 구축되었다. 이후 한국표준직업분류도 노동시장의 현실을 반영해 개편되었으며, 현재 한국표준직업분류와 한국고용직업분류는 세분류 수준에서 일치되어 있는 등 두 직업분류의 연계성을 높여 오고 있다.

고용서비스의 성과관리

1. 고용서비스 성과관리의 개념
2. 주요국의 고용서비스 성과평가 사례
3. 우리나라 고용센터의 성과평가 실제
4. 고용서비스 품질 관리
5. 민간고용서비스 우수기관 인증제

제10장　고용서비스의 성과관리

1990년대에 신공공관리론이 등장하면서 공공조직에도 민간 기업의 관리기법을 도입해 성과지향적인 조직으로 만들려고 하는 혁신조치들이 추진되었으며, 고용서비스에도 성과관리가 본격적으로 시행되어 대부분 국가의 PES에서는 목표관리제(MBO) 방식의 성과관리제가 도입되었다. 우리나라에서도 1997년 외환위기를 계기로 성과관리가 본격적으로 도입되기 시작하였다. 이 장에서는 성과관리의 개념 및 핵심성과지표(KPI), 주요 국가의 성과평가 사례, 우리나라에서의 성과관리 실제, 고용서비스의 품질관리에 대해 논의한다.

1. 고용서비스 성과관리의 개념

가. 고용서비스 성과관리 제도의 도입

성과평가는 조직의 미션, 비전과 전략적 목표를 달성하고 관리하기 위한 도구이다. 고용서비스에서 성과관리와 성과평가는 나날이 중요성을 더해가고 있다. 데이터 관리기법의 발달로 점점 더 실시간으로 세밀한 성과관리가 가능해지고 있기 때문에 성과평가는 새로운 주목을 받고 있다. 우리나라 「정부업무평가 기본법」 제2조에서는 성과관리에 대해 "정부 업무를 추진함에 있어서 기관의 임무, 중·장기 목표, 연도별 목표 및 성과지표를 수립하고, 그 집행 과정 및 결과를 경제성·능률성·효과성 등의 관점에서 관리하는 일련의 활동을 말한다"고 정의하고 있다. 이 과정에서 성과평가는 핵심적인 역할을 수행한다.

정부 조직에 대한 성과와 고객만족도에 대한 관리는 1990년대 신공공관리론의 대두와 함께 본격적으로 실시되었다. 신공공관리론의 핵심 개념은 공공조직에 민간 기업의 관리기법을 도입하여 성과지향적 조직을 만들어 생산성을 높이고자 하는 것으로, OECD(2005)

는 대부분 회원국의 PES가 목표관리제(MBO)[1] 방식의 성과관리 체계를 도입하고 있다고 보고하였다.

우리나라에서 신공공관리론은 1997년 외환위기 이후 행정기관에 대한 관리의 선진화 또는 미국과 유사한 제도 도입 차원에서 이루어졌다. 우리나라 공공기관의 성과관리는 계속 발전하여 제도화 수준은 지속적으로 높아졌다. 그러나 성과평가 결과를 토대로 성과를 높이기 위한 리더십, 직원 역량강화, 공정한 인사, 내부고객 만족 관리, 조직문화 관리 등 성과관리 역량은 여전히 높지 않은 것이 현실이다(오영민 외, 2017). 정부가 외환위기 이후에 신공공관리 제도를 도입함에 따라 고용노동부도 고용센터에 대한 성과평가와 고객만족도 등을 수집하고 평가하기 시작하였다. 그러나 본격적인 성과평가의 도입과 고객만족도의 측정은 2005년 「고용서비스 선진화 방안」의 일환으로 시작되었다.

2006년 고용노동부는 성과평가 제도를 효과적으로 관리하기 위하여 한국고용정보원에 고용서비스 평가센터를 설치하였다. 고용서비스 평가센터에서는 고용센터에 대한 고용서비스 품질 관리, 취업알선 모니터링, 고용서비스 성과관리 시스템 구축 등을 담당하고 있다. 아울러 민간고용서비스의 품질을 관리하고 향상하기 위하여 민간고용서비스 우수기관 인증제를 도입하여 운영하고 있다. 고용서비스 평가센터는 앞으로는 성과평가뿐만 아니라 구체적으로 고성과 사례에 대한 분석, 고객경험에 대한 조사 등을 통하여 성과가 미흡한 고용센터에 대한 컨설팅 등을 실시하여 고용서비스를 수요자 중심의 관점에서 발전시켜 나갈 필요가 있겠다.

나. 핵심성과지표와 핵심성공요소

성과관리는 조직의 전략적 목표와 일치하는 정합성을 가져야 한다. 성과관리의 목적은 전략적 목표를 효과적으로 달성하기 위한 도구이기 때문이다. 성과관리는 핵심성과지표 (KPI; Key Performance Index)를 측정하는 방식으로 실시되며, 핵심성과지표란 조직의 목표를 달성하는데 필요한 주요 항목을 의미하는 핵심성공요소(Critical Success Factor)를 측정하기 위한 지표를 의미한다. 따라서, 성과관리는 전략적 목표로부터 핵심성공요소를 도출하고 핵심성공요소를 측정하기 위한 지표를 설계하는 방식으로 진행되게 된다. 예를 들면

---

1) MBO는 조직의 상부에서 아래로 과업이 진행되는 과정에서 각 단계에 있는 부서·종업원들이 조직의 전체 목표 달성과 관련된 개별 목표를 세우도록 하는 시스템으로서, 조직 계층의 상·하위자가 협의를 통해 부서 및 개인의 목표를 명확히 설정하고, 평가자와 수행자가 목표달성에 관하여 의견교환을 통해 평가하여 다음 목표 설정에 환류하는 방식이다.

고용센터의 목표는 취업으로 설정할 수 있으며, 고용센터의 취업은 양질의 취업알선에 달려 있다. 따라서 양질의 취업알선은 핵심성공요소에 해당하며, 양질의 취업알선을 측정하기 위한 알선취업률, 취업자의 임금 등이 핵심성과지표가 된다(Pieterson, 2019).

Nunn(2009)은 여러 국가의 PES에서 공통적으로 사용되는 핵심성과지표를 <표 10-1>과 같이 제시하고 있다. 핵심성과지표들은 투입 측정, 산출 측정, 과정의 품질, 중간 결과 측정, 최종 결과 측정으로 분류되며 각각 세부지표들이 제시되어 있다. 이러한 지표의 분류는 고용서비스의 제공과 성과가 투입(input) → 과정(process) → 산출(output) → 결과(outcome)의 경로를 거치는 것에 따른 것이다. 여기에서 산출(output)은 투입(input)에 의해 제공된 서비스의 양을 의미하며, 결과(outcome)는 서비스의 제공 결과로 변화된 상태를 의미한다.

① 투입 측정(Input measures)은 PES의 인력·예산 등 고용서비스에 대한 투입을 유형별로 측정하는 지표이다.

② 산출 측정(Output measures)은 수행한 조치들의 성공 여부와는 관계없이 그 조치(서비스)의 양을 측정하는 지표로서 직업상담 건수, 직업훈련 등이 해당한다.

③ 과정 측정(Process measures)은 수행한 조치들의 품질을 평가하는 지표들로서 직업상담의 품질 평가, 고객만족도 조사 등을 의미한다.

④ 중간 결과 측정(Intermediate Outcome measures)은 어떤 고용형태로 얼마나 취업을 시켰는지, 빈 일자리에 충원을 얼마나 시켰는지 등 미시 수준의 결과(micro-level outcome)를 측정하는 지표이다.

⑤ 최종 결과 측정(Final Outcome measures)은 노동시장 기능의 효율성 향상이라는 PES의 궁극적 목표에 얼마나 기여하였는지를 측정하고자 하는 지표이다. 고용률, 실업률 등 거시 수준의 결과(macro-level coutcome)를 측정한다.

Nunn이 제시한 지표들은 전세계의 PES가 공통적으로 사용할 수 있는 표준화된 지표들을 보여주나, 참고로만 활용하는 것이 좋다. 모든 조직은 조직의 미션과 비전, 전략과 문화가 다르며 조직환경이 다르기 때문에 성과관리는 조직 특이적 성향을 보이기 때문이다. 더 나아가 전략적 목표와 성과지표는 조직 구성원의 참여에 의해 설정하는 것이 바람직하다. 성과지표와 목표설정 시 조직 구성원의 동의 수준이 올라가야 성과평가에 대한 수용성이 증가하며 성과달성도 쉽게 이루어진다.

〈표 10-1〉 주요 공공고용서비스 핵심성과지표

투입 측정	산출 측정	과정의 품질	중간 결과 측정	최종 결과 측정
• 서비스 운영에 대한 예산지출액	• 구인등록 건수	• 상담에 대한 평가	• 급여수급자의 (고용형태별) 취업률	• 고용률
• 직원들의 총 근로시간	• 상담건수	• 고객만족도조사	• 급여수급기간	• 실업률
• 고용센터의 수	• 개인활동계획수립 건수	• 기업만족도조사	• 충원율	• 비경활인구
• 규정준수 확인·처리에 대한 예산지출액	• 직업훈련, 의료·심리상담 등 연계 건수		• 수급자의 장기적인 임금과 고용지속	• 생산성
	• 취업알선 건수			
	• 일경험 참여 건수			
	• 부정수급제재 건수			

* Nunn(2009)

2. 주요국의 고용서비스 성과평가 사례

가. 미 국

미국의 고용센터(American Job Center)는 인력혁신기회법(WIAO: Workforce Innovation and Opportunity Act)에 의해 운영되고 있다. 미국은 인력혁신기회법에 근거하여 고용센터 주요 평가지표를 아래와 같이 규정하고 있다.

연방정부는 인력혁신기회법에 규정된 17개의 필수 프로그램 중에서 6개의 핵심 프로그램인 ① 성인, ② 실업자(Dislocated Worker), ③ 청년 프로그램, ④ 성인교육 및 가족문해법(AEFLA) 프로그램, ⑤ 고용서비스 프로그램, ⑥ 직업재활 프로그램참여자의 성과에 대하여 주정부 및 지역 단위에서의 효과성을 평가한다. 연방정부는 모든 주 및 소관 부서에서 해당 프로그램의 모든 참가자에 대한 정보를 수집하고 보고하도록 요구하고 있다.

미국 고용센터의 주요 성과지표는 <표 10-2>에 나타난 것처럼 취업률, 취업의 속도, 임금수준, 자격취득이나 역량향상(기술습득), 고용주에 대한 서비스 효과로 평가하고 있다. 특히 단순히 취업률만이 아닌 얼마나 빠르게 취업을 시키는지에 대한 취업의 속도가 중요한 변수로 측정되고 있다. 일반적으로 실업 기간이 길어지게 되면 장기실업이 되고 장기실업이 되면 재취업에 큰 어려움을 겪게 되기 때문에 취업의 속도를 강조하고 있는 것이다.

<表 10-2> 미국 고용센터의 주요 성과지표 및 세부내용[2]

주요 성과 지표	세부 내용(요약)
A. 취업률(2분기 후)	프로그램 수료 후 2분기 동안에 취업한 참여자의 비율
A-1. 청년의 훈련 참여율 및 취업률(2분기 후)	프로그램 수료 후 2분기 동안에 교육훈련에 참여하거나 취업한 청년 프로그램 참여자의 비율
B. 취업률(4분기 후)	프로그램 수료 후 4분기 동안에 취업한 참여자의 비율
B.-1.I 청년의 훈련 참여율 및 취업률(4분기 후)	프로그램 수료 후 4분기 동안 교육훈련에 참여하거나 취업한 청년 프로그램 참여자의 비율
C. 중위임금(2분기 후)	프로그램 수료 후 2분기 동안에 취업한 참여자의 중위임금
D. 자격 획득	교육훈련 프로그램 참여자 중에서 프로그램 종료 후 1년 이내에 인증된 고등교육 수준의 자격 등을 취득한 참여자의 비율
E. 역량 향상(기술습득)	프로그램 참가자 중에서 프로그램 기간 동안에 인증된 고등교육 수준의 자격이나 고용으로 이어지는 교육훈련프로그램에 참여해 측정가능한 역량 향상을 이룬 참여자의 비율
F. 기업 서비스의 효과성	시범사업으로 3가지 지표를 운용 중(각 주에서는 이 중에서 2가지를 선택해 연방정부에 데이터를 보고) • (1안) 동일 고용주의 유지 - 고용주에게 숙련된 인력을 제공하기 위한 프로그램의 노력을 측정 • (2안) 반복적인 비즈니스 고객 - 고용주와 산업에 대해 양질의 서비스를 제공하고 장기간에 걸쳐 생산적인 관계를 구축하기 위한 프로그램의 노력을 측정 • (3안) 고용주의 서비스 이용률(penetration rate) - 주 및 지역 경제 내의 모든 고용주와 산업에 양질의 참여와 서비스를 제공하기 위한 프로그램의 노력을 측정

나. 독 일

독일의 연방고용공단은 10개의 지역본부, 156개의 지방고용사무소와 303개의 잡센터를 운영하고 있다. 독일 연방고용공단은 고용서비스의 선진화를 추구한 하르츠 개혁의 핵심 요소로서 성과관리를 도입하였다. 독일 연방고용공단의 성과지표는 운영목표에 따라 결정하는데 연방고용공단의 운영목표는 직업상담과 노동시장 통합의 개선, 효과적이며 효율적인 기관 운영, 고용주 서비스와 높은 고객만족으로 설정하고 있다.

2014년에 독일의 연방고용공단은 너무 많은 양적 데이터에 비해 질적 측정은 부족하다는 비판을 수용해 성과지표를 개선하였다(EC 2015). 이에 따라 성과지표는 성과 결과에 기초한 지표 70%와 구조적 결과지표 30%로 구성되었다. 성과 결과에 기초한 지표는 4개로

---

2) https://www.dol.gov/agencies/eta/performance/performance-indicators

실업방지 비율(20%), 노동시장 통합비율(취업률 35%), 실업기간(25%), 졸업자 대비 직업훈련 참가자(20%)이다. 구조적 결과지표는 6개로 전체 취업자 대비 6개월 이후 미취업자의 비율(20%), 6개월 이상 구직자 중 취업자의 비율(25%), 중소기업 취업자의 비율(17%), 고등학교 미졸업자의 직업교육 참여비율(15%), 전체적인 고객 만족도(8%), 직업상담의 질(10%)이다. 독일 연방고용공단은 고객 만족과 관련한 조사를 수행하는 조직으로「고객과 기업 조사센터」를 설치하고 있다.「고객과 기업 조사센터」는 2013년 기준 80여 종의 고객 관련 조사를 100만 명이 넘는 고객을 대상으로 실시하였다(European Commission(2016)).

독일 연방고용공단은 성과 관련 간담회를 모든 단위조직에서 실시하고 있다. 지역본부와 개별 지방고용사무소는 물론 지방과 본부와의 성과목표를 위한 간담회를 실시한다. 성과 간담회의 주목적은 목표에 대한 확고한 동의와 목표에 대한 주기적인 모니터링이다. 성과 관련 간담회는 평가의 수용성 측면에서 매우 중요하다. 자기 스스로 목표를 설정하여야 목표 달성에 대한 동기가 향상되며 성과에 대한 책임성이 증가하기 때문이다. 연도별 목표설정을 위하여 개별 사무소의 관리자는 노동시장분석, 개별 사무소의 잠재적인 성과, 인적자원 및 재정자원, 실제 성과 등을 고려하여 연간 사업계획서를 제출한다.

독일 연방고용공단은 성과관리를 위하여 156개의 지방고용사무소를 12개 권역별 노동시장으로 구분한다. 노동시장 권역 구분은 연방고용공단산하「직업과 고용연구소」(IAB)에서 실시하는데 지역의 노동시장 상황을 통계적으로 모델링하여 실시한다. 노동시장 권역별 데이터에 들어가는 변수는 실업률, 계절조정, 지역노동시장의 진입 및 진출, 전체 인구 대비 일자리의 비율, 직업훈련을 받지 않는 사람들의 비율, 100인 이하 사업장의 비율 등이다. 노동시장의 변화에 따라 노동시장 권역을 주기적으로 업데이트를 한다.

독일뿐 아니라 호주 등에서도 지역별 노동시장 상황에 기반한 성과평가를 하고 있으나, 우리나라에서는 지역의 노동시장 상황에 기반한 성과 평가 단위는 크게 의미가 없다. 왜냐하면 독일을 비롯한 OECD 주요국과 달리 우리나라의 고용센터는 매우 소규모의 인력자원으로 구성되어 있으며 특히 취업알선에 전담으로 투입하는 인력의 수는 더욱 소수이기 때문에 고용센터의 취업알선 담당자 투입 규모가 취업 성과를 좌우하게 되며 노동시장 상황이 영향을 미치는 정도는 상대적으로 작다. 그래서 우리나라에서는 노동시장 변수를 활용하는 것보다는 고용센터의 규모를 기준으로 평가 그룹을 만드는 것이 더 합리적이다.

다. 프랑스

프랑스 고용공단(France Travail)은 3년 단위로 평가체계를 운영한다. 성과평가지표의 역동성과 더불어 평가의 안정성을 위해 3년간 동일 지표를 사용하는 것이 특징이다. 예를 들면 2016~2018년에는 4개 영역의 14개 지표로 평가했는데, 평가지표에는 취업자수, 장기실업자 수, 훈련종료자 재취업률, 밀착 상담 구직자 비중, 실업급여액 오차액 한도(5%) 달성 여부, 만족도 조사, 기업 대상 구직자 정보 제공 및 채용에 대한 만족도(80%) 달성 여부 등으로 구성하였다(이상현, 2019).

또한, 평가결과를 내부망 포털사이트를 통해 매월 발표하며 800개 이상의 지방사무소별로 열람이 가능하고, 정보공개 요청 등에 따라 관련 단체 등에 수시로 성과 정보를 제공한다. 지방사무소는 월별로 자체 성과 달성 내용을 분석하고 다음 달 추진 계획을 수립한다. 6개월마다 공식적인 브리핑 등을 통해 발표함으로써 지역주민과 지자체 등에서 각 센터의 성과를 알 수 있도록 하고 있다. 평가 결과에 따른 지역사무소 차원의 인센티브와 패널티는 없으나 보너스를 지급하며 상위직급의 연간 목표 및 중간관리직 이상 인사고과에 반영하고 있다. 조직원의 성과평가의 몰입을 위한 도구로써 금전적인 부분을 많이 고려하지만 프랑스의 경우에는 전면적인 공식 발표가 고용센터가 열심히 노력하고자 하는 동기를 강화하는 강력한 도구가 된다.

프랑스 고용공단에서는 성과지표에 고객만족도를 포함하고 있어 고객만족도 조사를 정기적으로 실시하고 있는데 매달 50만 명의 이용자를 대상으로 설문조사를 보내어 분기별로 조사 결과를 발표하고 있다. 고객 만족도 조사 결과는 1,000여 개의 단위 센터별로 보고서를 작성한다. 만족도 조사를 기반으로 하여 서비스 혁신과 개선을 위한 노력을 한다. 참고로 만족도의 수준은 2009년 52%에서 2015년 69%로 향상되었다고 한다. 프랑스는 만족도 설문 외에도 추가적으로 고객들의 질적인 반응들을 보기 위해 구직자 전화 면담을 실시하기도 한다. 면담은 대략 20분에 걸쳐 이루어지며 4천명을 대상으로 면담을 실시하는데 각 지역별로 75명을 대상으로 한다(EC, 2016b).

또한, 프랑스 고용공단은 목표관리방식을 도입하고 있다. 개별 지방사무소의 활용 자원, 지역 여건 등을 고려하여 연간 목표를 설정한다. 목표에 미달 시에는 성과 제고를 위한 활동계획서를 제출토록 한다. 성과 전담 부서를 프랑스 고용공단 본부에 설치하고 있는데 4개 하위부서에 100여 명의 전담직원으로 구성하여 운영하고 있다. 본부에서는 단순히 성과평가만 하는 것이 아니라 지역본부와 정기적으로 논의와 조정을 하고 있기 때문에 많은 인력을 필요로 한다. 전산부서에서도 업무 지원을 위하여 평가지표 사이트 전담자가 15명이 배치되어 있다. 정량평가는 자동화하여 시스템에서 추출한다. 만족도 조사 등은 외부의 독립기관에서 수행한다. 성과 결과에 대한 사후 컨설팅과 코칭 등은 외부인이 아닌 조직 내부에서 수행한다. 평가 단위는 팀별로 이루어진다. 따라서 월별로 센터별·팀별 성과 결과를 발표하는데 개별 상담원에 대한 평가는 측정하지 않는다. 팀장급은 평가 결과 외의 전체적인 실적에 대해 평가하고 성과급을 결정한다. 연간 급여 계약 시 개별 상담원에 대해서도 팀 성과에 따라 보너스를 부여한다.

라. 호 주

호주는 1998년까지 정부에서 고용서비스를 직접 제공하였으나, 이후 민간에 전면적으로 위탁하여 제공하는 방식으로 변경하였다. 민영화 이후 Job Network(2002), Job Service Australia(2009, 2012), Jobactive(2015), Workforce Australia(2023) 등으로 민간의 고용서비스 제공기관들의 네트워크 명칭을 변경하였다. 이러한 명칭 변경은 지속적인 프로그램의 개편과 수정이 있었음을 보여준다.

호주의 고용서비스 제공기관에 대한 성과평가체제는 3개의 핵심성과지표(KPI)로 구성되어 있다. KPI 1은 '효율성'으로서 구직자가 채용되는 데 걸리는 평균시간(기간)이며, KPI 2는 '효과성'으로 참여한 구직자 대비 취업자의 비율이다. KPI 3는 '서비스 품질'로서 서비스 제공기준(Code of Practice)의 이행 여부, 입찰 조건에 따른 서비스 전달 과정의 평가 등으로 구직자들의 피드백을 통해 평가한다. 호주는 성과평가 결과를 별점(Star Ratings) 제도를 통해 공개하고 있는데 별점 산정에는 KPI 1과 KPI 2만 반영된다. KPI 3는 별점 산정에는 반영되지 않고 품질인증제 시행에만 활용된다. 별점 제도는 성과 공개를 통해 구직자와 고용주가 고용서비스 제공기관을 선택할 때에 고려할 수 있도록 활용할 뿐만 아니라 정부 사업 평가 및 재할당 과정에서 필요한 정보를 제공한다.

결국 호주의 별점 평가 체계는 기본적으로 민간고용서비스 제공기관의 성과를 효율성(KPI 1)과 효과성(KPI 2)의 지표를 활용해 다른 기관과 비교해 순위를 매겨 평가하는 방식이다. 평가는 매 분기 이루어지며 별점은 직전 2년간의 평가 결과를 사용해 6개월마다 재산정하여 공개한다. 성과평가에 사용되는 취업은 최소 26주 이상 지속되는 일자리에 취업한 경우를 주로 의미하며, 취업성과는 회귀분석을 통해 고용서비스제공기관이 위치한 지역의 노동시장 특징, 배정받은 구직자의 차이 등을 통제한 수치로 조정해 사용한다. 또한,

구직자의 유형(stream)별로 가중치를 정해 고용서비스기관이 위탁받은 구직자의 유형 (stream)의 수에 따라 조정된 결과치를 사용하며, 취업이 극히 어려운 원주민에 대한 성과 인센티브도 반영한다. 최종적으로 고용서비스 제공기관의 상대적 성과 수준은 <표 10-3>과 같은 전국 평균치와 비교해 별점을 부과한다.

<표 10-3> 호주의 별점 분류 기준

별점	분류 기준
5-Star	전국 평균보다 30% 이상 높음
4-Star	전국 평균보다 15~29% 높음
3-Star	전국 평균보다 14% 이상 낮고 14% 이상 높음
2-Star	전국 평균보다 15~39% 낮음
1-Star	전국 평균보다 40% 이상 낮음

호주의 별점 성과평가는 과정과 산식이 너무 복잡하여 사업 중간에 민간위탁기관이 어느 정도의 별점인지 스스로 확인하기 어렵다. 성과 수치를 직관적으로 이해하기 힘들면 피평가 기관에서는 달성 수준을 파악하기 어려워지며 성과관리도 쉽지 않게 된다. 공정한 평가를 위해 많은 지표를 도입하는 경우가 있는데 평가지표는 공정성도 중요하지만 동시에 단순하며 직관적으로 이해할 수 있어야 고용센터 관리자나 담당자가 성과관리를 하기에 좋다.

마. 주요국 공공고용서비스 평가지표 사례의 시사점

주요국의 고용서비스의 핵심성과지표의 특징을 보면 취업알선 건수, 직업훈련 참여 건수, 고객만족도 등을 공통적으로 포함하고 있다. 그럼에도 불구하고 개별 국가의 고용정책 환경에 따라 성과관리 방향, 핵심성과지표, 평가 방식은 다양하게 차이점을 보이고 있다. 대부분의 성과지표는 노동시장 환경을 반영하여 전략적 목표를 수립하고 그에 따른 평가 지표를 설정하는 방식으로 이루어진다. 반면 실제 개별 센터의 목표 설정은 목표관리제 (MBO) 방식으로 접근해 지역의 노동시장 환경을 반영하면서 협의를 통해 목표량을 결정하고 그 목표를 달성하도록 하고 있다.

지금까지의 전통적인 성과평가는 결과 수치들을 중심으로 구성하였으나 향후 성과평가 는 서비스의 개선을 목표로 두고 보다 폭넓은 관점에서 실시될 필요가 있다. 예를 들면 고객의 개별 수요에 얼마나 대응을 하였는지, 취업에 이르지는 못했더라도 고객의 변화를 통해 생애적인 관점에서 만족을 향상하도록 했는지의 심리적 웰빙 등도 주요 변수로 활용할 필요가 있다. 특히 코로나 등 급변하는 노동시장에 얼마나 고용센터가 혁신적으로 대응했는지에 대한 질적인 측면의 접근도 필요하다.

3. 우리나라 고용센터의 성과평가 실제

성과평가는 매년 고용노동부의 전략적 목표에 따라 중점 추진과제가 설정되고 과제의 우선순위에 따라 성과평가의 방향을 결정한다. 거의 매년 성과평가지표와 가중값이 변화함에 따라 고용센터에서는 매년 성과지표에 대한 자체 분석을 하고 어떻게 달성할 것인지에 대한 개별 센터 내의 자체 달성 전략을 수립하고 그에 따라 성과 관련 주요 부서로 인사이동 등의 배치도 실시한다. 여기에서는 2022년도의 사례를 들어 평가지표가 어떻게 구성되어 적용되는지를 상세히 살펴보고 2024년도에는 평가지표가 어떻게 변경되었는지를 살펴본다.

2022년도 고용노동부 업무보고에 따르면 추진 목표를 공공 단기일자리·소득지원 방식에서 벗어나, 기업과 개인에 대한 ALMP 강화를 통한 노동시장 활력 제고를 목표로 하였다. 이에 따라 2022년도 고용분야의 평가지표도 <표 10-4>와 같이 워크넷 취업 실적, 국민취업지원제도 지원실적을 중심으로 구성되었다. 아울러 고용센터의 노력과 서비스의 질을 평가하기 위한 정성평가로 고용서비스 강화를 위한 기관의 노력 및 활동으로 구성하였다(고용노동부, 2022e).

⟨표 10-4⟩ 2022년 우리나라 고용분야 평가지표의 세부지표 및 점수

분야	세부 평가지표	점수	평가방법
취업지원	고용서비스 제공을 통한 워크넷 취업실적 달성률	18	정량
국민취업 지원제도	① 국민취업지원제도 지원 실적	6	정량
	② 국민취업지원제도 취업지원 서비스 실적	1	정량
	③ 국민취업지원제도 일경험 프로그램 연계 실적	3	정량
고용서비스 강화	고용서비스 강화를 위한 기관의 노력 및 활동	10	정성

우리나라 고용서비스의 성과관리 제도는 도입 초기에는 단순 성과 달성치로 구성됨으로

써 과도한 성과 몰입 등의 부작용을 겪었던 경험이 있다. 지금은 OECD 국가의 보편적인 흐름과 유사하게 목표관리제도를 채택하고 있다. 2022년도 정량평가(총 28점, 4개 세부지표)의 산출식을 보면 목표에 대한 달성률로 평가가 구성되어 있음을 알 수 있다.

① 고용서비스 제공을 통한 Work-Net 취업실적 달성률(18점)은 기관별로 구직자 유형별 알선취업 목표인원 대비 취업인원의 비율로 산출한 달성률을 총배점(18점)에 곱해서 산출한다. 평가산식은 [일반구직자 6점×(취업인원/목표인원)]+[국취 참여자 6점×(취업인원/목표인원)]+[실업급여 수급자 6점×(취업인원/목표인원)]이다.

② 국민취업지원제도 지원실적(6점)은 기관별 목표인원 대비 달성인원의 비율로 산출한 달성률을 총배점(6점)에 곱한 후, 달성률 구간별 가중치를 부여한다. 평가산식은 (6점×달성률)×가중치이며, 가중치의 산식은 <표 10-5>와 같다.

〈표 10-5〉 국민취업지원제의 달성률과 가중치

달성률	90% 이상	85~89%	80~84%	75~79%	70~74%	60~69%
가중치	1.20	1.15	1.12	1.10	1.07	1.05

③ 국민취업지원제도 취업지원 서비스 실적(1점)은 충실한 취업지원 서비스 제공을 독려하기 위해, 서비스 제공기간별 취업활동 이행관리 실적 충실도를 함께 평가한다. 평가산식은 참여자 1인당 평균 서비스 제공횟수가 기간별로 <표 10-6>의 수치를 상회할 경우 점수를 부여하는 방식이다.

〈표 10-6〉 평가 대상기간 및 취업서비스 제공횟수

평가 대상 기간 및 기준 횟수				배 점	
참여기간	1~3개월	1~6개월	1~11개월	평가기준	점수
참여자 1인당 평균 취업 서비스 제공횟수	5회	14회	17회	3개 구간 만족	1점
				2개 구간 만족	0.8점
				1개 구간 만족	0.5점

④ 국민취업지원제도 일경험 프로그램 연계실적(3점)은 기관별로 일경험 프로그램 유형별 목표인원 대비 연계인원의 비율로 산출한 달성률을 총배점(3점)에 곱해서 평가한다. 평가산식은 [체험형 1점×((선발인원+협업인원)/목표인원)]+[인턴형 2점×((선발인원+협업인원)/목표인원)]이다.

각각의 실적은 고용서비스성과관리시스템(ESPMS)을 통해 실시간으로 제공하며 고용센터에는 이를 통해 성과관리를 한다. 결국 정량평가의 경우에는 취업실적이라는 결과(outcome) 지표를 주로 사용하되 새로이 도입되어 고용센터에서의 프로그램 운영에 관리가 필요한 국민취업지원제에 대해서는 국민취업지원제도 지원실적, 취업지원 서비스 실적, 일경험 프로그램 연계실적과 같은 산출(output) 지표를 병행하여 사용하고 있음을 알 수 있다.

정량평가와 더불어 고용센터의 노력과 질적인 향상을 도모하기 위하여 정성평가를 병행하여 실시하고 있다. 정성평가를 통해 고용센터는 단순한 실적뿐 아니라 기관의 모든 활동을 전략적 목표 달성을 중심으로 체계화 할 수 있으며 고용센터의 내외부 환경까지도 점검해볼 수 있다. 2022년의 경우에는 정성평가(총점 10점)는 필수 2개 과제와 선택 1개 과제(자율선택)에 대한 이행 노력과 성과를 담아 최종보고서를 제출하고 발표하면 평가위원들이 질의응답을 통해 평가하는 방식으로 이루어졌다.

2024년의 경우에는 실질적인 취업지원 강화, 기업 지원 강화 등 새로운 정책목표에 맞

〈표 10-7〉 2022년 고용센터 정성평가지표

구분	연번	분야명	주요 내용
필수 (각 4점)	1	업종별 맞춤형 취업·채용지원 (특별취업지원 서비스)	• 고용위기업종 이직(예정)자 대상 전직지원, 전략업종 내 양질의 구인기업·취업희망자 대상 채용·취업지원, 직업·진로지도 등 특화 서비스를 통해 구인구직 간 미스매치를 해소하고 지역 노동시장을 활성화한 성과
	2	고용장려금 등 기업지원	• 협업, 업무효율화 등을 통해 청년일자리 도약장려금, 고용 창출장려금, 고용유지지원금 등 각종 고용장려금을 원활하게 집행하여 지원의 효과성과 효율성을 제고하는 등의 성과 • 육아휴직 사후지급금 등 기타 업무를 충실하게 이행한 노력
선택 (2점)	1	직업능력 개발	• 국민내일배움카드 훈련기관 관리, 기관간 연계를 통한 훈련수료생 대상 취업지원 서비스 제공 등 노력을 통해 취업률과 수료율 제고 등 이루어낸 성과
	2	양질의 일자리 발굴 (기업채용지원 서비스)	• 구인애로업종·중점지원기업 선정·관리, 구인기업 유형화 및 유형별 서비스제공, 잠재적 구인기업 대상 일자리 발굴 노력 등을 통해 양질의 일자리를 발굴하고 구인기업에 적절한 서비스를 제공한 성과
	3	국취참여자 대상 맞춤형 취업지원	• 취업지원기능 강화(일자리정보조정, 취업알선전담, 일경험 훈련연계형), 제도 홍보 및 참여자발굴, 유관기관 연계·협업 노력, 학습조직 운영, 우수사례 발굴·확산, 업무효율화를 통한 취업서비스 강화 등 노력을 통해 참여자에게 적절한 취업지원 서비스를 제공한 성과

취 성과지표가 크게 변경되었다. 정량평가는 <표 10−8>과 같이 총 31점으로 늘어나면서 기존의 고용서비스 제공을 통한 워크넷 취업실적 달성률과 국민취업지원제도 지원 실적의 점수를 약간 낮추고 그 대신에 새로이 정부가 역점을 두어 추진하고 있는 구직급여 수급자 구직활동 지원, 국민내일배움카드 취업률, 일·육아 양립 지원제도, 기업에 대한 청년일자리도약장려금의 실적이 평가지표로 추가 되었으며, 정성평가지표는 <표 10−9>와 같이 5점으로 축소되어 취업취약계층 지원을 위한 연계·협업 노력, 훈련−취업지원 연계 노력 등을 평가하는 내용으로 변경되었다.

〈표 10−8〉 2024년도 고용센터 정량평가지표

평가지표	세부 평가지표	점수
취업지원	고용서비스 제공을 통한 워크넷 취업실적 달성률	15
취업 취약계층 지원	국민취업지원제도 지원 실적	2
직업능력개발	국민내일배우카드 운영 성과(취업률 향상도)	4
실업급여	구직급여 수급자 구직활동 지도 강화	4
일·육아 양립 지원	일·육아 양립 지원제도 실적	4
기업지원	청년일자리도약장려금 지원실적	2

* 2024년도 고용분야 정량평가 가이드라인(고용노동부, 2024)

〈표 10−9〉 2024년도 고용센터 정성평가지표

평가항목 가중치	평가 기준
취업·기업지원 분야(3점)	• 취업 취약계층(자립준비청년, 서민금융이용자 등) 지원 강화를 위한 연계·협업 노력 (자치단체, 자립지원전담기관, 서민금융진흥원, 신용회복위원회 등 유관기관 협업) • 훈련-취업지원 연계 노력(구직자 적합훈련 추천, 훈련수료자 맞춤형 취업지원) • 기업이 유연근무 지원(장려금·인프라·컨설팅 등) 및 근로시간 단축 지원(워라밸장려금)을 적기·적정하게 활용할 수 있도록 안내. 설명회·홍보 등 유연근무 단축 확산 분위기 조성 노력
지역협력 분야(2점)	• 지역 여건에 맞는 일자리 정책(일자리창출, 빈일자리 해소, 인력양성 등) 추진을 위한 유관기관(지자체, RSC, ISC, 주요 협·단체 등) 협업 노력 • 외국인근로자 고용관리-체류지원 강화를 위한 대내(권리구제, 산업안전 등). 대외(권익보호협의회, 자치단체, 유관기관 등) 연계 노력

* 2024년도 고용분야 정성평가 가이드라인(고용노동부, 2024)

우리나라 공공고용서비스의 경우에는 인력부족으로 인하여 노동시장의 상황에 의해 고용서비스 성과가 결정되기보다는 고용센터의 역량과 자원 투입에 의해 성과가 결정되는 특징을 보인다. 따라서 독일이나 호주처럼 노동시장을 권역별로 구분하지 않고 고용센터의 규모별로 분류하여 성과 관리하는 것이 더 합리적이다. 이러한 점에서 우리나라에서는 <표 10-10>과 같이 청·A·B·C 그룹으로 나누어 평가하고 있다.

〈표 10-10〉 평가 그룹별 지방관서

그룹	지방고용노동관서(총 48개소)
청(6)	서울청, 중부청, 부산청, 대구청, 광주청, 대전청
A그룹(14)	서울강남, 서울동부, 서울서부, 서울남부, 서울북부, 서울관악, 의정부, 경기, 성남, 안양, 안산, 창원, 울산, 대구서부
B그룹(14)	부산동부, 부산북부, 양산, 진주, 포항, 구미, 전주, 여수, 고양, 인천북부, 부천, 평택, 청주, 천안
C그룹(14)	강원, 강릉, 원주, 태백, 영월, 영주, 안동, 보령, 익산, 군산, 목포, 통영, 충주, 서산

4. 고용서비스 품질 관리

가. 고객만족과 고용서비스 품질

고용센터의 업무는 실업급여 지급과 같은 행정적인 측면도 있지만 취업알선과 직업상담과 같이 고객에 대한 서비스 성격으로 구성된 부분이 더 많아 고용센터의 업무를 통틀어 서비스로 분류하고 공공고용서비스라는 기관의 명칭은 물론 서비스 관리적 차원의 운영기법을 도입하고 있다.

고용서비스의 핵심 업무는 구직자와 기업에 대한 취업·채용지원 서비스로 구성되어 있으므로 고용서비스에도 고객의 만족이 중요한 위치를 차지하고 있다. 공공고용서비스에서 '고객 만족'은 초기의 만족도 조사에서 발전하여 점차 서비스 품질 관리의 개념으로 변화하여 왔다. 서비스 품질 관리의 대상도 고객을 넘어서 참여 기관 및 협업 기관과의 협력까지 확대되고 있는 추세이다(EC, 2022).

고객 만족을 향상하기 위해서는 서비스의 다양한 구성요소 차원별로 품질을 관리해야할 필요가 있다. 또한 고객 만족이 낮은 경우 서비스 품질을 측정하여야 고객만족도 결과변수에 대한 결정요소를 분석하고 문제점을 발견하여 고객의 만족을 향상할 수 있도록 개선해 나갈 수 있다. <표 10-11>은 고용센터에 대한 고용서비스 품질지수 설문 문항을 보여주고 있는데, 이들 문항 중에서 접근가능성, 편리성, 친절성 등은 서비스를 제공한 내용의 품질에 해당하는 선행변수에 해당하고 서비스 만족 및 재이용 의도(고객만족도, 재이용 의향, 지인추천 의향)는 서비스의 결과변수에 해당한다.

<표 10-11>은 고용센터의 체계적인 고객 서비스 품질의 관리를 위한 고용서비스 품질에 관한 설문 문항을 보여주고 있다. 한국고용정보원은 마케팅 분야에서 가장 폭넓게 활용되고 있는 Parasuraman et al.(1988)의 SERVQUAL 모형을 기반으로 개발하여 조사에 활용하고 있으며, 매년 구인구직자 표본 2만여 명에 대한 설문조사를 실시하여 고용센터

〈표 10-11〉 고용센터 고용서비스 품질지수 설문 문항

구분	문항
접근 가능성	1) 고용센터는 제공하는 서비스에 대한 안내가 잘 되어 있다.
	2) 고용센터는 필요한(원하는) 정보를 얻기가 쉽다.
편리성 (유형성)	3) 고용센터는 부서별 위치, 사업 안내문, 내부시설 등이 이용하기 편리하다.
	4) 고용센터는 시설, 장비, 사무환경, 각종 신청서류, 안내문 등이 정리·정돈 잘 되어 있다.
친절성 (고객이해)	5) 고용센터의 직원은 고객응대 태도가 친절하다
	6) 고용센터의 직원은 고객이 문의, 요청한 사항 등을 이해하기 쉽게 설명해 준다.
신속 응답성	7) 고용센터의 직원은 고객이 요청한 사항에 대해 신속히 대응한다.
	8) 고용센터의 직원은 필요한 정보를 신속하게 제공한다.
	9) 고용센터의 직원은 민원처리 소요시간이 짧다.
전문성	10) 고용센터의 직원은 업무에 필요한 지식과 능력을 갖추고 있다.
	11) 고용센터의 직원은 업무를 능숙하게 처리한다.
공정성	12) 고용센터의 직원은 정해진 절차에 따라 업무를 적절하게 처리한다.
	13) 고용센터의 직원은 차별 없이 업무를 공정하게 처리한다.
신뢰성	14) 고용센터에서 제공하는 정보는 유용하다.
	15) 고용센터는 적합한 일자리를 알선해 준다.
	16) 고용센터에서 제공하는 서비스는 신뢰할 만하다.
서비스 충족	17) 고용센터는 고객의 요구사항을 잘 반영한다.
	18) 고용센터는 고객이 원하는 서비스를 제공한다.
	19) 고용센터는 고객의 요구와 기대에 맞는 서비스를 제공한다.
서비스 만족 및 재이용의도	20) 고용센터의 서비스는 전반적으로 만족스럽다.
	21) 차후에 고용센터를 다시 이용할 의사가 있다.
	22) 다른 사람에게 고용센터 이용을 추천할 것이다.

별 고용서비스 품질을 발표하고 있다(이상현, 2022).

최근에는 구글 폼과 QR코드를 활용하여 저비용으로 실시간 조사를 도입하는 국가도 있는 등 고객만족도 조사를 위한 데이터 수집 관련 기술 변화도 빠르게 변화하고 있다. 우리나라에서도 개별 고용센터에서 평가가 아닌 자체 진단 차원에서 방문고객을 대상으로 이러한 조사 방식을 병행해서 도입하는 사례가 있다.

나. 텍스트 마이닝을 활용한 VOC(고객의 소리) 분석

고용서비스 구성요소의 품질에 대한 측정에서 발전하여 최근에는 소셜 미디어 등에 대한 텍스트 마이닝 기법(SMTM)을 활용하여 고객의 소리 키워드 분석까지 실시한다. 고객의 만족이 아닌 고객의 경험(Customer Experience) 차원에서 구체적인 불만의 원인을 분석하고 이를 서비스 개선과 부진 고용센터에 대한 컨설팅에 활용하고 있다.

<그림 10-1>은 LDA(Latent Dirichlet Allocation) 토픽 모델링 방법을 사용하여 2019~2021년 고용서비스 품질지수 조사에서 수집한 약 6만 건의 고객 의견 자료를 활용하여 분석한 결과이다. 참고로 LDA(Latent Dirichlet Allocation) 방법은 토픽 모델링 방법 중 현재 가장 널리 사용되고 있는 모델이다. 여기에서 볼 수 있는 바와 같이 구직자에게는 '고용', '취업', '일자리', '구직', '정보'라는 키워드의 출현 빈도가 높은 것으로 보아 고용 일자리 정보서비스에 대한 구직자의 불만이 많았던 것으로 나타났다. 구인 기업에게도 '구직', '고용', '구인', '정보', '채용'이라는 키워드의 출현 빈도가 높은 것으로 나타나 구인자 역시 고용 일자리 정보서비스에 대한 불만이 많았음을 확인할 수 있다. 이러한 결과는 품질지수의 서비스 충족 점수 부분이 가장 낮은 결과를 잘 설명해 준다(이혁무, 2022).

〈그림 10-1〉 구인구직자 고객의 목소리 LDA 분석

다. 고용서비스 품질 컨설팅

고용서비스 품질은 고용센터별로 큰 격차를 보인다. 고용센터의 고용서비스 품질을 개선하기 위한 접근은 정책과 제도적인 단위에서 접근하기도 한다. 하지만 부진한 품질을 보이는 개별 고용센터별로 접근할 필요도 있다. 개별 고용센터의 서비스가 부진한 원인과 사유는 고용센터의 노동시장 환경, 조직 내부 환경, 물리적 환경 등에 따라 각각 달라지므로 이를 개선하기 위해서는 각각의 고용센터를 대상으로 맞춤형 진단과 개선안을 제공하는 컨설팅이 필요하다.

컨설팅 프로그램을 개발하기 위하여 지역적, 경제적, 민원인 특징과 조직 특성을 분석하고 사업 추진 애로사항 혹은 제도 개선 사항, 조직문화·동료와의 관계·관리자의 리더십, 민원인 응대로 인한 감정노동 및 직무스트레스 관리, 시설·환경 등 다양한 관점에서 진단 및 분석을 해야 한다. 고용서비스의 품질 컨설팅은 공공서비스의 품질 개선을 위해 종사자의 역량 강화, 기관 이미지 제고, 공공서비스에 맞는 서비스 문화 정착의 토대 마련을 위하여 필요로 한다.

아래에서는 고용서비스 컨설팅의 실제 사례를 소개한다. 고객 서비스 전문가들이 접점 직원의 인터뷰를 통해 서비스 수준을 파악하고, 민원인 관점으로의 문제점 파악, 개선이 필요한 문제점을 분석하여 공공서비스의 고객지향적 조직문화, 특이 민원 관리, CS 리더십, 직원의 감정 및 직무스트레스 등 다양한 관점에서의 솔루션을 제안하도록 구성되어 있다.

고용서비스 품질지수에 악영향을 주는 주요 원인은 조직 내부에 있는 경우가 많다. 조직 내의 커뮤니케이션 부족, 과도한 업무로 인한 직무스트레스, 특이 민원과 구인·구직 정보의 부족, 접근성 등을 해결하기 위한 내용으로 컨설팅을 구성할 필요가 있다. 한 번의 컨설팅으로 조직문화는 쉽게 변화하지 않으므로 컨설팅은 주기적이고 반복적으로 이루어져야 한다. 이를 통해 개별 고용센터 스스로 서비스 충족, 접근성 등의 핵심 서비스 품질 문제를 해결하기 위한 지속적인 개선 방안을 도출할 수 있는 역량을 지속적으로 강화할 필요가 있다. 전문적인 컨설팅을 고용서비스 품질 측정 결과에 지속적으로 환류하여 컨설팅 역량을 강화하고 고용서비스 품질의 점차적 개선에 기여할 수 있을 것이다.

라. 고용서비스 품질 향상을 위한 집합 컨설팅 구성 실제 사례

개별 고용센터의 품질향상을 위한 컨설팅은 모듈별로 구성되며 조직문화 변화관리, 리더십과 직원에 대한 피드백 역량 강화, 특이 민원 관리, 직무스트레스 해소 등으로 구성되어 있다(이상현, 2022).

〈표 10-12〉 고용서비스 품질 향상 모듈 구성 실제 사례

시간	활동
1일차	
13:00-14:00	• 컨설팅 목적 및 주요 내용 소개 • 참가자 및 컨설턴트 소개 • 고용서비스 품질 우수센터 사례 소개 • 품질지수 결과 분석 및 센터별 자체 개선방안 수립 방법
14:00-16:00	• [모듈1] 고용센터의 고객지향적 조직문화와 변화관리
16:00-16:10	• 휴식
16:10~18:00	• [모듈2] CS 리더의 리더십 스타일과 피드백 스킬
2일차	
09:00-12:00	• [모듈3] 고객서비스 품질향상 방안 도출 및 특이민원 관리
12:00-13:00	• 오찬
13:00-15:00	• [모듈 4] 직무스트레스 관리와 감정노동 해소 활동
15:00-16:00	• 컨설팅 종합 및 토론

[모듈 1] 고용센터의 고객지향적 조직문화와 변화관리는 고객 환경의 변화에 따른 서비스 패러다임의 변화를 확인하고 고객과 원활한 관계를 맺기 위한 긍정적인 서비스 마인드 재정립를 목표로 한다.

〈표 10-13〉 [모듈 1] 고용센터의 고객지향적 조직문화와 변화관리

구분	모듈	내용	시간	학습 방법
고용센터의 고객 지향적 조직 문화와 변화 관리	Module. 1 오프닝 서비스 조직문화의 이해	• 각 리더 소개와 Ice breaking • 고용센터의 고객서비스 트렌드 제대로 이해하기 - 고객 변화에 따른 서비스 패러다임의 변화 • CS와 CX의 차이점	2H	강의 진단 실습
	Module. 2 서비스 마인드 재정립과 조직의 변화관리	• 서비스 고착마인드셋과 성장마인드셋 차이 • 서비스 성장마인드셋 챌린지 • [활동] What-Have 매트릭스 작성 및 공유 • 우리 센터의 서비스 변화를 위한 실천요소 적용		

[모듈 2] CS 리더의 리더십 스타일과 피드백 역량은 고용센터의 리더들이 자신의 리더십 스타일을 파악하고, 자신이 업무 성향이 고객 중심 조직문화를 만드는 데 미치는 영향에 대해 성찰하도록 구성하였다. 고용센터의 리더가 서로 다른 고객 대응 성향을 가진 직원들에 맞춘 커뮤니케이션 방법과 피드백 역량을 반복 학습한다.

〈표 10-14〉 **[모듈 2] CS리더의 리더십 스타일과 피드백 역량**

구분	모듈	내용	시간	학습 방법
CS 리더의 리더십 스타일과 피드백 스킬	Module. 1 9가지 유형의 리더십 스타일	• 진단안내 – 개별온라인 진단(사전진단 or 현장진단 택1) • 각 고용센터 리더의 성향이 조직문화에 미치는 영향에 대한 고찰 • 드라마 조직 VS 신뢰하는 조직의 차이 • 재미있는 업무 성향 이야기(기질 VS 업무성향의 차이) • CS 리더의 메타인지(객관적 자기인식)가 높아야 하는 이유 • 9가지 유형의 리더십 스타일과 성장 방법	2H	강의 진단 실습
	Module. 2 유형별 리더의 커뮤니케이션 스킬	• 9가지 유형별 발전적 피드백 스킬 • 서비스 리더의 Good communication - 유형별 팔로워들과의 커뮤니케이션 노하우나 사용 설명서 작성(Action paln)		

[모듈 3] 고용서비스 품질 향상 방안 도출 실습 및 특이 민원 대응 방안은 각 센터의 고용서비스 품질지수 결과 중 부진 항목과 우리의 현재 모습을 성찰하고, 고객을 바로 바라보는 관점을 가지도록 구성하였다. 다양한 특이 민원 사례를 바탕으로 사전에 예방 할 수 있는 응대 서비스 방안을 알고 구체적으로 실천사항을 도출하도록 한다.

〈표 10-15〉 **[모듈 3] 고용서비스 품질 향상 방안 도출 실습 및 특이민원 ABC**

구분	모듈	내용	시간	학습 방법
고객 서비스 품질향상 방안도출 및 특이민원 관리	Module. 1 고객과 나 이해하기	• [퀴즈] 고객을 바라보는 우리의 모습 이해하기 • 고용서비스 품질 지수로 알아보는 우리를 바라보는 모습 이해 • 업무를 통해 갖게 된 고객에 대한 편견 타파	3H	강의 실습 토의
	Module. 2 문제정의 및 개선방안 도출	• [토의] 사례를 통한 업무 프로세스 중 민원 발생 원인 탐색 • 서비스 향상 및 민원 예방을 위한 방안 모색 • [실습] 서비스 리더의 현장 대응 스킬 - 브레인스토밍을 통한 현장 경험 공유 및 아이디어 도출		

		- 시스템이 문제인가? VS 사람이 문제인가?		
		- 나의 고객 커뮤니케이션 패턴 이해 및 보완점 발견		
Module. 3 지원응대 on & off		• [토의] 고용지원 업무 중 해야 할 것 vs 하지 말아야 할 것 • [토의] 우리 센터의 효율적 조직관리를 위한 그라운드 룰 • 실천을 위한 Action Plan 발표		

[모듈 4] 고객서비스를 위한 직무스트레스 관리는 반복적인 고객 대응을 통해 발생하는 스트레스의 궁극적인 원인을 알아보고, 번아웃, 정신건강과 몸의 밸런스를 맞추기 위한 방법을 학습한다. 고객 스트레스로 인한 문제해결과 감정관리 방법을 습득하여 건강한 회복탄력성을 기르는 방법을 연습한다. 고객 스트레스로 지친 몸과 마음의 회복체험 과정으로 이끼와 흙이 주는 촉감과 냄새가 스트레스를 낮추고 편안함과 휴식을 체험한다.

〈표 10-16〉 [모듈 4] 고객서비스를 위한 직무스트레스 관리

구분	모듈	내용	시간	학습 방법

직무
스트
레스
	Module. 1
	직무
	스트레스와
	감정관리
		• 스트레스 이해하기
		  - 환경과 생활에 따른 다양한 스트레스 유발 원인 알아보기
		  - 사적, 공적 스트레스와 감정선 구분하기
		• 직무 스트레스 제대로 알기
		  - 직무 스트레스가 건강에 미치는 영향과 이를 관리해야
		    하는 이유
		  - 직무스트레스 진단
		  - 직무 스트레스를 이기는 회복탄력성을 만드는 행동력
		• 직무 스트레스 케어
		  - 행동이 감정을 다스리는 법
		  - 디로딩 케어 방법
			2H	강의
				진단
				실습

	Module. 2
	스트레스 해소와
	힐링
		• 하바리움 볼펜 제작
		  - 하바리움의 특징 및 주의사항
		  - 나만의 하바리움 볼펜 제작
		• 다짐 공유
		  - 나의 다짐 작성 및 공유
		  - 지지 및 격려하기		

고용센터의 서비스 전략은 기존의 실업급여 지급이나 단순 취업알선에서 복합적인 취업의 문제를 가진 고객을 대상으로 개인별 사례관리 중심의 서비스로 급격히 변화하고 있다. 이에 따라 고용서비스 품질관리와 서비스 컨설팅은 고용서비스의 새로운 운영 방식으로 전 세계가 관심 있게 주목하고 있으며 향후 지속적인 연구와 개발이 필요하다.

5. 민간고용서비스 우수기관 인증제

2005년 고용서비스 선진화의 일환으로 민간고용서비스를 활성화하기 위하여 민간고용서비스의 품질 관리를 필요로 하게 되었다. 민간고용서비스의 품질 관리는 고용센터의 성과관리와는 다른 차원으로 접근하여야 한다는 점에서 직업소개소 등에 대한 의무교육과 더불어 민간고용서비스 우수기관 인증제를 도입하기로 하였다.

민간고용서비스 우수기관 인증제는 직업안정법 시행령 제2조의5(고용서비스 우수기관 인증 업무의 위탁), 제2조의6(고용서비스 우수기관 재인증)에 따라 2007년부터 실시하고 있다. 한국의 여러 고용서비스 관련 제도는 후발주자로서 선진국의 사례를 벤치마킹하여 도입하는 경우가 대부분인데 민간고용서비스 우수기관 인증제는 우리나라에서 독창적으로 도입한 제도로서 다른 국가의 고용서비스에서는 찾아보기 어렵다. 민영화를 한 호주에 유사한 제도가 있는데 호주의 경우 민간위탁 기관 인증제를 우리나라의 우수기관 인증제보다는 다소 늦게 도입하였으며 호주전국고용서비스협회(NESA)에서 제공하는 민간 협회 수준의 인증제도이다.

민간고용서비스 우수기관 인증제의 운영구조는 <그림 10-2>와 같이 한국고용정보

〈그림 10-2〉 민간고용서비스 우수기관 인증제 운영 구조

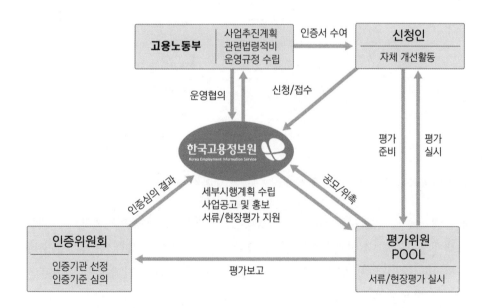

원이 운영기관으로서의 역할을 담당하고 있다(박희열·안진용, 2008).

민간고용서비스 인증제의 영역은 <표 10-17>과 같이 운영활동, 업무프로세스, 자원관리, 성과의 4개의 영역으로 이루어져 있다. 인증제의 4개 영역은 고용서비스 조직의 성과관리를 위해 필요한 제반 요소를 포함하고 있다.

⟨표 10-17⟩ 민간고용서비스 인증제 영역, 배점, 지표

영역	배점	인증지표	평가항목	
1. 운영활동	150	운영계획 및 업무개선	운영계획 실행 및 개선	60
		개인정보보호 및 법규준수	개인정보보보 및 보안	50
			법규준수 및 윤리경영	40
2. 업무프로세스	280	구인 및 구직관리	구인관리	50
			구직관리	50
		직업상담 및 취업알선	직업상담 및 사례관리	50
			취업알선 및 지원	50
			취업알선 채널의 다양성	30
		사후관리	직업상담 사후관리	50
3. 자원관리	250	인적자원의 적절성	인적자원관리	40
			인적자원의 전문성	60
		인적자원개발 및 투자	교육훈련	50
		보상 및 복리후생	보상 및 복리후생	50
		물적자원관리	시설공간의 적절성	50
4. 성과	320	재정 건전성	재정의 건전성	30
		고객 만족	고객만족도	100
		취업실적	취업실적	70
		우수서비스창출	우수서비스창출	120
4개 영역		12개 지표	18항목(1,000점)	

* 2024년도 고용서비스 우수기관 인증제 사업 시행계획 공고(고용노동부)

다시 말해 인증의 핵심지표에서 우수성을 달성하면 자연스럽게 민간업체의 성과로 이어지고 고객에게 우수한 서비스를 제공할 수 있는 조직 구조를 구축할 수 있다는 전제이다. 따라서 민간고용서비스 인증제에 참여하게 되면 사업 전반의 추진체계를 점검 관리할 수 있는 기회로 활용할 수 있다.

제3부

제11장

공공고용서비스의 민간위탁

1. 민간위탁의 의의와 목적
2. 고용서비스 민간위탁의 확산 배경
3. 민간위탁의 성공을 위한 요소
4. 주요국의 민간위탁 사례
5. 한국에서의 민간위탁

제11장 공공고용서비스의 민간위탁

서구에서는 신자유주의 사조와 신공공관리론 등의 등장에 힘입어 1990년대부터 민간의 전문성과 자율성을 활용하기 위한 목적으로 민간위탁이 확대되었다. 우리나라의 경우에는 PES의 만성적인 인력부족을 주된 이유로 2000년대 중반 이후 민간위탁이 급속히 확대되었다. 민간위탁은 PES를 보완해 줄 수 있는 장점이 있는 반면에 cherry-picking과 같은 도덕적 해이와 역선택 등도 발생할 수 있다. 이 장에서는 민간위탁의 의의와 배경, 민간위탁이 성공하기 위한 조건, 주요 국가들의 민간위탁 사례, 우리나라에서 민간위탁의 현황과 개선 과제에 대해 논의한다.

1. 민간위탁의 의의와 목적

가. 민간위탁의 의의

민간위탁(contracting – out)이란 "정부가 행정기관을 통해 직접 제공하던 서비스를 해당 사무나 서비스의 관할 책임은 정부가 계속 가지고 있으면서 민간기업 등 외부기관을 선정하여 정부를 대신하여 공공서비스를 제공토록 하고 그에 대한 대가를 지불하는 방식"이다(행정자치부, 2003). 우리나라에서는 「행정권한의 위임 및 위탁에 관한 규정」에 따라 민간위탁을 하고 있는데, 동 규정은 제1조(목적)에서 "행정 관여의 범위를 축소하여 민간의 자율적인 행정 참여의 기회를 확대하기 위하여" 민간위탁을 한다고 그 목적을 정하고 있다. 또한 제2조(정의)에서는 "민간위탁이란 법률에 규정된 행정기관의 사무 중 일부를 지방자치단체가 아닌 법인·단체 또는 그 기관이나 개인에게 맡겨 그의 명의로 그의 책임 아래 행사하도록 하는 것을 말한다."라고 규정하고 있다.

민간위탁의 종류에는 ⅰ) 공공기관이 소유·임차하고 있는 시설(청소년수련관, 어린이집 등)의 운영을 위탁하는 시설형 위탁, ⅱ) 공공기관 업무의 일부를 민간기관에게 맡겨 수탁기관의 시설(자가 또는 임차)을 이용하여 수탁기관의 책임하에 사업을 행하는 사무형 위탁이 있다. 소비자 선택과 기관 간 경쟁 촉진을 통한 민간위탁의 효율성 확보를 위해 바우처 방식을 여기에 가미할 수도 있다. 다양한 공급 주체들이 있는 경우 정부는 일단 기본 요건을 충족한 위탁 사업자를 선정한 후에 소비자(이용자)들에게 바우처를 발급하여 서비스 공급기관을 선택하게 하는 것이다. 소비자 선택 과정에서 자연스럽게 시장 통제가 이루어지기 때문에 정부의 감시 통제 비용이 절감되는 효과도 있다.

민간위탁기관을 선정하려는 경우에는 다른 법령에서 정한 경우를 제외하고는 공개모집을 하여야 한다.1) 그리고 행정기관은 민간위탁기관과 위탁에 관한 계약을 체결할 때에는 계약 내용에 민간위탁의 목적, 위탁 수수료 또는 비용, 위탁기간, 민간위탁기관의 의무, 계약 위반 시의 책임과 그 밖에 필요한 사항을 포함하여야 한다.2)

나. 민간위탁을 하는 이유

민간위탁은 정부 또는 지자체가 직접 사업을 수행하는 것보다 민간기관에 사업을 위탁하였을 때 보다 만족스러운 결과를 가져올 수 있어야 한다. 민간위탁을 하는 이유는 <표 11-1>과 같지만, 민간위탁을 통해 이 모든 효과를 얻을 수 있는 것은 아니다. 가령, 민간기관의 전문성을 활용해야 한다면 정부가 집행할 때보다 높은 비용을 지불하더라도 이용이 불가피하게 되며, 인력 및 비용 절감 차원에서 민간위탁을 한다면 자칫 저임금 인력 활용에 따른 서비스의 질이 저하될 위험도 있음을 고려하여야 한다. 따라서 민간위탁을

〈표 11-1〉 민간위탁의 목적

민간위탁의 목적	내용
해당 분야의 전문성	공공부문이 갖지 못하는 민간의 전문성을 활용
서비스 질의 개선	서비스 마인드가 부족한 공공의 한계 보완
업무 추진의 신속성	관료화된 공공기관이 보이는 red-tape 극복
인력 및 비용 절감	그러나 민간위탁 비용과 서비스의 질 등을 종합적으로 고려 필요

---

1) 다만, 민간위탁의 목적·성질·규모 등을 고려하여 필요하다고 인정될 때에는 관계 법령에 위배되지 아니하는 범위에서 민간수탁기관의 자격을 제한할 수 있다.
2) 「행정권한의 위임 및 위탁에 관한 규정」 제12조, 제13조.

하고자 하는 목적이 무엇인지 명확해야 하고 그에 따라 뒤에서 설명하는 민간위탁의 성공을 위한 기본조건들을 설정할 필요가 있다.

다. 민간위탁이 가능한 사무

「행정권한의 위임 및 위탁에 관한 규정」 제11조(민간위탁의 기준)에서는 국민의 권리·의무와 직접 관계되지 아니하는 다음 각 호의 사무를 민간위탁할 수 있다고 규정하고 있다. 즉, 능률성과 전문성을 필요로 하는 경우에 민간위탁이 가능하며, 궁극적으로는 정부가 직접 서비스를 제공하는 것보다 민간에 위탁하는 것이 국민들을 위한 서비스의 개선으로 나타나야 한다.

<민간위탁이 가능한 사무>
- 단순 사실행위인 행정작용
- 공익성보다 능률성이 현저히 요청되는 사무
- 특수한 전문지식 및 기술이 필요한 사무
- 그 밖에 국민 생활과 직결된 단순 행정사무

2. 고용서비스 민간위탁의 확산 배경

가. 규제에서 공존으로

구인·구직자 간의 일자리 중개로 시작한 고용서비스는 민간고용서비스기관(PrEA)들의 중간착취를 우려하여 직업소개 분야에서 오랫동안 정부의 독점적 지위를 유지해 왔다. ILO는 1919년 창설과 동시에 제2호 「실업 협약」(Unemployment Convention, No. 2)의 채택을 통해 중앙정부 아래에 PES를 설립하도록 한 반면에 PrEA에 대한 명시적 금지는 없었으나, PrEA들의 폐해가 지속되자 ILO는 1933년 제34호 「유료 고용서비스기관 협약」(Fee-Charging Employment Agencies Convention, No. 34)을 제정하여 일정 기간 내에 유료 고용서비스기관들을 폐지하도록 하였다. 그러나 1949년 동 협약을 개정한 제96호 협약을 채택하여 정부의 엄격한 감독하에 민간 유료기관들의 운영을 허용함으로써 PrEA가 성장할 수 있는 계기가 마련되었다. 노동시장에 대한 규제가 미약한 미국, 영국 등에서는 파견

회사(temporary work agency), 헤드헌팅 기업이 성장하였고, 구조조정이 일상적으로 발생함에 따라 기업들이 제공하는 전직지원서비스(outplacement service) 시장이 발달하였다. 반면 대륙계 유럽국가들에서는 ILO가 1997년 제181호 「민간고용서비스기관 협약」(Private Employment Agencies Convention, No. 181)에 의해 공공부문의 직업소개 독점을 공식 포기한 이후에야 PrEA가 본격 발달하기 시작하였다. 이에 따라 1990년대 이후 아래에서 살펴보는 신자유주의(Neo-liberalism) 사조와 신공공관리론 등이 대두되면서 PES와 PrEA 간의 동반 성장 또는 상호 경쟁하면서 발전이 이루어졌다(Walwei, 2005; ILO, 2009; 이상현, 2009; 장신철, 2013).

나. 신자유주의 사조와 신공공관리론, 준시장이론의 등장

1980년대에 들어서서 시장경제 원칙을 강조하는 신자유주의 사조가 등장하였고, 팽창된 복지국가 모델과 비대한 정부 조직을 효율화하기 위한 정부 개혁 모델의 하나로 신공공관리론이 부상하였다(Osborne & Gaebler, 1992; Gruening, 2001; Nissim, 2016; Rhys & Walle, 2013). 이에 따라 공공고용서비스 사업의 일부를 민간기관에 경쟁을 통해 위탁하는 「준(準)시장(quasi-market)」 모형이 OECD 국가에서 다양하게 활용되었다.

신공공관리론은 복지국가가 보여준 정부의 과보호, 정부 규모의 확대, 정부 실패 등으로 설명되는 통치 불가능성(ungovernability)을 개혁하기 위해 규제 개혁, 경쟁 원리, 민영화, 재정지출 억제 등을 추구하고, 관료제에도 민간의 경영기법과 경쟁을 도입하자는 사조로서 신자유주의, 합리적 선택이론(rational choice theory) 등과 궤를 같이한다. 핵심 철학은 "경쟁(competition)이 고객의 요구에 더 효율적으로 반응한다"라는 것으로서, 시장이 더 효율적이기 때문에 시장 영역을 넓히고, 시장에 의한 관리기법을 도입하고자 한다(권인석, 2004; Nissim, 2016). 이를 위해 계약제, 민관 공동생산, 민간위탁, 민영화를 추구하고, 질 좋은 재화와 서비스를 제공하기 위해 서비스공급자들 간에 경쟁을 촉진하고, 성과평가를 하며, 성과에 따른 보상을 해야 한다고 본다. 이렇게 함으로써 결과적으로 공공서비스 공급에서의 책임성과 효율성, 혁신, 성과와 품질 관리, 소비자 선택강화 등이 나타날 수 있다고 주장한다.

신공공관리론의 영향을 받아 1980년대 중반 이후 공공서비스 분야에 시장원리를 도입하려는 준시장이론이 나타났다. 준시장이론을 주창한 대표적인 학자는 영국의 Le Grand & Bartlett(1993)로서 공공서비스 분야(복지, 고용서비스, 교육, 의료 등)에 소비자 선택과 경쟁 등 시장원리를 도입한다면 비용 절감과 서비스의 생산성, 효율성이 높아질 수 있다고 본다. 또한 독점적 지위를 가진 정부 기관을 통해 공공서비스를 단순히 배분하는 것이 아니라 경쟁과 가격 메커니즘에 의해서 시장조정(진입 및 퇴출)이 이루어진다면 서비스의 질도 높아질 수 있다고 본다(Le Grand, 2011). 또한, 공공이 관리하는 서비스 시장이 비효율적이고 시장실패가 일어나는 것은 정치인과 공무원 등이 단기성과에 집착하는 경향이 있고, 예산을 최대한 확보하려고 하며, 국민을 위해서가 아니라 자신들의 이익(self-interest)을 위해 일하는 경향이 있기 때문이라고 한다. 준시장은 정부기관 대신에 민간기관을 공개 입찰(public tendering)을 통해 선정하고, 선정된 서비스공급자(providers)에 대한 성과평가를 통해 보상으로 성과급을 지급하는 인센티브 구조를 만드는 것이 핵심이다. 준시장은 정부 vs. 시장 중 하나를 선택하는 문제가 아니라 양자의 적절한 정책 조합(policy mix)에 의해 형성되는 시장이며, 그러한 점에서 자유로운 시장(free market forces)이라기보다는 '관리된 시장'(managed market forces) 또는 '통제된 시장'(controlled market forces)이라고 한다(Descy & Tessaring, 2004; Kahkonen, 2004).

다. 민간위탁에 대한 찬반양론

고용서비스의 시장화 경향에 따라 OECD 주요국에서 민간위탁이 확대되고 있지만, 국가별로 민간위탁을 행하는 정도는 차이가 매우 크며, 민간위탁이 항상 바람직한 결과를 가져다주는 것도 아니기 때문에 민간위탁에 대해서는 찬반양론이 대립한다.

먼저 민간위탁을 찬성하는 논리는 다음과 같다. 첫째, 정부의 독점적인 서비스 제공에 따른 PES의 비효율을 극복할 필요가 있다고 본다. 공공부문은 서비스 마인드와 혁신 능력이 부족하기 때문에 날로 증가하는 고용서비스 수요를 PES 확충으로 대응하는 것은 바람직하지도 않고 현실적으로도 불가능하다는 것이다. 공무원 신분이 대부분인 PES의 인력을 계속 늘리기도 어려운 점도 지적된다. 둘째, 민간기관들이 가진 분야별 강점을 활용하는 것이 바람직하다는 것이다. 집단상담, 전직지원서비스, 채용대행 등 고용서비스의 분야별로 특화된 서비스를 제공하는 민간기관들은 PES보다 오히려 경쟁력 있는 서비스를 제공할 수 있다고 주장한다. 또한 관련 규정에 따라 통일적 서비스 제공을 해야 하는 PES와 달리 '민간'의 경우에는 상대적으로 실업자의 욕구(needs)에 맞는 맞춤형 서비스(tailored-service)와 융통성 있는 서비스의 제공이 가능하다는 장점이 있다고 본다. 셋째, '실적'이 '수익'으로 직결되는 민간기관 경우에는 상대적으로 신분이 안정적인 PES에 비해 보다 성과지향적이고 서비스 공급 과정에서 상호경쟁을 하기 때문에 비용효과적인 서비스 제공이 가능하다는 점이다. 마지막으로, 민간위탁기관들은 정부사업을 대행하는 동반자이기 때문에 PES와 민간기관들의 파트너십에 기초한 고용서비스 제공이 바람직하다는 것이다. 민간위탁 시에 PES는 제공되어야 하는 서비스의 내용, 위탁단가, 성과달성 시의 인센티브 등을 규정화하여 관리하기 때문에 민간기관들은 PES의 사업 파트너로서 동반성장이 가능하다고 본다.

반면, 민간위탁을 반대하는 논리로는 첫째, 민간기관들은 취업의 '질'적 측면보다는 취업 인원이라는 '양'적 목표 중심으로 위탁사업을 수행할 소지가 있다. 즉, 위탁기간 내에 몇 명을 취업시켰느냐 하는 양적 목표에 치중하여 상대적으로 취업 가능성이 높은 사람만을 선별해 서비스를 제공하는 "cherry-picking" 현상 또는 취업 가능성이 낮은 사람을 최후순위 대상자로 미뤄버리는 "parking" 현상과 같은 부작용이 나타나기 쉽다고 본다. 둘째, PES에서는 효율성만으로 달성하기 어려운 형평성(equity), 책임성(accountability) 등의 가치도 추구하지만, 민간부문은 사업의 수익성을 최고의 목표로 하기 때문에 취업취약 계층들이 주로 이용하는 PES의 사업들을 민간에 위탁하는 것은 신중해야 한다는 것이다.

3. 민간위탁의 성공을 위한 요소

앞에서 보았듯이 공공고용서비스의 민간위탁 시장은 완전경쟁시장이 아닌 준시장이기 때문에 민간위탁이 반드시 정부의 의도대로 효과성이 나타나지 않을 수 있다(유길상, 2010; Burttel, 2005). 그 이유는 첫째, 민간위탁 시장에는 영리 민간기관들뿐만 아니라 공익을 추구하는 준공공기관 또는 NGO들이 참여하기 때문에 시장에서의 경쟁이 제한될 수 있다. 둘째, 고용서비스 이용에 대한 비용은 고객(소비자)이 아닌 정부·지자체가 지불하기 때문에 고용서비스 이용자의 효용함수가 서비스 가격과 구매량에 민감하게 반응하지 않기 때문이다. 셋째, 민간위탁시장에서는 주인(principal)인 정부·지자체와 대리인(agent)인 민간위탁기관 사이에 「정보의 비대칭」(information asymmetry) 문제가 발생하기 때문에 역선택(adverse selection)과 도덕적 해이가 초래되어 효율성이 담보되기 어렵다. 민간기관들은 정부가 원하는 것과는 다르게 취업이 용이한 구직자를 선택하여 실적을 올리고자 하고, 취업이 어려운 계층은 신경을 덜 쓰는 행태를 보이기 쉽기 때문이다. 또한 민간위탁기관들은 취업의 질적 측면보다는 취업 인원이라는 양적 목표 중심의 위탁사업을 수행할 소지가 크기 때문에 서비스의 질이 부실화되지 않도록 효율적으로 제어할 수 있는 모니터링 장치가 필요하다(Carey et al., 2020; Kahkonen et al., 2004).

따라서 정부의 의도대로 민간위탁이 성공하려면 몇 가지 안전장치를 마련하는 것이 요구되는데 Bruttel(2005)은 민간위탁의 성공요소로서 <표 11-2>와 같은 세 가지를 제시한다.

〈표 11-2〉 민간위탁의 성공조건

민간위탁의 성공조건	내용
효과적인 「인센티브 메커니즘」의 구축	민간기관들이 지속적으로 참여하고 성과를 높일 수 있도록 하는 효과적인 보상체계 마련
효율적인 정보 메커니즘의 구축	민간기관들이 제공하는 서비스 품질을 파악함으로써 도적적 해이와 역선택(adverse selection)을 방지할 수 있는 투명한 정보 공개
합리적인 통제 메커니즘의 구축	양질의 수탁기관 선정, 합리적인 위탁계약 기간 및 위탁 인원 선정, 서비스 대상자에 대한 cherry-picking, parking 현상을 방지하면서도 민간기관의 창의성과 자율성을 보장할 수 있는 체계 구축

* Brutte(2005)

반면, Lewis(2017)는 민간위탁이 성공할 수 있는 준시장의 성공조건으로 ⅰ) 경쟁적 시장(competitive market)의 조성, ⅱ) 정보 비대칭(information asymmetry)의 최소화, ⅲ) 거래비용(transactions costs)의 최소화를 제시하고 있다.

4. 주요국의 민간위탁 사례

1980년대 이후 많은 국가에서 신자유주의 사조 및 준시장이론에 따라 복지개혁이 이루어지면서 민간위탁이 확대되어 왔다. 그러나 국가별로 민간위탁의 정도는 큰 차이를 보이고 있는데, 이것은 사회문화적 배경과 노동시장 기제 그리고 민간위탁에 대한 철학이 크게 작용하고 있는 것으로 보인다. 호주·미국·영국·네덜란드 등 앵글로-색슨 국가들은 상대적으로 민간위탁이 매우 활발한 반면, 독일·프랑스 등 대륙계 유럽국가들과 일본은 제한적인 범위 내에서만 민간위탁이 행해지고 있다. 그러나, 이제 고용서비스를 PES가 주도해야 한다는 '당위성'은 더 이상 존재하지 않으며 "민간이 성과가 좋으면 민간에 맡긴다"는 기조가 확산되고 있다.

민간위탁은 정부, 지자체, 공공기관 등에서 다양하게 활용되는데, OECD 국가들은 의료 및 간병, 교통, 교도소, 청소 그리고 고용서비스 분야에서 다양하게 활용해 왔다. 고용서비스 분야의 경우 서구에서는 1980년대 이후 복지개혁이 추진되면서 '일하는 복지'(work - fare)가 강조되고 비대하게 팽창된 공공부문의 비효율 극복 차원에서 민간위탁이 추진되었다. 반면, 우리나라는 PES의 중추기관인 고용센터가 각종 고용대책과 일자리사업의 확대에 따라 충분한 인력확충이 되지 못함으로써 만성적인 인력부족을 타개하기 위한 수단으로 민간위탁이 확대되어 온 측면이 강하다. 여기에서는 대표적으로 영국, 독일, 호주의 민간위탁사업 운영방식을 살펴보고 한국에 주는 시사점을 살펴보기로 한다(장신철, 2023).

⟨표 11-3⟩ 영·독·호주의 대표적 민간위탁 사업

	영국	독일	호주
대표 사업	• Work and Health Programme(2017~) • Restart Programme(2021~)	• 취업알선 바우처	• Workforce Australia (2023~)
위탁대상자	• 장기실업자3) • 건강·장애로 취업하기 어려운 사람들 • 전과자, 노숙인 등	• 6주 이상 실업급여 수급자	• 프로파일링(JSCI) 결과 취업 능력이 낮은 구직자급여 수급자
위탁비 지급 내용	• 착수금 £400~600 • 취업성공금 £1,200~3,500 • 고용유지지원금: 구직자 유형에 따라 £2,200~9,600	• 착수금 1,250유로/인 • 취업성공 시 1,250유로/인	• 착수금 1,200 호주$, 고용 유지기간 및 구직자 유형에 따라 500~5천 호주$
민간위탁의 특징	• PES 규모도 크지만, 민간위탁도 활발	• PES가 절대적 영향력, 민간의 역할은 제한적	• PES를 해체하고 민간기관에 사업집행 위탁(PES는 민간 기관 관리, 성과급 지급)

가. 영 국

영국은 1997년 신노동당이 집권하면서 노동시장정책과 고용 관련 복지정책의 통합서비스를 시도하는 한편 '일을 통한 복지'(welfare-to-work)의 철학에 따라 New Deal 프로그

---

3) 영국에서 민간위탁이 되는 장기실업자의 범위는 프로그램에 따라 차이가 있는데 2017년까지 운영되었던 Work Programme에서는 대체로 9~12개월 이상 실업자로 하였으나, Work and Health Programme에서는 대체로 24개월 이상자로 강화되었고, 코로나19에 따라 시행된 Restart Programme에서는 12개월 이상자로 하고 있다.

램을 도입한 이후 2002년 Employment Zone, 2009년 Flexible New Deal 등의 다양한 민간위탁 사업들을 시행해 왔고, 민관 파트너십이 발달해 있다. 2011~2017년까지는 Work Programme(WP), 2017년 이후에는 Work and Health Programme(WHP)이 대표적인 민간위탁 사업으로 자리 잡았으며, 코로나19 발생에 따라 2021년부터는 Restart Programme이 시작되었다. WHP 사업에서는 실업급여 및 실업부조 수급자 등을 위탁받은 민간기관들이 activation을 통해 수급자들을 취업시키는 경우 소정의 위탁비용을 지급한다. 위탁대상자는 장기간 실업급여 수급자로서 총계약비용의 30%는 서비스 제공 비용으로 민간기관에 지급하고 70%는 성과급(outcome payment)으로 지급된다(Dan et al., 2015; Unedic, 2020; 영국, 2024). Restart Programme에서는 12개월 이상 실업자를 주된 대상으로 하고 있다.

영국 민간위탁은 다음과 같은 몇 가지 특징을 갖고 있다(한국기술교육대학교, 2024). 첫째, 주계약자(Prime contractors) 방식을 채택하면서 장기계약을 체결한다는 것이다. 정부는 대형 민간기관을 주계약자로 하여 위탁계약을 체결하고, 주계약자는 자신의 책임하에 다른 민간고용서비스기관, 훈련기관 등에 재위탁이 가능하다. 정부와 주계약자는 5년 단위의 위탁계약을 체결하여 위탁기관들이 보다 장기적인 시각에서 인력 채용, 인프라 투자를 할 수 있도록 하고 있다. 둘째, 민간위탁기관 간 경쟁 구도의 형성이다. 지역마다 2~3개의

〈그림 11-1〉 WP의 비용지급 구조

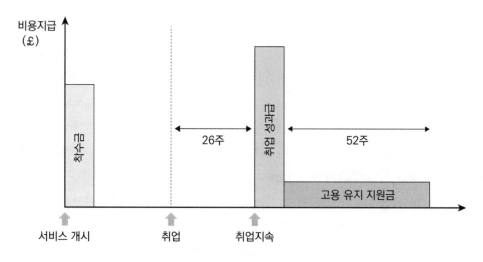

* 영국(2024)

주계약 기관과 계약을 체결하고 성과에 따라 민간기관 간에 배정 인원을 다시 조정함으로써 성과경쟁을 시키고 있다. 셋째, 성과급 위주의 위탁비 제도를 운영하고 있다. 즉, 기본급 비중을 최소화하고 민간기관이 취업에 성공을 시키고 일정기간 고용을 유지하면 성과급을 지급하는「payment-by-results」방식을 채택하고 있다. 그리고 이를 위하여 서비스 제공 기준을 구체적으로 제시하지 않고 민간의 자율성을 최대한 발휘할 수 있도록 대폭 확대하고 있다.

<그림 11-1>에서 보면 착수금(Attachment fee)은 400파운드에 불과하고, 클라이언트가 취업에 성공한 후 6개월(장애인은 3개월)이 지났을 때 1,200~3,500파운드의 성공금을 받을 수 있다. 그 이후에는 4주마다 최대 52주까지 고용유지성과금을 지급하며 참여자 유형에 따라 2,200~9,600파운드를 지급한다.

나. 독 일

다른 유럽 국가들과 마찬가지로 1990년대 초까지 PES가 고용서비스 업무를 거의 독점해 왔고, 1994년 그 독점이 풀릴 때까지 취업알선 분야에는 유료 민간업체들의 진출이 불가능했기 때문에 민간위탁이 활발하지 못하였다. 연방고용청의 2002년 초 취업률 조작 사건에 따른 후폭풍으로 2002년 PrEA에 대한 정부의 허가권을 폐지하여 민간업체들의 시장 진출을 촉진하고자 하였지만 주목할 만한 발전은 이루지 못했고, 발전은 더디게 이루어졌다. 10만 명의 직원을 가진 연방고용공단(BA)과 약 2만 명의 직원을 가진 지자체 job-center의 막강한 영향력도 민간기관들의 성장에 어려움을 주고 있다. 2003년에 이루어진 Harz I 개혁에 따라 PrEA의 진출을 보다 용이하게 하기 위한 제도가 도입되었는데 그것은 취업알선 바우처(AVGS)와 직업훈련 바우처(Bildungsgutschein) 실시 등이다.

취업알선 바우처는 실업부조(SGB II) 수급자와 실업급여(SGB III) 수급자가 발급대상이다. 실업부조 수급자는 수급 첫날부터 취업알선 바우처를 발급받을 수 있는 반면, 실업급여 수급자는 실업급여 수급 후 6주가 지나서 발급받을 수 있다. 바우처 유효기간은 일반적으로 3개월이다. 착수금은 1인당 1,250유로이고 취업성공 후 6개월 이상 고용 지속 시 1,250유로를 더 지급한다. 장기실업자 및 장애인에게는 총 3천 유로를 지급한다. 수급자는 스스로 자신이 원하는 직업소개기관을 골라서 서비스를 받을 수 있기 때문에 고객 권한 강화(client empowerment), 자기 주도(self-initiative)라는 철학에 부합하며, 독일 고용서비스의 시장화를 보여 주는 사업이다(Konle-Seidl, 2004; Knuth, 2018; 독일, 2024). 그러나 취업알선 바우처는 사중손실 등의 문제점, 낮은 단가로 인한 민간업체들의 관심 부족, 독일 실업률의 지속적인 감소 등으로 인해 존폐의 기로에 서 있다. 2015년까지 연간 20만 명 이상이 발급을 받았으나 2022년에는 2만 명대로 급감한 상황이기 때문이다.

결론적으로 독일에서의 민간위탁은 PES의 절대적 영향력 때문에 매우 제한적이며 중앙정부 차원의 대규모 민간위탁사업이 발달해 있지 못하다는 특징이 있다. 다만, 지역 단위에서 주거, 학업, 알콜중독, 마약, 부채, 심리문제 등 복합장애를 가진 취약계층에 대해 지역 NGO, 지자체, 민간고용서비스기관 등이 협업하여 지원을 하는 형태로 민간기관들이 참여하고 있다(Schulze-Boeing, 2024). 이를 위해 입찰제도를 통해 이들 기관에 고용서비스를 위탁하게 되는데 모든 입찰절차는 지방고용사무소 또는 jobcenter가 주관하여 진행하게 되며, 연방고용공단은 입찰절차의 체계화를 위해 전국에 5개의 지역구매센터를 설치하고 입찰을 진행할 때에는 이 센터를 이용하도록 하고 있다.

다. 호 주

호주는 1997년의 고용서비스 개혁에 따라 연방고용교육노사관계부(Department of Employment, Education and Workplace Relations: DEEWR)는 PES를 폐지하고 민간기관을 공모하여 서비스를 위탁하는 극단적 개혁을 함으로써 정부는 고용서비스 제공자에서 고용서비스 구매자로 전환되었다. 그러나 각종 급여 지급 등 고용서비스의 관리는 정부의 책임 하에 행하고 있으며, 서비스의 제공만을 민간에 위탁한다는 점에서 민영화(privatization)가 아닌 아웃소싱 서비스로 보는 것이 타당하다.

호주 고용서비스의 관리는 센터링크(Centrelink)로 일원화되어 있다. 센터링크는 연방정부가 담당하는 사회보장급여와 공적지원의 사회서비스를 받고자 하는 사람들에게 통합 창구(gateway) 역할을 하는 기관으로 호주의 여러 부처와 기관들의 서비스를 위탁받아 안내하는 역할을 담당하고 있다.[4] 구직자 등 급부 수급자들이 정부의 각종 지원을 받기 위해서는 센터링크를 방문하여야 한다. 구직자급여을 받고자 하는 실업자는 우선 센터링크를 방문해 기존의 프로파일링 도구인 JSCI(Job Seeker Classification Instrument)를 발전시킨 Job Seeker Snapshot에 따라 취업능력과 디지털 능력을 테스트를 받아야 한다. 그 결과 취업에 별다른 장애가 없는 사람은 A 그룹으로 분류되며 온라인상에서 자율적인 구직활

---

4) Centrelink에서 지급하는 주요 급여로는 노령연금, 경력개발 지원비, 장애연금, 구직자급여, Newstart 수당, 부모수당, 미망인 수당, 청년수당.

동을 하게 된다. 취업능력은 있으나 디지털 기술 또는 직업훈련 등의 지원이 필요한 사람은 B 그룹으로 분류되어 온라인 상에서 자기구직활동을 하되 민간고용서비스기관의 지원도 병행해서 받는다. 취업에 복합장애가 있는 사람은 C 그룹으로 분류되며 민간고용서비스기관에 위탁되어 개인적인 사례관리를 받게 된다. 2023년까지 시행된 Job Service Australia에서는 모든 수급자를 민간위탁기관들에게 위탁하였으나 새로이 시행되고 있는 Workforce Australia에서는 취업이 용이한 대상자만을 선별하는 cherry-picking이나 취업이 어려운 사람에게 서비스를 지연시키는 parking 행위를 방지하기 위한 목적으로 취업지원이 필요한 B, C 그룹만 위탁하는 것으로 개편되었다.

B, C 그룹의 수급자들은 'Workforce Australia' 회원사 중에서 원하는 곳을 선택해 고용서비스를 제공받게 되는데, 업체별로 6개월마다 이루어지는 성과평가 결과를 토대로 부여된 별점(Star ratings)을 참고해 희망하는 업체를 선정하게 된다. 고용서비스 제공업체가 직업상담, 취업알선, 훈련 등 고용서비스를 제공하면 정부는 실적을 평가한 후 그 기관에 비용을 지급하는 방식으로 운용하며, 수급자들의 서비스 참여실적을 토대로 센터링크가 활성화 조치를 담당한다.

고용서비스를 제공하는 민간기관들은 정부 입찰을 통해 고용서비스 제공기관으로 선정되는데 서비스 제공계획, 성과관리 및 평가, 서비스 가격 등을 기준으로 경쟁입찰을 통해 선정된다(민간 50%, 사회단체 45%, 공공기관 5%). 선정된 업체들과는 5년간의 장기계약을 체결한다. 각 고용서비스 제공기관에게는 1천명 이상의 위탁 인원을 보장하되 성과에 따라 위탁인원을 증감하도록 하고 있다. 직업훈련기관 등과의 협업이 필요한 경우에는 훈련기관 등과 재계약할 수 있다. 정부는 획일적인 서비스 제공기준을 폐지해 민간의 고용서비스 제공기관들이 고객과 지역의 특성에 맞는 서비스를 제공할 수 있도록 자율성을 부여하고 있다. 위탁비는 착수금과 성과급으로 지급되는데, 성과급은 고용유지기간이 4주, 12주, 26주에 달할 때마다 지급되며 고용유지 기간이 길수록 지원금이 많아지는 구조이다. (Elliott et al., 2005; 호주, 2024).

5. 한국에서의 민간위탁

가. 민간위탁의 배경

한국의 민간위탁은 PES의 중추 기관인 고용노동부 고용센터의 만성적인 인력 부족 때문에 발달해 온 아이러니가 있다. 한국의 PES는 OECD 주요 국가보다 경제활동인구 1인당 PES 인력의 비중이 1/3~1/10 수준에 불과하고, PES 지출 비중도 OECD 국가 평균의 1/3 수준으로 실업급여 수급자에 대한 충분한 상담과 activation이 제대로 이루어지지 못하고 있기 때문이다.

한국에서의 고용서비스 민간위탁은 2005년 노무현 정부의 '고용서비스 선진화 방안'을 계기로 시작되었다. 이 방안에 따라 구직자를 대상으로 개별상담을 통해 개인별 취업지원계획(IAP)을 수립해 맞춤형 서비스를 제공하는 고용서비스 프로세스의 골격이 마련되었는데, 고용센터의 인력부족과 민간부문의 역량을 활용하기 위한 목적으로 취업지원 민간위탁 사업이 시작되었다. 2006년부터는 취약계층을 대상으로 취업의욕 증진 및 구직스킬 향상 등을 위해 실시하는 집단상담 프로그램 운영을 인소싱 또는 아웃소싱 방식으로 민간기관에 위탁하였고, 2007년부터는 주부 등 경력단절 여성, 노숙인, 건설 일용근로자에 대한 취업알선을 민간에 위탁하였으며, 영세자영업자, 중소기업 퇴직자 등에 대한 전직지원(취업, 창업) 서비스가 노사공동재취업센터에 위탁되었다. 2008년부터는 청년대상 사업이 확대되어 중소기업청년인턴제, 청년층 뉴스타트 프로젝트, 청년직장체험프로그램을 민간기관과 대학에 위탁되는 등 위탁사업의 범위가 점차 확대되었다.

〈그림 11-2〉 취업성공패키지 사업 개요

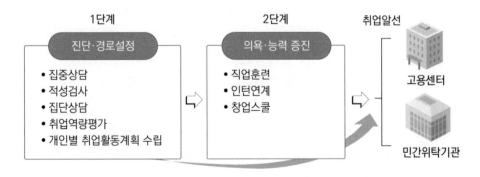

우리나라에서 민간위탁사업의 분수령은 2009년 「취업성공패키지」(일명 "취성패") 사업의 도입이었다. 2009년 약 1만 명에서 시작한 시범사업은 2014년 약 20만 명으로 늘어났고, 2017년 연간 36만여 명의 사업 규모로 성장하게 되는데, 고용센터 인력 증원을 최소화하기 위해 전체 사업 규모의 1/2 정도를 민간기관에 위탁함으로써 민간위탁이 크게 활성화되는 데 결정적인 역할을 하였다. 취성패는 진단·경로 설정(1단계) → 의욕·능력 증진(2단계) → 집중 취업알선(3단계)으로 이어지는 사업으로서 성과평가도 좋았기 때문에 민간위탁사업의 확대에 기폭제가 되었다. 2021년부터 시행된 국민취업지원제도는 사실상 취성패 사업의 후속 모델이라 할 수 있다. 정부와 지자체의 민간위탁 물량이 크게 늘어남에 따라 정부 사업을 위주로 하는 민간위탁기관들이 출현하였으며, 과거 건설일용·간병·파출 등 직업소개를 해왔던 시장과는 다른 정부위탁사업 시장이 형성되게 되었다.

나. 일자리 예산의 지속 증가에 따른 민간위탁의 확산

한국에서 민간위탁이 확대된 데는 2017년 5월~2022년 5월까지 집권한 문재인 정부의 확장적 재정정책과 2020년 초 본격화된 코로나19 위기가 많은 영향을 주었다. 부처별로 보면 일자리 사업의 주무부처인 고용노동부가 국민취업지원제, 청년일경험지원사업, 대학 일자리플러스센터, 심리안정지원 프로그램(EAP) 등 10여 개의 주요 사업을 운영하고 있다. 복지부, 행정자치부, 국가보훈부, 경찰청, 지자체에서도 대상자의 특성에 맞는 서비스 제공 또는 민간기관의 전문성 활용 차원에서 민간위탁 활용이 증가하고 있다. 단일 민간위탁사업으로 가장 규모가 큰 것은 국민취업지원제로서 민간위탁 규모는 2024년 기준으로 약 20만 명이며, 참여기관은 500개 정도로서 경쟁을 통한 입찰과 성과에 의한 보상이 작동하는 준시장(quasi-market)이 형성되어 있다.

우리나라의 민간위탁은 1970년대 직업훈련의무제 시절부터 이루어졌던 직업훈련 분야가 있고, 2010년 이후에는 국민취업지원제, 청년내일채움공제 등 주요 민간위탁사업들이 활발하게 이루어지고 있다. 앞에서 살펴보았듯이 민간에 위탁하는 사업들은 민간의 전문성을 활용하거나 공공부문의 인력 부족 해소를 위한 집행 업무들로서 <그림 11-3>에서 보면 PES와 PrEA 어느 쪽에서도 할 수 있는 업무들이다. 민간위탁 사업들은 일반적으로 1단계 상담 및 진로설정, 2단계 의욕·능력 증진, 3단계 취업알선이라는 과정을 거치기 때문에 PES가 담당하고 있는 업무라 하더라도 이러한 성격의 사업인 경우 민간위탁이 가능하다. 가령, 실업급여 수급자에 대한 상담과 취업알선은 현재 고용센터에서 담당하고

〈표 11-4〉 재정지원 일자리사업과 고용서비스 예산 연도별 추이

(단위: 억원)

구분	2011	2015	2017	2020	2021	2022	2023
계	88,059	139,748	180,285	255,032	305,131	311,331	300,340
실업소득유지 및 지원	38,737	46,832	59,528	103,472	125,377	126,933	134,351
직업훈련	11,241	17,851	23,043	22,434	22,648	25,303	27,271
고용서비스 (전년대비 증가율)	3,138 (3.6%)	6,102 (4.4%)	9,156 (5.08%)	11,988 (4.70%)	17,330 (44.5%)	20,044 (17.9%)	17,615 (-6.9%)
고용장려금	8,234	25,961	33,511	64,953	84,106	77,731	50,981
창업지원	1,587	18,339	26,432	23,586	24,017	28,091	29,397
직접일자리	25,112	24,663	28,614	28,600	31,599	33,200	31,177

* 고용노동부 보도자료, 각 연도

있지만, 고용센터의 인력부족 등으로 인해 충분한 상담과 활성화(activation) 조치가 제대로 이루어지지 못하고 있고 실업급여 소진율이 80~90%대에 달하고 있다. 따라서 영국의 사례에서 보는 바와 같이 향후 45세 이상인 실업급여 장기수급자들을 민간에 위탁하여 민간의 전문성과 자율성을 발휘해 적극적으로 취업지원을 하도록 하고 정부는 취업과 고용유지 성과에 따라 성과지급을 하면서 수급자에 대한 활성화 조치를 담당하는 것도 검토해 볼 필요가 있는 가능한 대안이 될 것이다(장신철, 2023).

〈그림 11-3〉 우리나라 민간위탁의 위치

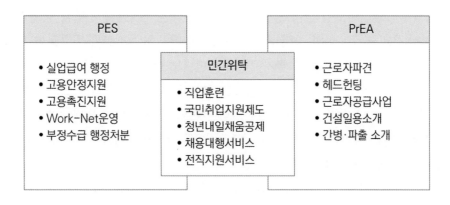

다. 한국 민간위탁의 과제

한국의 공공고용서비스 민간위탁 시장은 지난 2000년 이후 많은 성장을 하였다. 2010~2019년까지의 취업성공패키지 사업, 청년층 대상의 성공적인 민간위탁사업인 청년내일채움공제 그리고 2021년 1월부터의 국민취업지원제 등이 시행되면서 민간위탁 시장이 크게 성장하였고, 민간기관들의 사업 시행 역량과 노하우도 축적되어 있다.

그러나 몇 가지 측면에서 정부의 민간위탁 사업들은 개선이 필요해 보인다. 첫째, 민간위탁 단가를 결정하는 정부 내의 의사결정 시스템이 없이 예산 당국과 고용노동부 간의 예산 협의를 통해 단가가 결정되는 문제가 있다. 인건비 상승 등 물가인상률, 임대료, 서비스의 질 개선 등을 고려한 단가 인상이 이루어져야 함에도 예산 사정에 따라 위탁단가가 결정됨으로써 현재의 위탁단가는 적정 시장가격에 비해 20~30% 이상 낮다고 평가된다. 이로 인해 민간기관들은 경험이 일천한 직업상담사들을 정부 사업에 배치하고, 고급 인력들은 수익률이 좋은 기업으로부터의 위탁사업에 배치하게 됨으로써 정부 위탁사업의 질이 높지 못한 문제가 있다. 따라서 합리적인 위탁단가 산출이 가능하도록 고용서비스 품질관리를 담당하고 있는 한국고용정보원 또는 역량 있는 국책 연구기관이 주요 위탁사업에 대해 매년 원가계산을 하는 시스템을 마련하고 정부가 이를 반영하여 위탁단가를 책정하는 제도 개선이 필요해 보인다.

둘째, 3~5년 계약이 일반적인 외국과 달리 우리의 민간위탁 계약기간은 1년 이내가 일반적이다. 그러나 1년은 충분한 실적 평가를 하기엔 지나치게 짧은 시간으로 참여자 수, 취업자 수 등 '양'적인 결과 중심의 평가를 초래할 우려가 있다. 또한 1년 단위의 위탁기관 선정은 상담사 고용, 사무실 임차 등에 있어 중장기적인 투자계획 수립을 어렵게 하기도 한다. 따라서 우리도 주요국과 같이 최소 3년의 위탁계약을 체결토록 함으로써 투자의 불확실성을 제거해 줄 필요가 있다. 국가재정법상 단년도 예산주의를 채택하고 있는 우리나라에서는 고용서비스의 위탁계약을 1년을 초과하여 체결하기 위해서는 별도의 법적 근거를 필요로 한다. 고용노동부는 제3장에서 설명한 바와 같이 다년도 위탁계약을 체결할 수 있도록 법률 근거를 마련한 직업안정법 전부개정안을 국회에 제출해 법 개정을 추진해 왔으나 아직 국회를 통과하지 못하고 있다.

마지막으로, 주계약자 방식(Prime Contractor)의 계약을 도입할 필요가 있겠다. 정부가 주계약자와 계약을 체결하면 주계약자가 보조계약자(Sub-Contractor)와 각각 계약을 체결하고, 보조계약자의 서비스제공 관련 사항을 책임지고 관리하는 것이다. 주계약자 방식은

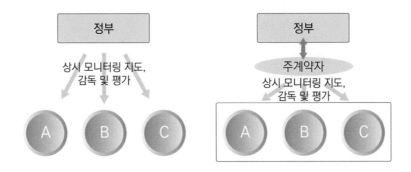

서비스의 표준화, 경쟁력 있는 소규모 기관의 시장참여 기회 증대 등이 가능하다.

　우리의 경우 국민취업지원제 사업의 경우 민간위탁기관 수가 이미 500개를 넘어섰기 때문에 고용센터에서 이들 기관들을 모두 관리하는 데 행정비용이 과다하게 소모되고 있다. 따라서 소규모 업체들은 규모 있는 기업들과 컨소시엄을 구성하여 사업에 참여하게 함으로써 민간기관들 간의 협업 생태계 구축이 가능하게 하고, 고용센터의 행정관리 부담을 경감시킬 필요가 있겠다. 2024년 국민취업지원제 사업에서 기관끼리의 연합을 통해 사업에 응모하도록 했지만 대형 민간기관끼리의 연합이 오히려 많은 형태로 나타나 주계약자 방식과는 거리가 있다.

제3부

제**12**장

전직지원서비스

1. 산업구조 변화 및 인구 고령화에 따른
   전직 수요 증가
2. 전직지원서비스의 개념과 필요성
3. 주요국의 전직지원서비스
4. 우리나라의 전직지원서비스 현황
5. 우리나라의 전직지원서비스 과제

제12장 전직지원서비스

산업구조 조정이 상시화되고 디지털 기술발전과 인구고령화에 따라 이·전직이 크게 늘어나고 있는 현대 노동시장에서는 빠른 재취업과 고용안정을 확보하기 위해서 국가의 고용안전망이 확충되어야 할 뿐만 아니라 사업주도 비자발적으로 퇴직하는 근로자들이 새로운 직장을 찾거나 경력을 전환할 수 있도록 전직지원서비스를 제공할 필요가 있다. 이 장에서는 전직지원서비스의 배경과 개념, 주요 국가의 사례와 우리나라의 현황, 특히 최근에 입법화된 고령자촉진법상의 재취업지원서비스에 대해 논의한다.

1. 산업구조 변화 및 인구 고령화에 따른 전직 수요 증가

가. 산업구조의 변화와 전직

고용(일자리)은 기본적으로 상품시장의 파생 수요이기 때문에 상품시장의 변동이 있는 경우 고용에도 영향을 미치게 된다. 상품시장은 산업구조의 변화에 따라 움직이게 되므로 그에 따라 고용도 탄력적으로 조정을 해나가야 하는 부담이 있고, 이 과정에서 전직(轉職)이 발생하게 된다. 전직은 같은 산업, 직종 내에서 발생할 수도 있지만, 흔히 다른 산업, 직종으로의 이동을 수반하기도 한다. 특히 최근의 디지털 전환(digital transformation)은 산업구조 변화를 가속화하면서 많은 근로자들이 디지털 전환의 충격에 노출되어 있다. 또한, 세계 주요국들은 2019년부터 탄소중립을 선언하고 AI와 빅데이터 분야의 투자를 가속화하고 있고, 우리나라도 2050년 탄소중립 및 한국판 뉴딜 사업전략 등을 발표하고 저탄소·디지털 분야의 일자리 창출을 늘리는 계획을 발표하였다[1](관계부처 합동, 2021b). 디지

---

1) 주요 내용은 기후 및 디지털 전환에 대응하여 산업별 맞춤형 지원체계를 구축하여 기업의 사업재편과 전환에

털 전환의 시대에는 로봇과 인공지능에 의해 일자리가 빠르게 대체될 것으로 예상된다. 특히, 사무·관리·제조직 등 중숙련 근로자들과 단순반복적인 업무 종사자의 경우 자동화와 비대면 온라인 수요 급증에 따라 실직에 따른 소득 감소와 경력 위기가 커지게 된다. 이에 따라 과거에는 중장년층이 전직의 주된 관심 대상이었으나 이제는 30대 이상에서도 전직의 수요가 나타날 수 있다.

국가 차원에서는 디지털 기술 발달에 따른 노동시장의 구조 변화에 대응하면서 경쟁력을 잃고 쇠퇴해 가는 산업 또는 일시적인 불황을 겪고 있는 산업들이 신산업으로 이동할 수 있도록 지원하는 것이 필요하다. 이 과정에서 기업들의 전환비용(transition cost)이 최소화될 수 있도록 해 주고, 구산업에서 구조조정에 따른 잉여 인력들이 신산업으로 이동할 수 있도록 해 주어야 한다. 이러한 '노동력의 이동'을 높이기 위해서는 공공고용서비스(PES)망의 확대, 업종별 노동시장정보의 보급, 직업지도 및 상담 등을 제공할 수 있는 고용안전망이 잘 구비되어 있어야 한다. 근로자의 입장에서는 전직에 따른 심리적 불안정, 소득 감소와 생계 곤란, 새로운 기능·기술의 습득 등이 과제가 된다. 기업 입장에서는 경영 악화 시에 노사 간 협의를 거쳐 잉여 인력에 대한 양적 조정[2]을 원활하게 추진하는 것이 중요하다.

결국, 고용조정과 전직은 산업구조의 변화에 따라 상시 발생하는 과정이라고 볼 때 고용조정과 전직 비용을 사회적으로 최소화시킬 수 있는 고용안전망이 필요한데, 전직지원서비스가 그러한 역할을 하게 된다. 우리나라의 경우 2009년 쌍용차 사태[3]의 교훈에서 보았듯이 준비되지 않은 구조조정과 전직은 노사 양측에 많은 갈등과 비용을 수반시킨다. 산업구조 변화에 따라 다양한 형태의 전직이 불가피하게 발생하는 것으로 본다면, '준비된 전직'이 가능하도록 노사 간의 협력과 정부의 전직지원서비스 지원 체계를 강화해 나가는 것이 필요하다.

따라 근로자의 직무전환과 재취업을 종합 지원한다는 것이다. 이를 위해 컨설팅 전담센터, 노동전환분석센터를 설립한다는 것이다.

[2] 근로시간의 조정(휴업, 조업단축 등), 근로자수의 조정(신규채용 중지, 임시직 감원, 정리해고)이 해당한다.

[3] 2009년 쌍용자동차가 총 인원의 36%에 달하는 2,646명에 대한 인력감축안을 발표하자 쌍용자동차 노조원들이 사측의 구조조정 단행에 반발해 2009년 5월 22일부터 8월 6일까지 77일간 파업을 벌였고 경찰의 강제진압으로 인한 극심한 노사갈등을 겪었다. 구조조정이 임박했음에도 해고자에 대한 기업 또는 정부 차원의 전직지원서비스 제공은 없었고 결과적으로 10년간 해고자, 희망퇴직자와 그 가족 등 33명이 자살 등으로 숨겼다.

나. 은퇴 연령 증가와 전직

급속히 진행되고 있는 인구의 고령화에 따라 노동시장에서의 은퇴 연령이 증가하고 그에 따라 경제활동기간이 늘어나고 있다. 우리 국민들이 경제활동에서 은퇴하는 연령4)은 매년 길어져 2023년 72.3세에 달함으로써 OECD 국가 중 가장 최장이며, 고령층(55~79세) 취업자 수 및 고용률도 매년 최고치를 갱신하고 있다. 한국의 65세 이상 고용률은 35% 내외로서 OECD 평균인 15%를 크게 넘어서고 있다. 은퇴 연령의 증가에 따라 직장인들의 경력연차별 평균 이직 횟수도 2010년의 평균 2.0회에서 2020년에는 3.1회로 높아졌다(잡코리아, 2021). 한 해에 90만 명 이상이 태어났던 1차 베이비붐 세대(1955년~1963년생), 2차 베이비붐 세대(1964~1974년생)의 본격적인 퇴직에 따라 퇴직 인력을 생산인력화하는 것은 국가적으로 중요한 과제가 되었다. 따라서 경제활동에서 완전히 퇴장하기 전까지 경제활동, 여가활동, 봉사활동 등이 균형을 이룰 수 있도록 사회적 지원 시스템을 갖출 필요가 있다.

〈그림 12-1〉 55~64세의 주된 일자리 퇴직 동향

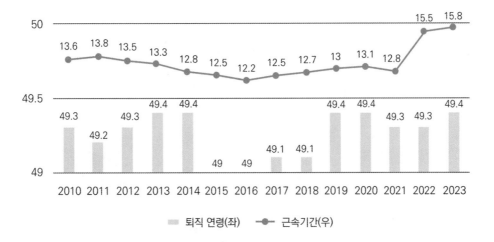

* 통계청(2023), 경제활동인구조사 고령층 부가조사(매년 5월 기준)

---

4) OECD에서 산정해 발표하는 유효퇴직연령(effective retirement age)을 의미하며 연령별 고용률이 급격히 감소하는 연령을 산정해 실질적으로 노동시장에서 퇴장하는 연령으로 본다.

이와 같은 우리나라의 인구 고령화는 세계에서 가장 빠른 속도로 진행되고 있으며 그 결과 65세 이상 노령인구 비율이 20% 이상인 초고령사회(super-aged society)는 2025년에 도달이 예상된다(통계청, 2023). 한편, 통계청(2023) 조사에 의하면, 한국인들이 주된 일자리에서 이직하는 연령이 49.3세인 반면, 실제 일을 하는 것은 OECD 최장인 72세까지 일을 하기 때문에 노동시장으로부터의 퇴장시까지 23년을 더 일을 하며, 서너개의 일자리를 더 갖게 된다. 특히 100세 시대를 맞아 부모 봉양기간이 과거보다 10~20년 이상 늘어남으로써 경제적 부담이 가중된다. 따라서 중장년층을 위한 재취업 또는 창업 준비, 재취업 알선, 직업훈련 기회의 제공, 장년 일자리의 확대, 사회공헌 활동 지원 등을 위한 공공·민간의 전직지원서비스 제공이 그 어느 때보다 중요하게 되었다.

우리나라 고령층이 이렇게 70대 초반까지 경제활동을 지속하는 이유는 경제적인 이유가 가장 크다.[5] <그림 12-2>에서 보듯이 우리나라 국민들은 생애주기로 볼 때 60세 이후에는 가계수지가 적자로 돌아선다. 따라서 주된 일자리에서 퇴직하는 50세 전후의 인력이 노동시장에 오래 머물게 하여 인적자원으로 활용해 나가야 하며, 인생 2모작, 3모작 이상이 가능하도록 전직 지원 체계를 보다 촘촘하게 갖추어 나가야 한다. 아울러 고령자고용 확대를 위해서는 연공급 대신에 직무·성과급 임금체계로의 개편, 정년 연장, 작업환경 개선 등도 이루어질 필요가 있다.

〈그림 12-2〉 한국인들의 생애소득소비곡선

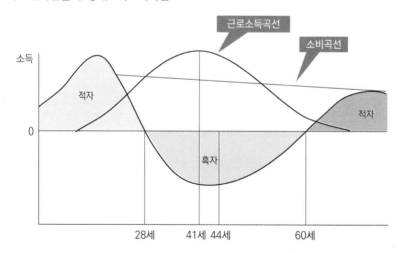

* 통계청, 2022 국민이전계정(2024.11월)

---

5) 60~79세 연금 수령자 비율은 66.3%(756만 9천명)이고, 월평균 연금 수령액은 75만원에 불과하다.

2. 전직지원서비스의 개념과 필요성

가. 전직지원서비스의 관련 용어들

전직지원서비스와 관련된 용어로는 아웃플레이스먼트(outplacement), (퇴직자에 대한) 재취업지원서비스가 있다. 먼저, 영미권에서 사용하는 '아웃플레이스먼트'는 "해고(예정) 근로자가 다른 일자리로 이동할 수 있도록 사업주가 지원하는 이직 지원 서비스"이다.[6] 경력전환지원 서비스(career transition service)라고도 한다. 아웃플레이스먼트는 근로자에 대한 고용보호 장치가 없는 미국에서 가장 잘 발달해 있다. 미국 기업들은 인력감축의 필요성이 있는 경우 수시로 (대량)해고를 하면서 퇴직 지원 프로그램의 일환으로 아웃플레이스먼트 서비스를 제공하고 있다. 국내 연구자들이 정의한 아웃플레이스먼트도 영미권에서의 정의와 마찬가지로 비자발적 이직자에 초점을 두고 있다. 즉, 아웃플레이스먼트는 경영상의 이유, 즉 근로자의 자발적 의사와는 관계없이 비자발적으로 퇴직하거나 퇴직할 예정인 근로자를 대상으로 퇴직으로 인한 충격을 원만하게 극복하고, 퇴직자들이 원하는 목표(재취직 또는 창업 등)를 가장 효과적이고 신속하게 달성할 수 있도록 사업주의 지원하에 제공되는 종합적인 제반 서비스를 말한다(권대봉, 2012; 정동섭 외, 2003; 임운택, 2006). 아웃플레이스먼트는 일부 대기업들이 자체 시설을 통해 제공하기도 하지만, 외부에 아웃소싱을 주는 경우가 대부분이다.

다음으로 '재취업지원서비스'라는 용어는 2020년 5월 개정 시행된 고령자고용촉진법에서 사용하고 있는 용어이다. 고령자고용촉진법(제21조의3 제1항)은 "사업주는 정년퇴직 등의 사유로 이직 예정인 근로자에게 경력·적성 등의 진단 및 향후 진로설계, 취업알선, 재취업 또는 창업에 관한 교육 등 재취업에 필요한 서비스(이하 "재취업지원서비스"라 한다)를 제공하도록 노력하여야 한다"고 규정하고 있다. 여기에서 재취업지원서비스의 지원대상은 정년, 경영상 이유에 의한 해고 등 비자발적인 사유로 이직예정인 준고령자(50세 이상) 및 고령자(55세 이상)이다(같은 법 제21조의3 제2항 및 시행령 제14조의3 제1항). 따라서 고령자고용촉진법에서 말하는 퇴직예정자를 대상으로 한 재취업지원서비스는 아웃플레이스먼트 개념과 동일하게 된다. 그러나 동법에서는 전직지원서비스라는 용어를 발견할 수는 없다.[7]

---

6) www.adp.com/, www.forbes.com/, Gribble et al. (2009), 한국인사관리협의는 아웃플레이스먼트를 "해고 근로자가 재취업하거나 창업할 수 있도록 돕는 종합 컨설팅 서비스"로 정의하고 있다(www.insabank.com).
7) 그 이유는 전직지원서비스를 구조조정의 연장선상에서 보는 노동계의 반대로 인한 것으로 보인다.

나. 전직지원서비스의 개념

전직지원서비스라는 용어는 한국에서 1997년 외환위기 이후 외국계 기업에서 제공한 아웃플레이스먼트를 번역해서 사용한 것이다. 그러나 현재 우리나라에서 사용하고 있는 전직지원서비스는 기업에서의 퇴직(해고) 예정자뿐만 아니라 중장년 일반 구직자들의 인생 2, 3모작을 위한 지원 서비스로 사용되고 있기 때문에 아웃플레이스먼트에 비해 서비스 제공 대상자가 넓다. 가령, 노사발전재단(고용노동부 산하기관)에서는 2011년부터 전직지원 서비스를 제공해오고 있으며, 기업에서의 이직 예정자뿐만 아니라 만 40세 이상 일반 중장년층에게 전직지원서비스라는 이름으로 서비스를 제공하고 있다. 결국, 기업의 퇴직(해고) 대상자들만을 대상으로 서비스를 제공하는 아웃플레이스먼트는 좁은 의미의 전직지원서비스라 할 수 있는 반면, 전직지원서비스는 그 밖의 대상자들까지 포괄하여 제공하는 보다 광의의 개념이라 할 수 있다. 이를 도식화하면 <그림 12-3>과 같다.

〈그림 12-3〉 **아웃플레이스먼트와 전직지원서비스의 구분**

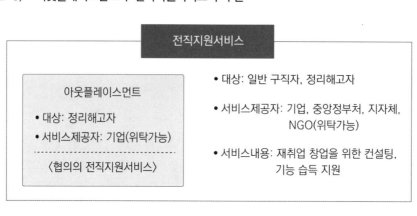

그리고 우리나라 고령자고용촉진법에서의 재취업지원서비스 정의와 영어권에서 사용하는 아웃플레이스먼트라는 용어의 의미를 볼 때 방점은 '사업주'가 제공하는 서비스라는 것에 있다. 본 장에서도 협의의 전직지원서비스인 아웃플레이스먼트에 중점을 두어 내용을 기술하고자 한다. 전직지원서비스의 필요성은 자발적 이직자, 비임금근로자(특수근로형태종사자, 자영자 등)라 해서 다르지 않지만, 2023년 우리나라의 경제활동인구 2,903만명 중 76.8%는 임금근로자이고, 근로자에 대한 구조조정과 전직지원서비스를 둘러싸고 노사 간에 쟁점이 되는 대상이기 때문이다. 또한 고령자고용촉진법에 의해 1천인 이상 기업에 대해 전직지원서비스 제공이 의무화되었지만, 아직 제대로 된 전직지원서비스 제공과는 거리가 멀다는 것도 아웃플레이스먼트에 중점을 두고자 하는 이유이다.

그리고 본 장에서 재취업지원서비스라는 용어 대신에 전직지원서비스라는 용어를 사용하고자 하며, 필요시에만 고령자고용촉진법상의 용어인 '재취업지원서비스'를 사용하고자 한다. 그냥 재취업지원서비스라고 한다면 모든 국민들의 재취업과 관련한 서비스를 의미할 수 있기 때문에 정책대상이 모호해지고 서비스의 제공 주체도 정부·지자체 등 공공부문으로 확대되어 공공고용서비스(PES)의 확충과 관련되는 문제로 전환되기 때문이다. 아울러 전직지원서비스는 직업생활을 전제로 하는 것이므로 이와 관련이 없는 사회참여, 평생교육[8])과는 구분되어야 한다.

〈표 12-1〉 협의 vs. 광의의 전직지원서비스의 개념

	서비스 제공의 내용	서비스 제공의 주체
협의	• 해고 근로자가 재취업하거나 창업할 수 있도록 돕는 종합 컨설팅 서비스 • 재취업에 필요한 상담, 구직활동 지원, 기능습득, 창업 등을 지원 • 아웃플레이스먼트 서비스와 같은 개념	기업이 제공
광의	• 기업에서의 이직자(해고자)뿐만 아니라 중장년 구직자를 대상으로 하여 경력개발, 직업 또는 직무전환, 생애설계 등을 제공하는 HR 서비스	기업뿐만 아니라 정부, 지자체 등이 제공

다. 전직지원서비스의 필요성

다양한 이유에 의해 전직은 발생하게 마련이므로 노사가 이를 피할 수 없다면 전직지원서비스의 이점을 활용하는 전략으로 나아가야 한다. 전직지원서비스 제공은 노사 양측에 다음과 같은 이점이 있으므로 노사 간 협상의 어젠다로 다룰 필요가 있다(권대봉, 2012; Gribble et al., 2009; 강현주 외, 2020).

먼저, 사업주에게 주는 이점을 살펴보면 첫째, 고용조정을 둘러싼 노사 간 갈등의 완화이다. 경영상의 이유에 의한 고용조정이 필요한 경우 사측은 근로기준법에 따라 노조 또

---

8) 우리나라의 「평생교육」은 지난 40년간 학점은행제·사이버대학 등 학위취득 과정과 교양·문화 수강용 바우처 사업 중심으로 발전해 왔다. 1982년 사회교육법이 제정되었고 1998년 평생교육법으로 명칭이 변경되었다. 평생교육법 제2조는 "평생교육이란 정규 학교 교육과정을 제외한 학력보완 교육, 성인 문해교육, 직능향상 교육, 인문교양교육, 문화예술교육, 시민참여교육으로 구성된다."고 규정하고 하고 있다.

는 근로자 대표와 고용조정 규모, 이직 예정자에 대한 선정 기준, 이직 시기 등을 협의해야 한다. 이때 이직 근로자 대한 보호 방안으로 금전적 보상뿐만 아니라 충실한 전직지원서비스의 제공을 포함하는 경우 고용조정을 둘러싼 노사 간 갈등은 완화될 수 있다. 둘째, 구조조정이 이루어지는 경우 잔류인력들은 생존자 신드롬(survivors'syndrome)에 시달리며 사기 저하와 우울감, 기업에 대한 불신, 기업에 대한 신뢰 저하, 미래 경력에 대한 불안감 등 부작용이 나타날 수 있는데, 기업의 전직지원서비스는 이러한 부작용을 줄여줄 수 있는 장점이 있다. 이직 근로자에 대한 기업의 책임 있는 행동은 재직 근로자들의 로열티 증진을 가져옴으로써 조직 몰입도 제고와 생산성 향상에도 기여하게 된다. 셋째, 비자발적 이직자에 대한 전직지원은 기업의 사회적 책임 수행과 ESG를 실천한다는 좋은 이미지를 심어주는 장점이 있다.

다음으로 근로자(노조)에게 주는 이점으로는 첫째, 경영상 필요에 따른 비자발적 이직자의 경우 이직 전에 취·창업 등을 위한 사전 준비를 하게 됨으로써 이직에 따른 불안감 완화와 심리적 안정 그리고 미래에 대한 설계가 가능하게 된다. 둘째, 사업주로부터 만족할만한 전직지원서비스 비용을 획득하는 것은 노동조합의 신뢰도를 높이게 됨으로써 조합원 확장에 긍정적인 영향을 주게 된다. 셋째, 전직지원서비스 교육을 함께 받음으로써 서로의 고민과 생각을 나눌 수 있고, 생애·진로설계에 대한 정보·아이디어 등을 교환함으로써 보다 신속한 재취업에 도움을 받는 것이 가능하다.

3. 주요국의 전직지원서비스

실업기간을 최소화하면서 직장 간 원활한 이동을 지원하기 위한 전직지원서비스(outplacement service)는 2차 세계 대전 이후 군 제대자를 대상으로 한 일자리 알선에서 시작된 것으로 알려져 있다. 전직지원서비스 제공이 가장 활발한 국가는 미국으로서 '임의고용의 원칙'(Employment−at−will Doctrine)[9])에 따라 해고가 자유롭고 노동시장이 유연하기 때문에 잉여인력들을 상시적으로 구조조정하면서 회사가 전직지원서비스를 제공하기

---

9) 노사 어느 쪽이든지 정당한 이유가 있건 없건 고용관계를 자유로이 아무 때나 단절할 수 있다는 원칙으로서 120여년전 판례에 의해 확립되었다. 이 원칙은 현재는 각종 고용차별금지법과 노동조합의 단체협약에 의해 예외가 있기는 하지만 아직도 미국의 고용관계를 지배하는 원칙으로 군림하고 있다(장신철, 2011; 박은정, 2006; Harcourt et al., 2013).

때문이다. 프랑스, 독일, 스웨덴 등 노동시장이 훨씬 규제적인 유럽 국가들도 구조조정 이직 근로자들에 대한 전직지원서비스 제공을 법률에 의해 의무화 하고 있다. 미국을 제외한 한국 등 대부분의 국가에서는 '정당한 사유'(just cause)가 없이는 근로자를 해고할 수 없다는 해고 보호 조항을 두고 있으나, 불가피하게 경영상 이유에 의한 해고를 하는 경우 이직 근로자 보호 차원에서 전직지원서비스 제공을 의무화하고 있는 국가도 있지만 그렇지 않은 국가도 있다.

가. 미 국

노동시장에 대한 규제가 약한 미국은 공정근로기준법(Fair Labor Standards Act)에 근로자에 대한 해고 보호 조항도 없고 기업들이 이직 근로자들에 대해 전직지원서비스 제공 의무도 없다. '임의고용의 원칙'에 따라 해고가 자유롭고 노동시장이 유연하다. 해고를 많이 한 사업주들은 실업보험의 경험료율(experience rating)에 따라 보다 높은 실업급여 보험료를 낼 뿐이다. 이러한 탄력적인 노동시장 하에서 미국 기업들은 기업 사정이 어렵게 되면 근로자들을 구조조정하고 그 대신에 기업이 이직자에 대한 전직지원서비스(아웃플레이스먼트)를 제공하는 관행이 형성되어 왔다. 서비스 제공 기간은 기업의 실정에 따라 3개월~1년이다. 따라서 전직지원서비스 시장이 오히려 다른 나라보다 활발한 편이며, 기업 인사노무관리(HRM)의 한 영역으로 자리잡고 있다. 미국에서 제공되는 전직지원서비스의 유형은 대략 3가지로 나누어 볼 수 있다. 첫째는 회사가 적극적으로 근로자의 경력개발을 지원하는 모형이며, 둘째는 노동조합이 적극적으로 참여하는 노사협력적 모형이다. 셋째는 노사의 노력에 정부기관과 지역사회가 함께 참여하는 노사정 3자 지원센터 모형이다. 가령, 1990년대 초에 Boeing사가 경영의 어려움으로 약 55천명의 인력감축을 추진할 때 노사는 물론 지역사회, 주정부와 지방정부, 커뮤니티 컬리지 등이 협력해 Reemployment Centers를 설치하고 전직을 성공적으로 지원한 것은 세 번째 모형에 해당한다.[10]

나. 프랑스

프랑스 노동법전[11]에 따르면, 근로자 50명 이상인 기업에서 경영상의 이유로 근로자

---

10) https://go.gale.com/ps/
11) L.1233－65조~66조.

10명 이상의 해고를 계획하는 경우에는 사용자는 '직업전환계약'(Occupational Transition Contract)을 제공해야 한다. 이 계약은 해고가 불가피한 근로자의 재취업을 촉진하기 위한 것인데, ① 1천인 미만 사업체에 적용되는 직업안정화 계약 제도와 ② 1천인 이상 사업체에 적용되는 전직휴가 제도가 있다. 참여자들에 대해서는 실직 전 임금의 80% 정도를 사업주가 직업전환수당으로 지급한다.

①의 직업안정화 계약의 적용대상은 경영상 이유에 의한 해고자로서 근속 1년 이상인 사람이다. 직업안정화계약이 성립하면 근로계약 관계는 종료하며, 직업안정화계약이 이행되는 기간에 근로자의 지위는 직업훈련에 참여하는 자이다.[12] 또한, ②의 전직휴가의 대상은 1,000명 이상의 근로자를 고용하는 기업에서 경영상 해고의 대상이 된 근로자이다. 근로자 1,000명 이상의 기업에서 사용자가 경제상 해고를 하는 경우 해당 근로자에게 전직휴가를 제안하여야 한다. 전직휴가 기간은 통상 12개월이며, 훈련에 참여하면 최대 24개월까지 연장될 수 있다.

다. 독　일

기업들의 90% 이상이 단체협약에 의해 전직지원서비스를 제공하고 있다. 해고 근로자들이 바로 실직자가 되는 것을 방지하기 위해 기업들은 전직지원회사(Employment Transfer Company)라는 자회사를 운영하고 있으며,[13] 해고자들은 이 회사로 이동하여 체계적인 전직지원서비스를 받는다. 적성검사 → 오리엔테이션 → 취업계획서 작성 → 토론·워크숍 → 구직활동 → 인턴근무와 같은 절차를 따른다. 자녀가 있으면 실직 전 임금의 67%, 없을 때는 60%를 최대 1년간 받는데, 급여수준은 실업급여 수준과 일치한다. 소요비용은 고용보험기금에서 지원한다. 사업주들이 추가 지원하는 경우도 많기 때문에 실직 전 임금과 비슷한 급여를 받는 근로자들도 많다.[14]

---

12) 사용자가 근로자에게 직업안정화계약을 제안하지 아니하여 고용센터의 제안에 따라 해당 근로자가 고용센터와 직업안정화계약을 체결하는 경우 사용자는 3개월분의 임금 상당액을 분담금으로 납부해야 한다.

13) 가령, 폴크스바겐은 고용전환회사 '오토비전'을 운영하고 있으며 70%에 가까운 취업률을 자랑한다.

14) https://www.en.karent.de/, https://www.rundstedt.de/en/

라. 스웨덴

사업체의 경제적 사정에 의해 정리 해고된 노동자들의 전직지원서비스를 지원하기 위해 직역별로 5대 '고용안정기금'을 운영하고 있는 것이 특징이다(조돈문, 2019; 스웨덴 고용보호법 LAS). 노사 단체협약으로 1972년 문화·예술·비영리부문 종사자들을 위한 고용안정기금이 최초로 설립되었다. 고용안정기금들은 사업주가 정기적으로 출연하는 기금으로 운영되며 납입액은 일반적으로 연간 임금총액의 0.3% 수준이다. 정리해고를 하고자 하는 사업주는 고용보호법에 따라 지역별로 설치되어 있는 '고용안정위원회'(Job Security Councils)에 통지해야 하며, 동 위원회는 실직하기 전 정리해고 등 고용계약 해지 통보를 받은 시점부터 제공된다. 해고된 근로자들은 6~8개월 정도의 전직지원서비스를 받는다. 모든 비용은 사업주가 부담하는 고용안정기금에서 부담한다.

4. 우리나라의 전직지원서비스 현황

가. 전직지원서비스의 역사

1) 외환위기 이후의 전직지원서비스

우리나라에서도 근로기준법에 '경영상 이유에 의한 해고'(정리해고)가 법제화되어 있고 정리해고도 간헐적으로 보도가 되었지만 전직지원서비스(아웃플레이스먼트)는 1997년 외환위기에 따른 고용위기 전까지 관심을 끌지 못하였다. 근로기준법 제24조는 기업이 ① "긴박한" 경영상의 필요 ② 해고 회피 노력의 입증 ③ 해고대상자 선정의 합리성 ④ 근로자대표(노조)에게 50일 전 통보 및 성실한 협의라는 4가지 요건[15]을 충족하면 정리해고가

---

15) 근로기준법 제24조(경영상 이유에 의한 해고의 제한)
  ① 사용자가 경영상 이유에 의하여 근로자를 해고하려면 긴박한 경영상의 필요가 있어야 한다. 이 경우 경영악화를 방지하기 위한 사업의 양도·인수·합병은 긴박한 경영상의 필요가 있는 것으로 본다.
  ② 제1항의 경우에 사용자는 해고를 피하기 위한 노력을 다하여야 하며, 합리적이고 공정한 해고의 기준을 정하고 이에 따라 그 대상자를 선정하여야 한다. 이 경우 남녀의 성을 이유로 차별하여서는 아니 된다.
  ③ 사용자는 제2항에 따른 해고를 피하기 위한 방법과 해고의 기준 등에 관하여 그 사업 또는 사업장에 근로자의 과반수로 조직된 노동조합이 있는 경우에는 그 노동조합(근로자의 과반수로 조직된 노동조합이 없는 경우에는 근로자의 과반수를 대표하는 자를 말한다. 이하 "근로자대표"라 한다)에 해고를 하려는 날의 50일 전까지 통보하고 성실하게 협의하여야 한다.
  ④ 사용자는 제1항에 따라 대통령령으로 정하는 일정한 규모 이상의 인원을 해고하려면 대통령령으로 정하

가능한 것으로 규정하고 있지만, 한국경제는 1963~1996년까지 연평균 7%대의 경제성장을 보였고, 구조조정에 의한 이직을 하더라도 재취업이 어렵지 않았기 때문에 기업에 의한 전직지원서비스 제공 사례는 드물었다.

그러나 1997년 말부터의 경제위기에 따라 금융보험, 자동차, 조선 등 주요 산업 분야에서 대규모 실업자가 발생하면서 전직지원서비스를 제공하는 기업이 생겨났고 서비스 제공을 위탁받아 서비스를 제공하는 외국계 기업들이 활동을 시작하였다. DBM Korea는 외환위기 시에 국내에 아웃플레이스먼트 서비스를 최초로 시작한 것으로 알려져 있다. 1998년 한국 P&G, 한국노바티스, 한국애질런트 등 외국계 기업에서 퇴직근로자를 대상으로 한 전직지원서비스가 제공되었고, 2001년에는 국내 기업 중 최초로 삼성전자에서 커리어 컨설팅센터를 개소하여 임직원을 상대로 한 전직지원서비스를 개시하였다.

정부에서는 1995년 7월 시행된 고용보험제의 고용안정사업에 이미 전직지원서비스에 대한 지원 내용을 담았다. 이것은 전직지원장려금 제도로서 해고(예정)자에게 전직지원서비스를 제공하는 기업에 대해서는 당시로서는 매우 파격적인 금액인 1인당 최대 300만 원을 지원하는 것이었지만 전직지원장려금 제도는 활성화되지 못하였고 결국 2011년에 폐지되었다. 활용이 저조했던 이유는 전직지원서비스를 구조조정의 수단으로 인식하는 노조의 부정적인 시각과 그에 따른 기업들의 활용 부진, 경제의 지속 성장에 따른 양호한 고용 사정 때문이었다. 그 대신에 2011년부터 노사발전재단이 정부 위탁을 받아 기업에서의 퇴직자뿐만 아니라 40대 이후의 중장년을 대상으로 한 전직지원사업을 실시해 오고 있다.

2) 2020년 이후의 고령자고용촉진법에 의한 재취업지원서비스

이러한 상황에서 2020년 5월 1일 고령자고용촉진법이 시행되어 1천인 이상 기업은 비자발적 이직자에 대한 '재취업지원서비스' 제공이 의무화됨으로써 전직지원서비스의 새로운 장이 열렸다. 경영계에서는 강제 의무 부과가 기업 부담으로 이어진다는 이유로 반대했으나, 산업구조의 변화와 고용형태의 다양화, 비정규직의 증가, 인구 고령화 등에 따라 직장 이동이 보다 빈번해짐에 따라 우선 1천인 이상 기업에 대해 재취업지원서비스 제공이 의무화되었다.

그러나 이를 불이행하더라도 아무런 패널티가 없는 '노력 조항'에 머물고 있는 한계가

는 바에 따라 고용노동부장관에게 신고하여야 한다.
⑤ 사용자가 제1항부터 제3항까지의 규정에 따른 요건을 갖추어 근로자를 해고한 경우에는 제23조 제1항에 따른 정당한 이유가 있는 해고를 한 것으로 본다.

있다. 또한 2020년 5월 제도 시행 이후 대기업들이 제공하는 전직지원서비스의 수준이 오히려 후퇴하고 있다는 비판이 제기되고 있다. 그 이유는 고용노동부에서 고시한 「재취업지원서비스의 운영 기준」이 너무 느슨한 내용을 담고 있어 기업들이 면피용으로 2회 이상의 취업알선만 행하는 등 최소한의 서비스를 제공하더라도 의무이행이 되기 때문이다.16) 그 결과 그동안 자발적으로 서비스를 제공해 왔던 대기업들도 노동부의 기준에 맞추어 전직지원서비스 제공을 최소화하는 경향이 나타나고 있고, 그에 따라 인당 서비스 단가도 오히려 낮아지고 있다는 지적이다. 결론 부분에서 향후 제도 개선 방안에 대해 살펴본다.

나. 전직지원서비스의 제공 내용

1) 전직지원서비스의 일반적인 서비스 내용

전직은 고용관계의 단절을 의미하는 이직(separation)이며, 본인의 귀책사유가 없지만 정리해고 등 비자발적 사유에 의해 직장을 떠나야 하는 경우 많은 심리적·경제적 충격이 있게 된다. 따라서 전직지원서비스는 이직자들이 이러한 어려움을 극복해 나갈 수 있도록 세심한 배려가 필요하다. 기업에서는 해고 회피 노력을 했음에도 불구하고 정리해고가 불가피하게 필요한 경우 근로자대표(노조)에게 사전 통보 후 협의 과정을 거치게 되며 최종적으로 합리적인 기준에 의해 해고 대상자 선정을 한 후 당사자들에게 통지하게 된다. 이 과정이 매끄럽지 못하게 되면 이직 예정자들의 반발과 이직에 대한 수용성이 저하되어 기업이 제공하는 전직지원서비스 프로그램에 대한 참여도도 높지 못하게 된다. 따라서 사전 단계의 중요성은 아무리 강조해도 지나치지 않다.

해고 대상자 등의 선정이 끝나고 나면 전직지원서비스는 <그림 12-4>와 같은 프로세스로 진행되게 된다(김석란 외, 2021; 대한상공회의소, 2022). 우선, 구조조정 또는 정년 등 비자발적인 이유로 인한 퇴직은 많은 사람들에게 심리적인 스트레스, 미래에 대한 걱정 등이 수반되기 때문에 도입 단계에서는 심리안정서비스 제공이 필요하다. 불안, 스트레스에 대한 감정 관리와 성공적인 변화를 위한 동기부여가 이루어져야 한다.

둘째, 심리적 안정이 이루어지고 퇴직이라는 새로운 환경에 적응이 되고 나면 재취업을 위한 준비단계로 이행한다. 준비 단계에서는 개인의 성격, 적성, 능력 등을 파악한 후 진

---

16) 2020년 5월은 코로나19 위기가 본격적으로 나타남으로써 기업들이 많은 위기를 겪는 때였기 때문에 기업에 부담을 주는 전직지원서비스의 내용을 규정하기가 어려운 한계가 있었다.

로를 설계하고 경력목표도 설정한다. 취업을 원하는지 창업을 원하는지를 상담한 후 그에 맞는 서비스를 제공한다. 취업을 위해서는 이력서 작성, 면접 스킬, 구인처 탐색 방법 등을 지원하고, 창업을 위해서는 적합업종 파악, 시장분석, 창업 행정절차를 준비한 후 소요재원 파악 및 융자 방법 등을 준비하게 된다. 근로자로 재취업을 원하는 경우에는 적합한 구인처 탐색과 근로조건 파악, 동행면접 등을 지원한다.

셋째, 실행단계에서는 실제 구직활동에 참여하거나 창업을 하는 것이다. 전직자의 경험과 능력에 따라 직업능력개발훈련에 참여할 수도 있다. 다른 업종, 다른 직무를 맡게 되는 경우에는 새로운 직무에 대한 전직훈련이 필수적으로 요구되지만, 기존의 경험과 능력을 활용할 수 있는 동일 직무인 경우에는 약간의 재훈련 또는 향상훈련을 실시할 수도 있고, 교육훈련을 생략할 수도 있다. 기업에서 전직지원서비스를 제공하는 경우에는 보통 준비단계까지 진행하는 것이 일반적이지만, 민간 전직지원서비스 기관에서는 계약에 따라 실행단계 및 피드백 단계까지 서비스를 제공하기도 한다.

〈그림 12-4〉 전직지원서비스의 제공 프로세스

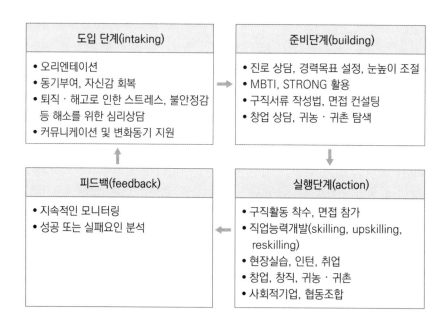

2) 고령자고용촉진법에 의한 서비스 의무화 내용

현행 고령자고용촉진법에 의하면 재취업지원서비스는 ⅰ) 경력·적성 등의 진단 및 향후 진로설계 ⅱ) 취업 알선 ⅲ) 재취업 또는 창업에 관한 교육 ⅳ) 그 밖에 고용노동부장관이 재취업 또는 창업에 필요하다고 인정하는 서비스의 내용 및 방법) 중 어느 하나 이상을 제공하면 된다(법 제21조의3). 이에 따라 고용노동부에서는 <표 12−2>와 같이 1천인 이상 사업장이 최소한 제공해야 하는 전직지원서비스의 내용을 고시하였다.

〈표 12−2〉 기업의 재취업지원서비스 제공 의무(노동부 고시)

구분	서비스 내용	제공 기준
영제14조의4 제1항 제1호에 따른 진로설계	• 이직 이후 변화관리 등에 관한 교육을 포함, 소질과 적성, 경력에 관한 진단과 상담을 바탕으로 향후 생애와 직업에 관한 진로 설계	• 16시간 이상의 교육과 상담 제공 • 개인별 「진로설계서」 작성
영제14조의4 제1항 제2호에 따른 취업알선	• 일대일 취업 알선 및 상담 (이력서·자기소개서 작성요령 등 취업지원 서비스 제공 포함)	• 이직전 6개월 이내 2회 이상 일대일 취업 알선
영제14조의4 제1항 제3호에 따른 교육	• 구직 또는 창업 희망에 따라 직업에 필요한 직무수행능력을 습득·향상시키기 위하여 실시하는 교육·훈련	• 기간 2일 이상, 시간 16시간 이상 실시 • 집체·현장실시 원칙, 일부 원격방식 병행수행 가능

고용노동부에 따르면 <표 12−3>과 같이 재취업지원서비스를 제공한 것으로 나타났다. 서비스를 받지 않겠다는 의사를 밝힌 근로자까지 포함한 숫자이다.[17]

〈표 12−3〉 재취업지원서비스 의무 이행률 현황

구분	2020년	2021년	2022년	2023년
의무기업 수	959개사	1,028개사	1,041개사	1,053개사
서비스 제공기업	337개사(35.2%)	531개사(51.7%)	623개사(59.8%)	621개사(59.0%)
의무 이행기업	725개사(75.7%)	909개사(88.4%)	826개사(79.3%)	840개사(79.8%)

* 고용노동부 내부자료

---

[17] 이직예정자가 '퇴직 후 취업확정', '취업의사 없음' 등의 사유로 서비스 미참여 동의서를 제출하는 경우 재취업지원서비스 의무 이행으로 간주(고령자고용법 시행령 제14조의3)한다.

3) 노사발전재단의 전직지원서비스

노사발전재단은 2011년부터 만 40세 이상 중장년층에게 전직지원서비스를 제공해오고 있으며, 2020년 5월 1천인 이상 기업에 퇴직자에 대한 재취업지원서비스 제공이 의무화됨에 따라 기업에 대한 컨설팅과 기업 담당자 연수를 제공하고 있다.

1 전직지원서비스 제공

「중장년내일센터」를 통해 만 40세 이상 중장년층에게 생애경력설계, 이·전직 및 재취업, 특화서비스 등의 종합고용지원서비스를 제공하여 고용안정 및 재취업을 지원하고 있으며, 지원하고 있는 주요 프로그램은 <표 12-4>와 같다. 그러나 전직준비의 경우 서비스 제공시간이 1인당 최대 18시간에 불과하여 재취업에 필요한 전직지원서비스라고 하기에는 매우 미흡한 상황이다. 일반 중장년층을 대상으로 한 서비스이기 때문에 재원의

〈표 12-4〉 노사발전재단의 중장년근로자지원 사업

사업 내용	서비스 제공 내용
전직준비	• 기업에서 1년 이내 퇴직 예정인 자를 위한 과정 • 기초·심층 상담 및 진단 → 기업과정/일반과정 제공(4~18H) → 사후관리 • 기업 및 근로자 특성에 맞춰 변화관리, 자기탐색 등 7개 테마, 31개 모듈 바탕으로 탄력적 운영
생애경력설계	• 만 40세 이상의 중장년 재직자(퇴직예정자), 구직자에게 경력, 진로 방향 등에 따른 맞춤형 고용서비스 제공 • 기초·심층 상담 및 진단 → 맞춤형 생애경력설계 프로그램 제공(6~12H) → 사후관리
전직지원 컨설팅	• 1:1 전담 컨설턴트와 함께 『경력진단-자기 탐색-경력목표 탐색 및 설정-전직 실행 능력 강화-사후관리』 단계별 상담 지원 * 경력목표설정, 이력서 작성 및 면접 컨설팅, 채용정보 제공 등
특화서비스	• 중장년내일패키지 • 개인별 경력개발 서비스 • 직업기초역량 증진교육(내일부스터) • 산업별 특화서비스(내일시프트)
이러닝과정: e-중장년	• 생애경력설계 및 전직지원 프로그램 이러닝과정 제공 (e-lifeplan.or.kr)
중장년 청춘문화공간	• 지역센터 내 '청춘문화공간'을 마련하여 인문·여가·문화 등 중장년을 위한 다양한 프로그램 제공

* 노사발전재단(2023)을 재구성

한계상 고객 1인에게 몇 달간의 전직지원서비스를 제공하기도 어렵다. 결국, 퇴직자에 대해 기업이 아닌 PES 등 공공기관이 서비스를 제공하는 경우에는 충분한 서비스의 기간과 내용을 확보하기 어렵다는 점을 시사한다.

② 재취업지원 컨설팅과 기업 담당자 연수

기업들의 전직지원서비스 제공 확대와 노하우 전수를 위해 무료로 기업에 제공하는 서비스이다. 기업이 컨설팅 참여 후에 제도가 안착될 수 있도록 운영 실비를 지원하는데 재취업지원서비스에 참여한 근로자 1인당 최대 50만 원을 지원하고 있다.

〈표 12-5〉 노사발전재단의 재취업지원서비스 지원 내용

기업 컨설팅		기업 담당자 연수	
지원대상	재취업지원서비스 도입을 희망하는 300인~999인 비의무대상 기업과 의무대상 사업장	지원대상	재취업지원서비스 제도 도입을 희망하는 기업담당자
지원내용	처음 참여하는 기업에 대한 기초컨설팅 시행 경험이 있는 기업에 대한 전문컨설팅	지원내용	재취업지원서비스 담당자 업무 A to Z 재취업지원서비스 프로그램 설계/개발

5. 우리나라의 전직지원서비스 과제

2020년 5월부터 1천인 이상 기업에 대해 비자발적으로 이직하는 50세 이상에게 재취업지원서비스(전직지원서비스) 제공이 의무화되었으나 주요국에 비해 한국 기업들의 전직지원서비스 제공은 제공시간과 내용 면에서 매우 미흡한 실정이다. 아래에서 몇 가지 개선점에 대해 살펴보기로 하자.

1) 전직지원에 대한 노사의 인식 개선

기본적으로는 전직지원서비스를 구조조정이라는 시각에서 바라보는 노동조합의 부정적인 입장, 전직지원서비스 제공을 비용으로 인식하는 기업들의 태도가 전직지원서비스의 활성화에 걸림돌로 작용하고 있다. 경기변동과 기업의 사정에 따라 인력조정의 필요성은 상시적으로 발생하기 때문에 노사 간 갈등과 원활한 재취업을 위해서는 취업규칙, 단체협약 등에 전직지원서비스 제공을 포함시킬 필요가 있다.

기업에 의한 전직지원서비스가 제공되는 경우 이직에 대한 근로자들의 불안감은 그만큼 줄어들 수 있게 된다. 노동법에 고용보호 조항이 없어 언제라도 해고당할 수 있는 미국 근로자들이 오히려 고용불안을 가장 작게 느끼고 있는데 그 이유는 기업들이 전직지원서비스를 제공하는 관행이 형성되어 있고 재취업이 용이한 노동시장 구조이기 때문이다. 한국은 근로기준법에 의해 정당한 이유 없는 해고가 금지되어 고용안정이 보장되어 있으나 근로자들이 느끼는 고용불안은 오히려 매우 큰 것은 아이러니이다(한요섭, 2023; OECD, 2020). 따라서 노사 간 협상 의제로서 45세 이후 제2의 인생 설계에 필요한 전직지원서비스 제공은 임금인상보다 중요한 의제가 될 수 있다. 구조조정 등 비자발적인 사유로 기업을 떠나는 근로자들에 대해 준비 안 된 이직을 하도록 하는 것은 근로자들의 저항에 따른 구조조정의 지연과 잔류 인력들의 생존자 신드롬, 로열티 저하 등으로 유무형의 비용이 발생함을 고려할 필요가 있다.

2) 고용안정사업(고용보험)에 의한 전직지원금 부활

1995년 7월 고용보험제 시행 당시 전직지원서비스를 제공하는 기업에 대해서는 근로자 1인당 300만원까지 고용안정사업을 통해 전직지원금을 주는 제도가 있었음을 앞에서 설명하였다. 활용 부진으로 2011년 폐지된 제도이지만 이제 고령자고용촉진법에 의해 전직지원서비스 제공이 의무화되었기 때문에 기업의 부담을 줄여 줄 수 있도록 전직지원금을 부활할 필요가 있다.

이렇게 된다면 기업이 사용한 전직지원비용을 고용보험기금에서 보전해 주기 때문에 기업이 제공하는 전직지원서비스의 내용도 보다 충실해지고 제공 기간도 늘어날 수 있을 것이다. 과거처럼 근로자 1인당 300만 원까지 기업에 전직지원금을 지급한다면 기업들이 자체적으로 또는 외부 기관을 선정하여 자기 기업에 맞는 전직지원을 제공할 것이므로 정부가 현재와 같이 서비스의 제공 내용을 규율할 필요도 없을 것이다. 다만, 제대로 된 전직지원서비스가 제공되기 위해서는 주요국에서 살펴본 것처럼 전직지원서비스 제공기간이 최소 3개월 이상(일일 7시간 기준) 되도록 할 필요가 있다.

3) 현행 재취업지원서비스 의무화 시행지침 강화

위와 같은 전직지원금이 부활되기 전까지 단기적으로는 현재 고시되어 있는 기업의 전직지원서비스 제공의무 기준(<표 12-2>)을 보다 강화할 필요가 있겠다. 진로 설계, 교육 유형의 서비스 제공 기준은 16시간 이상으로 되어 있으나 이 정도 시간으로는 제대로 된 전직지원이 불가능한 수준이므로 두 유형을 통합한 서비스 제공시간을 월 140시간(주 35시간) 이상 제공되도록 할 필요가 있다. 그리고 취업알선 유형은 이직 전 6개월 이내 2회 이상의 일대일 취업알선을 하면 기업의 재취업지원서비스 제공의무를 완수한 것이 되는데 취업알선은 진로 설계와 교육 이수에 따른 부수적인 지원이므로 서비스 제공 내용에서 삭제함이 바람직하다. 그리고 1천인 이상 기업에 서비스 제공 의무가 부여되어 있지만 미이행 기업에 대해 아무런 페널티가 없기 때문에 실효성 확보에 문제가 있다. 따라서 제도의 실효성 확보를 위해 서비스 미제공 기업에 대해서는 고용보험법 상의 각종 고용안정·고용촉진지원금과 훈련지원금(사업주훈련 환급과정 등)의 수급으로부터 배제하는 것을 검토할 필요가 있겠다.

그리고 재취업지원서비스 제공 의무는 300인 이상 기업으로 확대될 필요가 있다. 현재 고령자고용촉진법령은 재취업지원서비스 제공의무를 1천인 이상 기업에 부과하고 있으나, 이것은 외국의 사례나 우리의 현실을 고려해 볼 때 개선이 필요해 보인다. 주요국의 경우 앞에서 살펴보았듯이 프랑스는 50인 이상 기업, 독일18)은 모든 기업에 전직지원서비스 제공이 의무화되어 있음을 보았다. 2020년 5월 고령자고용촉진법 개정안이 시행되기 이전에 정부가 제출한 고령자고용촉진법 개정안의 전직지원서비스 제공 의무 사업장은 대기업(통상 300인 이상)으로 되어 있음도 참고할 필요가 있다(관계부처 합동, 2012; 2017). 따라서 현재 1천인 이상 기업에 대해서만 재취업지원서비스 제공을 의무화한 것은 어느 측면에서 보나 정책적 후퇴가 이루어진 것이다.

결론적으로 현재 고령자고용촉진에 의해 규정된 기업의 재취업지원서비스 제공 내용은 2000년 이전보다 훨씬 퇴보된 것이기 때문에 궁극적으로 폐지함이 바람직하고 기업에 대한 전직지원서비스 지원금을 부활시켜 기업 자율로 보다 충실한 서비스를 제공하도록 함이 필요하다.

---

18) 종업원 수 60명 미만 사업장은 6명 이상 해고 발생 시, 종업원 수 60~499명 사업장은 종업원 10% 이상, 26명 이상 해고 발생시, 종업원 수 500명 이상은 30명 이상(600명 이상 기업은 종업원 5% 이상) 해고 발생 시 전직지원서비스 제공의무가 있다.

디지털 고용서비스

1. 기술발전과 고용서비스의 디지털화

2. 인공지능과 고용서비스

3. 우리나라의 디지털 고용서비스

디지털 고용서비스

급속하게 발전하는 인공지능과 디지털 기술은 그동안 대면 서비스를 원칙으로 해 왔던 고용서비스에도 많은 영향을 미치고 있다. 신기술의 활용에 민감한 PrEA들은 디지털 기술을 활용해 비지니스 모델을 빠르게 변경해 가고 있고, PES도 고용서비스의 효율성과 효과성을 높이기 위해 디지털 기술의 활용을 늘려 가고 있다. 디지털 기술이 발전해 가면서 대면 서비스와 온라인서비스를 어떻게 최적의 조합으로 구성할 것인지에 관한 과제도 등장하고 있다. 이 장에서는 고용서비스 디지털화의 진행 경과, 인공지능을 활용한 최근의 고용서비스 동향, 그리고 우리나라의 디지털 고용서비스 현황에 대하여 논의한다.

1. 기술발전과 고용서비스의 디지털화

가. 고용서비스를 둘러싼 환경 변화

최근 인공지능을 중심으로 한 디지털 기술의 발전은 가히 눈부실 정도이다. 2016년에 구글의 딥마인드사가 개발한 인공지능인 알파고가 이세돌 9단을 이기면서 세상에 충격을 준 지 6년 만인 2022년 12월에 미국의 openAI사는 챗GPT를 발표하면서 다시 한번 세상에 인공지능의 충격을 주었다. 챗GPT는 대화형 인공지능 챗봇(Conversational AI Chatbot)으로서 생성형 AI(Generative AI)에 속한다. 대화형 AI 챗봇이란 실시간으로 이용자의 질문에 응답을 생성하는 인공지능 서비스라는 의미이고, 생성형 AI란 이용자의 특정 요구에 따라 결과를 생성해 내는 인공지능이라는 의미이다. 처음에는 텍스트 기반으로 서비스를 제공하였으나 2023년 말부터는 말로도 대화할 수 있는 기능을 제공하더니 2024년 초에는 텍스트, 이미지, 음성 등 '모든' 형태의 입력을 이해하고 처리할 수 있는 GPT-4o(지피티

포오)를 발표하여 마치 사람과 대화하는 것 같은 자연스러운 기능을 제공하게 되었다.

디지털 기술은 1960년대부터 시작해 메인프레임급 컴퓨터에서 PC로, 인터넷과 wifi, 핸드폰으로, 최근에는 빅데이터와 인공지능으로 급속한 발전을 거듭해 왔다. 그에 따라 업무환경은 물론 사람들의 생활방식과 경제·사회시스템까지 크게 변화해 가고 있다. 우리나라에서도 고용서비스의 효율성과 효과성을 높이고 국민들의 편의를 증진하기 위해 디지털기술 발전의 단계에 따라 최신 기술을 고용서비스에 적용해 오고 있다.

디지털 고용서비스와 관련해 고용서비스를 둘러싼 최근의 환경 변화를 인구학적, 사회적, 정책적, 기술적 측면에서 보면 다음과 같다. 첫째, 정보의 양과 속도가 빠르게 변화하고 이용객의 욕구가 다양화하며 요구수준도 높아짐에 따라 사람(고용서비스 인력)이 일일이 대응하는 것에 한계가 발생하게 되었다. 둘째, 고용서비스 이용객의 성향과 욕구가 다양화해 기존의 PES 시스템으로는 구직자나 전직희망자에 대한 역량수준·성과를 상세히 평가하는 데 한계가 발생하게 되었다. 셋째, 고용정책이 다양화되면서 고용서비스 인력의 업무부담이 증가하고 있는 반면, 정부의 공공부문 인력감축 정책 등에 따라 고용서비스의 전문인력 확보는 갈수록 어려워질 것으로 예상된다. 넷째, 그동안 우리나라에서는 고용서비스의 분산화[1]가 진행되어 공공과 민간, 중앙과 지방, 다양한 부처에서 고용서비스를 수행함에 따라 국가 전체의 효율성과 효과성 개선에 걸림돌이 되고 있다. 다섯째, 디지털 고용서비스가 그동안 각 기관마다 제각각 구축됨에 따라 통합적 관점에서의 고용서비스 시스템구축이 미흡해 보인다는 것이다. 여섯째, 고용서비스의 디지털화를 위한 기술적 제반 조건이 성숙되었다(김동규, 2022).

김동규(2022)는 이러한 환경 변화 속에서 고용서비스 디지털화의 목표는 "국민의 생애설계 단계에 따라 개인 생활 진단 및 역량 진단, 상담, 훈련, 자격, 일자리 매칭, 고용보험및 각종 지원금, 노동시장 분석 등의 정보와 서비스를 종합적으로 상호연계하고 지능화함으로써 국민들의 평생 직업능력 개발과 고용안정을 획기적으로 개선"하는 것이라고 제시하고 있다.

---

1) 제2장 및 제5장에서 논의된 고용서비스의 '분절화'와 같은 의미로 사용되었다.

나. 디지털 기술의 발전

1) 컴퓨터 혁명

Pieterson(2019)은 컴퓨터 혁명(computer revolution)이라고도 불리는 컴퓨터 기술의 발전과 혁신과정을 다음과 같이 설명하고 있다. 첫 번째 물결은 1960년대에 메인프레임 컴퓨터가 최초로 상용화되기 시작하면서 1960년대~1970년대에 걸쳐 주로 백오피스(back-office)[2]의 자동화와 이를 통한 생산성과 능률성의 향상을 목표로 추진되었다. 1960년대에는 전화 교환의 자동화가 시작되었으며, 1970년대에는 항공권 예약시스템이 구축되었다. 공공부문에서는 메인프레임 컴퓨터를 이용해 조세, 복지급여 등 대량의 정보를 처리할 수 있게 되었다. 두 번째 물결은 1980년대에 개인용 PC가 보급되면서 시작되었다. 개인용 PC가 보급되면서 프론트오피스(front-office)에서 제공되는 서비스의 효과성 제고와 품질 향상을 목표로 하는 혁신이 추진되었다. 예를 들어 사회복지사들이 사례관리를 위해 전산시스템에 데이터를 입력하고 스크린을 모니터링하기 시작하였다. 세 번째 물결은 네트워크와 모바일, 유비쿼터스 IT(ubiquitous IT)이다. 1990년대에 들어서면서 대부분의 컴퓨터들이 인터넷 또는 인트라넷에 연결되고, 디지털 디바이스들이 태블릿, 핸드폰과 같이 들고 다닐 수 있을 정도로 작아지게 됨에 따라 어디에서나 접속 가능한 유비쿼터스 정보환경이

〈그림 13-1〉 IT기술의 발전

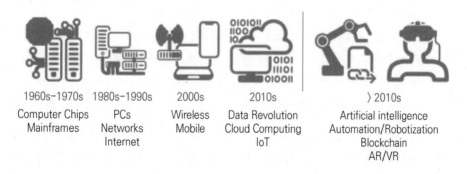

| 1960s-1970s | 1980s-1990s | 2000s | 2010s | 〉2010s |
| Computer Chips Mainframes | PCs Networks Internet | Wireless Mobile | Data Revolution Cloud Computing IoT | Artificial intelligence Automation/Robotization Blockchain AR/VR |

* Pieterson(2019)

---

2) 경제/경영학 용어로 백오피스는 후선지원업무를 말한다. 이는 프론트오피스에 대비되는 말로서 프론트오피스는 생산, 판매, 거래 등 부가가치를 생산하는 업무를 말한다. 반면에 백오피스는 후선에서 프론트오피스를 지원하는 업무를 말한다.

만들어졌다. 이에 따라 업무환경에서도 처음에는 이메일과 웹사이트가 등장하였고, 나중에는 모바일용 웹사이트(Web 2.0), SMS, 스마트폰 앱 등이 차례로 등장하게 되었다.

2) 4차 산업혁명과 인공지능

Pieterson(2019)이 설명한 위의 컴퓨터혁명은 1970년대부터 시작된 3차 산업혁명의 단계와 일치한다. 그런데 2010년대에 들어서면서 데이터 혁명이라고도 불리는 새로운 디지털 기술이 급속하게 발전하기 시작하였다. 일부에서는 제3차 산업혁명에 사용된 디지털기술과 불연속성이 보이지 않는다고 하면서 디지털 전환의 심화(Deepening of digital trans-formation)로 보아야 한다는 견해도 있지만(전병유 외, 2019), 2016년에 개최된 세계경제포럼(World Economic Forum; WEF)에서 WEF 회장인 독일의 경제학자 클라우스 슈밥(Klaus Schwab)이 4차 산업혁명의 화두를 던진 이후 이 용어는 전 세계적으로 사용되게 되었다.[3]

4차 산업혁명의 핵심기술로는 사물인터넷(IoT), 5G, 클라우드(Cloud), 빅데이터, 인공지능, 로봇, 3D 프린팅, 가상현실, 블록체인, 메타버스 등이 있다. 이 중에서도 가장 중요한 기술은 인공지능이라고 하겠다. 인공지능의 개념 자체는 1950년대에 이미 확립되어 있었으나 그동안에는 다른 IT 기술들이 뒷받침하지 못하고 있다가 2000년대에 들어 사물인터넷과 5G, 클라우드 기술의 발전에 힘입어 빅데이터가 구축되고, 빅데이터를 분석할 수 있는 컴퓨터 성능의 기하급수적 발전과 알고리즘의 개발 등에 힘입어 인공지능 기술이 급속하게 발전하게 되었다. 인공지능은 사람의 지능이 학습을 통해 성장하듯이 데이터를 학습하면서 '점점 더 똑똑'해진다. 과거에는 머신러닝에 의하여 사람이 가르쳐주는 구조화된 데이터만 학습할 수 있었으나 딥러닝 기술이 발전되면서 비구조화된 데이터의 학습이 가능해졌고 그에 따라 방대한 빅데이터를 학습해 데이터를 분류하고 데이터 사이의 패턴을 찾아내는 데에 탁월한 성능을 보이게 되었다. 과거에는 찾아낸 패턴을 토대로 예측, 추론을 하는 판별형 AI에 머물렀으나, 최근에는 학습된 데이터를 기반으로 사용자의 요구에 맞춰 텍스트, 그림, 영상(오디오), 코딩 등을 만들어 내는 생성형 AI로 발전하고 있다.

생성형 AI는 크게 텍스트 생성 AI, 그림 생성 AI, 영상(오디오) 생성 AI로 구분할 수 있다. 텍스트 생성 AI는 텍스트 데이터를 기반으로 새로운 텍스트 정보를 생성하는 인공지능 기술로서 문서작성, 번역, 마케팅, 고객 서비스, 교육 등 다양한 분야에서 활용될 수 있

---

3) 4차 산업혁명의 개념에 대하여 4차산업혁명위원회(2017)는 '인공지능, 빅데이터 등 디지털기술로 촉발되는 초연결 기반의 지능화 혁명'이라고 정의하고, '모든 것이 네트워크에 연결(초연결)되어 데이터가 폭발적으로 증가하고 인공지능이 이를 스스로 학습해 육체노동뿐만 아니라 지적판단 기능도 수행 가능'하게 된다고 설명하고 있다.

으며, 그림 생성 AI는 텍스트 등의 데이터를 활용해 새로운 그림을 생성하는 기술로서 예술, 광고, 교육 분야 등에서 활용될 수 있고, 영상(오디오) 생성 AI는 텍스트, 음성, 이미지 등의 데이터를 기반으로 새로운 영상을 생성하는 기술로서 영화, 게임, 광고 콘텐츠 제작 등에 활용될 수 있다(김동규 외, 2024). 여기에서 보는 것처럼 인공지능은 증기기관, 전기와 같이 경제 전체에 활용되는 범용 기술(general-purpose technology)로서 조만간 모든 산업과 모든 직업에 영향을 미칠 것으로 예상된다(OECD, 2023b).

다. 고용서비스의 디지털화

1) 개념 정의

우선 디지털과 관련된 세 가지 유사한 용어의 개념에 대하여 알아보기로 한다. ① 디지트화(Digitisation), ② 디지털화(Digitalisation), ③ 디지털전환(Digital Transformation)의 용어이다. ① 디지트화(Digitisation)란 서류 형태로 존재하는 정보를 디지털 형태로 전환하는 것을 의미한다. 즉 아날로그 정보를 디지털 정보로 전환하는 정보의 디지털화를 의미한다. ② 디지털화(Digitalisation)란 IT 기술을 활용해 프로세스 중심의 운영을 혁신하는 것으로 업무 프로세스 또는 주문·생산 방식 등 업무처리 방식에 IT 기술을 적용하는 것을 의미한다. ③ 디지털전환(Digital Transformation)이란 디지털 기술 중심의 비즈니스 혁신으로서 디지털 기술을 가장 잘 활용할 수 있는 최적의 조직구조, 서비스, 프로세스를 설계하고 조직하는 것을 의미한다. 전병유 외(2019)는 디지털 전환을 기업 관점에서 보면 디지털과 물리적인 요소들을 통합해 비즈니스 모델을 변화시키는 것이며, 산업과 사회의 관점에서 보면 디지털 기술이 적용됨으로써 생산성이 높아지고, 새로운 비즈니스가 창출되며, 소비자 편익이 증진되는 현상이라고 한다. 기술 발전에 따라 정책의 초점도 디지트화(~2000년) → 디지털화(~2010년) → 디지털전환(2011년~)으로 발전해 오고 있다. 다만, 공공부문에서는 디지털전환의 용어 사용을 이렇게 엄격하게 한정하지 않고 폭넓게 사용하고 있어서(ILO, 2022), 디지털화와 디지털전환을 명확하게 구분해 사용하지 않는 경향이 있다.

고용서비스의 디지털화에 대하여 김동규(2022)는 취업알선 및 취업지원 서비스, 인력채용 및 채용대행서비스, 고용정보의 분석·제공 서비스, 고용보험 서비스 등을 국민에게 시행함에 있어서 인공지능, 빅데이터 등의 디지털 기술을 활용해 전달의 효율성과 시행 결과의 효과성을 극대화하는 정책이라고 정의하고 있다. 한편, OECD(2022a)는 고객에 대한 고객서비스 제공 측면과 고용센터 내부의 업무혁신 측면을 구분하여 고용서비스의 디지털화는 ① 구직자와 기업에게 보다 좋은 서비스를 제공하기 위해 프론트오피스(front office)에서 사용하는 각종 애플리케이션(applications)과 인터페이스(interfaces)를 개발하고, ② PES 직원들의 업무를 지원하기 위해 백오피스의 인프라(back-office infrastructure)를 IT 기술을 적용해 구축하는 것을 의미한다고 정의하고 있다. 전자의 사례로는 구직자와 기업에게 보다 좋은 서비스를 제공하기 위한 일자리·구직자의 검색, 직업능력 수준의 평가, 경력설계 서비스의 제공 등을 위한 각종 디지털 도구와 챗봇(chatbots) 등을 들 수 있고, 후자의 사례로는 PES 직원들의 업무를 지원하기 위한 구직자 프로파일링, 구직자의 취업활동 모니터링, 행정과정의 자동화, 인공지능을 활용한 부정행위의 적발 등을 들 수 있다.

2) 고용서비스 디지털화의 목적

공공행정의 디지털화는 일반적으로 효율성(efficiency)의 관점에서 이해되기도 하지만, Pieterson(2016)은 고용서비스의 디지털화를 추진하는 목적은 고용서비스의 효율성(efficiency) 외에도 효과성(effectiveness)을 증대시키고 고객의 만족도를 증진시키기 위한 것이라고 설명하고 있다.

① 고용서비스의 효율성 증대: 구직자들이 PES를 직접 방문하지 않고도 온라인을 이용해 직접 필요한 업무를 처리할 수 있으며, 프로세스의 자동화를 통해 PES 직원들이 수작업을 하지 않고 업무를 처리할 수 있게 되어 적은 투입(input)으로 보다 많은 산출(output)을 얻게 해 준다. 이를 통해 절약된 시간과 자원은 PES 직원들이 취약 구직자의 취업지원 등에 보다 집중할 수 있도록 해 준다.

② 고용서비스의 효과성 증대: PES는 일반적으로 실업자의 취업률 또는 빈 일자리의 충원율 등과 같은 성과목표를 가지고 있는데 데이터에 기반한 디지털 기술을 활용함으로써 일자리 매칭의 성과를 증가시킴으로써 취업 또는 채용성과를 높일 수 있게 된다. 또한, 구직자에 대한 취업능력 평가에서도 보다 많은 변수를 평가모델에 포함시킬 수 있어서 구직자들의 니즈(needs)를 보다 정확하게 분류할 수 있고 그에 따라 맞춤형 서비스를 제공할 수도 있다. 그리고 성과관리 시스템을 구축해 사용함으로써 PES의 성과를 실시간으로 모니터링하고 필요한 경우 목표를 신속하게 조절할 수도 있게 된다.

③ 고객의 만족도 증진: 경제·사회의 모든 분야에서 디지털 기술이 활용됨에 따라 구직자들과 기업들은 인터넷 이용과 핸드폰을 이용한 각종 정보습득과 업무처리 등에 익숙

해 있기 때문에 고용서비스를 이용할 때에도 동일한 서비스를 기대하게 된다. 이러한 환경에서 고객친화적으로 만들어져 사용하기 편리한 온라인 서비스를 1주일에 7일, 24시간 이용할 수 있으면 고객의 만족도는 증가하게 된다. 다만, 디지털 능력이 떨어지는 취약계층에 대한 별도의 배려는 필요하다.

라. 고용서비스의 디지털 채널

1) 디지털 채널의 다양화

디지털 기술이 발전하면서 고용서비스를 제공하는 경로를 의미하는 서비스 채널은 계속해서 분화되고 다양화되어 왔다. <표 13-1>은 1990년대 이후 디지털 기술의 발전에 따른 디지털 채널이 어떻게 발전되어 왔는지를 보여주고 있다.

〈표 13-1〉 디지털 채널의 발전

세대	기간	명칭	대체 명칭	채널의 사례
0	~1980년대	Traditional	-	대면, 전화, 우편
1	1990년대	Electronic	디지털, 온라인	웹사이트, 이메일
2	2000년대	Social	소셜 미디어, 웹 2.0, 정부 2.0	소셜 미디어
3	2010년대	Mobile	M-정부	스마트폰, 모바일 앱
4	2020년대	Social Robot	로봇, 로봇화	소셜·대화형 로봇, 인공지능, 가상지능(virtual intelligence)

* Pieterson(2017)

전통적으로 고용서비스의 채널은 대면 서비스를 원칙으로 하고 전화와 우편을 보조 채널로 사용하여 왔다. 이러한 상황은 1980년대까지 이어져 왔는데, 1990년대 이후 다양한 디지털 채널이 추가되었다. 디지털 기술발전에 따라 나타난 디지털 채널은 다음과 같이 요약할 수 있다.

우선 1단계로서 1990년대에 인터넷이 발전하면서 웹페이지와 이메일을 중심으로 한 디지털 채널이 나타났다. 이 당시의 인터넷은 웹페이지의 운영주체가 제공하는 정보를 사용자가 단순히 읽어 보는 일방적 형태의 서비스를 제공하는 방식이었다. 2000년대가 되면서 2단계로서 Web 2.0으로 발전해 누구나 자유롭게 각종 콘텐츠를 자유롭게 올릴 수 있는 등 정보와 지식의 공유를 확대하려는 참여자 중심의 인터넷 환경으로 변화되었다. 이에 따라 블로그, 페이스북 등과 같은 디지털 채널(Social 채널)이 추가되었다. 공공부문에서도 소셜미디어를 활용해 시민들과 소통하려는 시도가 활발하게 나타났다. 2010년대가 되면 3단계로서 무선인터넷의 발달과 핸드폰의 등장에 따라 핸드폰, 모바일앱, 단문메시지(SMS) 등과 같은 새로운 디지털 채널(Mobile 채널)이 추가되었다. 고용서비스에서도 모든 온라인 서비스를 핸드폰을 통해 이용할 수 있도록 개편하였고, 모든 민원서비스를 SMS를 통해 알려주는 서비스도 시작되었다. 2020년대가 되면 4단계로서 챗봇과 같은 인공지능을 활용한 소셜 로봇(Social Robot) 채널이 추가되었다. 챗봇은 현재 간단한 질의응답 정도는 스스로 소화함으로써 행정부담을 완화하기 위한 목적으로 사용되고 있는데, 생성형 인공지능이 비약적으로 발전함에 따라 향후 더욱 정치한 챗봇 또는 디지털 상담사가 등장할 수 있을 것으로 기대된다.

우리나라에서도 디지털기술의 발전단계에 따라 거의 유사한 경로로 디지털 채널이 개발되어 활용되어 왔다. Work-Net을 중심으로 살펴보면 1998년에 인터넷 기반의 Work-Net이 개발되어 웹을 통한 디지털 채널이 제공되기 시작했으며, 2000년대에는 블로그와 페이스북 등이 활용되기 시작하였다. 2010년에는 핸드폰을 활용한 모바일 서비스가 개시되었고, 2019년에는 전화 민원의 행정부담을 완화하기 위한 목적으로 챗봇서비스가 개시되었으며, 2020년부터는 인공지능을 활용한 대지털 툴들이 개발되고 사용되고 있다.

2) 고용서비스의 채널 관리

이렇게 서비스 채널이 다양화되면 서비스 채널을 어떻게 관리해야 하는지에 대한 고민이 시작된다. 민간기업에서는 고객에게 어떤 서비스 유통 경로로 다가가는 것이 가장 효과적인지와 관련해 매우 중요한 문제 중의 하나이다. 상품을 진열해 판매하는 가게 이외에 온라인쇼핑을 하는 웹사이트, 기업과 상품을 홍보하는 SMS, 쉽게 접근할 수 있도록 하는 핸드폰, 콜센터를 운영하는 전화 등을 빠짐없이 구축해 고객들이 스스로 원하는 채널을 선택하여 쉽게 접근하도록 하는 것을 멀티채널(Multi-channel) 전략이라고 한다. 최근에는 이들 채널들을 전체적인 관점에서 체계화하여 '고객 중심으로 모든 채널을 통합하고 연결하여 일관된 커뮤티케이션 제공으로 고객경험 강화 및 판매를 증대시키는 채널 전략[4]인 옴니채널(Omni-channel) 전략으로 변화하고 있다. 옴니채널이란 라틴어의 모든 것을 뜻하는 '옴니(Omni)'와 제품의 유통 또는 서비스의 제공경로를 뜻하는 '채널(Channel)'

---

4) https://digitaltransformation.co.kr

<그림 13-2> 독일 연방고용공단의 취업알선 방법 관리 전략

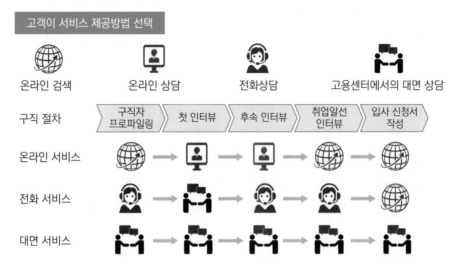

* BA(2015)

이 합성된 단어이다. 한국경제사전에서는 옴니채널을 '소비자가 온라인, 오프라인, 모바일 등 다양한 경로를 넘나들며 상품을 검색하고 구매할 수 있도록 한 서비스, 각 유통 채널의 특성을 결합해 어떤 채널에서든 같은 매장을 이용하는 것처럼 느낄 수 있도록 한 쇼핑 환경을 말한다'[5]고 설명하고 있다.

Pieterson(2017)은 많은 국가의 PES에서 온라인 채널이 고용서비스를 전달하는 근간이 되어 가고 있다고 하면서, 초기에는 모든 서비스 채널을 펼쳐놓고 병행해 제공하는 단순한 멀티채널 전략이 추진되었으나 점차 모든 서비스 채널을 전체적인 서비스 전달과정에서 통합해 고객들에게 가장 좋은 채널을 이용하도록 안내하고 서비스의 중단이 없도록 끊임없이 다른 채널로 연결시켜 주는 방향으로 변화하고 있다고 말하고 있다. 즉 옴니채널의 개념이 고용서비스 분야에도 적용되기 시작한 것이다.

<그림 13-2>는 독일의 PES인 연방고용공단이 추진하고 있는 취업알선 방법 관리 전략을 보여 주고 있다. 연방고용공단은 다양한 고객친화적(user-friendly)인 서비스 제공 방법을 개발해 오고 있는데, 서비스 제공 방법으로 전화, 디지털, 화상상담 등과 같은 채널을 마련해 고객이 원할 때에 선택해 이용하도록 맡겨 놓는 것이 아니라 서비스 제공경로를 크게 온라인 서비스, 전화 상담, 대면 서비스로 나누어 각 경로별로 서비스가 제공되

---

5) https://dic.hankyung.com/economy/

는 채널을 표준화해 제공하고 있다. 예를 들어 고객이 온라인서비스를 선호하는 경우에는 온라인서비스를 이용해 구직등록, 프로파일링 등 모든 업무를 처리하되 직업상담(첫 인터뷰와 후속 인터뷰)은 화상 상담으로 이루어지도록 하고, 전화 서비스를 선호하는 경우에는 모든 업무를 전화를 이용해 처리할 수 있도록 하되 첫 번째 인터뷰만큼은 대면 상담을 받도록 하고 있다.[6]

벨기에 Flanders 지역의 PES인 VDAB(Flemish Office of Employment and Voicational Training)는 2018년에 채널들을 적절히 혼합하고 연계해 구직자들에게 효과적인 고용서비스를 제공하기 위한 새로운 고객접촉전략(New Contact Strategy)을 채택하여 시행하고 있다. 이 사례는 전통적인 대면 서비스 중심의 고용서비스를 벗어나 대면 서비스와 디지털 온라인서비스를 최적의 방법으로 조합함으로써 고용서비스의 효율성과 효과성을 최대로 끌어올릴 수 있는 새로운 방법을 제시해 주는 사례이다.[7]

VDAB는 digital first의 원칙을 적용해 구직자들이 온라인을 통해 구직등록을 하면 가장 먼저 온라인 상에서 장기실업확률 예측을 위한 프로파일링을 받도록 하고 그 결과를 토대로 온라인 서비스를 받는 구직자와 대면 서비스를 받을 구직자를 유형 분류하고 있다. 이를 위하여 VDAB는 인공지능을 활용한 장기실업확률 예측모델을 개발해 프로파일링 도구로 운용하고 있다. 이와 함께 원격상담요원으로 구성된 Service Line을 구성해 온라인 서비스를 받는 구직자에 대하여는 구직등록 후 6주일 이내에 전화 등으로 접촉해 온라인상에서 자기구직활동을 계속 할 것인지 아니면 jobcenter에서의 대면상담 등 추가적인 지원이 필요한지의 여부를 결정하도록 하고 있다. 이와 같은 구직자와의 접촉은 3개월 단위로 이루어지는 것을 목표로 장기실업확률이 높은 것으로 산정된 구직자 순으로 이루어지고 있으며 전화, e-coaching, social media 등을 활용하고 있다. 온라인으로 실시된 프로파일링 결과 장기실업확률이 높은 것으로 산정된 구직자 또는 전화상담 등을 통해 대면 서비스가 필요하다고 결정된 구직자들에 대해서는 jobcenter에서 대면으로 맞춤형 서비스가 제공되고, 취업의 장애요인을 제거하고 역량평가 결과를 토대로 직업능력개발계획이 수립되게 된다.

---

6) 독일은 제6장에서 보는 바와 같이 실업급여 수급자를 프로파일링을 통해 6가지 유형으로 분류하나 가장 취업능력이 좋은 일반시장 프로파일(Market profiles)에 대해서도 지방고용사무소에서 취업알선서비스를 제공하고 있어 이와 같은 서비스 제공 전략이 필요한 것으로 보인다.

7) 독일과 달리 벨기에(VDAB)의 경우에는 상담인력의 부족에 대처하기 위해 digital first 원칙을 적용해 온라인 프로파일링 결과를 토대로 구직자의 장기실업 확률을 산정해 취업능력이 높은 구직자에 대해서는 온라인을 이용한 자기구직활동을 하도록 유형화하고 있다.

이들 사례와 비교해 보면 우리나라의 경우에는 국민의 편의성 증대를 목적으로 디지털 툴들이 다양하게 개발되어 활용되고 있지만 아직까지는 체계적인 옴니채널 전략으로까지 발전하지는 못하고 있는 상황이다. 고용서비스는 대면 서비스 제공을 원칙으로 하고 있으며, 고용24에 구직등록을 의무화하고 실업급여 수급자의 경우 인터넷을 통해 구직활동 노력을 신고하고 실업의 인정을 받을 수 있도록 하는 등 부분적으로는 오프라인 활동과 온라인 활동을 연계하고 있지만, 디지털 고용서비스 채널을 고용서비스 제공모델과 체계적으로 통합하는 단계까지는 이르지 못하고 있다. 그래서 우리나라의 경우에는 디지털 서비스를 제공하는 「고용24」, 민원상담 중심의 전화채널, 단순한 질의응답을 소화할 수 있는 챗봇 등 구인·구직자들이 이용할 수 있는 다양한 채널을 구축해 병렬적으로 펼쳐놓고 구인·구직자들이 자신들이 선호하는 채널을 이용할 수 있도록 최대한 제공해 주는 채널 관리 수준에 머무르고 있다고 말할 수 있겠다.

2. 인공지능과 고용서비스

가. 인공지능의 개념

인공지능(Artificial Intelligence; A.I.)이란 사고, 학습 등 인간의 지적 능력을 알고리즘 및 프로그래밍을 통해 인공적으로 구현한 기술 및 시스템을 의미한다(전병유 외, 2019). 인공지능은 인간의 지능을 필요로 하는 업무를 처리하면서 많은 양의 데이터를 신속하게 그리고 더욱 정확하게 분석할 수 있으며, 데이터 학습을 통해 발견한 데이터의 패턴을 토대로 인간의 지시(instruction) 없이도 임무를 수행할 수 있다. 인공지능이 데이터를 학습하는 데 사용하는 기술이 기계학습(machine learning)이다. 기계학습이란 알고리즘을 이용하여 데이터를 학습해 패턴을 발견하는 것이며, 인공지능은 이를 기반으로 어떠한 판단이나 예측을 하게 된다.

여기에서 더 발전된 기술이 딥러닝(deep learning)이다. 딥러닝은 기계학습의 한 분야로서 인간이 사용하는 것과 유사한 논리구조로 데이터를 분석하는 것으로 인간 뇌의 뉴런처럼 작동하는 인공신경망이라는 지능형 시스템을 사용해 정보를 계층으로 처리함으로써 기계학습보다 훨씬 뛰어난 학습능력을 지원한다.[8] 기계학습이 구조화된 데이터(structured

---

8) https://aws.amazon.com/ko/what-is/machine-learning/

〈그림 13-3〉 인공지능과 기계학습

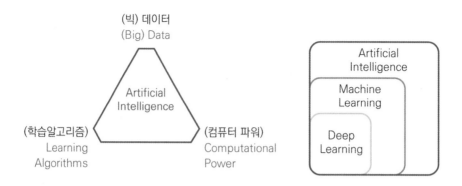

* Pieterson(2019)

data)를 학습해 패턴을 발견해 내는 데에 치중되어 있는 반면, 딥러닝은 비구조화된 데이터(unstructured data)를 학습할 수 있어서 얼굴 또는 사진 속의 물체를 인식하고 분류해 낼 수 있다. 이런 기술을 통해서 인공지능은 글자를 이해할 수 있으며 인간의 언어도 이해할 수 있다.

산업현장에서는 인공지능과 로봇 기술이 결합되면서 '인지능력'을 필요로 하는 작업을 포함해 기계가 인간과 동등하거나 더 우수한 성과를 낼 수 있는 '새로운 자동화(new automation)의 시대'로 진입하고 있다(MGI, 2017). 인간의 개입 없이도 상황에 맞춰 '유연한 작업 실행'을 하는 '자율 기술(Autonomous Technologies)도 발전해 협동로봇(cobot), 소프트로봇, 휴먼노이드 로봇 등이 나타나고 있다. 고용서비스 분야에서는 소셜 로봇(Social Robot)9)이 활용되는데, 소셜 로봇에도 여러 형태가 있다. 첫째 유형으로는 소프트웨어 형태로 존재하는 Software Agents가 있다. 여기에는 문자로 질의·응답을 하는 챗봇(Chat bots), 전화로 질의·응답을 하는 대화형 봇(Coversational Bots), 애플의 시리와 Google's Assistant와 같은 Intelligent agents 등이 있다. 많은 국가의 PES에서 업무부담 경감을 목적으로 PES 업무에 챗봇을 활용하기 시작하였으나 아직은 기대 수준에 미치지 못하는 수준이다. 두 번째 유형으로는 증강현실(AR)이나 가상현실(VR) 기술을 이용해 가상공간에서 시각적인 모습을 갖추고 있는 Virtual and Virtuality Enhancing Robots이 있다. 메타버스 기술이 급격히 발전해 가면서 조만간 가상공간에서 운영되는 고용센터가 등장하면 이렇게

9) 소셜 로봇은 인간이 설정해 높은 행동규범을 지키며 사람과 소통하고 상호작용하는 자율적 또는 반자율적 로봇을 말한다.

시각적 모습을 갖춘 소셜 로봇을 볼 수 있게 될 것으로 예상된다. 세 번째 유형으로는 실물로서 로봇의 형태를 가지고 있는 Physical Social Robots이 있다. 그동안에는 챗봇의 대화기능이 제한적이었으나, 거대언어모델(Large Language Model)을 기반으로 한 챗GTP, 특히 GTP-4o의 출현으로 앞으로는 사람과 문자 또는 언어로 자연스럽게 대화할 수 있는 챗봇이 나타나 디지털 상담사 역할을 할 수 있는 시기도 멀지 않은 것 같다.

그러나 그러한 경우에도 직업상담의 업무에는 고도의 인간 감정에 대한 인지능력과 공감능력 등이 필요하기 때문에 인공지능이 인간 직업상담사를 대체할 수 있을 것으로는 생각되지 않는다. 도리어 인간 직업상담사는 디지털 상담사의 도움을 받아 훨씬 효율적이고 효과적으로 일을 할 수 있을 것이다. 이와 관련하여 김동규(2024)는 직업상담은 대면 접촉 업무가 많아 다른 직종에 비해 인공지능에 의한 자동화의 영향은 비교적 덜 받을 것으로 예상하면서, 직업상담의 경우에는 일반 상담과는 달리 직업정보를 활용한 의사결정에 대한 상담이 핵심을 이루고 노동시장 프로그램과 관련된 행정·기획 업무가 큰 비중을 차지하기 때문에 인공지능의 활용 가능성은 클 것으로 예상하고 있다.

나. 인공지능과 고용서비스

1) 민간고용서비스에서의 인공지능 활용

최근 전세계적으로 인공지능을 활용한 인사관리 솔루션이 활발하게 증가하고 있다. 인공지능의 알고리즘을 활용해 기업 내에서 직원들의 역량을 평가하고 조직 내에서 전보에 활용하기도 한다. 이를 통해 조직 내의 스킬 부족 문제를 해소하는 한편 직원들의 경력발전 욕구를 충족시키기도 한다. 글로벌 시장조사기관 리서치앤마켓은 2022년 전세계 인공지능 HR 시장의 규모를 약 40억 달러로 추정하고 향후 5년간 연평균 35%씩 성장할 것으로 전망하였다.[10] 이러한 경향에 발맞춰 국내에서도 최근 AI 채용이 증가하고 있다. 기업 입장에서는 비용은 줄이고 효율성을 높이면서도 공정성을 확보할 수 있는 대안으로 생각되기 때문이다.

PrEA들은 두 가지 영역에서 인공지능을 활용하고 있다. 하나는 일자리 탐색 및 매칭기능의 영역이고, 다른 하나는 기업의 인력채용의 영역이다. 우선 일자리 탐색 및 매칭기능의 영역에서는 구인 기업들을 위해 구인광고의 직무요건을 최적화할 수 있도록 하고, 구

---

10) https://zdnet.co.kr/view/?no=20221223211547

직자를 위해 이력서와 자기소개서를 최적화할 수 있도록 지원하는 데에 인공지능을 활용하고 있다. 인공지능은 구인광고와 이력서·자기소개서 등에 대한 빅데이터를 학습해 이와 같은 기능을 담당하게 된다. 잡 포털을 운영하는 PrEA들은 회원으로 가입한 구직자들에게 채용정보를 제공하면서 인공지능을 활용해 취업확률을 산정해 제공하기도 한다. 또한, 최근에는 IT 분야에서 직업정보제공사업을 운영하는 사업체가 인공지능을 활용한 skill 기반 매칭시스템을 개발해 보유하고 있는 구직자 데이터베이스에서 구인기업이 원하는 skill을 보유한 적격자를 선발해 주는 소규모 인력채용 대행서비스로 발전하는 사례도 있다.

두 번째 기업의 인력 채용 영역에서도 인공지능이 다양하게 개발되어 활용되고 있다. 사실 기업의 인재 채용 과정에서는 최종 면접과 채용 결정을 제외하고는 후보자 발굴(sourcing)부터 시작해 모집에서 채용에 이르기까지 거의 모든 절차에서 인공지능을 활용할 수 있다. ① 후보자 발굴 및 모집 단계에서는 인공지능이 온라인상에서 또는 자체 보유한 데이터베이스를 통해서 수많은 데이터를 수집하고 분석해 기업이 필요로 하는 숙련·경험을 갖춘 후보자를 신속히 찾을 수 있도록 지원해 주는 역할을 담당한다. 또한, 적격자들에게 구인광고가 노출될 수 있도록 인공지능이 어떤 잡 포털이나 소셜 미디어(social media)에 구인광고를 등록하는 것이 좋은지 등에 관해 필요한 지원을 해 주기도 한다. ② 채용후보자의 선별 단계에서는 수많은 입사 지원자 중에서 일자리를 위해 필수적인 요건을 갖춘 지원자만을 선정해 채용후보자를 소규모로 선별하는 데에 인공지능이 이용된다. 이를 위해서 구인광고의 직무요건과 구직자의 이력서를 비교 검토하거나, 구직자의 배경을 확인하거나 필요한 테스트 등을 행하기도 한다. ③ 면접 단계에서는 최종 결정은 사람이 하는 것이지만 인공지능에 기반한 화상 인터뷰(intelligent interviewing)를 통해 후보자의 얼굴 표정, 목소리, 사용하는 어휘 등을 토대로 인공지능이 평가한 결과를 받아 최종 면접 과정에서 참고할 수 있도록 지원한다. ④ 최종 후보자와의 협의 단계에서는 봉급 및 복지 등에 관한 협의를 진행할 수 있도록 인공지능이 활용된다. ⑤ 이 외에도 기업에 지원한 수많은 후보자들을 대상으로 '대화형 봇'이 지능형 메세징(intelligent messaging) 기능을 이용해 면접 일정을 잡거나 간단한 질문에 답하는 등 채용담당자들의 시간을 절약해 줄 수 있다(OECDc, 2023).

2) 공공고용서비스에서의 인공지능 활용

PES 영역에서도 업무에 점차 인공지능 기술이 활용되고 있다. <그림 13-4>는 OECD (2022)가 제시한 PES에서 인공지능 도구(AI tools)가 활용될 수 있는 업무들을 보여주고 있다.[11] 첫째는 구직자에 대한 프로파일링 업무이다. 구직자 프로파일링은 인공지능기술을 활용해 취업의 장애요인 확인, 취업확률의 분석, 적극적 노동시장정책(ALMP)의 타겟 설정, 노동시장에의 통합경로(취업지원경로) 추천 등에 활용된다. 둘째는 빈 일자리의 발견 업무이다. 인공지능을 활용해 구인 일자리가 있을 가능성이 높은 기업을 찾아낼 수 있다. 셋째는 구인·구직 매칭업무로서 인공지능을 활용해 자연어로 사용한 '의미 기반 매칭' (semantic matching), '가장 적합한 후보자 선택'(selecting best fit) 등 일자리 매칭의 정확성을 높일 수 있다. 넷째는 구직자가 희망하는 직업과 그 직업이 필요로 하는 스킬(skills)·역량(competencies)의 격차(gap)를 분석하고 경력설계 지원에 있어서 직업을 추천하는 업무에 인공지능이 활용될 수 있다. 다섯째는 챗봇을 이용해 정보제공과 간단한 상담을 할

〈그림 13-4〉 PES에서 인공지능의 활용 영역

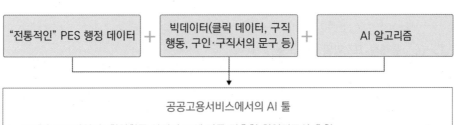

"전통적인" PES 행정 데이터 + 빅데이터(클릭 데이터, 구직 행동, 구인·구직서의 문구 등) + AI 알고리즘

공공고용서비스에서의 AI 툴
- 구직자 프로파일링: 취업확률 산정과 그에 따른 맞춤형 취업경로의 추천
- 빈 일자리의 발견: 적극적으로 구인을 할 가능성이 높은 사업장을 제시
- 구인·구직 매칭: semantic matching(자연어 사용), 가장 적합한 매칭 제시
- 구직자의 취업능력 평가: 희망 직업에서 요구되는 직업능력을 제시, 구직자의 부족한 직업능력을 분석, 구직자의 직업능력에 적합한 직업의 추천
- 챗봇을 활용한 정보제공 및 상담
- 부정행위의 발견 및 업무처리의 quality를 담보

* OECD(2022a)

---

11) 민간채용시장에서의 인력채용(talent acquisition)은 구인기업을 중심에 두고 수많은 구직자들을 모집해 선별해 내는 과정이다. 이에 반해, PES에서 이루어지는 구직자에 대한 취업지원 서비스는 구직자를 중심에 두고 구직자의 취업능력을 평가해 적절한 구인일자리를 찾아내거나 구직자의 취업능력을 증진시키는 절차로 진행되게 된다.

수 있으며, 여섯째는 각종 업무에서 부정행위를 적발해 낼 수 있다.

인공지능은 이들 업무를 처리할 때 데이터와 알고리즘을 필요로 하는데 <그림 13-4>는 이들 업무에서 인공지능은 전통적인 '행정 데이터' 이외에도 인터넷상에서의 구직자들이 인터넷 서핑을 하면서 클릭해서 형성된 클릭 데이터(click data), 구직자들이 자신이 관심을 가지는 웹페이지를 조회해 보는 구직행동(vacancy search behaviour), 이력서 또는 구인광고에 기재되어 있는 자연어(free text) 등을 사용해 '빅데이터'를 구축하고, 여기에 인공지능 알고리즘(AI algorithms)을 구축해 분석함으로써 보다 정확한 분석결과를 산출해 고용서비스의 성과를 훨씬 높일 수 있게 된다는 것을 보여주고 있다.

1 프로파일링 도구의 개발

구직자에 대한 프로파일링은 제4장에서 설명한 바와 같이 통상 초기상담 과정에서 이루어지며 구직자의 강점과 약점을 진단하고 취업능력을 평가해 구직자의 유형을 분류하고 개인별 취업계획을 수립하는 데에 활용된다. 그런데, 미국·호주와 같은 일부 국가에서는 1990년대부터 장기실업 확률을 예측하는 통계적 모델을 구축해 사용해 왔다. 최근에는 인공지능 기술이 발달하면서 인공지능을 활용해 프로파일링 도구를 구축하는 국가들이 증가하고 있다(OECD, 2022a).

〈그림 13-5〉 **통계적 프로파일링의 모형**

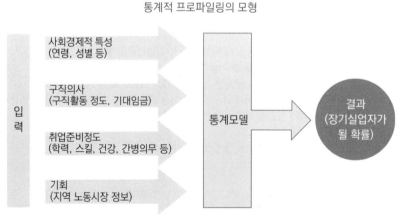

* Desiere et al(2019)

인공지능 기반 프로파일링이란 인공지능이 데이터 학습을 통해 장기실업 확률을 예측하기 위한 통계적 모형을 구축하는 방법이다. 일반적으로 통계적 프로파일링 모형을 구성할 때에는 <그림 13-5>에서 보는 바와 같이 구직자의 사회경제적 속성을 나타내는 연령, 성별 등의 데이터, 취업의 준비정도(job readiness)를 나타내는 학력, 경력, 건강상태 등의 데이터, 구직의사(motivation)를 나타내는 기대임금 수준, 취업의 기회(opportunities)를 나타내는 지역 노동시장정보 등의 변수를 포함하게 된다. 인공지능을 사용하게 되면 인공지능이 빅데이터의 학습을 토대로 스스로 통계모형을 구성함으로써 훨씬 다양한 변수들을 훨씬 복잡한 방식으로 포함할 수 있게 되며, 구직의사(motivation)를 나타낼 수 있는 변수로 구직행동(job-search behaviors)과 같은 빅데이터도 사용할 수 있게 된다. 인공지능 기반 통계적 프로파일링 모형을 구성한 대표적인 사례로는 벨기에(VDAB)를 들 수 있으며, 벨기에(VDAB)에서는 구직자의 온라인상에서의 구직행동으로서 클릭 데이터(click data)를 모형에 포함해 6개월 내의 취업확률을 산정해 활용하고 있다.

② 일자리 매칭과 숙련 격차 분석

일자리 매칭은 전통적으로 전산시스템이 가장 많이 활용되어 온 PES 업무분야이다. 최근에는 보다 정확하고 효율적인 매칭 결과를 얻기 위한 목적으로 일자리매칭 시스템에 인공지능을 활용하는 국가들이 증가하고 있다(OECD, 2022a). 인공지능을 활용해 일자리매칭 시스템을 구축한 가장 선도적인 사례도 벨기에(VDAB)이다. 벨기에(VDAB)의 일자리매칭 시스템이 어떻게 발전되어 왔는지 그 경과를 간략히 살펴보면 디지털 일자리매칭 시스템의 역사적 발전 경로를 이해할 수 있다.

벨기에(VDAB)의 일자리 매칭 시스템은 ① 일자리 검색 및 개인맞춤형 메일 시스템(Job search and 'tailored mail'system) → ② 역량기반 자동 매칭 시스템(Competence-based Automated matching system, 2013년) → ③ 인공지능(A.I.)에 기반한 Jobnet(2018년) → ④ Talent API(2021년)의 순서로 발전되어 왔다(이재갑·이우영, 2021). 과거에 사용하던 Job search and 'tailored mail' 시스템은 전통적인 키워드 매칭 방식으로 검색 기준을 선택해 구인 DB를 검색하면 검색 기준에 부합되는 구인정보를 찾아 알려주는 방식이다. 2013년에 구축된 '역량기반 자동 매칭 시스템'은 역량(competence)을 기준으로 일자리를 매칭하는 시스템이다. 구인기업은 구인광고를 등록할 때에 직무수행에 필요한 역량을 명시해 등록하고, 구직자도 자신이 보유하고 있는 역량을 표시해 구직등록을 하면 매칭시스템이 서로 몇 퍼센트가 매칭되는지를 산정해 보여주는 방식으로 매칭 정도에 따른 순위(ranking)

리스트를 제공하였다. 그러나 이 방식은 기본적으로 학위, 근무경력, 역량, 지역 등 다양한 변수 사이의 가중치를 전문가들이 인위적으로 부여해 결과를 산출하는 방식이었다.12)

벨기에(VDAB)는 2018년에 인공지능을 활용한 새로운 일자리매칭 시스템으로 Jobnet을 구축하였다. Jobnet은 '의미 기반 매칭'(semantic matching) 방식13)을 적용해 구인자와 구직자가 구인등록 및 구직등록 시에 평문으로 자연스럽게 기술해 놓은 문장(natural lan-guage)을 컴퓨터가 그 의미를 이해하고 그 의미로부터 인공지능이 역량을 도출해 스스로 매칭하는 방식을 사용하였다. 이에 따르면 구인등록 데이터(job data)와 구직등록 데이터(profile data)의 언어를 고차원 벡터(high dimensional vector)로 전환해 이 벡터를 서로 비교함으로써 구직자와 일자리 사이의 유사성 점수(similarity score)를 산출해 내는 방식이라고 한다.

또한 Jobnet은 역량기반 매칭 알고리즘을 이용하고 있어서 일자리를 검색할 때 역량의 격차 분석(gap analysis) 결과를 함께 표시해 준다. 역량의 격차 분석은 그 직업에서 필요로 하는 역량과 현재 보유하고 있는 역량 사이에 어떤 차이가 있으며 그 격차를 메우기 위해 어떤 훈련이 필요한지도 알려준다. 또한 인공지능은 click 데이터와 같은 빅데이터도 함께 고려해 구직자의 적성, 재능, 선호에 더욱 가까운 구인 일자리 정보를 제시해 주도록 하며, 빅데이터 분석을 통해 구직자와 유사한 프로파일을 가지고 있는 사람들이 과거에 주로 취업했던 일자리 정보도 함께 제시해 구직자와 직업상담사가 참고할 수 있도록 한다.

벨기에(VDAB)는 2021년에 Jobnet을 Talent API14)로 업그레이드하였다. 이 시스템은 외부의 민간 잡포털과 VDAB의 Jobnet이 구인·구직 관련 데이터를 교환할 수 있도록 도와줌으로써 외부 시스템과 정보를 효율적으로 공유토록 하고 채용 절차를 더 원활하고 효과적으로 만드는 것을 목적으로 한다. 이와 함께, 구직자가 프로파일 정보를 불충분하게 입력한 경우에도 최소한 경력과 지역에 대한 정보만 있으면 매칭 결과를 제시할 수 있도록 하였으며, 구인정보에 있는 유사어(synonyms)에 대한 검색 기능을 강화해 보다 폭넓은

---

12) 2004년에 개발된 독일 연방고용공단의 Jobbörse는 서로 다른 가중치가 부여되어 있는 40개 이상의 변수를 사용해 매칭결과를 제시해 주며 매칭 정도에 따라 산정된 점수를 함께 제시해 준다. 이러한 형태를 'soft matching'이라고도 한다.

13) 일자리 매칭 시스템에서 단순히 키워드에 의존하지 않고 의미론적인 유사성을 기반으로 더 정교한 매칭을 가능하게 하는 기술로서 자연어 처리(NLP), 직무·기술 등에 대한 온톨로지 등을 기반으로 문장의 의미와 문맥, 의도 등을 이해하고 직무의 요구사항과 구직자의 경험이나 기술 간의 연관성을 파악해 매칭을 하게 된다.

14) Talent란 인재를 의미하며, API는 Application Programming Interface의 약자로 특정 소프트웨어나 서비스가 외부의 다른 소프트웨어와 상호작용할 수 있도록 공개된 인터페이스를 의미한다. 따라서 Talent API는 취업 및 인재 채용과 관련된 데이터를 상호교환하는 인터페이스를 의미한다.

검색기능을 부여하였다. 특히 인공지능의 편향성을 최소화할 수 있도록 매칭 결과를 지속적으로 모니터링하고 그러한 편향성이 발견되는 경우에는 이를 시정하기 위해 알고리즘을 변경하도록 하였다.

요약해 보면 일자리매칭 시스템에 인공지능을 활용하는 경우에는 다음과 같은 측면에서 도움을 얻을 수 있다, 첫째, 인공지능은 기계학습을 사용해 과거에 성공적으로 매칭된 결과를 계속 학습함으로써 시간이 경과할수록 알고리즘이 더욱 정확해진다(owalgroup, 2019). 둘째, 기존의 일자리매칭 시스템처럼 구인·구직자가 역량목록 중에서 선택해 직무역량을 입력해 놓은 것과 같은 구조화된 데이터뿐만 아니라 구인기업의 직무기술서 또는 구직자의 이력서 등과 같은 자연어(free text)를 읽고 '의미 기반 매칭'(semantic matching)을 할 수 있다. 따라서 구인·구직자가 구인등록 및 구직등록을 할 때 해당하는 직무역량을 리스트 중에서 일일이 찾아서 입력할 필요가 없다. 셋째, 구직자의 구직행동을 나타내는 click data와 같은 빅데이터를 일자리매칭 모델에 반영함으로써 훨씬 종합적인 접근(holistic approach)을 할 수 있다.

3) 인공지능 활용 시의 유의 사항

그러나 인공지능을 활용해 시스템을 구축할 때에는 여러 가지 위험(risk)이 수반된다는 점을 항상 고려하여야 한다. 첫째는 데이터의 품질이 낮은 경우에는 인공지능을 활용해도 그 결과의 질이 나쁘게 나오기 마련이다. 또한 인공지능은 많은 데이터를 토대로 파악된 패턴을 이용해 예측이나 추천을 제시하기 때문에 평균적인 사람에 대해서는 정확한 분석결과를 제시할 수 있으나 한계그룹에 대해서는 정확도가 떨어질 수 있으며, 어려운 상황에 처한 사람을 이해하는 데에 필요한 소프트 스킬(soft skill)이 결여되어 있다(OECD, 2022b).

둘째는 인공지능은 기계학습을 통해 기능을 강화해 나가기 때문에, 반대의 경우도 가능해 기존 데이터에 편향성이 있는 경우에는 학습을 통해 체계적 편향성(systematic biases)을 강화시키게 된다. 예를 들어 노동시장 내에서 성별, 연령에 따라 차별 등의 이유로 취업하는 일자리에 편향성이 나타나는 경우 인공지능은 이 데이터를 계속 학습함으로써 구직자에게 추천하는 직업에서 이런 편향성이 더욱 강화되어 나타날 수 있다. 이 문제는 인공지능의 윤리 문제(ethical issues)로서 많은 논란의 대상이 되고 있다. 따라서 인공지능을 활용한 시스템을 운영하는 경우에는 편향성이 나타나는지를 지속적으로 모니터링하고 계속해서 알고리즘을 보완시켜 나가는 것이 중요하다.

셋째는 인공지능은 데이터 학습을 통해 스스로 통계모델을 구축하기 때문에 인공지능이 산출한 결과를 설명하기가 어려워져 설명력과 투명성이 결여될 수 있다.

넷째는 챗GPT의 활용이 확산되면서 할루시네이션(hallucination) 효과에 관한 문제가 제기되고 있다. 할루시네이션이란 환각을 의미하는 것으로 챗GPT는 자신이 학습한 데이터를 토대로 답변을 하는데 틀린 정보나 존재하지 않는 정보가 있는 경우에도 마치 옳거나 존재하는 것처럼 이야기하는 효과를 의미한다. 그래서, 정확한 정보가 필요한 경우에는 그 답변을 항상 검증할 필요가 있다.

다섯째는 인공지능은 예민한 개인 정보를 다루기 때문에 보안과 개인정보 보호의 이슈가 더욱 중요하게 된다. OECD는 2019년에 「OECD AI 원칙(OECD AI Principles)」을 채택15)하였으며, 그 주요 내용은 아래와 같다.

참고

OECD의 AI 원칙에는 주로 어떤 내용을 담고 있나?

- AI는 인간의 이익을 위해 사용되어야 한다.
- 인권 보호, 프라이버시의 보장 등 인간중심적 가치를 존중하여야 한다.
- 인공지능 활용 여부 및 활용과정 등에 대해 사전에 설명하고, 알고리즘 적용에 활용된 데이터나 AI 활용에 따른 결과가 투명하게 설명되어야 한다.
- AI 시스템 결과에 대해 분석할 수 있도록 추적가능성(traceability)을 가지고 있어야 한다.
- 알고리즘의 편향(bias)이나 차별을 배제하고 공정하게 활용될 수 있도록 관리되어야 한다.
- 개인정보에 대한 충분한 보호장치를 마련하여야 한다.
- 정부는 신뢰성 있는 AI 구축을 위해 데이터의 공유 등 디지털 에코시스템을 구축하여야 한다.
- 정부는 AI의 구축·활용을 위한 정책환경을 정비하여야 한다.

3. 우리나라의 디지털 고용서비스

가. 고용정보시스템의 구축

우리나라에서는 1990년대에 들어서면서 고용서비스 등 고용 업무의 전산화가 본격적으로 추진되어 Work－Net(취업알선, 1999년~), 고용보험(1995년~), HRD－Net(직업훈련,

---

15) https://oecd.ai/en/ai－principles

2002년~)의 주요 업무 전산시스템이 구축되어 3대 고용포털로서의 기능을 수행하였다. 이후에도 외국인 고용허가제를 지원하는 EPS 시스템(2004년~), 국민취업지원제를 지원하는 취업이룸(2021년~) 등 새로운 사업 또는 업무가 도입될 때마다 별도의 전산시스템이 개발되어 2024년 현재 고용정보시스템은 <그림 13-6>과 같이 구축되었다. 이들 전산시스템은 각각 인터넷(외부망)과 인트라넷(내부망)으로 구분되어 외부망은 일반 국민들에게 정보제공과 서비스제공에 활용되고 내부망은 관련되는 업무지원을 위해 사용되었다.

<그림 13-6>에서 일모아시스템은 일자리사업 통합정보 시스템(www.ilmoa.go.kr)으로서 정부와 지자체에서 추진하는 모든 일자리사업과 참여자 모집정보를 통합 제공해 한 곳에서 검색하고 온라인 신청할 수 있도록 서비스를 제공하며, 중앙부처와 지자체의 업무담당자들이 수행하는 업무를 지원하고 있다. 고용행정통계 시스템(eis.work.go.kr)은 노동시장정보 분석시스템으로 Work-Net, 고용보험, HRD-Net 등 모든 고용관련 행정통계를 실시간으로 조회하고 분석할 수 있는 서비스를 제공하고 있다. 고용복지⁺센터(workplus.go.kr)는 전국의 고용복지⁺센터를 지역별로 검색하는 서비스를 제공하고, 고용복지⁺센터의 참여기관 직원들에게 참여기관 간 서비스 연계관리 기능을 제공하고 있다. <그림 13-6>에 표시되어 있는 시스템 외에도 한국고용정보원에서는 청년정책 통합 플랫폼으로서 정부와 지자체가 제공하는 모든 청년정책을 통합해 정보를 제공하고 상담서비

〈그림 13-6〉 고용정보시스템 구성도

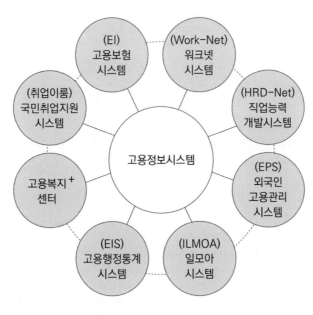

스를 제공하는 온통청년(www.youthcenter.go.kr), 민간고용서비스의 직무교육, 우수기관인 증제 등 민간고용서비스에 관한 업무를 통합 관리하는 민간고용서비스 통합관리시스템 (cert.keis.or.kr) 등을 운영하고 있다. 이외에도 각종 청년취업지원사업 등 개별 사업별로 당해 사업을 지원하는 전산시스템이 구축되어 운영되고 있다.

이와 같이 전산시스템이 업무별로 별도로 구축되어 있다 보니 국민과 기업에게 통합적인 관점에서 고용서비스를 제공하는 데에는 미흡하다는 문제가 줄곧 제기되어 왔다. 즉, 국민들이 서비스를 이용하기 위해서는 해당 홈페이지를 일일이 찾아서 각각 별도로 계정등록을 하고 로그인을 해야 하는 불편함이 있어 왔고, 고용복지⁺센터의 직원들도 업무처리를 하기 위해서는 몇 개의 시스템에 각각 접속해 여러 개의 창을 띄워 놓고 업무를 처리해야 하는 비효율성이 있어 왔다. 이와 같은 전산시스템의 복잡성은 통합 홈페이지를 운용해 누구든지 통합 홈페이지에만 접속하면 모든 서비스를 이용할 수 있도록 하는 프랑스[16])와 독일[17])에 비추어 보아도 불편하였다.[18]) 또한, 각각의 시스템별로 서로 다른 기준으로 데이터가 관리됨에 따라 데이터의 연결·통합이 어려운 문제도 있었다.

이와 같은 문제를 해소하기 위해 2018년에는 전산시스템에 분산되어 있는 정보를 통합해 통합데이터웨어하우스(DW)[19])를 구축하기 위한 「국가일자리정보 플랫폼」이 개통되었으며, 2024년 하반기에는 고용서비스의 통합포털을 구축해 국민과 기업들은 이 포털에 접속하면 원하는 모든 서비스를 이용할 수 있도록 하는 「고용24」가 개통되었다. 이와 함께, 인공지능에도 집중적인 투자를 실시해 2020년에는 인공지능 기반의 일자리매칭시스템인 「더워크 AI」가 개발되었고, 2021년에는 인공지능을 활용해 경력설계지원을 할 수 있는 「잡케어(JobCare)」가 개발되었다.

나. 「고용24」

「고용24」는 고용서비스의 통합포털 기능을 담당하는 차세대 디지털 고용서비스 플랫폼으로 개발되었다. 「고용24」는 외부망과 내부망으로 구성되어 있는데, 외부망은 국민에게

---

16) https://www.francetravail.fr/accueil/

17) https://www.arbeitsagentur.de/eservices

18) 영국의 경우에는 정부가 운용하는 모든 홈페이지가 GOV.UK로 하나로 통합되어 있다.

19) 기업 또는 기관 내 다양한 출처에서 수집된 데이터를 통합하여 중앙화된 데이터 저장소에 저장하고, 이를 분석 및 의사결정에 활용하는 시스템을 의미한다. 다양한 시스템에서 생성된 데이터를 하나의 일관된 구조로 변환하여 저장함으로써 데이터의 일관성과 신뢰성을 확보한다.

온라인 서비스를 제공하는 대민포털로서 공식명칭은「고용24」라고 하며, 내부망은 직원들의 업무지원을 담당하는 행정포털로서 공식명칭은 「고용행정 통합포털」이라고 한다. 「고용24」의 명칭은 1주일에 7일, 24시간 동안 온라인으로 고용서비스를 제공한다는 의미이며, Work−Net, 고용보험, HRD−Net, 국민취업지원, 외국인고용관리(EPS)의 5대 고용업무를 담당하는 전산시스템과 청년일자리, 청년내일채움공제, 중소기업청년직무체험, 청년도전지원사업을 각각 관리하는 4개 전산시스템 등 대민서비스를 담당하는 9개의 전산시스템의 홈페이지를 폐지하고「고용24」의 홈페이지로 단일화하였다. 이에 따라 고용서비스를 이용하고자 하는 개인과 기업은「고용24」의 홈페이지에 접속하면 원하는 모든 서비스를 이용할 수 있다. 현재「고용24」의 홈페이지(work24.go.kr)에서는 개인과 기업으로 나누어 필요한 모든 고용서비스를 한 곳에서 이용할 수 있도록 통합 메뉴를 제공하고 있다.

○ 정보제공 및 데이터 개방

「고용24」에서는 홈＞이용안내＞정책/제도를 통해 고용과 관련된 모든 정책과 제도를 채용부터 시작해 교육훈련, 출산/육아, 유연 근무, 고용유지 및 재취업지원으로 나누어 소개하고 있으며, 장애인·외국인·건설근로자·사회적 기업·가사서비스 등 대상별 정책 설명도 통합하여 제공하고 있다. 고용지원금의 모의계산 서비스도 제공해 실업급여, 육아휴직급여 등을 미리 산정해 볼 수 있다.

또한, 홈＞이용안내＞OPEN−API를 통해 고용관련 공공데이터를 다운로드받을 수 있다. 「고용24」는 공공데이터를 개방하여 국민과 기업들이 데이터를 자유롭게 활용할 수 있도록 한다는 정부 3.0의 서비스를 구현하기 위해 Open−API 서비스를 제공하고 있다. Open−API는 특정 소프트웨어나 서비스가 외부의 다른 소프트웨어와 상호작용할 수 있도록 공개된 인터페이스를 의미하는 것으로, 공공 데이터를 자동으로 수집하며 최신 데이터를 실시간으로 업데이트할 수 있도록 지원한다. 이 기능을 통해 채용정보, 직업정보, 직무정보 등「고용24」가 보유하고 있는 모든 데이터를 누구든지 절차에 따라 제공받을 수 있다.

○「고용24」의 이용현황

「고용24」의 외부망을 이용하는 회원수는 시범운영 기간인 2024년 8월 기준으로 904만 명(개인 874만 명, 기업 31만 명)에 달하여 기존의 Work−Net 회원수 908만 명의 대부분이「고용24」회원으로 전환되었음을 알 수 있다. 2022년을 기준으로 Work−Net을 통한 1년 동안의 구인인원은 240만 명, 신규 구직자는 357만 명, 취업자수는 88만 명에 달한다.

「고용24」는 2024년 7월부터는 모바일 앱이 출시되어 핸드폰에서도 접근이 가능하다.

1)「고용24」_개인

구직자·근로자 기타 일반 국민들은 '개인'용 홈페이지를 이용한다. 여기에는 ① 채용정보, ② 취업지원, ③ 실업급여, ④ 직업능력개발, ⑤ 출산휴가·육아휴직의 메뉴가 제공되고 있다. ① '채용정보'에서는 Work－Net의 구직등록과 채용정보 검색 기능이 제공되며, ② '취업지원'에서는 Work－Net의 직업·진로 서비스와 함께 국민취업지원제도와 각종 노동시장 프로그램에 관한 서비스를 제공하고 있다. ③ '직업능력개발'에서는 직업훈련과정의 검색 등 HRD－Net의 기능이, ④ '실업급여'와 ⑤ '출산휴가·육아휴직'에는 고용보험 시스템의 기능이 각각 구현되어 있다. 모든 시스템의 UI/UX가 통일되어 있어 이용자들은 하나의 전산시스템을 이용하는 것과 같이 모든 서비스를 이용할 수 있다.

1 채용정보

'채용정보' 메뉴에서는 기존 Work－Net의 핵심 기능인 구직 등록 및 일자리 매칭시스템을 활용한 채용정보 검색 서비스를 제공하고 있다. 이외에도 채용박람회 등 각종 채용행사를 확인할 수 있으며, 입사 지원에 참고할 수 있도록 강소기업을 확인할 수 있고 통합기업정보도 검색할 수 있다. 이와 함께 온라인 채용대행 서비스가 진행되는 e－채용마당, 해외취업, 4차 산업혁명 채용관, 내 주변 채용정보 확인 등의 서비스가 제공된다.

○ 구인·구직 등록 및 일자리 매칭 시스템

직업안정법 시행규칙(제2조)에 따르면 구인·구직 등록 시에는 구인신청서와 구직신청서를 사용하도록 규정하고 있으며, 구인신청서에는 인력을 채용하고자 하는 직종과 직무내용, 필요로 하는 경력·학력·자격, 근로조건(임금·근로시간·근무장소·고용형태 등) 등을 기재하고, 구직신청서에는 학력·전공, 희망하는 직종, 보유하고 있는 경력·자격·교육훈련 이수현황·전산능력·외국어능력, 희망하는 근로조건(근무지역·임금·고용형태 등)을 기재하도록 하고 있다. 이 항목들을 기반으로 일자리 매칭이 이루어진다.

일자리 매칭 시에는 종래 키워드 매칭방식을 사용해 왔다. 구인자 또는 구직자가 직종, 지역, 경력, 학력 등 검색하고자 하는 조건을 입력하면 키워드를 사용해 매칭되는 결과를 보여주는 방식이다.[20] 이러한 방식을 '구인/구직 속성 기반 매칭'이라고 한다. 최근에는

---

20) 과거에는 희망직종·지역·신규/경력 여부 등 3개 변수를 고려하였으나 최근에 희망직종·지역·임금 등 8개 변수로 확대되었다.

보다 정확한 일자리 매칭을 위하여 인공지능을 활용한 '행동 기반 매칭'과 '직무역량 기반 매칭'이 개발되어 함께 사용되고 있는데, 이에 대해서는 뒤에서 다시 설명하기로 한다. 구직자는 이러한 매칭시스템을 이용해 자신의 적성·희망·능력 등에 부합되는 구인정보를 검색한 뒤에 직접 원하는 일자리에 입사 지원을 할 수 있다.

참고

기업들이 인력을 채용하는 기준은 무엇일까?

우리나라 기업들은 과거에는 학벌, 외국어, 인턴십, 대외활동 등 스펙에 의존해 채용을 했던 것이 사실이나 최근에는 많은 변화가 발생하고 있다. 왜냐하면 스펙은 채용 후의 실제 업무성과를 예측하지 못하기 때문이다. 최근에는 직무별 역량을 중시하며 직무에 적합한 인재를 찾기 위해 채용 과정을 세분화하고 있고, 특히 경력직 채용관행이 증가할수록 이러한 경향이 확대되고 있다. 또한, 조직 문화에 적합한 인재를 찾는 것도 중요시되기 때문에 기업들은 직무 적합도와 함께 조직 적응도를 중시하게 된다.

일반적으로 조직 적응도는 면접 과정에서 평가될 수 있는 요소이기 때문에, 일자리 매칭 단계에서는 직무 적합도를 평가하는 것이 중요하게 된다. 구인신청서에 기재되는 직무내용과 구직신청서에 기재되는 구직자의 학력·전공, 경력·자격·교육훈련 이수현황 등 직무능력이 어느 정도 적합한지를 평가하는 것이 되겠다. 이와 같은 매칭 시스템을 스킬(skill) 기반 매칭 또는 역량 기반 매칭이라고 하며, 기술발전 속도가 빨라짐에 따라 노동시장에서 스킬의 수요·공급이 급변하게 되면서 대부분 국가의 일자리 매칭 시스템에서 더욱 중요시되어 가고 있다. 전산시스템에서 구현하는 방법으로는 구인광고(구인신청서)에 기재된 직무 내용에서 직무수행에 필요한 스킬이나 역량을 추출해 내고 구직자의 이력서(구직신청서)에서 보유하고 있는 스킬이나 역량을 추출해 서로 매칭하는 방식이 되겠다.

구직자 입장에서는 직무적합도가 높은 일자리에 입사지원을 하는 경우에 채용 확률이 증가하게 되며, 기업들도 직무적합도가 높은 인재 풀을 구축할 수 있는 장점이 있다. 다만, 우리나라에서는 아직 직무중심 노동시장이 완전히 구축되어 있는 것이 아니기 때문에 일자리 매칭시스템을 하나로 완전 통합하지 않고 세 가지 방식으로 나누어 구직자와 구인자가 선택해 활용하도록 하고 있다.

2 취업지원

'취업지원' 메뉴는 취업역량강화, 취업가이드, 국민취업지원제도, 일경험, 취업지원금의 하위 메뉴로 나뉘어 있다. '취업역량강화'의 하위 메뉴는 집단상담프로그램 등의 구직자

취업역량 강화프로그램, 생애경력설계 자가진단 및 전직준비도 검사 서비스를 제공하는 중장년내일센터, 각종 청년 지원사업 등으로 구성되어 있다. 그리고 '국민취업지원제도', '일경험' 및 '취업지원금'의 하위메뉴에서는 각각 해당 사업에 대해 소개하면서 필요한 각종 신청을 할 수 있도록 서비스를 제공하고 있다.

'취업가이드'의 하위메뉴는 기존 Work－Net의 직업·진로 서비스를 확대한 것으로 이력서·자기소개서의 작성, 면접전략 등 취업준비를 지원하고, 청소년과 성인을 대상으로 21종의 직업심리검사를 제공하며, 직업정보, 학과정보, 사이버진로교육센터, 진로상담 등의 서비스를 제공하고 있다. 특히 직업정보와 관련해서는 기존 Work－Net에서 제공하던 것과 동일하게 한국직업사전, 직업인 인터뷰, 다양한 직업세계, 신직업·미래의 직업의 소개와 함께 한국직업정보 서비스를 제공하고 있다. 한국직업정보에서는 2022년 현재 537개 직업에 대한 종합적인 직업정보를 제공하고 있으며, 이 직업정보를 토대로 '직무특성 기반 직업추천 서비스'도 제공하고 있다.

③ 실업급여 및 출산휴가·육아휴직

'실업급여'의 메뉴에서는 기존에 고용보험 홈페이지에서 처리하였던 실업자의 수급자격 신청과 이후에 진행되는 실업인정을 온라인 상에서 처리할 수 있도록 지원하고 구직급여 및 취직촉진수당 등의 청구 절차를 지원한다. 또한, '출산휴가·육아휴직'의 메뉴에서는 출산휴가급여, 육아휴직급여, 육아기근로시간단축급여의 신청과 사용현황 조회 등을 할 수 있다.

④ 직업능력개발

'직업능력개발'의 메뉴에서는 기존에 HRD－Net의 홈페이지에서 제공하였던 국민내일배움카드의 발급 신청 및 계좌한도 추가지원, 직업훈련과정의 검색 기능을 제공하고 있다. 직업훈련과정의 검색은 지역, 직종, 개강일자별로 검색할 수 있도록 지원하고 있다. 직업훈련기관 및 직업훈련교사 등의 행정관리 기능도 제공한다.

○ 기타 직업능력개발 전산시스템

고용24에 통합된 HRD－Net 이외에도 직업능력개발을 지원하는 전산시스템에는 한국기술교육대학교에서 구축해 운영하고 있는 STEP과 한국산업인력공단이 운영하는 Q－Net, CQ－Net, 국가직무능력표준(NCS)이 있다.

• STEP(www.step.or.kr)

STEP(Smart Training Education Platform)은 한국기술교육대학교 온라인평생교육원이 운

영하는 스마트 직업훈련 플랫폼이다. STEP은 온라인 훈련콘텐츠가 모여 있는 '콘텐츠 오픈 마켓'과 온라인 훈련의 운영을 지원하는 '학습관리시스템(LMS, Learning Management System)'으로 구성되어 있다. '콘텐츠 오픈 마켓'을 통하여 훈련생들은 개인 PC, 모바일 기기 등 전자 매체를 활용해 이러닝 콘텐츠를 간편하게 검색해 시간과 장소의 제약 없이 수강할 수 있으며, 훈련기관은 개발한 콘텐츠를 이곳에 탑재해 자유롭게 거래할 수 있다. '학습관리시스템'은 직업훈련기관들이 온라인 출석 점검, 과제·평가 자료 축적 등 훈련생 관리 업무를 지원하는 시스템이다.

- Q-Net(www.q-net.or.kr)

한국산업인력공단에서 운영하는 국가기술자격정보 포털로서 국가기술자격에 대한 자격 종목별 정보, 시험일정, 필기·시험 안내, 통계 등의 정보를 제공한다. 또한 국가자격시험의 원서접수, 합격자와 답안의 발표, 자격증 발급 신청, 자격취득 및 미발급의 조회, 자격증 및 확인서의 진위 확인 등 자격관련 행정서비스도 제공한다.

- CQ-Net(cq-net.or.kr)

과정평가형 국가기술자격 제도, 일학습병행자격 제도의 운영을 위한 플랫폼이다. 과정평가형 국가기술자격과 일학습병행자격에 대한 안내, 편성기준, 외부평가 시험안내 등의 정보를 제공하며, 과정평가형 국가기술자격에 대한 지정심사 및 운영, 과정평가형자격과 일학습병행자격의 외부평가 원서접수 및 합격자 발표, 자격증 발급, 자격증 및 수료증의 진위 학인 등 행정서비스를 제공한다.

- 국가직무능력표준(www.ncs.go.kr)

국가직무능력표준(NCS)은 산업현장에서 직무를 수행하기 위해 요구되는 지식·기술·소양 등의 내용을 국가가 산업부문별·수준별로 체계화한 것으로 2023년 현재 1,093의 직무에 대하여 개발되어 있다. 국가직무능력표준 홈페이지(ncs.go.kr)는 직무분류체계에 따라 직무별로 국가직무능력표준 및 학습모듈을 검색하는 서비스를 제공한다.

2) 「고용24」_기업

기업들과 고용주들은 '기업'용 홈페이지를 이용하게 된다. 여기에는 ① 채용지원, ② 직업능력개발, ③ 기업지원금, ④ 확인 및 신고 의 메뉴가 제공되고 있다. ① '채용지원'에서는 Work-Net의 구인등록과 인재 검색 기능, 외국인 고용관리 시스템의 기능이 제공되고, ② '직업능력개발'에서는 HRD-Net의 기능이, ③ '기업지원금'과 ④ '확인 및 신고'에서는 고용보험시스템의 기능이 각각 구현되어 있어 고용과 관련해 기업들이 필요로 하는 모든 서비스를 한 곳에서 이용할 수 있다.

① '채용지원'의 메뉴는 기존의 Work-Net에서 제공하던 인재 찾기, 구인신청, 채용공고 보기와 함께 일경험 신청, 외국인고용의 하위 메뉴로 구성되어 있다. '인재 찾기'의 하위메뉴에서는 직종별·지역별·전공계열별·자격증별로 채용정보를 검색해 볼 수 있으며, 석박사 인재정보와 해외취업희망인재도 검색해 볼 수 있다. 다만, 개인용 홈페이지에서는 구직자들이 채용정보를 검색해 희망하는 기업을 발견하게 되면 즉시 입사지원을 할 수 있는 것과 달리, 기업용 홈페이지에서는 구직자의 연락처 등 개인정보가 공개되어 있는 것이 아니기 때문에 인재풀의 상황을 확인해 구인광고의 작성에 참고하거나 고용복지⁺센터의 직업상담사에게 알선요청을 하여야 한다. 통상적으로는 구인신청서를 작성해 등록하면 구직자들이 입사지원을 하기 때문에 그 입사지원자들을 대상으로 채용심사 절차를 진행하게 된다. 또한 구인기업들도 다른 회사들의 채용공고를 검색해 참고할 수 있도록 서비스를 제공하고 있다. 외국인 근로자 고용허가신청 등 고용허가제와 관련된 업무는 '외국인고용'의 하위메뉴를 통해 각종 신청·신고 등의 업무를 처리할 수 있다.

그리고 ② '직업능력개발'의 메뉴에서는 직업훈련과정을 검색하거나 직업훈련기관 및 교강사를 조회하거나 사업주훈련·일학습병행훈련과 관련된 업무를 처리할 수 있도록 지원하고 있으며, ③ '기업지원금'의 하위메뉴에서는 고용보험제에 의한 각종 고용장려금을 신청할 수 있도록 서비스를 제공하고 있으며, ④ '확인 및 신고'의 하위메뉴에서는 이직확인서, 출산전후휴가 확인, 육아휴직 확인 등 고용과 관련된 확인 및 신고업무를 수행할 수 있도록 지원하고 있다.

3) 마이페이지

「고용24」의 핵심에는 개인과 기업에 대한 멤버십서비스가 있다. 개인의 경우에는 회원가입을 하고 로그인을 하면 마이페이지(My Page)를 통해 고용서비스 이용과 관련한 모든 이력관리를 할 수 있으며, 개인에 대한 맞춤 정보를 추천받을 수 있다. 우선 마이페이지의 기본화면에서는 대쉬보드를 제공해 이를 통해 각종 민원 신청현황 및 고용서비스 이용현황을 보여주며 사이드 메뉴의 '민원신청 현황'을 클릭하면 각종 신고·신청 등 민원의 처리상황을 상세하게 조회할 수 있다. 그리고, '맞춤정보'를 통해서는 개인에 대한 맞춤정보를 조회할 수 있는데, 맞춤채용정보, 맞춤훈련정보, 맞춤자격정보, AI추천정보, 관심정보 등을 제공해 주며 잡케어 서비스를 활용해 직무역량을 분석할 수도 있다. '구직관리'에서는 이력서와 자기소개서 작성을 지원해 주고 이 과정에서 직무능력 자동추천 서비스도 제공한다. 작성된 파일은 구직신청을 할 수 있도록 지원해 주며, 입사지원하거나 취업알선을 받은 내역도 관리할 수 있다. '훈련관리'에서는 국민내일배움카드의 발급 및 사용내역을 관리할 수 있으며, 온라인 수강신청 등 직업훈련 이력 등을 관리할 수 있다. '참여 프로그램 관리'에서는 구직자취업역량강화프로그램, 국민취업지원제도, 청년취업지원사업, 재정지원일자리사업 등 각종 노동시장 프로그램에의 참여 이력을 관리할 수 있으며, 취업상담 및 훈련상담의 이력도 조회하고 관리할 수 있다.

기업의 경우에도 마이페이지를 통해 종합적인 정보를 제공받을 수 있다. 기업의 경우에도 마이페이지의 기본 페이지에서 대쉬보드를 통해 민원신청 현황 등을 알 수 있으며 민원신청현황의 진행사항을 상세하게 조회할 수 있다. 그리고 고용서비스의 이용 이력을 관리할 수 있으며 추천서비스도 이용할 수 있다. 구인신청서의 작성 및 등록을 지원받을 수 있으며, 재직자 직업훈련의 참여 이력과 고용허가제를 통한 외국인의 고용관리와 상담내역을 관리할 수 있다.

다. 빅데이터와 인공지능을 활용한 최신 디지털 고용서비스 구축

1) 국가일자리정보 플랫폼

우리나라에서는 그동안 업무별로 업무 목적에 맞게 각자의 전산시스템이 설계되어 활용되어 왔다. 그런데 시스템별로 그 시스템의 목적에 맞게 데이터를 관리하다 보니 고용정보들이 각각의 데이터베이스에 산재되어 있을 뿐만 아니라 데이터가 표준화되어 있지 않아 통합고용서비스 제공을 위한 정보의 연계·활용에 어려움을 초래하는 문제가 있었다. 이러한 문제를 해소하고 빅데이터의 구축 관점에서 일자리관련 정보를 연계·공유하기 위해 고용노동부가 보유하고 있는 데이터는 물론 다른 기관들이 보유하고 있는 복지, 자격증, 기업 데이터를 연계하여 핵심 정보(개인, 사업장, 서비스)를 기준으로 표준화해 통합 데이터베이스(Master DB)를 구축한 것이 '국가일자리정보 플랫폼'이다.

IT 기술 발전의 역사를 살펴보면 IT 시스템과 데이터가 상호 작용하면서 발전해 왔고 디지털 시스템이 좋은 결과를 생산하기 위해서는 분석할 수 있는 좋은 데이터의 구축을 반드시 필요로 한다. 인공지능도 학습할 데이터가 있어야 가능하기 때문에 공공서비스의 디지털화를 위해서는 데이터의 연계·통합을 위한 빅데이터 구축이 반드시 필요한 전제가 된다. 독일의 PES인 연방고용공단(BA)도 'IT 전략 2020'의 일환으로 데이터 인프라에 집중 투자를 실시해 데이터 분석작업을 실시할 수 있는 수준의 데이터 웨어하우스를 구축한 대표사례로 꼽힌다(Pieterson, 2019). 영국과 같은 다른 국가들에서도 행정기관 간에 보유하고 있는 데이터의 공유·통합을 적극적으로 추진하고 있다.

우리나라도 2018년부터 국가일자리정보 플랫폼 구축작업을 시작해 고용관련 전산망의 데이터를 통합함은 물론 56개 외부기관으로부터 410종의 데이터를 제공받아 연계하였다. 이를 통해 데이터가 표준화되고 품질이 관리됨으로써 정부와 민간, 연구자들이 구축된 정보를 활용할 수 있도록 빅데이터, 인공지능, 데이터공유 등 다양한 서비스 제공을 위한 플랫폼(기반)을 제공하게 되었다.

〈그림 13-7〉 국가일자리정보플랫폼 개념도

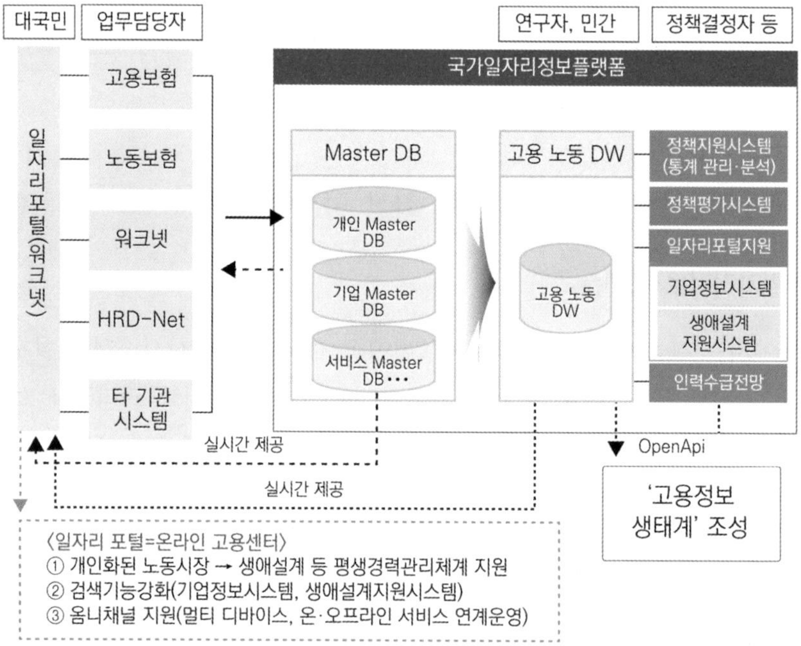

* 고용노동부(2019c)

2) 더워크 AI: 인공지능 기반 일자리추천 서비스

국가일자리정보플랫폼 구축을 토대로 인공지능을 활용한 첫 번째 디지털 고용서비스 툴로 개발된 것이 직무역량 중심의 일자리매칭 시스템인 '더워크 AI'이다. 앞에서 설명한 바와 같이 그동안 Work-Net에서 사용해 온 일자리 매칭 시스템은 키워드 매칭방식으로 구직자의 속성과 채용공고의 요구사항을 토대로 직종, 지역, 경력 등 키워드를 중심으로 매칭을 하는 방식이었다. 그러나 이미 많은 국가들에서는 역량기반(competence-based) 또는 스킬기반(skill-based) 매칭시스템을 사용하고 있다. 그 이유는 기술의 급격한 발전에 따라 스킬(skills) 또는 역량(competence)의 중요성이 증가하는 반면에 노동시장에서 스킬의 수요·공급 간에 미스매치가 확대되고 있으며, 일자리에서 요구하는 역량을 갖추고 있는 구직자가 그 일자리에 취업하였을 때 일자리 정착도가 훨씬 높아진다는 것이 경험적으로 증명되기 때문이다. 역량기반 또는 스킬기반 매칭시스템의 구축에 반드시 인공지능의 활용을 필요로 하는 것은 아니다. 인공지능을 사용하지 않고도 직업별로 필요로 하는 숙련 또는 역량을 체계적으로 분류한 역량·스킬분류체계가 구축되어 있으면 매칭시스템 구축이 가능하기 때문이다. 독일의 워크넷인 잡베르제(Jobbörse)가 대표적인 스킬기반 매칭시스템이다. 그러나 인공지능을 활용하면 훨씬 더 쉽게 이러한 시스템 구축이 가능해진다.

1 빅데이터 기반의 '더 워크'(2018): 행동 기반 매칭시스템

우리나라에서는 1단계로 구직자의 온라인 행동(입사 지원, 북마크, 채용정보 조회 등 클릭 경험)으로 빅데이터를 구축해 빅데이터와 구직자의 희망 직종을 분석해 관련되는 고용정보(일자리, 훈련, 자격증, 정책, 기업, 심리검사)를 추천해 주는 '더 워크'라는 새로운 매칭 시스템을 개발하였다. 일자리 매칭 시스템에 구직자의 행동데이터를 반영한 사례로는 벨기에(VDAB)를 들 수 있으며 구직자의 행동 데이터를 분석해 일자리 매칭에 활용하면 구직자

〈그림 13-8〉 '더 워크 AI'의 일자리 매칭

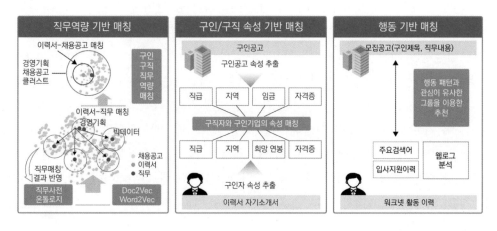

* 고용노동백서(2021)

의 개인적인 관심사항을 보다 더 잘 반영함으로써 더욱 정확한 매칭결과를 얻을 수 있다고 한다. '더워크'는 웹 또는 모바일에서 서비스가 제공되고 있으며, <그림 13-8>에서 '행동 기반 매칭'이 여기에 해당한다.

② 직무온톨로지의 구성

역량기반 또는 스킬기반 매칭시스템을 구축하기 위해서는 어떤 직업이 어떤 역량 (competences) 또는 스킬(skills)을 필요로 하는지가 명확해야 한다. 이를 위해서 각 국가에서는 직업-직무-역량·스킬을 체계적으로 연결해 놓은 직업·스킬분류체계를 구축해 활용하고 있으며 미국의 O*Net, 유럽연합의 ESCO가 대표적인 예이다. 우리나라에서도 고용직업분류체계(KECO)를 토대로 한국고용정보원이 진로지도·상담 등에 활용하기 위한 목적으로 537개의 직업에 대해 각종 정보를 수록한 한국직업정보(KNOW)가 구축되어 「고용24」를 통해 제공되고 있다. 또한, 산업인력공단에서는 직업훈련·자격에 활용하기 위해 1,093개의 직무별로 직무능력을 기술해 놓은 국가직무능력표준(NCS: National Competency Standards)을 구축해 활용하고 있다. 고용직업분류(KECO)와 NCS의 직무분류체계는 바로 연결되어 있지는 않지만 직업과 직무의 연계표를 통해 각 직업에 필요에 필요한 직무능력을 확인할 수 있다.

한국고용정보원에서는 인공지능을 활용해 직무온톨로지를 구축하는 방법으로 직무역량기반의 매칭시스템을 구축하였다. 직무와 관련된 수많은 데이터를 인공지능이 기계학습 (machine learning)을 통해 학습해 스스로 데이터 사이의 패턴을 찾아내는 방식으로 직무온톨로지를 구축한 것이다. 이렇게 구축된 직무온톨로지는 인공지능이 수많은 노동시장에서의 데이터를 학습함으로써 직업, 직무, 훈련, 자격, 학과 등 단어 간의 관계를 컴퓨터가 이해하는 방식으로 정의한 직무 데이터 사전을 의미한다. 이와 같이 인공지능이 데이터를 학습해 인공지능 기반 온톨로지를 구성하는 방식은 Google, LinkedIn, Burning Glass Technologies와 같은 국제적인 민간업체들이 많이 사용하는 방식이다. 즉 전문가들이 모여서 서베이 조사결과를 토대로 논의를 거쳐 필요한 직업·직무 사전을 작성하는 대신에 인공지능이 기존의 데이터들을 학습해 어떤 직업에는 어떤 직무가 관련되어 있고 그 직무를 수행하려면 어떤 직무능력이 필요하고 그 직무능력을 구비하기 위해서는 어떤 학과를 졸업하거나 어떤 훈련을 받아야 하는지 그 연관성을 생성해 직무데이터사전으로 구축해놓는 것을 의미한다. 그래서 이와 같은 온톨로지를 '데이터 기반 온톨로지'(data-driven ontology)라고 한다.

직무온톨로지의 구성을 위해 직무관련 데이터 수집 및 처리과정을 거쳐 지식·기술 60만개, 연관 키워드 218만개가 추출되었고 단어 간에 연관성이 생성되었다. 이렇게 하여 구축된 직무온톨로지는 직업－직무－직무능력－교육·훈련의 연관성을 정의하고 있어 역량 기반 일자리 매칭 외에도 희망 직업에 필요한 역량 또는 스킬의 격차(skill gap) 측정, 그 갭(gap)을 채우기 위해 필요한 교육·훈련과정의 추천 등에 활용될 수 있다. 2020년 12월에 HRD－Net에는 「온라인 진단·상담」시스템이 구축되어 인공지능을 기반으로 개인의 프로파일과 역량진단 등을 토대로 적합한 훈련과정을 온라인 상에서 추천해 주는 서비스가 제공되기 시작하였고, Work－Net에서는 '더 워크 AI'와 잡케어 서비스가 시작되었다.

③ 인공지능 기반의 '더 워크 A.I.': 직무역량 기반 매칭시스템

직무온톨로지가 개발되면서 2단계로서 '더 워크'를 인공지능을 활용해 발전시킨 '더 워크 AI'가 구축되었다. '더 워크 AI'는 인공지능을 활용해 구인기업의 채용공고와 구직자의 이력서에 기술된 직무역량을 자동적으로 분석해 구인·구직자에게 가장 적합한 일자리와 인재를 찾아 연결해 주는 시스템으로, <그림 13－9>에서 보는 바와 같이 인공지능 기술과 직무온톨로지를 활용해 이력서에서 직무역량과 연관된 용어를 추출해 분석한 뒤에 채용공고의 직무역량을 도출하여 이를 상호 비교하여 연관성이 높은 정보를 매칭하는 형태로 운영된다. 이러한 방식을 통해 '더 워크 AI'는 직무역량 기반 매칭방식을 제공하고 있다. 현재 「고용24」에서 제공하는 일자리 매칭은 <그림 13－8>에서 보는 바와 같이 세 가지 방식이 사용되고 이에 따라 「고용24」에서의 일자리 매칭은 ① 구직자의 이력서와 구인기업의 채용공고에 적혀 있는 직무핵심어, ② 구직자 속성과 채용공고 요구사항, ③ 온

〈그림 13-9〉 '더 워크 AI' 운영 프로세스

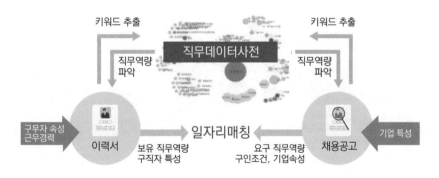

* 한국고용정보원 내부자료

라인 행동유형을 분석해 각각 이루어지게 되었다.

3) 잡케어(JobCare): 지능형 직업상담서비스

잡케어는 인공지능에 기반해 전 생애에 걸친 경력단계에서 개인들의 직업선택 및 취업 준비를 지원하기 위한 데이터 분석 기반의 맞춤형 진로·직업상담 지원서비스로서, 노동시장 관점에서 생애주기별 고객 대상을 구분하고 필요한 역량 진단 정보와 노동시장정보를 분석하여 역량수준별로 경력로드맵을 제시해 주는 기능을 담당한다. 당초에 잡케어는 고용센터 직업상담사의 직업상담을 지원하는 업무 툴로서 개발되었다. 이와 같은 잡케어를 개발하게 된 배경은 4차 산업혁명이 진행되고 통합 고용정보에 대한 수요가 증가하고 있음에도 불구하고 직업상담 과정에서 경력설계 지원을 하려고 해도 활용가능한 직업·취업 상담지원 정보가 부족하다는 문제가 있어서, 이들 문제를 해소하기 위해 인공지능을 활용해 구직자의 직무능력을 객관적으로 파악하고 이를 토대로 데이터에 기반한 취업·경력 의사결정을 지원하고자 하는 것이었다.

잡케어의 운영 프로세스는 <그림 13-10>과 같다. ① 먼저 개인의 속성정보와 경력 정보를 분석하여 직무역량과 연관된 용어를 추출·분석해 직무역량을 진단한다. ② 개인이 보유하고 있는 직무역량을 NCS의 직무별 필요 직무역량과 비교하여 필요역량을 도출한

〈그림 13-10〉 잡케어 운영 프로세스

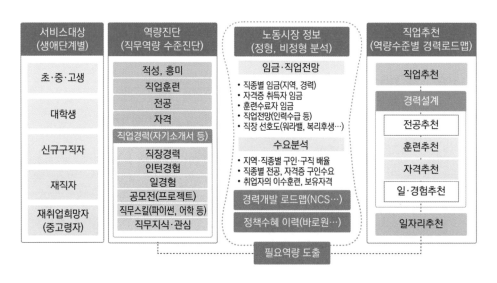

* 한국고용정보원 내부자료

다. ③ 직종별 일자리 수요, 임금, 자격, 훈련, 학력·전공 등 노동시장정보를 참고해 추천 직업을 도출하고, ④ 개인이 보유하고 있는 직무능력과 희망 직업 등을 고려해 경력개발 경로(직업훈련, 자격증, 일자리 정보)를 제시한다. 이 과정에서 직무역량 진단, 직업추천, 경력개발경로 제시 등에 인공지능기법과 직무온톨로지가 사용되고 있다.

잡케어는 2021년 9월에 Work-Net의 인트라넷에 탑재되어 시범운영을 거쳐 2021년 12월부터 전국 고용센터에서 일제히 사용되고 있다. 이후에 2023년 3월부터는 잡케어를 Work-Net의 외부망에 탑재해 온라인상에서 누구든지 역량진단과 직업 추천을 받을 수 있도록 대국민 서비스를 오픈하였다. 이와 같이 대국민 서비스를 오픈한 배경은 해외에서는 취업능력을 갖추고 있는 구직자들에 대해서는 온라인상에서 스스로 경력개발과 자기구직활동을 하도록 지원하고 있다는 점을 참고한 것이다. 현재 잡케어 서비스는 경력관리 AI서비스로서 「고용24」 홈페이지에서 회원가입하고 로그인을 하면 '마이페이지'를 통해 이용할 수 있다.

내부망에 탑재되어 사용되는 '상담지원용 잡케어'는 고용서비스기관의 상담사가 내담자와 경력개발 상담을 할 때 사용할 수 있도록 구직자의 이력서를 토대로 직무역량을 분석한 후에 적합한 직업을 추천해 주고 노동시장의 정보와 함께 경력개발설계를 제공해 주는 방식으로 이루어진다.

인터넷에 탑재되어 일반 구직자들이 자유롭게 사용할 수 있는 '대국민용 잡케어'는 <그림 13-11>에서 보는 바와 같이 My 데이터를 입력하면 보고서가 생성되는 방식으로 이

〈그림 13-11〉 대국민용 잡케어

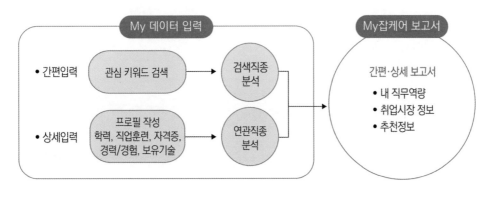

* 한국고용정보원 내부자료

용하게 되는데, 간편 입력방식과 상세 입력방식의 두 가지 방법을 제공한다. 간편 입력 방식은 전공, 자격증, 훈련과정, 직업, 직무, 기술과 관련된 관심 키워드를 선택해 입력하면 키워드와 관련된 직종을 추천해 주고 해당 직종에 관한 정보를 간편보고서 방식으로 제공해 주는 방식이다. 상세 입력 방식은 개인의 프로필을 입력하면 개인이 보유한 직무능력을 분석해 적합한 직업을 추천해 주고, 희망하는 직업에서 요구하는 능력과 비교해 부족한 직무능력을 분석해 주고 이를 확보하기 위한 직무 경력개발 로드맵과 훈련과정별 직업훈련 목록까지 포함한 상세보고서를 제공해 주는 방식이다. 이때 개인의 프로필은 「고용24」에 이미 작성해 둔 이력서를 불러와서 사용할 수 있으며, 개인의 프로필을 상세하게 입력할수록 보다 상세한 직무역량 분석과 추천 정보를 제공해 준다.

Ⅰ. 국내문헌

감정기·최원규·진재문 (2010). 『사회복지의 역사』. 나남출판.

강순희·허재준·문우식 (2010). 『노용산업의 발전과 일자리 창출』, 한국노동연구원.

강순희 (2014), "한국의 경제발전과 직업훈련정책의 변화", 『국제개발협력』, 한국국제협력단.

강현주·정홍인·김은비 (2020). "아웃플레이스먼트 운영의 성공요인과 도전과제: 대기업 사례를 중심으로", 『Andragogy Today』, 23(1), 31−60.

고용노동부 (2010a). 『2010년판 고용노동백서』.

고용노동부 (2010b). "고용지원센터가 상설 채용관으로 바뀌고 있다". 보도자료. (2010.5.26.)

고용노동부 (2019a). 2019년 하반기 직종별 사업체노동력조사.

고용노동부 (2019b). "공공고용서비스 발전방안", 보도자료.

고용노동부 (2019c). 「국가일자리정보플랫폼 구축 현황 및 운영 방향」.

고용노동부 (2019d). 「노동시장 변화에 대응한 직업능력개발 혁신방안」, 13차 일자리위원회 안건.

고용노동부 (2020). 2020년 하반기 직종별 사업체노동력조사.

고용노동부 (2020b). 『2021년 국민취업지원제도 2유형 업무매뉴얼』.

고용노동부 (2021a). 「일자리 발굴 및 채용지원 서비스 강화지침」.

고용노동부 (2021b). 2021년 하반기 직종별 사업체노동력조사.

고용노동부 (2021c). "고용센터에서 지역 전략업종, 고용위기업종에 대해 집중 취업(채용)지원서비스를 제공한다". 8월 2일자 보도자료.

고용노동부 (2021d). 「직업안정법 전부개정법률안 설명자료」.

고용노동부 (2021e). 『2021년판 고용노동백서』.

고용노동부 (2022a). 『2022 고용보험백서』.

고용노동부 (2022b). 「고용장려금지원제도」.

고용노동부 (2022c). 「2022년도 민간고용서비스 우수기관 인증제 사업 시행계획 공고」.

고용노동부 (2022d). "2021년 재취업지원서비스 의무화 운영 결과", 보도자료.

고용노동부 (2022e). 『고용분야 정성평가 추진계획』.

고용노동부 (2023a). "구직자·기업 도약보장 패키지 서비스 제공 고용복지⁺센터 확대 운영". 고용노동부 보도자료.

고용노동부 (2023b). 「잡케어 활용 가이드(대국민용)」.

고용노동부 (2023c). 「2023년판 고용노동백서」.

고용노동부 (2023d). 2023년 하반기 직종별 사업체노동력조사.

고용노동부 (2023e). 「2023년 근로자파견사업 현황」.

고용노동부 (2023f). 『기업도약보장패키지 운영매뉴얼』.

고용노동부 (2024). 『2024년 국민취업지원제도 업무매뉴얼』.

관계부처합동 (2010). 「수요자 중심의 재정지원 일자리사업 효율화방안」.

관계부처합동 (2012). 「제2차 고령자 고용촉진 기본계획(2012－2016)」.

관계부처합동 (2017). 「제3차 고령자 고용촉진 기본계획(2017－2021)」.

관계부처합동 (2020). "전국민 고용보험 로드맵" 보도자료(2020.12.23.).

관계부처합동 (2021a). 「공공고용서비스 강화방안」.

관계부처합동 (2021b). 「산업구조 변화에 대응한 공정한 노동전환 지원방안」, 관계부처합동 회의 자료, 2021.7.22.

권대봉, 김재현, 이형민, 이윤수 (2012). "아웃플레이스먼트(Outplacement) 연구의 경향 분석－2000년대 이후 국내 학술지를 중심으로－". HRD연구, 14(3), 1－23.

권오성 (2020). "플랫폼 노동, 현상과 과제", 월간 노동법률, vol. 349, pp. 28－33.

권인석 (2004). "신공공관리론의 논리, 한계, 그리고 극복", 『한국공공관리학보』, 제18권 제2호, pp. 31－46.

권현지·강이수·권혜원·김서경 외 (2017). 『21세기 디지털 기술변동과 고용관계』, 한국노동연구원.

길현종 (2015). "고용복지⁺센터의 가능성와 정책집행전략: 센터설립 초기제안을 중심으로". 『응용경제』 17. pp. 131－160.

길현종·박찬임·성지미·김예슬 (2015). 『고용복지⁺센터 발전방안』, 고용노동부.

길현종·이영수 (2017). 『통합적 사회서비스 전달체계 구축방안: 대인서비스를 중심으로』. 한국노동연구원.

길현종 (2019). "유료직업소개기관 매칭 플랫폼 기업화 가능성에 대한 탐색적 연구", 『전환기 고용서비스의 현재와 미래』, 한국노동연구원, 제3장.

길현종 (2022). 우리나라 공공고용서비스 현황과 과제. KDI 간담회 발표문(4.4.).

길현종·성지미·오은진 (2022). 『기업채용지원 서비스 효율화 방안 연구』, 고용노동부.

길현종·김봄이·성지미·이덕재 (2023). 업종별 취업지원허브 운영 가이드라인 마련 및 모니터링. 고용노동부.

김균 (2024). "고용서비스 제공을 위한 노동시장정보시스템의 개념적 모형 연구", 「직업과 자격 연구」 2024. Vol. 13 N0. 1.

김근주 (2018). "실업과 사회안전망: 실업부조제도의 의의", 「국제노동브리프」 2018년 5월호, 한국노동연구원.

김기현 외 (2013). "복지서비스 전달체계 개선방안 연구: 수용자 중심 전달체계 모델개발을 중심으로", 국회예산정책처 용역보고서.

김동규 (2022). "제7장 디지털 고용서비스 전달체계의 현황과 과제", 『한국 고용서비스의 발전과정, 최신 전달체계 및 발전방향』, 오선정 편집, 한국노동연구원.

김동규 외 (2024). 「생성형 AI 활용에 따른 직업상담사의 역할 변화와 교육프로그램 개발」, 한국고용정보원.

김석란·김소영·이영민 (2021). 『재취업서비스의 이해와 적용』, 박영사.

김성중·성제환 (2005). 『한국의 고용정책』, 한국노동연구원.

김승택·노상헌·Finn, D. (2015). 『우리나라의 고용서비스 선진화 어디까지 왔나?』, 한국노동연구원.

김승택·노상헌·신현구 (2006). 『민간고용서비스 활성화 방안 연구』, 한국노동연구원.

김영중 (2023). 「고용정책론」, 박영사.

김용하 (2021). 『한국의 사회보험』, 도서출판 해남.

김호원·전주용 (2019). 민간위탁 고용서비스기관 인증평가 사례 조사 국외출장 결과-(호주). 한국고용정보원.

김한준 외 (2022). "직무별 임금정보 제공 시스템(한국형 O-NET) 구축을 위한 기초 연구", 한국고용정보원, 고용노동부의 수탁연구과제.

나영돈 (2013). "한국형 일·학습 듀얼시스템의 소개 및 정책 방향", 『The HRD Review』, 16(6), pp. 114-118.

남재량 (2005). "고용불안과 그 원인에 관한 연구", 『한국노동경제학회』, 제28권(3), pp. 111-139.

노동부 (2005). 더 많은 사람에게, 더 나은 일자리를!.

대한상공회의소·(2022). 『디지털 시대 전직지원 및 직무전환을 위한 정책지원』, 대한상공회의소 경영·회계·사무 인적자원개발위원회.

문진영 (2004). "영국의 근로복지(Workfare) 개혁에 관한 연구: 노동당의 이념적 변화를 중심으로", 『한국사회복지학』, 56(1). 45-70.

박상철 (2008). "직업선택 의사결정 단계에서의 직업정보 활용", 한국고용정보원, e-고용이슈 2008-14호.

박은정 (2006). "미국의 해고자유원칙과 그 제한의 법리", 『노동정책연구』, pp. 33-62.

박명준 (2013). "독일의 고용서비스: 공적 서비스 전달체계와 제공방식", 『국제노동브리프』 2013년 10월호, 한국노동연구원.

박윤수 (2016). "고용장려금 제도의 문제점과 개선방향", KDI FOCUS, 2016년 9월 26일.

박준도 (2010). 「고용서비스 활성화 법안의 기만성과 본질」, 『비정규 노동』, Vol. No-84, 한국비정규노동센터.

박준도 (2022). "국가고용전략 2020 비판: 노동자 간 경쟁을 격화하는 일자리 나누기와 노동시간 신축화", 사회진보연대 홈페이지(http://www.pssp.org/).

박희열·안진용 (2008). 『고용지원서비스 우수기관 인증모델 개발에 관한 연구』, 한국고용정보원.

백승호 (2012). "노동수급 측면에서 본 우리나라 저소득층 활성화 정책 연구". 『보건사회연구』, 32(3). 327-352.

상담인적자원개발위원회 (2020). 『전직지원서비스 직무역량 도출 및 인증모형 개발』.

서상선 (2002). 『한국직업훈련제도의 발자취』, 대한상공회의소.

성지미·길현종·박은정·임선미 (2023). 『민간고용서비스 활성화 방안 연구』, 고용노동부 용역보고서.

송호근 (1996). "스웨덴의 사회정책: 렌·마이드너 모델을 중심으로". 『지역연구』, 5(2). 115-144.

신동균 외 (2005). "수요 변화에 대한 기업의 최적 반응: 임금, 고용, 그리고 근로시간", 『일자리 창출과 노동수요』, 한국노동연구원.

심재용 (1997). 『직업훈련과 정부역할』, 자유기업센터.

어수봉 (2009). "고용서비스 선진화; 민간고용서비스를 중심으로", 『서비스산업 선진화 방안(고용 지원분야)』, KDI, p. 4.

윤동열 외 (2017). 『합리적 업무프로세스 재설계를 통한 고용센터 기능강화 방안』, 울산대학교 산학협력단 글로벌 인적자원개발센터.

오영수·이수영·전용일·신재욱 (2020). 『백세시대 생애설계』, 박영사.

오선정·이상현·정병석·임무송·장신철·이재갑·김동규 (2022). 『한국 고용서비스의 발전과정, 최신 전달체계 및 발전방향』, 한국노동연구원.

오성욱 (2019). 『고용서비스 정책과 경영: 성숙된 자본주의 국가의 핵심 전달체계』, 한국학술정보.

오성욱·최석현·윤호영 (2013). 『2012 경제발전경험 모듈화 사업: 국가 인적자원의 효율적 활용을 위한 고용서비스 제도 구축』, 고용노동부·한국고용정보원.

오영민·원종혁 (2017). "정부의 성과관리 역량요인이 성과에 미치는 영향: 중앙정부 부처 공무원들의 인식을 중심으로" 「한국행정논집」 제29권 제2호(2017 여름): pp. 253-274.

오은진·정상미·노우리·길현종 (2019). 『한국형 실업부조 도입에 따른 여성 고용서비스 발전연구』. 한국여성정책연구원.

유길상 (1995). 『고용보험법 해설』, 박영사.

유길상 (2010). "공공고용서비스 민간위탁사업의 성공조건", 『노동정책연구』, 제10권 제1호, 한국노동연구원, pp. 89-128.

유길상 (2014). "고용서비스 민간위탁조건의 국제비교와 시사점", 『노동정책연구』, 제14권 제1호, pp. 93-130.

유길상 (2020). 『공공고용서비스 해외사례와 시사점』, 한국노총 연구용역자료.

유명준·이상형·이종훈·이철수 (2020). 『노동의 미래』, 현암사.

유진영 (2015). 『독일의 직업교육과 마이스터 제도』, 학이시습.

윤동열 외 (2017). "합리적 업무프로세스 재설계를 통한 고용센터 기능강화 방안", 울산대학교 산학협력단 글로벌 인적자원개발센터.

윤자영·김현경 (2021). "코로나19와 고용유지정책", 연구총서 2021-11.

이덕재 (2013). "고용서비스 전달체계 혁신의 해외 동향과 시서점", 『고용이슈』 제6권 제6호, 한국
　　고용정보원.

이　랑 (2008). "'한국직업정보시스템' 소개 및 2007년도 재직자 조사 결과 분석, 「e－고용이슈」 제
　　2008－3호, 한국고용정보원.

이명현 (2006). "복지국가 재편을 둘러싼 새로운 대립축: 워크페어(Workfare) 개혁과 기본소득
　　(Basic Income) 구상". 『사회보장연구』. 22(3). 53－76.

이병희 (2009). "고용안전망 평가와 개선방안", 『노동리뷰』 2009년 10·11·12월호, 한국노동연구원

이병희·이승호·성재민·정성미·길현종·김혜원·박혁 (2023). 『국민취업지원제도 운영성과 분석
　　및 만족도 조사』, 고용노동부.

이병희 (2021). "국민취업지원제도의 2차 고용안전망 역할 강화", 『노동리뷰』 2021년 12월호, 한국
　　노동연구원.

이병희 (2013). "한국형 실업부조 도입의 쟁점과 과제", 『한국사회정책』 20(1).

이병희 (2021). "국민취업지원제도의 2차 고용안전망 역할 강화", 『노동리뷰』, 2021년 12월호.

이병희·김혜원·황덕순·김동헌·김영미·김우영·최옥금 (2009). 『고용안전망과 활성화 전략 연구』,
　　한국노동연구원.

이상현 (2009). 『고용서비스 민간위탁사업 활성화방안』, 한국고용정보원.

이상현 (2022). "한국 고용서비스의 역사", 『한국 고용서비스의 발전과정, 최신 전달체계 및 발전
　　방향』, 한국노동연구원, 제2장.

이상현·이지민·이혁무 (2023). 『고용서비스 품질지수 조사 보고서』, 한국고용정보원.

이승길 (2005). "미국의 고용계약법에 대한 개관", 노동법률, 2005년 3월호.

이승렬 (2013). "2012년 OECD 보고서에서 읽는 호주의 고용서비스 전달체계", 『국제노동브리프』
　　2013년 10월호, 한국노동연구원.

이승렬·김세움·김진영·성재민·오선정·홍민기 (2017). 「청년층 노동시장정책의 종합적 평가－문
　　헌연구를 중심으로」, 한국노동연구원.

이영수 (2019). 한국의 공공고용서비스: 국가 간 비교분석. 길현종 외, 전환기 고용서비스의 현재와
　　미래. 한국노동연구원. 7－43.

이우영·이재갑 (2023). 「디지털 고용서비스 고도화 방안」, 고용노동부 용역보고서.

이재갑·이우영 (2021). 「빅데이터기반 고용서비스 해외사례 및 전략수립 기초연구」, 한국고용정보
　　원 용역보고서.

이재갑 (2022). "제6장 코로나19와 고용안전망의 확충", 『한국 고용서비스의 발전과정, 최신 전달
　　체계 및 발전방향』, 오선정 편집, 한국노동연구원.

이준영·김제선·박양숙 (2016). 『사회보장론: 원리와 실제』, 학지사.

이태진·홍경준·김사현·유진영·손기철·박형존 (2010). 『사회통합을 위한 복지정책의 기본방향』,
　　한국보건사회연구원.

이혁무 (2022). "빅데이터 기반 고용서비스 만족도 분석", 한국정보기술학회, 춘계학술대회.

일자리위원회·고용노동부·노사발전재단 (2018). 『신중년 인생 3모작 설계지원 안내서』, 장이와 쟁이.

임운택 (2006). "이직/실직 근로자를 위한 국내 전직지원서비스(Outplacement Services)현황과 활성화 방안", 『사회과학논총』, 25(2), pp. 167-194.

장신철 (2011). 『OECD 국가의 노동시장정책』, 한국고용정보원.

장신철 (2013). 『민간고용서비스의 선진화를 위한 과제』, 한국노동연구원.

장신철 (2017). "4대 사회보험 적용·징수 통합 추진과 향후 과제", 『고용노동정책의 역사적 변화와 전망』, 서울대출판부.

장신철 (2020a). "보험원리인가 사회적 권리인가? : 우리나라 계좌제 훈련의 발전과정을 중심으로", 『실천공학교육』, 12(1), pp. 197-202.

장신철 (2020b). "독일·스위스·프랑스와 비교한 우리나라 일학습병행의 특징과 향후 과제", 『직업과자격연구』 제9권 3호, pp. 49-80.

장신철 (2022). "제5장 고용복지⁺센터의 도입과 확산", 『한국 고용서비스의 발전과정, 최신 전달체계 및 발전방향』, 오선정 편집, 한국노동연구원.

장신철 (2023). "실업급여 수급자의 민간위탁 시행방안 연구", 『산업관계연구』, 제33권 제3호, pp. 25-48. 한국고용노사관계학회.

장신철·최기성 (2021). "일학습병행법 시행 관련 쟁점과 향후 과제", 『산업관계연구』 31권 제 1호, pp. 53-82.

장지연 (2015). 『실업보험 제도개편 및 역할변화 국제비교』, 한국노동연구원.

장지연·김정우 (2002). 『취약계층에 대한 채용장려금제도의 효과 및 개선방안』, 한국노동연구원.

전병유·어수봉·이재갑·김동헌·김우영·성지미 (2005). 『고용 없는 성장에 대한 대응전략 연구(1)』, 한국노동연구원.

전병유 외 (2019). 『디지털 전환 시대 노동의 미래를 위한 도전과 과제: 노사정 보고서』, 경제사회노동위원회 디지털 전환과 노동의 미래 위원회.

정동섭·박지룡·석병환 (2002). "전략적 아웃플레이스먼트 관리방안". 『인적자원관리연구』, 5, pp. 77-90.

정병석 (2020). "직업훈련정책의 역사와 향후 과제", 미발간자료.

정병석·신영철·이재갑 (2022). 『고용보험법: 제정의 역사』, 한국기술교육대학교.

조돈문·손정순·남우근 편저 (2013). 「사라져버린 사용자 책임; 간접고용 비정규직 실태와 대안」, 매일노동뉴스.

조돈문 (2019). "스웨덴 비정부 고용안정기금의 적극적 노동시장정책: TSL의 실험을 중심으로"『현상과 인식』 vol. 43(1). pp. 100-134.

조우연·황수경 (2016). 「새로운 노동경제학」, 법문사.

직업능력심사평가원 (2023). 『통합심사-집체훈련기관 설명회 자료집』.

채준호 (2013). "영국의 고용서비스 전달체계", 『국제노동브리프』 2013년 10월호, 한국노동연구원

통계청 (2023). 경제활동인구조사 고령층 부가조사 결과.

하연섭 (2008). "인적자원개발정책의 비교 분석: 생산레짐이론을 중심으로",『행정논총』, 제46권 2호, pp. 1－24.

한국고용정보원 (2018).『직업선택 및 취업계획 수립에 관한 직업 상담 매뉴얼』.

한국고용정보원 (2019).『취업지원 서비스 제공을 위한 취업상담 매뉴얼』.

한국고용정보원 (2021).『구직자 직업능력개발을 위한 교육 및 훈련상담 매뉴얼』.

한국기술교육대학교 (2024). International Seminar on public·private partnership for better employment sercices, 2024.2.

한상덕·주석진 (2018).「최신 직업정보와 노동시장」, 공동체.

한요셉 (2024). 중장년층 고용 불안정성 극복을 위한 노동시장 기능 회복 방안, KDI Focus.

홍순권 (1999). "일제시대 직업소개소의 운영과 노동력 동원 실태",『한국민족운동사연구』, 한국민족운동사학회, pp. 339－384.

황덕순 (2008). "한국에서의 활성화 정책의 가능성과 조건",『고용안전망과 활성화 전략 연구』, 한국노동연구원. pp. 248－296.

황덕순 (2010). "근로유인형 복지정책의 개념화와 복지체제",『근로유인형 복지제도의 국제비교와 한국의 근로유인형 복지제도 발전방안 연구』, 한국노동연구원. pp. 7－22.

KDI (2022).「가격을 제한하는 정부의 손, 가격 통제 정책」, KDI 경제정보센터.

4차산업혁명위원회 (2017),「4차 산업혁명 대응계획』; I－Korea 4.0.

II. 외국문헌

Auer, A., Efendioğlu, Ü., and Leschke, J. (2008). *Active Labour Market Policies Around the World: Coping with the Consequences of Globalization*. 2nd ed. Geneva: International Labour Organization.

Australian Government (2020). *Jobactive. Guideline: Performance Framework*.

BA (2015). *Annual Report 2015*, Bundesagentur für Arbeit.

Bonoli, G. (2010). "The Political Economy of Active Labor Market Policy", *Politics & Society*, 38(4). 435－457.

Brabham, R., Mandeville, K. A., & Koch, L. (1998). "The state－federal vocational re－habilitation program". *Rehabilitation counseling: Basics and beyond*, 41－70.

Brown A. & Koettl, J. (2012). "Active Labor Market Programs: How, Why, When, and to What Extent are they Effective?" *Europe & Central Asia Knowledge Brief*, The World Bank.

Bruttel, O. (2005). "Contracting－out and governance mechanisms in the publice employ－ment service," *Discussion Paper*, Wissenschafts－zentrum Berlin für Sozialforschung

(WZB), 2005.

Becker, G. (1993). *Human Capital: a theoretical and empirical analysis, with special refer‐ence to education*, 3rd ed., Chicago (first published in 1964).

BIBB (2022). "Dual VET‐Vocational Education and Training in Germany".

Bláquez (2014). "Skills‐based profiling and matching in PES", Analytical Paper, European Commission.

Booth, A. and Snower, D. (1996). *Acquiring Skills: Market Failures, their Symptoms and Policy Responses*, Cambridge University Press, 19‐25.

Bosch. G. and Charest, J. (2008). "Vocational training and the labor market in liberal and coordinated economies", *Industrial Relations Journal* 39;5, pp. 428‐447.

Brings, C. (2012). "독일의 고등학교 단계 직업교육과 마이스터 양성, 어떻게 하고 있나", 세계의 교육, 겨울호, pp. 41‐51.

Brunello, G., Paola, M. (2004). "Market Failures and the under‐provision of training", *CESIFO WORKING PAPER* NO. 1286 Category 4: Labour markets September.

CEDEFOP (2009). *Individual Learning Account*, Office for Official Publications of the European Communities, Luxembourg, pp. 20‐26.

Carey, G., Malbon, E., Green, C., Reeders and Axelle, M. (2020). "Quasi‐market shaping, stewarding and steering in personalization: the need for practice‐orientated empirical evidence," *Policy Design and Practice*, Vol. 3, No.1, pp. 30‐34.

Carl Rogers (2007). *Counseling and Psychotherapy*. Rogers Press; edition.

Cascio, W. (2002). Strategies for Responsible Restructuring, *The Academy of Management Executive*, Vol. 16, No. 3, pp. 80‐91.

Cronert A. (2019). "Varieties of Employment Subsidy Design: Theory and Evidence from Across Europe", Cambridge University Press

Dan, S., and Andrews, R. (2015). "Market‐type mechanisms and public service equity: A review of experiences in European public services," *Public Organization Review*, Online first 02 April 2015.

Desiere, S. 외 (2019). "Statistical profiling in public employment services: An international comparison", *OECD Social, Employment and Migration Working Paper* No. 224.

Drahokoupil, J. & Müller, T. (2021). "Job retention schemes in Europe; A lifeline during the Covid‐19 pandemic", etui.

Dybowski, G. (2014). "독일 직업훈련의 효율성과 특성", 국제노동브리프 2014.5월호, 4‐17, KLI.

EC (2011). "Decentralisation of Public Employment Services", Analytical paper, The European Commission Mutual Learning Programme for Public Employment Services.

EC (2012). "How to Best Structure Services for Employers?". Analytical Paper, The European Commission Mutual Learning Programme for Public Employment Services, DG Employment, Social Affairs and Inclusion.

EC (2014). "Stimulating job demand: the design of effective hiring subsidies in Europe", *European Employment Policy Observatory Review.*

EC (2015). Performance Management in PES: An Insight into Germany, European Commission.

EC (2016a). *Practitioner's Toolkit to Assist PES with the Development of Customer Satisfaction Measurement Systems*, European Commission.

EC (2016b). Integrating Customer Satisfaction Measurement as a Key Indicator of Performance Management. Integrating Customer Satisfaction Measurement as a key, European Commission(https://ec.europa.eu > social > BlobServle 검색일 2023. 4. 1.).

EC (2018). "Employer's Toolkit; Engaging with and Improving Services to Employers", European Commission.

EC (2022). Annual Reprot European Network of Public Employment Services(PES), European Commission.

Eichhorst, W., Marx, P. & Brunner, J. (2022). "Job retention schemes during COVID−19: A review of policy responses", ILO and IZA Institue of Labor Economics.

Elliott, C., Owen, Rl, and Stott, A. (2005). "The use of contestability and flexibility in the delivery of welfare services in Australia and the Netherlands," Research Report No.288, Department for Work and Pensions.

Employment Ontario (2018). Employment Services Performance Management System for Service Delivery Site Managers Employment Ontario Information System (EOIS) *Case Management System Service Provider User Guide:* Reporting YJCS Detailed Version 1.4.

Esser, I., Ferrarini, T., Nelson, L., Palme, J. & Sjöberg, O. (2013). "Unemployment Benefits in EU Member States", European Commission.

Finn, D., (2018). "The role, orgnisation, and services of the British Public Employment Service−Jobcentre Plus", ILO.

Forslund, A. & Krueger, A. (1997). "An Evaluation of the Swedish Active Labor Market Policy: New and Received Wisdom". 「The Welfare State in Transition: Reforming the Swedish Model」.

Funk, L. (2005). 「독일의 직업교육훈련 제도의 실태와 전망」, 국제노동브리프 Vol.3, No.6. 47−57.

Gambin, L., Hasluck, C., Hogarth, T. (2010). "Recouping the costs of apprenticeship train−ing: employer case study evidence from England", *Empirical research in vocational education and training 2* (2010) 2, S. 137.

Gribble, L. and Miller, P. (2009). Employees in Outplacement Services: Do They Really Get the Help That is Needed?, Volume 18, Issue 3.

Gruening, G. (2001). "Origin and theoretical basis of new public management," *International Public Management Journal*, Vol. 4, pp. 1－25.

Hahn, M. (2019). "Trusted Smart Statistics: How new data and technologies will reshape official statistic", Eurostat－European Commission.

Harcourt, M., Hannay, M., & Lam, H. (2013). "Distributive Justice, Employment－at－Will and Just－Cause Dismissal", *Journal of Business Ethics*, 115(2), pp. 311-325.

Hofer, A., Zhivkovikj, A. & Smyth, R. (2020). "The role of labour market information in guiding educational and occupational choices", OECD Education Working Papers No. 229.

Holland, J. L. (1997). *Making Vocational Choices: A Theory of Vocational Personalities and Work Environments.* Psychological Assessment Resources.

ILO (1994). The role of private employment agencies in the functioning of labour markets, Report VI, International Labour Conference 81th Session 1994, International Labour Office Geneva.

ILO (2007). *Guide to Private Employment Agencies. Regulation, monitoring and enforcement*, Skills and Employability Department (EMP/SKILLS).

ILO (2009a). "Private Employment Agencies. temporary agency workers and their con－ tribution to the labor market" Issues paper for discussion at the Workshop to promote ratification of the Private Employment Agencies Convention, 1997. WPEAC/2009.

ILO (2009b). "Private Employment Agencies. temporary agency workers and their con－ tribution to the labor market," Issues paper for discussion at the Workshop to promote ratification of the Private Employment Agencies Convention, WPEAC/2009.

ILO (2011). "Private Employment Agencies. promotion of decent work and improving the functioning of labor markets in private services sectors", GDFPSS/2011.

ILO (2018). *The Future of Public Employment Service: Adapting to a Changing Economic Environment.*

ILO (2022a). *Global report: Technology adoption in public employment services*, ISBN 9789220361979.

ILO (2022b). "Technology adoption in public employment services; Catching up with the future".

inSSO (2010). 「International Perpectives on Labor Market Intelligence」, International Network of Sector Skills Ogranisations.

JOBVITE (2020). "Nothing Artificial: A Guide to AI in Talent Acquisition".

Kahkonen (2004). "Quasi—markets, competition and market failures in local government services," *Kommunal Ekomi och Politik*, Vol. 8, No. 3, pp. 31—47.

Knuth, M. (2018). "독일 고용서비스의 시장화", 『국제노동브리프』, 12월호, 한국노동연구원, pp. 31—41.

Konle—Seidl, R. (2004). "독일의 고용안정서비스 현황", 『국제노동브리프』, Vol.2, No.2, 한국노동연구원.

Konle—SeidI, R. (2021). "독일의 사회부조", 『국제노동브리프』 2021년 9월호, 한국노동연구원.

Konle—Seidl, R. (2004). "독일의 고용안정서비스 현황", 『국제노동브리프』 Vol. 2, No. 2, 한국노동연구원.

Kluve, J. (2014). *Active Labour Market Policies with a Focus on Youth*. European Training Foundation.

Keep, E. (2006). "Market failure and public policy on training: some reasons for caution", *Development and Learning in Organizations*, An International Journal, Vol. 20 Iss 6, pp. 7—9.

Knuth, M. (2018). "독일 고용서비스의 시장화", 『국제노동브리프』 2018년 12월호.

Kogan, D. (2015). "Organizing American Job Centers into Networks for the Delivery of Public Workforce Services", *Issue BRIEF*, MATHEMATICA Policy Research.

Langenbucher, K., and Vodopivec, M. (2022). "Paying for results: Contracting out employ—ment services through outcome— based payment schemes in OECD countries," OECD Social, Employment and Migration Working Papers, No. 267.

Le Grand, J. (2011). "Quasi—market versus state provision of public services: Some ethical considerations," *Public Reason*, Vol. 3, No. 2, pp. 80—89.

Le Grand, J., and Bartlett, W. (1993). Quasi—markets and Social Policy, Basingstoke: Macmillan.

Lee, Jae—Kap (2005). "Evaluation of and Lessons from Wage Subsidy Programmes in OECD Countries", *Employment Insurance and Public Employment Services in Selected Countries*, Korea Labor Institute.

Lerman, R. (2017). "Are Employers Providing Enough Training?　Theory, Evidence and Policy Implications", Urban Institute, American University and IZA, 2017.

Lewis, P. (2017). "Quasi—markets: Overview and Analysis," Working paper, Department of Political Economy, King's College London, pp. 7—14.

Leschke, J. (2008). *Unemployment Insurance and Non—Standard Employment; Four European Countries in Comparison*, VS Research.

Maree, K. (2019). *Shaping the Story: A Guide to Facilitating Narrative Career Counselling*.

BRILL.

Martin, J. P. & Grubb, D. (2001). "What works and for whom: a review of OECD countries' experiences with active labour market policies" *Working Paper, No. 2001:14*, IFAU−Office of Labour Marekt Policy Evaluation.

Martin, J. P. (2015). "Activation and active labour market policies in OECD countries: styl− ised facts and evidence on their effectiveness". *IZA Journal of Labor Policy.*

Martin, J. P. (2022). Whither Activation Policies? Reflections for the Future. In D. J. Besharov and D, M. Call (Eds.). *Work and the Social Safety Net: Labor Activation in Europe and the United States.* 283−302.

MGI (2017). *Jobs Lest, Jobs Gained: Workforce Transitions in a Time of Automation*, McKinsey Global Institute, December 2017.

Nissim, C. (2016). "Forgoing new public management and adopting post−new public management principles: The on−going civil service reform in Israel," *Public Administration and Development*, Vol. 36, No. 1, pp. 20−34.

Nunn A. (2012). "Performance management in Public Employment Services", European Commission.

OECD (1994). *The OECD Jobs Study: Facts, Analysis, Strategies.* Paris: OECD Publishing. Paris.

OECD (2001b). *Innovations in Labour Market Policies; The Australian Way*, OECD Publishing. Paris.

OECD (2001a). *Labour Market Policies and the Public Employment Service*, OECD Publishing. Paris.

OECD (2005). *OECD Employment Outlook 2005*, OECD Publishing. Paris.

OECD (2007). *OECD Employment Outlook 2007*, OECD Publishing. Paris.

OECD (2009). *OECD Employment Outlook 2009*, OECD Publishing. Paris.

OECD (2015a). "Public Employment Service and Economic Growth: A Comparative Analysis of OECD Countries", OECD Economics Department Working Papers.

OECD (2015b). *OECD Employment Outlook 2015. Paris:* OECD Publishing, Paris.

OECD (2018). T*he Future of Social Protection: What Works for Non−Standard Workers?.*

OECD (2019a). *The Future of Work: OECD Employment Outlook 2019*, OECD Publishing, Paris.

OECD (2019b). *Individual Learning Account*, OECD Publishing, Paris, pp. 135−137.

OECD (2019c). *OECD Skills Strategy 2019: Skills to Shape a better Future*, Chapter 3, OECD Publishing, Paris.

OECD (2020). *OECD Employment Outlook 2020*, OECD Publishing, Paris.

OECD (2021a). "Designing active labour market policies for the recovery", OECD Policy Responses to Coronavirus (COVID−19), OECD Publishing, Paris.

OECD (2021b). *Employment Outlook 2021*, OECD Publishing, Paris.

OECD (2022a). "Harnessing digitalisation in Public Employment Services to connect people with jobs", *Polcy Brief on Active Labour Market Policies.*

OECD (2022b). Coverage and Classification of OECD data for Public Expenditure and Participants in Labour Market Programmes. (2022 September).

OECD (2022c). *Education at a Glance 2022:* OECD INDICATORS, OECD Publishing, Paris.

OECD (2023a). *Education at a Glance 2023:* OECD INDICATORS, OECD Publishing, Paris.

OECD (2023b). *OECD Employment Outlook 2020*, OECD Publishing, Paris.

OECD (2023c). Artificial Intelligence and Labour Market Matching, OECD SOCIAL, EMPLOYMENT AND MIGRATION WORKING PAPERS No. 283, 25 January 2023.

Osborne, D. and Gaebler, T. (1992). *Reinventing Government*, New York, NY.

owalgroup (2019). "Artificial Intelligence in Employment Services−A Mapping; Final Report".

Parsons, F. (1909). *Choosing a Vocation.* Brousson Press.

PES Network (2017). "EU Network of Public Employment Services Strategy to 2020 and beyond", European Public Employment Services Network.

Parasuraman, A., Zeithaml, V. A., & Berry, L. L. (1988). "SERVQUAL: A Multi Item Scale for Measuring Consumer Perception of Service Quality". *Journal of Retailing*, Vol. 64. No. 1, pp. 12−37.

Pieterson, W. (2016). "MODERNISING PES THROUGH SUPPORTIVE DATA AND IT STRATEGIES", European Network Public Employment Services, European Commission.

Pieterson, W. (2017). "MULTI−CHANNEL MANAGEMENT IN PES: FROM BLENDING TO OMNI−CHANNELLING, European Network Public Employment Services, European Commission.

Pieterson W. (2019). "A starting guide on creating KPIs and measuring success for PES; Getting started with key performance indicators", European Union.

Pieterson, W. (2019). "DIGITAL TECHNOLOGIES AND ADVANCED ANALYTICS IN PES", European Network Public Employment Services, European Commission.

Raspanti, D., & Sarius, T. (2022). "Trapped into reverse asymmetry: Public employment services dealing with employers." *Journal of Social Policy*, 51(1), pp. 173−190.

Rindfleisch, E., Maennig−Fortmann, F. (2015). "독일의 이원화 직업교육: 이론과 실습을 통한 전문 인력양성", 콘라드 아데나워 재단.

Rhys, A. and Walle, S. (2013). "New public management and citizens' perceptions of local service efficiency, responsiveness, equity and effectiveness," *Public Management Review*, Retrieved March 9.

Savickas, M. L. (1997). "Career adaptability: An integrative construct for life-span, life-space theory". *The career development quarterly, 45*(3), 247−259.

Schmid, G. (2017). *Transitional Labour Markets: Theoretical Foundations and Policy Strategies. In: The New Palgrave Dictionary of Economics.* Palgrave Macmillan, London.

Schmillen, A. (2019). "New Sources of Labor Market Information for Better Matching", Labor Market Information−An Introduction, Social Protection and Jobs, 2019 Core Courses, World Bank.

Schulze−Boeing (2024). "Cooperation, Partnership and Ecosystems in Employment Sercices: the Case of Germany", International Seminar on public·private partnership for better employment services, 2024.2.

Solga, H., Protsch, P., Ebner, C., Brzinsky−Fay, C. (2014). "The German vocational educa− tion and training system: Its institutional configuration, strengths, and challenges", *WZB Discussion Paper*, No.SP: 2014−502.

Stem, M., Ritzen, J. edited (1991). *Market Failure in Training? New Economic Analysis and Evidence on Training of Adult Employees*, Springer−Verlag, pp. 185−213.

Thuy, P., Hansen, E. & Price, D., (2001). *The public employment service in a changing la− bour market*, ILO.

UNESCO (2022). *Global review of training funds: Spolight on levy−schemes in 75 countries.*

van Berkel, R. (2010). "The Provision of Income Protection and Activation Services for the Unemployed in 'Active' Welfare States. An International Comparison". *Journal of Social Policy.* 39. 17−34.

VDAB (2019). "Working and Matching with Skills: a digital coustomer journey".

Walwei (2005). "Employment Service in Germany: Development of Recent Changes and Possible Impact", 고용보험 10주년 기념세미나, 한국노동연구원.

Woods, J. & O'Leary, C (2006). "Conceptual Framework for an Optimal Labour Market Information System: Final Report", W.E. UPJOHN INSTITUTE for Employment Research, Upjohn Institute Technical Reports No. 07−022.

World Bank (2002). *Income Support for the Unemployed: Issues and Options*, World Bank Regional and Sectoral Studies.

World Bank (2003). "Public Employment Services: Functions and Innovations", *World Bank Employment Policy Primer*, September 2003 No. 3.

World Bank (2004). "Comparing Unemployment Insurance and Unemployment Assistance",

World Bank Employment Policy Primer, February 2004, No. 3.

World Bank (2012). "Active Labor Market Programs: How, Why, When, and to What Extent are they Effective?", Europe & Central Asia Knowldge Brief, December 2012, Volume 58.

World Bank (2021). *Toward a World−Class Labor Information System for Indonesia: An Assessment of the System Managed by the Indonesian Ministry of Manpower.*

WAPES (2015). *The World of Public Employment Services: Challenges, capacity and outlook for public employment services in the new world of work*, IDB, WAPES & OECD.

Weishaupt, J. T. (2010). "A silent revolution? New management ideas and the reinvention of European public employment services". *Socio−Economic Review*. 8. 461−486.

Weishaupt, J. T. (2011). *From the Manpower Revolution to the Activation Paradigm: Explaining Institutional Continuity and Change in an Integrating Europe.* Amsterdam: Amsterdam University Press.

Weishaupt, J. T. (2013). "Origin and Genesis of Activation Policies in 'Old' Europe: Toward a Balanced Approach?" In I. Marx and K. Nelson (Eds.). *Minimum Income Protection in Flux. UK*: Palgrave Macmillan, 190−216.

Weishaupt, J. T., Jørgensen, H., and Nunn, A. (2022). "Activation in Public Employment Services in Europe". In D. J. Besharov and D, M. Call (Eds.). *Work and the Social Safety Net: Labor Activation in Europe and the United States.* 204−241.

Williamson, E. G. (1939). *How to Counsel Students: A Manual of Techniques for Clinical Counselors.* McGraw−Hill Book Company.

WIOA Performance Indicators and Measures. (https://www.dol.gov/agencies/eta/perform−ance/performance−indicators#Program 검색일 2023. 4. 1.).

Yossit, S. and Müller, W. (2000). "Vocational Secondary Education: Where Diversion and Where Safety Net?", *European Societies* 2 (1): pp. 29−50.

[ㄱ]

가구조사   289

개별연장급여   200

개인계좌제훈련   234, 238

개인별 취업활동계획(IAP)   61, 105, 161, 188, 202, 213

개인역량 진단   119

개인주도훈련   238

겐트시스템   178, 180

격차 분석(gap analysis)   392

결과(outcome) 지표   320

결과(outcome)   311

경기적 실업   182

경력개발 계획   120

경험료율   176, 361

계속교육   232

계절적 실업   182

계좌제훈련   228, 236

고객만족도   315, 322

고령자계속고용장려금   269

고령자고용지원금   270

고용·복지의 연계   39

고용24   31, 396

고용가능성(employability)   151, 152

고용보조금(employmentsubsidies)   255

고용보험법   149

고용보험제도   217

고용복지⁺센터   62, 64

고용서비스 선진화 방안   202, 345

고용서비스 선진화   61, 164

고용서비스 전달체계   39

고용서비스 평가센터   310

고용서비스   3

고용서비스공단(Pôle emploi)   49

고용안전망   37, 171

고용안정기금   363

고용안정장려금   267

고용연금부(Department for Work and Pensions)   46

고용위기지역   280

고용유지성과금   342

고용유지장려금   147

고용유지제도   273

고용인센티브(employment incentives)   255

고용장려금   255

고용정보시스템   394

고용조정   354

고용주 장려금   257

고용직업분류   406

고용창출장려금   265

고용촉진장려금   266

고용행정 통합포털   397

고용행정통계 시스템   395

고용형태의 다양화   30, 191

공공부조　174, 175
공공재　6
공모형　265
공정한 전환　32
구인 인증 서비스　111
구인/구직 속성 기반 매칭　398
구인기업 발굴　113
구조적 실업　173, 182
구직급여　195
구직기술　129
구직역량　129
구직자도약보장 패키지　107
구직활동 신고의무　188
구직활동지원 프로그램　214
국가기간·전략 직종훈련　239
국가일자리정보 플랫폼　403
국가주의모형　222
국가직무능력표준　128, 304, 406
국민기초생활보장제도　61, 16
국민내일배움카드제　236, 238
국민취업지원제도　107, 210
근로시간단축제(Short-time work scheme)　274
근로연계 복지정책　39
근로연계복지(workfare)　19, 153
근로유인정책　154
근로자 장려금　257
근로자공급사업　94
근로자파견　95
근로장려세제　154
기계학습　385
기관훈련　146
기술적 직업선택 모형　296

기업도약보장패키지　117
기업지원 서비스 전담팀　116
기업특수적 훈련　227
기여요건　185, 196
기준기간　185
기초부조제도　209

[ㄴ]
낙인효과　175
내러티브(narrative)　138
내일배움카드제　238
노동시장정보　285
노동시장정보시스템(labor market information system; LMIS)　294
뉴딜 프로그램　46

[ㄷ]
단년도 예산주의　348
대체효과　261
대학일자리센터　73
대학일자리플러스　73
대화형 봇　388
데이터 개방　397
데이터 기반 온톨로지　406
데이터 웨어하우스　403
도급 또는 용역사업　95
도제교육　244
도제식 직업교육　232
도제훈련　147, 230, 232, 245
dual system　230, 244
디지털 전환　353
디지털 전환의 심화　378
디지털 채널　381

디지털 활성화(digital activation)   191
digital first   191, 384
디지털전환(Digital Transformation)   379
디지트화(Digitisation)   379
딥러닝   378, 385

[ㄹ]
라포 형성   122
렌-마이드너 모델   143
Levy-Grant 방식   228

[ㅁ]
마이페이지   402
마찰적 실업   182
맞춤형 서비스   40
머신러닝   378
멀티채널(Multi-channel)   382
make work pay policy   154
목표관리제(MBO)   160, 165, 310
목표집단 채용보조금   260
무료직업소개사업   85
민간고용서비스기관(PrEA)   77
민간위탁   333
민영화   163

[ㅂ]
백오피스(back-office)   377
범용훈련   227
베버리지 보고서   180
변별 진단   132
별점(Star Ratings) 제도   316
별점평가(star rating)   56
보편주의   180

보험의 원리   182
보호 및 지원 고용   147
복지서비스 전달체계   39
복지의 원리   183
복합장애   343
부분실업   184
부자격요건   196
분권화   161
분담금(levy) 제도   227
비스마르크식   180
빅데이터   390

[ㅅ]
4차 산업혁명   30, 378
사례관리   344
사업장 훈련   147
사업주훈련   237
사업체조사   290
사중손실   261, 262, 276, 343
사회보장법(Social Security Act)   50
사회보험   175
사회보험료 감면 방식   258
사회안전망   171
사회인지진로이론   135
사회적 위험   172, 181
산출(output) 지표   320
산출(output)   311
상담 구조화   122
상담목표   125
상호의무(mutual obligation)   105
새로운 고용서비스 모델   55
생성형 AI   375, 378
생애경력설계   11, 368

생애진로주제(life career theme) 138

생존자 신드롬 360

성공금 342

성과급 344

성과평가 309

세금 감면 방식 258

센터링크(Centerlink) 53, 343

소개요금의 대리수령 89

소극적 노동시장정책 141

소셜 로봇 386

소프트 스킬(soft skill) 225

수지상응(균형)의 원리 183

수지상응의 원리 184

스킬기반 매칭시스템 405

시장모형 222

시장실패 221, 227

시장화 163

신공공관리론(New Public Management
   Theory) 23

신공공관리론 310, 336

신자유주의 19, 336

신중년 적합직무 지원금 267

실업 182

실업급여 Ⅰ 44

실업급여 Ⅱ 42, 45, 209

실업보험 173

실업부조 173, 207

심리검사 124

심층상담 120

[ㅇ]

American Job Centers 51

아웃소싱 343

아웃플레이스먼트 357, 361

ITC(Earned Income Tax Credit) 152

HR 서비스 11

여성새로일하기센터 72

역량 129

역량기반 매칭 392

역선택 338

연방고용공단 42, 43

연방실업세법(Federal Unemployment Tax
   Act) 50

예술인 206

온라인 구인광고 292

온라인 실업인정 203

온라인 프로파일링 191

옴니채널(Omni-channel) 382

외부효과 221, 226

욕구조사 175

워라밸 일자리 장려금 268

Workforce Australia 54

O*Net 301, 406

원스톱 숍 39, 162

원스톱 커리어센터 51

위탁 단가 348

위탁고용업체(employment enterprise) 79

위험분산의 원리 183

유료직업소개업 86

유비쿼터스 정보환경 377

유형 분류 189

윤리 문제 393

은퇴 연령 355

의미 기반 매칭(semantic matching) 389,
   392, 393

의중임금(reservation wage) 14, 177

이중 부담(double contribution)의 문제　193

이행노동시장 이론　8

인공지능 기반 온톨로지　406

인공지능 기반 일자리추천 서비스　404

인공지능 기반 프로파일링　391

인공지능 도구　389

인공지능　30, 378, 385

인력개발위원회　51

인력정책(manpower policy)　18

인력투자법(Workforce Investment Act: WIA)　51

인력혁신기회법(Workforce Innovation and Opportunity Act: WIOA)　51

인증제　329

100세 시대　356

일경험　215

일모아시스템　395

일반계좌제훈련　239

일반고용보조금　260

일을 통한 복지(welfare-to-work)　19

일자리 나누기　147

일자리 매칭 시스템　391

일자리 중개　4

일자리 함께하기 지원　265

일자리정책　149

일터기반형 훈련(workplace-based training)　244

일학습병행　232

일학습병행법　231, 246

일학습병행자격　246

임금보조금(wagesubsidies)　255

임의고용의 원칙(Employment-at-will Doctrine)　360

[ㅈ]

자격요건　185, 196

자기구직활동　203

자기효능감　136

자동안정화장치　176

자비부담률　239

자산소득 조사　175

자산소득조사　209

자영업자　204

잡케어(JobCare)　408

잡포털(job portal)　79

장기실업확률　189, 384

장애인 고용장려금　263

장애인 신규 고용장려금　263

재량사업　265

재정지원일자리사업　149

재취업지원 설문지　202

재취업지원 컨설팅　369

재취업지원서비스　357

재활　147

적극적 노동시장정책　142

전달체계의 분절(fragmentation)화　166

전직지원금　370

전직지원장려금　364

전직휴가 제도　362

전치효과　261, 276

정규직 전환지원　267

정보의 비대칭　338

정부실패　227

정치적 분권화　161

제181호 민간고용서비스기관 협약　20, 77, 91, 336

제2호 실업 협약　16, 335

제34호 유료 고용서비스기관 협약　17, 335

제83호 고용서비스에대한권고　17

제88호 고용서비스 협약　35

제96호 (개정) 유료 고용서비스기관 협약
　17, 81, 163

JobCentre Plus　46

조기재취업수당　200

조합주의 모형　222

주계약자 방식(Prime Contractor)　348

주계약자(Prime contractors)　341

준시장(quasi–market)　23

준시장이론　336

중장기 인력수급전망　292

중장년내일센터　71

중층적 고용안전망　63

지역고용촉진지원금　271

지역구매센터　343

직무분석　300

직무수행능력　129, 224

직무역량 기반 매칭시스템　407

직무역량　129, 407

직무온톨로지　406

직업 의사결정　120, 126

직업·스킬분류체계　406

직업계획　126, 127

직업교육　230

직업교육훈련 촉진법　235

직업교육훈련　231

직업기초능력　129, 224

직업능력　224

직업능력개발사업　234

직업능력개발훈련　222

직업상담　119

직업상담사　102, 119

직업선택 결정모형　296

직업선택 의사결정　297

직업선택　126

직업선호도검사　135

직업성격이론　133

직업소개　83

직업소개요금　88

직업심리검사　125, 400

직업안정법　82

직업안정화 계약 제도　362

직업전환계약　362

직업정보　286, 400

직업정보제공사업　93

직업지도　10

직업진로지도　10

직업훈련 의무제　233

직업훈련의무제　236

직원임대업체(staff leasing agencies)　78

직접 일자리 창출　148

직접일자리 창출(direct job creation)　255

진로구성이론　137

진로선택 모델　136

집단상담프로그램　6

[ㅊ]

착수금　342, 344

창업지원　148

채용대행 서비스　112

채용보조금(hiring subsidy)　257

채용장려금(recruitment incentive)　257

채용장려금　147

챗봇　386

처방적 직업선택 결정모형   297
청년구직활동지원금   211
청년내일채움공제   269
청년도전지원사업   108
청년일자리도약장려금   269
체리cherry-picking   338
초고령사회   356
초기 상담   123
초기상담   188
최소 구직활동   187, 203
취업계획   127
취업능력   129
취업상담   128
취업성공패키지   62, 210, 346
취업알선 바우처   342
취업알선   129
취업역량강화 프로그램   214
취업우선전략(work-first)   20
취업준비   124
취업지원 프로그램   214
취업집중상담(WFI)   190

[ㅋ]
컨설팅   116
컴퓨터 혁명   377
K-Digital Training   239
클릭 데이터(click data)   391

[ㅌ]
탄력적 요율제   184
통계적 프로파일링 모델   203
통합급여(UC: Universal Credit)   47
투입(input)   311

Train-or-Pay 방식   227
특별고용지원업종   280
특별연장급여   200
특성-요인 이론   131, 296
특수형태근로종사자   205

[ㅍ]
parking   338
패널조사   291
편향성   393
평생 직업능력개발   15
평생크레딧(K-Digital Credit)   239
포인트기반활성화시스템(Points-basedActiva-
   tion System)   55
표준 서비스   189
표준고용형태   191
품질 컨설팅   325
프랑스고용공단(France Travail)   49
프로파일링 도구   390
프로파일링   104, 124, 188
프론트오피스(front-office)   377
PES 독점의 원칙   17

[ㅎ]
Harz 개혁   42, 209
하드 스킬(hard skill)   224
학교로부터 취업으로의 이행(school-to-
   work)   9
한계고용보조금   260
한국고용직업분류   305
한국직업사전   302
한국직업전망   302
한국직업정보(KNOW)   303, 406

한국표준직업분류   305
할루시네이션   394
핵심성공요소   310
핵심성과지표(KPI)   310, 316
행동 기반 매칭시스템   405
행정적 분권화   161
헬로워크   57
현금 직접이전 방식   258

화상 인터뷰   388
활성화(activation)   145, 186, 201
회원제 소개요금   89
훈련과정 심사   249
훈련분담금(levy)   229
훈련비 환불조항   228
훈련상담   128
훈련연장급여   199

저자 소개

이재갑

2018년 8월부터 2021년 5월까지 고용노동부장관을 역임하고 현재 수원대학교 고용서비스대학원에서 석좌교수로 재직하고 있다. 고려대학교 법과대학, 서울대학교 행정대학원, 미국 미시간주립대학교 노사관계대학원을 졸업하였다. 행정고시 26회에 합격해 30여 년간 고용노동부에 근무하면서 고용정책과장, 고용정책관, 고용정책실장, 노사관계실장, 고용노동부차관 등 주요 보직을 거쳐 근로복지공단 이사장으로 근무하였다. 고용정책과 관련해서는 고용보험제와 한국형 실업부조로서 국민취업지원제를 도입하였고, 국민평생직업능력개발제, 외국인고용허가제 등 우리나라 고용정책 체계를 구축하는 데 크게 기여하였다.

장신철

1992년부터 고용노동부에서 근무 후 현재 한국기술교육대학교 고용서비스정책학과 교수로 재직하고 있다. 서울대학교 사회복지학과, 일리노이대(어바나–샴페인) 노사관계대학원, 한국기술교육대학교 HRD 대학원을 졸업하였으며, 행정고시 34회에 합격하여 공직에 입문하였다. 고용노동부 재직 시 고용보험, 국민내일배움카드, 취업성공패키지사업, 일학습병행제 등 각종 제도의 설계에 참여하였고, 고용노동부 고용서비스국장, 직업능력정책국장, 서울고용노동청장, 대통령실 선임행정관, 일자리위원회 부단장, 중앙노동위원회 사무처장 등을 역임하였다.

길현종

서울대학교 사회복지학과에서 학사와 석사 학위를 받고, 미국 University of California, Los Angeles (UCLA)에서 석사(M.S.W.), 박사(Ph. D.)학위를 받았다. 이후 한국노동연구원에 입사해 10여 년 동안 한 직장에서 고용정책 연구의 한길을 걷고 있다. 그간 90여 편이 넘는 정책연구보고서, 학술논문, 단행본에 연구책임자 또는 공동연구자로 참여했으며, 다수의 우수연구상을 수상하였다. 현재 한국노동연구원 선임연구위원으로서 사회정책연구본부장 보직을 맡아 일하고 있으며, 고용노동부 재정지원일자리사업 성과평가위원회 고용서비스 분과위원, 고용보험 평가 전문위원회 위원 등의 정책 활동도 함께 수행하고 있다. 사회복지사와 직업상담사 자격을 보유하고 있다.

이상현

1998년 한국고용정보원의 전신인 노동부 중앙고용정보관리소에 입사하여 연구위원으로서 고용시비스정책, 성과평가, 서비스 품질, 민간위탁 분야에 관하여 연구하였다. 한국기술교육대학교에서 인력경영으로 박사학위를 받았다. 고용서비스 분야의 국제협력에 관심이 많아 2012년 세계공공고용서비스협의회(WAPES) 제9차 세계총회를 한국에 유치하여 개최하였다. ILO, IDB, ADB, WAPES 등 국제기관들과 협력하여 베트남, 스리랑카, 캄보디아, 말레이시아, 브라질, 칠레, 페루, 나미비아, 케냐 등에 고용서비스 컨설팅을 실시하였다.

이혜은

2002년 서울시 교육청 교사로 입직한 이후 16년의 교사 경력을 지니고 있으며, 2008년 서울대학교 교육상담전공 석사를 졸업하고 2018년 동대학원에서 '상담자의 진로결정과정–우연한 관계경험을 중심으로'라는 논문으로 교육학 박사학위를 받았다. 그 이후 이화여자대학교 학생상담센터 특임교수와 서울대학교 학생상담센터 전문위원으로 자살위기고위험군을 위한 위기상담 및 진로상담 수퍼바이저로 상담자 교육을 담당하였다. 상담 전문자격으로 한국상담학회 및 생애개발상담학회 수련감독 전문상담사 1급(779호), 청소년상담사 1급, 전문상담교사 2급 자격증을 소지하고 있다. 그간 국내 저널에 30편의 논문과 3권의 진로상담 관련 단행본 및 2권의 연구방법론 관련 단행본을 저술하여 진로 및 직업상담 연구 및 저서 집필을 지속적으로 해오고 있다. 2022년부터 한국기술교육대학교 고용서비스정책학과 조교수로 진로 및 직업상담 교과목을 가르치고 있다.

고용서비스정책론

초판발행	2025년 2월 7일
지은이	이재갑·장신철·길현종·이상현·이혜은
펴낸이	안종만·안상준
편 집	이수연
기획/마케팅	정연환
표지디자인	BEN STORY
제 작	고철민·김원표
펴낸곳	(주) **박영사**
	서울특별시 금천구 가산디지털2로 53, 210호(가산동, 한라시그마밸리)
	등록 1959. 3. 11. 제300-1959-1호(倫)
전 화	02)733-6771
f a x	02)736-4818
e-mail	pys@pybook.co.kr
homepage	www.pybook.co.kr
ISBN	979-11-303-2180-6 93330

정 가	29,000원